Inhalt

Überblick

Reiserouten

Reiserouten

Reiserouten

Reiserouten

Reiserouten

Interessantes

Legende		
i Information	✝✝ Friedhof	▲ Berg
★ Sehenswürdigkeit	historischer Turm	⌒ Pass
♀ Kirche	♟ Denkmal	✳ Aussichtspunkt
♁ Kathedrale	Festung/Ruine	Gästefarm, Jagdfarm, Lodge
M Museum	Tankstelle	NWR 3 Namibia Wildlife Resort (NWR)
wichtiges Gebäude	✉ Post	4 Camping, Rest Camp im Buch erwähnt
$ Bank	⚓ Hafen	⚠ sonstiger Campingplatz
✚ Krankenhaus	✈ Flughafen, Flugplatz	9 Unterkunft
Leuchtturm	Polizei	9 Essen und Trinken
Bahnhof	Einkaufen, Markt	
Busbahnhof	///// Fußgängerzone	
	✕ Rastplatz	© graphic

Interessantes

Außerdem weiterführende Informationen:

Karten und Grafiken:

Umschlagkarten:

vordere Umschlagklappe: Namibia Übersicht mit Routenvorschlägen
hintere Umschlagklappe: Etosha National Park (östlicher Teil)

Interessantes

Namibia auf einen Blick

Fläche:	824.292 km² einschließlich Walvis Bay
Einwohner:	ca. 2.200.000 = 2,5 Ew/km²
Bevölkerung:	Ovambo: ca. 50 %, Kavango: ca. 10 %, Damara: ca. 6,5 %, Nama: ca. 5 %, Weiße: ca. 5 %, Herero: ca. 4,5 %, Caprivianer: ca. 2,5 %, San: ca. 2 %, Baster: ca. 2 %, Tswana: ca. 0,8 %, Himba: ca. 0,3 %
Bevölkerungs-Wachstum/Jahr:	ca. 1 %
Sprachen:	Englisch ist Amtssprache, Afrikaans dominierende Umgangssprache; 60 % der Weißen sprechen Afrikaans, 25 % Deutsch, 15 % Englisch. Die Coloureds u. Rehobother Baster sprechen meist Afrikaans, die verschiedenen Stämme z. T. eigene Sprachen.
Religionen:	90 % Christen (davon 62 % Protestanten, 20 % Katholiken); ferner Anhänger von Naturreligionen
Ausfuhr:	Diamanten, Uranerze, Blei, Kupfer, Zink, Fleisch, Fisch
Handelspartner:	vor allem Republik Südafrika, ferner Deutschland, EU-Länder, USA
Inflation:	ca. 5 % (2011)
Arbeitslosigkeit:	über 50 %
Nationalfeiertag:	21.03. = Unabhängigkeitstag
Staatsoberhaupt:	Hifikepunye Lucas Pohamba (seit 2005)
Klima:	subtropisch-kontinental mit starken tages- und jahreszeitlichen Schwankungen; stark schwankende Regenfälle, die von Südwesten nach Nordosten zunehmen (0 bis max. 600 mm)
Höhe:	Binnenhochland ca. 1.400–1.800 m ü. NN, höchste Erhebung 2.610 m
Landwirtschaft:	im Süden u. a. Schafe, nach Nordosten hin zunehmend Rinderzucht. Ackerbau nur im äußersten Norden möglich (1 % der Fläche eignet sich zum Ackerbau)
Verkehr:	relativ gut erschlossen, ca. 10 % der Straßen sind asphaltiert, Eisenbahnverbindungen mit der Republik Südafrika, Bahnlinien von Windhoek nach Walvis Bay, Keetmanshoop, Karasburg, Swakopmund. Internationaler Flughafen ist Windhoek.
Städte:	Windhoek (Hauptstadt), Swakopmund, Tsumeb, Rehoboth, Keetmanshoop
Währung:	1 Euro = 10,38 N$ (Stand: Juli 2012)

EINLEITUNG

Namibia, jenes urweltlich anmutende Land zwischen den Wüsten der Namib und Kalahari und zwischen den Fremdlingsflüssen Kunene und Oranje gehört zu den am dünnsten besiedelten Gebieten der Erde. Eine stürmische See liegt vor seiner Atlantikküste, die kalten Gewässer des antarktischen Benguela-Stroms sorgen hier für niedrige Temperaturen und häufige Nebel in den Küstenregionen. Nur verborgen offenbart sich das Leben in den Jahrmillionen alten Dünen und Steinwüsten der Namib. Im Landesinneren herrscht die meiste Zeit des Jahres ein extrem trockenes Klima mit großen Temperaturunterschieden zwischen Tag und Nacht. Seit Jahrtausenden wurden hier Menschen nie so recht sesshaft und zogen als Nomaden durchs Land. Erst in den letzten Jahrhunderten begann im regenreicheren Norden eine dauerhafte Besiedlung. Europäer haben diese abgelegene Ecke im Südwesten Afrikas erst zu der Zeit von Kolumbus entdeckt.

Als Reisender werden Sie Namibia als ein besonders faszinierendes Land erleben. Die touristische Infrastruktur für Selbstfahrer ist vorbildlich, von den ökologisch bedingten Restriktionen innerhalb der Naturschutzgebiete abgesehen, kann man unbeschränkt reisen. Grenzüberschreitende Touren nach Botswana, interessante Touren durch den Caprivi-Streifen oder Fahrten nach Südafrika (Kapstadt) sind problemlos möglich. Mit Englisch und mitunter selbst Deutsch kommt man weiter. Die Unterbringungsmöglichkeiten in den international geprägten Hotels der Großstädte wie Windhoek und Swakopmund lassen keine Wünsche offen. Hervorragend und persönlich geführte Gästefarmen sowie Safari-Lodges, preiswerte Rondavels oder luxuriös anmutende Anlagen in Naturschutzgebieten runden die Palette ab.

Namibia – das ist vor allem ein Landschafts- und Safari-Erlebnis, Natur pur ist angesagt. Wer hierher zum Baden kommt, hat das falsche Reiseziel gewählt, denn der kalte Meeresstrom beschert selbst im Hochsommer nur Nordsee-Temperaturen. Namibia ist ein Land, das keine besonderen Gesundheitsrisiken kennt und wo Sie beim Essen und Trinken eigentlich nur auf Ihr Gewicht achten müssen...

Namibia ist vor allem ein Ziel von Individualisten im weitesten Sinn. Denn: Individualist ist nicht nur der Selbstfahrer, sondern kann durchaus auch derjenige sein, der sich in einer Gruppe besser aufgehoben fühlt. Und an beide „Individualisten" wendet sich mein Reise-Handbuch. Inzwischen liegt die 26. Auflage vor, zu der sich der Band „101 Namibia" hinzugesellt hat, eine Inspiration für den „armchair-traveller".

Ich habe versucht, möglichst umfassend Informationen zusammenzutragen, um für die Planung und Durchführung einer Reise viele Alternativen anbieten zu können. Trotzdem passt nicht „alles" in ein Buch. Gerade aber diese Lücken lassen Sie Namibia individuell erleben, denn Sie bereichern die Reise durch Ihren persönlichen Blickwinkel, der durchaus von meinem abweichen wird. „Selbst sehen – selbst urteilen" – dazu will dieses Reise-Handbuch anregen.

Viel Spaß in Namibia!

Michael Iwanowski

I. LAND UND LEUTE

Geschichtlicher Überblick

Vorkoloniale Zeit

Die Erforschung der afrikanischen Küsten wurde im Mittelalter zu einer vordringlichen Aufgabe. Die Handelswege zwischen Orient, Kleinasien, dem Mittelmeergebiet und Europa waren gefährdet. Der Streit zwischen Christentum und Islam zwang zur Suche nach neuen Handelswegen. Die **Portugiesen** waren im 15. Jh. eine der führenden Handelsnationen und auch bestrebt, das Christentum zu verbreiten. Infante *Dom Henrique* (Heinrich der Seefahrer) baute die Seeflotte aus. Bis zu seinem Tod gelangten Schiffe bis zum Golf von Guinea. *Portu-giesen*

Ab Mitte des 15. Jh. gelangte der Vordere Orient unter türkische Herrschaft, der blühende Handel zwischen Europa und dem Osten wurde unterbrochen. Bei den Entdeckungsfahrten traten nun wirtschaftliche Motive an die Stelle der „christlichen".

1483 erreichte **Diego Cão** die Kongo-Mündung. Drei Jahre später gelangte er an die Küste des Kaokoveldes. Am Kreuzkap errichtete er ein *padrao*, ein Kreuz aus Kalkstein. 1488 gelang es *Bartholomeu Diaz*, das Kap der Guten Hoffnung zu umsegeln. Zuvor erreichte er am 25. Dezember 1487 die Lüderitzbucht. 1498 konnte *Vasco da Gama* diese Forschungsfahrten weiterführen und gelangte nach Indien. *Diego Cão*

Langsam entstanden europäische Ansiedlungen auf dem afrikanischen Kontinent. Im 16. Jh. siedelten die Portugiesen bereits in Angola. 1652 wurden die Holländer am Kap ansässig. Die unwirtliche Küste von Südwestafrika/Namibia wurde gemieden; die Küs- *Erste europä-ische Siedlungen*

Felsmalereien wie in Twyfelfontein und auf dem Brandberg sind Zeugnisse der ersten Bewohner Namibias

te sowie das wüstenhafte Hinterland erschienen feindlich. Nach der Gründung einer Schiffsversorgungsstelle durch die Holländer am Kap (1652) kamen neue Impulse: **Aufträge zur Erforschung der südwestafrikanischen Küste wurden vergeben.** So fanden 1670 unter *Muys* und 1677 unter *Womba* Entdeckungsfahrten statt. Doch man fand lediglich einen öden, nebelverhüllten Sandstrand und sehr misstrauische Einheimische vor. So verzichtete die Holländisch-Ostindische-Kompanie auf weitere Entdeckungsfahrten.

Sehr wahrscheinlich waren die ersten Menschen, die südwestafrikanisches Gebiet durchstreiften, die San. Eventuell schon um 1300 v. Chr. nutzten sie dieses Gebiet als Jäger und Sammler. Zeugnisse aus jener Zeit sind alte Symbolzeichen, die in Felsen geritzt bzw. aufgemalt wurden.

San   Aus dem ostafrikanischen Raum kamen anschließend Vorläufer der **Khoi Khoi** (auch **Khoekhoen**, früher abwertend „Hottentotten" genannt). Diese waren bereits damals stammesmäßig organisiert und lebten als Viehzüchter. Sie waren mit den **San** („Buschmännern") verfeindet, was durch die unterschiedliche Lebensweise begründet war: Die San wurden von den Khoi Khoi als Menschen ohne Land betrachtet; diese meinten, dass das Vieh innerhalb ihrer Jagdgrenzen ihr Eigentum sei. Bis 1500 beherrschten die Khoi Khoi Südwestafrika bis an die Nordgrenze der Etosha-Pfanne.

Um 1600 sind die Besiedlungsanfänge durch die **Herero** zu datieren, die vom Zambezi kamen und zunächst im Nordwesten des Landes siedelten. Sie stießen mit den nach Norden ziehenden Khoi Khoi zusammen, die ursprünglich aus Gebieten südlich des Oranje kamen. Die Khoi Khoi bevorzugten auf der Suche nach besseren Weidegründen vor allem den Süden und den mittleren Teil von Südwestafrika. Die Herero boten ihnen – viel stärker als die San – Widerstand. Als Rinderzüchter mit großen Herden war ihr Geltungsanspruch stark ausgeprägt und zeigte sich in besonders herrischem Auftreten (Wahlspruch der Häuptlinge: „Wo unsere Rinder gegrast haben, ist Herero-Land!").

Wegen Streitigkeiten um Weidegründe und Wasserstellen kam es bald zu ersten **Konflikten zwischen den Khoi Khoi und den Herero.** Dem Expansionsdrang der Letzteren mussten sowohl die San, Khoi Khoi als auch die Bergdama weichen (die Herkunft der Dama ist nicht geklärt, vielleicht stammen sie von Völkern des alten westlichen Sudan ab; die Nama gehören zu den Khoi-Khoi).

Konflikte   Bei diesen Auseinandersetzungen spielten die den Nama verwandten **Orlam-**
zwischen   **Stämme** eine Rolle, die nach 1800 von Süden her kommend den Oranje überschrit-
Khoi Khoi   ten und sich im Gebiet Gobabis-Bethanien niederließen. Da sie zum Teil europäisiert
und   waren und Feuerwaffen besaßen, verhinderten sie die drohende Ausrottung der Na-
Herero   ma-Stämme und drängten die Herero in die Defensive, die erst wieder gegen 1880 unter *Maharero* erstarkten.

Der Stamm der **Ovambo** hatte seine Heimat beiderseits des Kunene und Okavango. Wie die Herero zählen die Ovambo zur Völker- und Sprachenfamilie der Bantu. Im Gegensatz zu diesen und zu den Nama/Bergdama waren sie als Ackerbauern tätig, da sie in klimatisch günstigeren Gegenden siedelten.

Kolonialzeit

Entdecker, Missionare und Händler

Die ersten auf die Initiative der Holländer zurückgehenden Erkundungsfahrten zwischen Kunene und Oranje brachten nicht die gewünschten Ergebnisse. Erst um ca. 1750 – als auch englische, amerikanische und französische Schiffe vor der südwestafrikanischen Küste kreuzten – stellte die Kapregierung die Lüderitzbucht und die Walfisch-Bucht unter den „Schutz" der holländischen Krone. Als 1795 die Engländer die Macht am Kap übernahmen, ergriffen sie auch Besitz von diesen Buchten an der südwestafrikanischen Küste.

In der Walfischbucht gab es zu jener Zeit Walfänger. 1843, als reiche **Guano-Lager** entdeckt wurden, gab es nördlich von Lüderitzbucht auf der Insel Ichaboe ca. 6.000 Arbeiter. In der Folgezeit kamen die ersten Händler nach Südwestafrika. Im Norden entwickelte sich der Rinderhandel, im Süden wurde Kupfer gefunden, der auch Prospektoren anzog. Aber auch die ersten Forschungsreisenden durchquerten das Land. Zu jener Zeit wurde Südwestafrika von zwei Stellen aus erkundet: vom Süden her und von der Walfischbucht aus. *Walfang und Guano-abbau*

Um 1805 begannen die **Missionare** ihr Werk. Die ersten waren *Abraham* und *Christian Albrecht*, die bei den Nama nördlich des Oranje sesshaft wurden. 1811 gründete *Schmelen* Bethanien. Weitere Missionsstationen folgten: z. B. in Windhoek (1842), Okahandja (1844), Rehoboth (1845), Gobabis (1851), Keetmanshoop (1866) und Omaruru (1867). Die Arbeit der Missionare beschränkte sich nicht auf die Seelsorge, sondern galt auch den Bereichen Erziehung, Bildung, Wissenschaft und Diplomatie. *Missionen*

1867 annektierte Großbritannien die wertvollen Guano-Inseln und schien gewillt zu sein, das Gebiet zwischen Oranje und Kunene der Kapkolonie anzugliedern. 1876 stellte eine Herero-Versammlung an den Gouverneur der Kapkolonie den Antrag, Schutz zu gewähren. Wegen finanzieller Erwägungen gab man dieser Bitte nicht nach. Stattdessen wurden 1878 die Walfischbucht und das Land im Umkreis von 15 englischen Meilen annektiert.

1880 brach der zehnjährige Krieg zwischen den Khoi Khoi und den Herero

Die Christuskirche in Windhoek (von 1910)

aus, doch als die Missionare der Rheinischen Mission Großbritannien baten, für Ordnung in Südwestafrika zu sorgen, lehnten die Briten die Verantwortung ab und bezeichneten den Oranje als Nordgrenze der Kapkolonie.

Kolonial-
politik:
Bismarck
gegen
Lüderitz

Im letzten Drittel des 19. Jh. setzte unter den europäischen Großmächten ein *Run* auf überseeische Kolonien ein. Die Kolonisierung lief in vielen Fällen nach folgendem Muster ab: Zunächst gründete ein Unternehmen in einem noch unerschlossenen Gebiet eine Niederlassung. Um sich in der Folgezeit vor der Konkurrenz anderer Nationen zu schützen, forderte es von der eigenen Regierung Schutz. Unter **Bismarck** wurde eine solche Politik zunächst nicht betrieben. Er wollte den territorialen Bestand des Deutschen Reichs nicht durch Streitigkeiten mit anderen europäischen Mächten gefährden.

Die territoriale Ausdifferenzierung des Raumes Südwestafrika spielte sich zwischen dem Deutschen Reich und Großbritannien ab. Großbritannien war am Kap engagiert, wo die burischen Siedler mit den einheimischen Viehzüchtern aneinander gerieten. Die Entdeckung von Bodenschätzen, besonders in Kimberley (Diamanten), zwang Großbritannien zu einem stärkeren Engagement. So wurde zwischen 1884 und 1890 das Betschuanaland (Botswana) besetzt, um einen durchgehenden Landblock zwischen Ost- und Südafrika zu haben, der zwischen den traditionell portugiesischen Besitzungen in Mozambique und Angola und den aufstrebenden kolonialen Interessen der Deutschen in Ostafrika und Südwestafrika liegen sollte. Was Südwestafrika betrifft, so war bis 1884 der Küstensaum zwischen Cape Frio und dem Oranje deutsch, mit Ausnahme der britischen Niederlassung Walfischbucht.

Es war die zunehmende private Initiative des Bremer Kaufmanns **Lüderitz**, der nach ersten Handelsbeziehungen zu den Einheimischen ab 1882 Land aufkaufte. Er erwarb Lüderitzbucht mit 5 Meilen Landes im Umkreis für 100 Pfund Sterling und 200 Gewehre. Da Lüderitz von Seiten Großbritanniens eine Intervention befürchtete, bat er um Schutz, erhielt aber von Bismarck nur eine sehr vage Zusage, der kaum Taten folgten.

Im April 1885 waren Lüderitz' finanzielle Mittel endgültig erschöpft, zu viele private Forschungsreisen hatten sein Budget aufgebracht. Die **Deutsche Kolonialgesellschaft für Südwestafrika** wurde gegründet, die Lüderitz das Land bis auf wenige Gebiete abkaufte und sich an die Erschließung begab. Nach einigen erfolglosen Expeditionen waren auch ihre geldlichen Mittel erschöpft, und die Gesellschaft begnügte sich nun damit, Schürfscheine zu vergeben und Land an die wenigen Siedlungswilligen zu verkaufen.

Die sehr moderate deutsche Kolonialpolitik jener Zeit drückt sich auch in der Zahl der Beamten aus: Von 1885 bis 1890 bestand die Verwaltung aus drei (!) Beamten.

Europäische Kolonialpolitik

Kongo-
Konferenz

Als Folge der **Berliner Kongo-Konferenz** 1884 wurden im Inneren des südafrikanischen Subkontinents verschiedene Grenzziehungen vorgenommen. So legte Portugal 1886 seine Südgrenze in Angola fest (identisch mit dem Kunene), und 1890 wurde vom Deutschen Reich und von Großbritannien die Grenze zwischen Betschuanaland und Deutsch-Südwestafrika gezogen. Die Südgrenze war schon von Lüderitz festgelegt wor-

Unwirtlich: die Umgebung von Lüderitz

den: Sie wurde durch den Fluss Oranje gebildet. Damit existierte ein klar umrissenes Territorium, das sich in seinen Grenzen bis heute nicht verändert hat.

Die Kolonialgesellschaft war nicht in der Lage, das Land infrastrukturell zu entwickeln oder Bergbau im großen Stil zu betreiben. Den Privatsoldaten der Gesellschaft gelang es auch nicht, im Lande Ordnung zu halten. Sie wurden daher 1889 durch die **Soldaten der Deutschen Schutztruppe** abgelöst. Anlass waren Streitigkeiten mit dem Herero-Häuptling *Maharero* aus Okahandja. So wurde eine kleine, aus 23 Mann bestehende Truppe unter Leitung von Hauptmann **von François** nach Deutsch-Südwestafrika verlegt, der neben der militärischen Schutzfunktion auch ab 1890 die Leitung der Verwaltung übernahm. Unter ihm erfolgte dann allmählich ein militärisches Fußfassen im Sinne der Ordnungsvorstellungen des Deutschen Reiches, nachdem die Schutztruppe immer weiter ausgebaut worden war. Um nicht durch die Streitigkeiten mit *Maharero* aufgerieben zu werden, suchte *von François* eine Stelle zwischen den Stammesgebieten der Herero und der Khoi Khoi. An eben dieser Stelle gründete er **Windhoek**, das Sitz der Schutztruppe sowie der obersten Zivilverwaltung wurde. Trotz dieser demonstrativen administrativen Maßnahmen waren die Deutschen noch längst nicht als Kolonialmacht des Landes anerkannt. So strapazierten Viehdiebstähle und Kleinkriege immer wieder die Nerven der Besatzer. Besonders tat sich hierbei der Khoi-Khoi-Führer Witbooi hervor.

Curt v. François

Gründung von Windhoek

Ermuntert durch die Schutzfunktion der Truppe, verstärkten sich nun auch **deutsche Wirtschaftsaktivitäten** in Südwestafrika. Die in Berlin gegründete Siedlungsgesellschaft plante die Besiedlung und Erschließung der Region Windhoek, und bereits 1892 wurden die ersten Häuser an 55 Siedler übergeben. Die Kolonialisierung Südwestafrikas trat insofern in eine neue Ära, als das Land für Siedler attraktiv gemacht wurde. Zum gleichen Zeitpunkt wurde Südwestafrika wieder für diverse Minengesellschaften interessant.

Für eine planmäßige Erschließung des Landes mussten jedoch die kriegerischen Auseinandersetzungen zwischen Neusiedlern und Einheimischen aufhören. Der Grund für diese Auseinandersetzungen lag vor allem in der Einschränkung der Lebensmöglichkeit der Schwarzen und Farbigen, die als Nomaden auf große Weidegebiete angewiesen waren. Ihre gewaltsame Unterwerfung sollte erst die Voraussetzung schaffen, das Land mit deutschen und burischen Farmern zu besiedeln. Bei den wichtigsten kriegerischen Auseinandersetzungen spielte Theodor Gotthilf **von Leutwein**, der ab 1894 Gouverneur in Deutsch-Südwestafrika war, eine entscheidende Rolle.

Heftige Auseinandersetzungen gab es mit dem Khoi-Khoi-Führer **Witbooi**, dem *von François* offen den Kampf erklärte. Mit zwei Kompanien wollte er ihn in die Knie zwingen. Als sich *Witbooi* in der Festung Hornkranz festgesetzt hatte, konnte *von François* keine Entscheidung herbeiführen. Erst zusammen mit *von Leutwein* gelang es ihm und 300 Soldaten, die Khoi Khoi zur Aufgabe zu zwingen. Notgedrungen erkannten diese die Schutzmacht an. Ein Jahr später musste sich *Witbooi* gar verpflichten, im Kriegsfalle der Deutschen Schutztruppe mit seinen Männern auszuhelfen.

Bis 1898 gab es weitere zahlreiche weitere Auseinandersetzungen mit anderen Einheimischen, deren Führer wegen Aufruhrs zum Teil ermordet wurden. Letztlich siegte die waffenmäßige Überlegenheit der Weißen.

Weiße Besiedlung Von 1894–1903 (ein Jahr vor dem großen Aufstand der Herero und Khoi Khoi) stieg die weiße Bevölkerung von 800 auf 3.700 Personen an. *Leutwein* grenzte Stammesgebiete durch Verträge ein, kaufte Ländereien auf oder zog sie von Aufständischen einfach ein, um sie dann zu besonders günstigen Konditionen an weiße Siedler zu verkaufen. In diese Zeit fällt auch der Bau der Eisenbahnverbindung von Windhoek nach Swakopmund.

Am Waterberg fand das Massaker an den Herero statt

Neben den Landverkäufen durch *von Leutwein* gab es für Europäer noch eine andere Möglichkeit, Land zu erwerben. Viele von ihnen kamen als Händler nach Deutsch-Südwestafrika und verkauften den Einheimischen so lange Waren auf Kredit, bis diese stark verschuldet waren. Um die Schulden zu tilgen, mussten viele Häuptlinge einen großen Teil ihres Landes abtreten. Besonders die Herero haben auf diese Weise viel gutes Weideland verloren.

Dadurch schmälerte sich der Landbesitz der Einheimischen kontinuierlich, was wiederum dazu führte, dass sie ihre althergebrachte Lebens- und Wirtschaftsweise aufgeben mussten. So wuchs die Unzufriedenheit in der Bevölkerung immer mehr, und in den Jahren 1904–1906 kam es zum großen **Aufstand der Herero und Khoi Khoi**. Die Angriffe kamen für die Weißen überraschend. *Von Leutwein* zog nach Süden, um dort Auseinandersetzungen mit den rebellierenden Bondelswarts zu beenden. Seine Abwesenheit nutzten die Herero aus, um viele weiße Farmer und Siedlungen zu überfallen. Nur die größeren Ansiedlungen und Militärposten konnten sie nicht in ihre Gewalt bringen. In Eilmärschen kam *von Leutwein* mit seinen Truppen zurück, konnte aber die Aufständischen durch Kleinkriege lediglich binden. Einige Wochen später kamen frische Truppen aus Deutschland zur Verstärkung, und am **Waterberg** kam es zur großen Entscheidungsschlacht (s. S. 461). *Unzufriedenheit*

Schlacht am Waterberg

Hier hatten die Herero ihre Männer, Frauen und Kinder sowie ihr gesamtes Vieh zusammengezogen. Sie unterlagen aber schließlich der Übermacht der Deutschen. Wenigen gelang die Flucht in die Kalahari. Die Deutschen besetzten in diesem ariden Gebiet die lebensnotwendigen Wasserlöcher, sodass die Geflüchteten keine Überlebenschance hatten. Nur ca. 20.000 Herero überlebten das Massaker.

Witbooi, der inzwischen ein Greis war, unternahm einen letzten Versuch, sich zur Wehr zu setzen. Kämpften die Witboois zunächst – laut Vertrag – gegen die Herero auf der Seite der Deutschen, so wendete sich nach der Schlacht am Waterberg das Blatt. Im Oktober 1904 überfielen sie zahlreiche weiße Farmer im Namaland, und nach Anfangserfolgen schlossen sich viele Khoi Khoi den Aufständischen an. Bis 1906 dauerten die Auseinandersetzungen, bis sich schließlich auch die letzten Stämme ergeben hatten.

Das Ergebnis dieser Aufstände war für die schwarze und farbige Bevölkerung katastrophal: Unzählige Menschen waren getötet worden, sie hatten ihre alte Stammesstruktur, die ihnen Sicherheit und Geborgenheit gegeben hatte, sowie ihre gesamten Stammesgebiete verloren.

Noch bevor die Kampfhandlungen 1906 zu Ende gingen, hatte das Deutsche Reich alle Stammesgebiete der Khoi Khoi und Herero zu Eigentum der Krone erklärt. Da ihnen verboten wurde, Großvieh zu halten, blieb den Menschen nichts anderes übrig, als Arbeit auf den Farmen, in den Minen und auf den Diamantenfeldern zu übernehmen. In dieser Zeit entstanden auch die ersten *locations* in der Nähe der Farmen oder Werften als größere Siedlungen. Hier lebten fortan die Schwarzen ohne stammesmäßige Gliederung.

Nur wenigen Stämmen gelang es, ihre Struktur aufrechtzuerhalten. Dazu gehören u. a. die Rehobother Baster, die Bergdama und die Ovambo.

Die Inbesitznahme des Landes durch die Weißen konnte nach 1906 ohne größere Schwierigkeiten weitergehen. Vielen Schutztruppen-Angehörigen gefiel Südwest und sie entschlossen sich zu bleiben. Das gesamte Hochland wurde durch Farmen besiedelt, und die Bevölkerung der Weißen stieg auf über 12.000 im Jahre 1913 an. In der Zeit bis zum 1. Weltkrieg wurde Deutsch-Südwestafrika infrastrukturell stark entwickelt. Dazu gehörten z. B. der Ausbau des Verkehrsnetzes, die Ausweitung des Farmlandes und die Entdeckung neuer Bodenschätze.

Aufbau der Infrastrukur

Diese Entwicklung wurde durch den Ausbruch des 1. Weltkrieges unterbrochen. Die Südafrikanische Union wurde unter dem Einfluss von Großbritannien gezwungen, Deutsch-Südwestafrika zu besetzen, obwohl die burische Bevölkerung kein eigenes Interesse daran hatte. Ihrer zahlenmäßig stark überlegenen Streitmacht gelang es im Oktober 1914, die deutschen Schutztruppen allmählich nach Norden abzudrängen, um sie schließlich 1915 im Juli bei Khorab endgültig zur Kapitulation zu zwingen. Die aktiven Angehörigen der Schutztruppe wurden interniert.

Namibia unter dem Mandat Südafrikas

Am 17. Dezember 1920 wurde die Südafrikanische Union beauftragt, das Mandat über Südwestafrika zu übernehmen. Sie erhielt ein sogenanntes C-Mandat. Dies bedeutete, dass sie Südwestafrika von nun an als einen Bestandteil ihres Landes ansehen konnte.

Veränderung der Bevölkerungsstruktur

Der deutschen Bevölkerung erging es unter dem südafrikanischen Mandat eher schlecht. Unter den südafrikanischen Regierungschefs *Botha* und *Smuts* wurden ca. 4.000 Deutsche ausgewiesen. An ihre Stelle traten Buren. Ca. 9.000 deutsche Händler und Farmer verblieben in Südwestafrika, wurden nun aber in eine deutliche Minderheitsrolle gedrängt. 1913 betrug der Anteil der Deutschen an der weißen Bevölkerung noch 83 %, wogegen er 1926 nur noch 37 % erreichte. Von den 1981 gezählten 7 % Weißen (ca. 75.600) waren 16,6 % deutschsprachig. Dass nicht noch mehr Deutsche ausgewiesen wurden, hatte einen praktischen Grund: Ihre Wirtschaftskraft konnte nicht so leicht ersetzt werden.

In der Folgezeit bis zum 2. Weltkrieg wurde die **Farmwirtschaft weiter ausgebaut**. Das in den Anfängen schon zu deutscher Zeit bestehende Reservat-System wurde ausdifferenziert. Alle Einheimischen durften wieder Großvieh halten. Ca. 25 % ließen sich in den Reservaten nieder, doch die Mehrzahl blieb weiterhin bei den Weißen als Arbeiter beschäftigt und somit auch von diesen abhängig. Hierbei muss darauf hingewiesen werden, dass die Qualität der Reservate eine intensive landwirtschaftliche Nutzung nicht gestattete: Es handelte sich ausschließlich um semiaride Gebiete am Rande des weißen Farmlandes.

Reservate und Homelands

Im Zuge der Homeland-Politik Südafrikas, die eine stammesmäßige Isolierung der schwarzen Bevölkerung vorsah, wurde die Odendaal-Kommission gegründet, die einen Plan zur Neuordnung der Reservate vorlegen sollte. Ab 1963 wurden für die verschiedenen Stammesgruppierungen **Homelands** geschaffen, die etwa 40 % der Fläche Namibias einnahmen. Mit Hilfe staatlicher Kredite sollten diese Homelands wirtschaftlich

*Aride und wenig fruchtbare Gebiete wie das Kaokoland
wurden zu „Homelands" für die schwarze Bevölkerung deklariert*

und sozial so weit entwickelt werden, bis sie in eine begrenzte politische Unabhängigkeit entlassen werden konnten. In den meisten dieser Gebiete war es allerdings der Bevölkerung unmöglich, sich selbstständig zu ernähren und Arbeitsplätze zu schaffen. Daher mussten die Männer im erwerbstätigen Alter als Vertragsarbeiter bei weißen Farmern oder anderen Arbeitgebern (Bergwerksgesellschaften etc.) ihren Lebensunterhalt verdienen. Die Trennung weißer und nicht-weißer Bevölkerungsteile war 1982 weitgehend abgeschlossen.

Außerdem war die **Aufteilung des Landes gemäß dem Odendaal-Plan** eindeutig zugunsten der Weißen erfolgt: Das Farmgebiet der Weißen belief sich auf 46,7 % für rund 75.000 Personen (7,5 % der Gesamtbevölkerung), die sog. „Homelands" erreichten 39,6 % der Fläche für 933.700 Menschen. Die restlichen Gebiete waren Diamantensperrgebiet (6,7 %), Wild- und Nationalparks (5,3 %), Regierungsland (1,1 %) sowie Siedlungs- und Verkehrsflächen (0,6 %).

Odendaal-plan

Der Weg zur Unabhängigkeit

(von Claire & Thomas Küpper)

Nach dem 2. Weltkrieg, der in Namibia zu keinerlei Zerstörungen führte, begann um das Land ein jahrzehntelanges Tauziehen, nachdem Südafrika sich geweigert hatte, mit der UNO einen Treuhandvertrag abzuschließen. Daraufhin entschied der Internationale Gerichtshof in Den Haag, dass das südafrikanische Mandat auch ohne einen solchen Vertrag fortbestehen würde. Südafrika musste der UNO von nun an Rechenschaftsberichte über Namibia vorlegen. Trotz aller Probleme und – aus heutiger Sicht betrachtet – politischer Fehler machte Namibia während dieser Mandatszeit erhebliche Fortschritte im Aufbau seiner Infrastruktur, sicher auch durch politischen Druck der UNO. Diese forderte Südafrika in den 1960er-Jahren mehrfach auf, sein Mandat zu beenden – zunächst ohne Erfolg.

SWAPO Zu dieser Zeit war die Lage im Lande deutlich unsicherer geworden: Die **SWAPO** (*South West Africa People's Organization*) hatte sich politisch und militärisch formiert und begann ihre Anschläge und später, mit finanzieller und personeller (Ausbilder) Unterstützung aus dem Ostblock, umfangreichere militärische Operationen. Die SWA-PO hatte sich 1957 aus der *Ovamboland People's Organization* gebildet, einer Gruppierung, die die Besserstellung der Lohnarbeiter im Ovamboland zum Ziel hatte. Vor dem Hintergrund der zunehmend instabilen Lage befand der Internationale Gerichtshof 1971 in einer 180°-Kehrtwende zu seinen früheren Urteilen, dass das Mandat Südafrikas nunmehr illegal sei. Unter weiterem politischem Druck erklärte Südafrika 1972 seine Bereitschaft, Südwestafrika nach einer zunächst nicht näher definierten Übergangsperiode in die Unabhängigkeit zu entlassen.

Vorschnell wurde 1973 der SWAPO (in der der Stamm der Ovambo dominierte) von der UNO das **Alleinvertretungsrecht** für Namibia zuerkannt. Dies schuf unmittelbar mindestens zwei große Probleme: Die Nähe der Organisation zur Sowjetunion und die massive Unterstützung durch den kommunistischen Machtblock widersprachen zutiefst allen südafrikanischen Interessen im Subkontinent. Außerdem gerieten durch die Dominanz der Ovambo alle anderen Bevölkerungsgruppen Namibias ins politische Abseits. Daher formierten sich 1974 die politisch gemäßigten Kräfte unter Mitwirkung aller elf Volksgruppen und unter Ausschluss der SWAPO (die nach wie vor auf ihrem Alleinvertretungsrecht beharrte) in einer Verfassungskonferenz. Sie wurde nach ihrem Ta-

Turnhallen- gungsort „**Turnhallenkonferenz**" genannt. Sie initiierte unter dem Slogan *One man*
konferenz *– one vote* für 1978 allgemeine Wahlen, an denen zum ersten Mal in der Landesgeschichte alle Einwohner teilnehmen durften. Die Wahlbeteiligung war entsprechend hoch: Von der geschätzten Wählerzahl von 443.441 Personen hatten sich 412.448 (93 %) registrieren lassen. Von ihnen wurden 326.264 gültige Stimmen abgegeben, was einer Wahlbe-

Hohe teiligung von 79,1 % entspricht! Obwohl sowohl die SWAPO als auch die UNO diese
Wahl- Entwicklung ignorierten, betrieb die gewählte 50-köpfige Versammlung (unter dem Vor-
beteiligung sitzenden *J. Skrywer*, einem Damara) die politische Umsetzung der UNO-Resolutionen, insbesondere der Resolution Nr. 435 mit der politischen Forderung nach Unabhängigkeit, nach Kräften weiter.

Hauptstreitpunkt der kaum zu überbrückenden Meinungsverschiedenheiten, an denen der damalige UNO-Generalsekretär *Kurt Waldheim* durch nicht gerade optimales Taktieren sicher nicht unschuldig war, war die militärische Entflechtung der Situation. Dieses Problem konnte erst viel später (1988) durch den Waffenstillstand mit Angola und den Rückzug der südafrikanischen Armee endgültig gelöst werden. 10.000 Zivilisten und eine unbekannte Zahl von Soldaten und SWAPO-Kämpfern hatten im 22-jährigen Buschkrieg, der mit unbeschreiblicher Grausamkeit geführt worden war, ihr Leben verloren. Ein innenpolitisch enorm wichtiger Schritt war die Umgestaltung der verfassungs-

Antidiskri- gebenden Versammlung zur Nationalversammlung im Jahre 1979. Eine der ersten Maß-
minie- nahmen dieser Versammlung war die Verabschiedung des Antidiskriminierungsgeset-
rungs- zes, wodurch die Apartheid abgeschafft wurde. Südafrika konnte sich zwar nach wie vor
gesetz nicht mit der UNO einigen, es baute aber die Strukturen, die Namibia nach der Unab-

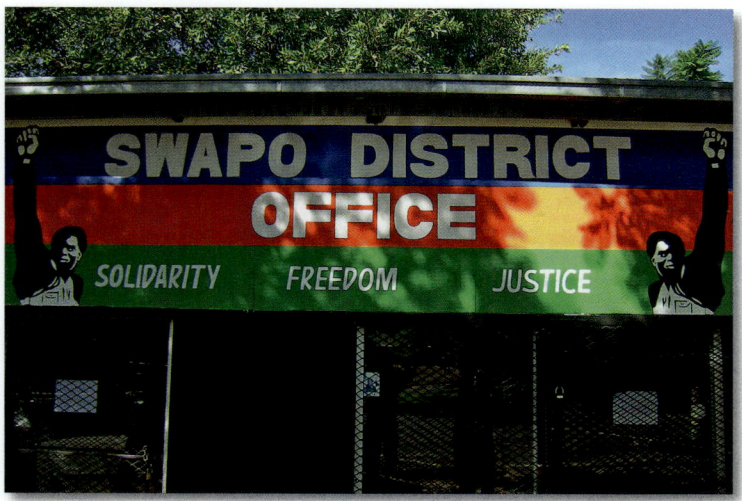

Seit der Unabhängigkeit regiert die SWAPO Namibia mit absoluter Mehrheit

hängigkeit benötigen würde, weiter aus. Ein wesentlicher Schritt hierfür war die Schaffung eines alle elf Volksgruppen umfassenden Ministerrates aus 12 Personen (je eine pro Volksgruppe und ein Vorsitzender). Damit hatte Namibia de facto erstmalig eine eigene Regierung. Ihr wurde am 14.9.1981 die Regierungsverantwortung übertragen – außen vor blieben Verteidigungs- und Außenpolitik sowie Verfassungsfragen, für die weiterhin Südafrika zuständig blieb. **Martti Ahtisaari**, von 1977–1981 UN-Kommissar für Namibia (UNTAG), bekam 2008 den Friedensnobelpreis, unter anderem für sein Wirken in Namibia zu jener Zeit, das einen wichtigen Schritt in Richtung Unabhängigkeit bedeutete.

Ungeachtet der ineffektiven internationalen (und oft auch nationalen) Politik ging es im Lande also langsam aufwärts, wenn auch Südafrika, das immer noch in extremer Apartheid lebte und die schnelle Annäherung zwischen kooperationsbereiten Schwarzen und Weißen mit großer Sorge beobachtete, schnellere namibische Entwicklungen bremste. 1989 wurde endlich der Durchbruch bei der Umsetzung der Resolution 435 erreicht, nachdem man eine Formulierung gefunden hatte, mit der alle Interessengruppen leben konnten. Im Hintergrund war sicherlich auch mit entscheidend, dass die Supermächte finanziell erschöpft waren und mit der Entspannung im Ost-West-Konflikt das Interesse an der **Weiterführung von Stellvertreterkriegen** verloren. Somit konnte das Angola-Problem endlich von der **Namibiafrage** abgekoppelt werden.

Bemerkenswert ist, dass an all diesen Verhandlungen nie Vertreter der Betroffenen, weder der namibischen Verwaltung noch der SWAPO, beteiligt waren. Dass die UNO und die beteiligten Nationen mindestens bis in die späten 1980er-Jahre Verhaltensmuster klassischer Kolonialpolitik über die Köpfe der Betroffenen hinweg praktizierten, ist heute den wenigsten bewusst. Im Lande war derweil ein politischer Wandel wegbereitend. Maßgeblich war sicher auch, dass die SWAPO sich von leeren sozialistischen Parolen

„One Namibia – one nation!"

und der Gewaltanwendung distanzierte und nun *One Namibia, one Nation* zum Slogan erhob.

Unter Beteiligung aller politischen Gruppen fanden im November 1989 endlich freie Wahlen zur verfassungsgebenden Versammlung statt, die schon im Februar 1990 eine von allen Parteien getragene Verfassung verabschiedete und **Dr. Sam Nujoma** zum Präsidenten wählte. Die Wahl verlief trotz einiger Schwierigkeiten im Vorfeld bei der Wählerregistrierung und trotz eines Terroraktes am Vorabend des Wahltages (bei dem der weiße SWAPO-Angehörige *Anton Lubowski* von Mitgliedern einer erzkonservativen südafrikanischen Geheimorganisation ermordet wurde) unter den Augen internationaler Beobachter ordnungsgemäß – ein Novum in einem ehemaligen Kolonialland. Entgegen den Erwartungen erhielt die SWAPO keine 2/3-Mehrheit, sondern nur 57,32 % und damit 41 Sitze im Parlament. Die DTA erhielt als größte Oppositionspartei 28,55 % und 21 Sitze, die übrigen der insgesamt 72 Mandate verteilten sich auf 5 weitere Parteien.

*Unab-
hängigkeit* Am 21.3.1990 war dann der große Tag: Nach mehr als 100 Jahren Fremdbestimmung war das Land unabhängig. Umgehend trat es dem Commonwealth und der UNO bei.

Hauptziele der offiziellen namibischen Politik waren und sind Aussöhnung, Kooperation und friedliche Konfliktlösung. Im politischen Alltag wurden seitdem wenn möglich über Rassenschranken hinweg konsensfähige pragmatische Lösungen gesucht. Mit der Rückgabe der letzten südafrikanischen Exklave Walvis Bay im Jahre 1994 besitzt Namibia einen eigenen Tiefseehafen. Dieser hat mit dem Ausbau des „Caprivi-Highway" und dessen Fortsetzung über Sesheke und Livingstone nach Lusaka für Namibias Handel mit Zambia und für die Versorgung Zambias enorm an Bedeutung gewonnen. Seit 1991 (Beschlüsse der Landkonferenz) wird versucht, die Infrastruktur des Landes zu verbessern und die Nation wirtschaftlich und politisch fest in das internationale Gefüge einzubinden.

Namibia nach der Unabhängigkeit

*Lage nach
der
Unabhän-
gigkeit* Nach der Unabhängigkeit wurde die Entwicklung des Landes je nach persönlichem Standort sehr unterschiedlich eingeschätzt. Teile der weißen Bevölkerung betrachteten ihre Zukunftsperspektiven eher mit Pessimismus, obwohl die meisten zugaben, dass ihre persönliche oder wirtschaftliche Lage seit der Unabhängigkeit besser geworden sei. Trotz gegenteiliger Befürchtungen haben keine umfangreichen Enteignungen weißen Besitzes durch die schwarze Regierung stattgefunden. Teile der schwarzen Bevölkerung waren dagegen enttäuscht, dass sich ihre Lage nicht so schnell besserte wie ursprünglich erhofft.

Die Pragmatiker im Lande sehen jedoch trotz aller Probleme, mit denen die Regierung nach mehr als 20 Jahren Unabhängigkeit noch immer zu kämpfen hat, die vielen positiven Ansätze: Beispielsweise sind massive Differenzen oder gar Gewalt zwischen den Bevölkerungsteilen im Gegensatz zu fast allen anderen postkolonialen Ländern Afrikas bislang ausgeblieben, und die schwarze Regierung scheut sich auch nicht, Weiße mit entsprechender Kompetenz in ihre Mannschaft zu integrieren.

Dabei waren die Ausgangsbedingungen nicht gerade einfach: Es existierte kein flächendeckendes Schulsystem, die Analphabetenrate in der schwarzen Bevölkerung lag bei

65 %, die Arbeitslosigkeit bei über 30 %. 2/3 der Lehrer (von denen es insgesamt zu wenig gab) waren ohne entsprechende Ausbildung, der bevölkerungsreichste Landesteil (Norden) hatte kriegsbedingt die geringste Infrastruktur. Der sekundäre Sektor (produzierendes Gewerbe) war völlig unterentwickelt, die Wirtschaft war seit der Ära des südafrikanischen Mandats extrem einseitig auf Südafrika ausgerichtet und die Besitz- und Eigentumsverhältnisse waren stark verzerrt. Dabei war mittelfristig wohl weniger entscheidend, dass nur wenige Weiße einen großen Teil des landwirtschaftlich nutzbaren Landes besaßen, sondern dass komplexeres wirtschaftliches Know-how praktisch vollständig auf weiße Bevölkerungskreise beschränkt war und teilweise noch ist.

Schwierige Ausgangs-situation

Problem der Landfrage

Die Problematik des Landbesitzes wurde zunächst in Angriff genommen. Ausgangspunkt war, dass in der Kolonialzeit Land unrechtmäßig enteignet worden war, was nun korrigiert werden sollte. Ferner ging man davon aus, dass eine Wiederherstellung der vorkolonialen Stammesrechte auf das Land nicht mehr möglich und auch nicht sinnvoll sei. Aufgrund der knappen Landressourcen und der jahrelangen Bevorzugung von Südafrikanern beim Landerwerb sollte es für Nicht-Namibier zukünftig nicht mehr möglich sein, Land zu erwerben. Verlassenes oder kaum genutztes Farmland sollte durch die Behörden einer Nutzung zugeführt und **umverteilt** werden.

Land-verteilung

Mit der Anfang 1995 verabschiedeten **Landreformgesetzgebung** wollte die Regierung eine stärkere Beteiligung nicht-weißer Farmer am Landbesitz erreichen. Das Gesetz sieht u. a. auch eine Landenteignung gegen Entschädigung zu Marktpreisen vor, falls das Land nicht genutzt wird oder der Besitzer über sehr viel Land verfügt. Farmerwerb durch Ausländer bleibt im Prinzip zwar möglich, ist aber genehmigungspflichtig; eine Ge-

Im ariden Namibia sind zur Viehzucht riesige Weideflächen nötig

Land-
reform

nehmigung wird regelmäßig nur im Kontext größerer Investitionen erteilt. Zudem ist gesetzlich geregelt, dass der Staat bei einem Farmverkauf ein Vorkaufsrecht hat. Seit 2003 gibt es auch eine Bodensteuer, die als Grundlage die natürliche Basis einer Farm hat: Niederschlagshöhe und -sicherheit sowie Bodengüte. Daneben steigen die Steuern ab einer Farmfläche von 5.000 ha. Die praktische Umsetzung der neuen Gesetze lief aber nur sehr langsam an. 2004 kündigte die Regierung unter dem Druck der Kritiker an, die bisher nur zögerlich umgesetzte Landreform auch unter Rückgriff auf das Instrument der Enteignung zu beschleunigen.

Derzeit stellen die steigenden Preise für Farmland ein großes Problem für die Landreform dar. Immer weniger Land wird der Regierung zu Reformzwecken zum Kauf angeboten. Die Umverteilung agrarischer Flächen ist also weiterhin von höchster politischer Brisanz.

Die **Lösung der Landfrage** ist aus dem Vorgang der „Nationalen Aussöhnung" nicht wegzudenken. Die Koexistenz der vielen Volksgruppen Namibias kann nur gelingen, wenn eine zumindest weitgehend akzeptierte Lösung erreicht werden kann. Schließlich liegt Zimbabwe als abschreckendes Beispiel unmittelbar in der Nachbarschaft: Dort hat Präsident Mugabe mit seiner radikalen und gewaltsam durchgeführten „Landreform" einen völligen Zusammenbruch der Wirtschaft herbeigeführt, unter dem nun alle, ganz besonders aber die Schwarzen, zu leiden haben, denn viele Weiße haben während der Enteignungen ihre Unternehmen ins Ausland verlagert.

Fortschritte und Rückschläge

Entwick-
lungshilfe

Nach der Unabhängigkeit erlebte Namibia im Gegensatz zu allen anderen afrikanischen Staaten, die gerade einen „Befreiungskampf" hinter sich hatten, zunächst eine vergleichsweise ruhige Zeit. Im Land herrschte **Aufbruchsstimmung**, und u. a. auch durch intensive **internationale Entwicklungszusammenarbeit** (technisches Know-how und finanzielle Unterstützung) wurde bis in die Mitte der 1990er-Jahre erreicht, dass das Wirtschaftswachstum größer als oder zumindest etwa gleich groß war wie das Bevölkerungswachstum, was eine grundsätzliche Voraussetzung ist, die Lebensbedingungen breiter Bevölkerungsschichten zu bessern.

Allein aus Deutschland fließen jährlich etwa 60 Mio. Euro ins Land, davon etwa 2/3 als Entwicklungs- und 1/3 als Finanzhilfe. Damit erhält Namibia pro Kopf von Deutschland mehr Unterstützung als jedes andere Entwicklungsland. Dies dient auch als Argument gegen Entschädigungsforderungen, die von Herero wegen der Menschenrechtsverletzungen während der Kolonialzeit gestellt werden. Schwerpunktmäßig werden die Mittel zur Verbesserung von Windhoeks Wasserrückgewinnung, zur ländlichen Grundschulversorgung, zu Gesundheits- und Familienplanungsprojekten, zum Niedrigkostenwohnungsbau und zum Straßenbau eingesetzt.

Ausufernde
Bürokratie

Durch interne und externe Faktoren erhielt die positive Entwicklung der frühen 1990er-Jahre mehrere empfindliche Dämpfer. Wie in den meisten Ländern Afrikas gelang es nicht, die ausufernde **Bürokratie** und den wuchernden Staatsapparat zu rationalisieren. So wird Namibia mit seinen etwas mehr als 2 Mio. Einwohnern von einem Kabinett regiert, das immerhin 25 Köpfe umfasst!

Dies und die allgemeine Entwicklung, die langsamer voranging als erhofft, führte zu verbreiteter **Unzufriedenheit** auch unter den SWAPO-Anhängern im Land. Entsprechend niedrig waren zeitweilig die Wahlbeteiligung und die Wahlergebnisse der SWAPO. Für weitere Spannungen sorgten die Forderungen der NUW (*National Union of Namibian Workers*) zur Umsetzung der Landreform. Sie forderte die Enteignung der weißen Farmer nach dem Muster von Zimbabwe und kritisierte die Privatisierung unrentabler Staatsbetriebe. Diese Haltung wurde von vielen Schwarzen in Anbetracht der hohen Arbeitslosigkeit unterstützt, führte aber bislang nicht zu einer Änderung der Regierungspolitik des Rückkaufs soweit die Mittel zur Verfügung stehen.   *Zimbabwe-Krise*

Die Landreform mit dem Verbot des Besitzes mehrerer Farmen bzw. von Großfarmen stößt inzwischen trotz der Landsteuer auf zunächst nicht erwartete Probleme, denn viele Minister sind ihrerseits Land- und Großgrundbesitzer geworden, was die Motivation zur Umsetzung der Landreform offensichtlich drastisch dämpft.   *Probleme bei der Landreform*

Insgesamt leidet die namibische **Wirtschaft** unter dem Mangel an Investitionsmöglichkeiten und das Land bleibt Kapital-Nettoexporteur. Die Lage der Landwirtschaft ist trotz zum Teil guter Regenjahre weiterhin prekär bei tendenziell abnehmenden Niederschlägen. Der Transit über Caprivi- und Transkalahari-Highway blieb hinter den Erwartungen zurück und die EPZ Walvis Bay entwickelt sich langsamer als prognostiziert. Positive Entwicklungen sind v. a. aus dem Urantagebau in der Umgebung von Swakopmund zu erwarten.

Praktisch wehrlos steht Namibia der **AIDS-Pandemie** gegenüber, es zählt zu den Ländern mit der höchsten Infektionsrate. Jeder 5. Einwohner zwischen 15 und 49 Jahren ist HIV-infiziert, Hochrechnungen gehen von bis zu 250.000 infizierten Menschen in Namibia aus Die durchschnittliche Lebenserwartung ist bereits von 62 auf etwa 52 Jahre gesunken. Innerhalb der nächsten 10–20 Jahre wird ein wesentlicher Teil ausgerechnet der Altersgruppen sterben, die die Säulen des Wirtschaftslebens darstellen. Mittlerweile ist Aids Todesursache Nr. 1, man schätzt, dass täglich etwa 50 Personen neu infiziert werden. Wenn diese Entwicklung nicht gestoppt wird, werden im dünn besiedelten Namibia in nicht weit entfernter Zukunft Arbeitskräfte fehlen. Trotzdem ist das Risiko sehr gering, durch Blutkonserven oder unhygienische Spritzen infiziert zu werden. Spenderblut wird anerkanntermaßen gemäß den internationalen Standards sorgfältig geprüft.   *AIDS*

2004 veröffentlichte die Regierung einen langfristigen Nationalen Entwicklungsplan mit dem Titel „**Vision 2030**". Darin wird das ehrgeizige Ziel formuliert, bis 2030 den allgemeinen Lebensstandard eines Industrielandes zu erreichen. Vor allem die Probleme Arbeitslosigkeit, Armut und Aids müssten dafür weitgehend bewältigt werden.   *Nationaler Entwicklungsplan*

info

Der Caprivi-Streifen

Der Caprivi ist ein Extrembeispiel geopolitisch determinierter **kolonialer Grenzziehung**, die im Rahmen des Helgoland-Sansibar-Vertrages im Jahre 1890 erfolgte. Bei der Grenzziehung wurde keine Rücksicht darauf genommen, dass keinerlei ethnische Zugehörigkeit der Caprivi-Bewohner zu Namibia besteht. Die Hauptstämme (Massubia und Mafwe) sind mit denen in Zambia verwandt, Silozi ist nach wie vor Lingua franca.

Die Region stand schon immer der SWAPO distanziert gegenüber und wurde bis zur Unabhängigkeit nicht von Windhoek, sondern von Pretoria aus direkt verwaltet. 1968–1989 war Caprivi südafrikanische **Militärzone** mit herausragender strategischer Bedeutung für die südafrikanische Destabilisierungspolitik in Namibia, aber hinsichtlich der Infrastruktur extrem unterentwickelt. Arbeitslosigkeit und Armut grassierten, und erst seit wenigen Jahren fließen nennenswerte Anteile des namibischen Entwicklungsetats in diese Region.

Mishake Muyongo entpuppte sich einst mehr und mehr als Drahtzieher von Unruhen in der Region. Er war Führer der Demokratischen Turnhallenallianz gewesen, 1994 der Präsidentschaftskandidat der DTA, er hatte mit an der namibischen Verfassung gearbeitet, die die Integrität des Landes als Ganzes ausdrücklich festschreibt. Nach Bekanntwerden seiner geheimen Gespräche mit ausländischen Waffenlieferanten und Söldnerfirmen trennte sich die DTA im Jahre 1998 von ihm. Seitdem engagierte er sich – teilweise aus dem politischen Exil in Dänemark heraus – als Brandstifter im Caprivi. Das Problem eskalierte unversehens, als am 2.8.1999 ein Angriff der Sezessionisten auf Katima Mulilo erfolgte, worauf die Regierung den Ausnahmezustand ausrief und Polizei und Paramilitärs nicht ohne zahlreiche Übergriffe gegen wehrlose und in den meisten Fällen unbeteiligte Zivilisten alles andere als zimperlich vorgingen. In der deutschen Presse wurde zwischen dem **Capriviproblem** und einem weiteren Grenzproblem im Norden nicht immer ausreichend differenziert: Ende Dezember 1999 gab Namibia seine Neutralitätspolitik gegenüber dem Bürgerkrieg in Angola auf und erlaubte den Regierungstruppen des nördlichen Nachbarn, von Namibia aus Militäroperationen gegen die UNITA-Rebellen durchzuführen, beispielsweise auch, den Flughafen Rundu militärisch zu nutzen. Längst hat sich aber die Lage vollkommen entspannt, vor allem hat sich die Situation für die dort lebenden Menschen wieder verbessert. Und dazu trägt der stark angestiegene Tourismus maßgeblich bei.

Einen Abstecher oder sogar eine eigene Reise wert: Die Nationalparks im Caprivi-Streifen erinnern mit ihren großen Elefantenherden an den Chobe National Park in Botswana

Geografischer Überblick

An der trockenen Westseite des südlichen Afrika zwischen Südatlantik und Kalahari gelegen, hat Namibia eine Gesamtfläche von 824.292 km² und umfasst damit 2,7 % des afrikanischen Kontinents. Die Nachbarstaaten von Namibia sind Angola und Zambia im Norden, Botswana im Osten und die Republik Südafrika im Süden. Die Westgrenze bildet der Südatlantik. Die **hafenfeindliche Küste** des Südatlantik mit der Namib-Wüste sowie die Trockengebiete der Kalahari im Binnenland bedingen eine geografische Ab-

Flächen-staat

seitslage Namibias, die auch wirtschaftliche Auswirkungen hat. Die Distanzen zu den In-
dustriestaaten auf der Nordhalbkugel (u. a. West- und Mitteleuropa) und zu dem wirtschaftlichen Kernraum des Subkontinents, der Pretoria-Witwatersrand-Vaaldreieck-Ag-
glomeration in der RSA, sind erheblich.

Das äußerst kontrastreiche afrikanische Land reicht vom Oranje-Fluss (Noordoewer)
im Süden über 1.500 km in Richtung des Äquators nach Rundu am Okavango. Dies
kommt der Entfernung Flensburg–Korsika gleich. Von der brandungsreichen Küste des
Südatlantiks bis zur Halbwüste Kalahari an der Grenze zu Botswana beträgt die durchschnittliche Entfernung 630 km, was der Entfernung zwischen Aachen und Berlin entspricht.

Es gibt hier Hunderte von Kilometern, auf denen keine Serviceleistungen für Mensch
und Fahrzeug bereit stehen und auf denen der Reisende auf sich selbst gestellt ist. Für
Fahrten über große Distanzen muss daher sorgfältig geplant und ausgerüstet werden.

Das **naturräumliche Grundmuster** von Namibia lässt sich anhand von zwei Ord-
nungsprinzipien leicht aufzeigen: der Höhenlage über dem Meer und der Menge der
Niederschläge.

Das Relief

Namib-
Wüste
Die **Namib-Wüste** erstreckt sich in Süd-Nord-Richtung über die gesamte Länge Na-
mibias (1.800 km) hinweg entlang dem Südatlantik vom äußersten Südwesten der
Kapprovinz (Port Nolloth) über den Oranje über Oranjemund, Lüderitz, Walvis Bay,
Swakopmund bis zum Grenzfluss Kunene. Von hier aus reicht sie noch Hunderte von
Kilometern nach Angola (Mocamedes) hinein.

In Namibia steigt das nur 80–130 km breite Wüstengebiet vom Niveau des Meeresspie-
gels langsam auf 600 m Höhe an. Im Norden ist es vorwiegend als Felswüste und südlich des Kuiseb-Trockenflusses als Sandwüste mit Dünen bis über 300 m Höhe ausge-
Escarp-
ment
prägt. Im Osten schließen sich die Große Randstufe (Great Escarpment) und die Berg-
länder der Randschwelle an. Sie bilden einen eindrucksvollen Gebirgswall, der Höhen
bis zu 2.000 m erreicht. Der Königsstein im **Brandberg-Massiv** ragt mit 2.579 m als
höchster Berg Namibias besonders heraus. Tiefe, wadiähnliche Täler (Riviere) durch-
schneiden das „Escarpment" und öffnen es zur Namib hin.

Hochland
Weiter landeinwärts erstrecken sich im Süden halbwüstenhafte **Hochländer**, die in den
zentralen und nördlichen Landesteilen durch Dorn- und Trockensavannen geprägt sind.
Ihre durchschnittliche Höhe beträgt 1.700 m mit einer Süd-Nord-Ausdehnung von ca.
1.500 km. Sie bilden das „Rückgrat" des Landes. Es wird insbesondere von den ketten-
artig aufgereihten Städten Karasburg, Keetmanshoop, Mariental, Rehoboth, Windhoek,
Okahandja, Otjiwarongo, Tsumeb/Grootfontein und Ondangwa/Oshakati markiert. Die
höchsten Teile liegen im zentralen Hochland südlich von Windhoek in den Auas-Bergen, wo die Bergkuppe Moltke-Blick 2.483 m erreicht. Nach Osten hin ragen noch einzelne Massive auf.

In Namibia kann man stundenlang fahren, ohne einer Menschenseele zu begegnen

Die Entstehung der genannten Höhengebiete lässt sich bis in die Kreidezeit (vor ca. 120 Mio. Jahren) zurückverfolgen. Sie sind das Ergebnis einer gewaltigen, in Phasen ablaufenden Aufwölbung des südlichen Afrika und der bald darauf einsetzenden Abtragungsvorgänge. Die Randzonen des Subkontinents wurden stärker herausgehoben als die Binnenregion (Kalahari-Becken).

Zur Grenze nach Botswana hin nimmt die Höhe unmerklich bis auf ca. 1.200 m ab, um in das **Kalahari-Hochbecken** überzugehen. Mächtige Sandflächen, oft bedeckt von einer relativ dichten Baum-Strauchvegetation, aktive Längsdünen, weite Altdünenfelder und abflusslose, jahreszeitlich wassergefüllte Senken und Pfannen sind typische Landschaftseinheiten. Der Mangel an verfügbarem Oberflächenwasser schränkt eine Daueransiedlung in dieser Region ein. *Kalahari*

Besonders schöne landschaftliche Höhepunkte

Wer sich für die grandiosen Zeugnisse der geologischen Vergangenheit interessiert, der darf nicht die folgenden **herausragenden Landschaften und Besonderheiten** versäumen:
- die Dünenlandschaften der Namib, insbesondere am Sossusvlei
- den Fish River Canyon, der sein Gegenstück im Grand Canyon/Arizona hat
- die Naukluft-Landschaft mit ihren herrlichen Bergen und Tälern
- das Erongo-Gebirge mit seinen fantastischen Erosionsformen (Bull's Party/Farm Ameib)
- das majestätische Brandberg-Massiv
- die Ausräumungslandschaften der Ugab-Terrassen (die an den Westen der USA erinnern)
- das Waterberg-Plateau

Klima

Höhe und Variabilität des **Niederschlags** sowie seine räumliche und zeitliche Verteilung bestimmen nicht nur die Vegetation, sondern haben auch eine entscheidende Bedeutung für alle menschlichen Aktivitäten, von der extensiven Landnutzung der San über die marktorientierte Farmwirtschaft und den Bergbau bis zum Ausbau der Städte. Die moderne Wasserwirtschaft besitzt daher auch eine Schlüsselrolle für die zukünftige Ent-
Deserti- wicklung des Landes. Die Ausbreitung wüstenhafter Bedingungen (Desertifikation) als
fikation Ergebnis unsachgemäßer Eingriffe des Menschen in den Naturhaushalt bedroht bereits weite Gebiete Namibias. Schutz und sachgerechte Handhabung der natürlichen Ressourcen, insbesondere des Wassers, sind Hauptaufgaben der Entwicklungsplanung.

Tropische Der überwiegende Teil von Namibia befindet sich im **Einflussbereich der tropischen**
Sommer- **Sommerregen** (Ende Oktober bis Anfang April). Nur der äußerste Süden erhält sei-
regen ne Feuchtigkeit von den Ausläufern der kapländischen subtropischen Winterregen (Mai bis September). Die Höhe der Niederschläge zeigt ein deutliches Nord-Süd-Gefälle. In Feuchtjahren können **im Nordosten (Caprivi) 700 mm** Regen fallen, während in den zentralen Landesteilen, z. B. im Raum Windhoek, nur 300–400 mm zu erwarten sind; **im Südwesten** treten dagegen weniger als 100 mm Niederschlag auf. Einerseits gibt es leichte Schauer, bei denen an heißen Tagen die Regentropfen schon verdunsten, bevor sie den Boden erreichen, andererseits können in wenigen Kilometern Entfernung wolkenbruchartige Regen (400 mm in 15 Stunden) eine ausgedehnte Flächenspülung mit Rinnenbildung verursachen. Bei einer Schädigung der Vegetation durch Überweidung oder Holzeinschlag (Feuerholz) tritt diese Erosion verstärkt auf und beschleunigt den Prozess der Desertifikation.

Nach den seltenen Regenfällen ergrünt die Wüste, wie hier in der Nähe von Solitaire

Die **Zahl der ariden Monate** nimmt von Norden mit fünf bis sechs über die Landesmitte und die Kalahari mit acht bis neun Trockenmonaten auf elf in den südlichen Landesteilen zu. Die wüstenhaften Gebiete mit über elf ariden Monaten erstrecken sich azonal vom unteren Oranje an den Fußflächen der Großen Randstufe entlang über den Grenzfluss Kunene im Norden bis zum mittleren Küstenabschnitt von Angola.

Die kalten Auftriebswässer des Benguela-Stroms und ablandige Fallwinde („Bergwinde") verstärken noch die Aridität. Sie hindern die Wolken daran, bis auf das Festland vorzudringen. Die-

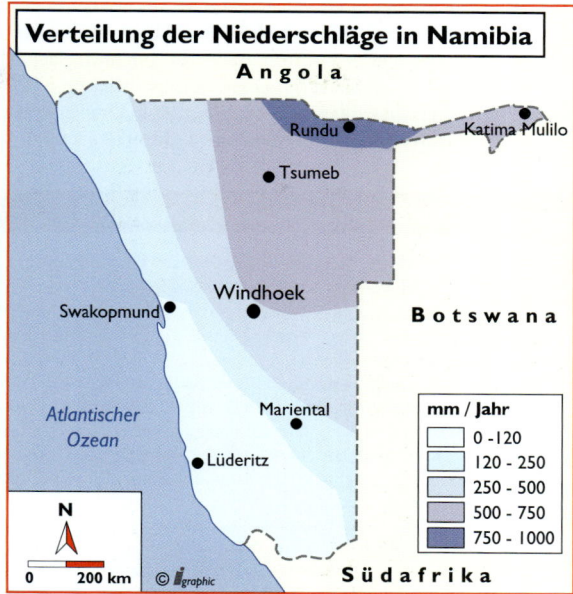

Verteilung der Niederschläge in Namibia

A n g o l a

Rundu •   Katima Mulilo

• Tsumeb

Swakopmund •

Windhoek •

B o t s w a n a

Atlantischer Ozean

Mariental •

• Lüderitz

mm / Jahr

☐	0 - 120
☐	120 - 250
☐	250 - 500
☐	500 - 750
☐	750 - 1000

N

0   200 km   © *graphic*

S ü d a f r i k a

se regnen sich bereits auf dem offenen Meer aus; nur Nebelbänke (Garua-Nebel) er-   *Nebel-*
reichen für Stunden vormittags die Küste und geben hier einer spezifischen Strand-   *wüste*
vegetation (u. a. der Welwitschia mirabilis) genügend Feuchtigkeit. Die „Bergwinde" wehen oft mit Sturmstärke in die Namib hinab und bedingen für einige Stunden eine erhebliche Zunahme der Temperatur und eine Sichtbeeinträchtigung durch Staub und Sand.

Der „Wärmekiller" Benguela-Strom

Den europäischen Besucher überraschen immer wieder die **kühlen Temperaturen an der namibischen Küste**. Auf vergleichbaren Breitengraden liegen auf der Nordhalbkugel doch gerade Badeparadiese, wie die Kanarischen Inseln, Südflorida oder Hawaii! Die Erklärung ist im kalten Benguela-Meeresstrom zu suchen, der hier an der Küste vorbeifließt. Seine Wassermassen wurden in der Antarktis-Region abgekühlt. Die Luftmassen über dieser kalten Drift werden sehr stark abgekühlt, sodass sie nur noch eine sehr geringe Feuchtigkeit enthalten. Sobald diese Luftmassen das Land erreichen, erwärmen sie sich und verlieren noch mehr an Wasser. Deshalb kommt es zu den typischen Nebeln der Namib-Wüste, denn für Regenfälle ist die Luft hier viel zu trocken.

Auch die von Osten kommenden Passate, die ihren Ursprung im Gebiet des Indischen Ozeans haben, bringen dem Land kaum Niederschläge. Diese Luftmassen werden schon von den hohen Gebirgsketten Südafrikas „angezapft". Je weiter sie nach Westen getrieben werden, desto trockener werden sie. Sowohl wegen des kalten Benguela-Stroms als auch wegen dieser trockenen Ostwinde sind die Küstenregion und ihr Hinterland wüstenhaft.

info

Regen stammt aus Zentral- afrika

Die Niederschläge in Namibia fallen aus den feuchten Luftmassen aus den inneren Tropen, die nach Süden vordringen und über der Kalahari auf die trockenen, kontinental-subtropischen Luftmassen treffen. Es kommt zu einer Frontenbildung mit zeitweise ausgiebigen Sommerregen. Diese wolkenbruchartigen Niederschläge sind meist nur lokal ausgeprägt. Es kann vorkommen, dass in Oranjemund im volariden Süden der Namib Hochwasser auftritt, während Feuchtgebiete im Norden unter Trockenheit leiden.

info

Niederschlagszonen in Namibia

- **Nördliche Landesteile (jenseits der Etosha-Pfanne):** Die Niederschläge erreichen durchschnittlich Werte von 500 mm und fallen in der Zeit zwischen Oktober und April. Die Flüsse führen nur in dieser Zeit Wasser (periodische Flüsse). Der Kunene und Okavango sind eine Ausnahme: Beide sind sog. Fremdlingsflüsse, die ihr Wasser aus dem angolanischen Bergland beziehen und ganzjährig fließen.
- **Mittlerer Landesteil:** Die Flüsse fließen hier nicht zu jeder Regenzeit, sondern nur, wenn diese ergiebig genug war (episodische Flüsse). Da dieses Gebiet z. T. weit über 1.000 m über dem Meeresspiegel liegt, treten besonders in der Winterzeit Fröste auf.
- **Küstenbereich, Namib und der Süden:** In der Namib erreichen Niederschläge (in Form von Nebel) selten mehr als 50 mm im Jahr, die südlichen Regionen sind sog. Wüstensteppengebiete (z. B. Keetmanshoop).

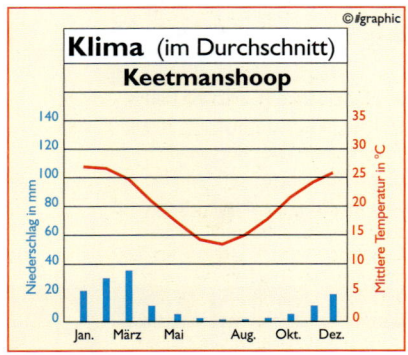

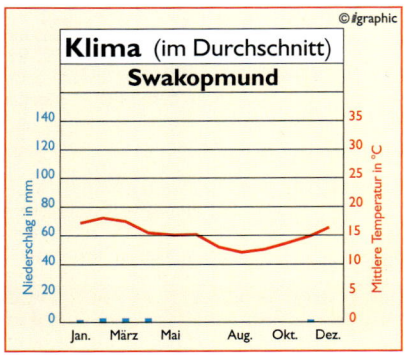

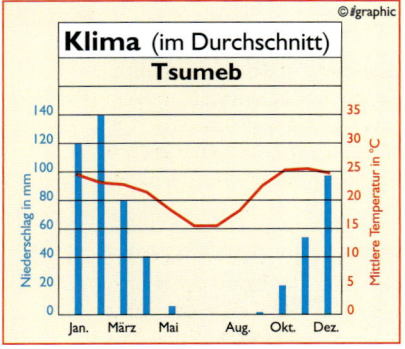

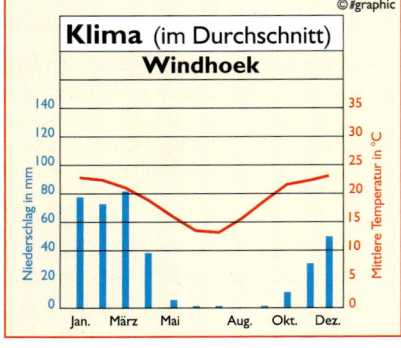

Kleines Lexikon zu Namibias Geografie

Savanne	Vegetationszone in den wechselfeuchten Tropen mit deutlichem Unterschied zwischen Regenzeit und ausgeprägter Trockenzeit. Es herrscht Grasbewuchs vor, Wälder und Gebüschvegetation sind stellenweise vorhanden. Bei Beginn der Regenzeit entfaltet sich die Vegetation, es wird grün, die Büsche erden dicht. In der Trockenperiode (in Namibia vor allem in den Monaten Mai–August) sieht die Landschaft braun und verdorrt aus (gut für Tierbeobachtungen!).
Desertifikation	Ausbreitung wüstenhafter Bedingungen als Folge unsachgemäßer Eingriffe (z. B. Abholzen, Überweiden, Grundwasserabsenkungen) des Menschen in den Naturhaushalt. Folgen sind u. a. starke Erosionen, Fortwehen der ausgetrockneten Bodenkrume durch Wind etc. In Namibia u. a. in Teilen des ehemaligen Damaralandes zu beobachten.
Fremdlingsflüsse	Flüsse, die in niederschlagsreicheren Gebieten entspringen und ein trockeneres Gebiet durchfließen. Dazu zählen in Namibia Kunene, Okavango und Oranje (der streng genommen zu Südafrika gehört).
Periodische Flüsse	Flüsse in den Subtropen, die nahezu alljährlich im gleichen Rhythmus Wasser führen. Wenn sich die trockenen Flussbetten wieder mit Wasser füllen, heißt es im Südwester-Deutsch: „Die Riviere kommen ab!" In Namibia sind es z. B. die Flüsse Swakop und Omaruru.
Episodische Flüsse	Flüsse, die sehr unregelmäßig Wasser führen. Ihre Flussbetten und „Quellen" liegen in wüstenähnlichen Gebieten. In Namibia sind es z. B. der Tsisab (am Brandbergmassiv) oder der Tsauchab (der in regenreichen Jahren manchmal Wasser bis zum Sossusvlei führt).
Vlei	So werden in Namibia zumeist abflusslose Becken genannt, die „Pfannen" bilden und alle Jubeljahre mit Wasser gefüllt werden, das dann durch Verdunstung und Versickerung wieder verschwindet. In den trockenen Zeiten ist der lehmig-tonige Boden der Vleis zum Teil von markanten Riss-Mustern überzogen. Besonders eindrucksvoll in Namibia ist das Sossusvlei.
Arides Klima	Damit bezeichnet man ein Klima, bei dem die Verdunstungsrate höher liegt als der Niederschlag. Das ist in ganz Namibia – mehr oder weniger – der Fall. Die jährliche Verdunstungsrate beträgt im Nordwesten 2.600 mm/J (bei einem Niederschlag von ca. 600 mm/J), im Südosten sogar 3.700 mm/J (bei einem Niederschlag von ca. 200 mm/J). Daher gibt es in Namibia sehr wenig Oberflächenwasser, und Flüsse und Senken füllen sich bestenfalls nach guten Regenfällen. Das Gegenteil von „arid" ist „humid". Bei solchen Klimaten überwiegt der Niederschlag, die Verdunstung ist dagegen wesentlich geringer: Das ist z. B. überall in Deutschland der Fall, deshalb fließen die Flüsse bei uns ganzjährig, und ebenso sind unsere Seen stets gefüllt. So beträgt der Niederschlag z. B. in Hamburg ca. 750 mm/J, die Verdunstungsrate liegt bei ca. 600 mm/J.

Im Vergleich zum Wasser als dem entscheidenden Lebensfaktor stellen die **Temperaturen** in Namibia kaum ein Problem dar. Sie erreichen im Durchschnitt im Norden, in den randtropischen Bereichen, 21 °C, im subtropischen Hochland bei Windhoek 19 °C und im Süden 21 °C. An der Namibküste erreichen sie einen Durchschnittswert von 15 °C. Das tägliche Maximum kann aber im Norden gelegentlich auf über 30 °C ansteigen.

Die **Höhenlagen im Landesinneren** verringern die Temperaturen, wobei in klaren Nächten in den Monaten Juli bis August Frost auftreten kann. Die Tagestemperaturen in der Namib können tagsüber bei 40 °C und mehr liegen, während sie in der Nacht auf wenige Grade absinken. Warme, selten heiße Tage und kühle bis kalte Nächte (Au- *Frost-nächte* gust) machen das Hochland Namibias zu einem **idealen Reiseland.** Die hohe Luft-feuchtigkeit der Tropen, meist als Schwüle empfunden, tritt nur selten auf. Tropenkrank-heiten, wie z. B. Malaria, sind nahezu ausschließlich auf den Norden beschränkt. Sie brei-ten sich allerdings in starken Regenzeiten bis zur Landesmitte aus. Eine Prophylaxe ist dann zu empfehlen.

Die Lage Namibias in den Trockengebieten der Rand- und Subtropen bedingt eine ge-ringe Bewölkung und eine hohe Sonnenscheindauer – ausgezeichnete Bedingungen für Fotografen, Landschaftsmaler, für Wanderer und Segelflieger. Durch die hohe Verduns-tung wird die Effizienz der geringen Niederschlagsmengen weiter gemindert.

Wasservorkommen und moderne Wasserwirtschaft

Trocken-gebiet Namibia ist ein **Trockengebiet,** in dem lediglich die Intensität der Trockenheit vari-iert. Selbst in den nördlichen Gebieten, in den sogenannten Feuchtlandschaften, ist die Niederschlagsmenge eher gering. Oberflächengewässer sind daher nur selten vorhan-den. **Alle ständig Wasser führenden Flüsse sind Fremdlingsflüsse** und gleich-zeitig **Grenzflüsse** zu den Nachbarstaaten. Bekannt sind im Norden der Kunene (325 km), der Okavango (400 km), der Zambezi (100 km) sowie der Kwando-Chobe (200 km).

Flüsse Im Süden verläuft der Oranje (500 km) an der Grenze zur Republik Südafrika (RSA), die sich die Wasserrechte gesichert hat, da die Grenze zwischen Namibia und der RSA auf dem namibischen Ufer verläuft. Den namibischen Anliegern werden aber die glei-chen Wasserrechte gewährt wie den südafrikanischen.

Die Hauptentwässerungssysteme sind zum Atlantischen Ozean hin oder zu einem Binnenentwässerungsgebiet (Etosha-Pfanne, Okavango-Delta in Botswana) ausgerich-tet. Nur der Zambezi und seine Nebenflüsse (Kwando-Chobe) fließen in den Indischen Ozean. Bis auf die beiden kleinen, aber tiefen Karstseen (> 60 m) Otjikoto und Guinas bei Tsumeb fehlen in Namibia auch Seen.

Riviere Zwischen Kunene und Oranje treten zahlreiche Trockenflüsse auf, die meist im Bereich der Großen Randstufe entspringen, jedoch nur in Ausnahmefällen (gute Regenjahre) den Südatlantik erreichen. Es sind **Riviere,** die periodisch oder episodisch Wasser führen. Der Fish River, der die gesamte südliche Landesmitte über den Oranje entwässert, ist der bekannteste und wasserreichste unter ihnen. Pfannen und Senken (Vleis) im Nor-den (Etosha) und im Osten nehmen die gelegentlichen Abflussmengen der Hauptriviere der westlichen Kalahari auf. Ausgeprägte Gewässerlandschaften wie das Okavango-Delta in Botswana sind auch hier nicht zu finden.

Die ökologische sowie wasserwirtschaftliche Bedeutung der Trockensavanne darf je-doch trotz der genannten Einschränkungen nicht unterschätzt werden. Die Beschaffen-heit der oberflächennahen Gesteine und Böden muss hierbei berücksichtigt werden: Lockersedimente (Sande), die das Niederschlagswasser rasch aufnehmen, ermöglichen

Nur nach starken Regenfällen führt der Tsauchab am Sossusvlei Wasser

oft eine relativ dichte Vegetation (Baum-Strauch-Savannen im Norden). Sedimentgesteine (Kalke und Sandsteine) dagegen bilden Wasserspeicher und lassen einen Grundwasserkörper entstehen. Das Alter der Gesteine spielt dabei keine Rolle, dagegen sind ihre Speicherfähigkeit und die Art ihrer Lagerung von entscheidender Bedeutung. Bekannt sind die **artesischen Wasser**, z. B. bei Stampriet im Süden des Landes, wo die Auob- und Nossob-Sandsteine der Karru-Formation großflächig auftreten. Man nimmt an, dass vorzeitliche Niederschläge (Regenzeiten im Pleistozän) oberflächennahe Grundwasserkörper bildeten, die heute eine wertvolle Ergänzung des gesamten Wasservorkommens sind, zumal der Wasserverbrauch jährlich wächst. *Artesische Quellen*

Grundwasser besaß natürlich bereits seit der frühen, extensiven Besiedlung durch Wildbeuter und Jäger und später durch halbnomadisierende Rinderhirten und Kleinbauern eine entscheidende Bedeutung. Sie steigerte sich jedoch beträchtlich, als die Entwicklung von ländlichen Dauersiedlungen und städtischen Zentren einsetzte. *Grundwasser*

In weiten Teilen im Norden und Osten Namibias gibt es akute regionale Probleme, weil das Grundwasser nicht durch Niederschläge gespeist wird, da Schotter und Sande zu mächtig aufliegen. In anderen Landesteilen wird Grundwasser erst in Tiefen zwischen 50 und 200 m angetroffen. Einige Bohrbrunnen bei Windhoek erreichen bereits jetzt Tiefen von 300 m. *Tiefbrunnen*

Die Sandbetten in den Rivieren dagegen besitzen nicht nur eine ausgezeichnete Speicherfunktion, sondern ihr Grundwasservorkommen lässt sich auch leicht erschließen. Diese Tatsache machen sich viele Farmer zunutze, indem sie „Sandstaudämme" errichten. Natürliche Felsschwellen in den Trockenflussbetten werden künstlich erhöht, sodass sich Sande ablagern können. Das episodisch abkommende Wasser wird verdunstungsfrei und sauber gespeichert und durch einfache Windmotoranlagen leicht gefördert.

Der **Wasserverbrauch** erhöht sich jedoch rasant seit Beginn der 1960er-Jahre durch das Wachstum zentraler Orte (insbesondere das von Windhoek), den Anstieg des Lebensstandards größerer Bevölkerungsgruppen sowie die **Zunahme des Bergbaus und des Tourismus** (Rastlager). Bereits im Odendaal-Plan (1962) wurde der Wassermangel als das zentrale Problem von Namibia bezeichnet.

Stauseen

Die ersten Wassersammelanlagen im ländlichen Raum entstanden im dicht bevölkerten Ovamboland. Natürliche Vertiefungen (Oshanas) und Becken wurden abgedichtet, sodass sie während einer guten Regenzeit voll liefen. Über ein Kanalsystem wurde das Wasser anschließend an zentrale Einrichtungen, Dörfer, Schulen, Krankenhäuser verteilt. In späteren Jahren wurde diese einfache Art der Wasserversorgung durch Druckleitungen erweitert, da die Zentren Oshakati und Ondangwa ausgebaut wurden.

Wasser-versorgung

Die Städte in den zentralen Landesteilen verlangten ebenfalls einen weiteren Ausbau der Wasserversorgung. Kleine und größere Talsperren mussten gebaut werden, um die Deckung des ständig wachsenden Wasserbedarfs zu sichern. Die größeren Distanzen zwischen Bedarfszentren und Wassergewinnungsgebieten machten den Bau von **Fernversorgungsanlagen** notwendig: das Kuisebnetz zur Versorgung der Oasenstädte der zentralen Namib und des Uranbergwerkes Rössing, die Nutzung der Koichab-Pfanne für die Versorgung von Lüderitz und die Herleitung von Wasser aus den Karstgebieten von Otavi/Grootfontein sowie aus den nördlichen Grenzflüssen. Die Gesamtkapazität der 14 größten Stauseen wurde auf 624 Mio. m³ erweitert.

Flora und Fauna

Namibia bietet als **Lebensräume Savanne, Halbwüste und Wüste.** Bei näherer Betrachtung lässt sich die Grenze zweier Florenregionen feststellen, die Namibia in eine Sudan-Zambezische Region und in eine Karru-Namibische Region unterteilt. Dieser Grenzverlauf von NW nach SO trennt die subtropischen Wüsten- und Halbwüsten-Formationen der westlichen und südlichen Landesteile von den randtropischen Savannenformationen im Osten, im Zentrum und im Norden des Landes.

Strauch-und Baum-savannen

Entsprechend dem Feuchtigkeitsgrad sind zwei Drittel des Landes mit **Savannen** bedeckt. Im Norden findet man lichte bis geschlossene Savannenwälder mit einem dichten bis lockeren Grasbestand. Einzelne Pflanzengemeinschaften treten gemischt oder in charakteristischen Kombinationen auf. Als Leitpflanzen sind im Nordwesten (östliches Kaokoveld) der Mopane-Baum (*Colophospermum mopane*), im Norden der Sandveld-Mahagoni-Baum (*Burkea africana*) und der Kiaat-Baum (*Pterocarpus angolensis*) sowie die Palmen Hyphaene ventricosa oder Phoenix reclinata zu nennen. An trockenen Standorten sind die Affenbrotbäume (*Baobab* oder *Adansonia digitata*) zusammen mit Akazien (z. B. mit *Acacia albida*) zu finden.

Während der Trockenzeit kann sich das Wild vom Laub und den Früchten der Bäume ernähren. Die Reste von Galeriewäldern nahe den Grenzflüssen u. a. mit den mächtigen wilden Feigenbäumen (*Ficus sycomorus*) werden besonders gern aufgesucht; manche, wie z. B. in Ostokavango (Mahango-Wildreservat) oder in Caprivi, haben ständig einen hohen Tierbestand.

Wüstenelefanten im Nordosten Namibias:
Während der Trockenzeit müssen sie lange Wege bis zur Wasserstelle zurücklegen

Da wegen der Mächtigkeit der Kalahari-Sande (stellenweise über 300 m) oberflächennahes Wasser selten ist, sammelt sich das Wild auch an den **Wasserlöchern** in Senken (Vleis), Pfannen und Trockenfluss-Niederungen. Durch Ausnutzung einer lokalbedingten Bodenfeuchte treten hier noch Pflanzengesellschaften auf (Einzelbäume, Sträucher und Gräser), die vom Durchschnittsbild der Vegetation der jeweiligen Zone abweichen (Ansätze eines Galeriewaldes). *Wasserlöcher*

Eingebettet in die Savannenformationen Nordnamibias liegt die Etosha-Salzpfanne. Der gleichnamige Nationalpark ist heute die Heimat afrikanischer Großtiergemeinschaften, darunter Elefanten, Nashörner, Giraffen, Zebras, Gnus, Antilopen, Löwen, Geparde und Leoparden. Die Grenzflüsse im Norden sind teilweise noch mit Flusspferden und Krokodilen bevölkert, wenn die Menschen nicht zu sehr in den Naturhaushalt eingegriffen haben.

Bäumen wie dem **Kameldorn-Baum** (*Acacia giraffae*), dem **Ana-Baum** (*Acacia albida*) oder der **Tamariske** (*Tamanix usneoides*) gelingt es bei zunehmender Trockenheit nur noch an den Uferrändern der Riviere, das Grundwasser zu nutzen. Akazien-**Dornbüsche** wie der Dridorn (*Rhigozum trichotomum*) und **Horstgräser** (Buschmanngras, *Aristida ciliata*) oder das Gemsbockschwanzgras (*Aristida hochstetteriana*) können noch in den Halbwüsten bestehen.

Da die physikalische Verwitterung vor der chemischen überwiegt, konnten sich hier keine alten Böden ausbilden und als Feuchtigkeitsspeicher fungieren. Schuttdecken und offen anstehendes Gestein treten daher häufiger auf. Der gesamte Westteil des Landes, einschließlich der Wüste Namib, ist aber nicht vegetationsfrei, sondern nur pflanzenarm. Eine besondere und interessante Anpassung an das Wüstenklima haben die **Sukkulenten** (Aloen, z. B. der Kokerboom, *Aloe dichotoma*), Euphorbien (Wolfsmilchgewächse) und die Lithops (Kaktus, *Adenium namaquanum*) entwickelt: Sie können Wasser speichern und so Dürrezeiten besser überstehen. Eine Touristenattraktion in der *Sukkulenten*

Namib ist die Welwitschia mirabilis, die zur Gruppe der zapfentragenden Nacktsamer gehört – wie die Kiefer und die Baumfarne. Der Morgennebel liefert ihr die notwendige Feuchtigkeit, die über die langen Blätter und Wurzeln aufgenommen wird.

Die **typische Tierwelt der Savannen** war bis zur Mitte des 20. Jh. im gesamten Norden zahlenmäßig noch stärker vertreten, als der Schusswaffengebrauch auf wenige Personen beschränkt war und bevor neue Siedlungsräume erschlossen wurden. Auch die kriegerischen Auseinandersetzungen (1966–1989) dezimierten die Tierbestände. Hegemaßnahmen der Naturschutzbehörden konnten aber eine Ausrottung verhindern. Mit zunehmender Trockenheit in den westlichen und südlichen Landesteilen treten die typischen Savannentiere immer seltener auf. Neue Gemeinschaften, die sich an die harten Lebensbedingungen der Halbwüste und Wüste anpassten, haben sich im Laufe der Zeit herausgebildet. Eine ausgesprochene Regenzeit gibt es hier nicht, sondern nur noch eine kurze Folge von wenig intensiven Regenschauern.

Nebel-wüste Eine einmalige Pflanzen- und Tierwelt findet man auch im Bereich der **Nebelwüste** (Garuaklima) entlang der Atlantikküste. Fast täglich durchziehen Nebelschwaden einen ca. 30 km breiten Streifen der Namib-Wüste und durchfeuchten die Bodenoberfläche für kurze Zeit. Flechten und salzverträgliche Kleinpflanzen, nicht immer leicht erkennbar, breiten sich hier aus.

Auf Wüstentouren wie hier bei Swakopmund kann man die faszinierende Tierwelt der Wüste kennenlernen – unter anderem Chamäleons

Der **Meeresstrand** selbst ist der Lebensraum für die unterschiedlichsten Tierarten: Fische, Robben, See- und Zugvögel. Hier hat sich eine Nahrungs- und Lebenskette auf der Grundlage des kalten Benguela-Meeresstroms gebildet. Er ist überaus reich an Plankton, das als Nahrung für die Fischschwärme dient. Von diesen ernähren sich wiederum die Vögel und die Robben.

Spezielle Anpassungsformen an die extreme Umwelt haben auch die Tiere in der Dünenzone entwickelt. Käfer, Insekten und Nagetiere leben nahe den wenigen Gräsern am Dünenfuß. Sie graben sich ein, um der Tageshitze zu entgehen, und erscheinen erst wieder am kühlen Abend: „Die Wüste lebt!"

Manchmal wagen sich auch Großtiere in die Halb- und Vollwüste vor. Sie folgen den kurzen Regenschauern, die ausgezeichnete Weidegräser (*Eragrostis und Stipagrostis sp.*) sprießen lassen. Strauße und Oryx-Antilopen (Gemsböcke), die die wenigen Wasserstellen in der Namib kennen, sind keine Seltenheit.

Allgemein ist heute bekannt, dass ein fein abgestimmtes Ökosystem überall in diesen Trockengebieten Namibias zu finden ist, dass aber der Mensch im Laufe vergangener Jahre z. B. durch Walfang, Guano-Abbau, Bergbau und Tourismus oft verheerend eingegriffen hat. Ökologisch bewusste Reisende sollten daher die vom Direktorat für Naturschutz erlassenen Vorschriften zum Schutz dieser einmaligen Pflanzen- und Tierwelt genau einhalten.

☞ Tierlexikon

s. S. 556ff

Natur- und Tierschutz
(von Claire & Thomas Küpper)

Naturschutz hat in Namibia einen hohen Stellenwert. Als eines von wenigen Ländern der Welt hat Namibia den Naturschutz in seiner Verfassung verankert. Ähnlich wie in anderen Ländern auch gliedert sich der namibische Naturschutz nach unterschiedlichen Schutzprinzipien, die sich am jeweiligen Schutzziel orientieren. Zunächst gibt es den **Artenschutz**, d. h. eine Art oder eine ganze Familie steht unter Schutz, unabhängig davon, ob man sie in einem Naturpark antrifft oder außerhalb dieser Gebiete. Beispiele sind die Damara-Seeschwalbe, das Nashorn, der Butterbaum oder die Welwitschia mirabilis. *Verfassungsartikel!*

Daneben gibt es den Schutz geschlossener Gebiete. 2011 standen ca. 136.000 km² unter staatlichem Schutz, also etwa 17 % der Gesamtfläche Namibias. Es wird zwischen Game Parks, Nature Reserves und Nationalparks unterschieden. Jede Kategorie unterliegt einem anderen Schutzniveau. Höchsten Schutzstatus genießen die Nationalparks, in denen – außer in den staatlichen Camps und den wissenschaftlichen Stationen – jegliches Wohnen, Bauen, Jagen, das Sammeln von Naturbestandteilen (Pflanzen, Mineralien…) und natürlich auch die industrielle Nutzung von möglicherweise vorhandenen Bodenschätzen untersagt ist. Jeglicher Eingriff in die Natur darf nur von behördlich autorisierten Rangern vorgenommen werden. *Schutzformen*

Eine besondere Herausforderung für die Regierung ist, den Schutz von Tieren und Landschaft mit den Rechten und Bedürfnissen der Menschen zu vereinbaren, die in und um die Schutzgebiete herum leben. Während man früher bei der Gründung von Natur-

Neugierige Tüpfelhyäne im Etosha National Park

schutzgebieten der lokalen Bevölkerung oft mit Gleichgültigkeit und Ignoranz begegnete, wird heute versucht, diese in die Projekte einzubinden, den Menschen Arbeit, Ausbildung und eine Perspektive zu bieten. Der 2008 gegründete Mangetti-Nationalpark in der Nähe von Rundu beispielsweise wird gemeinschaftlich von der Regierung und von lokalen Kommunen verwaltet.

Auch international ist Namibia an verschiedenen Naturschutz-Projekten beteiligt. Im August 2011 wurde ein neuer internationaler Peace Park unter namibischer Beteiligung gegründet: Die **Kavango-Zambezi Transfrontier Conservation Area (KAZA)** vereint mehrere bereits bestehende Schutzgebiete in Angola, Botswana, Zambia, Zimbabwe und Namibia und umfasst insgesamt etwa 444.000 km² Land. Sie ist damit das zweitgrößte Schutzgebiet der Erde. Zum namibischen Gebiet gehören die Nationalparks Mamili, Mudumu und Bwabwata.

Die Verbindung von Tourismus und Naturschutz hat auf Regierungsebene in Namibia inzwischen eine sehr hohe Priorität. Man hat eingesehen, dass aufgrund der landschaftlichen Besonderheiten Namibias der Tourismus in bestimmten Regionen oft einträglicher ist als die Viehwirtschaft. Um die Attraktivität des Landes für Touristen aber zu erhalten und zu steigern, muss die Erhaltung des Naturraums gewährleistet sein.

Privater Natur- schutz Auch der private Naturschutz auf einzelnen Farmen hat in Namibia Ausmaße erreicht, die in anderen Ländern undenkbar wären. Heute gibt es eine Vielzahl privater Projekte, die über die Verbindung von Naturschutz und Tourismus Familieneinkommen sichern. Besonders bekannte Projekte dieser Art sind das AfriCat Projekt, der Save The Rhino Trust, der Namib Rand Nature Park, der Canyon Nature Park und der Gondwana Canyon Park. Im Süden entstand der private Naturpark Tirasberge in einer fantastischen Landschaft.

Wirtschaftlicher Überblick

Der primäre Wirtschaftsbereich mit Bergbau, Landwirtschaft und Fischerei ist das Rückgrat der Volkswirtschaft. Die Exporte der primären Produkte (Rohstoffe) dominieren bei den Ausfuhren. Sie unterliegen aber auch zugleich den schwankenden Weltmarktpreisen. Das BIP Namibias wird inzwischen aber auch immer stärker im tertiären Sektor erwirtschaftet. Dies wird vor allem auf das Wachstum der Tourismusbranche und den Telekommunikationssektor zurückgeführt. Der primäre und sekundäre Sektor fallen dagegen stark ab. *Primärer Wirtschaftssektor dominiert*

Die **Arbeitslosigkeit** wird in zunehmendem Maß zu einem Problem Namibias. Über 50 % der Bevölkerung gelten als arbeitslos oder unterbeschäftigt. Staatliche Beihilfen im Sinne von Arbeitslosenhilfe gibt es in Namibia nicht. Wie in vielen afrikanischen Staaten müssen viele Arbeitsuchende auf den informellen Sektor ausweichen (Handel mit selbstgefertigten Produkten, einfache Dienstleistungen und Reparaturen). Hinzu kommt, dass ein großer Teil der Erwerbstätigen im öffentlichen Dienst untergebracht ist; die dort gezahlten Gehälter verschlingen fast die Hälfte der Staatseinnahmen. Im Zusammenhang mit der hohen Arbeitslosigkeit ist leider auch ein Anstieg der Kriminalitätsrate zu vermerken. *Arbeitslosigkeit*

Der **kleine Binnenmarkt** ist ein Hemmnis, das Namibia mit anderen afrikanischen Ländern teilt. Häufig ist die Kaufkraft des Großteils der Bevölkerung zu gering, um einen Wachstumsfaktor darzustellen. Mit einem durchschnittlichen Jahreseinkommen von ca. 4.000 US-Dollar hat Namibia zwar eines der höchsten Pro-Kopf-Einkommen im südlichen Afrika, jedoch ist seine Verteilung sehr unterschiedlich. Im internationalen Vergleich der Einkommensverteilung liegt Namibia auf den hintersten Plätzen. *Kleiner Binnenmarkt*

Verkauf von Handwerkskunst in Windhoek

Hohe Transport- kosten Industrie, Handels- und Gewerbebetriebe sind vor allem nahe der Hauptstadt Windhoek in der Landesmitte konzentriert. Infolge der großen Distanzen sind die **Transportkosten** weiterhin als hoch zu bezeichnen, vor allem vor dem Hintergrund extremer Preissteigerungen für Benzin/Diesel seit 2008. Der Preis eines Gebrauchsgutes kann durch den Frachttarif auf das Zigfache ansteigen, wenn es über längere Strecken befördert wird. Über 80 % der gesamten Güter stammen aus der RSA, die mit ca. 50 Mio. Einwohnern ein weitaus höheres Industriepotenzial und einen größeren Binnenmarkt besitzt als Namibia. Die enge Bindung an Südafrika sichert einerseits eine gute Versorgung, andererseits hemmt sie aber die einheimische Entwicklung.

Gute Infra- struktur Im Gegensatz zu vielen tropischen Staaten Afrikas ist die **Infrastruktur** als gut zu bezeichnen. Bergbau und Viehwirtschaft ließen bereits früh den Eisenbahnbau entstehen. Der Übergang vom Schienen- zum Straßenverkehr nach dem 2. Weltkrieg sowie strategische Gründe (Krieg im Norden von 1966–1989) führten zu einem Ausbau des Straßennetzes. Über 4.500 km Teerstraßen und 35.000 km Allwetter-Schotterstraßen bestehen seit Beginn der 1990er-Jahre.

Tiefsee- hafen Walvis Bay Die frühere Exklave **Walvis Bay** (1.224 km²) hat für Namibia eine wichtige wirtschaftliche Bedeutung, da sie der **einzige Tiefseehafen** an der Küste ist, über den der größte Teil des Außenhandels abläuft. Auch ist die Stadt mit rund 65.000 Einwohnern ein bedeutendes Fischereizentrum. Der internationale und nationale Flugverkehr konnte weiter ausgebaut und der staatlichen Air Namibia unterstellt werden.

Energie- versorgung gesichert Die **Energieversorgung** gilt inzwischen als gesichert, allerdings ist sie abhängig von Importen aus Südafrika. Das Wärmekraftwerk in Windhoek sowie das Wasserkraftwerk in Ruacana am Kunene liefern einen Großteil des Stroms für den inländischen Bedarf. Ruacana ist aber wegen der ungleichmäßigen Wasserführung des Kunene und nicht intakter Dämme auf der angolanischen Seite in der Stromerzeugung sehr schwankend. Das Verbundnetz mit Südafrika sorgt für die zusätzliche Versorgung (zu mindestens 50 %) mit Strom. Alternative Energien wie Sonne und Wind spielen trotz klimatischer

Landschaftlich zauberhaft gelegene Unterkünfte sind eines der touristischen Highlights

Vorzugslage (genügend Sonne, gute Winde wie der „Südwester") praktisch keine Rolle und sorgen für magere 0,5 % Energie. Der Grund liegt in den hohen Anfangsinvestitionen und in der finanziell aufwendigen Wartung.

Kleinere, überschaubare Projekte im Straßen- und Häuserbau (Katutura), in den Gewerbezonen der Städte sowie in der kleinbäuerlichen Landwirtschaft (vor allem im Norden) wurden mit internationaler Entwicklungshilfe begonnen und weitergeführt. Es gilt, insbesondere die sozio-ökonomische Situation weiter Bevölkerungsteile zu verbessern und die hohe landesweite Arbeitslosigkeit zu senken. *Projekte zur Wirtschaftsentwicklung*

Ein weiterer Hoffnungsträger für einen wirtschaftlichen Aufschwung ist neben dem Fischfang der **Tourismus**. 2011 besuchten **über 980.000** Touristen das Land, davon ca. 9 % aus Deutschland.

Bergbau und Lagerstätten

Namibia ist nach Südafrika, Botswana, dem Kongo und Zambia der **fünftgrößte Bergbauproduzent südlich der Sahara** und gehört zu den 20 führenden Bergbaustaaten der Welt. Namibia ist das Herkunftsland von Schmuckdiamanten, Uran, Kupfer, Blei, Zink sowie von Zinn und seltenen stahlveredelnden Metallen (Wolfram, Tantalit). Bei Karibib wird auch Gold gefördert. Der Bergbau ist ein bedeutender Faktor in der namibischen Volkswirtschaft, er macht bis zu 20 % des BIP aus. *Fünftgrößter Bergbauproduzent*

Man weiß heute, dass bereits in prähistorischen Zeiten **Eisen- und Kupfererze** gewonnen und sogar verhüttet und zu metallischen Gebrauchsgegenständen und Schmuck verarbeitet wurden. Schlackenreste an der Oberfläche sind in mehreren Landesteilen zu finden, vor allem im Norden. Hier bezogen u. a. die Ovambo Eisenerze aus Südangola und verarbeiteten sie zu Arm- und Beinreifen sowie zu Waffen. Bei Otavi erfolgte der frühe Abbau von oberflächennahen Kupfererzen.

Erst in den 1850er-Jahren begann ein kommerziell betriebener **Kupferabbau** durch die neugegründeten Handels- und Minengesellschaften. Bekannt wurde 1899 die Otavi-Minen- und Eisenbahn Gesellschaft (OMEG). Dieses Tochterunternehmen einer britisch-deutschen Gesellschaft explorierte im Raum Otavi-Tsumeb und plante den Bau einer Eisenbahnlinie zur Küste. Im Juli 1907 wurden die ersten 515 t silberhaltiges Kupfer- und Bleierz über Swakopmund ausgeführt. Deutschland, zu der Zeit eine aufstrebende Industrienation, war auf diese Rohstoffeinfuhren angewiesen. Eine spätere Aufbereitungsanlage diente dazu, die Lagerstätten optimal zu nutzen und die Frachtkosten niedrig zu halten. Tsumeb erhielt den Status einer Stadt und wurde Zielort vieler Zuwanderer. Ovambo-Wanderarbeiter wurden neben weißen Fachkräften bald zu unentbehrlichen Beschäftigten im Bergbau. *Kupfer*

Die ersten **Diamanten** wurden erst 1908 zufällig auf einer sekundären Lagerstätte bei Kolmanskuppe nahe Lüderitz gefunden. Bald darauf wurde der gezielte Abbau von Diamanten im Umland von Lüderitz veranlasst, dessen wirtschaftlicher Aufschwung und städtische Entwicklung begann. Die deutsche Kolonialverwaltung erklärte daraufhin das gesamte Küstengebiet nördlich und südlich von Lüderitz zum Sperrgebiet. *Diamanten*

Rössing-
Mine Moderne Explorationsmethoden führten zur Entdeckung weiterer Lagerstätten, u. a. 1928 des **Urans bei Rössing** in der Zentralnamib. Seit 1980 zählt diese Mine zu den größten Uran-Tagebaubetrieben der Welt. 2007 kam die Langer-Heinrich-Uran-Mine etwa 40 km von Rössing entfernt hinzu, zwei weitere sind in Vorbereitung.

Die Abhängigkeit der bergbaulichen Rohstoffe von der Preisentwicklung auf dem Weltmarkt beeinflusst stets die Wirtschaft und den Arbeitsmarkt Namibias. Bei weltweiten Überangeboten oder preiswerteren Lieferungen der Konkurrenz sinken die Förderleistungen der Minen ab und Entlassungen von mehreren hundert Beschäftigten folgen.

Trotz aller Probleme bleibt jedoch der Bergbau ein wichtiger wirtschaftlicher Rückhalt des Landes. Neue Vorkommen, u. a. Gold bei Karibib, Diamantenfelder am Oranje, bei Elizabeth Bay und im Offshore-Bereich bei Lüderitz sowie Grafit bei Otjiwarongo, konnten dank moderner Explorationsverfahren erschlossen werden. Ganz im Süden wurde ein großes Zinkvorkommen durch die Scorpion Zinc Mine erschlossen. Große Hoffnungen setzt man auch auf die Suche und Erschließung von **Erdgas- und Erdölvor-**

Kraftwerk **kommen.** Das Kudu-Gasfeld, 1974 entdeckt, liegt ca. 150 km vor der Küste zwischen
und Oranjemund und Lüderitz in einer Tiefe von 4.500 m. Nach langer Forschungs- und Pla-
Pipelines nungsphase sollen nun unter Beteiligung verschiedener internationaler Energiekonzerne bis 2016 ein Kraftwerk und Pipelines gebaut werden.

Eine langfristige Mineralienexploration in Verbindung mit politisch-ökonomischen Maß-
Kaum nahmen soll den Bergbau als Entwicklungsfaktor in allen Landesteilen fördern. Leider
verarbei- muss sich Namibia aber nach wie vor auf den reinen **Export von Rohstoffen** stüt-
tende zen. Die **Verhüttung** und Verarbeitung der Bodenschätze findet in den allermeisten
Industrie Fällen im Ausland statt.

Auf der Suche nach Öl vor der Küste Namibias

Der Reichtum Namibias an unterschiedlichen Bodenschätzen liegt in seiner geologischen Entstehung und den guten Lagerungsverhältnissen begründet. Gesteine des präkambrischen Sockels (alle älter als 1 Mrd. Jahre) treten in Namibia weitflächig zu Tage. Es sind meist metamorphe Gesteine und Granite. Im Zusammenhang mit magmatischen Intrusionen entstanden oft Lagerstätten, die auch bergbaulich von Bedeutung sind (z. B. Uran und Zinn). Eine erstrangige Stellung erhielten die hydrothermalen Lagerstätten im Raum Otavi-Tsumeb mit Blei, Kupfer, Zink und Vanadium.

Die reichen **Diamantenfelder** an der Küste und im Schelfbereich gehören ins Pleistozän und zählen zu den sekundären Lagerstätten. Ihre in der Kreide- und Tertiär-Formation entstandenen Primärlagerstätten liegen im südafrikanischen Binnenland etwa im Raume von Kimberley. Diese unterlagen vorzeitlichen Klimabedingungen. Man nimmt an, dass zu dieser Zeit höhere Niederschläge fielen und Flüsse am Ende des Tertiärs mit größeren Abflussmengen als der heutige Oranje die Diamanten aus dem „Blue Ground" der Schlote lösten und zur Küste transportierten, etwa in die Nähe der heutigen Mündung des Oranje. Der Benguela-Meeresstrom konnte sie von hier aus weiter nach Norden verfrachten und besonders auf den alten Strandterrassen ablagern. Mächtige Sande überdeckten sie in der Folgezeit. *Diamanten*

Stark entwickelt sich die Offshore-Diamantengewinnung. Die hier geförderten Diamanten sind größer und damit wertvoller, weil sie in die Kategorie „Schmuckdiamanten" fallen.

Landwirtschaft

Als die ersten kolonialen Siedler nach „Südwest" kamen, war das Land noch unverbraucht. Das heißt, man konnte auf der gleichen Fläche mehr Tiere halten als heute. Später, unter dem südafrikanischen Mandat, ließen die Erträge nach, aber finanziell waren die Farmer durch die Subventionierung der Infrastruktur (Bohrlöcher, Wasserpipelines, Zäune) abgesichert. Auch zusätzlich notwendiges Futter wurde subventioniert. Für Farmerweiterungen gab es günstige Darlehen.

Die Nutzung landwirtschaftlicher Flächen in Namibia ist direkt von der Höhe der relativ zuverlässigen Regenmengen und der ständigen Wasserversorgung abhängig. Von den 824.292 km² der gesamten Landesfläche bieten sich 690.000 km² trotz der Dürregefährdung als landwirtschaftlich nutzbare Fläche an. In der Landwirtschaft arbeiten bis zu 50 % aller Menschen im arbeitsfähigen Alter. *Landwirtschaftliche Flächen*

Die **extensive, stationäre Viehhaltung auf Naturweiden** herrscht vor. Ein Regenfeldbau ist nur im Norden und Nordosten möglich. Der Bewässerungsfeldbau ist infolge des Wassermangels nur auf 1 % der Landesfläche anzutreffen. Die Dimensionen der Weideflächen, die pro Tier erforderlich sind, sind gewaltig. Im Norden braucht ein Rind inzwischen 15–18 ha Naturweide, im Süden sogar 30–35 ha! Die mittlere Farmgröße nimmt von 5.000 ha (50 km²) im Norden auf 10.000 ha in der Landesmitte bis 30.000 ha im Süden zu. *Extensive Viehhaltung*

Inzwischen weit verbreitet ist das System der **Umtriebweide (Rotation)**, um einerseits den Schwankungen der Niederschläge und andererseits dem Weidedruck ent- *Umtriebweide* gegenzutreten. Nur für eine kurze Zeit (z. B. 8–14 Tage) wird eine eingezäunte Fläche (Kamp) mit einer bestimmten Zahl von Tieren beschickt, die nun den Grasbestand bis auf eine bestimmte Höhe abfressen, bevor das nächste Kamp für sie geöffnet wird. Vor allem sollen so die mehrjährigen Gräser in ihrem Wurzelbestand geschützt werden.

Verbu-
schungs-
gefahr
Durch das Rotationsprinzip geht auch die Gefahr der **Verbuschung** zurück. Weitere Methoden für den jahreszeitlichen Futterausgleich, die man heute meist beim Ausbau der Farmen berücksichtigt, sind Windräder mit Tränkstellen und kilometerlange Umzäunungen.

info

Verbuschung – ein existenzielles Problem

Viele Farmen wurden in der Vergangenheit durch zu großen Weidedruck in ihrer pflanzlichen Substanz erheblich gestört. Normalerweise herrscht in der Natur ein annäherndes Gleichgewicht zwischen den verschiedenen flachwurzelnden Gräsern und den tiefwurzelnden Hartholzgewächsen. Dieser Ausgleich wird maßgeblich von der Bodenqualität und vor allem von der Bodenfeuchtigkeit bestimmt. Wenn nun zu viele Tiere die Gräser abfressen, kommt es zu einer Vermehrung der Holzgewächse. Die obere Grasdecke, die bislang das Wasser verbraucht hat, fehlt nun. Das Wasser sickert in den Boden ein und gelangt an die tieferliegenden Wurzeln der Holzgewächse. Besonders stark können sich dann die Dorngewächse entwickeln, weil sie von den Tieren gemieden werden. Schon seit einiger Zeit macht man sich deshalb Gedanken, wie man verbuschtes Land wieder zurückgewinnen könnte. Vor allem **zwei Entbuschungs-Technologien** werden unterschieden:

Chemische Entbuschung
Seit den 1980er-Jahren gibt es staatlich subventionierte Projekte, bei denen mit vom Flugzeug aus versprühten Herbiziden entbuscht wird. Diese Entbuschungsmethode hat aber Nachteile: Einerseits werden durch die „chemische Keule" auch nützliche Pflanzen geschädigt, andererseits ist die Methode sehr kostenintensiv.

Mechanische Entbuschung
Diese Methode erfordert einigen technischen Aufwand: Bulldozer, die parallel fahren und zwischen sich eine Ankerkette führen, reißen die Büsche mitsamt den Wurzeln aus. Die anfallenden Pflanzenteile können teilweise zu einer Silage oder zu Futterbriketts verarbeitet werden. Der Rest kann als Brennmaterial selbst verwendet oder verkauft werden. Durch diese Methode können also nicht nur öffentliche Gelder für die subventionierte chemische Entbuschung, sondern auch Devisen (für Energie und Ersatzfutter) eingespart werden.

Insgesamt betrachtet, konnte aber das Unternehmerrisiko der Farmer nicht ausgeschaltet, sondern nur eingeschränkt werden. Wenn z. B. eine allgemeine Futterknappheit herrscht, kann auch aus anderen Landesteilen nur selten Futter aufgekauft werden.

Über-
weidung
Oft haben Farmen **Überweidungserscheinungen**, da infolge der fast immer zu großen Viehbestände alles abgeweidet wird. Die passive Anpassung an futterarme Jahreszeiten reicht daher nicht aus. Eine drastische Reduzierung der Viehbestände bis auf eine erhaltenswerte Kernherde, selbst bei ökonomischen Einbußen, wäre sinnvoll, sobald sich eine Dürre abzuzeichnen beginnt. Staatliche Beihilfen (Subventionen) wurden bisher für kleinere Betriebe oder Farmen gezahlt. Sie bringen jedoch nur kurzfristig Abhilfe, längerfristig wird der Schuldenberg zu hoch und das natürliche Potenzial empfindlich gestört.

Kilometerlange Viehzäune verdeutlichen, dass es sich im Weideland handelt

Die landwirtschaftliche Weiterentwicklung hat die Gefahr einer Desertifikation nicht immer berücksichtigt. So kam es vielerorts zu Schäden im Ökosystem, die sich nur selten mit einfachen Mitteln beseitigen lassen: Absenkungen des Grundwassers, Degradation der Weiden, Verbuschung und Bodenzerstörung.

Die **Viehseuchen** dagegen, eine ständige Bedrohung der Viehhaltung, konnten durch rigide staatlich verordnete Bekämpfungsmaßnahmen (Impfkampagnen, Schutzzäune) erfolgreich zurückgedrängt werden. Der Exportmarkt für Vieh und tierische Produkte blieb offen.

Großtierhaltung

Die ökonomischen Grundlagen der Landwirtschaft basieren hauptsächlich auf der (Karakul-) Schafhaltung mit Fell- und Fleischproduktion im Süden und der **Fleischrinderhaltung** vor allem in den zentralen und nördlichen Landesteilen, nur in der Nähe der Städte gibt es **geringen Milchviehbestand**. Ausgeführt werden vorwiegend Lebendvieh (Rinder, Schafe) in die RSA, Frischfleisch (EU) und Konserven. *Viehzucht*

Trotz einer Reduzierung der Abhängigkeit vom südafrikanischen Markt bleibt die RSA aber Namibias wichtigster Handelspartner für Rindfleisch (> 60 % des jährlichen Schlachtviehbestandes). Namibia kann bis zu 10 % des von Südafrika benötigten Rindfleisches liefern, meist in Form von Lebendvieh. Ausgewähltes tiefgekühltes Schnittfleisch geht nach Europa. Schlachtvieh in die EU muss ein durchschnittliches Schlachtgewicht von 250 kg, das in die RSA nur 215 kg aufweisen. Dies erfordert eine Umstellung der Viehhaltung in Namibia. Die Tiere müssen länger auf der Weide bleiben und die Futtervorratshaltung ist noch stärker zu beachten. *Abhängigkeit von Südafrika*

Die höheren Preise auf dem europäischen Markt kommen jedoch dem Tierhalter zugute. Sie sind eine Art der Entwicklungshilfe zur Aufzucht von Mastvieh und dienen in Zukunft auch zum Ausbau von weiteren Schlachthöfen, sodass die Schlachtung der gesamten namibischen Rinderproduktion im Land selbst vorgenommen werden könnte.

Die Wildtiere gewinnen auch in Trockenzeiten den stacheligen Büschen ein grünes Blättchen ab

Eine Wertsteigerung innerhalb der Viehexportwirtschaft könnte eintreten, vorausgesetzt die Nachfrage hält an und die Exportnormen werden eingehalten. Zusätzliche Möglichkeiten zur Entwicklung von Kleinindustrien und Gewerbebetrieben lägen in der Verarbeitung von Häuten und Fellen zu Leder- und Pelzerzeugnissen und im Aufbau von Futterfabriken.

Wildtierhaltung

In den 1980er-Jahren spielte Namibia noch eine bedeutende Rolle im **Export von Wildbret**. Seit der Wende in Osteuropa wird der europäische Markt jedoch von Produkten aus dem ehemaligen Ostblock überschwemmt. Namibia konnte dieser Konkurrenz nicht wirksam entgegentreten. Der Binnenmarkt konnte jedoch näher erschlossen wer-

info

Wildfarmen – eine ökologische und touristische Alternative

Jeder, der einmal in Namibia war, weiß, dass das Land reich an natürlichem Wild ist, das zudem sehr gutes Fleisch liefert. Kudu- und Oryxbraten zählen seit jeher zu den Favoriten der namibischen Speisekarte. Wieso sollte man also nicht Wild regelrecht auf einer Farm halten, um dann das Fleisch zu verkaufen?

Vorteile der Wildfarmerei:
- Das Wild benötigt keine Wartung und **keine Aufsicht**.
- Im Gegensatz zum Rind **übersteht** es auch gut **Trockenjahre** und liefert selbst dann noch gutes Fleisch.
- Seine Lebensweise verhilft dazu, das **Grasfeld zu schonen** und der drohenden Verbuschung durch Verbiss Einhalt zu gebieten.

Allerdings erfordert diese Art des Farmens eine **hohe Investitionsleistung**: Man muss hohe Zäune anlegen, damit die Tiere auch im eigenen Farmgebiet bleiben. Dann aber kann das Wildhalten durchaus eine ergänzende Alternative zur herkömmlichen Rinderhaltung darstellen, und es gibt schon eine Reihe von Farmen, die zwischen 10.000 und 20.000 Rand pro Jahr als Erlös für Springböcke, Oryxantilopen und Kudus erwirtschaften. Viele Farmer sind außerdem dazu übergegangen, Gäste aufzunehmen, denn durch den **touristischen Nebenerwerb** hat man auch Einkünfte während Dürreperioden. Gerade Reisende aus Übersee sind oft sehr daran interessiert, einen Farmbetrieb kennenzulernen und einige geruhsame Tage in der Stille und Weite des Landes zu verbringen. Viele Gästefarmen liegen landschaftlich außerordentlich reizvoll. Mit der Bewirtung der Gäste gibt man sich viel Mühe. Oft bietet man zusätzlich zu Unterkunft und Verpflegung auch Safaris durch das Land an. Einige dieser Gästefarmen sind als Jagdfarmen spezialisiert und richten ihr Angebot auf Trophäenjäger aus.

den. Die Weiterverarbeitung des Wildfleisches u. a. in Rauch- und Dörrfleisch (Biltong)　*Wildbret*
und Wildsalami, abgepackt in Einzelstücke und als Landesspezialität gekennzeichnet, wurde nun offiziell gefördert.

Der ökonomische Nutzen der Wildfarmerei, die in den Dürrejahren einen Aufschwung erlebte, liegt neben dem Verkauf von Lebendtieren und von frischem Wildbret im Tourismus und in der (Trophäen-)Jagd.

Schafhaltung

Im trockenen Süden Namibias konnten lange Zeit die **Karakulfarmen** als Leitbetriebe angesehen werden. Die Wollschafhaltung (Merino-Schafe) hatte im Gegensatz zu Südafrika nur eine geringe Bedeutung. Schon in der deutschen Kolonialzeit wurden die ersten Zuchttiere aus Usbekistan eingeführt. Die Felle von neugeborenen Karakulschafen (Persianer) brachten viel höhere Preise als normale Lammfelle. Bald wurde eine Schafrasse (SWAKARA) mit besonderen Fellmerkmalen gezüchtet, die nur in Namibia zu finden ist. Die Felle dieser Schafe wurden und werden heute noch zu Luxuspelzen verarbeitet.

Die Fellproduktion erreichte 1969 mit 3,5 Mio. Fellen ihren Höhepunkt. Das Karakul wurde als „schwarzer Diamant" bzw. als „Wüstenrose" bezeichnet. Überproduktion und daraus resultierender Preisverfall, Dürreperioden sowie die seit den 1970er-Jahren geän-

Schaftransport auf Namibisch

derte Haltung gegenüber Pelzkleidung machten seitdem den Karakulfarmern das Le-　*Karakul-*
ben schwer. Immer wieder stand der ganze Wirtschaftszweig vor dem Aus und der　*schafe*
Staat musste Subventionen gewähren, um den Fortbestand des Karakuls zu gewährleisten.

Und heute? Eine gewisse Anzahl besonders hochwertiger Felle erzielt auf einer jährlich stattfindenden Auktion in Dänemark sehr hohe Preise. Davon können aber nur wenige Erzeuger in Namibia profitieren. Inzwischen werden zwar auch Fleisch und Wolle der Karakulschafe genutzt und teilweise auch im Land weiterverarbeitet, aber die „Goldenen Zeiten" der Karakulwirtschaft sind wohl für immer vorbei.

Eine Alternative für viele ehemalige Karakulfarmer war der Aufbau einer Gästefarm. Ein Beispiel für den wirtschaftlichen Mix zwischen Schafhaltung und Gästefarmbetrieb ist die Farm Dabis (s. S. 252).

Neben Karakulschafen werden in Namibia u. a. **Dorper- und Damara-Schafe** gehalten. Sie dienen hauptsächlich der Fleischproduktion und werden entweder lebend oder ihr Fleisch gefroren bzw. vakuumverpackt nach Südafrika und in die EU exportiert.

Regenfeldbau

Das hohe klimatische Risiko der Landwirtschaft in Namibia ist auch in der geringen Verbreitung des Regenfeldbaus zu erkennen. Er ist lediglich auf dem Farmland im Raume Otavi-Grootfontein und in den Wohngebieten der Kleinbauern in den nördlichen Gebieten nahe den Grenzflüssen möglich.

Bedarf an Grundnahrungsmitteln

Der Anbau von Hirse und Mais als Nahrungs- und Futtermittel, von Weizen, Bohnen und Sonnenblumen als Begleitkulturen wird häufig zu einem kaum kalkulierbaren **Risiko** für die Farmer und Kleinbauern. Trockenheit bedingt aber nicht nur eine Minderung der Erträge, sondern kann auch zu einer Gefährdung der Ernährungssituation führen. Namibia musste lange Zeit nahezu alle Grundnahrungsmittel einführen. Schon lange ist man bestrebt, den Anbau von Feldfrüchten auszuweiten, um einen möglichst hohen Grad der Selbstversorgung zu erreichen.

Brandrode-Wechselwirtschaft

Über Jahrhunderte hatte die Landbevölkerung in Norden und Nordosten eine einfache, aber dem Boden und Klima angepasste Anbaumethode (**Brandrode-Wechselwirtschaft**) für einen bescheidenen Ackerbau entwickelt, der die knappen Nährstoffe und die wenige Feuchtigkeit im Boden nicht überbeanspruchte. Doch Dürreperioden, insbesondere bei stetig zunehmender Bevölkerungszahl, führten immer wieder zu Notzeiten. Entwicklungshilfeprogramme verschiedener Organisationen und Staaten versuchen seit der Unabhängigkeit, die traditionelle Landwirtschaft der Kleinbauern attraktiver zu machen.

Die Bereitstellung u. a. von verbessertem Saatgut, Beratungsdiensten mit Feldbegehungen und ein besserer Zugang zu den Märkten (Darlehensvergabe), die einen kleinräumigen Wirtschaftskreislauf in Schwung bringen sollen, könnten in Zukunft mithelfen, die Nahrungsmittelversorgung sicherzustellen. Große Hemmnisse sind aber noch zu überwinden, da die jüngeren Leute zu häufig in die Städte abwandern und die Landvergabe an Privatpersonen noch zu gering ist. Eine völlige Unabhängigkeit von Nahrungsmittelimporten, insbesondere aus Südafrika, wird in nächster Zukunft nicht möglich sein.

Bewässerungskulturen

Obwohl Namibia trotz extrem arider Bedingungen über ein gewisses **Bewässerungspotenzial** im ganzen Land verfügt, sind Bewässerungskulturen von noch geringerer Bedeutung als der Regenfeldbau. Haupthindernis dafür ist der Mangel an Wasser, teilweise auch eine schlechte Bodenqualität und der nur zögernde Einsatz von wirtschaftlichen Bewässerungsmethoden. Zudem fördert die Bewässerungskultur die Bodenversalzung, indem das Wasser mit Bodensalzen aus tieferen Schichten angereichert wieder an die Oberfläche tritt, verdunstet und Salzausblühungen zurücklässt.

Staudämme

Die vorhandenen **Staudämme** dienen in erster Linie der Trinkwasserversorgung. Nur in Ausnahmefällen werden in der Umgebung der Dämme Bewässerungsflächen (z. B.

Hardap-Damm bei Mariental mit 2.000 ha) ausgewiesen. Der Bewässerungsfeldbau erfolgt nur in den größeren Flusstälern, wo mächtigere und mineralreichere Böden den oberflächennahen Untergrund bilden. Neben Gemüse werden hauptsächlich Körnerfrüchte (Mais, Weizen), Luzerne (Zufutter), Baumwolle (cash-crop) und subtropische Früchte (Weintrauben, Zitrusfrüchte, Melonen) kommerziell angebaut.

Jährlich werden nur 10–15 % des inländischen Bedarfs gedeckt, sodass größere Mengen von Frischerzeugnissen aus der RSA (Kapland) eingeführt werden müssen. Die Kühlwagen der Fleischexporteure z. B. bringen bei ihren regelmäßigen Fahrten ins Nachbarland stets ein umfassendes Sortiment an Gemüse und Obst als Rückfracht mit.

Für viele Farmer und Kleinbauern ist der hausnahe aus Grundwasser bewässerte Garten mit einer Vielfalt an Obst und Gemüse von großer Bedeutung. Bereits während der deutschen Verwaltungsperiode (1884–1915) wurde eine Vielzahl von Kleinprojekten zur Deckung des Eigenbedarfs betrieben, die zum Teil noch heute bestehen.

Ein **großflächiger Bewässerungsfeldbau**, der nicht nur das übliche Flutbewässerungsverfahren, sondern auch die kostenintensiven Zirkelberegnungsanlagen einsetzt, hat sich seit den 1980er-Jahren in den bevölkerungsreichen, nördlichen Gebieten am Okavango und Zambezi ausgedehnt. Derzeit werden ca. 8 % der landwirtschaftlichen Nutzfläche bewässert. Landwirtschaftliche Modernisierungsprozesse in Gebieten einer traditionellen Landnutzung auf Trockenland (Brandrode-Wechselwirtschaft) könnten die Nahrungsmittelproduktion fördern und neue Arbeitsplätze schaffen. Kleinere Bewässerungsprojekte, die weniger aufwendig realisiert werden, erweisen sich bei der Umorientierung der traditionellen Landnutzung auf eine marktbezogene Wirtschaftsform jedoch als erfolgreicher. *Bewässerungsfeldbau*

Fischerei

Die über mehrere Breitengrade verlaufende Küstenwüste Namib, eines der ältesten Trockengebiete der Welt, bildete für längere Zeit ein Hindernis, die (ursprünglich) reichen Fischgründe in einem größeren Umfang von Land aus zu nutzen. Schon die portugiesischen Seefahrer im 16. und 17. Jh. berichteten in ihren Logbüchern von dem Fischreichtum entlang der namibischen Küste. In ihnen war auch vermerkt, dass die Nama und San Fische in den seichten Lagunen mit Speeren oder in Reusen fingen.

Erst der Abbau von **Guano** (Vogeldung als Gartendünger) und der Fang von Robben und Walen im 19. Jh. ließ kleinere Stützpunkte auf den vorgelagerten Inseln oder auf dem Festland entstehen. Ausländische Gesellschaften (Briten) hatten sie für die Dauer ihrer Aktivitäten gegründet und ließen sie teilweise auch ausbauen. Im Jahr 1845 wurden an einem Tag 455 Schiffe gezählt, die von 6.000 Arbeitern mit Guano beladen wurden, nachdem sie schätzungsweise über 200.000 t von den Felsflächen der vorgelagerten Inseln oder an der Küste abgebaut hatten. Die Posten wurden jedoch aufgegeben, sobald die Ressourcen ausgebeutet waren. *Guano*

Der heutige Name Walvis Bay deutet daraufhin, dass man noch bis zu Beginn des 20. Jh. Wale vor der Küste Namibias jagte. In den 1920er-Jahren und besonders nach dem 2. Weltkrieg entstand eine sich rasch entwickelnde **Seefischerei**, die ihre Fänge an der

See-
fischerei   Küste auch industriell verarbeitete. Es waren zunächst die Südafrikaner, die beim Aufbau einer eigenen Seefischerei im Raum Kapstadt die große wirtschaftliche Bedeutung der Langusten und Sardinen (Heringsfische) vor der namibischen Küste sowie deren industrieller Verarbeitung in Walvis Bay und Lüderitz erkannten.

Von 1952–1960 lag das Fangniveau relativ stabil zwischen 200 und 300 t/Jahr – um dann auf 1,4 Mio. t im Jahr 1968 anzuwachsen. Dies war die Folge sowohl einer Ausweitung des Fischereiaufwandes in Form einer Verdoppelung der Schiffe als auch einer Vergrößerung der mittleren Aufnahmekapazität pro Boot. Waren bis 1966 noch zehnjährige Fische in den Netzen zu finden, nahm in den folgenden Jahren das Maximalalter deutlich ab. Selten wurden noch Fische gefangen, die älter als fünf Jahre waren. Das Durchschnittsalter der gefangenen Fische war von vier bis fünf auf ein bis zwei Jahre gesunken.

Über-
fischung   Fremde Fischereiflotten (die früheren Ostblockländer, Spanien, Korea) kreuzten meist bis zu 100 km vor der namibischen Küste und hatten in wenigen Jahren mit ihren modern ausgerüsteten Flotten (Fabrikschiffe) besonders die Bestände an älteren Pferdemakrelen (auch Stöcker genannt) und Seehechten im tiefen Meeresbereich dezimiert. Die wechselnde Zuständigkeit für die Fischerei zwischen Namibia und der RSA bis zur politischen Unabhängigkeit Namibias im Jahr 1990 förderte noch diesen Zustand. Es wird aber auch nicht ausgeschlossen, dass der Benguela-Meeresstrom kleineren Tempe-
Lebens- ratur- und Richtungsänderungen unterliegt, die das Wanderungsverhalten der zahl-
ader reichen Fischschwärme verändern. Die arktischen Kaltwasser des Stroms sind mit gro-
Benguela- ßen Mengen an Nährsalzen und Sauerstoff sowie an pflanzlichem und tierischem Plank-
strom ton angereichert, das die Lebensgrundlage der Fische bildet. Das Ganze ist ein komplexes Ökosystem, das eng an den Verlauf des Benguela-Stroms gebunden ist.

Nach Erlangung der politischen Unabhängigkeit proklamierte die neue Regierung in Windhoek eine **200-SM-Zone** (Exclusive Economic Zone) entlang der gesamten na-
200-See- mibischen Küste zum Schutz der nationalen marinen Ressourcen. Dazu wurde eigens
meilen- ein Fischerei-Ministerium gegründet, das die Fanggründe und Fangquoten kontrolliert.
zone Sehr schnell stiegen die Fangmengen, um dann wieder, wahrscheinlich durch den Ein-

Austernzucht an der Küste bei Walvis Bay

fluss des warmen El Nino-Stroms, abzunehmen, da wärmere Gewässer planktonärmer sind und damit Fischnahrung fehlt. Nach 1998 nahmen die Fischfänge erneut zu, doch aufgrund von Überfischung gingen sie wieder bis heute zurück. Der Anteil der Fischereiwirtschaft am BIP beträgt derzeit etwa 7%.

Man unterscheidet **pelagische Fanggründe** im flachen, küstennahen Bereich und **demersale Fanggründe** im tiefen, bodennahen Meeresbereich, wo mit Grundschleppnetzen (Trawler) gefischt wird. Im Durchschnitt stammen 72 % der Gesamtfänge Namibias aus der pelagischen Küsterfischerei und 28 % aus der demersalen Grundfischerei.

Die relative Nähe von Walvis Bay zu den Fischgründen ermöglicht es, hier frischen Fisch in größeren Mengen anzulanden und ins Hinterland zu verkaufen. Sind in den entfernteren Regionen keine Kühlmöglichkeiten vorhanden, gelangen Trockenfische und Konserven auf den Markt. Stark gesalzene Fischteile findet man sogar auf den Tagesmärkten in den nördlichen Gebieten. Namibia ist allerdings von den Essgewohnheiten her eher ein „Fleischland", sodass der Eigenverzehr sich in Grenzen hält – wären da nicht die Touristen, die gerne „seafood" in den Restaurants genießen. Bessere Qualitäten an Weißfisch (vor allem Seehecht) werden auch nach Europa (Spanien, Portugal) exportiert.

Erwähnenswert ist die namibische Austern-Zucht bei Lüderitz und Walvis Bay. Das planktonreiche Benguela-Wasser lässt die Austern schneller als anderswo wachsen, sodass sie nach nur 9 Monaten verkauft werden können.

Kingklip – fast überall auf den Speisekarten des südlichen Afrika

info

Der Kingklip gehört zu den besonders guten Fisch-Delikatessen, obwohl er nicht zu den Edelfischen zählt. Heimisch in den kalten Gewässern vor der namibischen Küste bis zum Kap der Guten Hoffnung wird er bis zu 1,80 m lang und 15 kg schwer. Er wird mit langen Leinen gefischt, seine „Lieblingstiefe" reicht bis fast 600 m. Die Hauptfangzeit ist Oktober bis April. Mittlerweile wird er – wenn nicht gefroren – sogar frisch nach Europa exportiert. Noch ist Kingklip hier eher unbekannt – doch schauen Sie sich mal in einem guten Fischgeschäft um.

Tourismus – ein Entwicklungsfaktor

Der Tourismus ist mittlerweile eine der Haupteinnahmequellen des Landes, Tendenz weiter steigend. Im Jahr 2011 haben etwa 980.000 Touristen Namibia besucht und zahlreiche neue Arbeitsplätze konnten geschaffen werden. Großen Wert legt man u. a. auf eine vermehrte Einreise deutscher Touristen (2011: ca. 90.000). Um den Mangel an Fachpersonal abzustellen, richtete die **Hotelvereinigung von Namibia (HAN)** eine Hotelfachschule ein. Große Geldbeträge wurden in den Bau neuer Unterkünfte (Hotels, Lodges, Gästefarmen) investiert. *Steigende Besucherzahlen*

Verschiedene private Tourismusunternehmer in Namibia haben sich zu einem Dachverband (FENATA) zusammengeschlossen. Sie beabsichtigen, weniger den Rundreise-

Mittlerweile hat der Tourismus auch die entlegenen Gebiete des Kaokoveldes erobert – mit all seinen positiven und negativen Begleiterscheinungen

tourismus als vielmehr den Aufenthaltstourismus weiter auszubauen, um die regionale Entwicklung durch den Tourismus zu fördern. Lokal ansässige Arbeitskräfte sollen verstärkt eingestellt werden, und Kleinunternehmer (z. B. Transporteure, Wildführer, Schnitzer) sollen eine ortsgebundene Beschäftigung finden. Auf diese Weise soll die Landflucht eingedämmt werden.

Der aufkommende Pauschaltourismus einzelner Reiseunternehmer, die teilweise hohe Geldbeträge in die Anlage von Lodges oder in Hotelbauten investiert haben, fördert z. T. auch diese Pläne. Insbesondere die Zahl der Besucher, die einen größeren Komfort bis hin zum Luxus wünschen, und bereit sind, hierfür auch höhere Preise zu zahlen, soll erhöht werden. Dieser Trend wurde auch von den Namibia Wildlife Resorts (NWR) aufgegriffen: In Etosha, am Sossusvlei und am Waterberg wurden die Unterkünfte einer kompletten Renovierung unterzogen oder gleich ganz neue, z. T. traumhafte Lodges gebaut. In diesem Zusammenhang muss auch der **Jagdtourismus** erwähnt werden, insbesondere die Trophäenjagd. Jäger und Jagdverbände betonen, dass bei ihren Aktivitäten die Regeln der Wildhege und des Naturschutzes beachtet werden.

Kein Massentourismus

Nach wie vor lehnen die Behörden den **Massentourismus** ab. Seine negativen Begleiterscheinungen, wie etwa im Etosha-Nationalpark, will man in den übrigen Regionen vermeiden. Es könnte dadurch besonders in den ökologisch gefährdeten Regionen zu irreparablen Folgeschäden kommen. Das ausgewogene Verhältnis zwischen Anforderungen des Naturschutzes und des Tourismus soll erhalten bleiben. Daher wird der Naturschutz in vielen Gebieten auch ausgeweitet, was sich u. a. in der Neugründung von Schutzgebieten wie etwa dem Dorob-Nationalpark zeigt.

Auf die **kulturelle Vielfalt** der einzelnen Bevölkerungsgruppen weist man besonders hin. Detaillierte Angebote sprechen auch Reisende an, die einen längeren Aufenthalt (vier bis sechs Wochen) planen, etwa im Seebad Swakopmund, in den Thermalbädern oder auf einer Gästefarm. Fahrten von hier aus in die nähere Umgebung oder zu entfernteren Sehenswürdigkeiten (historische Stätten) sind möglich. Farmeigene Fahrzeuge oder das gut entwickelte Leihwagensystem in den größeren Städten können hierfür in Anspruch genommen werden. Die Weite des Landes zu erleben und die einsamen natürlichen Lebensräume, wie Wüste und Savannen, mit ihren Bewohnern näher kennenzulernen, sind die Hauptgründe der meisten Touristen, Namibia zu besuchen. Die allgemeine Sicherheit im Land, das erträgliche Klima und die unbedeutende Zeitumstellung sind weitere Faktoren, die dem europäischen Reisenden die Entscheidung für Namibia leichter machen.

Städte und Zentren

Ursachen für die Gründung und Verteilung der städtischen Siedlungen in Namibia waren weniger die klimatischen Gunst- oder Ungunstfaktoren, sondern eher Funde von Bodenschätzen und die historisch-kolonialzeitlichen Entwicklungen. Zahlreiche Gebäude und Grundrissformen machen heute noch deutlich, dass die städtischen Zentren auf Kolonialvorstellungen und Planungsmaßnahmen zurückgehen. Trotz der relativ **dichten Bevölkerung in den nördlichen Landesteilen** kam es hier nicht zur Entstehung von städtischen Siedlungen. Die Wohnsitze der Häuptlinge besaßen zwar eine gewisse Zentralität, u. a. ein kleines Marktwesen, aber permanente Siedlungsplätze größeren Ausmaßes mit umfassenden städtischen Funktionen bestanden nicht. *Inhomogene Bevölkerungsverteilung*

In der Periode der kolonialen Aufteilung des afrikanischen Kontinents wurden die Küstenplätze Walvis Bay (1878) und Lüderitz (1883, die ehemalige portugiesische Anlaufstelle Angra Pequena) von Briten und Deutschen in Besitz genommen. Beide Orte hatten für die Europäer in erster Linie eine landespolitische und später eine militärische Funktion. Swakopmund (1892 gegründet) übernahm letztere während des Herero-Krieges (1904). Von Süden waren bereits vorher aus der Kapprovinz europäische Händler, Entdeckungsreisende, Jäger und Missionare in das Binnenland vorgedrungen. Es galt nun, die einzelnen Einflusssphären, u. U. auch militärisch, abzusichern und die Bergbauprodukte für den Export nach Europa zur Küste zu bringen.

Die administrative Entwicklung, besonders nach dem Ende der Kriege gegen die Herero und Nama (1907), förderte die systematische Ansiedlung einer weißen Farmbevölkerung und die Bildung kleinerer Städte vor allem in den zentralen Teilen des Hochlandes. Vor den Kriegen (1884–1904) fanden in dem Schutzgebiet nur wenige Stationsgründungen zur Sicherung der deutschen Herrschaft statt. Die große **Ausnahme war Windhoek**.

Das Vorhandensein von reichen Quellen und das für Europäer angenehme Klima veranlassten den Schutztruppen-Hauptmann *Curt von François*, 1890 einen militärischen Stützpunkt und Verwaltungsposten im zentralen Hochland zu gründen. Der alte Handels- und Missionsplatz Otjingbingwe im Swakoptal blieb unberücksichtigt. Die Vorteile der Lage im Hochland hatte bereits der Orlam-Führer (Nama) Jan Jonker Afrikaaner erkannt, als er 1840 in diesem Raum siedelte. 1870 hatte die Rheinische Mission feste Gebäude errichten lassen. *Gründung von Windhoek*

Kristallisationspunkte für die weitere Entwicklung städtischer Siedlungen wurden nach 1907 Missions-, Handels- und Militärstationen. Die Verkehrserschließung des Hinterlandes der Küstenstädte und die anschließende Verknüpfung der aufkommenden Zentren durch die **Eisenbahn** ab 1897 führten auch zu neuen Ortsgründungen. Mariental, Karibib und Usakos entstanden, während die Bedeutung der alten Orte, wie Otjingbingwe, Warmbad, Bethanien, Berseba und Gibeon, rasch abnahm. Die alten Ochsengespann-Routen, etwa der Baiweg, hatten ausgedient. *Eisenbahnbau*

Ein weiteres Ergebnis der kriegerischen Auseinandersetzungen war, dass das Land der beteiligten Stämme beschlagnahmt und vermessen wurde. Anschließend wurde es an die weißen Einwanderer zur Bewirtschaftung übergeben. Bis 1911 hatten sich eine Kernzone mit 11,1 Mio. ha Farmland und ein weiteres besiedlungsfähiges Randgebiet von 10,9

Auf der Independence Avenue in Windhoek

Mio. ha herausgebildet. Diese freien Flächen wurden für lange Jahre als Notweiden in Dürreperioden genutzt. Zuschüsse aus Berlin und die bergbaulichen Aktivitäten in Tsumeb (Buntmetalle) und besonders bei Kolmanskuppe/Lüderitz (Diamanten) sorgten für die notwendige finanzielle Basis aller Erschließungsarbeiten. Als Ergebnis dieser Politik waren bis zum 1. Weltkrieg etwa 110 zentrale Orte, hierarchisch in fünf Stufen gegliedert, entstanden.

Die schwarze Bevölkerung wurde aus den Kerngebieten im Hochland in die peripheren Bereiche, in Reservate („Homelands", kommunale Gebiete) abgedrängt. Erst am Ende der 1960er-Jahre begann hier allmählich eine Veränderung in der Wirtschafts- und Sozialstruktur, sodass erst seit dieser Zeit von einer Stadtbildung gesprochen werden kann.

Stadtent- In der frühen südafrikanischen Mandatszeit (1918–60) hatte sich das Verbreitungsge-
wicklung biet der städtischen Zentren kaum vergrößert, lediglich Gebiete am Kalaharirand jenseits von Gobabis und am Namibrand westlich von Omaruru und Outjo waren besiedelt worden. Es waren oft ehemalige weiße Armeeangehörige aus Südafrika, denen man Farmland versprochen hatte. Die konsolidierten politischen Verhältnisse sowie der Ausbau des Nachrichten- und Verkehrsnetzes hatten aber die Zahl der zentralen Orte ansteigen lassen (1937: 212, 1958: 420). Die größten Zentren, vor allem Windhoek, hatten an Bedeutung noch hinzugewonnen. Zahlreiche kleinere Ortschaften nahe den ausgebauten Verkehrswegen waren neu entstanden. Außer Wohnstellen besaßen sie einen Polizeiposten, eine Tankstelle, Reparaturwerkstatt, Unterkunftsmöglichkeit und einen Gemischtwarenladen.

Odendaal- Der **Odendaal-Plan** ließ neue Verwaltungszentren in den kommunalen Gebieten
Plan („Homelands") entstehen, etwa Khorixas, Oshakati, Rundu, Katima Mulilo, Opuwo und Tsumkwe. Bis auf die beiden letztgenannten wuchsen die übrigen Plansiedlungen bald zu regionalen Zentren heran und erhielten 1992 auch eigene Stadtverwaltungen. Für lange Zeit hatte Südafrika das heutige Namibia als eine „Fünfte Provinz" betrachtet und

nicht nur eine politisch-administrative, sondern auch eine ökonomisch-verkehrstechni-sche Verflechtung herbeigeführt, die im Bereich der Versorgung bis heute besteht. Die Vorstellung von „Homelands" im Sinne der RSA wurde wegen des politischen Druckes von außen nicht voll verwirklicht. Die Einführung des Anti-Rassendiskriminierungsgeset-zes von 1979 ließ auch die Trennung von Wohngebieten für verschiedene Bevölkerungs-gruppen fallen. Es herrscht seit dieser Zeit eine freie Wohnmobilität.

Die **niedrige Urbanisierungsrate** von 10 % (1960) erhöhte sich 1982 auf 25 % und stieg inzwischen auf 37 % an. Fast zwei Drittel der Gesamtbevölkerung lebt also noch in den ländlichen Gebieten.

Eine **fünfstufige Hierarchie** von städtischen Siedlungen besteht weiterhin. Windhoek *Siedlungs-* gilt als das nationale Verwaltungs- und Wirtschaftszentrum und nimmt den ersten Rang *hierarchie* ein (Primate City). Regionale Zentren, wie Grootfontein, Keetmanshoop, Otjiwaron-go, Rehoboth, Swakopmund und Tsumeb, stellen eine zweite Stufe dar. Den dritten Rang bilden Distrikt-Zentren, wie Okahandja, Mariental, Gobabis und Outjo. Die vier-te und fünfte Position nehmen die Bezirkszentren, z. B. Usakos oder Maltahöhe, sowie die ländlichen Handelszentren, wie Witvlei oder Kalkfeld, ein. Die Verteilung dieser zentralen Orte zeigt ein klares räumliches Muster. Im Landeszentrum sowie im Mittel-punkt des gesamten Verkehrssystems liegt die Hauptstadt Windhoek. In einer ersten Zone gruppieren sich um Windhoek zentrale Orte der dritten Stufe, noch im Bereich der Zentralität der Hauptstadt. Mit zunehmender Distanz zu Windhoek liegen die Re-gionalzentren (Stufe zwei). Zwischengeschaltet sind die kleineren Zentren der Stufe vier und fünf.

Die Hauptrichtung der nach 1990 verstärkt einsetzenden **Binnenwanderung** zielt auf Windhoek ab und nur noch auf wenige regionale Zentren im Norden und Süden des Landes. Rückläufiger Arbeitskräftebedarf im Bergbau- und Fischereisektor ließen die

Auf dem Fleischmarkt von Katutura

Zahl der Arbeitsplätze außerhalb der Landeshauptstadt absinken. Negative Begleit-erscheinungen, z. B. die hohe Einwohnerdichte in den Vororten, Mangel an geeigneten Unterkünften oder das Fehlen von Arbeitsplätzen, schrecken die Arbeitssuchenden nicht ab. Der Traum von einem besseren Leben in der Hauptstadt lässt sie aus den ländlichen Gebieten und kleineren Zentren abwandern. Die Einwohnerzahl von Windhoek ist in-zwischen auf etwa 450.000 angewachsen, wobei die genaue Zahl der dort wohnenden Menschen niemand kennt.

Landflucht

Die nach Bevölkerungsgruppen getrennte Stadtentwicklung war bereits 1915, nach der Kapitulation der Deutschen, durch Südafrika per Dekret eingeführt worden. Charak-teristisch für die nichtweißen Vororte wie Khomasdal (Farbige) und Katutura (Schwarze) wurde nicht nur ihre abgesonderte Lage, sondern auch die hohe Dichte von Einwohnern mit geringem Einkommen, die primitive Bauweise, fehlende Transportver-bindungen und Einkaufsgelegenheiten, Erscheinungen, die im Wesentlichen bis heute noch nicht beseitigt werden konnten. Weiter geplant sind aber neue Wohngebiete im Westen, die Erstellung von Billigsthäusern und größeren Wohnblocks, um den hohen Bedarf zu decken.

Woh-nungsnot in den Vororten

Nachdem Südafrika sich 1987 prinzipiell bereit erklärt hatte, Namibia in die politische Unabhängigkeit zu entlassen, ist die Innenstadt von Windhoek entscheidend verändert worden. Die Anlage einer modernen City ließ neue Einkaufszentren, Fußgängerzonen und Büro-Geschäftshäuser in Hochbauweise entstehen. Sie heben sich vom kolonialen Baustil besonders ab. Inzwischen verfügt Windhoek über einen neuzeitlichen Stadtkern, einschließlich einer kleinen kolonialen Bausubstanz (Gathemann-Gebäude) aus der deut-schen Zeit. Man bemüht sich, über den Charakter einer Provinzstadt hinauszuwachsen mit internationalem Publikum, Diplomaten und Touristen. Dies empfindet der Besucher vor allem, wenn er nach einem mehrwöchigen Aufenthalt in den übrigen Landesteilen nach Windhoek zurückkehrt.

Deutsche Entwicklungshilfe

info

Seit der Unabhängigkeit 1990 ist Deutschland das Land, aus dem die höchsten Entwicklungsgel-der nach Namibia fließen, alleine in dem Zeitraum von 2009 bis 2010 insgesamt ca. 125 Millio-nen Euro. Schwerpunkte der bilateralen Entwicklungszusammenarbeit sind das Management natürlicher Ressourcen, die nachhaltige Wirtschaftsentwicklung, das Transportwesen sowie die Bekämpfung von HIV/AIDS.

Das Bildungswesen

Unter-schiedliche Bildungs-möglich-keiten

Das formale Erziehungssystem in Namibia war bis 1990 durch unterschiedliche Bil-dungsmöglichkeiten für die einzelnen Bevölkerungsgruppen gekennzeichnet. Für die wei-ße Bevölkerung waren die Bildungsmöglichkeiten erheblich besser als für alle anderen Namibier. Eine gesetzliche Grundlage war, dass ein Teil der eingegangenen Steuergel-der zunächst für die Bildungseinrichtungen verwendet wurde, die von der jeweiligen Gruppe stammten. Erst anschließend erfolgte eine Finanzierung für Einrichtungen, die von den wirtschaftlich schwächeren Bevölkerungsgruppen genutzt wurden.

Eine Hauptaufgabe der neuen Regierung in Windhoek bestand darin, diese Reste der Apartheidgesetzgebung zu beseitigen und gleiche **Ausbildungschancen** für alle zu schaffen. Seit 1991 erhielt daher das Ressort Erziehung die größte Zuwendung aus dem Staatshaushalt. Der größte Teil dieser Gelder wurde jedoch für Gehälter ausgewiesen und nur ein geringer Anteil für den dringend notwendigen Aufbau einer Bildungsinfrastruktur.

Die gegenwärtige **Einschulungsrate** für Jungen und Mädchen liegt mit fast 90 % vergleichsweise hoch. Allerdings vermindert sich die Zahl der Schüler in den ersten vier Jahren (Standards) rasch. Die Hauptgründe hierfür sind, dass die Kinder zu Hause Pflichten in der (subsistenzorientierten) Landwirtschaft oder im Haushalt wahrnehmen müssen. Bei den Mädchen sind noch hö-

Die meisten namibischen Kinder gehen heute zumindest ein paar Jahre in die Schule

here Ausfallraten festzustellen. Eine wesentliche Ursache sind die frühen Schwangerschaften. Der Anteil der weiblichen Beschäftigten im formalen Sektor liegt infolge des niedrigen Ausbildungsniveaus daher nur bei 33 %. Viele Männer aus den „Stammesgebieten" sind als Kontraktarbeiter in anderen Landesteilen beschäftigt. Die Frauen sind daher gezwungen, die Verantwortung für die kleinbäuerliche Landwirtschaft zu übernehmen. Etwa zwei Drittel der ländlichen Haushalte werden von Frauen geführt. *Problem Frauenbildung*

Im Jahr 1992 erhielt Namibia eine **selbstständige Universität** (UNAM) mit mehreren Fakultäten und eigener Verfassung. Der ehemalige Staatspräsident **Dr. Sam Nujoma** übernahm damals persönlich das Rektorat. 2011 gab er das Amt an seinen Nachfolger Pohamba ab. Ca. 16.500 Studenten sind derzeit an der UNAM eingeschrieben. *Universität*

In den 1980er-Jahren entstanden mit Unterstützung der größten Bergbauunternehmen auch mehrere **Ausbildungszentren außerhalb von Windhoek**. Sie fördern insbesondere die Ausbildung junger Betriebsangehöriger zum Facharbeiter. Arandis, nahe der Rössing-Uranmine, ist hierfür ein Beispiel. Im Rahmen der **Entwicklungszusammenarbeit** entstanden ebenfalls Ausbildungszentren, die geeignete Bewerber vom Lehrling bis zum selbstständigen Handwerker (Facharbeiter) oder zum Kleinunternehmer ausbilden. *Private Bildungsinitiativen*

Die öffentlichen Medien, wie Rundfunk und Fernsehen, haben in ihren Programmen die Aufgabe übernommen, die Landessprache Englisch und politische Anliegen landesweit zu verbreiten. Man beabsichtigt, die Englischkenntnisse bei allen Bevölkerungsgruppen so zu vertiefen, dass Afrikaans, die Sprache der Buren, als Verkehrssprache abgelöst wird und keine Dolmetscher mehr benötigt werden. Aus historischen Gründen ist nur in Caprivi Englisch vor Afrikaans als Verkehrssprache dominant gewesen.

Schulpflicht – aber wie funktioniert die Umsetzung?

Jeder, der Namibia bereist, ist von seinen Weiten fasziniert. Doch was den Touristen so erfreut, erschwert anderen Lebens- und Ausbildungschancen. Das riesige, dünnbesiedelte Land stellt das Bildungssystem vor große Aufgaben. Obwohl der Staat etwa 20 % seiner Einnahmen für Bildung ausgibt und es offiziell eine Schulpflicht gibt, fällt die Umsetzung schwer.

• Manchmal sind die Wege zu einer Schule so weit, dass deren Besuch einfach technisch nicht möglich ist, denn stundenlange Fußmärsche wären angesagt.

• Auch in den Slums der schwarzen Siedlungen wie Katutura in Windhoek hapert es an der Verwirklichung der Schulpflicht, kommen doch die Schüler aus verschiedenen Landesteilen oder sogar aus Angola oder Botswana. Die Mehrheit der Hinzugezogenen hat keine Arbeit, die Mütter lassen die Kinder in Tagesstätten verwahren, um Gelegenheitsarbeiten nachzugehen.

• Zusätzlich schafft das AIDS-Problem unüberwindbare Hürden, denn für die Waisen und Straßenkinder kann nicht so gesorgt werden wie in einer Familie.

• Für einige Sprachen ethnischer Minderheiten, so der San und Himba, gab es lange Zeit keine verbindlichen Wörterbücher. Doch Lesen und Schreiben lernt man zunächst am besten in der Muttersprache. Die GIZ (Deutsche Gesellschaft für Internationale Zusammenarbeit) entwickelte deshalb Lehrmaterial für den Grundschulbereich in den Sprachen der Minderheiten. Auch die Inhalte wurden möglichst der Lebensumgebung der z. T. nomadisch lebenden Kinder angepasst.

Ein großer Nachteil für die Schüler bestand auch darin, dass viele Lehrer nicht die nötige Qualifikation vorweisen konnten. Es bestand und besteht immer noch ein **großer Nachholbedarf in der Lehrerbildung**.

Bevölkerung

Vielvölkerstaat Namibia ist ein typisch **afrikanischer Vielvölkerstaat**. Die Bevölkerung teilt sich in elf ethnische Gruppen. Jede davon bringt eine eigene Geschichte und Kultur ein, wobei jede Gruppe in sich wiederum heterogen ist.

Mit der Unabhängigkeit Namibias wurde das Motto **„One Namibia – one Nation"** zur politischen Leitlinie. Auf den ersten Blick ist es sicher eine lobenswerte Zielsetzung, dass man Stammesgegensätze aufheben möchte, damit keine Aggressionen entstehen. Die Gefahr dabei ist aber, dass von kleinen ethnischen Gruppen so große Anpassungsprozesse erwartet werden, dass sie dabei ihre Identität verlieren. Die hauptsächlich von *Dominanz der Ovambo* den Ovambo und Kavango gewählte Swapo hält ihre absolute Mehrheit in der Nationalversammlung bisher durchgängig seit den ersten freien Wahlen 1989. So vertritt die Regierung in erster Linie diese beiden Bevölkerungsgruppen. Erst nachgeordnet werden die Interessen der Minderheiten beachtet.

Verteilung, Strukturen und Mobilität

Namibia gilt mit einer Gesamtbevölkerung von 2,13 Mio. E (2011) nach der Mongolei als das am dünnsten besiedelte, aride Land der Welt. Wenn man über die ausgedehnten, weitgehend menschenleeren Landschaften hinweg fliegt, wird diese Besonderheit

deutlich. Im gesamten Land leben ungefähr so viele Menschen wie in einer europäischen Großstadt (etwa Paris).

Über **70 % der Gesamtbevölkerung** leben im Norden und im Umland
von Windhoek, nur 7 % im Süden und
die restlichen 23 % in der Landesmitte.
Die einzelnen Distrikte weisen recht
unterschiedliche Zu- und Abnahmeer-
scheinungen bei den Einwohnern auf.
Diese Veränderungen beruhen auf politischen und sozio-ökonomischen
Schwierigkeiten. Dürrezeiten verschär-
fen die Probleme besonders im ländlichen Bereich.

Das Stadtgebiet von Windhoek, insbesondere in den Wohngebieten mit einfachen Unterkunftsmöglichkeiten (Katutura, Wanaheda, Hakahana im Nordwesten), hat den stärksten Bevölke-
rungszustrom, gefolgt von Swakopmund. Abwanderungsgebiete sind die
Bereiche Bethanien, Karasburg, Lüderitz,
Maltahöhe und Mariental. Hier nahm

Bewohnerin des Caprivi-Streifens

insbesondere die Zahl der weißen Landbevölkerung ab. Der Rückgang der Arbeitsplätze im Bergbau und in der Fischindustrie veranlasst eine Abwanderung der nichtweißen
Bevölkerung aus den kleineren städtischen Siedlungen.

Die meisten Einwohner identifizieren sich auch heute noch mit einer der größeren **Kul-** *Vielfalt der*
tur- und Sprachgemeinschaften (z. B. Ovambo, Herero, Nama, Damara oder Tswa- *Kulturen*
na). Die Bedeutung dieser Vielfalt für die Entwicklung der namibischen Nation ist umstritten. Die ethnische Differenzierung ist belastet durch ihren Missbrauch im Rahmen
der Apartheidspolitik, die die Segregation nach dem Motto „divide et impera" betrieb.
Ihre formelle Abschaffung (seit 1977/1979) ebnete bereits den Weg für ein veränder-
tes Verständnis der einzelnen Ethnien.

Im Zuge der Unabhängigkeit entwickelten sich über Bevölkerungsschranken hinweg
neue Gruppierungen. Die erfolgreiche Arbeit einer Mehrheitsregierung in Windhoek,
gewaltige Veränderungen in Südafrika und das Ende des Kalten Krieges der Supermächte zeigten auch in Namibia nachhaltige Auswirkungen. Festgefahrene Ideologien der ehemaligen Konfliktparteien verloren an Bedeutung und wichen einer nüchternen Be-
urteilung der allgemeinen Lage.

Wie die Bevölkerungszählung zeigt, traten die ersten **demographischen Verände-** *Verände-*
rungen bereits vor der politischen Unabhängigkeit ein. Die Gesamtzahl der Bevölke- *rungen*
rung stieg von 1,03 Mio. E (1981) auf 2,2 Mio. E an, einschließlich der 45.000 Rückkeh-

rer aus dem Exil. Das jahrelang sehr hohe Bevölkerungswachstum wird aber inzwischen durch die große Verbreitung von HIV und AIDS gebremst. Über 20 % der Bevölkerung sind infiziert. Nur die weiterhin hohe Geburtenrate verhindert einen Rückgang der Gesamtbevölkerung.

San
(s. a. S. 522f)

Sehr alte Kultur Die San gelten als die **älteste Bevölkerungsgruppe**. Die Angaben über die früheste Besiedelung des südlichen Afrika durch die San variieren allerdings stark, sie soll zwischen 10.000 und 25.000 Jahre zurückliegen. Gravierungen und Malereien auf Steinwänden oder -platten werden als Zeugnisse für die Verbreitung der San-Kultur gedeutet. Zahlreiche Fundorte solcher Felsbilder sind für Besucher zugänglich. Im Brandberg-Massiv (ebenso im benachbarten Erongo) findet man die größte Konzentration von Felsbildern, die Halbhöhle mit der sogenannten „White Lady" wurde weltberühmt.

Heute leben ca. 40.000 San auf dem Gebiet von Namibia. Doch nur ein kleiner Teil von ihnen – man schätzt weniger als 1.000 – lebt noch auf traditionelle Art. Viele San verdienen ihren Unterhalt bei weißen und schwarzen Farmern.

Immer tiefer in die Kalahari zogen sich die San in den vergangenen 140 Jahren zurück, verfolgt vor allem von den weißen Siedlern und den nama- und bantusprechenden schwarzen Stämmen. Im Zuge des Odendaal-Plans und der Übertragung südafrikanischer Apartheidstrukturen wurde ihnen das „Homeland Buschmannland" mit dem Hauptort Tsumkwe zugewiesen. Dieses Gebiet war jedoch für die traditionelle nomadische Lebensweise der San bei weitem nicht groß genug. Während des Befreiungskrie-*Gute Spurenleser* ges heuerte das südafrikanische Militär gerne San an, da sie in besonderer Weise mit dem Spurenlesen vertraut waren. Viele San wurden daher beim Militärcamp Manget-

Der Lebensraum der auf traditionelle Weise lebenden San wird zunehmend eingeschränkt

ti sesshaft, ihre Familien lebten in festen Häusern, während die Kinder die Schule besuchten. Viele dieser Menschen ließen sich nach der Unabhängigkeit nach Smitsdrif (Südafrika) „versetzen", da sie ohnehin hier in Namibia nicht heimisch waren und z. T. aus Angola und Botswana stammten.

Die San sind heute weitgehend ihrer natürlichen Lebensgrundlagen beraubt. Die freie Jagd ist verboten. Man macht Versuche, sie als Ackerbauern im Kavango-Gebiet sesshaft zu machen. Ansatzweise scheint dies zu gelingen, doch wird an vielen Orten – z. B. in Rundu – die gesellschaftliche Entwurzelung deutlich. Hier trifft man häufiger auf San-Kinder, die vom Betteln leben. Auch der Verkauf von Pfeil und Bogen an Touristen trägt zum Überleben der Kultur sicherlich nicht bei.

In der kleinen Untergruppe der San, die heute noch als Jäger und Sammler lebt, leben auch viele **soziale und kulturelle Traditionen** weiter. Untergliedert in kleine Gruppen leben die Familien innerhalb ihres Jagdreviers. Je nach Vorhandensein von Pflanzen und Wasser teilen sie sich bzw. finden sich wieder zusammen. Sammel- und Wasserrechte sind streng geregelt. Die Wanderwege werden nach gemeinsamem Beschluss festgelegt.

Die San sind in der Lage, ca. 250 Pflanzen zu benennen. Von diesen sind etwa 100 essbar, aber nur neun davon spielen eine große Rolle bei der **Ernährung**. Meist handelt es sich um essbare Wurzeln, Knollen oder Zwiebeln, die mit einem Grabstock von den Frauen gesammelt werden. Eine besonders beliebte Frucht ist Mongono. Der Baum, welcher sie hervorbringt, wächst in kleinen Wäldern auf sandigen Böden. Es handelt sich um fleischige Früchte mit harten Nüssen, die einen ölhaltigen Kern haben. Die San kennen als Jäger und Sammler eigentlich keinen Garten- oder Ackerbau. Wo sie ihn dennoch betreiben, haben sie ihn von Weißen oder benachbarten schwarzen Stämmen übernommen. *Detaillierte Naturkenntnisse* *Sammler und Jäger*

Das **Jagen** verliert für die San immer mehr an Bedeutung, da ihre Lebensgebiete zunehmend wildärmer werden. Bei der Jagd werden Pfeile verwendet, die eine Giftspitze besitzen. Dieses Gift stammt von Larven bestimmter Käfer, von Pflanzen und von Schlangen. Die Bogen sind klein, und so wird nur eine Reichweite von 20–25 m erzielt. Aus diesem Grunde muss sich der Jäger sehr nahe an das Tier heranschleichen. Hat er endlich ein Tier getroffen, so braucht er der verwundeten Beute nur zu folgen, denn das Gift erledigt seine Arbeit von selbst.

Das soziale Leben der San ist auf komplexe Art durch Gesetze und Rechte geregelt. Das Sammeln von Feldfrüchten auf dem Gebiet einer anderen Sippe ist strengstens untersagt. Das **Schenken** dagegen ist ein wichtiger sozialer Vorgang. Es dient u. a. dazu, feindselige Stimmungen in der Sippe im Zaume zu halten. Was man bei einem anderen bewundert, bekommt man vielleicht bald als Geschenk. Der Austausch von Geschenken fördert auch die Beziehungen zu anderen Sippen. *Strikt geregeltes Sozialleben*

Als Nomaden haben San nur wenig Besitz, denn er wäre nur belastend. Man wohnt in einer Wohnhütte, die aus einem Schirmgerüst besteht, das mit laubreichen Zweigen und trockenem Gras ausgestopft wird. Das Familienoberhaupt bestimmt den Platz einer neuen Wohnstätte und erst wenn das Feuer brennt, wird mit dem Hüttenbau begonnen.

Nama

Die **Nama** (Khoi Khoi) zählen zu den traditionellen Hirtenvölkern. Der halbwüstenhafte Süden des Landes, wo die Ziegen- und Schafhaltung (Fettschwanz-Schafe) eine größere Bedeutung hat als die Rinderhaltung, war ihr traditionelles Siedlungsgebiet. Enge sprachliche und verwandtschaftliche Beziehungen bestehen heute noch zu den Bewohnern der westlichen Kapprovinz, von wo aus sie im 18. und 19. Jh. auswanderten. Zu den Hirtenvölkern ist auch die (nach den Himba) kleinste Bevölkerungsgruppe der **Tswana**, zu rechnen. Sie sind vorwiegend in der östlichen Landeshälfte im Umland von Gobabis anzutreffen, nahe der Grenze zu Botswana.

Vermutlich von den ersten Niederländern, die im südlichen Afrika anlandeten, wurden die Nama aufgrund ihrer Klicksprache abschätzend als „Hottentotten" bezeichnet. Dieser Begriff hielt sich die gesamte Kolonialzeit und wurde im deutschen Sprachraum zum Synonym für die angebliche „Unzivilisiertheit" der Ureinwohner. Die im wissenschaftlichen und amtlichen Sprachgebrauch verwendete Bezeichnung lautet Khoi Khoi, was so viel bedeutet wie „Mensch-Menschen" oder „die eigentlichen, wahren Menschen". Die **Khoi Khoi** untergliedern sich in viele Untergruppen, von denen zwei im südlichen Afrika leben: die Nama und die Orlam.

Während die Nama sich hauptsächlich in Namibia aufhielten, hatten die Orlam ihre Heimat mehr im Gebiet des Kap-Landes. Die Ursprungsheimat der Nama wird im Nordosten Afrikas vermutet. Vielleicht sind sie aus einer Vermischung von San und hamitisch sprechenden Hirtenvölkern hervorgegangen. Diese Hirtenvölker besaßen Langhornrinder und Fettschwanzschafe. Auch sprachlich scheint diese Vermutung untermauert zu sein: In Tansania werden auch heute noch Klicklaut-Sprachen gesprochen, die gewisse Ähnlichkeiten in Grammatik und Wortstamm aufweisen.

Ursprünglich lebten die Nama als Nomaden von Viehzucht, Jagd und dem Sammeln von Früchten, Knollen und Zwiebeln. Man züchtete insbesondere Rinder, Schafe und Ziegen. Die Milch wurde, anders als bei den Herero, ungesäuert genossen. Ebenso kannte man die Herstellung von Butter. Da geschlachtete Rinder zu viel Fleisch auf einmal lieferten und man Schwierigkeiten mit der Konservierung für spätere Zeiten hatte, ging man allmählich dazu über, kleine Tiere, wie Ziegen und Schafe, zu halten. Die Nama hatten eine Vielzahl von Auseinandersetzungen um Wasserstellen und Weidegründe – insbesondere mit den Herero. Den größten Teil an pflanzlicher Nahrung lieferten die kleinen Feldzwiebeln, die die Frauen – ähnlich wie bei den San – mit einem Grabstock ausbuddelten.

Viele Sippen bildeten gemeinsam einen Stamm, an dessen Spitze ein Häuptling stand. Dieses Amt wurde dann vom Vater auf den Sohn übertragen. Das Stammesgebiet gehörte allen. Nur das vom einzelnen hergestellte Produkt war persönlicher Besitz. Die Nama hielten sich oft Diener aus dem Volk der Damara oder der San. Manchmal musste in ihren Diensten auch ein gefangener Herero arbeiten.

Als höchste Gottheit galt den Nama einst *Gauab*, die vor allem für Gewitterregen und die damit zusammenhängenden Wohltaten für den Menschen verantwortlich sollte. Die Verehrung Gauabs ist jedoch relativ früh aufgegeben worden zugunsten eines

Volkshelden namens Tsui-Goab, auf den die göttlichen Gaben übertragen wurden. Sein Name bedeutet „Wundknie" und rührt daher, dass er in Kämpfen für sein Volk eine Knieverwundung davontrug. Auch der Halbgott Heiseb war sehr beliebt. Er war sehr klug, und selbst der Tod konnte ihn nicht erwischen, denn er erstand immer wieder auf. Viele Dinge aus der Vergangenheit, die man nicht erklären konnte (Felsmalereien, Felsabdrücke von Tieren und Menschen), schrieb man Heiseb zu. Es existieren sog. Heiseb-Gräber: Steinhaufen unter denen Heiseb begraben worden sein soll, bevor er wiederauferstand – bislang hat man noch unter keinem solchen Steinhaufen menschliche Knochen gefunden.

Heute gibt es ca. 100.000 Nama, die zum größten Teil im ehemaligen Nama-Land im Süden Namibias leben. Natürlich sind heute praktisch alle zu einer sesshaften Lebensweise übergegangen. Viele verdienen ihren Lebensunterhalt auf den Farmen der Weißen.

Ovambo

Im ehemaligen „Homeland" der Ovambo leben auf einer Fläche von 56.072 km² ca. 600.000 Menschen dieses Volksstammes. Die Ovambo stellen mit einem Bevölkerungsanteil von über 50 % die größte ethnische Gruppierung Namibias dar. Sie untergliedern sich in sieben Stämme: *Größte Bevölkerungsgruppe*

Kwanyama (Anteil ca. 37 %)	Mbalantu (Anteil ca. 7 %)
Ndonga (Anteil ca. 28 %)	Kwaluudhi (Anteil ca. 5 %)
Kwambi (Anteil ca. 12 %)	Nkolonkaadhi (Anteil ca. 3 %)
Ngandjere (Anteil ca. 8 %)	

Die Ovambo sprechen in ihren Stämmen miteinander verwandte Sprachen. Als offizielle Sprachen, die von den beiden größten Stämmen gesprochen werden, hat man sich auf Ndonga und Kwanyama geeinigt. Die Beziehungen der Ovambo zu den einst mächtigen Herero waren stets gut. Es gab keine kriegerischen Auseinandersetzungen um Land oder Vieh. Nachdem die Herero am Waterberg gegen die deutsche Schutztruppe verloren hatten, boten die Ovambo ihnen in ihrem Gebiet Zuflucht.

Aufgrund seiner geografischen Lage erhält das ehemalige Ovamboland relativ viel Niederschlag, ca. 500–600 mm/Jahr. In der ebenen Landschaft findet man eine Vielzahl flacher, trockener Flussbetten vor, sogenannte „Oshanas", die weiter südlich in kleine Seen münden. Diese Oshanas führen aber in der Regenzeit so viel Wasser, dass es zu Überschwemmungen kommt. Aus diesem Grunde war man bei der Ansiedlung bemüht, etwas erhöhte Plätze aufzusuchen. Diese Überschwemmungen haben aber auch ihr Gutes: Sie versorgen den Boden mit Düngestoffen. Bleibt einmal eine Flut aus, so sind die Ernten entsprechend schlecht. Im Flutwasser befinden sich Brassen, die mit Netzen und Reusen gefangen werden und einen wichtigen Beitrag zur Ernährung leisten. Nach der Regenzeit geben die Oshanas gute Weiden für das Vieh ab. *Siedlungsgebiet in Überschwemmungsflächen*

Früher war das Land völlig bewaldet, doch im Zuge der Urbarmachung wurden die ursprünglichen Wälder fast gänzlich gerodet. Insgesamt ist der Osten noch stärker bewaldet: Hier gibt es das sogenannte Dolfholz, das für die Möbelherstellung gebraucht wird. (In Oshakati gibt es eine Möbelfabrik.) Im Westen gibt es nur wenige Mopane-Haine. In der Landesmitte wächst die Malakani-Palme, deren Blätter zum Flechten von Korbwaren benutzt werden.

Klare Aufgaben- trennung

Die Hauptanbaufrüchte der traditionellen Ackerbauern sind Hirse, Kürbisse, Bohnen, Erdnüsse und Wassermelonen. In den letzten Jahren hat man mit dem Anbau von Reis experimentiert und durchaus gute Erfolge erzielen können. Während die Frauen eher die Feldarbeit verrichten, konzentrieren sich die Männer auf die Viehzucht. Rinder werden allerdings nur zu besonderen Anlässen geschlachtet, während Ziegen und Hühner zur regelmäßigen Kost gehören. In den meisten Teilen des Ovambolandes ist **Rinderzucht** möglich. Allerdings haben die Ovambo mit der Viehzucht ähnliche Schwierigkeiten wie die weißen Farmer: Es fehlt an Notweidegebieten für schlechtere Zeiten, ebenso gibt es Weideschäden und große Verbuschungsprobleme.

Insgesamt ist das landwirtschaftliche Potenzial des gesamten Gebietes im Verhältnis zur Bevölkerungszahl zu gering. Die Hauptprobleme (fehlendes Wasser, Nährstoffarmut der Böden) konnten bislang nicht ausreichend gelöst werden.

Trotz allem ist das ehemalige Ovamboland infrastrukturell und verwaltungstechnisch sehr weit fortgeschritten. Die südafrikanische Regierung hat in den letzten Jahren ihrer Verwaltung hier viel Geld investiert, wobei die exponierte Grenzlage und die hohe Bevölkerungsdichte mit dem entsprechenden politischen Potenzial eine Rolle spielten. Der Gedanke und die versteckte Absicht waren aber auch, hier eine Schutzzone gegenüber Angola aufzubauen, um damit die weißen Gebiete im Landesinneren zu sichern.

Himba

Ihr Siedlungsgebiet reicht heute im **Kaokoveld bis zum Kunene** an der angolanischen Grenze. Die Vegetation dieser Landschaft ist dürftig, das Land ist bergig. Die Trockenflüsse führen nur sehr selten Wasser. An Tieren trifft man Oryx, Springbock, Zebra und auch einige Elefanten an.

Ackerbau und Viehzucht

Wohlstand und Ansehen der Himba werden von der Anzahl ihrer Tiere bestimmt. Neben Rinderzucht gibt es ein wenig Mais- und Kürbisanbau. Es werden aber auch Ziegen und Fettschwanzschafe gehalten. Hauptnahrung ist geronnene Kuhmilch. Rindfleisch wird nur zu besonderen Anlässen gegessen, dagegen wird Kleinvieh häufiger geschlachtet. Die Tierhäute dienen der Herstellung von Schlafmatten, Decken, Taschen und Bekleidung. Tiere spielen auch verschiedene symbolische Rollen: Der Brautpreis wird mit Tieren bezahlt, bei Hochzeitsfeiern werden Rinder geschlachtet und Tiere werden den Verstorbenen als Opfer gebracht.

Typische Hautpflege

Traditionell tragen verheiratete Männer einen Turban, Jungen haben einen kahl geschorenen Kopf (bis auf einen Mittelstreifen mit Haaren). Zeichen der verheirateten Frau ist die Verlängerung der eigenen Haare mit denen ihrer Brüder. Frauen wie Männer fetten ihren Körper ein. Sie benutzen dazu Butter, die mit gestoßenem Pulver eisenhaltiger Gesteine und stark aromatischer Kräuter sowie der Kaokoveld-Myrrhe (falls vorhanden) vermengt wird. Das Gemisch ergibt dann eine rote Farbe. Männer dagegen benutzen ein schwarz gefärbtes Fett. Sinn dieser Einfettung ist es, den Flüssigkeitsverlust der Haut bei zu großer Hitze zu reduzieren. Ebenso dient das Fett als Schutz vor Kälte.

Die Himba sind eines der letzten Nomaden-Völker Namibias

Derzeit gibt es ca. 7.000 Himba in Namibia, die eine Fläche von knapp 50.000 km² bewohnen. Das klingt viel, aber das Kaokoveld ist eine sehr aride Landschaft mit nur geringem Naturpotenzial. Auch hier – wie in vielen anderen ehemaligen Homelands – gibt es aufgrund von Überweidung große Vegetationsschäden.

Auch wenn die Himba als eines der letzten halbnomadischen Völker gelten, ist ihre ursprüngliche Lebensweise im Kaokoland in „reiner" Form kaum noch anzutreffen. Viele Himba kamen im Verlaufe des Bürgerkriegs mit den „westlichen Errungenschaften" in Berührung, da hier südafrikanische Truppen stationiert waren. Nach der Unabhängigkeit folgten dem Militär Touristen, die mit ihren Allradfahrzeugen auch noch der letzten Sippe nachstellten. Mittlerweile sind viele Himba auf die Idee gekommen, sich selbst *„Visit* zu vermarkten. Schilder wie „Wait! Visit Himbas! Entry fee 5 \$" sind bereits an man- *Himbas!"* chen Durchgangsstraßen zu finden. Alkoholismus ist ein immer größer werdendes Problem und die Entgelte der Touristen fürs Fotografieren und Posieren dürften diesen Prozess nur noch beschleunigen.

Herero

Zu den Bantu-Hirtenvölkern, die von Norden nach Namibia einwanderten, zählen die **Herero**, die die Rinderhaltung durch Jagd und Sammeltätigkeit ergänzten. Ihre Produkte tauschten sie mit denen der Bantu-Ackerbauern im Norden aus, die nahe den heutigen Grenzflüssen Kunene, Okavango und Zambezi siedelten. Die Herero und die Himba sind aus einer ethnologischen Entwicklungslinie hervorgegangen. Heute leben sie jeweils in einem eigenen ehemaligen Homeland: Die Himba leben im Kaokoland, die Herero im ehemaligen West- und Ostherero-Land im Osten Namibias. Allerdings leben heute auch viele der etwa 100.000 Herero mit ihren Familien als angestellte Arbeiter auf großen Farmen oder als Handwerker in den Städten. Bei den Farmern werden sie insbesondere als Viehtreiber geschätzt.

Die Herero-Frauen sind berühmt für ihre farbenprächtigen Kleider

Die Herero waren ursprünglich ein **klassisches Viehzüchter-Volk**, Ansehen und Einfluss hingen vom Viehbesitz ab. Reiche Häuptlinge besaßen viele tausend Rinder. Diese großen Herden wurden von den Söhnen besitzloser Herero gehütet. Zahlreiche Riten waren früher eng mit dem Rinderreichtum verknüpft. Bestimmte Tiere mussten den Verstorbenen in die Geisterwelt begleiten. Beim Töten sollte kein Blut fließen, weshalb man die Tiere erwürgte. Das Fleisch wurde von den Begräbnisgästen verspeist. Als der berühmte Häuptling *Maharero* 1890 starb, erhielt er als Leichengewand das frische Fell seines Lieblingsrindes. Die Hörner der Begräbnisrinder wurden später an der Begräbnisstätte pyramidenförmig aufgeschichtet.

Viehzüchter

Während der deutschen **Kolonialzeit** leisteten die Herero den Eindringlingen besonders erbitterten Widerstand (zum entscheidenden Aufstand am Waterberg s. S. 461). Daher hatte ihr Volk auch am meisten unter der drückenden Übermacht der Kolonialherren zu leiden. Bis zu 80 % der damaligen Volksangehörigen wurden während der deutschen Kolonialzeit getötet, das bedeutet etwa 80.000 Menschen.

Heute haben die Herero einen großen Anteil am politischen Leben. Ihr Oberhäuptling *Kuaima Riruako* lebte schon in verschiedenen Staaten, auch in Nordamerika. Geschlossen stehen die Herero hinter ihm. Riruako überraschte 2003 damit, dass er die National Unity Democratic Organisation (NUDO) als eigenständige Herero-Partei reaktivierte und sich damit von der DTA löste. Riruako wurde von der NUDO 2004 und 2009 als Präsidentschaftskandidat aufgestellt.

Bekannt ist die wilhelminische Tracht, die viele Herero-Frauen tragen. Etwa 12 m Stoff werden dazu benötigt. In der Vergangenheit haben sie das Schneidern solcher Kleider von den Missionarsfrauen erlernt. Heute werden diese Kleider auch von Nama- und Damara-Frauen getragen.

Die **Herero-Sprache** ist außerordentlich melodisch und vokalreich. Die Ortsnamen der Herero belegen den Wohlklang dieser Sprache, so z. B. Otjiwarongo, Okahandja oder Omaruru. Auch der Formenreichtum dieser Sprache ist äußerst groß.

Damara

Die Damara gehören neben den San zu den ältesten Einwohnern Namibias und haben ebenfalls eine **jahrhundertealte Kulturtradition.** Die Herkunft dieses Volkes ist bis heute nicht geklärt. Die Damara selbst bezeichnen sich als „Nu-Khoin", das heißt „schwarze Menschen". Doch nicht nur ihre schwarze Hautfarbe, sondern auch rudimentäre sprachliche Gemeinsamkeiten lassen einige Forscher den Sudan als Urheimat vermuten. Doch ihre eigentliche Sprache haben diese Bewohner von Namibia längst aufgegeben und die der Nama angenommen. Durch kämpferisch überlegenere Nomadenvölker wurden sie in Abhängigkeit gebracht. Lange waren die Damara Diener der Nama und Herero. Man begegnete ihnen mit großer Verachtung. *Unbekannte Herkunft*

Schon früh sollen sie die **Kunst des Eisen- und Kupferschmelzens** beherrscht haben. Vielleicht brachten sie die Fertigkeit aus der sudanesischen Urheimat mit. Herero und Nama waren dazu nicht in der Lage, und Aufgabe der Damara war es, den Herero- und Nama-Herren Äxte und Speerspitzen zu schmieden. Der Mann war in der Regel Jäger. Mit der Ziegenzucht begannen die Damara erst, als sie von den Betschuanen Ziegen eintauschten. Nur wenige besaßen Rinder. Sie versuchten, sich durch Diebstähle Schafe und Rinder zu beschaffen, was ihnen die Feindschaft der Nama und Herero einbrachte. Wenn sie von den Nama oder Herero aufgespürt wurden, wurden sie entweder umgebracht oder versklavt. *Kupfer- und Eisengießer*

Ihr Stammesgebiet erhielten sie bereits 1906 von den Deutschen als „Belohnung" für die während der Aufstände erwiesene Treue. Im Zuge des Odendaal-Plans wurde ihr Reservatsgebiet von 6.263 km² auf 48.000 km² vergrößert. Die Farmen weißer Siedler wurden damals staatlicherseits aufgekauft und neu aufgeteilt. Von den heute etwa 140.000 Damara leben nur noch 25 % in den ehemaligen Homelands selbst, der größte Teil arbeitet auf Farmen der Weißen, in Minen oder als Arbeiter in den Städten.

Rehobother Baster

Ihre Zahl beträgt heute ca. 39.000. Die Baster sind Nachkommen von Khoi-Khoi-Frauen aus der Kapkolonie und burischen Einwanderern. 1869 verließen die Baster die Kapkolonie und zogen über den Oranje nach Norden. Aus den Streitigkeiten zwischen Nama und Herero hielten sie sich heraus. Sie gründeten 1871 den Ort Rehoboth und schlossen 1885 mit den deutschen Schutztruppen einen Schutz- und Freundschaftsvertrag ab. Auch während der Aufstände anderer Stämme zeigten sie eine große Loyalität zu den Deutschen. 1924 wollten sich die Baster unabhängig machen, doch ihre Revolution wurde von der südafrikanischen Armee unterdrückt (zum Glück unblutig).

Der Name „Baster" wird von den Angehörigen auch im eigenen Sprachgebrauch verwandt und **gilt als Ehrenname.** Sie fühlen sich beleidigt, wenn man sie als Farbige bezeichnet. Die Hauptsprache bei den Baster ist Afrikaans, einige sprechen auch Englisch oder Deutsch.

Zwei
Schichten
Von Beginn an gab es **zwei soziale Hauptgruppierungen** bei den Baster: Zur höheren Schicht gehörten (namentlich) die Familien van Wyk, Diergaard, Mouton und Koopmann. Alle können als besonders wohlhabend bezeichnet werden. Sie bilden sozusagen die gesellschaftliche Oberschicht und haben wichtige Funktionen im politischen und kulturellen, aber auch wirtschaftlichen Bereich. Wer zur niederen Schicht gehört, wohnt meist außerhalb von Rehoboth.

Landwirtschaftlich ist das Gebiet um Rehoboth als besonders gut zu bezeichnen, gibt es hier doch die besten Böden für die Schaf- und Rinderzucht.

Kavango

Die ursprüngliche Heimat der Kavango wird im Gebiet der großen Seen in Mittel- und Ostafrika vermutet. Heute leben sie im Grenzgebiet zu Angola. Viele Stammesangehörige leben bzw. lebten auf der angolanischen Seite des Okavango. Im Zuge des Bürgerkrieges in Angola und der Machtübernahme durch marxistisch orientierte Politiker flüchtete eine große Anzahl auf die namibische Seite. Heute stellen die Kavango mit knapp 200.000 Menschen etwa 10 % der Bevölkerung Namibias.

Acker-
bauern
Aufgrund der relativ hohen Niederschläge in der Nähe des Okavango ist hier **Ackerbau** möglich. Getreide und verschiedene Gemüsesorten gedeihen gut: Mais, Erdnüsse, Kürbisse und Zitrusfrüchte werden zum Teil mit Wasser aus dem Okavango versorgt. Durch staatliche Entwicklungsprogramme werden neue Anbaumöglichkeiten erkundet.

Gute Ergebnisse hat man z. B. bereits mit Baumwolle erreicht. Natürlich spielt der Fischfang eine wichtige Rolle für die Ernährung. Mit trichterförmigen Schilfkörben, die als Reusen benutzt werden, widmen sich vor allem die Frauen dieser Tätigkeit. Die Viehhaltung ist auf den Wiesen in Flussnähe möglich. Im trockenen Winter wird das Vieh am Fluss gehalten, während in der sommerlichen Regenzeit die Weidegebiete im trockenen Landesinnern aufgesucht werden.

Rundu ist das Zentrum des ehemaligen Kavango-Landes und der Sitz der Verwaltung, die über Finanzen, Landwirtschaft, innere Angelegenheiten, Rechtspolitik und Schulwesen befindet. Hier gibt es auch eine Fleischkonservenfabrik, die ein guter Abnehmer der Eigenproduktion ist.

Die Kavango nutzen noch traditionelle Fischfangmethoden

Auch bei den Kavango ist das Stammesleben hierarchisch geordnet. Insgesamt gibt es fünf Stämme, die ihrerseits wieder untergliedert sind (in Sippen und sogenannte „Linien", die aus einer gemeinsamen Ahnfrau entstehen und normalerweise drei Generationen fortbestehen). *Hierarchisches Stammesleben*

Jedem Stamm stehen ein oder mehrere „Kapitäne" vor, die von Ratgebern unterstützt werden. Diese Ratgeber kommen entweder aus dem familiären Umkreis des Kapitäns, oder es handelt sich um besonders bewährte Personen. Der Kapitän ist der eigentliche Anführer des Stammes. Vom Kapitänsrat werden sogenannte „Formani" ernannt, die einen Distrikt verwalten und über bestimmte Befugnisse verfügen.

Drei Dialekte der Kavango haben sich zu vollwertigen Sprachen entwickeln können, die eigene orthographische und grammatische Regeln aufweisen. Diese Sprachen sind Rukwangari, Thibukushu und Rugciriku. *Drei Sprachen*

Caprivianer

Von allen ethnischen Gruppierungen in Namibia leben die ca. 45.000 Caprivianer am weitesten von der Landeshauptstadt entfernt: Etwa 1.300 km sind es von Katima Mulilo nach Windhoek. Lange Zeit existierte keine Straßenverbindung in die Landesmitte. Auch die Caprivianer untergliedern sich in Einzelstämme, deren größte die Masubya und die Mafwe sind. Ihr ursprünglicher Glaube wurde durch die Missionierung ausgerottet.

Sprachlich bestehen engere Beziehungen mit den Barotse nördlich des Zambezi als zu den Kavango. Wahrscheinlich waren die Flüsse Kwando und Okavango starke kulturelle Barrieren. Die in der Schule gelehrte Amtssprache ist „Lozi" und stammt vom Nordufer des Zambezi.

Das **Lebensgebiet** der Caprivianer untergliedert sich geografisch **in drei Hauptzonen**:
- **West-Caprivi**: ein sehr sandiges Gebiet mit spärlicher Vegetation und geringer Bevölkerung.
- **Ost-Caprivi**: Dieses Gebiet liegt östlich des Kwando-Flusses und ist sehr wildreich.
- **„Mafe-Veld"**: ein hoch gelegenes Savannen-Gebiet, das sich besonders für die Viehzucht eignet.

Am südlichen Linyanti- und Chobe-Fluss gibt es fruchtbare Ackergebiete, die während der Regenzeit regelmäßig überflutet werden. Holz gehört zu den natürlichen Rohstoffen und wird insbesondere für die Holzschnitzerei benutzt.

Die Intensivierung der Viehhaltung wird durch die große Verbreitung der Tsetsefliege erschwert. Auch die Malaria muss permanent bekämpft werden. Für die Ernährung spielt der Fischfang insbesondere am Chobe und Zambezi eine wichtige Rolle. Das Landbaupotenzial Caprivis wird außerordentlich hoch bewertet. Fruchtbarer Schwemmlandboden zusammen mit ausreichenden Niederschlägen könnten dieses Gebiet zur Vorratskammer nicht nur für Namibia, sondern auch für die Nachbarstaaten werden lassen. *Ackerbauern mit guter Perspektive*

Sprachenvielfalt

Dem Vielvölkerstaat Namibia entspricht eine **Vielfalt an Sprachen.** Bis zur politischen Unabhängigkeit (21.3.1990) zählte man elf ethnische Hauptgruppen mit elf verschiedenen traditionellen Sprachen, die sich in 26 Dialekte aufgliedern. Die europäischen Sprachen Afrikaans, Englisch, Deutsch und Portugiesisch werden hierbei nicht mitgezählt. Englisch wurde die Staatssprache, und Afrikaans wird häufig noch als Verkehrssprache benutzt. Ein paar ältere Namibier sprechen oder verstehen auch Deutsch, das nach dem 2. Weltkrieg für eine gewisse Zeit die 3. Amtssprache war.

Große Sprachen-vielfalt

Dies war einmalig auf der Welt, da nach dem 1. Weltkrieg nirgendwo außerhalb Europas Deutsch als Amtssprache galt. Und noch heute wird Deutsch insbesondere durch deutschsprachige Schulen, Kirchen, Bücher und sogar durch eine Tageszeitung gepflegt. Schon vor der Unabhängigkeit sprach sich die SWAPO dafür aus, alleine Englisch als Amtssprache zu tolerieren. Deutsch und Afrikaans seien zu sehr mit Unterdrückung und Ungerechtigkeiten assoziiert. Darüber hinaus existieren aber noch etwa **29 andere Sprachen.** Zwar sprechen die meisten schwarzen und farbigen Bewohner Afrikaans bzw. Englisch (manchmal auch beides), untereinander bedienen sie sich jedoch der eigenen Völkersprache. Diese Sprachenvielfalt ist zwar kulturell wertvoll, aber für die Entwicklung des Gesamtraumes und die Mobilität seiner Bewohner oft ein Hemmnis.

Bei den afrikanischen Sprachen, die im Gebiet Namibia beheimatet sind, unterscheidet man zwei Gruppen:
- die Bantu-Sprachen (z. B. Wambo und Herero),
- die Khoesan-Sprachen (z. B. San und Nama).

Sprachgeschichtlich gibt es zwischen diesen beiden Hauptgruppen keinerlei Beziehungen. Die Damara und Nama sprechen heute allerdings die gleiche Sprache (Nama), obwohl zwischen beiden keine ethnologischen Beziehungen bestehen. Die Himba, Tjimba und Herero sprechen alle Herero. Im Ovamboland werden sieben Dialekte gesprochen, die miteinander verwandt sind. Die zwei am meisten verbreiteten (Ndonga und Kwanyama) gelten als offizielle Sprachen.

info

Informationen zur Afrikaans-Sprache

Eine wesentliche Rolle bei der Etablierung der Afrikaans-Sprache hatte **Arnoldus Pannevis**, der klassische Sprachen am Gymnasium von Paarl (Südafrika) lehrte. Ihm fiel auf, dass die eigentliche holländische (niederländische) Sprache von den meisten Menschen seiner Zeit nicht mehr verstanden wurde. Durch die geografische Isolierung hatten die Menschen hier im südlichen Afrika die Beziehung zum Hoch-Niederländischen verloren, sodass allmählich eine Sprachwandlung eintrat, die im strengen Sinne auch nicht mehr den Charakter eines Dialekts hatte. Am 14. August 1875 wurde bei einer Zusammenkunft im Hause von Gideon Malherbe das *Institute of true Afrikaaners* gegründet. Innerhalb dieser Institution forderte man die Etablierung des „Afrikaans" als eigene geschriebene und gesprochene Sprache. Pannevis erarbeitete mit seinen Kollegen die Grammatik und den Wortschatz. Am 15. Januar 1876 kam die erste afrikaanse Zeitung heraus. 1925 wurde Afrikaans neben Englisch als Amtssprache in der Republik Südafrika anerkannt.

„Spezialausdrücke" in Namibia

abkommen	in „Südwesterdeutsch" meint man damit Flüsse, die nur sporadisch Wasser führen
Anabaum	lateinisch acacia albida; diese großen Bäume findet man in den Rivieren (trockene Flussläufe)
Baas	aus dem Afrikaans stammend, heißt so viel wie „Herr"
Beester	ebenfalls aus dem Afrikaans, bedeutet Rindvieh
Biltong	getrocknetes Wild- oder Rindfleisch, wird oft zum Bier gegessen oder als „Padkost"
Bokki	aus dem Afrikaans, meint „Ziege"
Bottlestore	lizensiertes Geschäft für alkoholische Getränke aller Art – hier gibt es auch Eis für die Kühlbox!
Braai	aus dem Afrikaans, meint „Grillen"
Deutschländer	Besucher aus Deutschland
Dankie	aus dem Afrikaans, meint „danke"
Donkiekarre	aus dem Afrikaans, meint „Eselskarre" (sieht man insbesondere im Süden des Landes)
finach	schnell
grid	Rost im Boden, um eine Öffnung im Farmzaun für Tiere unpassierbar zu machen
Hek	Tor in den Farmzäunen
Hoogte	aus dem Afrikaans, meint (Pass-) Höhe
Klippe	Fels, Stein
Koppi	Becher
Kost	Essen
lecker	schmackhaft, schön, gut...
lellek	hässlich, unsauber
Milimehl	Maismehl
moi	gut, schön
Orlog	Krieg
Pad	Weg, Straße
Plaas	Farm
Pontok	Einheimischenhütte
Rivier	(meist ausgetrocknetes) Flussbett
Rondavel	meistens riedgedeckte Rundhütte
stadach	langsam
Suppi	Schnaps
Werft	Siedlung von Einheimischen
Winkel	Laden

Der deutsche Einfluss in Namibia

Die **Weißen** (ca. 5 % der Gesamtbevölkerung), immer noch die wirtschaftlich dominierende Gruppe des Landes, umfassen Buren südafrikanischer Herkunft, wenige Engländer, Deutschstämmige und Nachkommen von Soldaten, Beamten und Farmern aus der deutschen Kolonialzeit (1884–1915) sowie von Immigranten nach den beiden Weltkriegen.

Die relativ kurze deutsche Kolonialzeit von etwa 30 Jahren hat starke Spuren hinterlassen, die man noch heute als Besucher deutlich erkennen kann. Viele Ortschaften, Straßennamen, Geschäfte, Produkte usw. tragen deutsche Namen. Deutsch als Sprache

Traditionell starker Einfluss

Besonders in Swakopmund sind noch die Spuren der deutschen Kolonialzeit sichtbar

ist noch immer weit verbreitet: In keinem anderen ehemals kolonisierten Land ist dies sonst der Fall. Es gibt eine deutsche Tageszeitung, eine deutsche Wochenzeitung, ja sogar einen deutschen Rundfunk. Auch weisen noch heute viele Gebäude durch ihre Architektur auf starken deutschen Einfluss hin, vor allem in Swakopmund, Lüderitz und Windhoek. Nach und nach baut die Regierung die Äußerlichkeiten deutschen Einflusses ab, wie beispielsweise durch die Umbenennung der deutschen Straßennamen.

Wiedergutmachung?

Lange Zeit weigerten sich die deutschen Regierungen, eine Entschuldigung für die Vergehen während der deutschen Kolonialzeit auszusprechen, welche Entschädigungsforderungen legitimiert hätte. Ein offizielles Eingeständnis von Schuld hätte eine Klage erleichtert. 2001 reichte der Herero-Sprecher *Riruako* vor einem amerikanischen Gericht eine Klage in einer Gesamthöhe von knapp 3,5 Milliarden Euro ein – ohne Erfolg. Eine erste Entschuldigung formulierte die damalige Entwicklungsministerin Wieczorek-Zeul 2004 anlässlich des 100. Jahrestages der Schlacht am Waterberg, sie betonte aber, dass dies nicht als Grundlage für eine erneute Klage verstanden werden dürfe. Neuen Zündstoff bekam die Debatte, als 2011 die Schädel von 20 von den Kolonialtruppen getöteten Herero und Nama an eine namibische Delegation zurückgegeben wurden. Die Schädel der Getöteten waren zu Forschungszwecken nach Deutschland gebracht worden. Nach wie vor werden Reparationsforderungen mit dem Hinweis auf die 600 Millionen Euro zurückgewiesen, die Deutschland seit 1990 im Rahmen der Entwicklungszusammenarbeit nach Namibia transferiert hat.

Heute leben weniger als 20.000 deutschsprachige Bürger im Land. Obwohl damit ihr Bevölkerungsanteil nur bei knapp 1 % liegt, haben sie auch heute noch einen entscheidenden politischen und wirtschaftlichen Einfluss. Ihr Bild von Deutschland ist manchmal etwas verklärt und – trotz des Internets – aufgrund von Informations- und Erfahrungsdefiziten nicht immer realitätsnah. Viele Deutschnamibier waren noch nie in Deutschland, oder ihr letzter Besuch liegt viele Jahre zurück. Die vielen deutschen Touristen sorgen dafür, dass auf diesem Umwege Kontakte wachgehalten werden.

Die kulturelle Brücke nach Deutschland wird durch viele ins Leben gerufene Vereine und Institutionen aufrechterhalten. Genannt werden sollte hier v. a. die Deutsch-Namibische Gesellschaft e. V. (www.dngev.de). Die wirtschaftlichen Verflechtungen zwischen Namibia und Deutschland sind relativ gering, Import und Export sind in etwa ausgeglichen. Namibia exportiert zu uns Fleisch- und Wurstwaren, Kupfer (Rohkupfer und entsprechende Legierungen) sowie Chrom, umgekehrt werden Fahrzeuge und Elektroartikel geliefert.

Bindung an Deutschland

Die politische Stellung der Deutschen heute ist vielseitig. Auf keinen Fall überwiegen die Konservativen, deren extremer Flügel leider tatsächlich noch immer auf dem geistigen Niveau des sogenannten Dritten Reiches stehen geblieben ist. Glücklicherweise sind diese Ewig-Gestrigen in der Minderzahl, wissen sich aber manchmal doch so augenfällig zu artikulieren, dass ein insgesamt schiefes Bild der deutschsprachigen Bevölkerung entsteht. Besonders in Swakopmund trifft man Gestalten an, die noch vor wenigen Jahren Führers Geburtstag mit entsprechenden Fahnen und Abzeichen feierten.

Welch einen Schaden diese Minderheit dem Image der Gesamtheit der Deutschen zufügt, ist nicht abzuschätzen. Die meisten allerdings dürften den Zug der Zeit erkannt haben und sind zum Zusammenleben mit allen anderen Völkerschaften des Landes bereit. Längst hat die Mehrheit der Deutschen erkannt, dass sie nur eine Zukunft hat, wenn sie bereit ist, mit allen übrigen Menschen, welcher Hautfarbe und Kultur auch immer, zu kooperieren. Gerade die nach dem 2. Weltkrieg eingewanderten Deutschen gehören dazu. Sie haben durch ihren wirtschaftlichen Fleiß harte Aufbauarbeit geleistet.

Kooperation statt Konfrontation

Allgemeine Reisetipps A–Z

 Hinweis

In den **Allgemeinen Reisetipps** von A bis Z finden sich - alphabetisch geordnet - reisepraktische Hinweise für die Vorbereitung Ihrer Reise und Ihres Aufenthalts in Namibia. **Regionale Reisetipps** - Infostellen, Sehenswürdigkeiten, Unterkünfte, Restaurants etc. - finden sich im Reiseteil bei den jeweiligen Städten, Ortschaften oder Regionen.
Alle Angaben über Preise, Telefonnummern, Websites, Öffnungszeiten etc. waren zum Zeitpunkt der Drucklegung gültig, sind aber konstant Änderungen unterworfen.

Adressen: Information und Diplomatische Vertretungen

▶ **Informationen über Namibia**

in Deutschland:
· **Namibia Tourism Board**, Schillerstraße 42–44, 60313 Frankfurt, Besucherzeiten und telefonische Beratung: Mo–Fr 9–12 und 14–16 Uhr, ☏ 069/133736-0, 🖷 069/133736-15, info@namibia-tourism.com, www.namibia-tourism.com.

in Namibia:
· Wichtigste Anlaufstelle in Windhoek ist das **Reservierungsbüro** Namibia Wildlife Resorts, Adresse: 189 Independence Ave., Erkrath Building, ☏ 061/2857200, 🖷 061/224900, reservations@nwr.com.na, www.nwr.com.na. Hier können die notwendigen Reservierungen (Übernachtungen in Hütten bzw. auf Campingplätzen, maximal 11 Monate im Voraus) für alle staatlichen Camps und Naturparks vorgenommen werden, ebenso kann man sich hier alle Permits besorgen. Öffnungszeiten: Mo–Fr 8–17 Uhr. Die Eintrittserlaubnis in alle Parks ist grundsätzlich bei der Ankunft vor Ort erhältlich.
Zugangsscheine (Permits) für den Namib-Teil des Namib-Naukluft-Parks (außer den Durchgangsstrecken, wo man kein Permit benötigt) sind erhältlich im Reservierungsbüro Windhoek oder in den Rastlagern am Hardap Damm, in Lüderitz, in Swakopmund (☏ 064/402172, Woermann-Haus) und bei Sesriem.
· **AAN (Automobile Association of Namibia)**, Bougain Villa's, Sam Nujoma Avenue, Klein Windhoek, ☏: 061/224201, 🖷 061/222446. Hilfen, wie z. B. Karten, nur mit Ausweis eines deutschen Automobilclubs. Geöffnet Mo–Fr 8–17 Uhr, Sa 8.30–12 Uhr.
· **Namibia Tourism Information Centre**, 1st Floor, Channel Life Towers, 39 Post Street Mall, Mo–Fr 7.30–16.30 Uhr, ☏ 061/2906000, 🖷 061/254848, info@namibiatourism.com.na, www.namibiatourism.com.na. Hier gibt es Informationen über Hotels, Gästefarmen, Safaris etc.

▶ **Diplomatische Vertretungen in Deutschland und Österreich**

· **Namibische Botschaft in Deutschland**, Reichsstraße 17, 14052 Berlin (Neu-Westend), ☏ 030/2540950, 🖷 030/25409555, info@namibia-botschaft.de, www.namibia-botschaft.de, geöffnet: Mo–Fr. 9–13 Uhr und 14–17 Uhr.
· **Namibische Botschaft in Österreich**, Zuckerkandlgasse 2, 1190 Wien, ☏ 01/40293-71, 🖷 01/4029370, nam.emb.vienna@speed.at, www.embnamibia.at, geöffnet Mo–Fr 9–17 Uhr.

▶ **Botschaften und Konsulate in Namibia**

· **Botschaft der Bundesrepublik Deutschland**, Sanlam Centre, 6th Floor, 154 Independence Ave., Windhoek, ☏ 061/273100, 🖷 061/222981, Postanschrift: Embassy of the Federal Republic of Germany, P.O. Box 231, Windhoek, Namibia, info@windhoek.auswaertiges-amt.de, www.windhuk.diplo.de, Öffnungszeiten Mo–Fr 9–12, Mi 14–16 Uhr.
· **Österreichisches Honorarkonsulat,** Schäfer Straße 5, Klein Windhoek, ☏ 061/222159, 🖷 061/222159, hgk.windhoek@gmail.com, Postanschrift: P.O. Box 11848, Klein Windhoek.
· **Schweizer Generalkonsulat**, Windhoek, Independance Avenue 175, Gathemann Building, ☏/🖷 061/223853, Postanschrift: Consulate General of Switzerland, P.O.Box 9298, Eros/Windhoek, Namibia.
· Ländervertretungen der Schweiz und Österreichs mit Passbefugnis gibt es nur in Südafrika.

▶   **Botschaften in Südafrika**

· **Botschaft der Bundesrepublik Deutschland**, 180 Blackwood Street, Arcadia, Pretoria 0083, ☎ 002712/4278900, 🖷 002712/3439401, www.pretoria.diplo.de, Postanschrift: Embassy of the Federal Republic of Germany, P.O. Box 2023 Pretoria 0001.
· **Botschaft von Österreich**, 1109, Duncan Street, Brooklyn, Pretoria 0181, ☎ 002712/4529155, 🖷 002712/4601151, pretoria-ob@bmeia.gv.at, www.aussenministerium.at/pretoria, Postanschrift: P.O. Box 95572, Waterkloof 0145, Südafrika.
· **Schweizer Botschaft**, 225 Veale Street, Parc Nouveau, New Muckleneuk 0181, Pretoria, ☎ 002712/4520660, 🖷 002712/3466605, pre.vertretung@eda.admin.ch, www.eda.admin.ch/pretoria, Postanschrift: Embassy of Switzerland, P.O. Box 2508, Brooklyn Square, Pretoria 0075, Südafrika.

Alkohol

Man kann alkoholische Getränke nur in besonderen Geschäften, den *Bottle Stores*, kaufen.

Der Alkoholausschank in den Hotels ist wie folgt zu erkennen:
YY bedeutet: Es dürfen nur Wein und Bier ausgeschenkt werden.
YYY bedeutet: Es dürfen Wein, Bier und Spirituosen zu gesetzlichen Ausschankzeiten angeboten werden.

Alkoholisches Getränk Nr. 1 ist **Bier**, gebraut in Brauereien in Windhoek und Swakopmund. Alle Biere werden nach dem Reinheitsgebot von 1516 gebraut. Überall erhältlich sind die ausgezeichneten **südafrikanischen Weine**.

Angeln

Salzwasser: Generell benötigt man für das Angeln an Namibias Küsten, sei es vom Strand oder vom Boot aus, eine Lizenz (Monatsbeitrag 14 N$). Diese ist erhältlich bei der Ministry of Fisheries and Marine Resources mit Außenstellen in Swakopmund, Walvis Bay und Lüderitz sowie an der Polizeistation Henties Bay. Es ist genau geregelt, wie viele Exemplare der verschiedenen Fischarten ein Angler pro Tag fangen darf. Ein entsprechendes Merkblatt erhält man beim Erwerb der Lizenz.
Binnengewässer: Einen Angelschein braucht man auch zum Angeln der Frischwasserfische (z. B. im Hardap-Stausee, Fisch-Fluss, Daan Viljoen Park, van Bach-Stausee). Man fischt hier vor allem Schwarzbarsch, Karpfen, Lachs, Brassen und Barbe. Die Angelscheine erhält man am Eingang zu den Dämmen.

Ärztliche Hilfe

Die Arztversorgung in Namibia ist sehr gut. **Keinerlei Impfungen** sind vorgeschrieben. Ausnahme: Sie reisen aus einem nicht **seuchenfreien Land** ein. Nachdem wieder Polio-Erkrankungen aufgetreten sind, wird die Auffrischung der Polio-Impfungen empfohlen. In den entlegenen Gebieten Namibias gibt es die Busch-Kliniken, die auf Erste Hilfe spezialisiert sind. Falls Sie einmal Hilfe benötigen: Entsprechende regionale Telefonnummern finden Sie im Routenteil. In den **Telefonbüchern** stehen die Krankenhäuser unter „Ministry of Health and Social Services". Es empfiehlt sich unbedingt der Abschluss einer **Auslandskrankenversicherung**.

Wichtiger Hinweis

*Empfehlenswert ist eine sogenannte **MedRescue**-Versicherung. Wenn Sie bei Ihrer Rundreise irgendwo einen Unfall haben, so kommt zu jeder Stelle des Landes ein Rettungsflugzeug geflogen, das Sie sofort in ein spezialisiertes Krankenhaus bringt. Diese Flugzeuge landen u. a. auch auf den normalen Pads.*

Telefon von MedRescue in Windhoek: 061/230505, ebenso bei vielen Autovermietern, z. B. bei Safe!Cars. Auch sei auf das private Krankenhaus Medi-Clinic in Windhoek verwiesen (① 061/222687).

Ein weiterer Anbieter solcher Versicherungen ist Aeromed, ① 061/249777.

siehe auch Stichwort „Gesundheitsvorsorge"

Ausdrücke

Anbei eine Übersicht über einige nützliche Ausdrücke in Afrikaans, neben Englisch doch noch die verbindende Sprache in der Wirtschaftswelt:

Guten Morgen!	*Goeie more!*	ja/nein	*ja/nee*
Guten Tag!	*Goeie midday!*	Verzeihung	*ekskuus*
Gute Nacht!	*Goeie nag!*	Ich möchte	*ek will*
bitte	*asseblief*	Tageszeitung	*dagblad*
danke	*dankie*	groß/klein	*groot/klein*
Auf Wiedersehen!	*tot siens!*	gut/schlecht	*goed/sleg*
Rundhaus	*rondavel*	wieviel	*hoeveel*
Tag/Woche	*dag/week*	Monat/Jahr	*maand/jaar*

Zahlen			
eins	*een*	achtzehn	*agtien*
zwei	*twee*	neunzehn	*negentien*
drei	*drie*	zwanzig	*twintig*
vier	*vier*	einundzwanzig	*een-en-twintig*
fünf	*vyf*	zweiundzwanzig	*twee-en-twintig*
sechs	*ses*	dreißig	*dertig*
sieben	*sewe*	vierzig	*veertig*
acht	*ag*	fünfzig	*vyftig*
neun	*nege*	sechzig	*sestig*
zehn	*tien*	siebzig	*sewentig*
elf	*elf*	achtzig	*tagtig*
zwölf	*twaalf*	neunzig	*negentig*
dreizehn	*dertien*	hundert	*honderd*
vierzehn	*veertien*	hunderteins	*eenhonderd-en-een*
fünfzehn	*vyftien*	fünfhundert	*vyfhonderd*
sechzehn	*sestien*	tausend	*'n Duisend*
siebzehn	*seventien*		

Die Aussprache der anderen verbreiteten Sprachen, wie Oshivambo, Otjiherero und Nama, ist nicht ganz einfach (vor allem in der Nama-Sprache gibt es Klick- und Schnalzlaute). Trotzdem ein paar Wörter als Hilfe, die schnell ein Lächeln hervorzuzaubern können:

Deutsch	*Oshivambo*	Otjiherero	*Nama*
Guten Morgen	*wa lelepo*	moro/mua penduka	*!gai//koas*
Guten Tag	*muhalapo*	metaha/mua uhara	*!gaitses*
Guten Abend	*wa tokelwapo*	huenda/mua tokerua	*!gai!uis*
Gute Nacht	*tokelwapo nawa*	rara nawa	*!gai!uis*
danke	*tangi*	ndangi	*aio*
bitte	*alikana*	arikana	*toxoba*
ja/nein	*ee/aaye*	ii/kako	*a/tatse*
wohin	*okuja peni?*	kupi?	*maba?*
Darf ich fotografieren?	*nandi ku faneke?*	hi kupperende?	*bilsa!kho ta ni?*

Auto fahren

▸ **Wichtigste Verkehrsregeln**
• Es herrscht **Linksverkehr** (Steuer stets rechts) und es gilt „rechts vor links".
• **Alkohol** am Steuer: Die Promillegrenze liegt bei 0,5, die Kontrollen sind schärfer geworden, die Strafen höher.
• Auf den Fernstraßen gibt es eine Geschwindigkeitsbegrenzung von **120 km/h** auf **Teerstraßen** und **80 km/h** auf **Schotterstraßen**, in **Ortschaften** von **60 km/h**.
• **Anschnallpflicht** besteht für Fahrzeuge mit Gurtausrüstung.
• **Nachts** sollte man möglichst nicht und wenn, dann besonders vorsichtig (= langsam) fahren, da Tiere unvermutet über die Straße springen können.
• Es gibt **Kreuzungen mit 4 Stoppschildern (4-way-Stop)**. Derjenige, der als erster die Kreuzung erreicht hat, darf losfahren.

▸ **Wichtigste Regeln vor dem Losfahren mit einem Mietwagen**
In jedem Fall prüfen, ob der **Ersatzreifen** in Ordnung ist. Vergessen Sie dabei nicht, sich zu vergewissern, ob das Mietfahrzeug einen **funktionierenden Wagenheber** hat! Bei manchen Vermietern bekommt man gegen Aufpreis ein zweites Reserverad (was allerdings in einem normalen Pkw viel Platz wegnimmt). Ebenso ist die Mitnahme einer **Kühlbox** empfehlenswert, vor allem für die heiße Jahreszeit. Sie sollten außerdem jede Tankmöglichkeit nutzen (in allen größeren Orten gibt es Benzin). Ein gefüllter Reservekanister ist aber trotzdem beruhigend, falls man sich in der Fahrstrecke verkalkuliert hat. Man kann auch sonntags und feiertags tanken, manchmal sogar rund um die Uhr. Sie sollten stets **genügend Wasser** mitnehmen und etwas „Notnahrung".

Wenn Sie „wilde" und einsame Strecken fahren, vergessen Sie nicht
• Öl und Werkzeug,
• evtl. Sandmatten und Pannenzubehör sowie Draht und Isolierband,
• 2-Komponenten-Klebemittel für Kühler und Ölwanne.

In der **Regenzeit** (hauptsächlich Januar bis März) kann es sein, dass Straßen durch plötzlich fließende Wasserläufe („abkommende Riviere") nicht oder nur mit großen Schwierigkeiten zu passieren sind. Dann muss man evtl. an dieser Stelle übernachten. Empfehlenswert ist daher

Bei starken Regenfällen gibt es mitunter nur zwei Möglichkeiten: Umkehren oder Warten

die Mitnahme von Nahrungsmitteln und Getränken. Für die Regenzeit, aber auch für einsame Strecken, die von Flussläufen durchquert werden, ist ein vierradangetriebenes Fahrzeug von Vorteil und dringend zu empfehlen.

▶ **Benzin/Tanken:** Namibia hat ein relativ gutes, dichtes Tanknetz. Nur im abgelegenen Nordwesten des Landes und im Kaudom National Park muss man Benzin/Diesel entsprechend in Vorräten mitführen. Nutzen Sie besonders in den etwas abgelegeneren Landesteilen stets jede Tankmöglichkeit. Wichtig: An Tankstellen können Sie meistens **nicht mit Kreditkarten** bezahlen.

▶ **Führerschein:** Zu empfehlen ist ein Internationaler Führerschein, den Sie an jeder Führerscheinstelle gegen Vorlage von 2 Passbildern bekommen. Für Fahrten in die Nachbarländer ist ein Internationaler Führerschein auf jeden Fall notwendig.

▶ **Orientierung:** Bedenken Sie, dass Sie auf der Südhalbkugel sind: Die Sonne steht mittags im Norden! Die Orientierung auf dem namibischen Straßennetz ist in der Regel kein Problem: An allen Abzweigungen oder Kreuzungen findet man Schilder mit Straßennummern und oft mit zusätzlich verzeichnetem größeren Ort. Wichtig ist deshalb die Mitnahme einer Straßenkarte, auf der alle Straßen mit einer Nummer verzeichnet sind. Die Mitnahme eines GPS-Geräts (Global Position System) ist hilfreich in wirklich abgelegenen Gebieten wie Nordwest-Namibia oder Kaudom. Weitere Infos unter www.dt800.de.

FAHRHINWEISE

So schön eine Selbstfahrer-Tour auch ist, so sehr muss man sich auf die spezifischen Verhältnisse in den afrikanischen Ländern einstellen. Die Erfahrungen, die wir auf europäischen Autobahnen und Straßen gesammelt haben, gelten hier nur sehr bedingt. Die extrem geringe Verkehrsdichte sowie z. T. ausgezeichnete Schotterpisten können zu dem Trugschluss führen, dass man unbedenklich rasen kann. Doch lassen Sie sich nicht täuschen und bedenken Sie folgende Aspekte – dies ist Ihre unbezahlbare Lebensversicherung!

Tourenplanung

Namibia ist 2 ½-mal größer als Deutschland – das sollten Sie bei Ihrer Routenplanung unbedingt berücksichtigen. Vermeiden sie schon dabei Stress, indem Sie sich nicht mehr als 350 Tageskilometer vornehmen. Auf jeden Fall sollten Sie nach Ankunft in Windhoek und vor Abflug in Windhoek in der Nähe der Hauptstadt bleiben. Auch hier gibt es – vor allem auf den herrlichen, stadtnahen Gästefarmen – „Afrika pur".

Verstaubtes Gepäck?

*Selbst im angeblich dicht geschlossenen Kofferraum wird Ihr Gepäck auf unbefestigten Pisten stets total verstaubt sein. Abhilfe: Breiten Sie über Koffer und sonstige Gepäckstücke **Plastik-Müllsäcke**! Manche Geländewagen (z. B. Safe!Cars 4x4) verfügen über eine Überdruckklappe, die das Eindringen von Staub in den Gepäckraum unmöglich macht. Öffnen Sie in einem Wagen mit Canopy oder einem größeren Wagen, wo das Gepäck im hinteren Teil des Wagens verstaut ist, ein hinteres Fenster – durch den „Luftstau" dringt kein Staub ein.*

Mäßige Geschwindigkeiten

Gerade in Namibia treffen wir zum Teil fantastische Schotterpisten (gravel roads) an, die zum Schnellfahren einladen. Geschwindigkeiten von weit über 100 km/h erscheinen machbar, und das trügerische Gefühl von Sicherheit stellt sich schnell ein, bevor es zu spät ist.

*Eine angemessene Geschwindigkeit hängt von vielen Faktoren ab, aber generell **sollte ein Tempo von 80 km/h nicht überschritten werden**, zum Teil sollte man erheblich langsamer fahren (siehe weiter unten). Viele Unfälle ereignen sich am Ende der Reise, wenn der Fahrer glaubt, nun alles im Griff zu haben und die Eigenarten des Pistenfahrens zu kennen.*

Bedenken und beherzigen Sie die folgenden Aspekte:
*·**Keine ruckartigen Lenkbewegungen**: Besonders beim Fahren mit hochbeinigen Allradfahrzeugen ist dringend anzuraten, nur gemächliche Ausweichmanöver durchzuführen. Der hohe Schwerpunkt dieser Fahrzeuge kann leicht zum Überschlagen führen. Im Falle einer plötzlichen Reifenpanne ist es besser, in die seitliche Landschaft hineinzufahren und ggf. einen Farmzaun umzulegen, als dass man versucht, den Wagen zurück auf die Straße zu lenken: In diesem Falle ist ein Überschlag mit all seinen Folgen programmiert!*
*·**Bodenhaftung der Reifen**: Die Bodenhaftung auf Schottermaterial ist extrem niedrig, weil die Auflagefläche der Reifen gering ist. Mikroskopisch vorgestellt: Sie fahren auf den Kuppen der einzelnen Schottersteinchen, die auf einer wiederum lockeren Unterlage liegen. Die Konsequenzen: Kurven, eine plötzliche Reifenpanne, das Ausweichen vor einem zu spät gesehenen Schlagloch führen zu einem unerwarteten und unkontrollierbaren Fahrverhalten Ihres Wagens.*

· **Wölbung der Pisten**: Ein weiteres prekäres Merkmal der Schotterpisten ist ihre **Wölbung zu den Seiten hin**, welche die ohnehin schlechte Bodenhaftung und das Lenkverhalten weiter beeinträchtigt. Ein schneller Lenkausschlag – wie schon vorher beschrieben – und schon dreht sich der Wagen um die eigene Achse! Und wiederum sind besonders Camper sowie hochgebaute Allradfahrzeuge aufgrund ihres ungünstigen Schwerpunkts dann schwer beherrschbar.

· **Wellblechpisten:** Ein typisches Merkmal sind wellblechartig ausgefahrene Pisten. Das Wellblechmuster kommt auf Schotterpisten deshalb zustande, weil ein Fahrzeug beim Anfahren/Beschleunigen nach oben federt, um dann wieder Richtung Boden zurückzufedern. Bei diesem Zurückfedern wird der Untergrund verdichtet. Wenn man auf eine solche Rappelstrecke gerät, gibt es nur 2 Alternativen: Entweder extrem langsam fahren, um sich der Wellblechstruktur anzupassen, oder man fährt schneller (mindestens 50-60 km/h), um sozusagen über die Wellen„berge“ hinwegzufliegen. Nur aufgepasst: Die Bodenhaftung des Fahrzeugs ist dann katastrophal. Wer einen Allradwagen mit großen Rädern fährt, ist hier im Vorteil, da die Räder zumeist nicht in das Wellblech„tal“ passen – man merkt also kaum etwas!

· **Kurven und Gefällstrecken**: Die angeführten Punkte „Bodenhaftung“ und „Pistenwölbung“ erhalten eine besondere Gefahrendimension bei Kurven und vor allem auf Gefällstrecken. Hier sollten Sie nochmals mit der **Geschwindigkeit runtergehen**. Nicht umsonst sind Strecken wie der Gamsberg-Pass und die Abfahrt zum Kuiseb Canyon in Namibia so unfallträchtig.

· **Staub**: Wenn es sehr staubt, fahren Sie auch tagsüber mit Licht. Sandstürme im Namib-Bereich: Insbesondere die Straße nach Lüderitz wird von solchen Sandstürmen heimgesucht. Sie sollten im Falle starken Sandflugs dann am besten stehen bleiben und warten, bis sich der Wind gelegt hat. Anderenfalls riskieren Sie, dass aufgrund der Schmirgelwirkung des Sandes die Scheiben und Lampengläser milchig werden oder der Lack des Fahrzeugs im Frontbereich lädiert wird. In solchen Fällen haften Sie gegenüber dem Autovermieter!

· **Plötzliche Hindernisse**: Ebenso müssen Sie damit rechnen, dass **unerwartete Hindernisse auf Ihrem Weg liegen**, vor denen nicht durch besondere Schilder gewarnt wird: Tiere können Ihren Weg nicht nur bei Dämmerung und in der Nacht, sondern auch am Tag kreuzen. Die Kollision mit einem afrikanischen Kudu kommt einem Unfall mit einem anderen Fahrzeug gleich! Auch Schlaglöcher können plötzlich auftreten und sind vor allem bei steil stehender Sonne kaum zu erkennen. Und hier kann es nicht nur Achsenbrüche geben, sondern man kann sich sogar mit dem Wagen überschlagen.

· **Anhöhen:** In offener Landschaft gibt es selten Fahrtrichtungshinweise. Auf einer Anhöhe erkennt man manchmal erst im letzten Moment, in welche Richtung die Straße weitergeht, also lieber langsam darauf zufahren.

· **Müdigkeit:** Stundenlanges Stieren auf die Straße, um allen Eventualitäten zu entgehen, kann sehr ermüdend sein. Lieber öfter mal eine Pause einlegen.

Überholmanöver

Auf nicht befestigten Straßen gehören solche Vorhaben zur Kategorie „**Wahnsinn**“. Wenn Sie der aufgewirbelte Staub eines etwas langsamer fahrenden Fahrzeuges stört, legen Sie doch eine Pause von 10-15 Minuten ein. Denn beim Überholen droht Ihnen nicht nur Steinschlag, sondern Ihre Sicht ist (zumindest bei Windstille oder Gegenwind) getrübt. Außerdem geraten Sie auf der Gegenfahrbahn durch extremes Ausweichen nach rechts eventuell auf besonders lockeren Straßenbelag oder in tückische Schlaglöcher, die von der Gegenrichtung plattgefahren sind, in Ihrer Fahrtrichtung aber ein steiles Loch bedeuten, das verheerende Folgen haben kann!

Besondere Straßenschäden

Die kleinen und mittleren Trockenflüsse im südlichen Afrika werden nicht durch Brückenbauwerke überquert. In der Regel fließt das Wasser dann einfach quer über die Straße hinweg. Das bedeutet, dass es zu Auswaschungen oder zu lockeren Sandablagerungen kommt.

Gerät man in ein solches „Dip" mit zu hoher Geschwindigkeit, dann wird der Wagen plötzlich gestoppt und kann sich im Extremfall sogar überschlagen. Besonders in bergigen Landschaften stellt dies eine große Gefahr dar!

Vermeiden von Fahrten bei Dämmerung und Dunkelheit

Sie sollten Ihre Tagesetappen so einteilen, dass Sie auf jeden Fall die Dunkelheit meiden und die Dämmerung umgehen. Dies sind die Zeiten der vermehrten Tieraktivitäten. In der beginnenden Dämmerung bzw. kurz davor ist außerdem das Fahren gegen die untergehende Sonne besonders riskant, weil die Sicht extrem eingeschränkt ist.

Häufigkeit von Reifenpannen

Reifenpannen auf Schotterpisten sind relativ häufig. Spitze Steine, warmgelaufene Reifen aufgrund des erhöhten Rollwiderstandes, extrem spitze Dornen oder Überladung des Fahrzeugs sind die maßgebenden Faktoren. Man sollte deshalb nicht nur einen zweiten Reservereifen mit sich führen, sondern vor allem daran denken, dass man plötzlich einen „Platten" bekommen kann und das Fahrzeugverhalten sich dann von einem zum nächsten Augenblick schlagartig ändert. Bevor Sie einen Wagen mieten, sollten Sie die Fahrzeugreifen genau inspizieren und im Zweifelsfall wechseln lassen. Doch auch hier gilt: Geschwindigkeit ist alles, und ein platter Reifen bei 60 oder 70 km/h hat nicht die fatalen Folgen wie bei 100 km/h und darüber! Prüfen Sie laufend den Reifendruck und halten Sie sich an die Empfehlungen des Vermieters.

FAHRZEUG-HINWEISE

Bevor Sie bei der Vermietstation einen Wagen annehmen und durch Unterschrift bescheinigen, dass er in Ordnung ist, **prüfen** Sie vor allem folgende Dinge:

- **Fahrzeugpapiere** (insbesondere für Grenzübergänge)
- **Öl-, Kühlwasser-, Scheibenwasser-, Bremsflüssigkeit- und Hydrauliköl-Stände**
- **Reifenqualität** (Profil? Karkassen? Alles gleich große Reifen? Bestimmte Marke?)
- **Klimaanlage/Gebläse**
- **Wagenheber** (Funktion überprüfen!)
- **Ersatzreifen** (Luftdruck prüfen, ebenso zeigen lassen, wo er ist bzw. wie man ihn herunterbekommt/Kurbel?) – am besten ausprobieren!
- **Bremsen und Lichtanlage**
- **Gebrauchsanweisung**
- **äußere Beschädigungen** (Beulen, Kratzer, Windschutzscheibe ohne Makel?)
- **Werkzeug**

Für Fahrten in abgelegene Gebiete sowie für eine Campingtour abseits der Touristenpfade sollten Sie an folgende **Ausrüstungsgegenstände** zusätzlich denken und unbedingt deren Funktionstüchtigkeit überprüfen:

Abschleppseil
Luftpumpe
Axt
Mückenschutz (Mittel gegen
  Mücken/Mückenstiche)
Campingklapptisch und Campingstühle
Bettwäsche/Handtücher/Schlafsäcke
Kühlschrank
Schaufel/Spaten
Gasbrenner und -leuchte
Geschirr, Kochtöpfe, Pfannen, Besteck,
  Taschenlampe und -messer

Grillrost, Wasserkanister, ggf. auch Leinen
Hitzeresistentes Klebeband für allerlei Probleme, Isolierband
Komponentenkleber für Ölwannenlöcher
Dichtungsmittel für Kühler
Wassersack für Trinkwasser
Öl-Spray
Sicherungen/Sicherungskasten
Dachzelt: Aufbau zeigen lassen, Zustand
  Reißverschlüsse und Mückenschutzgaze
Unausweichlich: eine kurze Probefahrt
  einlegen!

NAMIBIA-SPEZIFISCHE HINWEISE

Straßenqualität: Für afrikanische Verhältnisse verfügt auch das dünnbesiedelte Namibia über hervorragende Straßen. Die Hauptverkehrsverbindungen sind asphaltiert (10 % des Straßennetzes), die wichtigen Nebenstrecken verfügen über sehr gut gepflegte Schotterdecken.

Straßen heißen im Südwester-Deutsch „Pads". Das Straßennetz in Namibia ist verhältnismäßig dicht und von erstaunlicher Qualität (etwa 5.400 km Teerstraßen, 37.500 km Schotterstraßen, 22.000 km Farmwege).

Die wichtigsten asphaltierten Schnellverbindungen:

· Die Hauptstrecke B 1 von Süden (sowohl aus Kapstadt als auch aus Johannesburg) nach Norden über Windhoek, Otavi bis an die Nordgrenze Namibias ist asphaltiert. Auf dieser Straße erreicht man besonders schnell den Etosha National Park.

· Die B 2 von Okahandja nach Swakopmund verbindet zusammen mit der B 1 Windhoek und Swakopmund. Vorsicht bei dieser Strecke, die sehr unfallträchtig ist: Besonders am Wochenende rasen Bewohner der Hauptstadt mal schnell zur Küste!

· Die B 8, in Otavi von der B 1 abzweigend, führt als Trans-Caprivi-Highway durch den Caprivistreifen bis nach Botswana/Zimbabwe.

· Die B 6 führt nach Osten nach Botswana und ist auf botswanischer Seite bis Maun komplett asphaltiert. Sie ist Teil des Trans-Kalahari-Highway nach Johannesburg, wobei die Gesamtstrecke Windhoek – Johannesburg sich im Vergleich zur früheren Route um ca. 400 km auf 1.600 km verkürzt. Vorsicht ist hier vor allem vor den schnell fahrenden LKW geboten!

· Die B 4 verbindet Keetmanshoop mit Lüderitz. Die letzten 30 bis 50 km vor Lüderitz werden oft von Sandstürmen heimgesucht.

Der größte Teil der Strecken sind Schotterstraßen, doch keine Bange, auch sie sind gut gepflegt und erlauben in der Regel eine Geschwindigkeit von ca. **70–80 km/h**. In der sommerlichen Regenzeit kann es lediglich Probleme geben, wenn Trockenflüsse plötzlich zu fließen anfangen (im Südwester-Deutsch: „Riviere kommen ab"). Im Damaraland sind die Naturstraßen z. T. in schlechtem Zustand, jedoch stets für normale Fahrzeuge – d. h. mit Zweirad-Antrieb – befahrbar. Vorsicht bei Naturstraßen während der Regenzeit (glitschig!). Alle öffentlichen Straßen/Wege sind **nummeriert**. Vor den Nummern steht manchmal ein Buchstabe:

„B"	es handelt sich fast ausschließlich um geteerte Straßen
„C"	wichtige Schotterpisten
„D"	Schotter- und Sandpisten
„P"	Privat-Pads, die durch privates Farmgelände führen (man muss viele Farmtore öffnen und schließen)

Besorgen Sie sich auf jeden Fall schon in Deutschland eine genaue Straßenkarte, welche die Straßennummern aufweist. Sehr oft stehen an Wegkreuzungen oder Abzweigungen keine Ortsnamen, sondern lediglich Straßennummern!

Benzin: Auf allen touristisch wichtigen Strecken ist eine gute Versorgung gewährleistet. Man sollte jede Tankmöglichkeit nutzen. Auf der Strecke Windhoek über Gamsberg-Pass nach Walvis Bay sollte man sicherheitshalber einen Benzinkanister als Reserve mitführen. Für Extremregionen sind z. T. mehrere Benzinkanister mit Vorräten von 2 Tankfüllungen (z. B. Kaokoveld) empfehlenswert. Fahrzeuge für Extremstrecken, so die Fahrzeuge von Safe!Cars, verfügen über ein Doppeltank-System mit rund 140 Litern Benzinvorrat.

▸ **Automobilclub**

AAN Automobile Association of Namibia *(kooperiert mit dem ADAC)*, Bougain Villa's, Sam Nujoma Avenue, Klein Windhoek, ☎: 061/224201, 🖶 061/222446 (Hilfen, wie z. B. Karten, nur mit Ausweis eines deutschen Automobilclubs). Öffnungszeiten: wochentags 8–17 Uhr, Sa 8.30–12 Uhr.

▸ **Mietwagen**

Geländefahrzeuge
Für eine normale Rundreise durch Namibia reicht ein Pkw (Toyota Corolla, Golf u.ä.) in der Regel aus. Allerdings muss man einschränkend sagen, dass man mit diesen Fahrzeugen vor allem während der **Regenzeit**, aber auch bei manchen Zielen (z. B. Anfahrt zu einigen Gästefarmen, Sossusvlei etc.) mit Problemen rechnen muss. Der Vorteil eines geländegängigen Wagens (zumeist 4 x 4-Wagentypen von Toyota, Mazda oder Landrover) liegt darin, dass man stets alle Optionen offen hat. Außerdem sitzt man in einem solchen Wagen höher, was vor allem bei **Tierbeobachtungen** sinnvoll ist. Keine Frage, dass geländegängige Wagen aufgrund ihrer Gesamtkonstruktion viel stabiler gebaut und entsprechend robuster sind. Ein Double Cabin ist empfehlenswert, auch wenn man nur mit 2 Personen fährt. Im Gegensatz zu einem Single Cabin hat man Ablagemöglichkeiten auf der hinteren Sitzbank und Einzelsitze (einzeln verstellbar).

Die **Kombination Mietwagen/Hotel** ist für all diejenigen ideal, die individuell reisen und abends bequem in einem Hotel oder einer Gästefarm schlafen möchten. Kleine, nur regional arbeitende Unternehmen sind aufgrund der z. T. sehr kleinen Mietwagenbestände nicht allzu sehr zu empfehlen, da Namibia ein sehr großes Land ist und im Notfall nur die großen Vermieter über eine effiziente Hilfe verfügen. Die Mitgliedschaft im CARAN-Club (Car Rental Association of Namibia, www.caran.org) ist nicht immer eine Qualitätsgarantie. Wirklich empfehlenswert sind letztlich nur die großen, international bekannten Autovermieter, die entsprechend professionell arbeiten (AVIS, ☎ 061/233166, www.avis.co.za, BUDGET, ☎ 061/228720, www.budget.co.za, EUROPCAR, ☎ 062/540041, www.europcar.co.za, HERTZ, ☎ 062/540118, www.hertz.co.za).

Nur die großen Vermieter haben auch Niederlassungen am Internationalen Flughafen.

Bereits **in Deutschland** kann man Leihwagen vorbuchen und aufgrund besonderer Tarife mitunter wesentlich preiswerter erhalten als im Lande selbst (kein Währungsrisiko)! Außerdem haben Sie es bei Reklamationen leichter, da Sie durch das Reiserecht gegenüber dem Autovermieter über den Reiseveranstalter geschützt sind.

Alle für Namibia tauglichen Fahrzeuge können zu attraktiven Bedingungen gebucht werden bei dem deutschen Veranstalter Iwanowski's Individuelles Reisen, ☎ 02133/2603-0, www.afrika.de.

Betteln

In Namibia wurde außer in den Großstädten bislang kaum gebettelt. Allerdings nimmt das Betteln in der letzten Zeit auch an den Stellen zu, wo sich viele Touristen aufhalten. Ob man etwas gibt, hängt von der persönlichen Einstellung ab, hier sind kaum sinnvolle Ratschläge zu möglich.

Bilaterale Gesellschaft

Die **Deutsch-Namibische Gesellschaft e.V.** fördert die Beziehungen zwischen Namibia und Deutschland. Informationen über spezielle Themen, aktuelle Entwicklungen sowie die Arbeit der Vereinigung erhalten Sie bei: Deutsch-Namibische Gesellschaft e.V., Sudetenlandstr. 18, 37085 Göttingen, ☎ 0551/7076781, 🖷 0551/7076782, buero@dngev.de, www.dngev.de. Das sehr empfehlenswerte Namibia-Magazin erscheint vierteljährlich und kann bei o.g. Adresse bezogen werden (4 Hefte/Jahr 17 €).

Busse

Das Bussystem ist **nur auf den Hauptstrecken** einigermaßen gut ausgebaut. Da allerdings die touristischen Sehenswürdigkeiten oft sehr abgelegen liegen, kann man diese mit Bussen nicht erreichen.

Intercape Mainliner, 2 Galilei Street, Windhoek, ☎ 061/227847, 🖷 061/228285, Victoria Falls: ☎ 061/247668, info@intercape.co.za, www.intercape.co.za. Die Busse sind klimatisiert, haben eine Toilette, auf Kurzstrecken gibt es Erfrischungen, auf Langstrecken sogar ein warmes Essen. Reservierungen sind notwendig! Die Haupt-Verbindungslinien:
- Windhoek – Kapstadt über Rehoboth, Mariental, Keetmanshoop und Grünau mehrmals wöchentlich
- Windhoek – Upington über Rehoboth, Mariental, Keetmanshoop und Grünau mehrmals wöchentlich
- Windhoek – Swakopmund/Walvis Bay über Okahandja, Karibib, Usakos mehrmals wöchentlich
- Windhoek – Victoria Falls über Otjiwarongo, Otavi, Tsumeb, Rundu, Katima Mulilo 2-mal wöchentlich
- Windhoek nach Johannesburg über Botswana oder Upington täglich

Weitere Möglichkeiten:
- **Town Hoppers Shuttle Service** verbindet mit komfortablen Kleinbussen täglich Windhoek mit Swakopmund und bietet auch Tür-zu-Tür-Service, Swakopmund, ☎ 064/407223, 🖷 064/407224, townhoppers@iway.na, www.namibiashuttle.com.
- Die **TransNamib-Transportgesellschaft** verbindet viele Strecken im Land (www.transnamib.com.na). Reservierung: ☎ 061/298 2175. Die Fahrzeuge bestehen zumeist aus einem LKW und einem gezogenen Wagen, der wie ein Bahnwaggon aussieht ("Bahnbus"). Gustav-Voigts-Centre, Independence Ave. Öffnungszeiten Mo–Fr 7–19, Sa 7–9.30, So 15.30–19 Uhr.
- **Ekonolux** verbindet Windhoek mit Walvis Bay und Kapstadt. Walvis Bay, Erf 3438 Circumferential Rd., ☎ 064/205935/6, 🖷 064/202978, ekonolux@iway.na, www.ekonolux.com.na.

Camping

Die Länder unter dem Kreuz des Südens laden geradezu zum Camping ein. Nichts wird Ihr Erlebnis nachhaltiger beeinflussen als das Campieren in freier Natur. Der herrliche Sternenhimmel, die klare, würzige Savannenluft und ein knisterndes Lagerfeuer – eine solche Romantik gibt es nur noch in wenigen Teilen der Welt.

Namibia verfügt über öffentliche Campingplätze vor allem in den Nationalparks und Naturschutzgebieten mit ausgezeichnetem Standard. Freies Campieren ist durchaus erlaubt. Aller-

Ein besonderes Erlebnis: Camping mit dem Dachzelt

dings sollten Sie wissen, dass auch die vermeintliche Wildnis in der Regel einen Besitzer (Farmer) hat. Wenn man also auf einem Farmgelände nächtigen will, sollte man – wenn irgendwie möglich – um Erlaubnis fragen. Dies ist allerdings auf manchen riesigen Farmen für den Ortsunkundigen gar nicht möglich. Oberstes Gebot sollte hier sein: sich unauffällig, leise verhalten und keine Spuren der Nächtigung hinterlassen (Sie möchten ja auch nicht, dass jemand in Ihrem Vorgarten logiert!). Auf besonders einsamen Strecken sollte man weit entfernt von Siedlungen seine Zelte aufschlagen (falls kein öffentlicher Platz zur Verfügung steht). Denn je näher Sie an Dörfern logieren, desto mehr „Besuch" werden Sie erhalten.

Einige besonders wichtige Aspekte sollte man bei einer Campingreise berücksichtigen: Stets in einem **geschlossenen Zelt** oder **geschlossenen Wagen** schlafen, um Kriechtieren keinen Zugang zu gewähren. Besonders in der regenreichen Sommerzeit gibt es **giftige Schlangen**, die gerne Unterschlupf unter einem Wagen oder in einem Zelt suchen. Geräusche und lautes Fußstampfen vertreiben jedoch die Tiere. Vorsicht auch vor Skorpionen!

Nie Lebensmittel (insbesondere stark duftendes Obst, wie Orangen, reife Bananen, Äpfel) **im Wagen oder im Zelt** lassen. Dies ist die beste Einladung für Elefanten und Affen.

Besonders auf den einsamen Strecken in den Grenzregionen Farmland/Namibwüste, in der Kalahari und auf den Offroad-Strecken muss stets ein **Wasservorrat** mitgeführt werden. Man rechnet pro Person mit einem Minimal-Tagesbedarf von 3 Litern, in der heißen Jahreszeit bis zu 7–8 Litern. Vertrauen Sie nicht auf im Fahrzeug eingebaute Wassertanks, die können nämlich sehr schnell leckgeschlagen sein. Mehr Sicherheit bieten Plastikkanister, die man im Wageninneren mitführt. Ein mitgeführtes Entkeimungsmittel (z. B. Micropur-Tabletten) hilft aus Notsituationen heraus. An auf der Strecke liegenden Wasserreservoirs der Farmen können Sie sich notfalls versorgen, doch zwecks Sicherstellung der Keimfreiheit des Wassers müssen Sie Micropur-Tabletten benutzen und das Wasser ggf. mit einem Taschenfilter von Trübstoffen säubern. Als Brauchwasser jedoch eignet sich eine solche „Quelle" immer. Vom Schwimmen in Wasserreservoirs ist abzuraten (Schlangengefahr!). Ebenso sollten Sie sich hier nicht mit Seife oder Haarshampoo waschen – das irritiert die Tiere, die u. U. das Wasser nicht mehr zum Trinken annehmen.

Den Campingplatz bitte **ohne Abfall-Reste** hinterlassen. Auch sollte man vom Vergraben von Abfällen Abstand nehmen. Flache Abfalllöcher werden schon in der nächsten Regenzeit wieder aufgedeckt, und die Tiere können sich an Blech oder Glas beim Graben verletzen. Ebenso sollte man darauf achten, dass man keine Glasbehälter oder gar Scherben im Busch zurücklässt, denn als Brennglas wirkend können sie Buschbrände verursachen.

Wenn Sie in freier Wildnis campieren: **Achten Sie auf Wildspuren und Tierpfade.** Flusspferde und Elefanten kennen kein Pardon, wenn Sie sich auf deren „Vorfahrtsstraße" niederlassen. Im freien (Weide-)Gelände sollten Sie **auf keinen Fall in der Nähe von Wasserstellen übernachten.** Das verängstigt die Tiere, die auf das Gewässer angewiesen sind. Außerdem sammeln sich in Wassernähe besonders viele Insekten. Wenn Sie in der „Wildnis" schlafen müssen oder wollen, so beachten Sie neben den bereits aufgeführten Aspekten auch, dass Sie den **Naturraum**, aufgrund dessen Sie ja Ihre lange Reise unternommen haben und nach dem Sie sich gesehnt hatten, **nicht unnötig stören und zerstören.** Deshalb sollten Sie grundsätzlich schauen, ob es nicht bereits genutzte „wilde" Campstellen gibt. Ebenso sollten Sie nicht quer durch die schütteren Savannen-Pflanzenkulturen fahren und diese auf Jahre hin vernichten.

Auch das Holz, das unter Savannenbüschen und Akazien „herumliegt", hat seinen Sinn im großen Kreislauf der Natur: Es hilft, die hohe Bodenaustrocknung zu verhindern, und es (be-)schützt den Boden vor Auswehung der lockeren oberen Krume. Deshalb sollten Sie Ihr **Brennholz am ehesten in trockenen Flussläufen**, den Rivieren, suchen. Auf gar keinen Fall sollten Sie mit Säge und Axt an lebende Bäume gehen! Und für das Erwärmen von Wasser und kleinen Speisen sollte besser ein **Gaskocher** seine Dienste tun.

Auch das **Anlegen einer Feuerstelle** will gelernt sein. Auf jeden Fall sollten Sie dabei Folgendes beachten:
- Legen Sie das Feuer in einer kleinen Mulde an, wobei Sie mit dem Spaten das trockene Gras entfernen sollten, damit Flammen nicht übergreifen können. Ein Steinkranz ist ein besonders guter Schutz.
- Denken Sie an einen Sicherheitsabstand zu Zelt, Wagen und Busch. Beachten Sie dabei unbedingt die Windrichtung.
- Ein Feuer kann man gut entfachen, indem man über Papier dünnes Geäst und darüber stärkere Zweige pyramidenförmig zusammenstellt.
- Wenn Sie schlafen gehen, schütten Sie das Feuer oder die Glut mit Sand zu. Bei plötzlich auftretendem Wind brauchen Sie dann keine Angst zu haben, dass der Busch um Sie herum Feuer fängt und brennt.

Campingplätze
Fast in allen Orten und entlang der touristischen „Hauptstrecken", vor allem aber in den Naturschutzgebieten, gibt es gute Campingplätze. Die Campinganlagen in den Naturschutzgebieten sind in der Regel sehr komfortabel und großzügig angelegt und liegen landschaftlich besonders toll! Auch manche Gästefarmer gestatten Camping. Eine Übersicht über die Camping-

Möglichkeiten in den Naturparks sowie den einzelnen Orten bietet die häufig aktualisierte private Internetseite ***www.thomasrichter.de***. Campingplätze entlang Ihrer Reiseroute finden Sie beim jeweiligen Ort.

Freies Campen in der Natur ist außerhalb der Naturparks grundsätzlich nur mit der Erlaubnis des entsprechenden Farmers gestattet. Es gibt aber viele einsame Gegenden, wo es nicht möglich ist zu fragen, sodass man dort ohne Erlaubnis sein Lager aufschlagen kann. Allerdings sollte man die Campingstelle dann auch so verlassen, wie man sie angetroffen hat. Generell sollte man „wildes Campieren" nur dann realisieren, wenn keine andere Möglichkeit übrig bleibt. In den vergangenen Jahren schossen Campingmöglichkeiten entlang der touristischen Strecken förmlich aus dem Boden. Viele Farmer verdienen sich damit etwas zusätzlich. Von Camping entlang der Straßen und an Rastplätzen ist aus Sicherheitsgründen abzuraten.

Durchschnittliche (Richt-) Preise: 50–150 N\$ p. P. auf privaten Plätzen, staatliche Plätze um 200–250 N\$, unabhängig von der Personenzahl pro Platz.

Campingzubehör
- **Adventure Camping Hire**, Windhoek, 74 Laurent Desiré Kabila Street, ① 061/242478, ⌨ 061/300611, Cell 081/1299135, adventure@iway.na, www.natron.net/tour/adventure, Vermietung von Campingzubehör aller Art, auch Dachzelte. Mindestmietdauer drei Tage.
- **Camping Hire Namibia**, 78 Mosè Tjitendero Street, Olympia, Windhoek, ①/⌨ 061/252995, camping@iafrica.com.na, www.natron.net/tour/camping/hired.html, hier erhalten Sie alles, was für einen Outdoor-Urlaub notwendig ist, zu guten Preisen verliehen.
- **Cymot/Greensport**, Newcastle Street Northern Industrial Area, ① 061/2956000, ⌨ 061/2956100, info@cymot.com, www.cymot.com. In diesem Campingladen gibt es alles für den Outdoor-Urlaub!

Dunkelheit

Die Tage im namibischen Sommer sind kürzer als die europäischen Sommertage, dafür sind die „Wintertage" (entspricht der Trockenzeit) etwas länger als in Europa. Im Sommer (Dez–März) wird es etwa gegen 19.30 Uhr dunkel, im Winter (Mai–September) gegen 18 Uhr.

Planen Sie am besten Ihre Reisezeit so ein, dass Sie ca. 1–½ Stunde vor Sonnenuntergang am Zielort sind, um den Sonnenuntergang zu genießen.

Einreise

Besucher aus Deutschland, Österreich und der Schweiz benötigen für touristische Besuche bei einem Aufenthalt von **bis zu 90 Tagen zzt. kein Visum (man erhält für diese Zeit ein Touristenvisum)**. Ein gültiger Reisepass genügt (6 Monate Gültigkeit über das Reiseende hinaus – mindestens 2 leere Seiten für Stempel müssen frei sein!). Kinder benötigen einen Reisepass mit Bild. Die mit der Einreisegenehmigung erteilte Aufenthaltsdauer liegt gelegentlich unter 90 Tagen und daher sollte gleich kontrolliert werden, ob die benötigte Anzahl von Tagen erteilt wurde. Jeder, der während der Dauer des Aufenthalts einer bezahlten oder unbezahlten Tätigkeit (Praktikum, Freiwilligendienst, Studienaufenthalt) nachgeht, benötigt unbedingt ein Visum.

Tipp
Fertigen Sie Kopien des Passes an und hinterlegen Sie diese in einem mitgeführten Gepäckstück und bei einer zu erreichenden Person, die diese Kopie notfalls faxen kann. Im Falle des Pass-Verlustes sind solche Kopien ein großer Vorteil bei der Ausstellung von Ersatzdokumenten.

Eisenbahn

Das Netz (2.382 km) ist für den touristisch orientierten Personenverkehr kaum geeignet. Die Züge fahren extrem langsam: Windhoek – Swakopmund 9 Std. (4 ½ Std. mit dem Bus). Der Zug fährt nur nachts, man sieht also nichts! Und schlafen kann man in den relativ lauten und unbequemen Wagen auch nicht richtig. Wenn man aber genügend Zeit mitbringt, kann das Bahnfahren Kontakte zu anderen Reisenden erleichtern. Allerdings lassen sich per Bahn nur wenige große Orte erreichen.
Die Hauptverbindungen sind:
- **nach Upington in der Republik Südafrika über Rehoboth, Kalkrand, Mariental, Keetmanshoop, Grünau**. Ab Keetmanshoop kann man per Bahnbus nach Lüderitz weiterfahren.
- **nach Tsumeb über Okahandja, Karibib, Otjiwarongo, Otavi**. In Otjiwarongo gibt es Anschluss an den Zug nach Outjo und Grootfontein.
- **nach Swakopmund/Walvis Bay über Okahandja, Karibib, Usakos, Arandis**
- **nach Gobabis**
Auskunft und Buchungen über **TransNamib** Passengers Reservation: ☎ 061/298 2032 oder 2175, 🖷 061/298 2495, paxservices@transnamib.com.na, www.transnamib.com.na.

Der **Desert-Express**: Der Zug ist als 5-Sterne-Verbindung klassifiziert, bietet große, klimatisierte Abteile, verfügt über Bistro, Bar und Speisewagen. Die Schlafwagenabteile haben jeweils 2 Betten und ein Bad. Der Zug verkehrt zwischen Windhoek und Swakopmund. Unterwegs werden u. a. ein Game Drive bei der Oropoko Lodge, eine Dünenexkursion und der Besuch einer Löwenfütterung angeboten. Die Fahrt hin und zurück kostet im Schlafwagen inkl. Verpflegung ab 3.700 N$ p. P.
An einigen Terminen im Jahr kann man bis nach Etosha fahren (7 Tage, 6 Übernachtungen). Stationen sind Okahandja, Walvis Bay, Swakopmund, Otjiwarongo, Etosha. Teile der Strecke werden mit dem Bus zurückgelegt. Während der Etosha-Safaris fällt der Zug auf der Strecke Windhoek – Swakopmund aus, da es ihn nur einmal gibt.
Auskunft und Buchung: ☎ 061/298 2600, 🖷 061/298 2601, dx@transnamib.com.na.

Elektrizität

Alle Steckdosen sind dreipolig (15 Amp.). Die Spannung beträgt 220–240 Volt. Ein Adapter ist notwendig, den man in Hotels geliehen bekommt oder in Elektrogeschäften Namibias kaufen kann. Größere Hotels haben im Badezimmer oft passende Steckdosen für europäische Stecker.

Die bekannten „Weltreise-Stecker-Sets" beinhalten nicht diese Stecker!

❗ Wichtig zu wissen
Viele abgelegene Lodges und Gästefarmen sind nicht an das öffentliche Netz angeschlossen und stellen den Strom selbst mithilfe von Generatoren her. Diese Generatoren laufen zumeist nur während der Tageszeit bis in den Abend hinein – bitte erkundigen.

Essen

Die Versorgung mit Lebensmitteln und Getränken ist unterwegs stets gewährleistet. Jeder zentrale Ort verfügt zumindest über ein Geschäft, in dem man das Notwendigste kaufen kann. Nur bei Frischwaren (Obst und Gemüse) kann es in abgelegenen Gegenden Probleme geben, doch ist ein Vitamindefizit leicht durch die Einnahme von Multivitamin-Präparaten auszugleichen. Außerdem kann man sich ja mit einem Vorrat an Äpfeln und Apfelsinen eindecken. In allen Restaurants des Landes kann man **unbedenklich essen**, d. h. die hygienische Zubereitung der Speisen ist immer garantiert.

Die Küche ist eher als deftig-traditionell („gutbürgerlich") zu bezeichnen. In Städten wie Windhoek und Swakopmund hat sich in den großen Hotels mittlerweile eine international geprägte Haute Cuisine etabliert, ebenso auf den exklusiven Lodges.

Risikolos kann Salat gegessen oder Wasser getrunken werden. Die Gerichte entsprechen weitgehend unseren Gewohnheiten. **Fleisch dominiert** die Speisekarte (naturbelassene Rind-und Schweinefleischgerichte). Sehr oft werden Wildgerichte angeboten (Kudu, Springbock, Oryx, Warzenschwein, Strauß), selten jedoch Fischgerichte.

Kleines Fischlexikon
Wenn Sie verzweifelt nach der genauen Übersetzung einer bestimmten Fischart fragen, sind Sie nicht alleine. Vielleicht ist Ihnen folgende „Übersetzung" eine kleine Hilfe:
Crayfish, Lobster*: Sammelbegriff für Langusten (in Lüderitz und Swakopmund häufig angeboten)*
Kingklip*: Sehr häufig auf der Speisekarte! Dies ist ein weißer Tiefseefisch, ähnlich dem Seebarsch.*
Monk fish *ist ein Seewolf-ähnlicher, weißer Fisch, relativ arm an Gräten, gutes Filet*
Sole*: Seezunge, sehr schmackhaft*
Snoek*: Makrelenart, wird oft geräuchert angeboten*
Steenbras*: Lachsähnlicher Fisch, allerdings mit weißem Fleisch*

Fischgerichte gibt es vor allem an den Küstenorten (Austern, fangfrische Langusten und Hummer – allerdings nicht gerade billig). Die Austern gehören zu den besten der Welt!

Beliebt ist das Grillen von Fleisch (*braaivleis*), denn – durch das Klima bedingt – wird gerne draußen gekocht und gegessen. Beliebt sind dabei auch die **Potjie-Gerichte** am Lagerfeuer: In einem gusseisernen Topf (Dreifuß) werden phantasievolle, würzige Fleischgerichte (gulaschähnlich), oft mit Gemüse angereichert, gekocht.

Eine namibische Spezialität ist **Biltong**: luftgetrocknetes, gewürztes Rind- oder Antilopenfleisch (Namibias Kaviar). Biltong ist nicht jedermanns Sache, da der Fleischstreifen sehr zäh ist. Eine Delikatesse ist stets das **selbstgebackene Farmerbrot**, wie man es auf Gästefarmen vorgesetzt bekommt. Ebenso eine Delikatesse ist das **Rauchfleisch** (das Fleisch stammt meist vom Kudu).

Überall erhältlich ist hervorragender südafrikanischer Wein. Doch das Lieblingsgetränk der Namibier ist und bleibt das Bier (Hansa-Bier, Windhoeker Bier), nach dem deutschen Reinheitsgebot gebraut. Praktisch alkoholfrei wird oft der erfrischende *Rock Shandy* getrunken: Mixtur von Limonade, Sodawasser und einem Schuss Angostura. Als Köstlichkeit gilt auch der südafrikanische **Amarula-Likör**, der an Bailey's erinnert. Er wird aus den aromatischen Früchten des Amarula-Baumes gewonnen.

Beim Fahren über Land sollte man sich stets ein Lunchpaket mitnehmen, da entsprechende Orte und Einkehrmöglichkeiten aufgrund der Weite des Landes fehlen.

Fahrrad /Mountainbike fahren

Wer es lieber sportlich hat, dem sei eine **Mountainbike-Tour empfohlen**. Vorab: Eine geführte Fahrradtour ist nicht nur Olympia-Kandidaten vorbehalten, man sollte allerdings schon eine gewisse Fitness mitbringen. Pro Tag legt man etwa 50 km zurück, die „langweiligen" Streckenabschnitte werden mit dem Begleitauto zurückgelegt, für die schönen Passagen wird das Mountainbike aus dem Fahrradanhänger geholt. Die Übernachtungen finden in guten Lodges statt sowie auf angenehmen Campingplätzen. Es geht um keine Wettrennen, jeder kann sein Tempo finden. Die Tagesrouten werden morgens und abends besprochen. Am besten nimmt man sein eigenes Mountainbike mit, an das man gewöhnt ist, aber bei Bedarf kann eine Ausleihe arrangiert werden. Die Begleiter kennen sich mit den gängigen Reparaturen aus. Die *Namibia Classic Bike Tour* dauert 14 Tage, findet zu festen Terminen statt, kostet ca. 3.000 € ohne Flug und ist ein „bequemes Abenteuer" ohne Organisationsstress. Es gibt auch kürzere und längere Strecken, so z. B. in die Namib oder durch das Kaokoland und sogar bis zu den Victoria Fällen in Zimbabwe (www.mountainbikenamibia.com). Informationen: Iwanowski's Individuelles Reisen GmbH, Salm-Reifferscheidt-Allee 37, 41540 Dormagen, ☎ 02133/2603-0, www.afrika.de

Feiertage

01.01.	Neujahr (New Year)	Christi Himmelfahrt (wie in Deutschland)	
21.03.	Tag der Unabhängigkeit (Independence Day)	25.05.	Africa Day (zur Erinnerung an die Gründung der Organisation für Afrikanische Einheit)
22.03.	Feiertag n. Unabhängigkeit		
Karfreitag (wie in Deutschland)		26.08.	Heldengedenk-Tag (Heroes Day)
Ostersonntag		10.12.	Tag der Menschenrechte (Int. Human Rights Day)
Ostermontag			
01.05.	Tag der Arbeit (Worker's Day)	25.12.	Weihnachten (Christmas Day)
04.05.	Cassinga-Tag (in Erinnerung an den Unabhängigkeitskampf)	26.12.	Familientag (Family Day)

Ferien

Vor allem in der Hauptferienzeit, in der meist auch die Preise kräftig steigen, kann es zu Engpässen, z. B. bei Übernachtungen, kommen; rechtzeitige Buchung wird daher empfohlen.

Flüge

▸ **Flüge von Deutschland nach Namibia**
Die Preise für Namibia-Flüge ab Deutschland nach Windhoek schwanken je nach Saison und Airline von 750 € (inkl. TAX) bis 1.300 €. Als Hochsaison-Zeiten gelten die Zeit um Weihnachten, die Monate Juli–Oktober sowie Zeiten um Ostern (Airline-abhängig).

Air Namibia verbindet auch abgelegene Gegenden mit Windhoek

· **Air Namibia** (www.airnamibia.com) fliegt täglich von Frankfurt nach Windhoek. Die Flugzeit beträgt etwa 10 Stunden. Air Namibia bietet im Zusammenhang mit dem internationalen Flug Sondertarife auf ihrem Streckennetz an, die immer dann besonders interessant sind, wenn man Abstecher nach Kapstadt, Maun, Victoria Falls oder Johannesburg plant.

☞ **Hinweis**
Wichtig bei Air-Namibia-Flügen: Rückbestätigung 3 Tage vor Heimflug nicht vergessen – ☎ 611/2996444, 🖷 0611/2996168, toreservations@airnamibia.com.na. Bei Flügen nach Europa sollte man 3 Stunden vor Abflug schon am Airport sein (bei eventuellen Überbuchungen hat man dann gute Karten).

· **Air Berlin** (www.airberlin.com) hat seit Oktober 2012 die Direktflüge nach Namibia eingestellt. Eine Wiederaufnahme ist nach derzeitigem Stand der Dinge nicht geplant.

Die meisten anderen Gesellschaften (z. B. Lufthansa, SAA, Swiss, British Airways) bieten Verbindungen über Johannesburg:
· **Lufthansa** (www.lufthansa.com) fliegt täglich von Frankfurt nach Johannesburg.
· **South African Airways** (www.flysaa.com, Star Alliance Mitglied) verbindet täglich München und Frankfurt direkt mit Johannesburg, Anschlussflug nach Windhoek (2 x tgl.). SAA bietet im Zusammenhang mit den Flügen nach Johannesburg einen sehr günstigen Kombinationstarif ab jedem deutschen Flughafen nach Windhoek an. Die Nonstop-Verbindungen der SAA von Deutschland nach Kapstadt und zurück sind von Vorteil für alle, die Namibia mit Kapstadt verbinden möchten.
· **SA Express** (www.flyexpress.aero) fliegt tgl. nach Windhoek und Walvis Bay.
· **British Airways** (www.ba.com) fliegt ab London zweimal täglich nach Johannesburg (Zubringerflüge von allen großen deutschen Flughäfen).

Ausgeruht nach Namibia – Tipps für den Langstreckenflug
· Nehmen Sie **dicke Socken** mit, damit Sie die Schuhe ausziehen können (gut für die Durchblutung).
· Empfehlenswert ist eine **legere Kleidung** für die Nacht. Ideal sind eine Gymnastikhose bzw. eine Sporthose sowie ein Baumwoll-Oberteil.
· **Oropax** schützt vor dem unvermeidlichen Fluglärm.
· Eine **Nasencreme** verhindert das Austrocknen der Nase aufgrund der trockenen Luft.
· Eine **Hautcreme** schützt die Haut vor zu starker Austrocknung.
· Eine **Schlafbrille** erleichtert das Einschlafen.
· Trinken Sie nur **mäßig Alkohol**.

▸ Flüge innerhalb Namibias

Die inländische **Air Namibia** bedient von Windhoek die größeren Orte Namibias (Katima Mulilo – Mpacha, Lüderitz, Ondangwa, Oranjemund, Walvis Bay). Ebenso gibt es Flüge nach Maun in Botswana und nach Victoria Falls.
· **Air Namibia Deutschland**, Kaiserstraße 77, 60329 Frankfurt am Main, ✆ 01805/40858564 (14 Cent/min. aus dem dt. Festnetz), 🖷 069/770673-028, info@airnamibia.de, www.airnamibia.com, in Namibia: P.O.Box 731, Windhoek 9000, ✆ 061/2996444, 🖷 061/299 6168.

Rundflüge in Namibia
· **Atlantic Aviation**, 5 Hendrik Witbooi St., Namib Centre (neben dem Hansa Hotel), Swakopmund, ✆ 064/404749, 🖷 064/405832, info@flyinnamibia.com, www.flyinnamibia.com. Organisiert Rundflüge und Flugsafaris zu allen wichtigen Regionen Namibias. Ebenfalls im Programm Rundflüge nach Südafrika und Botswana.
· **Bush Bird**, Swakopmund, ✆ 064/404071, Handy 081/2507171, 🖷 064/407160, bush bird@iway.na, www.bush-bird.de.
· **Bush Pilots Namibia**, Windhoek, ✆ 061/24 8316, 🖷 061/22 5083, bushpilots@iway.com.na.
· **Desert Air**, ✆ 061/22 8101, 🖷 061/25 4345, info@desertair.com.na. www.desertair.com.na.
· **Pleasure Flights**, Swakopmund, ✆ 064/404500, Handy 081/1294500, redbaron@iafrica.com.na, www.pleasureflights.com.na.

Wichtig zu wissen
Windhoek verfügt über 2 Flughäfen:
Internationaler Flughafen Hosea Kutako, ca. 45 km östlich der Stadt gelegen. Hier kommen die internationalen Flüge aus Europa an.
Regionaler Flughafen, Windhoek/Eros, liegt etwa 3 km vom Stadtzentrum entfernt. Hier wird vorwiegend der nationale Luftverkehr abgewickelt. Ebenso starten hier die meisten Charterunternehmen zu Flugsafaris.

Fotografieren

Staub, Sand und Hitze können Kameras in Namibia gefährlich werden. Daher die Kamera zusätzlich zur normalen Kameratasche noch in Plastiktüten und Stoffbeutel oder -tücher hüllen und niemals im parkenden Auto liegen lassen (natürlich auch wegen der Diebstahlgefahr).

Namibia ist ein Traum für Fotografen und Tierliebhaber

Da meist genügend Licht zur Verfügung steht und deshalb sehr kurze Belichtungszeiten möglich sind, werden Sie beim Fotografieren aus dem Auto durch Auflegen der Kamera auch mit Tele ohne **Stativ** auskommen. Sonst genügt in der Regel ein Bruststativ. **Sonnenblenden** verhindern den direkten Einfall des Sonnenlichtes auf die Frontlinse und schränken die nicht immer gewünschten Lichtreflexe ein. Genauso wichtig ist der Gebrauch von **UV-Filtern**. Sie schirmen die fotoschädlichen UV-Strahlen ab und haben die günstige Nebenwirkung, dass sie die Frontlinse vor Staub, Regen, Zerkratzen und Beschädigung schützen. Das beste Licht zum Fotografieren gibt es bei Sonnenauf- und Sonnenuntergang.

Wer Einheimische fotografieren möchte, sollte unbedingt vorher um Erlaubnis bitten. Auf diese Weise ergibt sich zudem die Möglichkeit des persönlichen Kontakts zu den Menschen.

▶ Tieraufnahmen

Die **besten Chancen** als Tierfotograf oder -filmer haben Sie in den Morgen- und Abendstunden sowie an Wasserstellen. Die **Fluchtdistanz** in den Nationalparks und Wildreservaten gegenüber einem Auto ist oft erstaunlich gering. Das sollte Sie jedoch nicht verführen, dem Wild zu dicht „auf den Pelz zu rücken". Oberstes Gebot sollte sein, die Tiere nicht zu beunruhigen. Auch kleinere Tieraufnahmen in ihrem Biotop sind reizvoll. Es brauchen nicht immer Großaufnahmen zu sein. Seien Sie vorsichtig beim Fotografieren und Filmen von **wehrhaftem Großwild** wie Büffeln, Elefanten und Nashörnern. Sichern Sie sich bei einem eventuellen Angriff einen geeigneten Fluchtweg mit dem Auto. Nicht nur Großwild, sondern auch **kleinere Tiere** sind ein Verweilen, Beobachten und eine Aufnahme wert.

Seien Sie auf Safaris stets „**schussbereit**". Die Tiere warten nicht, bis Sie z. B. Ihre Kamera ausgepackt, das richtige Objektiv gewählt und die richtigen Einstellungen an Ihrer Kamera vorgenommen haben. Oft sind es nur Sekunden, die Ihnen vielleicht ein Leopard für ein Bild lässt. Die Mitnahme einer **zweiten kleinen Kamera** für Schnappschüsse hat sich bewährt.

Geld *siehe Stichwort „Währung/Devisen"*

Gepäck

Erlaubt sind bei den internationalen Flügen in der Regel ca. 20 kg (in Business- und First-Class entsprechend mehr). Falls Sie eine Flugsafari im Lande unternehmen und mit kleinen Flugzeugen fliegen, sollten Sie wissen, dass man dann meist nur etwa 10–12 kg mitnehmen kann.

Das Gepäck sollte aus **flexiblen Gepäckstücken** bestehen (Segeltuchtaschen, leichte Nylonkoffer), Hartschalenkoffer sind bei einer Rundfahrt stets unhandlich, haben ein hohes Eigengewicht und nehmen besonders viel Stauraum weg. Sollten Sie mit einem Geländewagen, vor allem mit Double Cabins, reisen, so empfiehlt sich aufgrund des geringen Stauraums die Mitnahme von knautschfähigem Gepäck.

siehe auch Stichwort „Kleidung"

Gesundheitsvorsorge

Generell ist Namibia in gesundheitlicher Hinsicht ein unproblematisches Land. Das Essen in den Restaurants ist von gleicher Hygiene wie bei uns. Man kann also bedenkenlos in den Restaurants Salate, Eis und Wasser genießen. Alle Gewässer Namibias – bis auf den nördlichen Teil – sind frei von Bilharziose. Auch vor Cholera und Gelbfieber brauchen Sie sich nicht zu fürchten.

Die einzig anzuratende landesbezogene Vorsorge ist eine **Malaria-Prophylaxe**. Sie sollten sich nach den geeigneten Medikamenten bei Ihrem Arzt erkundigen. Die Malaria-Prophylaxe ist vor allem bei Reisen in die **feuchteren nördlichen und nordöstlichen Gebiete** wichtig, ebenso für alle Abstecher **nach Botswana und zu den Victoria-Wasserfällen** in Zimbabwe. Mit der Einnahme entsprechender Medikamente können Sie aber auch erst in Namibia beginnen. Die Apotheken können Sie dort sehr spezifisch beraten, ebenso sind die entsprechenden Medikamente preiswerter als in Europa. In den meisten Fällen brauchen Sie die Medikamente nur 24 Stunden vor Einreise in ein Malaria-gefährdetes Gebiet einzunehmen und sollten sich dann an die Anweisungen halten (meistens müssen Sie die Medikamente noch 6 Wochen nach Verlassen des Malaria-Gebiets einnehmen). Eine nicht-medizinische Prophylaxe vor Malaria ist vor allem das Tragen langer Hosen und langärmliger Hemden sowie das Vermeiden des Aufenthalts am Wasser und bei Dämmerung im Freien. Auch entsprechende Mücken-Sprays helfen.

Generell sind Malaria-Prophylaxen immer mit besonderen Belastungen für den Körper verbunden. Mittel wie Lariam werden oft schlecht vertragen. In Namibia werden Paludrine zusammen mit Resochin, ebenso Daramal/Paludrine-Kombinationen angeboten. Ebenso auf dem Markt ist in Europa Malarone. Dieses Mittel soll außerordentlich gut verträglich sein. Es empfiehlt sich ggf., vor der Reise einen Arzt mit reisemedizinischer Fortbildung oder ein Institut für Tropenmedizin aufzusuchen und sich über eine individuell sinnvolle Prophylaxe zu informieren. Informationen und Ärztesuche auf der Seite www.crm.de.

Malaria-Risiko:
· ganzjährig entlang des Kawango und Kunene
· November–Juni im übrigen N und NO des Landes

Mückenschutz
· hohes Risiko ganzjährig im äußersten Norden entlang des Kawango und Kunene sowie im Caprivi-Streifen;
· mittleres Risiko (höher in der Regenzeit, geringer in der Trockenzeit): Ovamboland, Etosha-Pfanne sowie in den Provinzen Omaheke und Otjozondjupa vorwiegend die Feuchtbiotope im NO und O;
· geringes Risiko in den übrigen Landesteilen in N und NW, nach S auslaufend.

Die Malaria-Risikozonen in Namibia

Angola · Zambia · Katima Mulilo · Opuwo · Oshakati · Rundu · Tsumeb · Outjo · Gobabis · Swakopmund · Walvis Bay · Windhoek · Botswana · Mariental · Atlantischer Ozean · Lüderitz · Keetmanshoop · Karasburg · Südafrika · N · 0 200 km · © graphic

Hohes Risiko
Mittleres Risiko
Geringes Risiko
Kein Risiko

Vorbeugung: Ein konsequenter Mückenschutz in den Abend- und Nachtstunden verringert das Malariarisiko erheblich (Expositionsprophylaxe).

Die wichtigsten Maßnahmen sind:
· In der Dämmerung und nachts Aufenthalt in mückengeschützten Räumen (Räume mit Aircondition, Mücken fliegen nicht vom Warmen ins Kalte).
· Beim Aufenthalt im Freien in Malariagebieten abends und nachts weitgehend körperbedeckende Kleidung (lange Ärmel, lange Hosen).
· Anwendung von insektenabwehrenden Mitteln an unbedeckten Hautstellen (Wade, Handgelenke, Nacken). Wirkungsdauer ca. 2–4 Std.
· Im Wohnbereich Anwendung von insektenabtötenden Mitteln in Form von Aerosolen, Verdampfern, Kerzen, Räucherspiralen.
· Schlafen unter dem Moskitonetz (vor allem in Hochrisikogebieten).

Ergänzend ist die Einnahme von Anti-Malaria-Medikamenten (Chemoprophylaxe) zu empfehlen. Zu Art und Dauer der Chemoprophylaxe fragen Sie Ihren Arzt oder Apotheker bzw. informieren Sie sich in einer qualifizierten reisemedizinischen Beratungsstelle (s. unten). Malariamittel sind verschreibungspflichtig.

Hepatitis: Eine Impfung gegen Hepatitis A (evtl. auch B) ist empfehlenswert.

Magen- und Darmverstimmungen können vorkommen, sind aber eher Reise- und nicht Namibia-spezifisch. Nehmen Sie entsprechende Mittel gegen Durchfallerscheinungen mit. Sehr wichtig ist es, für eine **regelmäßige Flüssigkeitszufuhr** zu sorgen. Nehmen Sie deshalb auf langen Fahrstrecken sowie bei Wanderungen stets genügend Wasser mit, ggf. Salztabletten.

Wichtig bei Wanderungen im Fish River Canyon: Sie benötigen ein **ärztliches Attest**, das nicht älter als 40 Tage ist und das bescheinigt, dass Sie körperlich fit sind.

Zum Thema **Aids**: Aids und Afrika werden oft in einem Atemzug genannt. Man muss davon ausgehen, dass es eine steigende Anzahl von Aidsfällen gibt. HIV/AIDS ist für alle, die Sexualkontakte eingehen, unsaubere Spritzen benutzen, aber auch auf Bluttransfusionen angewiesen sind, ein großes Problem.

Die **medizinische Versorgung** liegt in den städtischen Bereichen weit über dem Durchschnitt, auf dem Lande ist allerdings nur in den zentralen Orten eine Basisversorgung möglich. Ärzte findet man im Telefonbuch unter dem Stichwort „Medical Practioniers". Die Deutsche Botschaft in Windhoek kennt gute Vertrauensärzte, ℡ 061/273100, 273133.

Reiseapotheke

Menge	Gegenstand/Mittel/Anwendung

a. Grundausstattung

Menge	Gegenstand/Mittel/Anwendung
2	Verbandpäckchen, steril
1	Dreiecktuch
1 Rolle	Heftpflaster
0,5 m	Pflasterschnellverband
1	Folienrettungsdecke
1	Schere (entfällt ggf., wenn Taschenmesser vorhanden)
1	kleine Splitterpinzette (spitz, auch zum Entfernen von Zecken)
10 Tabletten	Schmerz-/Fiebermittel
6 Tabletten	Magen/Darm/Übelkeit
10 Tabletten	Durchfall
1 Fläschchen	Wunddesinfektionsmittel
1	Sonnenschutz (Lippen!) mit hohem Lichtschutzfaktor
1	Universal-Schiene (z. B. SamSplint®)
2	Schutzhandschuhe (Vinyl oder Latex)

b. erweiterte Ausstattung

Menge	Gegenstand/Mittel/Anwendung
1	Elastische Binde, 8 cm breit
1 Tube	Augensalbe
1 Tube	Universalheilsalbe
1 Päckchen	Blasenpflaster
1 Paar	sterile Handschuhe

Impfungen:

• **Gelbfieber:**   Alle Personen, die in Namibia aus einer Gelbfieberzone in Afrika oder Südamerika eintreffen oder dort Orte oder Häfen passiert haben, müssen im Besitz einer internationalen Bescheinigung über eine Impfung gegen Gelbfieber sein. Eine Bescheinigung über Gelbfieberimpfungen ist 10 Jahre gültig.

• **Malaria:**   s. o.

• **Hepatitis:**   s. o.

Golf

Golfer finden in Namibia nur wenige, aber aufgrund des landschaftlichen Umfelds durchaus interessante Plätze vor. In Windhoek, Swakopmund, Walvis Bay, Lüderitz und Keetmanshoop gibt es Golfanlagen.

· **Windhoek:** Der Golfplatz gehört zur Hotelanlage des Windhoek Country Club und hat 18 Loch. Sehr gepflegte Anlage mit Putting Greens und Driving Range. Windhoek Golf & Country Club, Western Bypass, www.wccgolf.com.na, ☎ 061/2055223, 🖷 061/2055220.

· **Swakopmund:** Der etwa 7 km außerhalb der Stadt liegende Rossmund-Golfplatz (18 Loch), befindet sich in privatem Besitz. Früh-Golfer werden sogar von einigen Springböcken begrüßt! Rossmund Golf Course, Swakopmund, ☎ 064/405644, 🖷 064/405644.

· **Walvis Bay:** Der Golfplatz liegt inmitten der Namib. 18 Loch (18 Tees, 9 Greens). Die Tees und Greens sind mit Gras bedeckt, die Fairways führen über Lehmboden. Der Golfplatz ist sehr beliebt, vor allem in der Feriensaison. Walvis Bay Golf Club, Walvis Bay, ☎ 064 206506.

· **Lüderitz:** Eine besondere Herausforderung stellt dieser Golfplatz dar, da es hier manchmal wirklich stürmt! 2x9 Loch, Sand. Lüderitz Golf Club, Lüderitz, ☎ 063/203965.

· **Keetmanshoop:** Golfplatz in der Wüste mit ausgefeiltem computerunterstützen Handicap-System. 18 Loch, Sand. Das Clubhaus ist Mi und So geöffnet. Keetmanshoop Golf Club, ☎ 063/223931.

Grenzübergänge

▸ **Nach Botswana:**
Trans-Kalahari-Border Post (Buitepos / Mamuno) 7–24 Uhr
Dobe 7–16.30 Uhr
Impalila Island 7–17 Uhr
Ngoma Bridge 7–18 Uhr
Muhembo / Shakawe 6–18 Uhr

▸ **Nach Südafrika:**
Noordoewer – Vioolsdrift (Südgrenze nach RSA, B 1) 24 Stunden
Ariamsvlei – Nakop (Südostgrenze nach RSA, B 3/N10) 24 Stunden
Velloorsdrif – Onseepkans (Südgrenze RSA, Oranje, C 10/R 358 Pofadder) 8–16.30 Uhr (südafrikan. Zeit)
Klein Menasse – Rietfontein (zum Kgalagadi N.P, C 16/R 31) 8–16.30 Uhr (südafrikan. Zeit)
Mata Mata (am Kgalagadi Transfrontier Park): Der Grenzübergang Mata Mata zwischen Südafrika und Namibia im Kgalagadi Transfrontier Park ist seit 2007 wieder geöffnet (s. S. 494), 8–16.30 (südafrikanische Zeit). Gleichzeitig wurde der Grenzübergang Sendelingsdrift geöffnet, an dem man die internationale Grenze im Ai-Ais/Richtersveld Transfrontier Park überqueren kann (nur mit der Fähre), 8–16.30 Uhr.

! **Wichtig**
Sie müssen für Mata Mata eine Reservierung von 2 Übernachtungen im Park nachweisen, da man die reine Durchfahrt durch den Park als Abkürzung unterbinden möchte. Am Grenzübergang gibt es eine Tankstelle.

Abgelegen: der Grenzübergang Dobe zwischen Namibia und Botswana

▸ **Nach Zambia:**
Katima Mulilo/Wenela 6–18 Uhr (Autofähre; es kann auch die Zambezi-Brücke benutzt werden)
Kasane Kazungula-Fähre über den Zambesi 6–18 Uhr

▸ **Nach Angola:**
Ruacana 7–19 Uhr
Omahenene 8–19 Uhr
Oshikango – St. Clara 8–19 Uhr

⚠ **Tipp**
Achtung: Dort, wo die südafrikan. Zeit vermerkt ist, gilt diese. Im namibischen Winter also bedeutet die RSA-Zeitangabe 8–16.30 Uhr tatsächlich nach namibischer Zeitrechnung 7–15.30 Uhr.
Für die Grenzübergänge benötigen Sie die Erlaubnis des Fahrzeugvermieters. *Bei Einreisen nach Namibia mit einem nicht in Namibia zugelassenen Fahrzeug muss eine Straßennutzungsgebühr von derzeit 150 N$ gezahlt werden.*

Internet-Adressen

· **www.namibia-forum.ch**: sehr aktives Forum für alle Fragen rund ums Reisen nach und in Namibia
· **www.afrika.de**: Übersicht über Reisemöglichkeiten in Namibia, Aktuelles, besonders interessant sind die Fahrzeugangebote, neue Routen, News, Kundenmeinungen zu touristischen Produkten, Sonderangebote bei Flügen und Fahrzeugen
· **www.az.com.na**: Tagesnachrichten der deutschsprachigen Allgemeinen Zeitung
· **www.natron.net**: Wahlweise auf Deutsch oder Englisch findet man eine große Zahl an Informationen über Gästefarmen, Lodges, Hotels, Autovermieter, Namibia, Etosha, Preise, Preisnachlässe für Kinder, Adressen, E-Mail-Adressen und vieles andere. Recht gute Suchfunktion.

· **www.grnnet.gov.na**: offizielle Website der Regierung mit diversen Informationen über Land und Leute, Wirtschaft, Adressen und aktuelle News.

· **www.namibia-tourism.com**: Homepage des Namibia-Verkehrsbüros in Frankfurt mit aktuellen Informationen; das Tourism Board hat inzwischen auch eine „Discover-Namibia"-iPad-App herausgegeben (kostenlos im Apple Store), bisher allerdings nur auf Englisch. Die deutsche Version sowie die für iPhone sollen folgen.

· **www.reisemed.com**: Informationen des Institutes für Reisemedizin in Offenbach zu vielen Reiseerkrankungen und deren Prophylaxe

· Unter der Webadresse **www.suedafrika-reise.net/namibia/namibia.htm** findet man landesweit einfache Häuser für Backpacker, Budget-orientierte Traveller sowie Reisende, die in sauberer, aber eher einfacher Umgebung übernachten möchten. Nachteil: Man muss jede einzelne Unterkunft selber buchen, da es keine zentrale Reservierung gibt.

· **www.weltzeituhr.com**: Sonnenauf- und -untergangszeiten

Tipp

Weltweite Auskunft über Standorte von Geldautomaten gibt es auf der Website www.master card.com/atmlocator, auch als iPhone-app.

Internet/E-Mail

Zugangsmöglichkeiten gibt es in allen größeren Orten, wo es Internet-Cafés gibt. Auch viele Lodges und Gästefarmen verfügen über entsprechende Anschlüsse. Ausnahme: Kaokoveld und bestimmte Regionen im Caprivi.
Einige Adressen:

Lüderitz	· Club Internet, Bahnhof Straße, schräg gegenüber dem Bahnhof
	· Extreme Communications, Waterfront
Katima-Mulilo	· DigiTech Media Centre, auf dem Gelände des „Open Market", gegenüber dem Shoprite-Supermarkt
Maltahöhe	· Oa Hera Namib Backpackers, Main Street 8
Swakopmund	· Cyber Café, Shop 17, Woermann Brock Mall, Ecke Sam Nujoma/ Tobias Hainyeko St.
	· Hansa Hotel, 3 Hendrik Witbooi St.
Walvis Bay	· Computerland, Sam Nujoma Ave.
Windhoek	· Club Internet, Frans Indongo St.

Karneval

Ja, den gibt's wirklich auch hier in Namibia und besonders in Windhoek (Wika = Windhoeker Karneval). Aktuelle Informationen im Internet unter www.windhoek-karneval.com. Der Windhoek Karneval findet allerdings erst immer im April statt. Auch in anderen namibischen Orten wird Karneval gefeiert, so in

· Tsumeb = Tsumka (Umzug Anfang Juli)
· Swakopmund = Kueska (Umzug Ende Juni)
· Lüderitz = Lueka (Umzug im August)
· Witvlei Karneval = OSKA (alle 2 Jahre, immer in ungeraden Jahren, im März)
· Otjiwarongo: Umzug Mitte Juli

Beim Karneval sind vorwiegend Deutsche unter sich.

Karten

Neben der diesem Buch beigefügten herausnehmbaren Reisekarte ist für eine gute Reiseplanung exaktes, aktuelles Kartenmaterial unabdingbar. Empfehlenswert sind:

· Reise Know-How: **Straßenkarte Namibia 1:1.200.000**, 10. A., Bielefeld 2011, ISBN 978-3831771035, Faltkarte 70x100 cm, beidseitig bedruckt, reiß- und wasserfest, 8,90 €. Bewährte, dabei preiswerte Straßenkarte mit günstigem Maßstab. Zeigt alle D-Pads und viele 4x4-Strecken.
· MapStudio: **Namibia Road Map 1:1.550.000**, Kapstadt 2010, Faltkarte 69x99 cm, beidseitiger Druck, Englisch, 12,50 €. Bewährte, gut zu lesende Straßenkarte mit allen D-Pads und vielen 4x4-Strecken, zahlreichen touristischen Hinweisen und 18 GPS-Wegpunkten.
· MapStudio: **Namibia Road Atlas 1:1.550.000**, Kapstadt 2010, Seiten, Englisch, ISBN 978-1-77026-169-3, 17,50 €. Dieser Atlas ist eine gute Alternative zu Faltkarten, bietet eine vollständige Abdeckung des Landes und ein reiches Zusatzangebot an Stadtplänen und regionalen Karten.
· Tracks4Africa: **Traveller Map of Namibia 1:1.000.000,** 2. A. 2011, ISBN 978-0-9869876-0-1, 159 N$, zu beziehen über www.tracks4africa.co.za. Englisch, viele Zusatzinformationen, Stadtpläne Swakopmund und Windhoek, auch Offroad Tracks im Kaokoland.

In Windhoek direkt gibt es topografische Karten im Surveyor General's Office im Ministry of Agriculture, Robert Mugabe Ave. Privatkunden können Kartenmaterial direkt beziehen bei: **Namibiana Buchdepot**, Bismarckplatz 2, 27749 Delmenhorst, ① 04221-1230240, ☎ 04221-1230241, buchdepot@namibiana.de, www.namibiana.de.

Kinder

Namibia ist durchaus ein gutes Reiseland für Kinder. Kindersitze können bei den Autovermietern bereitgestellt werden. Bei der Tourenplanung sollten Sie bedenken, dass die Tagesetappen nicht zu lang sein sollten. Ebenso sollten stets mindestens 2 Übernachtungen an einer Stelle gebucht werden. Besonders auf Gästefarmen, wo es mehr Freiräume und vor allem auch Tiere gibt, kommen Kinder auf ihre Kosten. Spaß bereitet Kindern und Jugendlichen oft das Übernachten in der Natur, am einfachsten zu realisieren mit einem Fahrzeug, das Dachzelte montiert hat. Und auf Campingplätzen gibt es „Auslauf" und Kontaktmöglichkeiten!

Kleidung

Wenn man **im südlichen Winter** (Trockenzeit) reist, muss man morgens warm angezogen sein (mehrere „Schichten"), im Verlauf des Tages zieht man sich nach und nach aus („Zwiebelprinzip"). Ab dem Nachmittag zieht man sich nach und nach wärmer an. Warme Kleidung darf also in dieser Jahreszeit nicht fehlen. Auch im **namibischen Sommer** (Regenzeit) sollte ein warmes Kleidungsstück nicht fehlen, da es im Hochland durchaus einmal kühl werden kann. Die Kleidungssitten in den Hotels kann man eher als leger bezeichnen. Gesellschaftskleidung ist nicht nötig.

Nehmen Sie **leichte, luftdurchlässige Kleidung** mit. Im Lande selbst können Sie sich mit hervorragend strapazierfähiger und gut zu tragender **Safari-Kleidung** einkleiden (besonders in Windhoek und Swakopmund). Bequem zu tragende Schuhe (halbhoch, fest) gehören ins Reisegepäck, nicht aber Sandalen (Skorpione!). Basketballschuhe sind durchaus geeignet. Darüber hinaus vergessen Sie nicht eine **starke Sonnenbrille, Sonnenöl, Lippenschutzcreme, Kopfbedeckung, evtl. eine Wasserflasche und eine Taschenlampe für die Camps**.

Onlineanbieter für Safarikleidung:
- in Namibia: www.safarilandholtz.com
- in Deutschland: www.ernst-brendler.de

Krankenversicherung

Prüfen Sie bitte nach, ob Ihre Krankenversicherung im Krankheitsfall für die Kosten im außereuropäischen Raum aufkommt. Die medizinische Versorgung im Lande ist gut, aber es besteht kein Sozialabkommen zwischen Deutschland und Namibia. In der Regel ist daher eine Reisekrankenversicherung unvermeidlich.

Literatur

Über Namibia gibt es erstaunlich viel Literatur, die man normalerweise in einer deutschen Buchhandlung nicht findet. Das Namibiana Buchdepot ist seit 1982 als Spezial-Buchhandlung für namibische Bücher und Landkarten erfolgreich tätig: Namibiana Buchdepot, Bismarckplatz 2, D 27749 Delmenhorst, ℡ 04221-1230240, 🖷 04221-1230241, buchdepot@namibiana.de, www.namibiana.de.

Hinweis
Ausführliche Literaturhinweise siehe Anhang

Mehrwertsteuer

Sie beträgt zzt. 15 % und wird auf alle Waren und Dienstleistungen (einschließlich Hotelunterkünfte, Beförderungsleistungen sowie Pauschaltouren) erhoben; Restaurant-Mahlzeiten: 8 %. Grundnahrungsmittel sind nicht besteuert.

Waren, die gekauft und direkt an die Heimatadresse des Käufers außerhalb Namibias geschickt werden, werden nicht besteuert. Auf Luxusartikel wie z. B. Teppiche und Schmuck werden 15 % Steuern erhoben, die man gegen Vorlage der Kaufrechnung und Einsicht der Ware am Flughafen wieder zurückerstattet bekommt (Warenwert mindestens 250 N$). Hierbei ist es allerdings schon häufig zu Problemen gekommen. Die Deutsche Botschaft in Windhoek empfiehlt, sich beim Kauf zwei Originalrechnungen („tax invoice" und „duplicate tax invoice") ausstellen zu lassen und beide beim Zoll mit dem Stempel „zur Ausfuhr"/„for export" versehen zu lassen.

Motorrad

Motorradfahren in Namibia ist grundsätzlich möglich. Allerdings sind die vielen unbefestigten Pisten nicht besonders dazu geeignet, für wirkliches Fahrvergnügen zu sorgen. Hinweise zur Fahrsicherheit siehe auch unter Stichwort „Auto fahren". Ebenso muss man die möglichen Folgen von Unfällen berücksichtigen. In allen Naturparks Namibias ist außerdem das Fahren mit

Motorrädern verboten, was die Mobilität sehr, sehr einschränkt. Einzig den Namib-Naukluft-Park darf man mit dem Motorrad auf der Durchgangsstraße passieren.

Organisierte Motorrad-Touren bieten an:
· **NAMIB ENDURO TOURS**, www.namibia-enduro-tours.com, ☎ 061/246165, dirk@namibia-enduro-tours.com. Das Unternehmen stellt Motorräder zur Verfügung und hat ein Begleitfahrzeug für die Touren, um Gepäck aufzunehmen.
· **Gravel Travel Ralf Möglich**, Windhoek, ☎ 061/257053, 🖷 061/250147, www.gravel-travel.de. Das Unternehmen bietet diverse Touren an: von der individuellen Tour für kleinere Gruppen ab sechs Leuten bis hin zur klassischen Tour durch die Weiten und Wüsten Namibias.

Naturschutzgebiete

Die Naturschutzgebiete in Namibia unterstehen der Naturschutzbehörde. Diese gibt alljährlich einen *Namibia Accommodation Guide for Tourists* heraus. Darin finden Sie die aktuellen Preise sowie Klassifizierungen. Der Führer ist zu beziehen bei Namibia Tourism (siehe Stichwort „Adressen"), **Namibia Wildlife Resorts**, Windhoek, ☎ 061/2857200, 🖷 061/224900, www.nwr.com.na. Die Reservierung kann aber auch durch die deutschen Spezialveranstalter erfolgen, was für den Reisenden den Vorteil der schnellen Bestätigung, der unkomplizierten Kommunikation sowie der Einfachheit des Zahlungsflusses hat. Ebenso sind dann meistens die Reiserücktritts- und Insolvenzversicherung eingeschlossen. Man kann bis zu 18 Monate im Voraus buchen.

In den Camps wird Bargeld angenommen, aber auch die Kreditkarten Visa, Eurocard (Mastercard) und Diners Club werden akzeptiert.

Das Büro des Central Reservation Office, Erkrath Building, 189 Independence Avenue, hat folgende Öffnungszeiten: Mo–Fr 8–17 Uhr.

Etosha NP, Sossusvlei, AiAis, Namib Naukluft Park, Waterberg Plateau Park, Fish River Canyon und Skeleton Coast Park erheben folgende Park-Eintritts- und Benutzungsgebühren: Erwachsene 80 N$/Tag, Kinder unter 16 J. frei, Fahrzeuge 10 N$/Tag.

Alle anderen Parks, bei denen Eintritt verlangt wird: Erwachsene 40 N$/Tag, Kinder unter 16 J. frei, Fahrzeuge 10 N$/Tag.

Notfälle/Notruf

In ganz Namibia erreicht man die Polizei unter der ☎ 10111. Flugrettung MRI: ☎ 061/235188, in Botswana ☎ +267 3901601.

Viele Autovermieter haben für den Fall eines Unfalls eine Versicherung für Flugrettung abgeschlossen. SOS International ist in Namibia, Südafrika, Botswana und Zimbabwe als Flugrettung tätig: ☎ 0027/11 541 1300. Eine vorher abgeschlossene Reiseversicherung übernimmt im Erkrankungsfall die Transportkosten.

siehe auch Stichwort „Polizei"

Öffentliche Verkehrsmittel

Namibia lässt sich mit öffentlichen Verkehrsmitteln nur sehr bedingt bereisen. Man kann sie nur auf Hauptverbindungsstrecken zwischen großen Orten benutzen. So bleibt man auf Mietwagen angewiesen. Die abgelegeneren touristischen Reiseziele lassen sich ohne Mietwagen nicht erreichen.

siehe auch Stichwörter „Eisenbahn" und „Busse"

Öffnungszeiten

· **Banken**: im Allgemeinen: Mo–Fr 9–15.30 Uhr, Sa 9–11 Uhr
· **Geschäfte**: 8.30–13 Uhr, 15–18 Uhr (Sa: nur vormittags), manchmal durchgehend von 8.30–17 Uhr (einige Geschäfte – vor allem die sogenannten „Portugiesen-Läden" – sind sonntags geöffnet)
· **Post**: wochentags 8.30–16.30 Uhr, Sa 8.30–12 Uhr

Permits

Permits sind Zugangsscheine, aber nicht automatisch Reservierungen für Übernachtungen! Sie sind bei der Ankunft in den Restcamps oder am Parkeingang erhältlich. Ausnahme: Permits für den Nordteil des Namib-Naukluft-Parks erhält man in den NWR-Reservierungsbüros in Windhoek, Swakopmund und Lüderitz.

Polizei

Landesweit ist der Polizei-Notruf einheitlich **10111**. Polizeistationen gibt es in allen größeren Orten. In einem dünn besiedelten Land wie Namibia ist nachbarschaftliche Hilfe ebenso selbstverständlich wie das Anhalten unterwegs, wenn man bei einem Reisenden eine Panne oder einen Unfall vermutet.

Post

Luftpost nach Europa kostet N$ 5/10 g (Brief), Postkarte N$ 4,60; Briefe innerhalb Namibias 2,50 N$. Wichtig zu wissen: Die NamPost bringt keine Briefe nach Hause, sondern man schickt die Briefe an ein Postfach (P.O.Box). Das System mit postlagernden Briefen (poste restante) funktioniert gut.

Radio

Die staatliche Gesellschaft *Namibian Broadcasting Corporation* (= NBC UKW 94.9, www.nbc.na) ist für das Radio- und TV-Programm verantwortlich. Täglich gibt es hier etwa 10 Stunden deutsches Programm. Sendezeiten: 7–9 Uhr, 10–17 Uhr und 18–21 Uhr, samstags und sonntags 6–21 Uhr.

Die *Deutsche Welle* ist in Namibia ebenfalls (über Kurzwelle) zu empfangen. Die Frequenzen können wechseln, Auskunft und Programmübersicht unter www.dw-world.de oder auch unter www.mycyberradio.com.

Für Selbstfahrer interessant: Über www.tourismradionam.com können Sie ein GPS-gestütztes Urlaubsradio buchen, das während der Fahrt u. a. über Wissenswertes am Wegesrand informiert. Das kleine Gerät wird an der Windschutzscheibe befestigt und über den Zigarettenanzünder mit Strom versorgt.

Reisezeit

Das im Allgemeinen trockene und sonnenreiche Klima lässt das Reisen im ganzen Jahr zu. Man sollte daran denken, dass Namibia auf der südlichen Halbkugel liegt: Wenn wir Winter haben, herrscht dort Sommer (**Regenzeit**), der sehr heiß ist. Allerdings bedeutet Regenzeit nicht, dass es dauernd regnet. Vielmehr gibt es heftige, kurze gewittrige Schauer – sehr selten so etwas wie Dauerregen, der mehrere Tage anhält (auch wenn's die Farmer gerne hätten!). Für kurze Zeit können dann Trockenflusstäler mit Wasser gefüllt sein – ein allradgetriebenes Fahrzeug ist in dieser Zeit eine gute Wahl! Man sollte während des namibischen Sommers die Mittagshitze für Besichtigungen meiden, d. h. man sollte zu seinen Unternehmungen früh aufbrechen. Ein Wagen mit Klimaanlage ist dann durchaus angebracht.

Wenn bei uns Sommer ist, herrscht in Namibia **Trockenzeit**; die Temperaturen sind tagsüber warm, nachts erfolgt eine z. T. sehr starke Abkühlung (je nach Höhenlage bis in den Minusbereich hinein).

Beachten Sie, dass in den winterlichen Monaten Juni–August die Reisezeit (= die Tageszeit) sehr kurz ist (Sonnenuntergang schon ca. 17.15 Uhr).

Reservierungen

Reservierungen sind vor allem während der namibischen und südafrikanischen Schulferien **unabdingbar**. Allgemein ist es ratsam, Hotels und Gästefarmen bzw. Camps im Voraus zu buchen. Das Telefonnetz lässt oft zu wünschen übrig. Gerade die **Gästefarmen** sind manchmal schwer zu erreichen und ohne vorherigen telefonischen Kontakt kann es sein, dass man ankommt und niemand ist da (passiert auf weniger frequentierten Farmen manchmal). Reservierungen haben den Vorteil, während der kurzen Tageszeiten in den Monaten zwischen Mai und Oktober möglichst den ganzen Tag zum Erleben und Reisen auszunutzen.

Es empfiehlt sich ebenso, Fahrzeuge im Voraus zu buchen, da die Preise der Veranstalter in Europa zum Teil niedriger sind, besonders im Bereich der „Normalfahrzeuge". Ebenso kommen bei der gemeinsamen Buchung von Auto und Flug z. T. manchmal wesentlich günstigere Flugtarife zustande.

Restaurants

Sehr viele Restaurants in den größeren Orten sind sonntags geschlossen. Ausnahme: die Hotel-Restaurants.

Schlangen

Es gibt zwar viele und z. T. giftige Schlangen im südlichen Afrika, doch lauern diese nicht gerade auf Touristen. **Übermäßige Angst** ist deshalb **nicht angebracht**. Trotzdem sollten Sie auf Ihren Weg achten, besonders im Dunkeln (unbedingt den Weg mit einer Taschenlampe ausleuchten). In der Regel flüchten die Tiere schon lange, bevor Sie sie sehen können. Von den etwa 75 in Namibia lebenden Schlangenarten sind acht so giftig, dass sie für Menschen – vor allem Kleinkinder – gefährlich werden können. Die meisten Schlangen-Unfälle ereignen sich in der warmen Regenzeit, die wenigsten in der trockenen Winterzeit. Die meisten Opfer fordert die **Puffotter**, da sie sich sehr träge bewegt und nicht flüchtet, wenn man sich ihr nähert. Tritt man auf eine Puffotter, dann beißt sie zu. Puffottern decken sich erstaunlich gut mit den Bodenfarben – also Augen auf, besonders nachts! Vorsicht ist auch bei den selten vorkommenden Spei-Kobras geboten: Das Gift muss sofort aus den Augen gewaschen werden.

Sollte es dennoch passieren und die Schlange hat Sie gebissen: Keine Panik! Merken Sie sich vor allem Farbe und Kopfform, damit ein behandelnder Arzt oder anderer sachkundiger Helfer weiß, welches Gegenserum angebracht ist. Der Gebissene sollte sich hinlegen und keine Anstrengungen unternehmen. Das gebissene Gliedmaß (Arm/Bein) sollte dann nicht allzu fest mit einer Bandage an eine Schiene gebunden werden (ähnlich wie bei einem Knochenbruch). Abbinden der Blutzirkulation sollte vermieden werden. Wenn keine sofortige Transportmöglichkeit besteht, ist es besser, den Arzt zum Patienten zu bringen als umgekehrt. In der ärztlichen Behandlung von Viperbissen ist die Anwendung von Antiserum selten erforderlich.

Schusswaffen

Schusswaffen dürfen nur mit Genehmigung eingeführt werden. Diese Genehmigung erteilen bei der Einreise die Zollbeamten, sofern der Besitzer den legalen Besitz dieser Waffen nachweisen kann und die Waffen über Seriennummern verfügen, die eingestanzt sind. Die erteilten Genehmigungen sind 180 Tage gültig. Unerlaubter Waffenbesitz ist in Namibia strafbar. Eine Waffenbesitz-Karte muss deshalb vorgelegt werden. Faustfeuerwaffen sind generell verboten.

Sicherheit

Insgesamt betrachtet ist Namibia aufgrund seiner Weite und seiner geringen Bevölkerung ein sicheres Land. Allerdings muss in den Städten vor **Diebstählen** gewarnt werden. Gerade in den Städten ist die Arbeitslosigkeit hoch, und Menschen, denen es deshalb wirtschaftlich schlecht geht, sehen sich dazu gezwungen, eben illegal das Notwendige zu besorgen. Lassen Sie deshalb z. B. nie Ihren Mietwagen – ob bepackt oder unbepackt – ohne Aufsicht stehen. Verzichten Sie ebenso auf das Tragen wertvoller Gegenstände, wie Schmuck, Uhren oder Kameras.

Bargeld sollten Sie nur in kleinen Mengen bei sich tragen, um nicht Opfer von Langfingern zu werden. In den Hotels verschließen Sie Ihre Wertsachen am besten im Safe.

Diebstähle und Raubdelikte sind besonders häufig in Windhoek und Swakopmund. Im besonderen Maße muss vor herumlungernden Zeitungsverkäufern gewarnt werden, die sich in Gruppen vor allem in der Innenstadt von Windhoek gerne positionieren.

Sollte Sie ein Fahrzeug überholen und dabei auf einen eventuellen Schaden hinweisen, so halten Sie nicht gleich an – es kann sich um einen Trick handeln, der es erlaubt, schnell und auf offener Straße an ein Opfer zu kommen.

Aktuelle Sicherheitshinweise unter www.auswaertiges-amt.de.

Sonnenaufgang/Sonnenuntergang

Je nach Jahreszeit können die Tage in Namibia sehr kurz sein. Das betrifft vor allem die Wintermonate, wo es schon um 17–17.30 Uhr dunkel wird. Dies ist sehr wichtig für die Routenplanung. Exakte Zeiten des Sonnenauf- und -untergangs finden Sie auf www.weltzeituhr.com.

Souvenirs

In den großen Städten, wie Windhoek oder Swakopmund, bieten die Geschäfte lohnende landestypische Artikel und Erzeugnisse an:

- **Mineralien**, die es in großer Vielzahl und Schönheit zu kaufen gibt
- **Diamanten, Brillanten und Halbedelsteine** besonderer Qualität
- **Herero-Puppen**, die vor allem in Windhoek angeboten werden. Es sind Puppen, die von Herero-Frauen nach ihrem Trachtenstil gekleidet wurden.
- **Schuhe aus Kuduleder**: haltbar und preiswert (besonders in Swakopmund)
- **Schöne Holzschnitzarbeiten aus Hartholz** (Masken, Tiere)
- **Antiquarische Bücher** aus der Kolonialzeit
- Diverse Erzeugnisse aus **Wildleder** (z. B. Straußen-Leder)
- Sehr schön sind ebenfalls die angebotenen **Korbwaren**.
- Toll: Namibias **Webteppiche**

Namibische Kunstwerke gibt es vor allem in Windhoek und Swakopmund

Sprache

Seit der Unabhängigkeit Namibias ist Englisch Amtssprache (vorher waren es Afrikaans, Englisch und Deutsch). Etwa 2/3 der Bevölkerung sprechen Afrikaans, 1/8 Deutsch und knapp 10 % Englisch. 80 % der Bevölkerung sprechen Oshi Wambo, Otji Herero oder eine der anderen Sprachen. Mit Deutsch und Englisch kommt man als Reisender überall weiter (vor allem in den Hotels, Gästefarmen, Lodges, Autovermietungen etc.).

siehe auch Stichwort „Ausdrücke"

Strände

Aufgrund des kalten Benguela-Stroms ist das Meerwasser kalt bis kühl, zwischen 12 und 18 Grad. Ebenso gibt es starke, gefährliche Strömungen. Strandleben gibt es im Hochsommer lediglich in Swakopmund, weniger in Walvis Bay, Henties Bay und Lüderitz. Traumstrände mit Palmen wird man vergeblich suchen.

Taxis

Taxis gibt es am Flughafen in Windhoek, Swakopmund und Walvis Bay. Alle Taxis sind mit einem Zähler versehen, doch sind die Tarife von Ort zu Ort unterschiedlich.
Preisbeispiel: Windhoek Int. Airport–Stadt ca. 220–250 N$.

Telefonieren

Generell kann man sagen, dass das namibische Telefonnetz gut ausgebaut ist. Einschränkend muss man allerdings bemerken, dass zwar Ferngespräche zu großen Orten überall auf der Welt leicht per Selbstwahl möglich sind, es jedoch zum Teil sehr zeitraubend ist, abgelegene kleine Orte und Gästefarmen zu erreichen. Auf dem Land gibt es noch manchmal sogenannte **Farmlinien** (Partylines), an denen viele Farmen liegen. Wird gerade jemand auf dieser Linie angerufen, dann kommt man nicht durch – Geduld ist angesagt! Wenn man z. B. auf Gästefarmen übernachten möchte und vorher zwecks Reservierung anrufen will, kann man so viel wertvolle Urlaubszeit verlieren.

Vorwahlen in Namibia

Aus	063	Maltahöhe	063	Rehoboth	062
Grootfontein	067	Mariental	063	Rundu	066
Helmeringhausen	063	Okahandja	062	Swakopmund	064
Hentiesbaai	064	Omaruru	064	Tsumeb	067
Karasburg	063	Ondangwa	065	Uis	064
Karibib	064	Opuvo	065	Usakos	064
Katima Mulilo	066	Oshakati	065	Walvis Bay	064
Keetmanshoop	063	Otavi	067	Windhoek	061
Khorixas	067	Otjiwarongo	067		
Lüderitz	063	Outjo	067	Mobilfunk (Cellular)	08xxx

· **Vorwahl-Nummer von Deutschland (Schweiz, Österreich) nach Namibia: 00264**, danach folgt die namibische Vorwahl-Nummer ohne die Null.
· **Vorwahl-Nummer von Namibia nach Deutschland: 0049**, dann folgt die deutsche Vorwahl ohne die Null (Schweiz: 0041, Österreich: 0043).
· **Auskunft:** 1023
· **Vorwahl-Nummer Botswana**: 00267
· **Vorwahl-Nummer Südafrika**: 0027
· **Vorwahl-Nummer Zambia**: 00260

Telefonkosten von Deutschland nach Namibia ab etwa 10 ct/Minute, ins Mobilnetz ab etwa 18 ct/Minute. Aktuelle Hinweise unter www.toolani.de und www.billiger-telefonieren.de.

▶ Handys

(im englischsprachigen Raum als „cell phone", kurz „cell" bezeichnet). Mitgebrachte Handys müssen den GSM-Standard haben und für das Telefonieren im Ausland (Roaming) freigeschaltet sein. Nicht überall in dem weitläufigen Land ist der Empfang gesichert. Mit dem deutschen Handy in Namibia viel zu telefonieren, kann schnell sehr teuer werden. Auch der Empfang von SMS, das Annehmen von Anrufen oder die Mailboxabfrage kosten im Ausland Geld.

▶ **SIM-Karten**

Oft lohnt es sich, vor Ort eine SIM-Karte eines lokalen Anbieters zu kaufen und dann zu Inlandsbedingungen zu telefonieren. SIM-Karten werden z. B. von MTC angeboten: Ecke Mosé Tjitendero & Hamutenya Wanahepo Ndadi Street, Windhoek, ☎ 061/2802000, www.mtc. com.na. Starterpaket: ca. 220 N$, 6 Monate Gültigkeit, zzgl. Tango-Karten zum Nachladen von Gesprächseinheiten – Gespräch nach Europa dann ca. 12 N$/Min. Wichtig ist, dass das Handy für andere SIM-Karten freigeschaltet ist, im Zweifel vorher beim eigenen Anbieter nachfragen.

 Tipp

Unter www.mtc.com.na bekommt man aktuelle Infos zur Abdeckung Namibias im Mobil-Telefonfunknetz.

Cell Phones werden auch schon am Windhoeker Flughafen zum Leihen angeboten, und zwar am Get Smart and Mobile-Schalter in der Ankunftshalle des Internationalen Flughafens (gegen Kautionshinterlegung per Kreditkarte). Nachteil: Ihre neue Telefonnummer kennen dann zunächst nur Sie selbst (Vorwahl Cellular-Mobilfunk: 08xxx).

▶ **Satelliten-Telefone**

sind für äußerste Extremtouren und sehr einsame Gebiete (Kaokoveld, Kaudom) ein „Rettungsanker in der Not". Zu mieten z. B. über www.satrent.de/preise.htm. Eine Preisübersicht über Neu-/Mietgeräte gibt es unter www.thuraya.de sowie unter www.satfon.de. Sehr gute Erfahrungen hinsichtlich Erreichbarkeit werden mit dem Inmarsat-System gemacht. Für die normalen Strecken sind Satelliten-Telefone jedoch nicht nötig. Vermietung in Windhoek: Radio Electronic, Parsons St., ☎ 061/258231, info@recc.co.na. In Kombination mit einem Notebook können mit dem Thrane & Thrane Gerätetyp TT-3060A Mini M Portable auch E-Mails verschickt werden.

Trinkgelder

In Restaurants sind Trinkgelder von ca. 10–15 % üblich; Gepäckträger 2 N$. Für besonders guten Service gibt man auch an Tankstellen und in Werkstätten ein Trinkgeld.

Unterkunft

Reisepraktische Informationen finden Sie im Reiseteil bei den jeweiligen Orten und Regionen für jeden Geldbeutel und Geschmack beschrieben.

 Preiskategorien der Unterkünfte

Wenn nicht anders angegeben, beziehen sich Preise auf: pro Nacht pro Person im DZ mit F

$	bis 40 €	ca. 400 N$
$$	bis 70 €	ca. 700 N$
$$$	bis 100 €	ca. 1.000 N$
$$$$	bis 140 €	ca. 1.400 N$
$$$$$	über 140 €	über 1.400 N$

▶ **Belegung**

In allen Landesteilen Namibias gibt es Übernachtungsmöglichkeiten in allen Preiskategorien. Dennoch kann es in der Hochsaison (in den weihnachtlichen Sommerferien, in der Hauptreisezeit in der Trockenzeit) und in den Hauptreisegebieten (Etosha, Fish River Canyon, Umgebung Sossusvlei, Swakopmund in den Sommerferien) oft zu Engpässen kommen.

▶ **Reservieren**

Ob und wann man reservieren sollte, hängt sicherlich von der eigenen Reisementalität ab. Da man durch die Urlaubsdauer und die gewünschte Route ein bestimmtes Reiseprogramm vorhat, ist alleine durch den zeitlich begrenzten Rahmen für die freie Entscheidung vor Ort ein gewisses Limit gesetzt. Möchte man ganz bestimmte Unterkünfte auf jeden Fall haben und nicht auf Alternativen eingehen, so ist ebenfalls eine Vorausbuchung zu empfehlen. Wer einfach „ins Blaue" reisen möchte, kann dies auf sich nehmen, muss aber damit rechnen, dass er an bestimmten Stellen und zu bestimmten Reisezeiten Stress bekommt. Bei Gästefarmen ist die Anfahrt ohne Voranmeldung risikoreich, da die Zufahrten von der Hauptstrecke manchmal sehr lang und zeitaufwändig sind: Kehrt man unverrichteter Dinge wieder um, so geht wertvolle Urlaubszeit verloren und die nächste Übernachtungsalternative ist vielleicht weit weg, sodass man in der Dunkelheit fahren muss.

▶ **Übernachtungsalternativen**

Namibia bietet Übernachtungsmöglichkeiten für jeden Geldbeutel an. Prinzipiell unterscheidet man zwischen staatlichen und privaten Übernachtungsmöglichkeiten.

Die früheren **staatlichen Übernachtungsstellen** (von Namibia Wildlife Resorts Ltd. gemanagt, einer privaten Gesellschaft, an der weiterhin der Staat maßgeblich beteiligt ist) findet man in den National- bzw. Wildparks. Einst eher einfachen Charakters, hat sich auch der NWR dem anspruchsvolleren Publikum zugewandt. Die Camps in Etosha und am Waterberg bieten jetzt wesentlich mehr Komfort als früher, was sich auch im erhöhten Preis niederschlägt. In Etosha und Sossusvlei haben zudem Luxus-Camps aufgemacht.

Bekannte Rastlager sind z. B. die Etosha-Camps Okaukuejo, Halali und Namutoni sowie Ai-Ais am Fish River Canyon und das Waterberg Resort.

Unter den **privaten Unterkünften** gibt es:

Bed- and Breakfast-Häuser und Pensionen
Sie befinden sich meist in den Städten und größeren Orten und bieten je nach Preislage unterschiedlichen Komfort. Insbesondere in Windhoek und Swakopmund gibt es mittlerweile ein sehr großes B&B-Angebot. Während die B&B-Häuser stets über nur wenige Zimmer verfügen, sind Pensionen größer angelegt und nicht ganz so persönlich geführt.

Hotels
Auch hier reicht die Spanne von ganz einfachen Häusern (in ländlichen Gebieten und sehr kleinen Orten) bis zum Luxus internationaler Hotels (in Windhoek und Swakopmund). Die Klassifizierung erfolgt nach 1–5 Sternen.

Gästefarmen

sind eine Namibia-typische Einrichtung. Ursprünglich sind die ersten Gästefarmen aus der Not entstanden: In den langen Trockenperioden der letzten beiden Jahrzehnte konnten Farmer von der Landwirtschaft alleine nicht leben und richteten Zimmer als Unterkünfte her. Heute spielen bei vielen Farmern die Einkünfte aus dem Gästebetrieb eine größere Rolle als die aus der Landwirtschaft. Und manche haben sogar ihren Agrarbetrieb ganz aufgegeben und lassen auf ihren Weiden nur noch das Wild leben, was ökologisch wertvoll ist.

Gästefarmen sind praktisch immer unterschiedlich und dadurch sehr individuell. Sie verfügen über mindestens 5 Zimmer, haben meist auch einen Swimmingpool oder ein Farmbassin und bieten gute, landestypische Kost an. An Aktivitäten werden in der Regel Farmrundfahrten angeboten, oft aber gibt es auf dem Gelände auch markierte Wanderwege. Die Palette reicht auch hier von einfachen Einrichtungen bis hin zu fast luxuriösen Unterkünften und Gourmet-küchen. Die Anfahrtswege zu Gästefarmen sind u. U. sehr lang, sodass man von einer Hauptroute abbiegen muss und etliche Kilometer, manchmal bis zu 20–30 km, auf oft ruppigen Wegen zurücklegen muss. Gerade wegen der langen Stichwege von einer Hauptroute sollte man Gästefarmen stets vorausbuchen, denn sie können belegt sein oder die Farmer sind gerade auf einer mehrtägigen Reise.

Das besonders Schöne an Gästefarmen ist der enge Kontakt zu den Gastgebern und zu anderen Gästen, da man in der Regel die Mahlzeiten gemeinsam einnimmt. Gästefarmen sollte man immer dann auswählen, wenn man 2–3 Übernachtungen bleiben möchte. Oft haben Gästefarmen auch einen Campingplatz.

Pool mit Aussicht: Grootberg Lodge

Jagdfarmen

ähneln den Gästefarmen im Gesamtangebot, sind allerdings auf Jäger spezialisiert. Dazu verfügen sie über eine spezielle Lizenz, die Jagdgäste zahlen für bestimmte Tierarten eine vorher festgelegte Abschussgebühr. Manche Jagdfarmen nehmen auch Nicht-Jäger als Gäste auf, achten aber auf eine klare Trennung beider Kundengruppen, denn der „Normalreisende" möchte abends keine blutigen Jagdgeschichten hören.

Lodges

stellen besonders hochwertige Unterkünfte inmitten privater Wildschutzgebiete dar. Die Unterkünfte sind in der Regel architektonisch besonders kreativ und schön. Ein Hauch von mehr oder weniger Luxus umgibt da so manche Lodge, auf ausgezeichnetes Essen und eine entsprechende Präsentation wird großer Wert gelegt. Je nach Lodge gibt es eine Vielzahl von Aktivitäten, vor allem aber Wildbeobachtungsfahrten mit Rangern, mit denen man auch beim Essen zusammensitzt. Sundownerfahrten, Überraschungs-Frühstück in der Natur und gute Erklärungen zu Fauna und Flora gehören dazu ebenso wie Afrika-typische offene Landrover. Grundsätzlich gehören solche Lodges zu den teuersten Unterkünften im Lande.

Den Begriff „Lodge" haben sich allerdings auch manche Gästefarmen in den letzten Jahren angeeignet, sahen sie ihn doch als gutes Marketinginstrument an. Doch der Zusatz „Lodge" macht aus einer normalen Gästefarm noch lange kein gehobenes Etablissement.

Viele Lodges bieten auch Luxuszelte auf Holzplattformen als Unterkünfte an. Dies sind riesige Zelte mit einem Bad und Toilette, sehr oft ganz toll afrikanisch eingerichtet, mit eigener Veranda und manchmal sogar noch einem kleinen privaten Pool. Das Zelt bietet eine angenehm luftige Atmosphäre und lässt „ein Stückchen Afrika-Natur" hinein.

Namibia Community Based-Projekte

sind einfache Unterkünfte, oft nur Zeltplätze und Stellplätze für Camper, in den Händen von Einheimischen. Gemanagt wurden sie bis vor kurzem zentral von NACOBTA (*Namibia Community Based Tourism Association*). Diese Organisation nahm 1995 ihre Arbeit auf, um in den bis dahin stiefmütterlich behandelten ländlichen Regionen Namibias touristische Projekte zu entwickeln. 2011 löste sich die Stiftung aber aufgrund mangelnder Mittel auf. Die Campingplätze und Unterkünfte bestehen größtenteils weiter, man kann sie direkt und ohne Reservierung anfahren und wird in der Regel auch einen Stellplatz bekommen. Weitere Informationen im Routenteil in den reisepraktischen Informationen.

Versicherungen

Eine Reiserücktrittsversicherung ist unbedingt empfehlenswert. Daneben gibt es Reisegepäck-, Reisekranken-, Kameraversicherungen sowie Rundum-Versicherungspakete. Aktuelle Infos bei Ihrem Reiseveranstalter oder online bei:
- www.afrika.de
- www.reiseversicherung.de
- www.elvia.de

Währung/Devisen

Die Landeswährung in Namibia ist der Namibia-Dollar (N$), paritätisch mit dem südafrikanischen Rand, der auch weiter als Zahlungsmittel in Namibia und Südafrika gilt. Ein Namibia-Dollar entspricht 100 Cent. Die Bargeld-Einfuhr ist beschränkt auf 2.000 N$. Andere Währun-

gen und Reiseschecks dürfen uneinge-
schränkt mitgebracht werden, sind aber
bei der Einreise zu deklarieren. Empfehlenswert ist die Mitnahme von Euro-
(oder US$-) Reiseschecks. Eurocheques
werden nur auf Banken akzeptiert. Die ge-
bräuchlichen **Kreditkarten** (VISA, Euro-
Card, Diners Club) können in größeren
Geschäften, Hotels, Restaurants, bei den

Nummern zum Sperren der Kreditkarten	
Zentraler Sperrnotruf (gebührenpflichtig): 0049 116 116	
VISA: 001 410 581 9994	Diners: 001 303 799 1504
MasterCard: 001 636 7223 111	AMEX: 0049 116 116

Airlines, Mietwagenunternehmen, manchen Lodges und Gästefarmen und anderen Zweigen der
Touristikbranche benutzt werden.

Geldumtausch ist auch an Sonn- und Feiertagen am Int. Flughafen Windhoek möglich. Bei
Weiterreise nach Botswana und Zimbabwe sollten Sie US$-Reiseschecks mitnehmen.

Tipp
Auskunft über ATM-Standorte gibt es auf der Website www.mastercard.com/atmlocator.

Bargeld kann man an den ATMs in allen größeren Orten in Namibia abheben *(EC-Karte Maes-
tro, Visa- oder Mastercard)*. Ein gewisser Bargeld-Vorrat ist ratsam, weil man manchmal in abgelegen Landesteilen bar bezahlen muss (z. B. einen Neureifen im Schadensfalle, auch bei manchen Gästefarmen). Tanken ist fast nur gegen Bargeld möglich (Ausnahme: einige Tankstellen
in Windhoek und entlang der Hauptstrecken)! Vorsicht ist beim Abheben von Bargeld an Auto-
maten geboten. Mit allerlei Tricks wird versucht, an die eingetippte Geheimzahl heranzukom-
men (Folien über Tastatur …). Achten Sie auf die Sie umgebenden Personen!

Wanderungen

Es gibt einige von der Naturschutzbehörde eingerichteten Wanderwege: Besonders beliebt sind
die Wanderungen durch den Fish River Canyon (4–5 Tage, alles muss selbst mitgebracht werden), der Namib Naukluft Trail (120 km, ca. 8 Tage, verkürzte Version von 4 Tagen möglich),
der Ugab Trail (50 km, 3 Tage, begleitet), der Waterberg-Trail (40 km, 2 Tage, unbegleitet), der
Sweet Thorn Trail im Daan Viljoen Park bei Windhoek (32 km, 2 Tage).

Eine besondere Herausforderung stellt die Besteigung des Königssteins am Brandberg dar, doch
sollte man dazu einen ortskundigen Führer mitnehmen. Generell kann man auf allen Gästefarmen interessante Wanderungen unternehmen. Sehr oft gibt es hier markierte Wege, sodass
man sich in der Wildnis nicht verlaufen kann.

Die besten Wandermonate sind Juni bis August. In dieser winterlichen Trockenzeit ist man vor
Regen sicher, die Temperaturen sind morgens und nachmittags angenehm und in der wärme-
ren Mittagszeit kann man eine Pause einlegen.

Tipp
*Besonders interessante Wanderungen werden von Tok Tokkie Trails angeboten. Informationen
und Buchungen unter www.toktokkietrails.com oder bei Unlimited Travel & Car Hire, Windhoek,
☎ 061/264521, toktokkie@toktokkietrails.com). Im Gebiet des herrlichen NamibRand Nature Reserve (Süd-Namib, an der D 826) werden dreitägige Wanderungen mit überschaubar langen Etap-*

pen (bis zu 10 km, ca. 2–6 Std. täglich) angeboten. Man lernt die Schönheit und Stille der Landschaft und das verborgene Leben der Namib sehr intensiv kennen. Startpunkt ist eine wunderschöne Dünenlandschaft, man campiert und isst in der grandiosen Natur dieser Landschaft. Während der Mittagshitze werden Pausen an schattigen Stellen eingelegt.

Wellness

Die Wellness-Welle hat Namibia erst relativ spät erreicht. Dabei eignet sich das Land aufgrund seiner Weite und Einsamkeit so richtig zum Entspannen. Einige Unternehmen in Namibia haben Wellness zu ihrem Thema gemacht, z. B. die **Gästefarm Weissenfels** (s. S. 280), **Nest Hotel** (s. S. 240), **Epacha Game Lodge** (s. S. 413), **Le Mirage Desert Lodge & Spa** (s. S. 268) und **Goche Ganas Wellness Village** (s. S. 162).

Zeit

Während des europäischen Sommers müssen Sie in Namibia die Zeit um eine Stunde zurückstellen. Im Winter dagegen ist es in Namibia eine Stunde später. In Namibia erfolgt die Zeitumstellung auf Winterzeit am 1. Sonntag

Land	Sommerzeit	Winterzeit
Deutschland	12 Uhr	12 Uhr
Namibia	11 Uhr	13 Uhr

im April und auf Sommerzeit am 1. Sonntag im September. Für die Reiseplanung unerlässlich ist die Beachtung der z. T. relativ kurzen Tageszeiten im Winter (da geht die Sonne etwa gegen 17.15 Uhr unter).

Zeitungen/Zeitschriften

▶ **Tageszeitungen**

Auf eine deutsche Tageszeitung brauchen Sie nicht zu verzichten.
- Die *Allgemeine Zeitung* erscheint in einer Auflage von 5.500 Exemplaren. Die Berichterstattung ist zum großen Teil auf Deutschland konzentriert. Die Allgemeine Zeitung ist Sprachrohr der Namibia-Deutschen. Politische Richtung: konservativ.

Samstags gibt es keine Tageszeitung.

Weitere Tageszeitungen:
- *The Namibian*: Auflage 32.000, englischsprachig. Die Zeitung gilt als regierungskritisch und eher links. Die Artikel sind meist gut recherchiert.
- *The Republikein* erscheint als afrikaanssprachige Zeitung in einer Auflage von 21.000. Einzelne Beiträge werden auch in Englisch und Oshivambo gedruckt. Die Grundrichtung ist konservativ, Boulevardthemen herrschen vor.
- *New Era*: Auflage 9.000 Exemplare, englischsprachig. In staatlicher Hand, gilt entsprechend als regierungsnah.
- *Namibian Sun*: Auflage 36.000 Exemplare, englischsprachig. Buntes Boulevardblatt.

▶ **Wochenzeitungen**:

- *Windhoek Observer* ist englischsprachig, die Auflage beträgt 10.000 Stück.
- *Namibia Sport* informiert über Sportliches.

- *The Big Issue* informiert engagiert über lokale Themen. Straßenzeitung, die von Obdachlosen verkauft wird.

In Deutschland werden regelmäßig publiziert:
- *Afrikapost* (deutsch) bringt aktuelle Berichte zu Wirtschaft, Politik und Kultur über Gesamt-Afrika. Zu beziehen über www.afrikapost.de und in ausgewählten Zeitschriftengeschäften in Flughäfen und Bahnhöfen.
- *Namibia Magazin*, Vierteljahreszeitschrift über Tourismus, Politik, Wirtschaft und Kultur in Namibia sowie die deutsch-namibischen Beziehungen. Zu beziehen über www.dngev.de.

Zoll

Erlaubt sind alle Dinge des persönlichen Gebrauchs. Neue oder gebrauchte Waren dürfen bis zu einem Gegenwert von 2.000 N$ eingeführt werden, außerdem bis zu einem Liter Alkohol, einschließlich Likör und Magenbitter, zwei Liter Wein, 50 ml Parfüm, 250 ml Eau de Toilette, 400 Zigaretten, 50 Zigarren, 250 g Tabak.

Für Jagdaufenthalte dürfen Gewehre mitgeführt werden, aber keine Pistolen.
Die Einfuhr vakuumverpackter Nahrungsmittel ist bis zu 1 Kilo gestattet.
Geschenke bis 500 N$ sind zollfrei.

Im Etosha National Park

Entfernungstabelle

Angaben in km

	Aus	Bethanien	Goageb	Gobabis	Grootfontein	Kalkfeld	Kamanjab	Karibib	Katima Mulio	Keetmanshoop	Khorixas	Lüderitz	Maltahöhe	Mariental	Namutoni	Okahandja	Okaukuejo	Omaruru	Otavi	Otjivarongo	Outjo	Rundu	Swakopmund	Tsumeb	Tsumkwe	Uis	Usakos	Walvis Bay
Windhoek	693	618	588	205	452	311	463	181	708	482	451	816	372	261	533	71	435	242	363	245	318	700	356	426	708	373	211	389
Walvis Bay	700	708	737	594	834	443	206	946	814	609	938	451	650	690	334	318	593	267	521	403	476	947	31	673	946	221	206	
Usakos	906	830	801	418	523	158	444	30	779	695	339	1029	585	474	595	142	506	91	344	226	299	681	175	407	779	222		
Uis	1065	989	963	577	473	195	222	192	729	887	127	1191	747	633	304	364	131	384	266	339	721	190	447	729				
Tsumkwe	1401	1325	1347	913	256	531	681	659	1006	1190	731	1524	1080	969	423	635	653	598	343	463	536	402	834	316				
Tsumeb	1119	1043	1014	631	249	399	377	316	907	361	1242	798	687	107	355	345	316	63	228	308	552							
Swakopmund	1051	975	946	563	578	303	412	175	834	840	327	731	482	619	236	489	371	444	824									
Rundu	1393	1317	1288	905	248	523	645	741	402	1182	633	1516	1072	961	629	617	590	335	455	500								
Outjo	1011	935	906	523	280	141	145	269	536	800	133	1134	690	579	247	117	208	253	135									
Otjivarongo	938	862	833	450	207	68	218	197	463	727	268	1061	617	506	174	190	135	181										
Otavi	1119	980	951	631	87	249	336	404	837	845	386	1179	735	624	364	306	253											
Omaruru	937	861	768	449	67	353	61	598	726	248	1060	616	505	448	146	325												
Okaukuejo	1128	1052	1023	640	397	258	262	386	653	917	250	1253	807	696	123	364												
Okahandja	764	688	659	276	379	240	392	112	1129	553	380	889	443	332	487													
Namutoni	1226	1150	1121	738	167	356	506	484	917	1015	494	1349	905	794														
Mariental	432	453	327	466	713	572	724	444	1463	221	712	555	111															
Maltahöhe	249	257	286	498	824	683	835	555	1574	332	823	374																
Lüderitz	125	259	230	1021	1268	1015	1279	999	2018	334	1267																	
Khorixas	1144	1068	1039	656	413	274	129	402	1135	933																		
Keetmanshoop	211	157	106	687	934	749	945	665	1744																			
Katima Mulio	1895	1819	1790	1407	750	1025	1147	1243																				
Karibib	876	800	771	388	128	414																						
Kamanjab	1156	1080	1051	668	425	286																						
Kalkfeld	1004	929	899	516	275																							
Grootfontein	1145	1069	1091	637																								
Gobabis	898	823	793																									
Goageb	105	29																										
Bethanien	130																											
Aus																												

Das kostet Sie das Reisen in Namibia

– Stand Juli 2012 –

Auf den Grünen Seiten werden Preisbeispiele für einen Namibia-Urlaub gegeben, damit man sich ein realistisches Bild über die Kosten einer Urlaubsreise machen kann. Die Preise sollen dabei nur als Richtschnur aufgefasst werden.

Aktueller Kurs: 1 € = ca. 10,38 N$

Beförderung

▶ **Flüge**

Je nach Airline und Saisonzeit schwanken bei den nonstop-Flügen von Deutschland nach Namibia (Windhoek) die Preise bei Lufthansa (LH) und Air Namibia (SW) zwischen 850 und 1.400 €. South African Airways verbindet Deutschland mit Namibia über Johannesburg (800–1.200 €). Häufig gibt es auch Spezial-Tarife ab ca. 600 €. Vorsicht bei Airlines, die vom europäischen Ausland nach Johannesburg fliegen, denn der Anschlussflug nach Windhoek kostet ca. 350–400 € (hin und zurück).

Fliegt man mit Air Namibia, gibt es nach Kapstadt, Johannesburg, Victoria Falls und Maun günstige Anschlusstarife. British Airways fliegt von Deutschland über London, Johannesburg nach Windhoek, Preis 585–695 €.

• **Inlandsflüge**

Es gibt günstige Inlandsflüge für Namibia (SW), die als „Stars of Southern Africa" bezeichnet werden. Diese Tarife sind gebunden an den Langstreckenflug mit der Air Namibia, welcher in Deutschland ausgestellt und verkauft werden muss. Preise variieren je nach Route und Strecke.

▶ **Mietwagen**

Die Mietwagenpreise in Namibia sind teurer als in Südafrika, da die Fahrzeuge extremeren Verschleißbedingungen unterworfen sind. Bei Safe!Cars® supported by Budget oder Thrifty, den bedeutendsten Vermietern in Namibia, kosten die Fahrzeuge bei einer Mietdauer von z. B. 15 Tagen inkl. km/ Steuer/Vollkaskoversicherung ca. 40 €/Tag (Toyota Corolla), ca. 43 €/Tag (VW Polo Classic inkl. Klimaanlage), ca. 45 €/Tag (Toyota Corolla inkl. Klimaanlage). Ein Allradfahrzeug (z. B. von Nissan) kostet für 8–20 Tage ab 95 €/Tag.

! Wichtig
   Meist ist es günstiger, die Mietwagen vorab in Europa zu buchen als vor Ort. Beachtet werden müssen vor allem die Versicherungsbedingungen. Günstige Fahrzeugpreise mit bestmöglichen Versicherungsbedingungen gibt es unter www.afrika.de.

▶ **Camper**

 Wichtig
Auf jeden Fall im Voraus buchen!

Preisbeispiele (Zwischensaison):
- Kleiner Camper/2 Personen: Spirit 2, Mindestmietzeit 5 Tage, bei 5–20 Tagen ab ca. 120 €/Tag inkl. Versicherung, Steuern und unbegrenzten Kilometern.
- Großer Camper/4 Personen: Spirit Delux 5, Mindestmietzeit 5 Tage, bei 5–20 Tagen pro Tag ab ca. 170 € inkl. Versicherung, Steuern und unbegrenzten Kilometern.
- Allradfahrzeug mit Dachzelt für 6–15 Tage ab ca. 100 €/Tag.

In der Hochsaison (Juli–Oktober) sind die Preise höher.

▶ **Taxifahrten**

Eine Fahrt zwischen Windhoek/Stadt und Windhoek/Internationaler Flughafen wird mit etwa 250 N$ berechnet. Taxi-Kilometer: ca. 4 N$.

▶ **Busfahrten/Bahnfahrten**

Die Preise für Bus- und Bahnfahrten (allerdings nur zwischen größeren bzw. zentralen Orten möglich, nicht zu den Sehenswürdigkeiten) sind niedrig. So kostet eine Fahrt von Windhoek nach Swakopmund in der Hochsaison etwa 250 N$.

Aufenthalt

▶ **Übernachtung**

Ein Doppelzimmer in einem einfachen Hotel oder Gästehaus kostet ca. 60–70 €/Nacht, im Mittelklasse-Hotel etwa 100–160 €/Nacht inkl. Frühstück. Die Spannbreite bei den Gästefarmen ist hinsichtlich Ausstattung und Service sehr groß, die Preise variieren entsprechend und liegen inkl. Vollpension etwa zwischen 60 und 200 €/Nacht für ein Doppelzimmer. Bei einer Rundreise durch Namibia entsprechend unserem Rundreisevorschlag muss man bei einfacheren Übernachtungen (21) mit etwa 1.100 € rechnen (inkl. Buchungsspesen), bei guten und sehr guten Übernachtungen mit etwa 2.200 € (darin sind Gästefarmen und Lodges eingerechnet).

Die Unterkünfte in den Nationalparks haben sich nach umfangreichen Renovierungen dem Preisniveau der guten Privatunterkünfte angepasst. Preisbeispiel: Chalet (2 Betten) 800 N$ p. P., ein DZ 700 N$ p. P., je mit Frühstück, das „Premier Waterhole Chalet" (4 Betten) 1.250–2.200 N$ p. P. inkl. Halbpension (Etosha).

▶ **Essen und Trinken im Restaurant**

- Frühstück: ca. 5 €
- Lunch: ca. 7 €
- Tellergerichte/einfach: ca. 8 €

- Tellergerichte gute bis sehr gute Restaurants: ab 10 €
- Bier und Softdrinks: ca. 1,50 €
- Flasche Wein (Restaurant): ab 10 €

Rechnen Sie bei einfacher Lebenshaltung inkl. einfacher Übernachtung im DZ pro Person mit etwa 95–100 €.

▶ **Einzelreise-Arrangements**

Eine individuelle Rundreise durch Namibia mit einem Pkw (z. B. Toyota Yaris) und 19 Übernachtungen kostet in einer einfachen Übernachtungsversion ab etwa 1.880 €, mit z. T. gehobeneren Übernachtungen in Hotels und auf Gästefarmen ab etwa 2.400 € (Preise je nach Saison um etwa 5 % höher). Die Flugpreise sind in diesen Preisbeispielen nicht enthalten.

▶ **Geführte Rundreisen/Safaris**

- Eine 3-tägige Sossusvlei-Wüstentour ab/bis Windhoek kostet ca. 400 € (inkl. Verpflegung).
- Eine 18-tägige Selbstfahrer ab/bis Windhoek über Namib Naukluft/Swakopmund/Twyfelfontein und Etosha Park kostet ca. 1.900 €.
- Eine 16-tägige geführte Rundreise durch das ganze Land (Süden einschl. Fish River Canyon und Norden einschl. Etosha) kostet ca. 3.000 € inkl. Halbpension im Doppelzimmer.
- Eine geführte Camping-Safari ab/bis Windhoek (12 Tage) über Sossusvlei/Swakopmund/Epupa Falls/Etosha kostet ab ca. 1.200 € inkl. Verpflegung.
- Eine 5-tägige Fly-In-Safari an die Skeleton Coast und nach Etosha kostet ab ca. 6.700 € pro Person.

▶ **Eintrittsgebühren in die Nationalparks**

Etosha National Park, Namib Naukluft Park (Sesriem Eingang), Waterberg Plateau Park, Ai-Ais Transfrontier Park und Skeleton Coast Park: jeweils 80 N$ p. P./Tag, Kinder unter 16 J. frei. Alle anderen Parks, bei denen Eintritt verlangt wird: jeweils 40 N$ p. P./Tag, Kinder unter 16 J. frei. Außerdem zahlt man in allen gebührenpflichtigen Parks für Pkw (bis 10 Sitze) 10 N$/Tag.

Allgemeine Reisekosten

▶ **Telefonieren**: Ein Telefonat nach Deutschland (Festnetz) kostet ca. 4,50 N$/Minute. Beachten Sie bitte Zuschläge in Hotels und auf Gästefarmen.
▶ **Benzin**: Benzin ist billiger als in Deutschland und kostet pro Liter ca. 9,70 N$.
▶ **Lebensmittel**: Bei allen Lebensmitteln ist die GST (General Sales Tax = Mehrwertsteuer) eingeschlossen. Preisbeispiele:
- 1 Flasche Wasser 10,00 N$
- 1 Flasche Saft/Cola/Sprite 14 N$
- 1 l Milch 14,00 N$
- 1 Pfund Kaffee 45,00–55,00 N$

- 1 Pfund Käse 35,00 N$
- 1 kg Äpfel 20,00 N$
- 1 Tafel Schokolade 10,00 N$
- 1 Packung Kekse 12,00 N$
- 1 Pfund Bratwurst ca. 45,00 N$
- 1 Pfund Rinderhack ca. 40,00 N$
- 1 Brötchen (weiß) 1,00 N$, Vollkorn 3,00 N$
- 1 Brot 15,00 N$
- 1 Pfund Butter 25,00 N$
- 6 Flaschen Windhoek Lager Bier ca. 50,00 N$
- 1 Flasche Wein (Südafrika) ca. 50–70,00 N$

Mehrwertsteuer-Rückerstattung

Wer in Namibia kauft, bezahlt im Laden 15 % Mehrwertsteuer, kann den Betrag ab einem Kaufwert von 250 N$ (etwa 30 €) jedoch zurückfordern, wenn er nachweist, dass er die Ware exportiert. Das ursprüngliche Verfahren: Man erhält eine Mehrwertsteuer-Rechnung (,VAT Invoice'), füllt ein Formular aus und zeigt beides bei der Ausreise vor. Der Zoll prüft alles, stempelt das Formular ab und reicht es weiter ans Finanzamt, das den Betrag auf das Konto des Käufers überweist – in dessen Landeswährung. Diese Art der Rückzahlung hat zwei bis drei Monate gedauert; in vielen Fällen auch noch länger.

Vor einigen Jahren sind an den wichtigsten Grenzübergängen **Auszahlungsschalter** eingerichtet worden – am Internationalen Flughafen Hosea Kutako sowie an den Übergängen zu Südafrika (Ariamsvlei und Noordoewer). Das Verfahren zur Rückerstattung ist dadurch viel einfacher geworden: Der Urlauber zeigt an der Grenze Mehrwertsteuer-Rechnung und Ware vor, lässt sich die Rechnung abstempeln und geht damit zum Auszahlungsschalter. Dort kann er sich den Rückforderungsbetrag überweisen oder sich einen Scheck aushändigen lassen. Der Mindestbetrag für die Rückforderung liegt weiterhin bei einem Kaufwert von 250 N$.

Namibia ist unter verschiedenen Gesichtspunkten ein ideales Reiseland. Es verbindet ein hervorragendes Klima, kontrastreiche Landschaften, eine einzigartige Fauna und Flora mit einer sehr intakten touristischen Infrastruktur. In diesem weiten Land gelingt es dem europäischen Besucher, der Enge der „Alten Welt" zu entfliehen und gleichzeitig hohen Reisekomfort zu genießen. Die Weite und Stille des Landes sind es, die Namibia so fremd und gleichzeitig wieder so anziehend machen.

Weite und Vielgestaltigkeit Namibias sind aber gleichzeitig jene Faktoren, welche die Reiseplanung schwierig gestalten. Sehr genau muss man mit der zur Verfügung stehenden Zeit umgehen, denn die Entfernungen sind riesig, zumal die Straßenverhältnisse z. T. kein sehr schnelles Vorankommen ermöglichen. Die besuchenswerten Ziele liegen weit auseinander, deshalb gilt es auszuwählen.

Reisevorstellungen gehen stets weit auseinander – und das zeichnet den Individualisten aus. Viele möchten auf einer „großen Rundreise" ein möglichst umfassendes Bild des Landes gewinnen. Andere möchten sich räumlich bewusst beschränken, um im Detail das Ganze zu erleben. Sollte man auf eigene Faust, d. h. mit Mietwagen und vorausgebuchten Hotels, losfahren? Oder mit einem geländegängigen Fahrzeug, ausgerüstet mit Dachzelt, die große Freiheit erleben? Oder sollte man sich einer Safari-Gesellschaft anschließen, um in einer Gruppe bequem und ohne Organisationsstress das Land zu genießen? Alle drei Alternativen sind gleichermaßen gut in Namibia zu realisieren.

Auf den folgenden Seiten werden **vier Grundmuster interessanter Namibia-Rundreisen** vorgestellt. Die Routenverläufe sind auf der vorderen Umschlagklappe eingezeichnet.

1. Klassische Große Namibia-Rundfahrt – 22 Tage

☞ **Tipp**
Diese Rundfahrt ist für alle ideal, die das erste Mal Namibia bereisen. Sie gelangen entlang dieser Strecke zu allen herausragenden Sehenswürdigkeiten und erhalten einen umfassenden Eindruck des Landes.

Verkürzungs-Vorschläge:
- Verzicht auf die Zwischenübernachtung am Hardap Damm:
     Ersparnis: 1 Tag
- Verzicht auf den Abstecher nach Lüderitz:
     Ersparnis: 2 Tage
- Verzicht evtl. auf die Besichtigung der Felsgravuren von Twyfelfontein:
     Ersparnis: 1 Tag
- Verzicht auf die Zwischenübernachtungen in Tsumeb und am Waterberg:
     Ersparnis: je 1 Tag

Verlängerungs-Vorschläge:
- Längerer Aufenthalt auf den Gästefarmen im Bereich der Tirasberge (Namtib, Sinclair):
     Mehrtage: 1–2
- Längerer Aufenthalt im Bereich der Naukluft:
     Mehrtage: 1–2
- Zusätzlicher Aufenthalt auf der Huab Lodge nördlich von Khorixas:
     Mehrtage: 1–2
- Zusätzlicher Tag auf Okonjima:
     Mehrtage: 1
- Zusätzliche Übernachtung in Windhoek am Ende der Reise zwecks „Shopping":
     Mehrtage: 1

Ergänzung-Vorschläge zu dieser Tour:
- Abstecher zu den Victoria Falls (die Flüge müssen sehr lange vorher gebucht werden)
- Mehrtägige Fly-In-Safari zur Skelettküste oder in das Okavango-Delta

Tag	Etappe	ca. km*	Sehenswertes	Übernachtungsstellen (Auswahl)	Infos ab Seite
1	Flug nach Windhoek				
2	Windhoek	-	Stadtbesichtigung: Christuskirche, Alte Feste, Reiterdenkmal, „Tintenpalast", Bummel entlang der Independence Avenue	Windhoek Country Club Resort, Safari Hotel, Hotel Fürstenhof, Villa Verdi, Pension Cela, Pension Handke, Pension Moni, Gästefarmen: Ondekaremba, Elisenheim, Düsternbrook	140
3	Windhoek – Hardap Damm	270	Fahrt durch das Basterland und seine Hauptstadt Rehoboth, weiter zum Hardap Damm (Möglichkeiten zur Wild- und Vogelbeobachtung)	Hardap Damm Rastlager, Kalahari Anib Lodge	180
4	Hardap Damm – Keetmanshoop	300	Morgens Weiterfahrt von Hardap eventuell zum Brukkaros, am Spätnachmittag/zum Sonnenuntergang zum Köcherbaumwald	Pension Gessert, Canyon Nest Hotel in Keetmanshoop, Quivertree Forest Rest Camp beim Köcherbaumwald	188
	Zusätzliche Erlebnisse: Abstecher zum Kgalagadi Transfrontier Park, auch von Windhoek aus möglich (S. 487), Abstecher in den Süden (S. 497)				
5	Keetmanshoop – Fish River Canyon	280	Naute Damm, Aussichtspunkte am Fish River Canyon, Thermalbad Ai-Ais	Rastlager Ai-Ais oder Übernachtung in Keetmanshoop, Cañon Lodge	199
6	Fish River Canyon – Lüderitz	ca. 540	Von Ai-Ais über Seeheim nach Bethanien, Besuch des Schmelen-Hauses, Fahrt durch die Diamanten-Namib nach Lüderitz	Bay View Hotel, Hotel Sea-View zum Sperrgebiet, Nest Hotel	212
	Zusätzliche Erlebnisse: Fahrt entlang dem Oranje und über Rosh Pinah nach Lüderitz (S. 214)				
7	Lüderitz	-	Aufenthalt in Lüderitz, der an felsiger Küste gelegenen Hafenstadt mit vielen Buchten. Stadtbesichtigung: Kirche, Museum, Lüderitzdenkmal, Diaz-Kreuz, Achatstrand	s. o.	229
8	Lüderitz – Bereich Tirasberge/ Maltahöhe	* 240-360	Nach Abfahrt aus Lüderitz können Sie morgens die verlassene Diamantenstadt Kolmanskuppe besuchen. Über Aus geht es dann in das Gebiet der Tirasberge um Helmeringhausen. Lohnend: Abstecher zu den Gästefarmen Sinclair/Namtib: herrliche Landschaften am Rande der Namib	Gästefarmen Namtib, Sinclair, Dabis, Landhotels in Helmeringhausen und Maltahöhe	244
9	Bereich Tirasberge/ Maltahöhe – Sossusvlei	* 180-335	Besuch des Wüstenschlosses Duwisib	Je nach Entfernung zum Eingang zum Sossusvlei: Sossusvlei Lodge, Namib Desert Lodge, Gästefarmen Büllsport, Ababis, Namib Naukluft Lodge	253
10	Umgebung Sesriem/ Sossusvlei	-	Ausflug zum Sesriem und zur Dünenlandschaft am Sossusvlei		261
	Zusätzliche Erlebnisse: 4-Pässe-Fahrt: Remshoogte Pass, Gamsberg Pass, Gaub Pass, Spreetshoogte Pass, Wanderung im Naukluftgebirge (S. 278)				
11	Umgebung Sesriem/ Sossusvlei – Swakopmund	* 325-350	Fahrt durch den Kuiseb Canyon und den Grenzbereich zwischen Dünen- und Kiesnamib nach Walvis Bay (Lagune, Vogelparadies, Salzgewinnungsanlagen)	Swakopmund Hotel & Entertainment Center, Hansa Hotel, Europa Hof, Hotelpensionen Adler, Rapmund, Deutsches Haus und D'Avignon	282
	Zusätzliche Erlebnisse: Abstecher auf den Nebenrouten des Namib-Naukluft-Parks mit einem Allradfahrzeug (Sie müssen campieren und notwendige Permits vorher besorgen) (S. 282)				
12	Aufenthalt Swakopmund	-	Vormittag: Stadtrundgang; Museumsbesuch; am Nachmittag: Ausflug zur Robbenkolonie Cape Cross	s. o.	302
	Zusätzliche Erlebnisse: Teilnahme an einer geologisch-biologisch orientierten Ganztagstour in die Wüste				

13	Swakopmund – Bereich ErongoGebirge/ Omaruru	* 280–330	Fahrt entlang der Rössingberge und der Spitzkoppe („Matterhorn von Namibia"), Besuch der Bull's Party und der PhillipsHöhle auf dem Farmgelände von Ameib	Gästefarmen Ameib, Epako Game Lodge, Immenhof, Schönfeld, RB-Farm	340
14	Bereich ErongoGebirge/ Omaruru – Khorixas	* 300–360	Felsmalereien am Brandberg (Weiße Dame)	Khorixas Restcamp, Vingerklip Lodge, Gästefarm Bambatsi, Huab Lodge	360
15	Khorixas – Twyfelfontein – Khorixas	220	Versteinerter Wald, Felsgravuren, Felsmalereien, „Orgelpfeifen" (= Basaltsäulen), „Verbrannter Berg"	Twyfelfontein Lodge, Mowani Mountain Camp	374
	Zusätzliche Erlebnisse: Wenn Sie mehr Zeit haben, bietet sich ein Abstecher über Palmwag Lodge an, um von dort aus nach Etosha zu fahren (S. 383)				
16	Khorixas – Etosha National Park	* 250–280	Besuch der Ugab-Terrassen und der Fingerklippe	Restcamp Okaukuejo, Ongava Lodge und Etosha Gateway Lodge (außerhalb des Parks)	390
17	Etosha National Park	100–200	Wildbeobachtungsfahrten im Nationalpark, der durch seinen Wildreichtum und die Mannigfaltigkeit der dort anzutreffenden Wildarten berühmt ist und zu den größten Wildreservaten Afrikas zählt	Restcamp Halali	396
18	Etosha Park	100–200	Pirschfahrten in Richtung Namutoni	Restcamp Namutoni, Mushara Lodge, Mokuti oder Aoba Lodge (außerhalb des Parks)	396
19	Etosha National Park – Tsumeb	117	Bis Mittag Pirschfahrten im Etosha Park, danach Fahrt Richtung Tsumeb; Besuch des Otjikoto-Sees und des Minenmuseums in Tsumeb	Minenhotel in Tsumeb	440
20	Tsumeb – Waterberg	270	Besuch des Hoba-Meteoriten sowie des Waterberg-Restcamp am Waterberg	Waterberg Wilderness Lodge	456
21	Waterberg – Okonjima	75	Besuch des AfriCat-Projekts, Geparden-, Leopardenbeobachtungen, Buschmanns und Bantu-Trail	Okonjima Lodge & Bushcamp	469
22	Okonjima – Windhoek	300–320	Frühmorgens eine Wanderung auf Okonjima, Aufbruch nach Windhoek zum Abflug am Abend (Air Namibia), unterwegs Besuch der Herero-Gräber in Okahandja und des dortigen Holzschnitzer-Marktes		473
23	Ankunft morgens in Europa				
*je nach Übernachtungsstelle					

2. Rundfahrt durch den Norden Namibias

☞ **Tipp**
Diese Rundfahrt ist für alle ideal, die nicht allzu viel Zeit für ihren Urlaub haben oder bewusst Schwerpunkte setzen möchten. Auf dieser Route lernen Sie im Gebiet Sossusvlei die typischen Landschaften des südwestlichen Teils Namibias kennen. Im nördlichen Teil dieser Reise erkunden Sie die fantastischen Zeugnisse prähistorischer Kunst in Form von Felsgravuren und Felsmalereien. Höhepunkt für Tierliebhaber dürfte zweifelsohne der Etosha Park sein. Diese Tour lässt sich auf drei Wochen ausweiten, wobei Sie nach persönlichem Belieben den Aufenthalt an den entsprechenden Orten verlängern können.

Verkürzungs-Vorschläge:
- Wenn die Zeit überhaupt nicht reichen will:
  Fahrt von Swakopmund direkt nach Khorixas
  oder Durchfahrt bis nach Etosha:
    Ersparnis: 2–3 Tage
- Falls man auf Wüste verzichten möchte:
  Weglassen des Abstechers in das Sossusvlei:
    Ersparnis: 2 Tage
- Falls man Tiere in Afrika bereits genug gesehen hat:
  Verzicht auf Etosha:
    Ersparnis: 3 Tage

Verlängerungs-Vorschläge:
- Verlängerung im Gebiet Sossusvlei/Naukluft,
  um im Naukluft-Gebirge eine Wanderung zu unternehmen:
    Mehrtage: 2
- Abstecher zur Huab Lodge nördlich von Khorixas:
    Mehrtage: 2
- Auf dem Rückweg nach Windhoek einen Tag länger auf Okonjima:
    Mehrtag: 1
- Bei der Rückkehr nach Windhoek: eine Zusatzübernachtung,
  um in Ruhe „shoppen" zu gehen:
    Mehrtag: 1

Tag	Etappe	ca. km*	Sehenswertes	Übernachtungsstellen (Auswahl)	Infos ab Seite
1	Abflug von Europa				
2	Windhoek	-	Stadtbesichtigung: Christuskirche, Alte Feste, Reiterdenkmal, „Tintenpalast", Bummel entlang der Independence Avenue	Windhoek Country Club Resort, Safari Hotel, Hotel Fürstenhof, Villa Verdi, Pension Cela, Pension Handke, Pension Moni, Gästefarmen: Ondekaremba, Elisenheim	140
3 + 4	Gebiet am Sossusvlei	360–380	Ausflug zum Sesriem und in das Sossusvlei (hohe Wüstendünen)	Sossusvlei Lodge, Namib Desert Lodge, Gästefarmen Büllsport, Ababis, Namib Naukluft Lodge	261
5 + 6	Sossusvlei/ Sesriem – Swakopmund	* 325–350	Fahrt durch den Kuiseb Canyon und den Grenzbereich zwischen Dünen- und Kiesnamib nach Walvis Bay (Lagune, Vogelparadies, Salzgewinnungsanlagen)	Swakopmund Hotel & Entertainment Center, Hansa Hotel, Europa Hof, Hotelpensionen Adler, Rapmund, Deutsches Haus und D'Avignon	282
	Zusätzliche Erlebnisse: Abstecher auf den Nebenrouten des Namib-Naukluft-Parks mit einem Allradfahrzeug (Sie müssen campieren und notwendige Permits vorher besorgen) (S. 282)				
7 + 8	Swakopmund – Bereich Erongo-Gebirge/ Omaruru	* 280–330	Fahrt entlang der Rössingberge und der Spitzkoppe („Matterhorn von Namibia"), Besuch der Bull's Party und der Phillips-Höhle auf dem Farmgelände von Ameib	Gästefarmen Ameib, Epako Game Lodge, Immenhof, Schönfeld, RB-Farm	340
9 + 10	Bereich Erongo-Gebirge/ Omaruru – Khorixas	* 300–360	Felsmalereien am Brandberg (Weiße Dame)	Khorixas Restcamp, Vingerklip Lodge, Gästefarm Bambatsi, Huab Lodge	360
11	Khorixas – Twyfelfontein – Khorixas	220	Versteinerter Wald, Felsgravuren, Felsmalereien, „Orgelpfeifen" (= Basaltsäulen), „Verbrannter Berg"	Twyfelfontein Lodge, Mowani Mountain Camp	374
12	Khorixas – Etosha NP	* 250–280	Besuch der Ugab-Terrassen und der Fingerklippe	Restcamp Okaukuejo, Ongava Lodge und Etosha Gateway Lodge (außerhalb des Parks)	390
13	Etosha NP	100–200	Wildbeobachtungsfahrten im Nationalpark, der durch seinen Wildreichtum und die Mannigfaltigkeit der dort anzutreffenden Wildarten berühmt ist und zu den größten Wildreservaten Afrikas zählt	Restcamp Halali	396
14	Etosha NP	100–200	Pirschfahrten in Richtung Namutoni	Restcamp Namutoni, Mokuti oder Aoba Lodge (letztere beiden außerhalb des Parks), Mushara Lodge	396
15	Namutoni – Okonjima	350	Besuch des AfriCat-Projekts, Geparden-, Leopardenbeobachtungen, Buschmanns- und Bantu-Trail	Okonjima Lodge & Bushcamp	469
16	Okonjima – Windhoek	300–320	Frühmorgens eine Wanderung auf Okonjima, Aufbruch nach Windhoek zum Abflug am Abend (Air Namibia), unterwegs Besuch der Herero-Gräber in Okahandja und des dortigen Holzschnitzer-Marktes		473
17	Ankunft morgens in Europa				
* je nach Übernachtungsstelle					

3.   Rundfahrt durch den Süden Namibias

☞ **Tipp**
Diese Route ist für diejenigen geeignet, die sich vor allem für weite Landschaften, Wüste und Einsamkeit interessieren. Der südliche Teil Namibias, ähnlich dem australischen Outback, ist allen Fans von Stille zu empfehlen, die sich für Gebiete „am Rande der Unendlichkeit" interessieren.

Verkürzungs-Vorschläge:
- Verzicht auf Zwischenübernachtung am Hardap Damm:
    Ersparnis: 1 Tag
- Verzicht auf den Besuch von Lüderitz:
    Ersparnis: 2 Tage
- Verzicht auf einen Aufenthalt im Tirasgebirge:
    Ersparnis: 1 Tag

Verlängerungs-Vorschläge:
- Abstecher ab Keetmanshoop zum Kgalagadi Transfrontier Park:
    Mehrtage: 3–4
- Längerer Aufenthalt auf den Gästefarmen Namtib oder Sinclair:
    Mehrtage: 1–2
- Längerer Aufenthalt im Gebiet des Naukluft-Gebirges zwecks Wanderungen:
    Mehrtage: 1–2

Tag	Etappe	ca. km*	Sehenswertes	Übernachtungsstellen (Auswahl)	Infos ab Seite
1	Abflug von Europa				
2	Windhoek	-	Stadtbesichtigung: Christuskirche, Alte Feste, Reiterdenkmal, „Tintenpalast", Bummel entlang der Independence Avenue	Windhoek Country Club Resort, Safari Hotel, Hotel Fürstenhof, Villa Verdi, Pension Cela, Pension Handke, Pension Moni, Gästefarmen: Ondekaremba, Elisenheim, Düsternbrook	140
3	Windhoek – Hardap Damm	270	Fahrt durch das Basterland und seine Hauptstadt Rehoboth, weiter zum Hardap Damm (Möglichkeiten zur Wild- und Vogelbeobachtung)	Hardap Damm Rastlager, Kalahari Anib Lodge	180
4	Hardap Damm – Keetmanshoop	300	Morgens Weiterfahrt von Hardap eventuell zum Brukkaros, am Spätnachmittag/zum Sonnenuntergang zum Köcherbaumwald	Canyon Nest Hotel in Keetmanshoop, Quivertree Forest Rest Camp beim Köcherbaumwald	188
	Alternative Erlebnisse: Abstecher zum Kgalagadi Transfrontier Park, auch von Windhoek aus möglich (S. 487), Abstecher in den Süden (S. 497)				
5	Keetmanshoop – Fish River Canyon	280	Naute Damm, Aussichtspunkte am Fish River Canyon, Thermalbad Ai-Ais	Rastlager Ai-Ais oder Übernachtung in Keetmanshoop, Cañon Lodge	199
6	Fish River Canyon – Ai-Ais	540	Von Ai-Ais über Seeheim nach Bethanien, Besuch des Schmelen-Hauses, Fahrt durch die Diamanten-Namib nach Lüderitz	Bay View Hotel, Hotel Sea-View zum Sperrgebiet, Nest Hotel	212
	Alternative Erlebnisse: Fahrt entlang dem Oranje und über Rosh Pinah nach Lüderitz (S. 214)				
7	Lüderitz	-	Aufenthalt in Lüderitz, an der felsiger Küste gelegenen Hafenstadt mit vielen Buchten; Stadtbesichtigung: Kirche, Museum, Lüderitzdenkmal, Diaz-Kreuz, Achatstrand	s. o.	229

8 + 9	Lüderitz – Bereich Tirasberge/ Maltahöhe	* 240–360	Nach Abfahrt aus Lüderitz können Sie morgens die verlassene Diamantenstadt Kolmanskuppe besuchen. Über Aus geht es dann in das Gebiet der Tirasberge um Helmeringhausen. Lohnend: Abstecher zu den Gästefarmen. Sinclair/Namtib: herrliche Landschaften am Rande der Namib	Gästefarmen Namtib, Sinclair, Dabis, Landhotels in Helmeringhausen und Maltahöhe	244
10 + 11	Bereich Tirasberge/ Maltahöhe – Sossusvlei	* 180–335	Besuch des Wüstenschlosses Duwisib	Je nach Entfernung zum Eingang zum Sossusvlei: Sossusvlei Lodge, Namib Desert Lodge, Gästefarmen Büllsport, Ababis, Namib Naukluft Lodge	253
12	Umgebung Sesriem/ Sossusvlei	-	Ausflug zum Sesriem und zur Dünenlandschaft am Sossusvlei		326
	Zusätzliche Erlebnisse: 4-Pässe-Fahrt: Remshoogte Pass, Gamsberg Pass, Gaub Pass, Spreetshoogte Pass, Wanderung im Naukluft-Gebirge (S. 278)				
13	Umgebung Sesriem/ Sossusvlei – Swakopmund	* 325–350	Fahrt durch den Kuiseb Canyon und den Grenzbereich zwischen Dünen- und Kiesnamib nach Walvis Bay (Lagune, Vogelparadies, Salzgewinnungsanlagen)	Swakopmund Hotel & Entertainment Center, Hansa Hotel, Europa Hof, Hotelpensionen Adler, Rapmund, Deutsches Haus und D'Avignon	282
	Zusätzliche Erlebnisse: Abstecher auf den Nebenrouten des Namib-Naukluft-Parks mit einem Allradfahrzeug (Sie müssen campieren und notwendige Permits vorher besorgen) (S. 282)				
14	Aufenthalt Swakopmund	-	Vormittag: Stadtrundgang; Museumsbesuch; am Nachmittag: Ausflug zur Robbenkolonie Cape Cross	s. o.	302
	Zusätzliche Erlebnisse: Teilnahme an einer geologisch-biologisch orientierten Ganztagstour in die Wüste				
15	Swakopmund – Umgebung Karibib	250–280	Besuch der Felsmalereien auf der Farm Ameib sowie Besuch der dortigen Felsformation Bull's Party, Besuch der Marmorwerke von Karibib	Übernachtung auf der Oropoko Lodge	340
16	Rückkehr nach Windhoek und Abflug nach Europa	200–250	Fahrt über Okahandja (Herero-Gräber, Holzschnitzer-Markt)		475
17	Ankunft morgens in Europa				
* je nach Übernachtungsstelle					

4. Fahrt von Windhoek durch den Caprivi-Streifen nach Victoria Falls

👉 **Tipp**

Diese Reise ist für alle geeignet, die sich besonders für die Tierwelt interessieren. Der Caprivi-Streifen vermittelt mehr als das südliche Namibia den Eindruck vom Leben der Schwarzen. Ein Besuch des elefantenreichen Chobe Parks sowie der Abschluss der Reise an den Victoria Falls sind besondere Höhepunkte. Logistisch ist diese Reise am besten mit einem Allradfahrzeug zu bewältigen, das Einwegmieten erlaubt. Von Victoria Falls gibt es im Zusammenhang mit dem internationalen Flug der Air Namibia einen günstigen Anschlusstarif zurück nach Windhoek.

Verkürzungs-Vorschläge:

- Aufenthalt in Windhoek verkürzen   Ersparnis 1 Tag
- Verzicht auf den Aufenthalt bei Khorixas   Ersparnis 2 Tage

- Aufenthalt in Etosha verkürzen   Ersparnis 1 Tag
- Aufenthalt an den Popa Falls verkürzen   Ersparnis 1 Tag
- Aufenthalt in Victoria Falls verkürzen   Ersparnis 1 Tag

Verlängerungs-Vorschläge:
- Zusatzaufenthalt auf der Huab Lodge nördlich von Khorixas:
  Mehrtage: 2
- Zusatzübernachtung auf dem Wege zwischen Etosha und Rundu auf der
  Gästefarm Dornhügel:
  Mehrtag: 1
- Zusatzaufenthalt in Shakawe/Botswana:
  Mehrtage: 2

Tag	Etappe	ca. km	Sehenswertes	Übernachtungsstellen (Auswahl)	Infos ab Seite
1	Abflug von Europa				
2 + 3	Windhoek	-	Stadtbesichtigung: Christuskirche, Alte Feste, Reiterdenkmal, „Tintenpalast", Bummel entlang der Independence Avenue, evtl. Fahrt zum Daan Viljoen Park	Windhoek Country Club Resort, Safari Hotel, Hotel Fürstenhof, Villa Verdi, Pension Cela, Pension Handke, Pension Moni, Gästefarmen: Ondekaremba, Elisenheim, Düsternbrook	140
4 + 5	Windhoek – Okonjima Lodge & Bushcamp	300–320	In Okahandja evtl. kurzer Besuch der Herero-Gräber und des Handwerkermarktes – auf Okonjima Kennenlernen des AfriCat-Projekts, Geparden-, Leopardenbeobachtungen, Teilnahme an der Wanderung entlang des Buschmanns- und Bantu-Trails	Okonjima Lodge & Bushcamp	469
6 + 7	Okonjima Lodge & Bushcamp – Khorixas	260	Besuch der Ugab-Terrassen, Versteinerter Wald, Felsgravuren, Felsmalereien, „Orgelpfeifen" (= Basaltsäulen), „Verbrannter Berg"	Rastlager Khorixas, Gästefarm Bambatsi, Vingerklip Lodge	367
8–11	Khorixas – Etosha NP (Okaukuejo)	265	Wildbeobachtungsfahrten auf eigene Faust zwischen den Restcamps Okaukuejo, Halali und Namutoni	außerhalb des Parks im Westen: Etosha Gateway Lodge, Ongava Lodge oder Camp Okaukuejo; im mittleren Teil: Camp Halali; im östlichen Teil: Camp Namutoni oder außerhalb des Parks: Mokuti oder Aoba Lodge, Mushara Lodge	383
12	Etosha NP – Rundu	415	Fahrt durch das Kavangoland nach Rundu am Okavango, dem „Gate to Caprivi"	N'Kwazi Lodge, Kaisosi Safari Lodge, Sarasungu River Lodge	511
13 + 14	Rundu – Popa Falls	240	Pirschfahrten im Mahango Game Reserve an den Popa Falls (Stromschnelle am Okavango), evtl. Abstecher nach Shakawe, einem typisch afrikanischen Dorf direkt an der botswanischen Grenze in Botswana	Camp an den Popa Falls, Mahangu Safari Lodge, Ndhovu Safari Lodge oder in Shakawe Lodge bzw. Drotsky's Cabins	516
15 + 16	Popa Falls – Mudumu NP	220	Pirschfahrten und Bootssafaris im Mudumu National Park am Kwando-Fluss, dem „Okavango-Delta" Namibias	Lianshulu oder Namushasha Lodge	526
17–18	Mudumu NP – Chobe NP (Botswana)	110	Pirschfahrten im Chobe National Park, der wegen seines Elefantenreichtums berühmt ist	Chobe Game Lodge, Mowana Lodge	538
19 + 20	Chobe NP – Victoria Falls	80	Wanderungen entlang der Victoria-Wasserfälle, evtl. Rundflug (Flight of Angels)	Victoria Falls Hotel, Elephant Hills Resort	545
21	Flug Victoria Falls – Windhoek – Europa				
22	Ankunft morgens in Europa				

3. ZENTRAL-NAMIBIA: WINDHOEK UND UMGEBUNG

Windhoek

Entfernungen
Windhoek – Swakopmund: 356 km
Windhoek – Namutoni (Ostgrenze Etosha-Park): 533 km
Windhoek – Okaukuejo (Westgrenze Etosha-Park): 435 km
Windhoek – Keetmanshoop: 482 km
Windhoek – Gobabis: 205 km
Windhoek – Maltahöhe: 372 km
Windhoek – Lüderitz: 816 km

Windhoek, die Hauptstadt Namibias, erinnert in vielerlei Hinsicht eher an ein deutsches Provinzstädtchen als an eine afrikanische Metropole. Seit einigen Jahren allerdings findet ein deutlicher Wandel statt: Es entsteht kontinuierlich ein interessanter Mix aus europäisch-afrikanischen Einflüssen – die noch vor der Unabhängigkeit anzutreffende Deutschtümelei ist einem gewissen Kosmopolitismus und einer Offenheit gewichen, die Menschen aller Hautfarben und Kulturen einschließen.

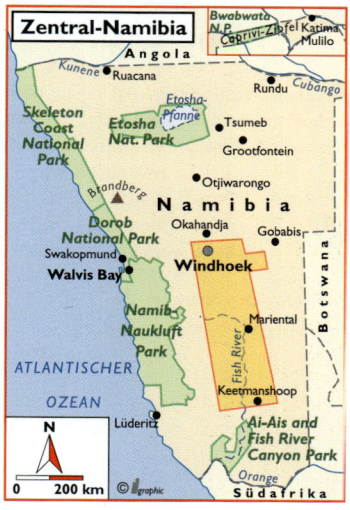

Der erste Eindruck: **architektonische Reminiszenzen** an die deutsche Kolonialzeit, manifestiert durch etliche Fachwerkhäuser, steile Giebeldächer, wilhelminische „Monumentalarchitektur", koloniale Standbilder, z. T. deutsche Straßennamen (wobei seit der Unabhängigkeit und in den letzten Jahren verstärkt damit begonnen wurde, diese abzuändern) und Völkervielfalt im Straßenbild. Gerade diese Vielfalt der Ethnien verweist auf typisch Namibisches: Sehr unterschiedliche Völker leben im Staatsgebiet, die Unterteilung in Schwarz und Weiß ist mehr als oberflächlich, denn allein elf farbige Bevölkerungsgruppen leben im Lande.

Zum ersten Eindruck zählen ebenfalls die auffallende Sauberkeit, die Vielfalt von Angeboten, die europäisch anmutende Geschäftigkeit, zunehmend ergänzt durch ein früher so nicht wahrzunehmendes „Afrika-Flair". Das alles wirkt auf den Besucher ein – unter meist strahlend blauem Himmel. Die Höhenlage – rund 1.700 m über dem Meer – sorgt für vergleichsweise angenehme Temperaturen mit nächtlicher Abkühlung und tagsüber wunderbarer Erwärmung. Der zweite Eindruck: Am Rande Windhoeks liegen die **Viertel der armen Bevölkerung**: Katutura und Khomasdal, zwar nicht gerade zur Kategorie der schlimmsten Slums zählend, aber immerhin die Problematik des Landes aufzeigend. *Auffallende Sauberkeit*

Wir bewegen uns auf einer Reise durch Namibia stets **zwischen erster und dritter Welt**, stets zwischen Wohlstand und Armut, stets zwischen „heiler Welt" und einer Welt mit wenig Hoffnung: Windhoek ist so etwas wie ein Brennglas namibischer Wirk- *Namibische Wirklichkeit*

lichkeit, geografisch auf einen Punkt konzentriert. Die hohe Arbeitslosigkeit unter den schwarzen Bevölkerungsschichten – man schätzt sie in Windhoek auf 80 Prozent – betrifft auch den Reisenden: Vermehrt kommt es zu Bettelei und auch zu kleinen Diebstählen und Autoeinbrüchen. Das alles ist – im Vergleich zu den großen Städten Europas oder Amerikas – nicht dramatisch. Doch sollte man auch um diese Seite wissen.

Wie bedeutend Windhoek ist und welchen Stellenwert die Stadt im Lande hat, wird man spätestens dann einschätzen können, wenn man von einer großen Rundfahrt durch das Land zurückkehrt. Nach dem Erlebnis von Weite und Einsamkeit, Menschenleere und grandioser Natur erscheint dann Windhoek nicht mehr als kleines Städtchen, sondern hat sich in der Wahrnehmung zu einer wirklichen Großstadt gemausert.

Überblick

Weite und Einsamkeit – schon beim Anflug! Schon beim Anflug auf den Flughafen von Windhoek ist man von der Weite und Einsamkeit des Landes beeindruckt: Hier und da schmale Farmwege, ab und zu ein Farmhaus, im 45 km entfernten Talkessel liegt die Stadt Windhoek. Man musste den Flughafen so weit außerhalb auf der Savannenebene bauen, da ein An- und Abflug für Großraum-Flugzeuge in südliche Richtung aus dem Windhoeker Tal nicht möglich ist. Inmitten der Einöde setzt die Maschine auf. Das Flughafengebäude, ein schmuckloser und steriler Zweckbau, ist die erste Begegnung mit dem Land.

Windhoek ist von Bergen umgeben

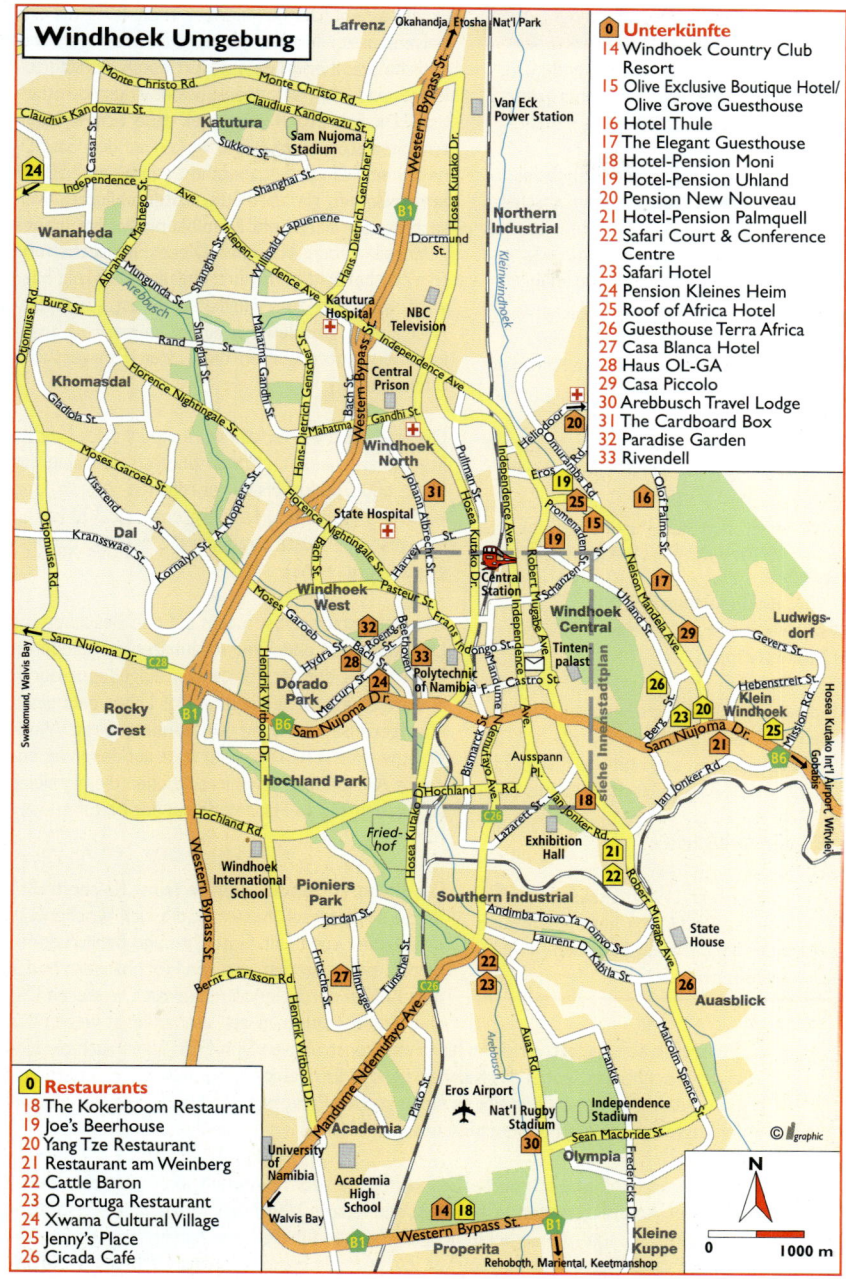

Windhoek Umgebung

Unterkünfte

14 Windhoek Country Club Resort
15 Olive Exclusive Boutique Hotel/ Olive Grove Guesthouse
16 Hotel Thule
17 The Elegant Guesthouse
18 Hotel-Pension Moni
19 Hotel-Pension Uhland
20 Pension New Nouveau
21 Hotel-Pension Palmquell
22 Safari Court & Conference Centre
23 Safari Hotel
24 Pension Kleines Heim
25 Roof of Africa Hotel
26 Guesthouse Terra Africa
27 Casa Blanca Hotel
28 Haus OL-GA
29 Casa Piccolo
30 Arebbusch Travel Lodge
31 The Cardboard Box
32 Paradise Garden
33 Rivendell

Restaurants

18 The Kokerboom Restaurant
19 Joe's Beerhouse
20 Yang Tze Restaurant
21 Restaurant am Weinberg
22 Cattle Baron
23 O Portuga Restaurant
24 Xwama Cultural Village
25 Jenny's Place
26 Cicada Café

Redaktionstipps

Generell: Sonntags ist Windhoek wie ausgestorben. Stadtbesichtigung und Shopping daher am besten auf einen Wochentag legen.

▶ **Übernachtungen**:
• **Internationale Hotels** mit großzügiger Swimmingpool-Area: Windhoek Country Club Resort oder Hotel Safari
• **Persönliche Unterkünfte**: Villa Verdi, Fürstenhof, Heinitzburg, Hotel-Pension Thule
• **Naturnah**: Gästefarm Ondekaremba, Amani Lodge oder Immanuel Wilderness Lodge.
• **Preiswerte Pensionen**: Pension Moni, Casa Blanca Hotel, Hotel-Pension Handke
▶ **Essen**:
• Edel: The Gourmet, Dunes Restaurant, Top of the Top: Leo's at the Castle (im Heinitzburg-Hotel)
• Gemütlich: Thüringer Hof
• Sundowner-Tipp: die Terrasse des Heinitzburg-Hotels
▶ **Für „Kneipengänger"**:
• Joe's Beerhouse, 99 FM Playhouse Theatre
▶ **Einkaufstipps**:
• Für einen Namibia-Trip braucht man Safari-Kleidung. Herrlich zu tragen, auch zu Hause! Beste Beratung und Auswahl: bei Holtz (s. S. 171).
• Bücher über Land und Leute: Bücherkeller
• Kunsthandwerk: Namibia Crafts Centre, Bushman Art
▶ **Sehenswürdigkeiten**:
• Christuskirche (S. 148), Reiter von „Südwest" (S. 149), Alte Feste (S. 149), Transnamib Museum (S. 154), Tintenpalast (S. 149), Innenbesichtigung des Gebäudes der Nationalversammlung (S. 152), Meteoritenbrunnen (S. 154)

Es gibt einen Transferbus, aber auch Taxis, die den Reisenden zur Independence Avenue bringen. Der östliche Stadtbeginn ist markiert durch die Stadtteile Avis und Klein-Windhoek, beide wirken kleinstädtisch. Die Fahrt nach Windhoek dauert ca. 40 Minuten, die ersten Afrika-Bilder wirken auf den Gast: Eine Savannenlandschaft, umrahmt von bis zu 2.500 m hohen Bergen, glasklare Luft, lichtdurchflutete Weite, trockene Flussläufe. Namibia nimmt Sie schnell gefangen! Doch Vorsicht: Diese Flughafenstraße (B 6) ist berüchtigt für ihre Unfallträchtigkeit: Hier wird vom und zum Flughafen gerast, „Namibia-Frischlinge", gerade nach einem langen Flug angekommen, unternehmen die ersten Fahrversuche (Linksfahren!).

Die Stadt ist d e r Verkehrsknotenpunkt des Landes, liegt sie als Hauptstadt doch ziemlich zentral in der Mitte: 600–700 km bis zur nördlichen (Angola) und südlichen (Südafrika) Landesgrenze, ca. 300 km an die westliche Küste sowie an die östliche Landesgrenze (Botswana).

Die Hauptstadt selbst macht auf den Besucher aus Übersee einen eher überschaubaren, fast biederen Eindruck, in den letzten Jahren aufgepeppt durch afrikanisch-exotische Impulse. Das Leben geht einen eher geruhsamen Gang. Am Sonntag wirkt Windhoek wie ausgestorben, und statt auf der Independence Avenue zu promenieren, ziehen die Namibier es vor, den Tag zu Hause oder in der Natur zu verbringen.

Die **Independence Avenue** (einst Kaiserstraße) ist die Hauptgeschäftsstraße, die sich wochentags mit regem Leben füllt. Geschäfte und Banken dominieren, zwischen den wenigen Hochhäusern findet man Relikte der Kolonialarchitektur. Die steilen Dächer dieser Häuser, in der alten Heimat wegen des Schneefalls so angelegt, verfehlen hier ihren konstruktiven Sinn. Hier liegen auch die einzigen Hochhäuser, wobei das Kalahari Sands-Hotel einen besonderen Orientierungspunkt darstellt: Gegenüber gibt es einen großen Parkplatz, den Haltepunkt der Flughafenbusse sowie einen bunten afrikanischen Markt.

Fußgängerzonen und schmucke Geschäfte laden zum Bummeln ein – ein Stück Europa (oder Amerika) mitten in Afrika. In den letzten Jahren sieht man viele – insbesondere junge – Leute, die umherstehen: ein Zeichen für die hohe Arbeitslosigkeit im Lande, aber auch Beweis für den starken Zuzug in die Hauptstadt, der nach der Unabhän-

Wie gefährlich ist Windhoek?

info

- Am besten die normalen Sicherheitsvorkehrungen beachten: keinen auffälligen Schmuck tragen, Geldbörse nicht sichtbar halten, Tasche/Rucksack zusätzlich festhalten. Meiden Sie die Zeiten nach Geschäftsschluss und die Dunkelheit.
- Gebiet um den Lovers Hill am Wasserturm (also Sinclair St., Anderson St.): Hier gab es in der Vergangenheit immer wieder Überfälle mit Körperverletzungen, die von anscheinend organisierten Tätern unternommen werden).
- Gebiet unterhalb der Heinitzburg, also Straßenbereich Robert Mugabe Ave., Lazarett St.: Hier wurden öfters Diebstähle begangen.
- Bitte lassen Sie auf keinen Fall sichtbare Gegenstände im Fahrzeug liegen. Am besten ist es, wenn Sie den Wagen an einem bewachten Parkplatz abstellen oder ein Mitreisender während des Einkaufs beim Wagen bleibt.
- Bevorzugen Sie Unterkünfte mit eigenem, abgesichertem Parkplatz.

gigkeit dramatisch zugenommen hat. Jeder der Neuankömmlinge erhofft sich hier ein besseres Leben, doch für die meisten bleibt es ein Traum: Es fehlt an Stellenangeboten vor allem für nicht oder kaum qualifizierte Arbeitskräfte.

Windhoek liegt 1.650 m über dem Meer. Klimatisch bedeutet das, dass es hohe Unterschiede zwischen Tag- und Nachttemperaturen gibt. Verglichen mit Orten ähnlicher Breitenlage weist die Hauptstadt Namibias ein relativ gemäßigtes, angenehmes Klima auf (s. S. 36). Die Stadt liegt in einem sehr trockenen Gebiet und die Dürre der letzten Jahre hat immer wieder zur Wasserknappheit geführt. Leitungswasser wird oft mehrfach aufbereitet, was man vor allem am Chlorgeruch erkennen kann. Beachten Sie die Hinweisschilder in Hotels, die zum sparsamen Gebrauch von Wasser mahnen. *Große klimatische Unterschiede zwischen Tag und Nacht*

Der **Name der Stadt** ist auf den Nama-Häuptling *Jonker Afrikaaner* zurückzuführen. Ihn erinnerten die Berge um Windhoek an die Farm Winterhoek in der Gegend von Tulbagh/Kapprovinz, auf der er einige Zeit gelebt hatte. Die Herero bezeichneten den Ort als „otjomuise", was so viel bedeutet wie „Stellung des Rauches"; einige Khoi Khoi nannten ihn „ai-gams" (Dämpfe). Beide Namen verweisen auf die bei Windhoek vorkommenden heißen Quellen. *Ursprung heißer Quellen*

Captain *James Alexander* benannte den Ort 1837 nach der englischen Königin „Queen Adelaide's Bath". Später tauften ihn die Missionare Kleinschmidt und Hahn „Elberfeld". Um den Reigen der Namen komplett zu machen: 1844 hieß das heutige Windhoek „Concordiaville", so benannt durch die Wesleyan Mission. Jonker Afrikaaner hatte bis zu seinem Todesjahr 1862 hier sein Stammquartier aufgeschlagen. Viele Jahre war Windhoek Schauplatz heftiger Stammesfehden, vor allem zwischen den Nama und den Herero. Erst 1890 wurde die eigentliche Stadt gegründet, als der Hauptmann *Curt von François* mit seinen Schutztruppen die Alte Feste errichtete. 1902 stieg die Bedeutung Windhoeks durch die Bahnverbindung mit Swakopmund, und bis zum Jahre 1915 konnte sich die Stadt als Sitz der deutschen Kolonialverwaltung behaupten.

Die Bevölkerung von Windhoek spiegelt die Völkervielfalt des Landes wider. Ca. 40 % der städtischen Bewohner des Landes leben hier und damit mehr als 10 % der Gesamtbevölkerung. Unter den ca. 450.000 Einwohnern sind knapp 30.000 Weiße, die bevorzugt in den wohlhabenderen Ortsteilen Klein-Windhoek und Ludwigsdorf leben. Wirtschaftlich stellt Windhoek den Mittelpunkt eines besonders bedeutsamen Farmbezirks dar, der vor allem auf Rinder- und Karakul-Zucht ausgelegt ist. An Industrie finden sich Fleischkonserven-, Maschinen- und Farbenfabriken sowie eine Brauerei. Sehenswert ist

Quirliger Markt sicherlich der lebendige **Markt** an der Ecke Independence Avenue/Abraham Mashego Street. Hier erlebt man in vollen Zügen afrikanische Lebendigkeit.

info

Katutura und Khomasdal – das andere Windhoek

Katutura (übersetzt bedeutet dieser Name etwa: „Der Platz, an dem wir nicht leben möchten") ist der 7 km nordwestlich des Stadtzentrums liegende Stadtteil, in dem ausschließlich Schwarze verschiedener Stämme leben, die als Arbeiter oder Hausangestellte beschäftigt sind. Analog zu Soweto bei Johannesburg wurde während der Apartheid eine Stadt mit einer eigenen Infrastruktur aufgebaut, die über ein Einkaufszentrum, Schulen, Kirchen, ein großes Krankenhaus und Erholungseinrichtungen verfügt. Dies geschah freilich nicht, um den Schwarzen kurze Versorgungswege zu bieten. Vielmehr wollte man sie vom „weißen" Windhoek fernhalten, denn den weißen Stadtvätern war die „Old Location", das alte Schwarzenviertel in der Stadt, ein Gräuel. 1959 begann man mit den Zwangsumsiedlungen, 13 Menschen wurden am 10. Dezember 1959 von Polizeikräften getötet, da sie sich einer Zwangsumsiedlung widersetzten. Dieser Tag ist heute der „Tag der Menschenrechte" (öffentlicher Feiertag). 1968 war die Zwangsumsiedlung nach Katutura vollendet. Man schätzt, dass heute hier etwa 100.000 Menschen leben. Diejenigen, die

Auf dem Markt in Katutura

Arbeit haben, laufen zumeist zu Fuß zu ihrer Arbeitsstelle nach Windhoek, denn die niedrigen Löhne erlauben es nicht, dass man sich Busse oder Taxis leisten könnte.

Katutura wird heute – zu Recht – als „Slumviertel" bezeichnet. Sicherlich: Die Slums in Asien oder Südamerika sind noch bedrückender. Doch der Begriff „Slum" ist gerechtfertigt, wenn man Katutura im Vergleich zum „weißen" Windhoek sieht.

Ursprünglich verfügte Katutura über ein relativ geordnetes und sauberes Erscheinungsbild. Die Einheitshäuser – ca. 45 m² groß – genügten den bescheidenen Ansprüchen einer durchschnittlichen Familie. Heute leben durch Zuzug Verwandter oder Freunde bis zu 20 Menschen auf dieser Fläche, die man provisorisch durch Anbauten erweitert hat. Noch sind die Relikte der Apartheid an manchen Straßennummern ersichtlich: Vor den Ziffern steht dann ein „D" für Damara, ein „H" für Herero. Durch den Zuzug vieler Schwarzer aus anderen Landesteilen verändert sich das Erscheinungsbild von Katutura, denn nur wenigen kann die Hauptstadt Arbeit und somit Entlohnung bieten, sodass sich erhebliche Probleme für die Zukunft ergeben. Seit der Unabhängigkeit sind etwa 2/3 aller Windhoek-Neuankömmlinge nach Katutura gekommen. Und da sie kein Geld haben, konnten sie nur einfache Hütten errichten, die keinen Wasseranschluss und keinen Strom haben. Diese Neubürger haben im Gegensatz zu den Alteinwohnern Katuturas kaum eine Schulbildung genossen. Meist handelt es sich um Ovambo, und oft kommen nur die Männer hierhin, während die Familien im Norden bleiben, die dann meist noch einer landwirtschaftlichen Tätigkeit nachgehen. Trotzdem wandelt sich auch die Bauweise hier: Mittlerweile ist eine Reihe von ansehnlichen Häusern entstanden – Ausdruck dafür, dass es einigen Schwarzen gelingt, in die gesellschaftliche Mittelschicht aufzusteigen.

Einen Besuch wert ist auf jeden Fall der **Penduka Trust** *(www.penduka.com)*. Hier stellen einheimische Frauen schöne kunsthandwerkliche Gegenstände her. In dem traditionellen Dorf erhalten Sie Einblick in die unterschiedlichen Kulturen des Landes, können mit den Menschen sprechen oder einfach beim Herstellen der Gegenstände zugucken. Auch verschiedene Workshops (Trommeln, Tanzen, Kochen, Kunsthandwerk) werden angeboten. Es gibt auf dem Goreangab-Damm ein kleines Restaurant und man kann hier in einfachen Hütten übernachten. Anreise: Sie folgen der Independence Avenue durch Katutura, überqueren die Otjimuise Road und biegen hinter dem Queen Supermarkt in die Eveline Street ein. Danach geht's links in die Green Mountain Dam Road und wieder links beim Schild „Penduka". Der Weg führt dann direkt zu den Gebäuden am Ufer.

Khomasdal ist dagegen eine näher zur Innenstadt gelegene Siedlung der Farbigen (Nama, Baster). In der Zeit der Apartheid wurden die Farbigen höher eingestuft, erkennbar an größeren Grundstücken und Häusern. Hier ergibt sich ein insgesamt freundlicherer Eindruck. Khomasdal und Katutura sollte man gesehen haben, um das „ganze" Windhoek zu kennen. Seit der Unabhängigkeit 1990 unternimmt die Regierung große Anstrengungen, die Infrastruktur hier zu verbessern, indem viele Straßen geteert und Häuser an die Elektrizität angeschlossen werden.

Obwohl bereits 1979 die Apartheid-Gesetze aufgehoben wurden, zeigen gerade Katutura und Khomasdal, wie langandauernd die Folgen der südafrikanischen Apartheid wirken.

Tipp

Katutura Face to Face Tours. *Diese Touren erschließen dem Teilnehmer das „andere" Gesicht Windhoeks auf eindrucksvolle Weise. Die Führer sind Einwohner von Katutura mit einem soliden Wissen über die Geschichte und das Leben hier. Sie besuchen lokale Märkte und auch den Penduka Trust (s. o.). Buchung über Durand Shuttle Service, ☏ 061/ 305810, durandf@iway.na.*

Windhoeks Bevölkerungsexplosion

Seit der Unabhängigkeit hat sich die Einwohnerzahl mehr als verdreifacht. Monatlich ziehen knapp 1700 Personen hinzu. Die Wachstumsrate beträgt 5 % pro Jahr. Man schätzt, dass etwa 50 % der Bevölkerung arbeitslos oder unterbeschäftigt sind. Dieser Teil der verarmten Bevölkerung kann die Rechnungen für städtische Dienstleitungen nicht begleichen, ein Problem, mit dem alle Gemeinden Namibias zu kämpfen haben. Aids und dadurch erheblich schwierigere soziale Lebensbedingungen sind weitere Erschwernisse des Alltags.

Stadtrundgang

Erkundungen per pedes

Es bietet sich aufgrund der kurzen Wege an, den **innerstädtischen Bereich zu Fuß** zu erkunden. Die Zentralachse der Innenstadt ist die **Independence Avenue**. An dieser Straße reihen sich Geschäfte und Lokale aneinander. Zwei Hochhäuser bestimmen die Silhouette: Das Gebäude des Kalahari Sands Hotels sowie das Sanlam-Center, in dessen 6. Stock die Deutsche Botschaft zu finden ist. Neben dem Sanlam-Komplex findet man noch architektonische Erinnerungen an das alte Windhoek.

Beginnen Sie Ihren ersten Rundgang am **Curt von François-Denkmal**, das am Windhoeker Rathaus steht, nicht weit vom Kalahari Sands Hotel gelegen. Als am 18.10.1965 Windhoek das 75-jährige Bestehen feierte, wurde dieses Standbild des Gründers der heutigen Stadt, Major *Curt von François*, enthüllt. Es wurde vom südafrikanischen Künstler *Hennie Potgieter* gestaltet; finanziert wurde es durch Spenden der Bevölkerung. Curt von François wurde am 2.12.1852 geboren. 1889 erhielt er in Togo, wo er stationiert war, den Befehl zur Abreise nach Deutsch-Südwestafrika. Im Juni kam er in Walvis Bay an und errichtete im darauf folgenden Jahr gemeinsam mit einer kleinen Abteilung der Deutschen Schutztruppe eine Niederlassung. 1890 begann er mit dem Bau der Alten Feste.

Gründer der Deutschen Schutztruppe

Folgt man nun der Independence Avenue bis zur Fidel Castro St., in die man nach rechts einbiegt, sieht man auf dem Hügel Windhoeks Wahrzeichen: die **Christuskirche**. Sie ist das Gotteshaus der evangelisch-lutherischen Gemeinde, die 1896 durch Pastor Siebe von der Rheinischen Mission gegründet wurde. Die Grundsteinlegung erfolgte 1907, der Architekt war der Regierungsbaumeister Redecker, der schon lange vor der deutschen Kolonialzeit im Jahre 1871 im Lande selbst (Otjibingwe) geboren wurde. 1910 wurde die Kirche eingeweiht; ihren Baustil bezeichnet man als neuromanisch. Das Bau-

Umstrittenes Museum

Hochmodern, interaktiv und multimedial soll das neue **Unabhängigkeits-Gedenkmuseum** in Windhoek sein bzw. werden, denn die Eröffnung wurde seit dem ersten geplanten Termin zum 20. Jahrestag der Unabhängigkeit am 21. März 2010 immer wieder verschoben. Der Standort mitten im historischen Zentrum der Stadt, die Vergabe des Bauauftrags an eine nordkoreanische Firma sowie der weitgehende Ausschluss der Öffentlichkeit bei der Projektplanung führten zu kontroversen Diskussionen. Derzeit ist offiziell kein neuer Eröffnungstermin bekannt - es bleibt also spannend ...

material besteht im Wesentlichen aus Quarzsandstein, der in der Nähe der Stadt gebrochen wurde. Nur das Portal wurde aus wertvollem Carrara-Marmor errichtet. Kaiser Wilhelm II. stiftete die bunten Fenster des Altarraumes. 1923 wurde der Marmoraltar erstellt (der Marmor stammt aus einem Marmorbruch der Farm Gochaganas bei Windhoek). Der Kirchturm ragt ganze 42 m hoch.

Da die Bevölkerung seit dem Ersten Weltkrieg sehr stark angewachsen war und vor allem die Afrikaans sprechenden Mitglieder der Nederduitse Gereformeerde Kerk keine geeigneten Räumlichkeiten hatten, durften sie ab 1961 nach dem evangelisch-lutherischen Gottesdienst ihren eigenen abhalten. Eine vollständige innere und äußere Renovierung erfolgte 1971. 1978 wurde die Christuskirche zum Nationaldenkmal erklärt.

Christuskirche, ☏ *236002, geöffnet 7– 13 Uhr. Für eine Besichtigung erhält man die Kirchenschlüssel (gegen Pfand) in der Fidel Castro St. 12.*

Hosea Kutako, Freiheitskämpfer, hat sein Denkmal vor der Christuskirche

Das umstrittene **Reiter-Denkmal** steht – nach Abbau und Wiederaufbau etwa 100 m vom alten Standort entfernt – nun vor dem Eingang der Alten Feste. Es ist ein heroisches Denkmal, das nur aus seinem Zeitgeist zu verstehen ist. Die Bronzestatue wurde vom Berliner Bildhauer *Adolf Kürle* auf Anregung des deutschen Befehlshabers Oberst von Estorff gestaltet. Das Denkmal wurde zu „Kaisers Geburtstag" am 27. Januar 1912 enthüllt. Es soll an die Gefallenen auf deutscher Seite während der Herero- und Nama-Aufstände (1904–1907) erinnern. Heute sorgt das doch sehr kolonial anmutende Standbild zunehmend für Proteste bei den Windhoekern.

Grund für Proteste

Die **Alte Feste** liegt hinter dem Reiterdenkmal. Heute ist hier das Namibische Nationalmuseum mit vielen historischen Dokumenten und Exponaten untergebracht, wobei die Zeitspanne von den ersten Missionaren bis zur Unabhängigkeit reicht. Die Alte Feste wurde 1890 vom Major Curt von François erbaut. Sie sollte den Angehörigen der Deutschen Schutztruppe sowie den ersten Siedlern Schutz bieten. Mit ihr wurde auch der Grundstein zur späteren Hauptstadt gelegt. Nach 1915 diente das Gebäude zeitweise als Internat, 1957 wurde es zum Nationalmonument deklariert.

Alte Feste, *geöffnet Mo–Fr 9–18 Uhr, Sa und So 10–12.30 Uhr, 15–18 Uhr*

„**Tintenpalast**" ist ein fast offizieller Spitzname für das **Gebäude der Nationalversammlung** (Parliament Building), weil die Beamten hier einst so viel Tinte verschrie-

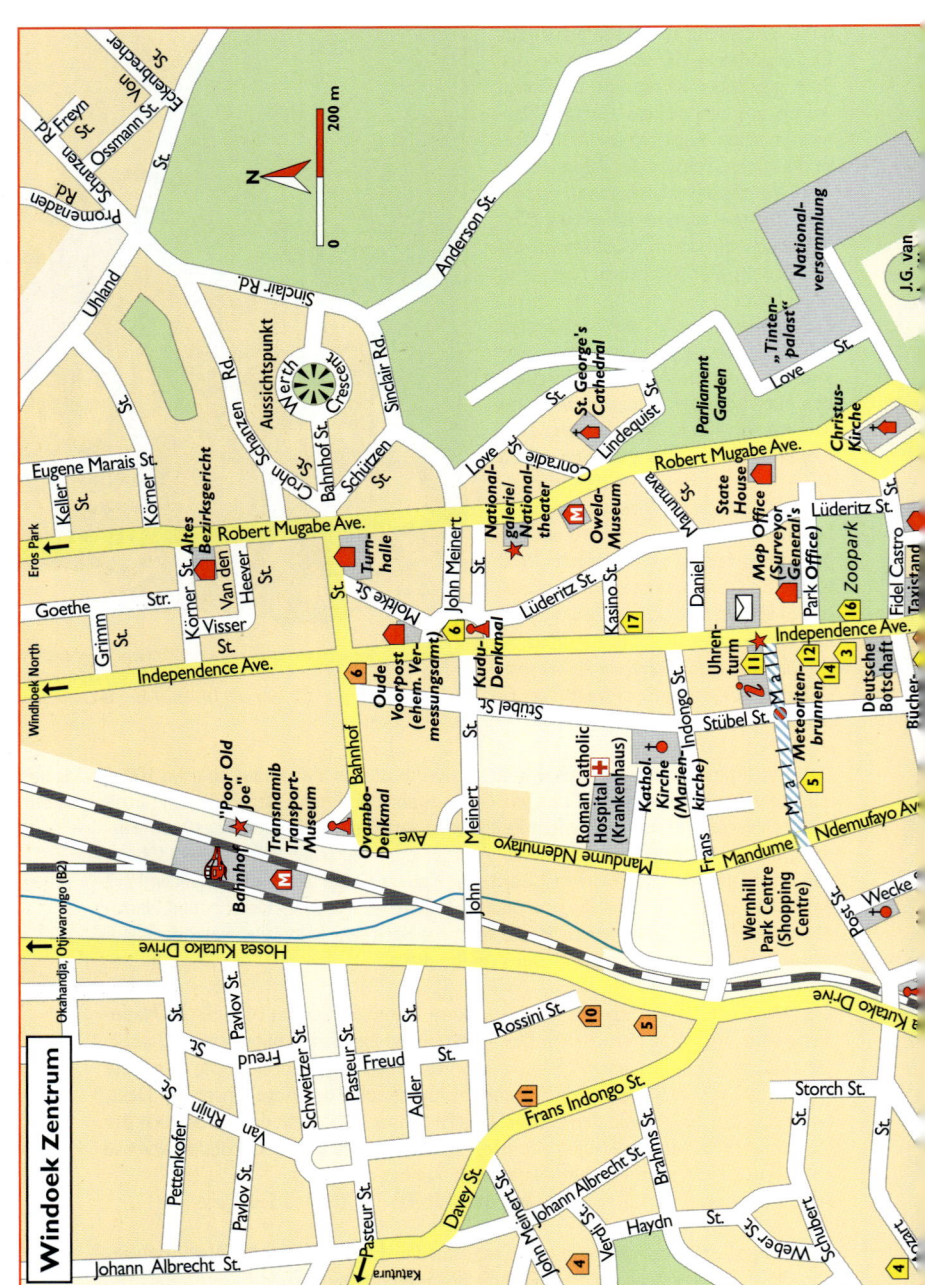

Windoek Zentrum

Okahandja, Otjiwarongo (B2)

Von Eckenbrecher St.

Freyn St.

Ossmann St.

Promenaden Schanzen Rd.

Uhland

Sinclair Rd.

Anderson St.

Nationalversammlung

J.G. van

Eros Park

Eugene Marais St.

Keller St.

Körner St.

Crohn Schanzen Rd.

Aussichtspunkt

Werth

Bahnhof St.

Crescent

Schützen St.

Love St.

Conradie St.

St. George's Cathedral

Lindequist St.

Parliament Garden

"Tintenpalast"

Christus-Kirche

Robert Mugabe Ave.

Altes Bezirksgericht

Van den Heever St.

Turnhalle

Nationalgalerie/Nationaltheater

Owela-Museum

Manmaxa St.

State House

Map Office (Surveyor General's Park Office)

Lüderitz St.

Goethe Str.

Grimm St.

Visser St.

Körner St.

Molke St.

John Meinert

Lüderitz St.

Kasino St.

Daniel

Zoopark

Fidel Castro Taxistand

Windhoek North

Independence Ave.

Oude Voorpost (ehem. Vermessungsamt)

Stübel St.

6

Kudu-Denkmal

17

16

Independence Ave.

Uhrenturm

11

12

3

14

Deutsche Botschaft

Bücher

6

Meteoritenbrunnen

Stübel St.

5

"Poor Old Joe"

Transnamib Transport-Museum

Bahnhof Ave.

Ovambo-Denkmal

John Meinert

Mandume Ndemufayo

Roman Catholic Hospital (Krankenhaus)

Kathol. Kirche (Marienkirche)

Indongo St.

Frans

Ndemufayo Av.

Bahnhof

Hosea Kutako Drive

John

Mandume

Post St.

Wecke

Wernhill Park Centre (Shopping Centre)

Kutako Drive

Pavlov St.

Freud St.

Pasteur St.

Adler St.

Rossini St.

10

5

Storch St.

Pettenkofer St.

Van Rhijn St.

Pavlov St.

Schweizer St.

Freud St.

11

Frans Indongo St.

Davey St.

Pasteur St.

Kaitura

Johann Albrecht St.

John Meinert St.

Verdi St.

Johann Albrecht St.

Brahms St.

Haydn St.

Weber St.

Schubert St.

4

4

200 m

N

0

Klein Windhoek, Hosea Kutako Int'l Airport, Witvlei, Gobabis

Auasblick

Schweringsburg
Sanderburg
Schloss St.
Burg St.
Robert Mugabe Ave.
Alter Friedhof
Seitz St.
Ballot St.
Feld St.
Newton St.

Sam Nujoma Drive
B6
Hügel St.
Schwerinsburg St.
Sperlingslust St.
Lazarett St.
Southern Industrial

Sportstadion
Reiterdenkmal
Alte Feste (Staatsmuseum)
Windhoek High School

Estorff-Haus/ National-Bibliothek
Supreme Court
Robert Mugabe Ave.
Kaiserl. Realschule
Offiziershaus
Rev. Michael Scott St.
German Primary School
Mel St.
Garten St.
Feld St.
Jan Jonker Rd.
Galilei St.

Neser St.
Bus-bahnhof
Rathaus
Curt von François Denkmal
Dr. A. B. May St.
Lossen St.
Ausspann-Pl.
Dr. Agostinho Neto Rd.
Faraday
Gutenberg St.
Lazarett St.

Independence Ave.
Air Namibia
Namibia Arts & Craft Centre
Independence Ave.
Venning St.
Garten St.
Rehobother Rd.
MacAdam St.
Bell St.

Stübel St.
Tal St.
Tal St.
Erikson St.
Konrad St.
Vedder St.
Church St.
Trift St.
Merensky St.
Schinz St.
Nachtigal St.
Trift St.

Castro St.
Fidel St.
Mandume Ndemufayo Ave.
B6
Sam Nujoma Drive
Voigts St.
Bismarck St.
Mandume Ndemufayo Ave.
M. Ndemufayo Ave.
Walvis Bay (C24)

Monument St.
Wecke St.
Bismarck St.
Schuster St.
Blohm St.
Hoogenhout St.
Viljoen St.
Church St.
Haddy St.
Kerby St.
Liszt St.

Axali Doeseb St.
Mahler St.
Puccini St.
B6
Hosea Kutako Drive
Schmerenbeck
Swakomund, Walvis Bay (B2)
Rehoboth, Mariental

© graphic

Der „Tintenpalast"

ben. Entworfen wurde der „Tintenpalast" vom Regierungsarchitekten Gottlieb Redecker, der auch die Christuskirche plante. Die Öffentlichkeit beschwerte sich darüber,
denn das Gebäude lag ziemlich abseits des damaligen Stadtgebietes. Eine 1912 konzipierte Bittschrift lautete: „Der Landrat beantragt, dass das im Haushaltsetat vorgese-
hene Administrationsgebäude in zentraler Lage errichtet werden soll." Trotzdem wurde
der Tintenpalast an der vorgesehenen Stelle errichtet, 1913 erfolgte die Einweihung.

Schöne Das Gebäude ist von schönen Parkanlagen umgeben, die bereits 1930 entstanden und
Park- jederzeit begangen werden können. Das Wachstum und die Entwicklung Namibias er-
anlagen forderten jedoch eine Ausweitung der räumlichen Möglichkeiten, und so wurde im Jahre 1964 ein neuer Gebäudekomplex eingeweiht, der die Administration des damaligen
Südwestafrika sowie den Landrat unterbrachte.

Die **Inneneinrichtung** des heutigen Gebäudes der Nationalversammlung soll die We-
sensart des Landes widerspiegeln, seinen Reichtum an wildlebenden Tieren, seine einzigartige Pflanzenwelt, seine Naturwunder, seine charakteristischen Landschaften, seine Industrien und Erzeugnisse, seine Mineralien, sein Marmor und Holz; last not least:
seine Menschen. Beim Bau wurden so weit wie möglich landestypische Materialien verwendet.

Tägliche *Führungen finden täglich um 11 Uhr und 15 Uhr statt (allerdings nicht, wenn die Nationalver-*
Führungen *sammlung tagt).*

Über dem Eingang ist das Staatswappen von Namibia (Coat of Arms) zu sehen.
Zum Schild:
· Unten sind die ewigen Dünen der Namib zu erkennen, darin die urzeitliche Welwit-
schia-Pflanze. Seeadler und zwei Oryx-Antilopen verweisen auf den Wildreichtum.
Bedeutung der Wappenfarben und somit auch der National-Flagge:

- Die **Sonne** in der linken oberen Ecke symbolisiert das Leben und die Energie. Die *Symbole* goldene Farbe vertritt die Wärme des Landes, die weiten sonnendurchfluteten Gras- *des* ebenen sowie die Farbe der Namib-Wüste. *heutigen*
- Das **blaue linke Obereck** steht stellvertretend für Namibias klaren Himmel, den *Namibia* Atlantischen Ozean, die unterirdischen Wasserreservoirs sowie die besondere Bedeutung von Regen für dieses trockene Land.
- Der **rote Diagonalstreifen** steht für Namibias Menschen. Er symbolisiert ihren Mut und ihren Willen zum Aufbau einer Zukunft, in der alle Menschen gleichgestellt sind.
- Der **weiße Streifen** steht für das Bemühen um Frieden und Einigkeit.
- Die **rechte untere grüne Ecke** soll Namibias Vegetation und seine landwirtschaftlichen Grundlagen betonen.
- Oben thront ein Seeadler. Darunter steht – übersetzt – „Einigkeit – Freiheit – Gerechtigkeit".

Vor dem Eingang, mit Blick auf die Gärten, stehen seit 2002 drei Statuen, die das neue Namibia personell symbolisieren: *Hosea Kutako* (der berühmte Herero-Führer, dem im Befreiungskampf eine wesentliche Rolle zukam), *Hendrik Witbooi* (der berühmte Nama-Häuptling, der als erster Widerstand gegen die Weißen organisierte) und *Theophilus Hamuntubangela* (ein Priester des Ovambostammes, der an der Organisation des Ovambo-Widerstands beteiligt war).

Schön, weil eine grüne Oase, ist der Tintenpalast-Garten, 1931/32 von den Architekten Kerby und Zierkler geplant. Im September und Oktober blühen hier die Jacarandabäume, ihre lila Blüten sorgen für eine unglaubliche Pracht.

Windhoeks Burgen

Auf der Anhöhe gelegen (Abzweigung Robert Mugabe Ave. zur Schwerinsburg, weiter zur Heinitz- und Sanderburg), fallen drei Burgen auf: Schwerinsburg (1910), heute Sitz der italienischen Botschaft, Heinitzburg (1914, nun zu einem Hotel ausgebaut, tolle Aussicht auf die Stadt von der Terrasse aus!) und Sanderburg (1917, heute Privatbesitz).

Zur **Geschichte** der Burgen: Major von François baute 1891 auf einem der Hügel des Stadtgebietes einen Wachtturm. Als dieser nicht mehr für militärische Zwecke gebraucht wurde, kam ihm die Idee, ihn mit Lehm zu verputzen. Danach wurde hier ein Lokal für Schutztruppler untergebracht. Später kaufte Graf von Schwerin den Turm und ließ ihn durch Sander (der später auch den Bau des Tintenpalastes leitete) zur Burg ausbauen. Nach dem Namen seines berühmten Großvaters, des Feldmarschalls Schwerin, gab er der Burg den Namen Schwerinsburg. Bald entwarf Sander die zweite Burg, die auch Schwerin erwarb. Die Burg erhielt den Namen seiner Frau „von Heinitz" (beide lebten zunächst getrennt, jeder auf seiner Burg). Später baute Sander auch noch für sich selbst eine Burg, eben jene Sanderburg.

🥾 Hofmeyer Wanderweg

Der Weg beginnt an der Orban Str. und führt zur Anderson Str.; von hier aus hat man *Blick auf* *morgens und abends (Stadtsilhouette) einen schönen Blick auf die Stadt. Der Weg führt über* *die Stadt* einen Bergrücken, der das Tal von Klein-Windhoek vom Stadtinneren trennt. Man sieht unterwegs (man rechne mit etwa 45–60 Minuten) Aloen, deren Blüten im März und April Vögel anziehen. Bitte hier – wie überall – Vorsicht walten lassen: Gelegentlich ereignen sich Diebstähle.

Independence Avenue

Dies ist die „Kö" Windhoeks. Zentraler Punkt ist das Kalahari Sands Hotel (hierhin fahren die meisten Shuttlebusse diverser Hotels am Stadtrand, hier liegt auch der große Parkplatz (bewacht) sowie ein großer Souvenirmarkt mit Händlern, die Ketten, Holzfiguren, Schnitzereien usw. anbieten.

Weiter nördlich biegt die Post Street Mall ab, deren Eingang von einem Uhrenturm markiert wird. In dieser Fußgängerzone bieten ebenfalls viele Händler ihre Waren an. Die Post Street Mall mündet schließlich im Wernhill Park Centre, wo es Cafés, Läden und Bistros gibt. In der Post Street Mall befindet sich auch der **Meteoritenbrunnen**. Dieser Brunnen wurde aus 33 Meteoriten, die man bei Gibeon fand, zusammengesetzt. Die außerirdischen Stücke bestehen aus fast reinem Eisen. Die Meteoriten stammen von dem im Jahre 1838 durch James Alexander entdeckten „Gibeon Shower", die Stücke selbst dürften ein Alter von 600 Millionen Jahren aufweisen.

Treffpunkt An der Independence Avenue liegt auch der **Zoopark**, wo es früher tatsächlich einen
und Zoo gab. Heute dient der Park als beliebter Treff- und Erholungspunkt während der Mit-
Erholungs- tagspause, das Zoo-Café bietet sich vom Frühstück bis zum Abendessen zum Verwei-
park len an.

Das beliebte **Kudu-Denkmal** in der *Independence Avenue* wurde 1960 von Prof. *Fritz Behn* geschaffen und mit der Zeit zu einer Art Orientierungspunkt sowie einem der Wahrzeichen der Stadt.

Berühmter Das 1909 als **Turnhalle** *(Bahnhofstraße/Ecke Robert Mugabe Ave)* erbaute Gebäude wur-
Versamm- de 1975 im Inneren zu einem Konferenzsaal umgestaltet. 1975–76 war es Sitzungssaal
lungsort für die konstitutionelle, an Südafrika angelehnte „Turnhallen-Versammlung", 1978–1984 Sitz der Nationalversammlung und des Ministerrates. Eine der größten Oppositionsparteien des Landes bezeichnet sich als Demokratische Turnhallen Allianz (DTA).

Das **Transnamib Museum** *(geöffnet täglich von 8–13 Uhr und 14–17 Uhr, Eintritt 5 N$)* liegt über dem Bahnhof in der Bahnhofstraße, westlich der Independence Avenue. Das 1912 errichtete Gebäude wurde später erweitert. Die wilhelminischen und jugendstilähnlichen Bauelemente machen den Reiz des noch immer im Betrieb befindlichen Bahnhofs aus. Vor dem Eingang steht „Old Joe", eine Schmalspurlokomotive aus der „guten, alten Zeit". Ein Schild am Eingang des Gebäudes vermerkt die Höhenlage: „1632 metres above sea level." Im 1. Stock des Gebäudes lockt das 1993 eröffnete interessante Museum Eisenbahnfans an. Die Exponate (Eisenbahnteile, Landkarten etc.) stammen aus der deutschen Kolonialzeit bis zur Südafrikanischen Administrationszeit.

Heldenacker (Heroes' Acre)

Jeder Staat gedenkt seiner Helden, und die neuen Helden Namibias sind die Führer der SWAPO; allen voran *Sam Nujoma*. Der Heldenacker Namibias, südlich Windhoeks an den Berghängen gelegen, wurde 2002 eingeweiht. Markant ist der weiße Obelisk (15 m). Zu ihm führt eine imposante Freitreppe, an deren Anfang die ewige Flamme lodert, links und rechts liegen die Heldengräber (174) mit weiteren Begräbnisstätten für künftige verstorbene Befreiungskämpfer. Von oben genießt man einen schönen Blick über Windhoek.

Vor dem Obelisken steht stellvertretend für alle Freiheitskämpfer eine Statue eines bewaffneten Soldaten (8 m), der sehr an *Sam Nujoma* erinnert. Im unteren Teil der Anlage befindet sich ein weiter Platz, ebenso eine Tribüne für ca. 5.000 Gäste.

Man mag sich fragen, ob die Anlage nicht eine Nummer zu groß und pompös geraten ist, angesichts der wirtschaftlichen Gesamtlage des Landes und insbesondere der ausufernden Armenviertel Windhoeks. Aber wenn man bedenkt, von welch historischer Bedeutung die Überwindung der Kolonialzeit und der Epoche südafrikanischer Administration für die Namibier war, kann man die gewaltigen Ausmaße des Gedenkortes nachvollziehen. *Eine Nummer zu groß?*

Heroes'Acres, *auf der B 1 Richtung Rehoboth hinter der Stadtgrenze (10 km), geöffnet täglich 8–18 Uhr.*

Reisepraktische Informationen Windhoek und Umgebung

i Informationen

Windhoek Information Bureau, *Post Street Mall und Info-Stand gegenüber dem Kalahari Sands Hotel am City Bus Terminal, ☏ 061/2902690, Öffnungszeiten: 8–13 Uhr und 14–17 Uhr.*
Namibia Wildlife Resorts, *☏ 061/2857200, reservations@nwr.com.na, www.nwr.com.na. Das Buchungsbüro für die Namibia Wildlife Resorts befindet sich in der Mitte der Windhoeker Innenstadt (Independence Avenue) im Erkrath-Gebäude.*
Tourist Junction, *Fidel Castro St. 40, ☏ 061/231246, info.ritztours@galileosa.co.za. Zum Internet-Surfen sowie Einholen von Reise-Infos.*
Informationen im Internet unter **www.visitwindhoek.net** *und* **www.whatsonwindhoek.com.**

☞ Township-Touren

Katutura Face to Face Tours. *Diese Touren erschließen dem Teilnehmer das „andere" Gesicht Windhoeks auf eindrucksvolle Weise. Die Führer sind Einwohner von Katutura mit einem soliden Wissen über die Geschichte und das Leben hier. Buchung über Durand Shuttle Service, ☏ 061 305810, durandf@iway.na.*

☞ Wichtige Telefonnummern
Krankenhäuser:
· **Windhoek Central Hospital**, *Florence Nightingale Road/Harvey Road, ☏ 061/203-91111, 🖷 061/222706. Fast alle Fachgebiete sind hier vertreten, viele ausländische Ärzte.*

· **Mediclinic**, *Heliodoor St., Eros Park, zu erreichen über den Nelson Mandela Drive und dann die Omuramba Road. Windhoeks teuerste Klinik,* ✆ *061/222687, www.windhoek mc.co.za..*

· **Römisch-Katholisches Krankenhaus** *(Catholic Mission Hospital), 92 Karl-Werner-List-Str., zentral gelegen, aber etwas laut, da inmitten der Stadt.* ✆ *061/2702004,* 🖷 *061/ 2702039.*

· **Rhino Park Private Hospital**, *Hosea Kutako Drive,* ✆ *061/225434,* 🖷 *061/ 225431.*

Notruf: ✆ *10111 und 11011, falls hier keiner antwortet, dann das private Sicherheitsunternehmen Rescue 911 anrufen:* ✆ *222 255, Mobil: 081/241 7555.*

Städtische Ambulanz: ✆ *061/203 2270*

Notarzt: ✆ *061/2 039111*

Vorwahl nach Windhoek von Deutschland aus: 00264 61

(Bitte stets die „0" der folgenden länderspezifischen Vorwahlziffern weglassen!)

 Hotels (▶ *Karte S. 143 bzw. 150/151*)
Höherpreisige, luxuriöse Unterkünfte

Olive Exclusive Boutique Hotel $$$$$ (15), *22 Promenaden Street, Klein Windhoek,* ✆ *061/239199, info@theolive-namibia.com, www.theolive-namibia.com. Ab ca. 2.000 N$ p. P./DZ mit Frühstück. Lage: in einer ruhigen Seitenstraße. Beschreibung: neues Boutique Hotel mit 7 Suiten, dem Olive Grove Guesthouse (s. S. 157) angegliedert. Die Suiten sind individuell und sehr stilvoll eingerichtet, jede repräsentiert mit ihren Farben und Deko-Elementen eine andere Region Namibias. Teuer, aber auch etwas Besonderes.*

Hotel Heinitzburg $$$$-$$$$$ (1), *22 Heinitzburg Street,* ✆ *061/249597, heinitz burg@heinitzburg.com, www.heinitzburg.com. Ab ca. 1.100 N$ p. P./DZ/Frühstück. Lage: an der historischen Heinitzburg gelegen, in einem ruhigen Wohngebiet. Beschreibung: Als integraler Bestandteil des Gesamtkomplexes erinnert das Hotel an ein klassisches Romantik-Hotel in Europa. Von der Terrasse genießt man beim Essen eine tolle Aussicht und das Restaurant wendet sich mit seiner zurückhaltenden Eleganz an den stilvollen Gourmet. Sehenswert ist der bestbestückte Weinkeller des Landes. Die 16 Zimmer sind sehr geschmackvoll eingerichtet und geräumig, ein kleines Schwimmbad erfrischt im Sommer. Gute Parkmöglichkeiten, auch wenn man bis zum Hoteleingang noch einige Stufen zu erklimmen hat. Bevorzugt von (zumeist deutschsprachigen) Einzelreisenden, die für das Außergewöhnliche gern tiefer in die Tasche greifen. Manchen mag die Atmosphäre etwas snobistisch erscheinen. Von unseren Lesern allerdings sehr oft gelobt. Relais & Chateaux-Mitglied. Zweifelsohne Windhoeks Nr. 1.*

Hilton Windhoek $$$$-$$$$$ (2), *Ecke Michael Scott Street/Sam Nujoma Avenue,* ✆ *061/2962929, wdhhi.reservations@hilton.com, www.hilton.com. Preise variieren stark, je nach Saison und Wochentag. Bei Internetbuchung diverse Sondertarife. Ab ca. 1.800 N$/DZ. Lage: im Zentrum gelegen. Beschreibung: Das Hilton setzt als das erste 5-Sterne-Hotel in Namibia internationale Maßstäbe. 150 erstklassig ausgestattete Zimmer. Ein ganztägig geöffnetes Restaurant, Bar und Terrasse, Dachterrasse mit Bar, Pool und Fitness-Raum stehen den Gästen zur Verfügung. Die Dekoration und das innere Design vermitteln einen „Hauch von Afrika".*

Windhoek Country Club Resort $$$$-$$$$$ (14), *B1 Western Bypass,* ✆ *061/ 2055911, windhoek@legacyhotels.com, www.legacyhotels.com. Ca. 2.300 N$/DZ mit Frühstück. Lage: Western Bypass (Abzweigung von der B 1 südlich Windhoek hinter dem Eros-Flughafen). Beschreibung: großes, weitläufiges Luxushotel mit Casino, außerhalb der Stadt gelegen, im üblichen internationalen Stil eingerichtete Zimmer (152), 18-Loch-Golfplatz, groß-*

zügige Swimmingpool-Landschaft (für Kinder eine Gaudi!), 2 gute Restaurants. Hotel für Gruppen, internationale Gäste, Geschäftsleute. Von unseren Lesern sehr oft gelobt.

Mittelpreisige bis günstige Unterkünfte

Hotel Thule $$$ (16), 1 Gorges Street, ℑ 061/371950, reservations@hotelthule.com, www.hotelthule.com. 1.960 N$ für ein Doppelzimmer mit Frühstück. Lage: in einem ruhigen Wohngebiet. Beschreibung: eine insgesamt schöne Anlage mit gutem Restaurant, gepflegtem Garten und Schwimmbad. Die Zimmer sind nett eingerichtet, geräumig und klimatisiert. Sicheres Parken. Private Atmosphäre.

Villa Verdi $$$ (4), 4 Verdi Street, ℑ 061/221994, villaverdi@leadinglodges.com, www.leadinglodges.com. Ab 940 N$ p. P. Lage: in einem ruhigen Wohngebiet Windhoeks gelegen. Beschreibung: 13 Zimmer und 4 Apartments, in afrikanischem Ambiente eingerichtete Gästelodge mit Schwimmbad.

Hotel Fürstenhof $$$ (5), 4 Frans Indongo Street, ℑ 061/237380, furstenhof@protea hotels.com.na, www.proteahotels.com. Ab ca. 1.995 N$/Doppelzimmer mit Frühstück. Lage: etwas außerhalb des eigentlichen Zentrums gelegen (5 Gehminuten). Beschreibung: 33 komfortable Zimmer, kleiner Swimmingpool, gute Parkmöglichkeiten. Kleines, feines Restaurant (auch Terrasse) mit namibischen Spezialitäten, guten Fischgerichten. Durchaus noch persönlicher Service. Bevorzugt von Geschäftsleuten, deutschen Einzelreisenden und Kleingruppen. Die Lage allerdings ist nicht so toll – zwischen 2 Durchgangsstraßen.

Kalahari Sands Hotel (und Casino) $$-$$$ (3), 129 Independence Avenue, ℑ 061/ 2800000, kalahari.reservations@za.suninternational.com, www.suninternational.de. Doppelzimmer ca. 1.700 N$. Lage: direkt im Zentrum (Hochhaus). Beschreibung: Spielkasino, 173 praktisch eingerichtete Zimmer, Swimmingpool auf dem Dach, Sauna, Dunes-Restaurant mit internationaler Küche und Wildgerichten, sehr gutes Buffet von asiatisch bis italienisch mit namibischen Spezialitäten wie Strauß, Kudu, Oryx. Eher unpersönlich. Leider keine Grünanlagen, aber praktisch für alle, die zentral wohnen wollen und Shopping lieben. Parken in eigener Parketage im Parkhaus. Hotel für internationale Gäste, Geschäftsleute und Gruppen.

Safari Court & Conference Centre $$-$$$ (22), am Eros-Flughafen, Ecke Auas/ Aviation St., ℑ 061/2968000, reservations@safarihotelsnamibia.com, www.safarihotels namibia.com. Ab ca. 750 N$ p. P. inkl. Frühstück. Lage: außerhalb der Stadt nach Süden an der B 1 gelegen. Beschreibung: 215 Zimmer, Wellnessbereich, Bar, à-la-carte- und Buffet-Restaurant. Konferenzzentrum anbei, viele Reisegruppen, kostenloser halbstündiger Busshuttle in die Stadt (ca. 10 Minuten Fahrzeit), Mainliner-Busanschluss zum Internationalen Flughafen, Swimmingpool, gemeinsame Anlage mit dem Safari Hotel, gute Parkmöglichkeiten. Eher unpersönlich.

Hotel-Pension Palmquell $$ (21), Jan Jonker Rd. 60, ℑ 061/234374, www.palm quell.com. Doppelzimmer 1130 N$ inkl. Frühstück. Lage: in einem ruhigen Wohngebiet gelegen. Ca. 15 Gehminuten in die Stadt, nahe zur Heinitzburg mit ihrem Top-Restaurant. Beschreibung: 16 unterschiedlich große Zimmer liegen um einen Palmengarten. Sehr persönliche Betreuung. Die Gäste sind meist österreichische und deutsche Urlauber. Schwimmbad, gute und sichere Parkmöglichkeiten.

Olive Grove Guesthouse $$ (15), 20 Promenaden Road. ℑ 061/239 199, www.olive grove-namibia.com, ab 630 N$ p. P. im DZ mit Frühstück. Lage: ruhig in einer Seitenstraße in Klein-Windhoek, stadtnah. Beschreibung: gut geeignet als erste oder letzte Station einer Afrikareise; ruhige Wohngegend mit vielen Jacarandabäumen, nah zum Zentrum, interessantes Gebäude aus Stein und geöltem Beton; 12 schlicht möblierte, geschmackvoll und ästhetisch eingerichtete Zimmer, z. T. mit Balkon oder Terrasse; twin und double rooms; Wäscheservice vorhanden. Klimaanlage/plunge pool. Das in einer offenen Küche liebevoll zubereitete, sehr leckere Essen (abends Menü, morgens Frühstücksbuffet) wird im Innenhof serviert; persönliche, nette Atmosphäre; freundliches Personal.

Casa Blanca Hotel $$ (27), ① 061/249623, casablanca@mweb.com.na, www.casablanca hotelnamibia.com. Doppelzimmer inkl. Frühstück 1.210 N$. Lage: Pioneers Park, Fritsche Str. 52, Eingang 2 Gous Street (im Südwesten der Stadt). Beschreibung: schöne, mauretanisch anmutende Anlage mit vielen einheimischen Pflanzen und Bäumen, Schwimmbad, „kühlem" Innenhof mit Terracotta-Fliesen. Elegante, großzügige Zimmer mit allem Komfort, auch Tresor, sehr nette Gastgeber. Gute Küche (auf Bestellung Abendessen, tagsüber Salate, Toast, Sandwiches) und wohlsortierter Weinkeller.

The Elegant Guesthouse $$ (17), Ecke Ziegler- und Eckenbrecher Straße, Klein Windhoek, ① 061/301934, www.the-elegant-collection.com, 675 N$ p. P./DZ mit Frühstück. Lage: in einer ruhigen Wohngegend in Klein Windhoek, nicht weit vom Zentrum entfernt. Beschreibung: Das Guesthouse bietet 6 luxuriös eingerichtete Doppelzimmer mit eigener Dusche & WC, Klimaanlage/Heizung, Telefon und Mini-Tresor. Kaffee und Tee stehen kostenlos zur Verfügung. Ebenfalls gibt es ein großzügiges, gesundes Frühstücksbuffet, ein gemütliches Wohnzimmer mit Fernseher und einer kleinen Bibliothek. Im schönen Garten mit Swimmingpool, Sitzecke und vielen Zitronenbäumen kann man nach der Stadtbesichtigung entspannen.

Vondelhof Guest House $-$$ (7), 2 Puccini Street, ① 061/248320, www.vondelhof.com. 870 N$/DZ mit Frühstück. Lage: zentral gelegen, Stadtmitte zu Fuß erreichbar. Beschreibung: Vondelhof ist ein kleines, persönliches Gästehaus mit großzügigen Zimmern in afrikanischem Stil. Schwimmbad, Terrasse mit Blick auf den tropischen Garten, Abenteuerspielplatz für die Kinder. Sichere Parkmöglichkeit.

Hotel Thüringer Hof $-$$ (6), Ecke Bahnhof/Independence Ave., ① 061/226031, gm.thuringerhof@proteahotels.com.na, www.proteahotels.com/namibia, ab ca. 1.000 N$/DZ mit Frühstück. Lage: am nördlichen Ende der geschäftsträchtigen Independence Ave. Beschreibung: altes Traditionshotel (Rotary-Treffpunkt) mit altem „Südwester" Flair, ohne Schwimmbad, dafür mit eigenem Restaurant, das eine eher deftige Küchenrichtung vertritt. Im Biergarten kehren neben Touristen auch viele Geschäftsleute zum Lunch ein. 43 praktisch eingerichtete saubere Zimmer. Hier fühlt man sich – fast – wie im heimischen Deutschland. Insgesamt ein bodenständiges Hotel mit einem Hauch aus der alten Zeit.

Hotel-Pension Steiner $-$$ (8), ① 061/222898, steiner@iafrica.com.na, www.natron. net/tour/steiner. Doppelzimmer ab 840 N$ inkl. Frühstück. Lage: 11 Weckestraße, nahe Zentrum (Abzweig von der Fidel Castro Str.), nur 5 Gehminuten in die City und trotzdem sehr ruhig. Beschreibung: sehr persönliche Atmosphäre und gut eingerichtete Zimmer. Schöner Garten mit Pool, gutes Frühstücksbuffet, aber auch leichter Lunch wird angeboten. Sicherer Parkplatz.

Pension New Nouveau $-$$ (20), ① 061/264319, admin@newnouveau.com, www.natron.net/nouveau. Doppelzimmer 900 N$ mit Frühstück. Lage: im Stadtteil Eros, Heliodoor Street 1. Beschreibung: großes, riedgedecktes Haus mit 10 Zimmern (Klimaanlage). Netter Frühstücksraum, sehr zuvorkommende Gastgeber. Nahe bei Joe's Beerhouse und dem Restaurant „La Portuga". Sicherer Parkplatz.

Roof of Africa Hotel $-$$ (25), 124-126 Nelson Mandela Avenue, Klein Windhoek, ① 061/254708, info@roofofafrica.com, www.roofofafrica.com, Standard Room 860 N$/DZ, Lage: 15 min. vom Zentrum, Beschreibung: kleines und freundliches Hotel. 27 individuell dekorierte Zimmer, beheizter Pool, Sauna, Sun Lounge und Garten, Konferenzzentrum.

Guesthouse Terra Africa $-$$ (26), 6 Kenneth McArthur Street, Olympia, Windhoek, ① 061/52100, info@terra-africa.com, www.terra-africa.com. 540 N$ p. P. im Doppelzimmer mit Frühstück. *Lage: in Olympia gelegen mit einem schönen Ausblick auf Windhoek. Anfahrt: von der Kreuzung Sam Nujoma Drive/Robert Mugabe Avenue nach Süden bis zur Laurent Desire Kabila Road, hier nach links und dann bis zur George Hunter Street, dann gleich rechts in die Kenneth McArthur Street. Das 3. Haus an der rechten Seite ist die Nummer 6 = Terra Africa. Beschreibung: Das Haus ist ausgesprochen stilvoll und gemütlich im afrikanischen Stil eingerichtet. Im Garten um das Schwimmbad sowie das Gästehaus (10 Doppelzimmer) wachsen namibische Bäume und Pflanzen. Im hauseigenen Restaurant werden Spezialitäten der namibischen Küche (u. a. Wild) angeboten. Das Besondere: Man kann hier Kunstwerke, Fotografien und Schmuck namibischer Künstler bewundern. Sehenswert sind die Grafiken der namibischen Künstlerin Helena Brandt sowie die von Kizito Maria Kasule aus Uganda. Viele Gegenstände kann man hier auch erwerben.*

Safari Hotel $-$$ (23), am Eros-Flughafen, Mandume Ndemufayo Ave., ☎ 061/2968000, safari@safarihotelsnamibia.com, www.safarihotelsnamibia.com. Ab 450 N$ p. P. inkl. Frühstück. *Lage: außerhalb der Stadt nach Süden an der B 1. Beschreibung: 200 Zimmer, kostenloser halbstündiger Busshuttle in die Stadt (ca. 10 Minuten Fahrzeit), Mainliner-Busanschluss zum Internationalen Flughafen. Swimmingpool, gemeinsame Anlage mit dem Safari Court & Conference Centre, gute Parkmöglichkeiten. Gutes Restaurant. Wird von vielen Geschäftsleuten besucht, die budgetorientiert reisen. Eher unpersönlich.*

Hotel-Pension Moni $ (18), 7 Rieks van der Walt Str., ☎ 061/228350, reswhk@monihotel.com, www.monihotel.com. Ca. 800 N$/Doppelzimmer mit Frühstück. *Lage: in einem ruhigen Wohngebiet gelegen. Beschreibung: 13 praktische, freundlich eingerichtete Zimmer sowie ein netter Frühstücksraum und ein Pool im Innenhof stehen den meist deutschsprachigen Gästen zur Verfügung. Persönliche Ansprache sowie Betreuung der Gäste durch die Inhaberfamilie. Parkmöglichkeiten. Gutes Preis-Leistungs-Verhältnis. Von unseren Lesern sehr oft gelobt.*

Hotel-Pension Uhland $ (19), 147 Uhland St., ☎ 061/389700, www.hoteluhland.com. 595 N$/Doppelzimmer mit Frühstück. *Lage: einige Gehminuten zum Zentrum und Joe's Beerhouse. Beschreibung: verklinkertes großes Haus mit ansprechenden, zweckmäßig eingerichteten Zimmern. Swimmingpool vorhanden. Gutes Preis-Leistungs-Verhältnis.*

Hotel-Pension Christoph $ (9), Heinitzburgstraße 33/Ecke Robert Mugabe Ave., ☎ 061/240777, christoph@mweb.com.na, www.natron.net/tour/christoph/. Doppelzimmer ca. 819 N$ inkl. Frühstück. *Lage: Stadtnähe (10 Gehminuten). Beschreibung: nett eingerichtetes Haus mit geräumigen Zimmern. Schwimmbad vorhanden, ebenso (teilweise) überdachte Parkplätze. Preiswerte Unterkunft mit allem nötigen Komfort für den Reisenden (selbst ein Zimmertresor ist vorhanden).*

Pension Kleines Heim $ (24), 10 Volan St., Windhoek, ☎ 061/248200, info@Kleinesheim.com, www.kleinesheim.com. Ab 400 N$ p. P. inkl. Frühstück. *Lage: ruhige Wohnlage, bei der Kreuzung Sam Nujoma/Bachstr. Die Bachstraße hochfahren, erste Straße links = Mercury Straße und dann wieder links in die Volan St. Beschreibung: Die 14-Zimmer-Pension liegt in einer ruhigen Wohngegend, ca. 10 Minuten in die Stadt. Die Räume sind relativ klein, aber ansprechend ausgestattet. Ein schöner Swimmingpool liegt inmitten der gepflegten Gesamtanlage. Gute Parkmöglichkeiten, aber leider kein Restaurant in Gehnähe. Die Gäste sind neben Touristen auch Geschäftsleute.*

Hotel-Pension Handke $ (10), 3 Rossini Street, ☎ 061/234904, pensionhandke@iafrica.com.na, www.natron.net/handke, 750 N$/Doppelzimmer mit Frühstück. *Lage: stadtnah (5 Gehminuten in die City), nahe dem Restaurant des Fürstenhof-Hotels. Beschreibung: Die kleine Pension (12 Zimmer) wird sehr persönlich geführt. Es erwarten Sie saubere, zweckmäßig eingerichtete Zimmer und ein ansprechender Frühstücksraum. Parkmöglichkeiten im Innen-*

hof, ebenso eine kleine Fläche zum Ausruhen. Tipp für budgetorientierte Reisende, allerdings nicht für nur eine Nacht buchbar.

Hotel-Pension Cela $ (11), Dr. Frans Indongo Str. 82, ☏ 061/223322, info@hotel cela.com, www.hotelcela.com. 660$/Doppelzimmer mit Frühstück. Lage: Stadtnähe (5–10 Gehminuten) und Nähe zum Restaurant des Hotels Fürstenhof. Relativ ruhig gelegen. Beschreibung: Die relativ kleinen Zimmer (17) genügen kostenbewussten Reisenden. Kleines Schwimmbad, beschränkte Parkmöglichkeiten, alles liegt ein bisschen eng zusammen. Die Gäste sind zumeist preisbewusste Individualtouristen.

Haus OL-GA $ (28), Bach Str. 91, ☏ 061/235853, olgaguest@iway.na, www.olga-namibia.de. DZ ca. 500 N$ inkl. Frühstück. Lage: in einer ruhigen Wohngegend. Beschreibung: In diesem privaten Haus finden Sie saubere Zimmer vor. Sehr preiswert und empfehlenswert für alle, die keine besonderen Ansprüche stellen, sich in eine private Umgebung einfinden können und dies auch wertschätzen.

Casa Piccolo $ (29), 6 Barella St., Klein-Windhoek, ☏ 061/221155, casapiccolo@iafrica.com.na, www.natron.net/tour/casapiccolo, DZ 850 N$. Lage: Klein-Windhoek. Beschreibung: nett eingerichtete große Zimmer, rollstuhlgeeignet, sehr nette persönliche Atmosphäre. Die Anlage ist in angenehmen warmen Farben gehalten, kleiner Pool.

Guesthouse Tamboti $ (12), 9 Kerby Street, Windhoek, ☏ 061/235515, tamboti@mweb.com.na, www.tamboti-namibia.com, DZ 620 N$ inkl. Frühstück. Lage: zentral zur Stadtmitte von Windhoek gelegen. Beschreibung: Das Tamboti-Gästehaus bietet einen schönen Ausblick auf die Auas-Berge. Die 15 Zimmer sind schlicht und geschmackvoll eingerichtet und haben alle eigenes Bad/WC, Einzelbetten, Telefon und Klimaanlage. Ein Swimmingpool und die große Sonnenterrasse bieten Entspannung nach der Stadtbesichtigung.

Arebbusch Travel Lodge $ (30), Ecke Golf & Auas Rd., ☏ 061/252255, reservations@arebbusch.com, www.arebbusch.com. Doppelzimmer ab 770 N$. Lage: an der B1 6 km von der Stadt entfernt, am Südrand Windhoeks in Höhe des Safari Hotels gelegen. Beschreibung: Stellplätze für Camper und Zelte, 26 Chalets mit 2–4 Betten, Kochgelegenheit, einfaches Restaurant, Schwimmbad. Geeignet für budgetorientierte Reisende. Nachteil: laut aufgrund der Lage an der Hauptverkehrsstraße und nahem Flugplatz, sanitäre Anlagen sehr gut.

Backpacker-Unterkünfte

Puccini House $ (13), 4–6 Puccini Street, ☏ 061/236355, enquiry@puccini-namibia.com, www.puccini-namibia.com. Doppelzimmer ca. 450 N$, Camping für Fahrradfahrer auf Tour, die ersten 4 Tage kostenlos. Lage: 3 Minuten Weg ins Zentrum. Beschreibung: saubere Budgetunterkunft mit Pool, Schwimmbad, Parkplätzen, ruhig gelegen.

The Cardboard Box Backpackers $ (31), 15 Johann Albrecht Street, ☏ 061/228994, info@cardboardbox.com.na, www.cardboardbox.com.na. Doppelzimmer ca. 280 N$, Schlafraum 90 N$ p. P., Camping 65 N$ p. P. Lage: zentral. Beschreibung: saubere Doppelzimmer, Zimmer mit 3–4 Betten, Schlafraum mit 6 oder 8 Betten, Zeltplätze im Innenhof. Die Anlage hat eine vollausgestattete Gemeinschaftsküche. Eine sehr gute Erfahrungsaustauschbörse ist der Travellers Meeting Point. Internetzugang möglich! Geeignet vor allem für junge Leute, für die der Preis an erster Stelle steht. Neues Restaurant. Alles sehr „lebendig".

Paradise Garden Backpackers $ (32), 5 Roentgen St., ☏ 061/303494, www.paradise garden.iway.na. DZ ca. 300 N$, Schlafraum 100 N$ p. P. Beschreibung: Einzel- und Doppelzimmer sowie Gemeinschaftsschlafräume, Pool und voll ausgestattete Gemeinschaftsküche. Mahlzeiten auf Anfrage. Angenehme Atmosphäre.

Rivendell $ (33), 40 Beethoven St., ☏ 061/250006, havens@mweb.com.na, www.rivendell namibia.com. DZ mit eigenem Bad ca. 380 N$ p.P/F, DZ mit Gemeinschaftsbad ca. 230 N$

p. P./ohne Frühstück. Beschreibung: nette, geräumige Zimmer, ruhige Atmosphäre, Küche für Selbstversorger, Wäsche kann gewaschen werden. Eindeutig etwas gediegener als die anderen Backpacker-Unterkünfte. Kostenlose Abholung vom Intercape Bus (muss vorher gebucht werden).

Gästefarmen/Unterkunft in der Umgebung (▶ Karte S. 181)

Wenn Sie nicht in der Stadt wohnen möchten, sondern eher Natur und persönliche Betreuung schätzen, dann ist vielleicht der Aufenthalt auf einer stadtnahen Gästefarm oder Lodge eine gute Alternative. Wir haben die Gästefarmen nach Himmelsrichtungen und nach ihrer Entfernung zu Windhoek angeordnet.

Am Flughafen

Etango Ranch $$ (13), ① 062/540-451/-423 oder -452, Handy: 081-256-9017, etangoranch@mweb.com.na, www.anvo.net/etangoranch, ca. 725 N$ p.P/DBB. Lage: gegenüber dem Internationalen Flughafen. Beschreibung: Die Farm bietet sich als Übernachtungsstation vor dem Abflug an und verfügt über 6 geschmackvoll eingerichtete Zimmer in 3 Bungalows, 2 weitere Zimmer in einem Nebengebäude mit eigenem Wohn- und Speiseraum sowie 6 einfachere Rondavels. Mahlzeiten müssen vorher bestellt werden. Es werden Panoramafahrten, Wanderungen und Stadttransfers angeboten.

35 km nordöstlich des Flughafens

Gäste- und Jagdfarm Omunjereke $$, ① 062/560034, mfph@iway.na, www.omunjereke.de. 120 €/2 Personen/Vollpension. Lage: vom Flughafen links auf die B6 in Richtung Gobabis, nach 15 km links auf die D1502 bis zur Kreuzung der M53, rechts abbiegen und nach 1 km kommt die Nossob-Brücke. 200 m nach der Brücke rechts auf die Farm Pad, 4 km bis zum Haus. Beschreibung: Diese Jagd- und Gästefarm liegt inmitten der hügeligen, offenen Buschsavanne an den Ausläufern der Onjatiberge, ca. 1.800 m hoch. Drei Trockenflüsse wie der Weiße Nossob sorgen auf der Farm und im „Veld" für viel Wasser. Die Farm ist sehr schön angelegt, es gibt einen solarbeheizten Pool, Tennisplatz, Reitpferde. Die Küche ist ausgezeichnet. Die Farm wird familiär geführt. Wenig Jagdtourismus (nur 6–8 Jäger pro Jahr).

Ca. 38 km westlich von Windhoek

Eagle Rock Business Lodge $$$ (11), ① 061/257187, namibia@buchaw.de, www.eaglerock.de. 939 N$ p. P/DZ mit Frühstück und Dinner. Lage: an der C 28 nach Swakopmund und der D 1958 nach Wilhelmsstal. Ab dem Abzweig der D 1958 ist die Lodge ausgeschildert. Beschreibung: angenehme und geschmackvoll eingerichtete Lodge, die maximal 22 Gäste beherbergt. Ein Swimmingpool, eine Bibliothek und ein Konferenzcenter stehen zur Verfügung. Game Drives und Jagdausflüge werden auf Wunsch organisiert.

Ca. 20 km südwestlich von Windhoek

Amani Lodge $$$$ (1), ① 061/239564, info@amani-lodge-namibia.com, www.amani-lodge-namibia.com. Ca. 1.340 N$ p. P. mit Frühstück. Lage: Anfahrt über C 26 Richtung Gamsbergpass. Beschreibung: Die Lodge liegt in der ruhigen Savanne des Khomas-Berglandes auf einer Höhe von 2.150 m (= höchstgelegene Lodge in Namibia!). Der Blick von der Höhe ist sehr eindrucksvoll (toller Sundowner-Platz!) Es stehen 6 Doppelzimmer zur Verfügung, alle geschmackvoll eingerichtet. Die Küche verrät den französischen Ursprung der Besitzer. Geparden- und Leopardenbeobachtung in großen, naturbelassenen Gehegen. Für astronomisch Interessierte gibt's ein Teleskop.

Ca. 29 km südöstlich von Windhoek

Goche Ganas Wellness Village $$$$$ (8), ☎ 061/224909, reservations@ gocheganas.com, www.gocheganas.com, ab ca. 1.990 N$ p. P. mit Frühstück und Dinner. *Lage:* 29 km südöstlich von Windhoek, B 1 etwa 20 km nach Süden, dann links in die Gravelpad D 1463 (weitere 9 km). *Beschreibung:* In dem 6.000 ha großen Wildreservat können Sie die Seele so richtig baumeln lassen. Die Anlage verfügt über 16 großzügige Luxuschalets. Sie bieten alle eine eigene Terrasse mit atemberaubendem Blick in die grandiose Landschaft. Außerdem gibt es einen Indoor- und einen Outdoor Pool, Sauna und Fitnessbereich. Das Village ist ein Muss für alle, die Natur und Luxus erleben und genießen möchten. Es werden verschiedene Wellnessprogramme und Pirschfahrten angeboten. Nashörner, Zebras, Gnus und verschiedene Antilopenarten können beobachtet werden. Eindeutig zzt. Namibias Nr. 1 Wellness-Resort!

Ca. 45 km südöstlich von Windhoek

Gästefarm Hohewarte $$ (7), ☎ 081/4261893, www.hohewarte.com, ca. 680 N$ p. P. inkl. Frühstück. *Lage:* von Windhoek auf der B 6 in Richtung Flughafen. Nach ca. 28 km biegt man rechts in die C 23 ein. Nach etwa 15 km geht es links nach Hohewarte ab. *Beschreibung:* Das Farmhaus war einst Polizeistation der Deutschen Schutztruppe. Die etwa 10.000 ha große Farm liegt am Fuß der bis 2.300 m hohen Bismarckberge und umfasst eine hügelige, typische Savannenlandschaft. Wanderungen und Farmrundfahrten werden angeboten. Es stehen insgesamt 6 geräumige Zimmer zur Verfügung. Ein Schwimmbad sowie ein schöner Sundowner-Platz laden zum Verweilen ein. Geeignet für alle, die eine ruhige, preiswerte Bleibe außerhalb der Stadt suchen.

Auas Game Lodge $$ (9), ☎ 061/240043, auas@iafrica.com.na, www.auas-lodge.com, ab ca. 1.200 N$ für ein Doppelzimmer mit Frühstück. *Lage:* von Windhoek auf der B 1 nach Süden 23 km, dann links (Osten) in die D 1463 abbiegen (22 km), dann Abzweig zur Auas Game Lodge. Vom Flughafen: 14 km auf B 6 bis Abzweig C 23, dann 33 km nach Süden, dann in die D 1463 (14 km). *Beschreibung:* 16 sehr schön eingerichtete Zimmer, Schwimmbad, gutes Restaurant, sehr ruhige Lage. 10.000 ha großes Gebiet mit tollen Ausblicken! Die Lodge beherbergt manchmal Konferenzen. Wanderungen, Nachtpirschfahrten.

Ca. 18 km östlich von Windhoek

Finke's Sicht $$ (6), ☎ 061/257232, Mobil: 081/124 4714, utefinke@iway.na, http://finkes-sicht.de. Ca. 600 N$ p. P. *Lage:* zwischen Flughafen (22 km) und der Stadt (18 km) an der B 6 gelegen. *Beschreibung:* Ute Finke leitet dieses Haus sehr persönlich. Die Zimmer sind ansprechend eingerichtet. Frau Finke serviert hausgemachte Marmeladen, selbstgezogene Früchte (Guaven, Orangen, Aprikosen) und Gemüse. Von der Aussichtsterrasse genießt man einen schönen Blick auf die Auas-Berge und einen Damm, der Tiere zum Trinken anzieht. An Aktivitäten werden Farmrundfahrten, Reiten und Wanderungen angeboten.

Heja-Game-Lodge $ (6), ☎ 061/257151/2, info@hejalodge.com, www.hejalodge.com, ab ca. 745 N$/Frühstück für ein DZ. *Lage:* 17 km östlich von Windhoek, 28 km vom Flughafen (ca. ½ Stunde). *Beschreibung:* Die Game Lodge bietet 44 ordentlich ausgestattete Standard-Zimmer sowie 6 Luxus-Bungalows die zusätzlich mit einer Küche, Grill mit Tisch und Gartenstühlen ausgestattet sind. Im Haupthaus gibt es Restaurant, Bar und Internet-Café. Die Unterkünfte bieten eine Aussicht auf einen der ältesten künstlich angelegten Seen in Namibia. Auf dem Farmgelände kann eine Vielfalt an Tieren beobachtet werden, u. a. Giraffen, Leoparden, Geparde und Zebras.

Ca. 22 km östlich von Windhoek

Airport Lodge $ (6), ① *061/231491, www.airportlodgenamibia.com. 2-Bett-Bungalow ca. 520 N$. Transfer zum Flughafen 280 N$ für bis zu 4 Personen. Lage: auf der B 6 22 km Richtung Flughafen, danach nach links abbiegen. Beschreibung: Die Anlage bietet 6 riedgedeckte Bungalows mit bis zu 4 Betten (Bad, Selbstversorger-Küche), einen Campingplatz und ein Restaurant. Geeignet für alle, die sehr stadtnah und doch außerhalb Windhoeks preiswert übernachten möchten.*

Ca. 24 km östlich Windhoek

Trans Kalahari Inn $ (6), *Restaurant, Hotel und Campingplatz, Woodway Service CC, ① 061/222877, grimm@transkalahari.com, www.transkalahari.com. Doppelzimmer 625 N$ (mit Frühstück zzgl. 60 N$ p. P.), Campingplatz 50 N$ zzgl. p. P. 50 N$. Lage: an der B 6 ca. 20 km östlich Windhoek. Beschreibung: saubere, nett eingerichtete Zimmer sowie großzügige Campingplätze mit sauberen sanitären Anlagen. Restaurant vorhanden. Die Gastgeberfamilie Grimm ist deutschsprachig und sehr um die Gäste bemüht. Die benachbarte Werkstatt bietet auch Hilfe bei Problemen an.*

Ca. 36 km östlich von Windhoek

Ondekaremba Afrika-Farm $$ (4), ① *062/540424, ondekaremba@iway.na, www. ondekaremba.de. 700 N$ p. P. inkl. Frühstück/Nachmittagskaffee/Abendessen. Lage: Die Farm liegt an der B 6. Sie fahren vom Internationalen Flughafen ca. 7 km Richtung Windhoek, danach geht's – hinter einer Kuppe – nach rechts (Schild). Nach weiteren 4 km erreichen Sie das Farmhaus. Von Windhoek: auf der B 6 37 km nach Osten fahren, danach links (Ausschilderung) in die Farmpad einbiegen. Beschreibung: angenehm eingerichtete Gästefarm, schöner Swimmingpool – gleich nach dem Flug oder am Ende der Reise fühlt man sich hier wohl – mit-*

Ondekaremba

ten in einer ruhigen namibischen Landschaft! Es stehen 11 geräumige, freundliche Zimmer zur Verfügung. Gutes Essen. Aktivitäten: Wandern (6 Rundwanderwege), Farmrundfahrten, Wildbeobachtung (Wildansitze und Vogelbeobachtungs-Posten). Auch Camping ist in der Nähe des Haupthauses möglich. Sanitäre Anlagen mit Warmwasser und Strom. Grillplatz und Pool vorhanden, ca. 120 N$/Person.

Ca. 60 km östlich von Windhoek
Progress Gästefarm $$ (14), ✆ 062/560033, progress@mweb.com.na, www.progress-safaris.com. Ca. 650 N$ p. P. im DZ inkl. Frühstück. Lage: B 6 von Windhoek bis Seeis, dann MR 51 (12 km südlich Seeis). Beschreibung: Die 21.000 ha große Rinderfarm ist auf ganzheitliche und wildfreundliche Rinderzucht ausgelegt. Einheimische und europäische Rinder ziehen im Einklang mit den verschiedenen Wildarten durch die weite, hügelige Landschaft, die geprägt ist von Savanne und entfernten Bergrücken. Es gibt 4 schön eingerichtete Zimmer im Haupthaus sowie 2 luxuriöse Doppelzelte mit je eigenem Bad im nahegelegenen Tented Camp. Ein gepflegtes Schwimmbad und gutes Farmessen sorgen für einen rundum angenehmen Aufenthalt. Aktivitäten: Buschwanderungen, Mountain Biking, Reiten, Eselkarrenfahrten. Familiäre Atmosphäre. Jagdfarm!

Ca. 55 km nordöstlich von Windhoek
**N/a'an ku sê Lodge $$$$**, ✆ 061/307338, lodge@naankuse.com, www.naankuse.com. 1.400 N$ p. P./DZ mit Halbpension. Lage: ca. 24 km auf der B 6 in Richtung Flughafen, an der Kapps Farm links auf die M 53 und den Schildern zur Lodge folgen (noch etwa 27 km, die letzten 13 km sind nicht befestigt). Beschreibung: 6 wunderschöne und modern eingerichtete Chalets aus natürlichen Materialien (Stein, Holz, Reet etc.), jedes mit Bad und eigener Veranda mit toller Aussicht. Nette Betreuung und gutes Essen. Zur N/a'an ku sê Foundation gehören neben der Lodge auch eine Tierschutzstation, eine Forschungseinrichtung sowie eine Schule und eine Klinik für die örtliche San-Bevölkerung.

Ca. 60 km nordöstlich von Windhoek
Onjala Lodge und Wildfarm $$-$$$ (5), ✆ 061/259325 (Reservierung), 061/259432 (Lodge), www.onjala.com. Je nach Saison zwischen 640 und 970 N$ p. P. im Doppelzimmer inkl. Halbpension. Lage: von Windhoek über B 6, dann D 1502 (17 km), dann MR 53 nach Norden weitere 16 km. Beschreibung: Die Lodge ist fast ausschließlich aus Naturstein gebaut, der Stil ist unkonventionell mit geschwungenem Grundriss, die Zimmer fügen sich wie Webervogelnester in eine Akazie. Jedes Zimmer hat einen eigenen Balkon mit toller Aussicht, im Innenhof der Anlage rauscht ein Wasserfall. Schöne, z. T. bergige Landschaft. Swimmingpool vorhanden. Gut zum Erholen geeignet.

Ca. 80 km nordöstlich von Windhoek
**Burg Gusinde $$$$$**, The Safari Corporation, ✆ 061/257107, info@safaricorp.com, www.safaricorp.com. 1.900 N$ p. P. inkl. Vollpension. Fischen (220 N$), Quadbike (2 Stunden 240 N$), Schwimmen und Sauna kostenlos. Übernachtung im Osema-Farmhaus: Preis auf Anfrage. Lage: B 6 von Windhoek Richtung International Airport/Gobabis, nach ca. 12 km an einer Kreuzung links auf die D 2102, vorbei an Neudamm Agricultural Farm Division. Nach ca. 19 km überqueren Sie den Fluss Nossob. Dieser Fluss wird durch ein Schild ausgewiesen. Ca. 50 m nach Überquerung des Flussbettes Schild auf der linken Straßenseite „Osema/Gusinde". Links einbiegen, erstes Farmtor. Nach ca. 5 km doppeltes Tor, durch rechtes Tor mit Tieren darauf fahren, Farm Oruhungu weiter geradeaus, auf der Farmstraße bleiben. Farmtor

Okatjeru. Geradeaus, bei erster Gabelung links halten (nicht Bobbejan Dam). An der zweiten Gabelung rechts siehe Schild „Osema-Gusinde". Auf der Farmstraße bleiben bis zum Tor Osema-Gusinde. Immer geradeaus, Sie kommen zum Osema Farmhaus und fahren daran vorbei. Folgen Sie den Pfeilen auf den Steinen zur Burg Gusinde, Fahrzeit ca. 1 ½ Stunde. Beschreibung: Die „Burg" ist ein luxuriöses Haus, das man über einen „Burggraben" erreicht. Das Ambiente ist elegant mit starkem Touch hin zu Afrika-Design und Landhaus. Selbst kleinste Details sind einfach schön. Slogan: „Eleganz und Exklusivität in der Abgeschiedenheit der Berge". Die Gastgeber sind eloquent und mitreißend in ihrer Namibia-Begeisterung, das Essen entspricht der perfekten, dennoch privaten Atmosphäre. Swimmingpool und Saunabereich begeistern durch die architektonische Einbindung an Haus und Landschaft. Der hohe Preis ist durch die perfekte Gegenleistung gerechtfertigt.

Ca. 90 km nordöstlich von Windhoek
**Midgard Lodge $$-$$$**, Reservierung: ➀ 064/461677, 061/388400, reservations.namibia @kempinski.com, www.midgard.na. Ab ca. 1.700 N$/DZ inkl. Frühstück. Lage: von der B 6 zwischen Flughafen und Windhoek (22 km) auf die MR 53 abbiegen, nach 13 km links auf die D 2102 bis Midgard (55 km). Beschreibung: eine große Farm (16.000 ha) in den Otjihaverabergen. Unterkunft in 51 Gästezimmern, z. T. mit Klimaanlage. Restaurant, Schwimmbäder, Tennisplatz. Hier finden viele Konferenzen statt, ebenso ist Midgard für Windhoek ein Wochenendausflugsziel (sonntags gibt es Brunch). Professionell geführt. Campingplatz ca. 8 km von der Lodge entfernt.

Ca. 15 km nördlich von Windhoek
Gästefarm Elisenheim $ (12), ➀ 061/264429, awerner@mweb.com.na, www.natron. net/tour/elisenheim. 770 N$ für ein DZ inkl. Frühstück. Lage: Richtung Okahandja, dann rechts (Abzweigung: Brakwater) in die D 1473 einbiegen, von da an folgen Sie der Ausschilderung (8 km). Beschreibung: Die gemütliche Gästefarm liegt 15 km nördlich von Windhoek in den Eros-Bergen, Swimmingpool vorhanden. Angeboten werden 9 Zimmer sowie schattige Campingplätze. Aktivitäten: Wandermöglichkeiten und Farmrundfahrten: Geeignet für alle, die relativ preiswert in der Nähe der Stadt in der Natur wohnen möchten.

Ca. 20 km nördlich von Windhoek
Immanuel Wilderness Lodge $ (2), ➀ 061/260901, www.immanuel-lodge.de, 400 N$ p. P./DZ mit Frühstück und Nachmittagstee/-kaffee mit Gebäck. Lage: B 1 nach Norden, dann in Pad D 1474, 1 km. Beschreibung: schön angelegtes Anwesen (kein Farmareal), riedgedeckte Häuschen mit afrikanischem Flair, einladender Garten mit Swimmingpool, ausgezeichnetes Essen, Reitmöglichkeit. Die Lodge liegt an den Ausläufern des Khomas-Berglandes und den Otjivaherabergen (2.100 m). Sehr nette und engagierte Gastgeber. Sehr familiengeeignet.

Ca. 30 km nördlich von Windhoek
Okapuka Ranch $$ (3), ➀ 061/234607, okapuka@iafrica.com.na, www.okapuka-ranch.com. Doppelzimmer mit Frühstück ca. 1.510 N$, Halbpension zusätzlich 185 N$ p. P. Lage: 30 km nördlich von Windhoek, nach rechts abbiegen. Beschreibung: sehr schöne, großzügige Anlage mit 12.000 ha großem Wildgebiet (Antilopen, Nashörner, Löwen in Gehegen). Im riedgedeckten Haupthaus (offen) befinden sich das Restaurant und die Bar. Die Zimmer sind mit allem Komfort eingerichtet und spiegeln afrikanisches Ambiente wider. Auf dem Farmgelände, aber auch in das umliegende Bergland werden Safaris angeboten. Aufregend ist die tägliche Löwenfütterung (Gehege).

Leoparden sind eine der Hauptattraktionen der Farm Düsternbrook

Ca. 50 km nördlich von Windhoek

**Düsternbrook Gästefarm $$-$$$**, ① *061/232572, info@duesternbrook.net, www.duesternbrook.net. Unterkunft im Kolonialhaus (Standard) 627 N$, im Felsenhaus 887 N$, im Safari Luxuszelt 497 N$ (jeweils p. P./DZ/Frühstück), Camping 130 N$ p. P. Lage: B 1 30 km nach Norden fahren, dann links in die Pad D 1499. In der Regenzeit bitte vorher anrufen und nach Passierbarkeit fragen (es gibt dann Umleitungen). Geeignet für alle, die auf Leopardenbeobachtung nicht verzichten möchten. Durch die relativ zeitaufwendige Fahrt nach Windhoek (man fährt 18 km Farmwege) kaum geeignet als typische „Unterkunft außerhalb der Stadt". Beschreibung: eine schön gelegene Farm mit einem auf der Anhöhe über einem Flusstal gelegenen historischen Farmhaus. Es stehen 6 Zimmer sowie 2 Safari-Zelte (eingerichtet, abseits des Haupthauses) zur Verfügung. Neu ist das 3 km vom Hauptaus entfernte Hippo-Chalet für bis zu 4 Personen, es befindet sich direkt an einem Damm, an dem sich tagsüber regelmäßig Nilpferde aufhalten. Camper können sich selbst versorgen und ggf. einzelne Aktivitäten extra buchen oder den Stellplatz inklusive Mahlzeiten und Aktivitäten buchen. Schwimmbad vorhanden, Wandermöglichkeiten und Ausritte nach Vereinbarung. Sehr gute Leopardenbeobachtung in einem großen Gehege, durch das man mit einem Geländefahrzeug fährt.*

🔺 Camping

Arebbusch Travel Lodge, *im Süden an der (viel befahrenen) B 1 gelegen, bietet preiswerte Chalets und Campingplätze an. Swimmingpool (s. u. Hotels).*

🍴 Restaurants (▶ Karte S. 150/151)

Insgesamt muss für Windhoek vermerkt werden, dass die bodenständige Küche überwiegt. Deftiges ist angesagt, Fleisch gibt's satt, obwohl sich in letzter Zeit einige Restaurants erfolgreich bemühen, Anschluss an die großen Küchen Europas, vornehmlich Italien und Frankreich zu finden.

Leo's at the Castle (1) *(im Heinitzburg-Hotel),* ✆ *0611249597. Exklusives Restaurant mit ausgezeichneten Gerichten und einer großen Auswahl auch an exquisiten Weinen. Sehr gepflegte, elegante Atmosphäre. Vor dem Essen kann man von der Terrasse der Heinitzburg einen Blick auf Windhoek (vielleicht mit einem Sundowner?) genießen. Die Preise sind entsprechend hoch, besonders bei Weinen – aber die Qualität ist auch einzigartig!*

The Kokerboom Restaurant (18) *(im Windhoek Country Club Resort Hotel), Pioneers Park,* ✆ *0611/2055911. Gutes Restaurant mit großer Speiseauswahl für jeden Geschmack, elegante Umgebung. Abends und sonntags oft Buffet. Insgesamt gutes Preis-Leistungs-Verhältnis.*

Dunes Restaurant (2) *(im Kalahari Sands Hotel). Ausgezeichnetes Restaurant mit feinen Gerichten aus internationaler, aber auch namibischer Küche. Elegante Umgebung. Tolle Buffets bereits zum Frühstück.*

Gathemann Restaurant (3), *Gathemann Building, Independence Avenue,* ✆ *0611/223853. U. a. gute Wildgerichte. Auch schon zum späteren Frühstück (ab 10 Uhr) geöffnet. Von der Terrasse können Sie einen schönen Blick auf Windhoeks Hauptstraße werfen. Bei Windhoekern, aber auch bei Touristen, beliebt – dadurch teurer.*

NICE (4), *Mozart Street 2/Hosea Kutako Drive,* ✆ *064/300710, www.nice.com.na, geöffnet Mi–So. NICE steht für Namibian Institute of Culinary Expertise, und der Name ist Programm: Hier werden junge Köche zu Küchenchefs weitergebildet. 12 sollen ihre Qualifikation pro Jahr schaffen. Man kann die jungen Leute in der offenen Küche arbeiten sehen! Hinter all dem stehen der unternehmerische Geist der alteingesessenen Windhoeker Familie Brückner (Wolwedans) und die Fachkompetenz des deutschen Chefkochs Ralf Herrgott, der für die Absolventen von NICE ein ambitioniertes Ausbildungsprogramm erarbeitet hat. Die Deutsche Entwicklungsgesellschaft DEG (Köln) unterstützt den Ausbildungsbetrieb in den ersten Jahren mit einer großzügigen Anschubfinanzierung im Rahmen eines Public Private Partnership-Programms. Die Atmosphäre des Restaurants ist nüchtern-sachlich (rote Wände, weiße Möblierung), die Preise sind für Namibia hoch, doch das Essen entspricht dem selbstgesetzten hohen Anspruch.*

The Gourmet in der Kaiserkrone (5), *Post St. Mall,* ✆ *232360, Mo–Fr 9–22, Sa– 14 Uhr. Gute, schmackhafte Gerichte in nettem Ambiente, angenehme Preise!*

Spur Grand Canyon (6), *Independence Avenue/John Meinert Street,* ✆ *0611/231003. Schwere Steaks und viel Salat sind hier angesagt!*

Joe's Beerhouse (19), *160 Nelson Mandela Ave, Klein-Windhoek,* ✆ *0611/232457, www.joesbeerhouse.com, geöffnet tgl. 11 – ca. 23 Uhr. Die absolute In-Kneipe seit Jahren, die inzwischen leider verkauft wurde und nicht mehr unter der persönlichen Aufsicht von „Joe" steht. Tischreservierungen selbst für nur 2 Personen sind erforderlich. Gemütliches, sehr großes Restaurant im Kneipenstil, größtenteils unter Strohdächern. Gute, groß portionierte Grillgerichte (namibisches Wild, auch Krokodil!), gutes Bier. Sehr beliebt, sehr lebendig, Einheimische und Touristen lieben es hier immer noch gleichermaßen.*

Yang Tze Restaurant (20), *351 Sam Nujoma Drive (in Klein-Windhoek im Spar Zentrum an der Straße zum Flughafen gelegen),* ✆ *0611/234779. Sehr gutes China-Restaurant.*

Restaurant am Weinberg (21), *Jan Jonker Road 13, Klein Windhoek,* ✆ *0611/236050, www.amweinberg.com. Geöffnet Di–So 9–22 Uhr, gutes, sicheres Parken. In früheren Zeiten gab's hier tatsächlich ein Weingut, heute werden im historischen Ambiente gute südafrikanische Weine genossen. Das Haus steht unter Denkmalschutz. Hier kann man bereits zum Frühstück einkehren und u. a. Farmbrot und Croissants genießen. Zur Mittagszeit gibt es leckere Menüs, abends steht eine moderne, gesunde Küche bereit.*

Luigi & The Fish Restaurant (7), *Mo–So 12–15 und 18–23 Uhr. Eingang Sam Nujoma Drive 320, Klein-Windhoek, ☎ 061/256399. In einem kleinen Strohdachhaus untergebrachtes Restaurant mit sehr guten Fischgerichten zu angemessenen Preisen, große Portionen! Sehr beliebte Bar, vor allem fürs junge Publikum.*

Cattle Baron (22), *Maerua Mall, Jan Jonker/Centaurus Rd., ☎ 061/254154. Urig eingerichtet mit viel dunklem Holz. Die Portionen (hauptsächlich Fleischgerichte) sind riesig und das Essen ist preiswert.*

La Marmite (8), *☎ 061/240306, 383 Independence Avenue. Mo–Sa 12–15 und 17.30– 24 Uhr, So 17.30–24 Uhr. Dieses einfache Restaurant bietet preiswerte schmackhafte afrikanische Gerichte. Der Koch stammt aus Kamerun und bietet auch westafrikanische Spezialitäten an.*

Sardinia Pizzeria Eiscafé (9), *Independence Ave. Nähe Ausspannplatz, ☎ 061/225600. Der beste Italiener in der Stadt: sehr gute italienische Küche für die ganze Familie zu angemessenen Preisen. Wird deshalb gerne von Einheimischen besucht. Lockere Eiscafé-Atmosphäre.*

O Portuga Restaurant (23), *312 Sam Nujoma Drive in Klein Windhoek, ☎ 061/272900, www.oportuga.com, Mo–So 11–24 Uhr. Gute portugiesische Küche, vor allem Fischgerichte.*

Xwama Cultural Village (24), *Ecke Omoongo St./Independence Ave. in Katutura, ☎ 061/210270, http://xwama.com. Die hier servierten traditionellen namibischen Gerichte sind teilweise für Europäer etwas gewöhnungsbedürftig (etwa Ziegenkopf und Mopane-Würmer), aber keine Sorge: Es gibt auch z. B. lecker gewürztes Hühnchen. Bunt und lebendig geht es im Lokal zu. Im Cultural Village gibt es außerdem Kunsthandwerk, traditionelle Kosmetik und Marula-Öl zu kaufen.*

 ## Der besondere Tipp

In Windhoeks Innenstadt gibt es ein Café der ganz besonderen Art: Als Servicepersonal werden ausschließlich Menschen mit körperlichem Handicap angestellt. Das Café wurde vom NDDT (Namibian Disability Development Trust) ins Leben gerufen, einer Initiative, die sich um die Ausbildung von Menschen mit Behinderungen sowie deren (Re-)Integrierung in die Arbeitswelt kümmert. In **Paul's Brasserie & Coffee Shop (10)** bekommt man nicht nur köstliches Essen (Windhoeks größte Auswahl an frischen Säften und vegetarischen Gerichten, weitgehend hergestellt aus Bio-Produkten), sondern auch sicherlich den freundlichsten Service der Stadt!

Paul's Brasserie & Coffee Shop, in der alten Brauerei, Garten St., ☎ 061/307176, Mo–Fr 8– 17, Sa 8–14 Uhr

Zum Mittagessen

Windhoek verfügt über eine Reihe von Cafés und Pubs, in denen man kleine und leichte Gerichte bekommt. Hier nur eine kleine Auswahl:

Le Bistro (11), *Ecke Independence Ave./Poststreet, ☎ 061/228742, direkt im Herzen der Innenstadt. Hier kann man sitzen und die „Hektik" Windhoeks beobachten. Besonders zu empfehlen ist das mittägliche Pfannengericht, das täglich wechselt. Auch gute Salate.*

Central Café (12), *Mo–So 6–18 Uhr, Levinson Arcade, Independence Ave., ☎ 061/222659. Das „In"-Café in Windhoek. Hier trifft sich jedermann. Die Speisen variieren, aber es gibt jederzeit Süßes und Deftiges, je nach Geschmack.*

Wer mittags eher gepflegter essen oder alternativ in einem Pub einen Lunch einnehmen möchte, für den bieten sich noch folgende Möglichkeiten:

Grand Canyon Spur (6), *Independence Ave., House of Southern Estate, ☎ 061/23-1003. Neben Steaks gibt es hier auch die wohl reichhaltigste Salatbar in Namibia. Wer mittags früh genug erscheint, hat die Chance auf einen Platz auf dem offenen Balkon. Beliebt bei Familien mit Kindern.*

Craft Café (13) *im Craft Centre, 40 Talstreet, ☎ 061/249974, Mo–Fr 9–17.30 Uhr, Sa 9–13.30 Uhr. Vollwertküche mit Liebe zubereitet: Kleinigkeiten von der Quiche bis zum üppigen Salat, Kuchen, Sandwiches. Sehr schöne Atmosphäre, Rauchverbot, angemessene Preise.*

Café Schneider (14), *Mo–Fr 7–18 Uhr, Sa 7–14 Uhr, Levinson Arcade, ☎ 061/226304. Hier trifft sind die Windhoeker Geschäftswelt zum Mittagessen oder nimmt ein Schnitzelbrötchen im Vorbeigehen mit. Angemessene Preise.*

Wecke & Voigts Coffeebar (15), *eine Institution, die sogar den Umbau des Geschäfts überlebt hat! Im Wecke & Voigts-Hauptgeschäft, Independence Ave. Kaffeebar, die während der Öffnungszeiten des Geschäfts betrieben wird. Hier erfährt man, was die Nation bewegt: Jobbörse, Hausbörse, Politik, Klatsch und Tratsch (ein befreundeter Journalist hat sich hier für seine frühere Radiosendung „chat show" die Anregungen geholt!). Guter Kaffee und belegte Brötchen erhältlich.*

Jenny's Place (25), *Mo–So 8–17.30 Uhr. Sam Nujoma Drive 78 in Klein Windhoek, Richtung Flughafen, ☎ 061/236792. Riesige Auswahl vom Frühstück mit Müsli über leckere Salate und Sandwiches bis zu Kuchen. Sehr gut, angemessene Preise. Man sitzt draußen auf der Terrasse (leider Verkehrslärm), kinderfreundlich, kleiner Souvenir- und Bastelshop.*

Cicada Café (26), *Mo–Fr 8–17 Uhr, Sa 8–13 Uhr, So 9–13 Uhr, in der Wilde Eend Nursery, 41 Berg Street 10 in Klein Windhoek, ☎ 061/272632. Gutes Frühstück und hausgemachte Kuchen in der heimeligen Atmosphäre einer Gärtnerei, angemessene Preise.*

Balalaika @ the Zoo (16), *☎ 061/223479, www.balalaika.com.na. Zoopark an der Independence Avenue. Schön und doch zentral gelegen; täglich ab 11 Uhr geöffnet. Frühstück, Snacks, Pasta und Fleischgerichte.*

Fiela's Coffee Shop (17), *☎ 061/257999, Ecke Independence Ave/Kasino Street. Sehr gutes Frühstück und Kleinigkeiten, auch Kuchen hausgemacht, in sehr gemütlicher Atmosphäre, preiswert.*

Oder etwas ganz anderes: gegrilltes Fleisch von einem der zahlreichen **cuca-shops** auf dem Markt von Katutura.

Internet-Cafés
Internet Café, *gegenüber der Hauptpost, Independence Ave.*
Club Internet, *76 Frans Indongo St., direkt beim Fürstenhof-Hotel*

Nachtleben
99 FM Playhouse Theatre *(ehemals Warehouse Theatre), Talstr. Große Kneipe in einem alten Brauerei-Gebäude. Häufig kulturelle Veranstaltungen (viel Livemusik). ☎ 061/402253. Nur geöffnet, wenn es Veranstaltungen gibt.*
Joe's Beerhouse *(siehe unter Restaurants).*
Kings Jazz & Sports Bar, *Independence Ave./Ausspannplatz. Tgl. durchgehend geöffnet (ca. ab 9 Uhr), Mi–So Live-Musik.*
Club London V2.0 *(ehemals LaDeeDa's), 4 Nasmith St. Nur Fr/Sa geöffnet, angesagter Club, gelegentlich Themenpartys.*

Einkaufen

Generell ist die Einkaufsszene in Windhoek durch die neuen Shopping Malls, Passagen und Open Air-Angebote sehr bunt geworden. So bieten am Eingang des Gustav-Voigt-Centre (Kalahari Sands Hotel) Hererofrauen ihre traditionellen Puppen an. Unweit entfernt entfaltet sich im Bereich des Kaiserkrone Shopping Centre eine lebendige Szene mit vielen Restaurants und Geschäften. Wernhill Park (Ecke Mandume Ndemufayo Ave./Frans Indongo bzw. Post Street ist ein weiteres Shopping Center. Am Windhoek Street Market (jeden 1. und 3. Samstag im Monat) kann man in der Post Street Mall einen lebendigen Straßenmarkt mit viel Flair und Angeboten erleben. Auch der Open Air-Markt an der Ecke Independence Avenue/Peter-Müller-Straße bietet eine bunte Palette afrikanischer Souvenirs an. Hier ist Handeln angesagt!

Namibia Craft Centre: Mandume Ndemufayo Avenue 40, ① 061/242222, Öffnungszeiten: Mo–Fr 9–17.30 Uhr und Sa/So 9–13 Uhr. Hier kann man sich eine gute Übersicht über das gesamte Kunsthandwerk Namibias verschaffen. Die Erzeugnisse sind nach Landesregionen geordnet, die Preise vernünftig und die Qualität authentisch und gut. Neben traditionellen Angeboten wie Herero-Puppen, Korbwaren aus der Capriviregion, Ketten und Ledergürtel gibt es auch modernes afrikanisches Design. Schön zum Stöbern!

Gallery 191: Independence Avenue 191. Hier werden namibische Bilder, Kleidung und hochwertige kunsthandwerkliche Produkte neben afrikanischer Kleidung angeboten.

Spot On Gallery: Independence Avenue 177. Namibische Künstler stellen hier ihre Produkte aus. Das typische Kunsthandwerk, aber auch Schmuck, Kleidung und afrikanisches Design (Stoffe, Papier) werden hier angeboten.

Bushman Art Gallery and African Art Museum: 187 Independence Avenue, ① 061/228828. Hier bewundert man die afrikanische Kunst zumeist aus Regionen südlich

In der Fußgängerzone gibt es, ebenso wie auf der Independence Ave., zahlreiche Souvenirshops

des Äquators. Die Einrichtung ist ein Gemisch aus Museum und Laden. Die Besitzerfamilie Milke verfügt über ein enormes Detailwissen. Toll ist deshalb dieser Laden für denjenigen, der ein tieferes Interesse an afrikanischer Kunst – vor allem der der San – hat. Auch am Sonntagmorgen ist die Einrichtung geöffnet. Ausgestellt werden auch namibische Karakulteppiche aus verschiedenen Webereien.

Rabbit In The Hat*: Post Street Mall. In einem alten restaurierten Haus befinden sich Werkstatt und Laden zugleich. Afrikanische Künstler bieten hier ihre sehenswerten Produkte an.*

Alte Feste*: Auch hier gibt es einen interessanten Laden mit landestypischen kunsthandwerklichen Produkten.*

Pelze*: Ein renommierter Spezialist für Karakulpelze ist das Pelzhaus Huber, Ecke Independence Avenue/Daniel Munanawa St., ☎ 061/227453. Seelenbinder Furs, Gustav Voigts Centre und auf der Independence Ave, ☎ 061/224230, www.seelenbinderfurs.co.uk: Ebenso sehr schöne und exklusive SWAKARA-Pelze und Kleidungsstücke aus Straußenleder. In der gleichen Linie liegt die Nakara Tannery, Independence Avenue 165, Nähe Gathemann Restaurant, ☎ 061/224209, www.nakara-namibia.com.*

Lederwaren*: Leder Chic, Independence Avenue neben der Hauptpost Richtung Kududenkmal, ☎ 061/234422. Hier gibt es tolle Lederjacken, besonders aus Straußenleder, aber auch Hosen, Taschen, etc. Große Auswahl, super Qualität und sehr gute Beratung.*

Fotoarbeiten*: Für schnelle Fotoarbeiten bekannt ist die Photobox, Daniel Munamara-Str. gegenüber der Hauptpost, ☎ 061/234940. Daneben ist noch Nietzsche-Reiter im Gustav Voigts Center zu erwähnen (☎ 061/239635) sowie Gerhard Botha, Independence Avenue 44 (☎ 061/235551).*

Goldschmiedearbeiten/Juweliere: *Der Goldschmied und Juwelier Canto bietet u. a. sehr schöne „Kreuze des Südens" an und verarbeitet landestypische Edel-/Halbedelsteine nach individuellen Wünschen. Mutual Tower, Independence Ave., ☎ 061/222894. Ebenso gut: Herrle & Herma Jewellers, Sanlam Centre, 154 Independence Ave, ☎ 061/224578, spezialisiert auf Turmaline und Diamanten. In der „Goldschmiede" im Namibia Craft Centre (Obergeschoss, Talstraße 40, ☎ 061/242222) gibt es originelle Goldschmiedearbeiten im afrikanischen Stil. Gold Ideas am Sam Nujoma Drive 324/Klein-Windhoek (☎ 061/250448) bietet sehr schönen handgefertigten Schmuck z. T. mit namibischen Edelsteinen an.*

Safarikleidung*: große Auswahl an typischer Safarikleidung, Schuhen, Tropenhelmen bei hervorragender Qualität: Ernst Holtz, Gustav Voigts Centre (Kalahari Sands Hotel), Independence Avenue 129, ☎ 061/235941.*

Campingbedarf*: Safari Den, 8 Bessemer St., ☎ 061/2909293 sowie Le Trip, Wernhill Park Shop 30 (also im Einkaufszentrum, ☎ 061/233499). Hier gibt es alles für das Outdoor-Life: Campinggegenstände, Kühlboxen, Besteck etc. Eine weitere Adresse für fast alle Campingartikel: Cymot, 60 Mandume Ndemufayo Ave., ☎ 061/234131, www.cymot.com.*

Jägerbedarf*: Den Jägerbedarf deckt die Firma Rosenthal (Pty) Ltd. in der Merensky Street 26 (Nähe Ausspannplatz), ☎ 061/237210.*

Halbedelsteine*: Sid Peters, 131 Werner List Street, hat eine tolle Auswahl an Halbedelsteinen.*

Buchhandlungen und Landkarten:

Bücherkeller*, Independence Avenue, eine gute Bücherauswahl, deutsche Zeitungen und Magazine.*

Zum Bücherwurm *(Kaiserkrone Passage, ☎ 061/255885), in deutschem Besitz mit entsprechend viel deutschsprachigem Lesestoff.*

Fototipps

Einen guten Überblick über Windhoek erhält man von der Orbanstr. oberhalb des Tintenpalastes.

Ein weiterer Fototipp: Fahren Sie die Independence Avenue aus dem Innenstadtbereich in Richtung Norden. Nach knapp 2 km steigt die Straße an und macht eine Kurve nach links. Direkt unterhalb der Wasserspeicher haben Sie einen herrlichen Blick über die gesamte Stadt. Alte wie neue Gebäude fügen sich zu einem harmonischen Bild zusammen. Das Blau der Loks auf dem Lokomotivabstellplatz der Eisenbahngesellschaft im Vordergrund passt gut ins Gesamtbild. Beste Fotozeit: nachmittags/früher Abend.

Auch von der Terrasse der Heinitzburg können Sie einen schönen Blick auf die Stadt genießen. Da dieser Bereich zum Restaurant gehört, müssen Sie hier Gast sein.

Ärzte

Zahnarzt: Dr. Mike van der Vaart (deutschsprachig), ☎ 061/220478, 4 Crohn St.
Allgemeinmedizin: Dr. Eric Müller (deutschsprachig), ☎ 061/235792, 4 Luther St.

Apotheken

Windhoeks Apotheken sind in besonderer Weise für alle Reisenden wichtig, die sich mit einer spezifischen Malaria-Prophylaxe versorgen möchten und eine kompetente, landesorientierte Beratung erwarten:

Eros Apotheke/Eros Shopping Centre, ☎ 061/237127, Mo–Fr 8–22 Uhr, Sa 8–13 Uhr und 18–22 Uhr, So und feiertags 10–13 Uhr und 18–22 Uhr
Luisen Apotheke, ☎ 061/236302, 181 Independence Ave., deutschsprachige Mitarbeiter
Noord-Apteek (Sanlam Centre), ☎ 061/224595, Mo–Fr 9–21.30 Uhr, Sa 9–13 Uhr und 18–21 Uhr
City Apotheke, Heptworth's Arcade, ☎ 061/35681. Wochentags 8–13 Uhr und 14.30–17.30 Uhr
Medisun Pharmacy, Wernhil Park (gegenüber Model), ☎ 061/223526. Geöffnet Mo–Fr 8.30–18.30 Uhr, Sa 8.30–13.30 Uhr und 16–18.30 Uhr. So 10–13 Uhr, 16–18.30 Uhr

Camping-Zubehör-Verleih

Camping Hire Namibia, 78 Malcom Spence Street, Olympia, ☎ 061/252995, camping@iafrica.com.na, www.natron.net/tour/camping/hired.html. Hier können Sie zu guten Preisen alles leihen, was für einen Outdoor-Urlaub notwendig ist.

Feste

Ein Kuriosum ist der **Windhoeker Karneval**, der in der letzten April-/ersten Maiwoche gefeiert wird. Es gibt dann auch einen Karnevalszug auf der Independence Avenue.

Post

Independence Avenue am Zoopark, geöffnet Mo–Fr 8.30–13 Uhr und 13.30–16.30 Uhr, Sa 8.30–12.30 Uhr

Schwimmen

Es gibt zwei öffentliche Schwimmbäder in der Stadt, beide sind täglich geöffnet von August bis Mai:

Olympia Swimming Bath, Sean McBride/Frankie Fredericks Drive, Olympia, Eintritt N$ 5
Western Suburbs Swimming Bath, Hans Dietrich Genscher St., Katutura, Eintritt N$ 5

Safariunternehmen

Ihre Safari sollten Sie bereits in Deutschland buchen, um sicher zu sein, entsprechende Plätze zu dem gewünschten Termin zu bekommen. Außerdem zahlen Sie bei deutschen Veranstaltern den gleichen Preis wie in Namibia und sind durch das deutsche Reisegesetz geschützt.
Eine Auswahl der führenden Safari-Unternehmen:
SWA Safaris Ltd., *Independence Avenue 43, ① 061/221193, swasaf@swasafaris.com.na, www.swasafaris.de. Landesweite Touren zumeist in großen Bussen, aus diesem Grunde natürlich vergleichsweise preiswert.*
Skeleton Coast Safaris, *① 061/224248, info@skeletoncoastsafaris.com, www.skeleton coastsafaris.com. Teure, aber interessante Flugsafaris u. a. in den Norden und Nordwesten des Landes, Preise nur in US$.*

Flughafen und -gesellschaften

Es gibt täglich Verbindungen nach Johannesburg und Kapstadt sowie 4-mal wöchentlich Verbindungen von Windhoek nach Maun (und von hier weiter zu den Victoria-Wasserfällen in Zimbabwe). Da die Flugpläne und Preise Veränderungen unterliegen, sollten Sie sich bei Ihrem Reiseveranstalter erkundigen. Von Deutschland aus ist Windhoek täglich durch den Flug Frankfurt–Windhoek (Air Namibia) nonstop verbunden. Die Kontaktdaten der Fluggesellschaften in Windhoek:
Air Namibia, *Bahnhof Street, Windhoek, ① 061/2996333, www.airnamibia.de. Flughafen-Büro Windhoek/Internationaler Flughafen, ① 061/2996600*
Lufthansa, *3rd Floor, Sanlam Centre, 154 Independence Avenue, ① 061/226662, www.lufthansa.com*
British Airways/Comair, *Sanlam Centre, 10th Floor, Independence Ave., ① 061/248528, ▤ 061/248529*
SAA/South African Airways, *Carl List Building, Independence Avenue, ① 061/237670 und 237671, ▤ 061/235200*

Flughafen-Transfers

Zwischen Windhoek (City Bus and Taxi Terminal, Independence Avenue) und dem Hosea Kutako International Airport verkehren regelmäßig Transferbusse. Details: ① 061/227847, www.intercape.co.za.
Transfermöglichkeiten in die Stadt bestehen stets nach Landung eines Flugzeugs. Ein angemessener Preis für eine Taxifahrt vom Flughafen in die Stadt beträgt ca. 220 bis 250 N$. Auch Kleinbusse bieten bis in den Abend Transfermöglichkeiten an. Kostenlosen Stadttransfer gibt es auch durch die Mietwagenfirmen, wenn man fest einen Wagen für den nächsten Tag gebucht hat.

Mietwagen

Avis, *Büro am Flughafen (① 062/540271) oder Stadtbüro in der Aviation Rd. (① 061/233166), www.avis.co.za*
Budget, *17-19 Garten St. (① 061/228720) oder Flughafen (① 062/540150), www.budget.com*
Hertz, *Internationaler Flughafen (① 062/540115), www.hertz.com*

Es gibt noch mehr Autovermieter. Die meisten aber verfügen nur über eine Hand voll Autos und sind so klein, dass eine Buchung dort nicht ratsam ist, denn: Wie soll Ihnen eine solche

Firma helfen, wenn Ihr Auto 1.000 km entfernt ausfällt? Die großen Autovermieter bieten auch während der Hochsaison die sichere Gewähr, schnellstmöglich ein Ersatzfahrzeug herbeizuschaffen. Außerdem muss man berücksichtigen, dass eine Fahrzeugbuchung in Europa fast immer preiswerter ist und man bei Reklamationen den Schutz des europäischen Reiserechts genießt. Die eigene Rechtsschutzversicherung kann bei Konflikten im Ausland nicht eingesetzt werden.

Automobilclub
Automobile Association of Namibia, *Bougain Villa's, Sam Nujoma Ave., Klein-Windhoek, ☎ 061/224201. Hier erhält man als ADAC-Mitglied Karten und Reiseinformationen.*

Taxi
Der Taxistand befindet sich in der Independence Avenue hinter dem City Bus Terminal. Es ist nicht üblich, Taxen auf der Straße anzuhalten.
Einige Taxi-Nummern: **Airport Radio Taxi** *cell 081/2417620,* **Country Wide Transfer Taxi** *cell 081/1283770,* **Express Taxi** *061/239739,* **Prime Radio Taxi** *061/272307,* **Windhoek Radio Taxi** *061/237070.*
Bei Problemen mit Taxis kontaktieren Sie die Namibia Bus and Taxi Association ☎ 061/ 223663.

Bus
Intercape Mainliner, *Windhoek, ☎ 061/227847, info@intercape.co.za, www.inter cape.co.za. Mainliner verbindet die wichtigen Städte und Orte Namibias und unterhält Busverbindungen vor allem nach Südafrika. Auf der Website finden Sie die aktuellen Fahrpläne und Preise.*
Ekonolux Busdienst, *34 Copper Street, Prosperita, Windhoek, ☎ 061/258961, ekonolux@ iway.na, www.ekonolux.com.na, verbindet Windhoek mit Walvis Bay und Kapstadt*

Eisenbahn
Von Windhoek bestehen (sehr langsame!) Zugverbindungen auf folgenden Strecken:
nach **Swakopmund/Walvis Bay** *(über Okahandja, Karibib, Usakos, Arandis), Abfahrt tgl., zzt. um 19.55 Uhr, Fahrzeit nach Swakopmund 9½ Std., nach Walvis Bay 11 Std.*
nach **Tsumeb** *(über Okahandja, Karibib, Omaruru, Otjiwarongo, Otavi) 3x pro Woche, Abfahrt 17.45 Uhr, Fahrzeit 16 Std.*
Desert Express: *Freitags fährt der Desert Express von Windhoek nach Swakopmund und samstags wieder zurück nach Windhoek. Hin und zurück kostet die Tour ca. 3.700 N$ p. P./DZ inkl. aller Aktivitäten (u. a. Game Drive, Dünenwanderung) und Mahlzeiten. Ein besonderes Erlebnis ist die 7-Tage-Safari mit dem Desert Express zum Etosha Park und nach Swakopmund. Ca. 16.000 N$ p. P. inkl. aller Aktivitäten und Mahlzeiten. Info: ☎ 061/298 2301, www. transnamib.com.na/desert-express.*

Ziele in der Umgebung von Windhoek
(▶ Karte S. 181)

Daan-Viljoen-Wildpark

Der 24 km westlich der Stadt *(Anfahrt über C 38 nach Westen)* im Khomas-Hochland gelegene Park (1.800–2.000 m ü.NN.) bedeckt eine Fläche von 4.000 ha. Benannt wurde er nach einem früheren Administrator von Südwestafrika, der sich für seine Schaffung (1962) einsetzte. An Wild sind hier Bergzebras, Blaugnus, Elands, Springböcke und einige Strauße heimisch, die man auf einer Rundfahrt (Straße 6,5 km) sehen kann. Für Wanderer stehen 32 km Wege zur Verfügung (Anmeldung dazu im Verwaltungsbüro erforderlich). Vor allem am Beginn eines Namibia-Urlaubs ist ein Besuch und Aufenthalt hier zu empfehlen. Man bekommt einen Vorgeschmack auf das, was man während der Rundreise erwarten darf: afrikanische Ruhe, Begegnung mit dem Wild. *Schöne Wanderwege*

Besucher dürfen im Park wandern. Die besten Besuchszeiten sind die Monate Dezember bis Mai. In der winterlichen Trockenzeit kann es hier aufgrund der Höhenlage empfindlich kalt werden.

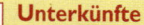

Unterkünfte
Im Park gibt es Chalets und Campingplätze. Die Unterkünfte sind ziemlich luxuriös ausgestattet und entsprechend nicht ganz billig, ab ca. 1.000 N$ p. P. mit Frühstück. Infos und Buchung über Sun Karros, ☎ 061/232393, info@sunkaross.com.na, www.sunkaross.com.na.

Groß Barmen

Groß Barmen wurde 1884 als Missionsstation für die Herero gegründet. Die warmen Heilwasserquellen liegen um einen Stausee. Es gibt ein schönes Innen- (Wassertemperatur 41 Grad, kann sich aber gegen Abend stark erhöhen, da heißes Wasser aus den Quellen nachfließt) und Außenbad (Wassertemperatur 29 Grad) sowie ruhig gelegene Rasthäuser und Campingplätze. Gute und preiswerte Möglichkeit zur Übernachtung am Ende einer Namibia-Reise. *Missionsstation für die Herero*

Derzeit und bis voraussichtlich Ende 2012 ist das Thermalbad allerdings wegen Renovierung **geschlossen**.
Anfahrt: ca. 100 km nördlich von Windhoek, Anfahrt über B 1, vor Okahandja in die D 1972

Arnhem Cave

Dieses 4,5 km lange Höhlensystem wurde 1930 vom Farmbesitzer Daniel Bekker entdeckt und 1995 vom Umwelt- und Tourismusministerium als offizielle Touristenattraktion anerkannt. In einer Tiefe von ca. 110 m gibt es Grundwasservorräte. Die Höhle, die aufgrund der Trockenheit über keine Tropfsteininformationen verfügt, weist eine konstante Temperatur von 24,5 Grad auf, wobei die Luftfeuchtigkeit zwischen 60 bis über 90 % liegt.

*Ideale
Lebens-
bedingun-
gen für Fle-
dermäuse*

Die feuchtwarme Luft bietet ideale Lebensbedingungen für die 6 hier gefundenen Fledermausarten, die vorwiegend von Insekten leben. Seit 1994 dürfen Touristen die Höhle in Begleitung besuchen. Die Tour dauert 2 ½–3 Stunden und führt in eine Tiefe von 100 m. Die unterirdische Welt mit ihren verzweigten Gängen, großen Höhlen und Canyons ist faszinierend. Da es teilweise sehr staubig ist, sollte man unbedingt alte Kleidungsstücke tragen. In großen Teilen der Höhle liegt Fledermausmist, die Luft ist sehr staubig und kann zu Reizungen führen. Vorsicht Kontaktlinsenträger!

Übrigens: Nach der Entdeckung der Höhle baute man den Fledermausmist ab und gewann auf diese Weise Dünger (Guano). Man gebrauchte ihn auch zur Herstellung von Sprengstoff. Der Ammoniakgeruch ist gewöhnungsbedürftig. Man vermutet, dass noch etwa 20.000 t Guano den Höhlenboden bedecken.
Anfahrt: ca. 130 km südöstlich von Windhoek, Anfahrt über B 6, dann MR 51 bis D 1506, danach Ausschilderung

Reisepraktische Informationen Arnhem Cave und Umgebung

Unterkunft

Kuzikus Wildlife Reserve $$$$, *Familie Dr. Reinhard,* ① *062/581663, www.kuzikus-namibia.de. 115 € p. P. mit Vollpension im DZ, keine Campingplätze. Lage: 180 km südöstlich von Windhoek. Von der B6 östlich von Windhoek in die C 23 Richtung Dordabis (bis hierher Teerstraße), dann weitere 90 km gravel road. Der M 51 1 km folgen, dann nach rechts in die D 1423. Nach weiteren 20 km gibt es Hinweisschilder nach Kuzikus (noch 20 km auf einer Farmstraße). Beschreibung: eine wildreiche Gästefarm mit viel „Afrika-Feeling". Sehr schön eingerichtete Zimmer, Schwimmbad, tolle Küche. Viele Aktivitäten wie von San geführte Tierbeobachtungen zu Fuß, Ausritte in die afrikanische Wildnis, Geländewagenfahrten in offenen Safariwagen, Rundflüge u. a. bis zum Sossusvlei oder nach Swakopmund/Etosha.*
Okambara Elephant Lodge $$$$, *s. S. 485*
**Farm Heimat $$**, ① *062/581650, www.farm-heimat.com, ca. 670 N$ p. P. mit Vollpension, Camping 60 N$ p. P. Lage: ca. 130 km südöstlich von Windhoek. Von der B 6 östlich des Flughafens in die M 51 nach Süden Richtung Nina abbiegen. Nach 67 km in die 1471 rechts, dann weitere 19 km geradeaus. Beschreibung: Heimat ist eine „echte" Farm mit Rindern, Ziegen und weiterem „Getier". Alles ist authentisch, man isst mit der Farmersfamilie Seifart. Ruhe und authentische Eindrücke kann man hier genießen, wenn man nicht den „geschmierten" Gästebetrieb erwartet. Einfach und herzlich ist die Devise. Farmrundfahrten mit Eselskarre, altem Chevy oder einem Gokart werden angeboten.*
**Arnhem Cave & Rest Camp $-$$**, ① *062/581885, arnhem@mweb.com.na, www.arnhemcave.com. Ca. 570 N$ p. P. im DZ inkl. Frühstück, Camping 90 N$ p. P., Tour zu den Tropfsteinhöhlen ab 80 N$ p. P. nur für Übernachtungsgäste. Lage: von Seeis 11 km Richtung Windhoek, dann in die MR 51 bis zur 1506, dann Ausschilderung. Beschreibung: gepflegte Unterkünfte, schattige Campingplätze, sehr nette und ansprechende Gesamtanlage, Swimmingpool. Höhepunkt ist sicherlich der Besuch der Tropfsteinhöhle gegen Gebühr (Länge: 4,5 km), Wanderwege. Gutes Essen, aber auch Selbstversorgungsmöglichkeit. Bitte vergessen Sie nicht, eine Taschenlampe mitzunehmen!*

Ibenstein-Weberei
Ca. 100 km südöstlich von Windhoek

Wer sich für Webereien interessiert, sollte in das Gebiet der Karakulzucht südlich der B 6 östlich von Windhoek fahren. Hier kann man die schönen Teppiche bestaunen, die Einheimische aus gefärbter Wolle herstellen.

Im Herzen von Namibia liegt die Farm Klein Ibenstein, die sich berechtigterweise als Wiege der namibischen Webkunst bezeichnet. Seit 1952 werden hier Designer-Teppiche und Wandbehänge hergestellt. Die Weberei wurde 1952 von der deutschen Malerin Marianne Kraft gegründet. Ihre Enkelin Anne Ramdohr führt heute den Betrieb. *Deutsche Malerin* Auf Ibenstein werden Teppiche in altbewährter Handarbeit hergestellt. Vom Ertrag der Weberei entstand in den Jahrzehnten ein kleines Dorf mit Kindergarten. In harmonischer Weise leben hier verschiedene Stämme zusammen.

Auf Klein Ibenstein, so die Selbstdarstellung, entdecken einheimische Farmarbeiter ihre Kreativität wieder, die sie seit den Zeiten der historischen Felszeichnungen verloren zu haben schienen.
Ibenstein Weberei, *Anfahrt über C 23, 4 km südlich von Dordabis,* ☎ *062/573524, www.ibenstein-weavers.com.na.*

Pool der Eningu Clayhouse Lodge

Reisepraktische Informationen Ibenstein

Unterkunft (▶ Karte S. 181)

Eningu Clayhouse Lodge $$$ **(10)**, ① 062/581880, Buchung über: Lodge & Guest Farm Reservations, ① 064/464144, reservations@EninguLodge.com, www.eningu lodge.com. 920 N$ p. P. im Doppelzimmer inkl. Halbpension. Lage: von Windhoek B 6 Richtung Gobabis. Kurz hinter dem Internationalen Flughafen biegen Sie rechts ab auf die Pad M 51 Richtung Nina, die Eningu-Lodge ist ausgeschildert. Sie fahren 63 km gute Sandstraße, bevor Sie rechts in die Pad 1471 einbiegen. Nach 1 km liegt links das Farmtor, dann nochmals 5 km bis zur Lodge. Nächste Tankstelle Dordabis (45 km), insgesamt ab Windhoek ca. 110 km. Beschreibung: Diese Lodge zeichnet sich durch besonders nette Gastgeber, eine kreative Lehmarchitektur sowie hervorragendes Essen aus. Es gibt Doppel-, Dreibett- und Familienzimmer, alle sehr luftig, Schwimmbad und Whirlpool. Toller Weinkeller!

Aktivitäten: Wanderung auf markierten Wegen. Informationstafeln mit Erläuterungen zur Kalahari mit ihren typischen Pflanzen und Tieren. Empfehlenswert sind 2 Übernachtungen oder mehr, vielleicht am Anfang oder Ende einer Namibia-Reise.

Scheidthof Gästefarm & Foto Safaris $-$$, ① 062/581884, grahl@iway.na, www.natron.net/scheidthof, 550 N$ p. P./DZ, Camping 60 N$ p. P. Lage: ca. 110 km südöstlich von Windhoek, Anfahrt über B 6 ab Windhoek, dann MR 51, dann 6 km auf D 1506. Beschreibung: Es werden einige einfache, jedoch saubere Zimmer vermietet. Die Stellplätze für Camper befinden sich unter Kameldornbäumen. Es gibt einen Allrad-Trail (kostenpflichtig), Wanderwege und Eselkarren-Fahrten.

Weiterreise-Möglichkeiten ab Windhoek

▶ **Nach Süden, der vorgeschlagenen Route folgend:** B 1 Windhoek – Keetmanshoop, 482 km, alles Teerstraße.

▶ **Nach Norden zum Etosha National Park:**
- zum Eingang bei Okaukuejo über B 1 bis Otjiwarongo, danach C 38 über Outjo bis Okaukuejo, 435 km, alles Teerstraße. Tankstellen u. a. in Okahandja, Otjiwarongo, Outjo.
- zum Eingang bei Namutoni: Über Otjiwarongo, Otavi, Tsumeb der B 1 folgend, ca. 82 km nordwestlich von Tsumeb von der B 1 in die C 38 (nach Westen), 533 km, alles Teerstraße. Tankstellen u. a. in Okahandja, Otjiwarongo, Otavi, Tsumeb.

Alternativ-strecken nach Swakop-mund ▶ **Nach Swakopmund bieten sich 4 Alternativstrecken an:**
① Windhoek – Okahandja (B 1), dann auf der B 2 über Karibib, Usakos nach Swakopmund, 356 km alles Teerstraße. Tankstellen u. a. in Okahandja, Karibib, Usakos (= schnellste Verbindung, aber besonders an Wochenenden gefährlich, weil dann viele Einheimische zur oder von der Küste preschen).

Auf den folgenden Strecken nehmen Sie bitte unbedingt einen **Reservekanister** und **Trinkwasser** mit:

② **Windhoek – Khomas-Hochland – Swakopmund:** Diese Strecke führt auf Pad C 28 am Daan-Viljoen-Park und Neu-Heusis (1908 erbautes Farmhaus) vorbei. Später fährt man an einem alten Schutztruppen-Fort vorbei (von François-Feste). Die Pad 1953 zweigt danach nach Norden ab zur ältesten Missionsstation, nach Otjimbingwe. Danach geht es über den **Bosua-Pass** (Steigung bzw. Gefälle 20 %). Von der Passhöhe genießt man einen **herrlichen Ausblick auf die weite Landschaft**, die allmählich in die Namib übergeht („wilde" Campmöglichkeit – aber bitte allen Abfall wieder mitnehmen, damit keine Müllhalden entstehen). Im weiteren Verlauf der C 28 durchquert man den Namib-Naukluft-Park, ca. 320 km, Schotterpiste (z. T. raue Oberfläche), keine Tankstelle unterwegs. Den Passweg bitte mit normalem Pkw nur von Ost nach West fahren – sonst kann es Schwierigkeiten geben.

③ **Windhoek – Groß-Herzogberg – Us-Pass – Namib-Naukluft-Park – Walvis Bay – Swakopmund:** Das ist die einsamste, am wenigsten befahrene Strecke, die von Windhoek in südwestlicher Richtung zunächst der teilweise geteerten Pad C 26 folgt. Ca. 46 km hinter Windhoek geht es dann auf die Schotterpad 1982, die über den Us-Pass (Steigung bzw. Gefälle 10 %) in den Namib-Naukluft-Park führt. Später mündet Sie in die C 14 nach Walvis Bay. Ab Walvis Bay bis Swakopmund auf der B 2 (geteert). Gesamtstrecke: ca. 355 km. *Zwischen Windhoek und Walvis Bay befindet sich auf dieser Strecke keine Tankstelle. Übernachtungsmöglichkeit: Gästefarm Niedersachsen (s. S. 285).*

④ **Windhoek – Gamsberg-Pass – Walvis Bay – Swakopmund:** Diese Route ist landschaftlich sehr reizvoll. Über die anfangs geteerte C 26 verlassen Sie Windhoek in südwestlicher Richtung. Es geht später auf guter Schotterpad über den Gamsberg-Pass (Steigung bzw. Gefälle 11 %) und durch den imposanten Kuiseb-Canyon auf die C 14, die den Namib-Naukluft-Park in Richtung Walvis Bay überquert. Später fahren Sie von Walvis Bay auf der geteerten B 2 nach Swakopmund. Gesamtstrecke: knapp 400 km. *Zwischen Windhoek und Walvis Bay gibt es keine Tankstelle. Übernachtungsmöglichkeiten: Corona Guestfarm, Gästefarm Weissenfels (s. S. 280).*

Windhoek – Hardap Damm

Die Strecke von Windhoek nach Mariental ist eine gute Einstimmung auf Namibia und eine Gelegenheit zur Gewöhnung an das Linksfahren. Es ist ratsam, sich morgens nach einem gemütlichen Frühstück in Windhoek in Richtung Süden aufzumachen. Die Strecke führt aus Windhoek heraus, an den Auas-Bergen vorbei nach Süden und erreicht bei Aris (22 km südlich von Windhoek) eine Höhe von 1.906 m über dem Meer (zum Vergleich: Kein Pass in den deutschen Alpen erreicht diese Höhe!) Später wirkt das Landschaftsbild eher monoton (flache Savannenlandschaft). Der Hardap Damm bildet einen riesigen Stausee, der in einem beinahe unwirklichen Kontrast zu der sonst sehr trockenen Landschaft steht. Er mag vielleicht nicht „vom Hocker reißen", doch für Namibia ist eine so große Wasserfläche ein einmaliger Anblick.

Wenn Sie in die Kalahari Anib Lodge (s. S. 187) einkehren, bekommen Sie einen Eindruck davon, wie schön ein Aufenthalt auf den Gästefarmen des Landes ist.

 Streckenhinweise

Von Windhoek führt die Teerpad B 1 in südliche Richtung. Nach 87 km erreichen Sie Rehoboth. Von hier geht es über Kalkrand weitere 163 km bis zur Abzweigung (nach rechts) auf die Pad 93. Nach 6 km erreichen Sie den Hardap Damm. Vorsicht für Neuankömmlinge: Obwohl die Straße sehr gut ist, sollte man nicht über 100 km/h fahren, da die Straßenränder nicht befestigt sind und man im Falle einer Panne sofort im Gelände landet.

Sehenswertes unterwegs

Rehoboth

Ehemalige Haupt- stadt des Baster- landes

Die ehemalige „**Hauptstadt des Basterlandes**" liegt 1.395 m über NN und zählt ca. 22.000 Einwohner. Rehoboth ist das Zentrum des ehemaligen Homelands der Rehobother Baster. Im Zuge der südafrikanischen Apartheidpolitik wurde das Gebiet 1976 zu einem Homeland deklariert. Die Südafrikaner investierten in die Infrastruktur und bauten Straßen, Schulen und auch das (inzwischen auf unbestimmte Zeit geschlossene) Erholungsresort Reho SPA. Als Namibia unabhängig wurde, wurde das Homeland aufgelöst und etwa 10.000 ha Land gingen wieder in Staatsbesitz über – zum Verdruss der auf Unabhängigkeit bedachten Rehobother. Selbst Eingaben an den Internationalen Ge-

 Gästefarmen und Lodges

1 Amani Lodge	7 Gästefarm Hohewarte	15 Bitterwasser Lodge
2 Immanuel Wilderness Lodge	8 Goche Ganas	16 Teufelskrallen Lodge
3 Okapuka Ranch	9 Auas Game Lodge	17 Zebra Kalahari Lodge
4 Ondekaremba Afrika Farm	10 Eningu Clay Lodge	Camelthorn Kalahari Lodge
5 Onjala Lodge	11 Eagle Rock Lodge	Suricate Kalahari Tented Lodge
6 Finke's Sicht	12 Elisenheim Gästefarm	18 Bagatelle Kalahari Lodge
Trans Kalahari Inn	13 Etango Ranch	19 Kalahari Anib Lodge
Heja Game Lodge, Airport Lodge	14 Progress Gästefarm	20 Kalahari Red Dunes Lodge

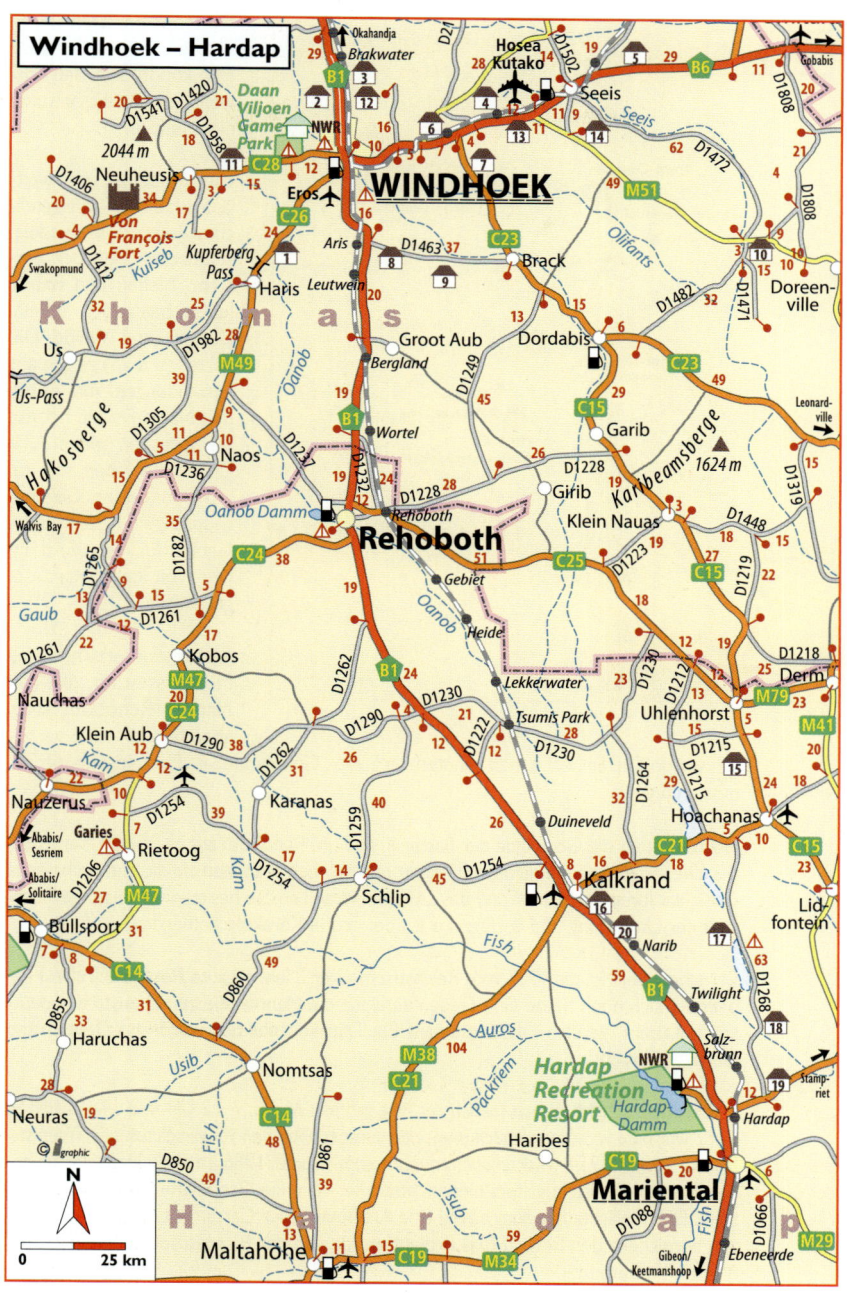

Windhoek – Hardap

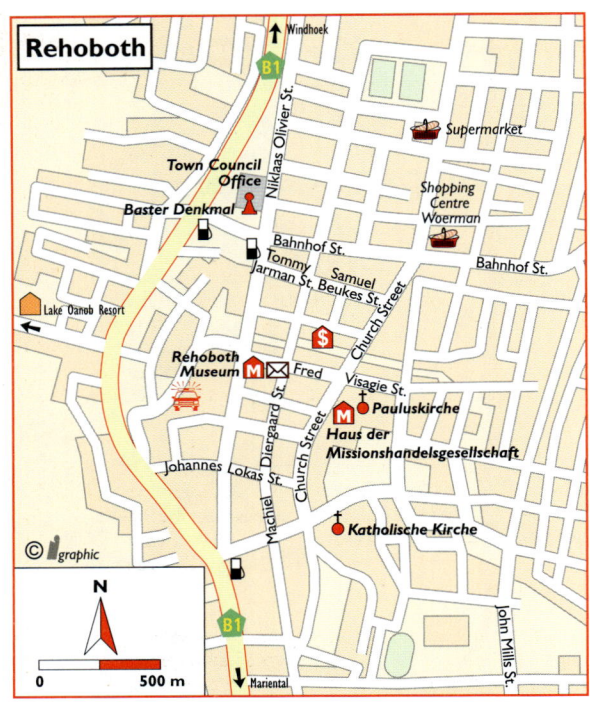

Rehoboth

Windhoek

Supermarket

Town Council Office

Baster Denkmal

Shopping Centre Woerman

Niklaas Olivier St.

Bahnhof St.

Tommy Jarman St.

Samuel Beukes St.

Church Street

Bahnhof St.

Lake Oanob Resort

Rehoboth Museum

Fred

Visagie St.

Paulskirche

Diergaard St.

Church Street

Haus der Missionshandelsgesellschaft

Johannes Lokas St.

Machiel

Katholische Kirche

© graphic

N

John Mills St.

0   500 m

Mariental

richtshof in Den Haag wurden erwogen, aber man konnte sich den notwendigen Rechtsbeistand nicht leisten.

Die „Stadt" ist sehr weitläufig und hat kein eigentliches Zentrum, sodass kein städtischer Eindruck entsteht. Neben den Baster leben hier auch Nama, Damara und Weiße. Die Baster (s. S. 75) gingen aus Verbindungen von Buren und Nama-Frauen hervor. Sie sprechen meist Afrikaans und leben seit ca. 1870 in dieser Gegend. Ursprünglich hatten sie das Gebiet für ein Pferd im Jahr von den Swartbooi gepachtet.

Vorher existierte hier eine Missionsstation, die den Namen Rehoboth trug, aber bereits 1864 verlassen wurde. Die Einheimischen nannten die Stelle „Goreguraas" (= Platz, an dem die Zebras trinken).

Heute besteht die Gemeinde der Baster in und um Rehoboth aus ca. 35.000 Menschen, die eine festgefügte Gemeinschaft bilden. Immer noch erkennen sie die patriarchalische Obrigkeit ihrer „Kapitäne" und des „Kapitänsrates" an. Sie besitzen das gesamte Farmland der Umgebung und verfügen u. a. über große Karakulschafherden.

Besuchenswert ist die 1907 vom Reichsbaumeister Diehl erbaute **Paulus-Kirche**. Hier befindet sich noch heute eine Gedenktafel für die Männer, die „im Dienste des deutschen Kaisers" gefallen sind. Interessant: Die Dachkonstruktion wurde aus Deutschland hierher gebracht!

Geschichte der Baster

Das **Rehoboth Museum** *(neben der Post, geöffnet Mo–Fr 9–12 Uhr und 14–16 Uhr, Sa 9–12 Uhr, bitte vorher telefonisch anmelden, sonst könnte man vor verschlossenen Türen stehen.* ☎ *062/522954, www.rehobothmuseum.com)* wurde 1986 im alten Haus des früheren Post- und Polizeimeisters eingerichtet. Hier wird die Geschichte der Baster dargestellt. Eine Freilichtausstellung sowie eine Art botanischer Garten mit namibischen Pflanzen bereichern den Besuch. Das Projekt wurde von der Bundesrepublik Deutschland finanziell unterstützt.

Farmschulen

Farmschulen nennt man in Namibia die meist auf Eigeninitiative der Farmer beruhenden Miniaturschulen für die Kinder der Farmarbeiter. Der Unterricht wird meistens in den Stammessprachen durchgeführt. In der Regel unterrichtet die Ehefrau des Farmers diese Kinder gemeinsam mit dem eigenen Nachwuchs auf ihrem Anwesen. Bei mehr als 10 Schülern wird normalerweise ein Lehrer eingestellt.

Die **Farmschule Naos**, rund 90 km südwestlich von Windhoek auf der gleichnamigen Farm, war eine der ersten derartigen Einrichtungen in Namibia. Über 50 Jahre wurde sie aufopferungsvoll von der Familie Scholz betreut und geleitet. Über 100 Nama und Damara lebten zeitweise auf dem Farmgelände. Anfang 2010 musste das Ehepaar aus Altersgründen die Schule schließen, aber erst, nachdem alle Kinder einen Platz in einer anderen Schule gefunden hatten – die meisten auf der **Farmschule Kwakwas**, 20 km von Rehoboth entfernt. Wer einmal dem Unterricht beiwohnt, wird von dieser für uns Mitteleuropäer ungewöhnlichen Art des Unterrichts fasziniert sein. Insbesondere die „Schnalzsprache" der Nama und die fröhliche Unbeschwertheit der Schüler sind beeindruckend.

Nur knapp 25 km südlich von Windhoek auf dem Wege zum Hardap Damm durchquert man Aris. Hier liegt die 1982 von *Dieter Voigts* gegründete **Farmschule Aris**. Zunächst begann der Unterricht mit ca. 20 Kindern in der alten Farmkirche, doch bald wurde der Zulauf aus der Umgebung stärker, in zwei Klassen musste man vor- und nachmittags unterrichten. 1983 finanzierte die SWA/Namibia Vereinigung einen Neubau mit vier Klassenzimmern und einem Lehrerzimmer. 1984 wurde noch ein Lehrerwohnhaus dazugebaut.

Heute werden insgesamt über 200 Kinder von acht Lehrkräften unterrichtet. Die meisten der schwarzen Kinder sind Damara. Unterrichtssprache ist z. T. Nama, ihre Muttersprache, der restliche Unterricht erfolgt in Afrikaans und Englisch. In Kürze soll auch Deutsch unterrichtet werden.

Die Schule ist in privater Trägerschaft eines Schulvereins und wird vom Staat subventioniert. Einen Teil der laufenden Kosten bringen auch die Eltern der Schüler durch ihre monatlichen Beiträge auf. Können die Familien das Schulgeld nicht bezahlen, kommt der Schulverein dafür auf. Die Schule soll noch weiter ausgebaut werden, sobald genügend Spendengelder vorhanden sind.

Reisepraktische Informationen Rehoboth/Oanob Damm

Vorwahl 062

Unterkunft (▶ *Karte S. 182*)
**Lake Oanob Resort $-$$**, ℐ *062/522370, reservations@oanob.com.na, www.oanob.com.na, 514 N$ p. P./DZ mit Frühstück, Camping zwischen 70 und 130 N$, Chalet 1.330–2.130 N$ (pro Chalet für bis zu 4 Personen). Lage: von der B 1 (nördlich Rehoboth) auf die D 1237 (insgesamt 11 km westlich von Rehoboth). Beschreibung: schönes, sehr ruhiges und gepflegtes Resort mit Schwimmmöglichkeit, Reitmöglichkeiten, Paddelbooten. Restaurant vorhanden. Für Kinder (Spielplatz) und zum Picknicken ideal.*

Oanob Damm

Dieser wenige Kilometer (Pad 1237) nordwestlich von Rehoboth liegende Damm (Ausschilderung) wurde 1990 fertig gestellt und hat ein Fassungsvermögen von 35 Mio. m³. Er dient der Wasserversorgung von Rehoboth. Es gibt hier ein gepflegtes Rastlager mit Bungalows (Selbstversorgung) und Stellplätzen für Camper. Um das Camp liegt eine Art Naturschutzgebiet (6.200 ha). Unvorstellbar, aber wahr: Im trockenen Namibia kann man hier verschiedenen Wassersportarten frönen.

Tropic of Capricorn (Wendekreis des Steinbocks)

Überqueren des Südlichen Wendekreises

Knapp 25 km südlich von Rehoboth überqueren Sie den südlichen Wendekreis. Am linken Straßenrand steht ein großes Schild – ein beliebter Stopp zum Fotografieren („Tropic of Capricorn", in Afrikaans „Steenbokkeerring", auf Deutsch „Wendekreis des Steinbocks").

Was ist ein Wendekreis?

Als Wendekreise bezeichnen Astronomen die beiden Breitenkreise, über denen die Sonne während der Sommerwende der betreffenden Halbkugel im Zenit kulminiert. Danach wendet sich ihr Lauf wieder dem Äquator. Die Wendekreise liegen auf 23 ½ Grad südlicher und nördlicher Breite. Den nördlichen Wendekreis bezeichnet man als Wendekreis des Krebses, den südlichen Wendekreis als Wendekreis des Steinbocks. Mathematisch begrenzen die Wendekreise den Klimabereich der Tropen.

Am 21. März (= Frühlingsanfang in Europa) und am 23. September (= Herbstanfang in Europa) kommt es am Äquator zum Äquinoktium, der „Tag- und Nachtgleiche". Der europäische Winterbeginn (21. Dezember) ist der Tag, an dem die Sonne den südlichen Wendekreis erreicht und hier mittags senkrecht im Zenit steht, um danach wieder nach Norden zu wandern. Dies ist der Beginn des Sommers auf der Südhalbkugel. Am 21. Juni erreicht die Sonne den nördlichen Wendekreis (steht also nun hier mittags senkrecht im Zenit), und dies markiert den Beginn des Sommers auf der Nordhalbkugel und des Winters auf der Südhalbkugel.

Hardap Damm

Am nördlichen Steilufer liegt das (derzeit wegen Renovierung geschlossene, s. S. 187) **Camp** mit Bungalows und Restaurant, das eine gute Aussicht über den See und die Staumauer bietet. Im Sommer möchte man das große Schwimmbad unmittelbar am Restaurant nicht missen. Neben Rasthäusern gibt es unterhalb der Staumauer einen unter schattenspendenden Kameldornbäumen liegenden Campingplatz.

Größte Stauanlage des Landes

Der Hardap Damm staut den Fisch-Fluss auf einer Länge von 30 km. Insgesamt bedeckt der Stausee ca. 25 km² und beinhaltet seit seiner Fertigstellung im Jahre 1963 durchschnittlich 323 Millionen m³. Er stellt damit die größte Stauanlage des Landes dar. Sein Wasser dient u. a. der **Bewässerung**: Unterhalb vom Hardap Damm sind die größten zusammenhängenden Bewässerungsgebiete Namibias entstanden, mit noch im Aus-

Artenreiche Vogelwelt am Hardap Damm

bau begriffenen Kleinsiedlungen. Hier wachsen Mais, Weizen, Luzerne und sogar Dattelpalmen. Die Staumauer ist 860 m lang und 39,2 m hoch. Der Stausee ist außerordentlich fischreich und deshalb auch ein Paradies für Angler. Breit- und Kleinmaulklippdorsche, Blaukurper, Karpfen, Barben und Barsche leben im See. Angelscheine sind im Camp-Büro erhältlich. An den Buchten und auf den vielen kleinen Inseln gibt es eine sehr artenreiche Vogelwelt: Flamingos, Goliathreiher, Pelikane und Fischreiher tummeln sich hier.

Am Südufer des Sees gibt es ein **Wildschutzgebiet** – sozusagen eine kleine Einführung in die Wildszenerie, wie man sie im Verlauf der Reise durch das Land finden wird. Strauße, Bergzebras, Kudus, Springböcke und Oryx-Antilopen kann man hier beobachten. Mehrere Nashörner (Black Rhinoceros) wurden ausgesetzt. Sie halten sich allerdings vor allem im nordwestlichen Teil des Hardap-Gebiets auf.

Durch die Wassernähe haben sich hier viele Wasservögel angesiedelt, u. a. Pelikane, Flamingos, Fischadler und Kormorane. Man hat ausgerechnet, dass diese Vögel etwa 290 Tonnen Fisch pro Jahr verzehren!

Hinweise
• *Besonders in den Sommermonaten können Mücken den Besucher plagen – nehmen Sie also auf jeden Fall vorsorglich ein Mückenspray mit. Achten Sie ebenso auf Nashörner – man weiß ja nie …!*
• *In den namibischen Ferien sowie an Wochenenden ist das Hardap-Camp oft ausgebucht. Außerdem wird es in den Häuschen des Camps im Sommer sehr heiß. Im Winter dagegen sinken die Temperaturen auf dem Hochplateau (ca. 1.150 m ü.M.) auf unter 0 Grad!*
• *Zuletzt war der Damm teilweise nicht befahrbar, wodurch einige der schönsten Stellen nicht zugänglich waren. Bitte vor Ort nach dem aktuellen Stand erkundigen.*

Reisepraktische Informationen Hardap Damm

🛏 **Unterkunft** (▶ *Karte S. 181*)

Leading Lodges, ☎ 061/375300, res@leadinglodges.com, www.leadinglodges.com. *Lage: von Dordabis/Uhlenhorst kommend auf der C 15 bis Hoachanas bleiben, dann C 21 Richtung Kalkrand nehmen, anschließend D 1268 nach Süden. Drei Camps in der Umgebung gehören zu Leading Lodges.*

Suricate Kalahari Tented Lodge $$$$$ (17). *In den 12 komfortablen Zelten mit Bad können Sie ihren afrikanischen Traum wahr machen. Am offenen Feuerplatz in der Boma kann abends ein traditionelles namibisches Essen probiert werden. Ab ca. 1.900 N$ p. P.*

Zebra Kalahari Lodge $$$$ (17). *Die Zebra Lodge ist das Hauptcamp. Hier befinden sich Swimmingpool, Lounge, Bar und Speisesaal. Die Zimmer sind in einer Reihe links und rechts vom Aufenthaltsraum angeordnet und bieten 26 Gästen Unterkunft im Doppelzimmer mit ensuite-Bad. Dinner kann im Speisesaal oder in der Boma unter dem Wüstenhimmel eingenommen werden. Ab ca. 1.420 N$ p. P. inkl. Dinner und Frühstück.*

Camelthorn Kalahari Lodge $$$$ (17). *Die 12 afrikanisch gestalteten Doppelchalets (alle mit en-suite-Bad) der Lodge befinden sich etwas abseits und haben mehr „Busch-Atmosphäre". Ca. 1.420 N$ p. P. inkl. Dinner und Frühstück.*

Bagatelle Kalahari Game Ranch $$$$ (18), ☎ 063/240982, *Reservierung:* ☎ 061/224712, reservations@resdes.com.na, www.bagatelle-kalahari-gameranch.com, *ca. 1.250 p. P. im DZ (Dune Chalet aus Holz) mit Frühstück, im Strohballen-Chalet ca. 1.150 N$ p. P. Camping: p. P. pro Tag ca. 125 N$. Lage: nordöstlich von Mariental, Abzweig von der B 1 in die C 21 Richtung Kalkrand, dann in die D 1268, ca. 270 km südlich von Windhoek. An den Ausläufern der Kalahari-Wüste gelegen. Beschreibung: Speiseraum (hervorragende Küche!), großzügige Lounge, Bar, kleine Bibliothek und Weinkeller im alten Farmhaus, Swimmingpool und Lapa vorhanden, Wasserloch, Aussichtsterrasse auf einem Dünenkamm. Unterkünfte: 4 Holzchalets auf Stelzen mit tollen Ausblicken, 6 „Strohballen"-Chalets im Dünental daneben, etwa 100 m entfernt vom Haupthaus. Rundfahrten vormittags und nachmittags, geführte Wanderungen, Gepardenfütterung. Giraffen, Strauße, Oryx, Springbock auf dem Lodgegelände.*

Kalahari Red Dunes Lodge $$$$ (20), *Lodge direkt:* ☎ 063/264003, info@reddunes lodge.com, www.redduneslodge.com, *Buchung:* ☎ 061/240020, reservations@namibiatravel consultants.com. *1.350 N$ p. P./DZ inkl. Abendessen und Frühstück. Lage: von Windhoek auf der B 1 ca. 190 km nach Süden. Etwa 8 km hinter Kalkrand nach links abbiegen, nach 7 km erreichen Sie die Lodge. Beschreibung: Mitten in den roten Dünen der Kalahari befindet sich*

das 4.000 ha große private Wildreservat, in dem unter anderem Giraffen, verschiedene Antilopenarten, Hartmannzebras, Strauße und viele andere Tiere leben. Die 12 um einen natürlichen Trockensee angesiedelten, auf Stelzen gebauten Häuser mit Grasdächern verfügen über Panoramafenster zur Beobachtung der Tiere. Die gesamte Anlage ist barrierefrei. Die Zimmer sind komfortabel und großzügig, die Küche ist landestypisch gut. Mountainbiketouren auf dem Gelände sind möglich, Räder können ausgeliehen werden.

Farbenpracht: Pfau auf rotem Wüstensand

Bitterwasser Lodge & Flying Centre $$-$$$$ (15), ✆ 063/265300, bitterwa@ mweb.com.na, www.bitterwasser.com. Kontakt in Deutschland: Lydia Casper, ✆ 07951/5154, caflug@gmx.de. Von Mitte Januar bis Ende Oktober (außerhalb der Segelflug-Saison) 600 N$ p. P./DZ/Frühstück. Während der Segelflugsaison gelten wesentlich höhere Preise und es wird ausschließlich ein Komplettpaket mit Unterkunft und Segel-Aktivitäten angeboten. Lage: zwischen Rehoboth und Mariental ganz in der Nähe von Hoachanas. Beschreibung: Die Lodge wurde einst von dem namibischen Farmer und Segelflug-Enthusiasten Peter Kayssler gegründet und bald als Segelflug-Paradies weltbekannt. Die moderne Lodge bietet bis zu 85 Gästen Platz. Neben dem Hauptgebäude mit Restaurant, Aufenthaltsraum, Curio-Shop und „Computer Corner" ist eine ganze Bungalow-Siedlung mit Pool sowie ein Dünenhaus zusätzlich zu der ursprünglichen Rondavel-Siedlung erstellt worden. Die Anlage ist ein riesiger Garten mit alten Bäumen. Die 5.500 ha Farmland sind nun ein Wildpark mit verschiedenen lokalen Tierarten. Auf der Düne westlich der Pfanne ist der Sonnenuntergang besonders beeindruckend.

Kalahari Anib Lodge $$ (19), Buchung unter: ✆ 061/230066, info@gondwana-collection.com, www.gondwana-collection.com, Lodge direkt: ✆ 063/240529. Je nach Saison zwischen 650 und 780 N$ p. im DZ inkl. Frühstück, Camping 150 N$. Lage: von Windhoek aus: B 1 in Richtung Süden. 10 km vor Mariental biegt die Teerpad C 20 nach links nach Stampriet. Nach 21 km auf dieser Strecke liegt links die Farmeinfahrt. Dann sind es noch 3 km zur Lodge. Beschreibung: Diese Lodge ist einer Übernachtung im Camp am Hardap Damm auf jeden Fall vorzuziehen und eine „andere Liga" in Komfort und Service. Es gibt 36 Zimmer für Gruppenreisende und 19 Bungalows für Individual-Gäste. Ein Schwimmbad lädt zum Erfrischen ein. Der Campingplatz (3 Stellplätze) ist blitzsauber.

**Kalahari Farmhouse $$**, Buchung: s. Kalahari Anib Lodge. Je nach Saison zwischen 650 und 780 N$ p. P./DZ mit Frühstück. Lage: bei Stampriet, Kreuzung C 15/C20. Beschreibung: gemütliche Bungalows im kapholländischen Stil. Sehr gute Küche!

Teufelskrallen Lodge $$ (16), ✆ 063/264003, reservations@teufelskrallenlodge.com, www.teufelskrallenlodge.com. 590 N$ p. P./DZ mit Frühstück. Lage: an der C 21 in Richtung Kalkrand, kurz hinter der Kreuzung B 1/C 21. Beschreibung: 6 gut ausgestattete Zelte auf Stelzen, je mit eigenem Bad und schöner Aussicht in die rote Kalahari-Landschaft. Tolle Lage am Rand eines privaten Naturschutzgebietes. Restaurant und Pool befinden sich im ca. 3 km entfernten alten Farmhaus.

**Auob Country Lodge $**, Buchung: ✆ 061/374750, www.namibialodges.com, ab 479 N$ p. P. mit Frühstück. Lage: ca. 100 km östlich von Mariental, 6 km vom kleinen Ort Gochas entfernt. Beschreibung: komfortable Lodge mit 25 Zimmern (2 Familienzimmer), Swimmingpool, Bar und Restaurant in der Kalahari-Wüste. Die Wüste kann zu Fuß oder zu Pferd erkundet werden, ebenso wie die Tierwelt auf dem Gelände (u. a. Antilopen, Giraffen). S. Hinweis S. 380 zu Namibia Country Lodges.

⚠ Camping

Am Hardap Damm möglich, ebenso auf dem Gelände der Kalahari Anib Lodge.

Brukkaros Campsite $, s. S. 191, Brukkaros

Camp am Hardap Damm, Buchung über Namibia Wildlife Resorts, ✆ 061/2857200, reservations@nwr.com.na, www.nwr.com.na. Lage: Von der B 1 zweigt man auf die MR 91 ab. Das Camp liegt ca. 20 km nordwestlich von Mariental. Beschreibung: Es verfügt über Rasthäuser, Zelt-, Lager- und Wohnwagenplätze. Schwimmbad, Laden und einfaches Restaurant mit schönem Ausblick auf die Staumauer sind vorhanden. **Achtung:** Derzeit ist das Camp wegen Renovierung **geschlossen**, aktuelle Informationen auf der Website des NWR.

Red Dune Camp und B&B $, etwa 35 km südlich von Gochas auf der C15, s. S. 490.

Weiter in den Süden: Hardap Damm – Köcherbaumwald – Keetmanshoop

Savannen-landschaft

Dieser Streckenabschnitt führt südlich von Gibeon durch das Stammesgebiet der Nama und ist landschaftlich wahrscheinlich der monotonste in ganz Namibia, denn er führt durch eine **flache Savannenlandschaft**. Doch als schneller Anfahrtsweg in den Süden ist diese Strecke alternativlos. Unterwegs gibt es dafür aber interessante Abstecher, sei es zum Brukkaros-Krater oder zum Köcherbaumwald. Den **Köcherbaumwald** sollten Sie erst am späten Nachmittag bis zum Sonnenuntergang besuchen, dann können Sie die unvergesslichen Silhouetten der Köcherbäume im Schein der untergehenden Sonne und des glühenden Himmels bewundern. (Sie sollten also eventuell zuerst im Hotel in Keetmanshoop einchecken.)

info

Informationen über Nama

Das Gebiet ist Heimat der Nama (siehe auch S. 70). Sie sind ein Stamm der Khoi Khoi, der heute noch ca. 100.000 Menschen umfasst und somit ca. 5 % der Bevölkerung Namibias ausmacht. Durch dauernde Kämpfe mit den Herero, die ebenfalls Viehzüchter waren, wurden sie bereits im 19. Jahrhundert sehr geschwächt. 1904 erhoben sie sich gegen die deutsche Kolonialverwaltung und wurden erst 1907 endgültig besiegt. Sie hatten in *Jonker Afrikaaner* (gefallen 1905) und *Hendrik Witbooi* (gefallen 1905) hervorragende Anführer.

Der unheilvolle Aufstand traf die Nama schwer in ihrer ethnischen Substanz, doch konnten sie sich im Laufe der letzten Jahrzehnte wieder erholen. Heute sind alle Nama Christen.

Streckenhinweise

Vom Hardap Damm auf die B 1 Richtung Süden (nach Keetmanshoop). Kurz vor Keetmanshoop geht es nach links (Pad 29) zum Köcherbaumwald ab. Von hier aus wieder zurück auf die B 1 nach Keetmanshoop.

Mariental

Der Ort Mariental, den man zunächst passiert, ist ein **regionaler Versorgungsort** mit Verwaltungssitzen, Schulen und Geschäften. Unterhalb des Hardap Damms liegt ein etwa 2.500 ha großes Bewässerungsgebiet, wo verschiedene Gemüse- und Obstarten, Baumwolle sowie Mais und Luzerne angebaut werden. Im Umland werden vor allem Karakulschafe gezüchtet.

Der erste weiße Siedler hier hieß *Hermann Brandt*. Er baute 1890 eine Farm auf, die „einsamer Kameldornbaum" hieß. Die entstehende Ansiedlung – ab 1920 mit „Stadtrechten" versehen – wurde nach Brandts Frau Anna-Maria benannt.

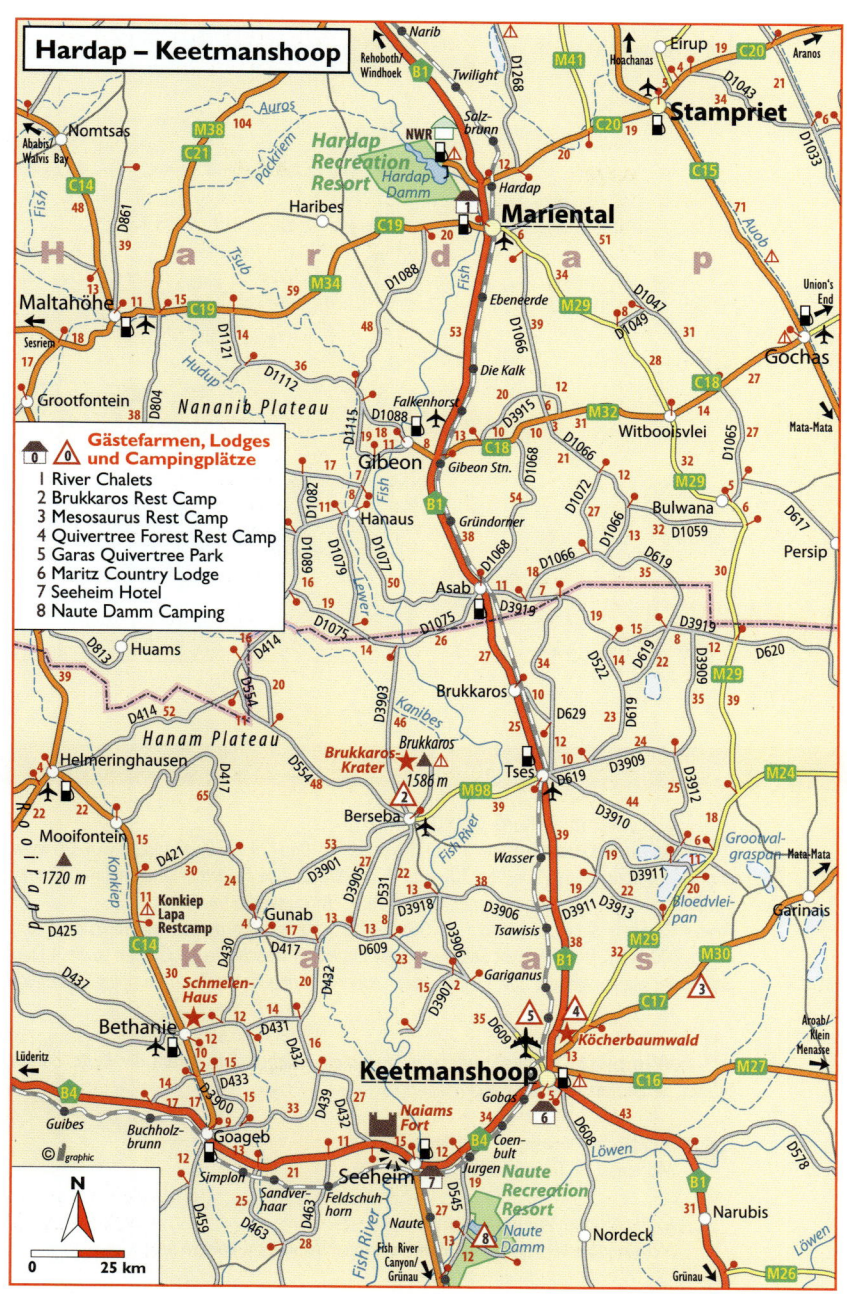

Hardap – Keetmanshoop

Gästefarmen, Lodges und Campingplätze

1 River Chalets
2 Brukkaros Rest Camp
3 Mesosaurus Rest Camp
4 Quivertree Forest Rest Camp
5 Garas Quivertree Park
6 Maritz Country Lodge
7 Seeheim Hotel
8 Naute Damm Camping

Narib
Rehoboth/
Windhoek
Twilight
Eirup
Hoachanas
Aranos
Stampriet
Salzbrönn
NWR
Hardap
Mariental
Hardap Recreation Resort
Hardap Damm
Haribes
Ababis/
Walvis Bay
Nomtsas
Union's End
Ebeneerde
Gochas
Mata-Mata
Maltahöhe
Sesriem
Nananib Plateau
Grootfontein
Die Kalk
Witbooisvlei
Falkenhorst
Gibeon
Gibeon Stn.
Bulwana
Hanaus
Gründorner
Persip
Asab
Huams
Hanam Plateau
Brukkaros
Helmeringhausen
Brukkaros-Krater
1586 m
Brukkaros
Tses
Berseba
Wasser
Grootvalgraspan
Mata-Mata
Mooifontein
1720 m
Bloedvleipan
Garinais
Konkiep Lapa Restcamp
Gunab
Tsawisis
Schmelen-Haus
Gariganus
Bethanie
Lüderitz
Köcherbaumwald
Atoab/
Klein Menasse
Guibes
Buchholzbrunn
Keetmanshoop
Gobas
Goageb
Coenbult
Jurgen
Naute Recreation Resort
Simplon
Sandverhaar
Seeheim
Narubis
Feldschuhhorn
Naute Damm
Nordeck
Fish River Canyon/
Grünau
Grünau
Naute

N

0   25 km

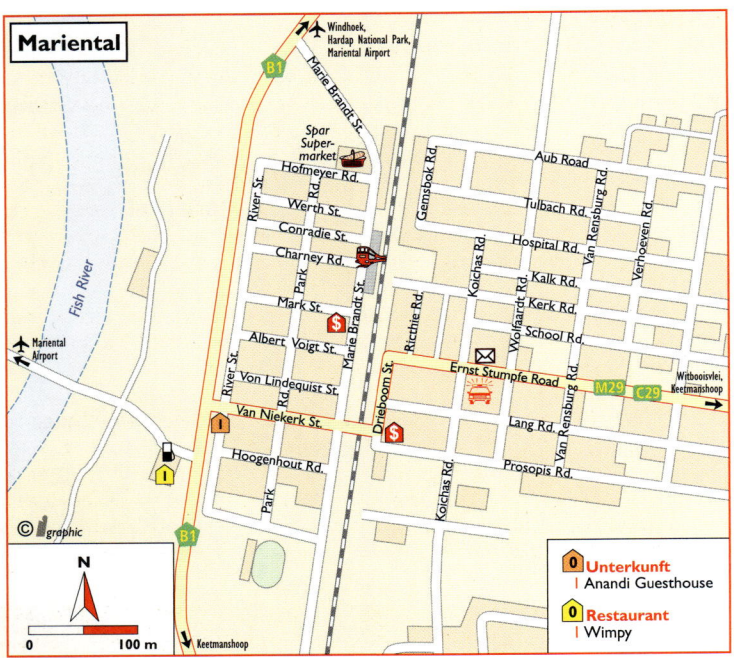

Reisepraktische Informationen Mariental

Unterkunft (▶ *Karte S. 190 bzw. 189*)
Anandi Guesthouse $ (1), *River St.,* ☎ *063/242220, anandi@iway.na, www. anandiguesthouse.com. Zwischen 300 und 400 N$/DZ ohne Frühstück. Angenehme Zimmer mit Bad, auch für Familien geeignet. Gutes Preis-Leistungsverhältnis.*
River Chalets $ (1), *an der B 1,* ☎ *063/240515, garbers@iway.na, www.riverchalets.com. Ab ca. 200 N$ p. P./DZ. Es gibt Selbstversorger-Chalets in verschiedenen Größen sowie 4 Doppelzimmer mit je eigenem Bad. Einfach, aber sauber und angenehm. Auch Camping ist möglich.*

Restaurant
Wimpy (1), *an der Straße zum Flughafen, beliebtes Restaurant der Kette. Burger, Steaks, herzhaftes Frühstück etc.*

Ärztliche Versorgung/Krankenhaus
Mariental, ☎ *063/242331*

Öffentliche Verkehrsmittel
Mainliner-Busverbindung ab Windhoek nach Mariental, ebenso liegt Mariental an der Zugstrecke Windhoek – Keetmanshoop.

Brukkaros

Von Tses führt die Pad 98 (nach ca. 40 km) an den schon von weitem sichtbaren *„Vulkan-* Brukkaros-„Vulkanberg" (knapp 1.600 m) heran. Lange Zeit diskutierten Geologen über *berg"* möglichen Vulkanismus in Namibia. Mittlerweile aber weisen Untersuchungen darauf hin, dass es sich beim Brukkaros um eine sog. „Ringintrusion" handelt: Magmatische Gesteine drangen in die feste Erdkruste. Im Verlauf der nachfolgenden Erosion wurden diese unterschiedlich widerstandsfähigen Gesteine freigelegt. Den äußeren Ring des Brukkaros bilden die harten, die Mitte dagegen die weicheren Gesteine, welche stärker abgetragen wurden und so fälschlicherweise den Eindruck eines „Kraters" ergeben.

Es ist schon anstrengend, vom südlichen Rand in den Krater hinabzuwandern (etwa 1½ Std). Da sich am Kraterboden das (wenige) Regenwasser sammelt, findet man hier mehr Vegetation (u. a. Köcherbäume) als in der Umgebung vor.

Der Brukkaros überragt **die Umgebung** um ca. **650 m**. Der Durchmesser beträgt ca. 3 km. In den Jahren 1926–1931 führte das Washingtoner Smithsonian Institute hier in einem eigenen Observatorium astrophysikalische Untersuchungen durch. Seine Überreste am westlichen Rand kann man über einen alten Pfad erreichen. Die Höhenlage sowie die kristallklare Luft boten hervorragende Möglichkeiten, Untersuchungen zur Sonneneinstrahlung und zu Aktivitäten der Sonnenflecken anzustellen.

Reisepraktische Informationen Brukkaros

Vorwahl 061

🛏 **Unterkunft** (▸ *Karte S. 189*)
Brukkaros Rest Camp $ (2), *Camping ca. 35 N$ p. P., Tagesbesuch 20 N$ p. P. Lage: etwa in der Mitte zwischen Mariental und Keetmanshoop. Man biegt in Tses auf die MR 98, fährt 39 km nach Westen, um dann in die Pad 3904 nach Norden abzubiegen, wo man nach 10 km die Campsite erreicht. Das Camp liegt sehr schön in der Nähe des Brukkaros-Berges. Von der B 1 biegt man in die D 3901 Richtung Berseba ein. Nach ca. 30 km biegt man rechts ein und folgt den Schildern auf weiteren 8 km. Landschaft: Es gibt am Hang drei Campingsites (nur mit Allradfahrzeugen erreichbar), die schattig sind und Feuerstellen bieten. Ebenso gibt es eine Toilette sowie eine einfache Dusche. Weitere einfache Campingmöglichkeiten gibt es am Fuße des Berges. Wasser muss aus Berseba mitgebracht werden.*

Köcherbaumwald
(Unterkünfte s. S. 195)

Der Köcherbaumwald *(Einritt 100 N$, Tickets am Quivertree Forest Restcamp)* liegt in der Nähe von Keetmanshoop auf dem Gelände der Farm Gariganus. Hier wachsen ca. 300 sogenannte **Baum-Aloen** *(Aloe dichotoma)*, die zu den Sukkulenten gerechnet werden. *Bizarrer* Die Gruppe der Sukkulenten ist vor allem durch ihre Fähigkeit der langfristigen *Wald...* Wasserspeicherung gekennzeichnet. Diese Pflanzen können in großzelligen Geweben Wasser speichern.

☞ Hinweis Köcherbäume

Auf dem Kopenhagener Klimagipfel wurden die Köcherbäume zu besonders zu schützenden Pflanzen deklariert. Zu diesem Schritt sah man sich veranlasst, weil man im Süden Namibias ein Sterben von Köcherbäumen beobachtete.

In den vergangenen 100 Jahren sei die Durchschnittstemperatur in Namibia um 1,2 Grad gestiegen – doch das alleine dürfte nicht der Grund sein, denn der Niederschlag spielt ebenfalls eine Rolle. Dazu gibt es aber noch keine Langzeitdaten. Es kann deshalb sein, dass in zusammenhängenden niederschlagreichen Jahren Köcherbaum-Keimlinge sprossen, aus denen dann die imposanten Bäume wuchsen. Dem mehr oder weniger gleichzeitigen Wachstum folgt natürlich auch eine zusammenhängende Periode des Absterbens…

Der Name „Köcherbaum" ist wie folgt zu erklären: Die San (Buschmänner) höhlten die Äste der Bäume aus und die das Pflanzenmark umgebende Rinde diente als Köcher für die Pfeile. In ganz Namibia stehen Köcherbäume unter Naturschutz. Sie erreichen eine Höhe von etwa 8 m.

Die bizarre Verästelung der Köcherbäume lockt die kleinen Siedelweber-Vögel an, die hier mit viel Fleiß ihre gigantischen Nester bauen. Mehrere hundert Vögel leben dann unter dem riesigen Dach, das sie vor Hitze schützt. Die Einfluglöcher in das Nest befinden sich an der Unterseite.

Man unterscheidet 3 Sukkulentenarten: Blatt-Sukkulenten, bei denen die stark verdickten, manchmal walzenförmigen Blätter als Wasserspeicher dienen. Stamm-Sukkulenten, hier speichern die verdickten Sprossen das Wasser (z. B. die Köcherbäume), und Wurzel-Sukkulenten wie die *Welwitschia mirabilis*, deren kur-

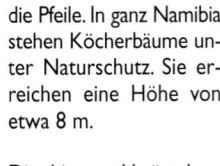

Am schönsten ist ein Besuch zum Sonnenuntergang

zer Stamm im Boden steckt, wobei feine Haarwurzeln das Wasser des Bodens aufsaugen.

Daneben gibt es folgende „**sukkulente Tricks**", um mit ariden, d. h. trockenen Lebensräumen fertig zu werden: Wachsüberzüge (sie geben Verdunstungsschutz, z. B. bei *Welwitschia mirabilis* und Aloen), Verlegung des Stammes in die Erde *(Welwitschia)*, Behaarung oder dichte Bestachelung *(Euphorbia)*, Wasseraufnahme z. B. durch Blätter oder durch Pfahlwurzeln.

Fototipp
Besonders eindrucksvoll ist die Beleuchtung des Köcherbaumwaldes am späten Nachmittag. Warten Sie den Sonnenuntergang ab, wenn sich die Silhouetten der Köcherbäume gegen den rotblauen Horizont abheben.

Hinweis
Wenn man vom Köcherbaumwald die C 17 in Richtung Koes weiterfährt, liegt nach ca. 5 km auf der rechten Seite „**Giant's Playground**" *(= Spielplatz der Riesen, Eintritt im Köcherbaumwald-Eintrittsgeld enthalten). Hier kann man zahlreiche bizarre Felsformationen bewundern, an denen auch Köcherbäume stehen. Dieser imponierende „Steingarten" hat einen Durchmesser von 5 km. Der (schlecht markierte) Rundweg nimmt ca. 45 Minuten in Anspruch.*

…bizarre Felsformation

Hinweis
Unterkünfte in der Nähe des Köcherbaumwaldes s. S. 195

Wo gibt es außerdem noch Köcherbäume in Namibia?

Sicherlich ist der hier beschriebene Köcherbaumwald aufgrund der Zugänglichkeit und Fülle von Bäumen besonders interessant – und entsprechend besucht. Köcherbäume können Sie aber auch noch an folgenden Orten entdecken und bewundern:
* 20 km nördlich von Keetmanshoop im Garaspark;
* einzelne Exemplare auch an der Blutkuppe an der Strecke durch die Namib (C 28)
* im Bereich des Buschmannparadieses an der Spitzkoppe östlich Swakopmund;
* bei Wanderungen durch die Schlucht auf dem Gelände der Farm Büllsport;
* entlang des Olive-Wanderwegs im Naukluft-Park;
* und wenn man von Südafrika kommt: Im Augrabies Falls National Park gibt es auch Prachtexemplare.

Keetmanshoop

Keetmanshoop liegt 1.002 m über dem Meeresspiegel und hat heute über 22.000 Einwohner. Die Stadt liegt an den Ufern des Swartmodder River, der meistens trocken ist und nur in Zeiten von kurzen, heftigen Regengüssen Wasser führt. Und so hieß vor der Ankunft der Missionare der Ort „Swartmodder" (schwarzer Schlamm). Der Ort wurde 1866 als **Missionsstation** der Rheinischen Mission gegründet, um die Nama in dieser Region zu bekehren. Die Geldmittel stellte der wohlhabende deutsche Industriel-

Keetmanshoop

Unterkunft
1 Central Lodge
2 Birds Mansions Hotel
3 Pension Gessert
4 Bird's Nest Guesthouse
5 Canyon Hotel
6 Schützenhaus Gästehaus

le Johann Keetman zur Verfügung, der diesen Ort aber nie besuchte. „Keetmanshoop" bedeutet so viel wie „Hoffnung Keetmans". Die Stadt wuchs um die Missionsstation herum; die 1895 erbaute Steinkirche dominiert auch heute noch. 1894 wurde auch ein Fort errichtet. Die Kirche beherbergt heute ein kleines Museum, das Exponate zur Region ausstellt *(geöffnet Mo–Fr 7.30–12.30 Uhr und 13.30–16 Uhr)*. Im alten Kaiserlichen Postamt (1910 erbaut) liegt heute ein Informationsbüro für Reisende. 1908 wurde die Schmalspurbahn nach Lüderitz fertig gestellt. Keetmanshoop wird auch als Hauptstadt des Südens bezeichnet; immerhin ist es die viertgrößte Stadt des Landes.

Übernach-tungs-station
Keetmanshoop dient heute Reisenden in den Süden (nach Südafrika) und in den Westen (Fish River Canyon, Lüderitz) als Zwischenstopp und Übernachtungsstation. Am nördlichen Ortsausgang liegt der einzige Hochhauskomplex: Dies ist das Krankenhaus für die Umgebung.

Die Gegend um Keetmanshoop ist sehr rau und äußerst trocken; der Niederschlag pro Jahr beträgt nur 100–200 mm. Das Trinkwasser stammt vom **Naute Damm**, der den Löwen River aufstaut (ca. 50 km südwestlich). Ein wichtiger Erwerbszweig ist die Haltung von Karakulschafen (Persianerfelle, Informationen s. S. 55). Erkundigen Sie sich im Ort (Hotel), welche Karakulschaffarm Sie besuchen können. Und auch wenn Sie keinen Pelzmantel erstehen wollen – schauen Sie sich doch einmal in den einschlägigen Geschäften vor allem in Windhoek um.

Pelzmantel gefällig?

Reisepraktische Informationen Köcherbaumwald/Keetmanshoop und Umgebung

Vorwahl 063

ℹ Informationen
Southern Tourist Information, im ehemaligen Kaiserlichen Postamt am Stadtgarten gelegen. Geöffnet Mo–Fr 7.30–12.30 und 14–17 Uhr, Sa 9–12 Uhr

🛏 Unterkunft (▶ *Karte S. 194 bzw. 189*)
Canyon Hotel $-$$ (5), bereits von der B 1 sichtbar. Buchung über ☎ 067/304716, www.namibiareservations.com/canyonhotele.html. DZ/Frühstück ca. 930 N$. Beschreibung: einigermaßen komfortables Hotel für den Durchreisenden, viele Busgruppen. 50 DZ. Schwimmbad vorhanden.
Schützenhaus Guest House $ (6), Pastorie Street, Buchung über ☎ 067/304716, www.namibiareservations.com/schuetzenhaus_guest_house.html. Zimmer mit Klimaanlage, Preis ca. 900 N$ für ein Doppelzimmer inkl. Frühstück. Lage: ruhige Lage an einer nicht viel befahrenen Straße. Beschreibung: altes Traditionshaus aus dem Jahre 1907, war der älteste deutsche Club im südlichen Afrika. 2005 zu einem Gästehaus umgebaut. Sehr schön eingerichtete Zimmer, Restaurant (natürlich viele deutsche Traditionsgerichte), auch Zimmer für Selbstversorger, Grill, Bar, Swimmingpool. Gemütlich!
Pension Gessert $ (3), ☎ 063/223892, gesserts@iafrica.com.na, www.natron.net/gessert. 285 N$ p. P./DZ/Frühstück. Lage: 13te Straße Nr. 138. Beschreibung: nette, persönlich geführte Pension mit 7 Zimmern und sehr gutem Frühstück, Abendessen kann auf Bestellung zubereitet werden.
Birds Mansions Hotel $ (2), ☎ 063/221711, hotel@birdsaccommodation.com, www.birdsaccommodation.com, ca. 700 N$/DZ inkl. Frühstück. Lage: 6th Ave, im Zentrum des Ortes. Beschreibung: durchaus stilvolles Hotel, alle Zimmer sind nett eingerichtet und verfügen über eine Klimaanlage. Swimmingpool und Biergarten, großes Restaurant, sichere Parkplätze. E-Mail- und Internetzugang (ein Internet-Café nebenan).
Bird's Nest Bed & Breakfast $ (4), 16 Pastorie Street, ☎ 063/222906, guesthouse@birdsaccommodation.com, www.birdsaccommodation.com. Ca. 650 N$ pro DZ. Lage: im Ortszentrum gelegen. Beschreibung: nette, persönliche Pension, 10 Doppelzimmer mit Klimaanlage, sicheres Parken. Lounge-Bar.
Central Lodge $ (1), ☎ 063/225850, info@central-lodge.com, www.central-lodge.com. Ab 575 N$/Doppelzimmer mit Frühstück. Lage: auf der 5th Avenue. Beschreibung: große, saubere Zimmer mit Klimaanlage, Swimmingpool, Restaurant, zentrale Lage, guter Service.

5 km südlich Keetmanshoop
Maritz Country Lodge $ (6) (ehemals Lafenis Lodge), ☎ 063/224316, lafenislodge@iway.na, www.maritzcountrylodge.com.na. Doppelzimmer mit Frühstück ca. 600 N$, Camping ca. 80 N$/Stellplatz und ca. 60 N$ p. P. Lage: 5 km südlich Keetmanshoop Richtung Grünau. Beschreibung: Hier gibt es neben Chalets und Standplätzen auch ein Schwimmbad und ein Restaurant mit Bar.

14 km nordöstlich Keetmanshoop
Quivertree Forest Rest Camp $ (4), ① 063/222835, *quiver@africaonline.com.na,*
*www.quivertreeforest.com. DZ ca. 770 N$ mit Frühstück, Camping ca. 90 N$ p. P. Lage: 14 km
nordöstlich von Keetmanshoop, Anfahrt über C 17, direkt am Köcherbaumwald gelegen. Beschreibung: Es werden Bungalows und Iglu-förmige Behausungen (sehr einfach) angeboten,
ebenso gibt es einen Campingplatz. Pool vorhanden, Geparden-Fütterung täglich (Tiere sind
im Käfig). Campingplatz einfach unter schattigen Akazien. Gute sanitäre Anlagen, Strom, Wasser und Licht.*

37 km nordöstlich Keetmanshoop Richtung Mata Mata
Mesosaurus Camp $ (3), *Mesosaurus Fossil Site,* ① 063/222990, *www.mesosaurus.com,
Campingplätze mit Gemeinschaftsküche/WC/Dusche, ebenso gibt es einfache Chalets mit eigenem Badezimmer, Essen wird nach Absprache angeboten. Chalet 220 N$ p. P., Camping
Buschcamp 75 N$ p. P., Frühstück 65 N$, Dinner 115 N$. Lage: an der C 17 in Richtung Koes,
37 km ab Keetmannshoop. Beschreibung: urige Landschaft mit Köcherbäumen, Wander- und
Allrad-Trails. Besonders interessant sind die Mesosaurus-Abdrücke an der Fossil Site: Das Rep-
til (bis zu 1 m lang) lebte vor ca. 300 Mio. Jahren – gleiche Abdrücke finden sich auch in Südamerika, was ein Auseinanderdriften der Kontinente beweist. Schutztruppengräber auf dem
Farmgebiet. Guter Zwischenstopp auf dem Weg nach Mata Mata.*

43 km westlich Keetmanshoop an der B 4 bei Seeheim gelegen
Seeheim Hotel $$ (7), ① 063/250503, *seeheim@iway.na, www.seeheim.co.za. Ab
680 N$ p. P. im Doppelzimmer mit en-suite-Bad und Frühstück. Lage: direkt an der B 4 in ei-
nem Talkessel der alten Bahnstation gelegen. Beschreibung: Das Seeheim-Hotel ist sehr nostal-
gisch und gemütlich, bietet saubere Zimmer und hat ein rustikales Ambiente. Restaurant, Swim-
mingpool, Veranda. Gute Alternative zu Keetmanshoop und zum Fish River Canyon, falls dort
alles ausgebucht ist.*

🍴 Restaurants
Es stehen die Hotel-Restaurants vom **Canyon Hotel**, *der* **Central Lodge** *und von*
Bird's Mansions *zur Verfügung. Außerdem:*
Andre's Restaurant, *Fenschel Street zwischen 7th und 8th Avenue,* ① 063/222572. *Preis-
werte Pizzas, Burger und Sandwiches.*
Lara's Restaurant, *5th Avenue und Schmiede Street,* ① 063/222233. *Deutsche Kost, zum
Frühstück, Mittag- und Abendessen.*

🔺 Camping
Campingplatz der Stadtverwaltung $, ① 063/223316, 🖷 063/223818. *Ca.
20 N$ pro Platz und 20 N$/Auto. Beschreibung: gut ausgestattet, aber leider ziemlich laut!
Besser:*
Maritz Country Lodge, *s. S. 195.*
Quivertree Forest Rest Camp *(Beschreibung s. o.)*
Garas Quivertree Park $ (5), ① 063/223217. *Ca. 50 N$ pro Person. Lage: 23 km
nördlich von Keetmanshoop. Sie fahren 22 km auf der B 1 und biegen dann auf einen Farm-
weg ein (ca. 1–2 km zur Farm). Beschreibung: einfache Campingplätze, die an einem kleinen
Köcherbaumwald liegen. Alles ist sauber und vor allem ruhiger als im Quivertree Forest Rest
Camp. Kreativ sind die von der Besitzerin angefertigten Holzfiguren, welche am Zufahrtsweg
stehen.*

Panorama Camping Site $, ☎ 0638/11303. Ca. 25 N$ p. P. Lage: 40 km östlich Keetmanshoop über MR 29, dann 26 km auf der C 17. Beschreibung: einfache Stellplätze, Küche, Wanderwege (Spitzkoppe Fossil Trail), Köcherbäume, Allrad-Trail.

Naute Damm $ **(8)**, auf dem Weg zum Fish River Canyon, ☎ 063/250533, 🖹 063/ 250508, Keetmanshoop. 22 N$ p. P. Lage: Anfahrt über B 4 Richtung Lüderitz, dann links in die D 545 einbiegen, 30 km südlich Keetmanshoop. Am Damm direkt Ausschilderung. Beschreibung: Der Campingplatz liegt am Südufer, Blick auf den Damm, an der Staumauer gibt es WC und Waschgelegenheit. Grillstellen und Kiosk mit nichtalkoholischen Getränken.

✚ Ärztliche Versorgung
State Hospital and Ambulance Service, ☎ 063/2209000. Abzweig von B 1 nördlich des Ortes, nicht zu übersehen (Hochhausgebäude).
Dr. Oberholzer, ☎ 063/226111, 5th Lane Nr. 7. Allgemeinmediziner.

🚆 Eisenbahn
von TransNamib Starline (☎ 063/229225): Züge täglich (außer Sa) nach Windhoek, 12 Std. Fahrzeit.

🚌 Bus
Intercape verbindet in 5½ Stunden mit Windhoek (Mo, Mi, Fr, Sa). Nach Kapstadt stets Mo, Mi, Fr und So. Nach Upington Mo, Mi, Fr und So. Abfahrt: BP-Tankstelle. Preise und Zeiten unter www.intercape.co.za.
TransNamib-Busse nach Lüderitz am Mo, Fr um 7.30 Uhr. Abfahrt Bahnhof.

4. DER SÜDEN UND DER SÜDWESTEN

Keetmanshoop – Naute Damm – Fish River Canyon – Ai-Ais

Die Strecke führt in den sehr trockenen Süden und steigert sich im Hinblick auf die landschaftlichen Höhepunkte, die sie bietet! Man erlebt zunächst die **Weite des Südens** und wartet gespannt auf den **Fish River Canyon,** der erst auf den letzten Metern seine Schönheit offenbart – also Geduld. Vom Naute Damm aus kann man den weiten Blick auf das sonst eher flache Land genießen. Die Vegetation besteht aus vielen Bittersträuchern, Grasbüscheln und niedrigen Büschen. Später sieht man östlich die Kleinen Karasberge (bei Holoog).

Die herrlichen Ausblicke vom Rand des Fisch-Fluss-Canyons werden den Höhepunkt der Fahrt bilden. Nehmen Sie sich Zeit für die unterschiedlichen Aussichtspunkte. Man sollte den Canyon nicht erst am späten Nachmittag besuchen, da dann die Sonne die Schlucht nicht mehr ausleuchtet. Bis auf den kurzen Abschnitt zwischen Keetmanshoop und der Abzweigung zum Naute Damm ist die gesamte Strecke zwar nicht asphaltiert, aber in gutem Zustand. In Ai-Ais können Sie dann am späten Nachmittag die **warmen Quellen** genießen.

 ## Streckenhinweise

Ab Keetmanshoop zunächst auf der B4 Richtung Lüderitz. Nach 32 km kommt eine Abzweigung nach links auf die Pad 545, die am **Naute Damm** vorbeiführt (schöne, sehr einsame Landschaft. Alternativ kann man auf der B4 bis Seeheim (s. S. 217) fahren und dort auf die C12 abbiegen). Dann kommt man auf die Hauptpad C 12 und biegt hier nach links Richtung Holoog ein. Die Pad führt entlang der Bahnlinie. Nach 47 km geht es dann hinter Holoog rechts auf die C37 (ehemals D 601) Richtung Fish River Canyon. Nach 45 km erreicht man den Canyon. Danach geht es die gleiche Straße 14 km zurück, nach rechts geht es dann zurück auf die C37 nach Ai-Ais (57 km).

Alternativ-Tipp für Landschafts-Fans

Eine sehr schöne Route von Keetmanshoop zum Fish River Canyon stellt die Straße D 608 dar. Von Keetmanshoop 5 km nach Südosten auf der B 1 fahren, dann in die D 608 abbiegen. Die Pad führt östlich an den kleinen Karasbergen vorbei, die sich bis über 1.600 m erheben. Die Strecke ist sehr wenig befahren und gut mit dem Pkw machbar (Ausnahme wie immer: Regenzeit mit Überflutungen).

In Klein Karas (121 km von Keetmanshoop aus) erreicht man die C 12, hier nach rechts abbiegen und nach weiteren 16 km zweigt man nach Westen (links) auf die C37 zum Fish River Canyon ab.

Wenig befahren

Tageskilometer

287 km *(mit Abstecher zum Naute Damm sowie zu den Aussichtspunkten des Fish River Canyons)*

Tankstellen

Keetmanshoop, Cañon Road House, Ai-Ais

Keetmanshoop – Fish River Canyon

Gästefarmen, Lodges und Campingplätze

1 Naute Dam Camping
2 Hobas Campsite
3 Ai-Ais Rastlager (NWR)
4 Cañon Road House
5 Cañon Lodge
6 Cañon Village
7 Fish River Lodge
8 Norotshama River Resort
9 Felix Unite/Provenance Camp
10 Orange River Lodge
11 Aquacade River Resort
12 Sandfontein Game & Nature Reserve

Naute Damm

Der 1972 fertiggestellte Damm hat ein Stauvolumen von 83 Millionen m³ und ist damit der drittgrößte Staudamm des Landes. Er staut den Großen Löwenfluss auf und dient der **Trink- und Brauchwasserversorgung** von Keetmanshoop (Staumauer: 37 m). Der Hauptzufluss erfolgt in den Monaten Februar und März. Der Löwenfluss entspringt ca. 250 km östlich, nahe der Orte Koes und Aroab. Wenn 110 % der Kapazität erreicht sind, werden die Schleusen geöffnet: Nach Westen erfolgt dann der Wasserabfluss zum Fischfluss, nach Süden zum Oranje. Seit 1990 gibt es unterhalb des Dammes Dattelplantagen und bewässerte Felder, auf denen Mais, Getreide, Luzerne und Baumwolle angebaut werden.

Am Staudamm ist eine Besucherterrasse angelegt, von der aus man einen schönen Blick auf den (vogelreichen) See genießen kann. Der Naute-Wildpark, umgibt den Stausee und umfasst eine Fläche von 23.000 ha. Hier kann man Kudus, Klippspringer, Springböcke, Oryx, Strauße und zahlreiche Wasservögel beobachten. Noch vor etwa 200 Jahren gab es hier Löwen – deshalb der Name „Löwenfluss". *Populationsreiche Vogelwelt*

⚠ **Camping**
Naute Damm $ (1), *auf dem Wege zum Fish River Canyon, ☏ 063/250533, Keetmanshoop. Ca. 30 N$ p. P. Lage: Anfahrt über B 4 Richtung Lüderitz, dann links in die D 545 einbiegen, 65 km südwestlich Keetmanshoop. Am Damm direkt Ausschilderung. Beschreibung: Der Campingplatz liegt am Südufer, Blick auf den Damm, an der Staumauer gibt es WC und Waschgelegenheit. Grillstellen und Kiosk mit nichtalkoholischen Getränken.*

Fish River Canyon (Ai-Ais/Richtersveld Transfrontier Park)

Er wird als der zweitgrößte Canyon bezeichnet (nach dem Grand Canyon des Colorado in Arizona). Trotzdem sei jeder Canyon-Besucher vor Enttäuschungen gewarnt: Gegenüber dem Grand Canyon ist der Fish River Canyon eine ganze Nummer weniger eindrucksvoll… und unten am Talboden tosen nur sehr selten wilde

Blick in die Erdgeschichte

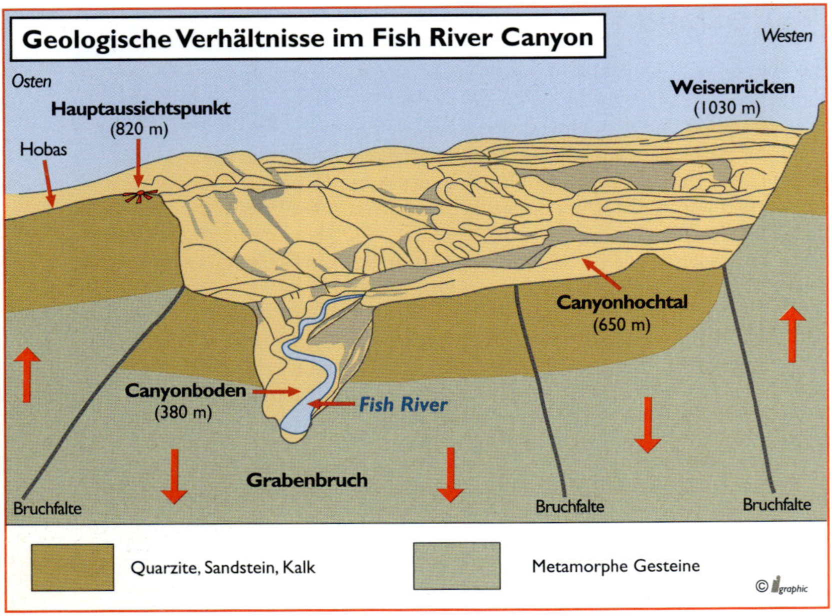

Geologische Verhältnisse im Fish River Canyon

Westen

Osten

Hauptaussichtspunkt
(820 m)

Weisenrücken
(1030 m)

Hobas

Canyonhochtal
(650 m)

Canyonboden
(380 m)

Fish River

Grabenbruch

Bruchfalte   Bruchfalte   Bruchfalte

Quarzite, Sandstein, Kalk   Metamorphe Gesteine

© graphic

Zweit-
größter
Canyon
der Welt

Wassermassen. Insgesamt ist der Canyon 161 km lang, bis zu 27 km breit und bis 549 m tief. Er beginnt bei **Seeheim im Norden** und hat seinen Ausgang bei **Ai-Ais im Süden**. Der Canyon beginnt etwa 30 km südlich der B 4, wo der Fish River über zwei Wasserfälle stürzt. Im östlichen Naukluft-Gebirge entspringend, beträgt die Länge des Fisch-Flusses bis zu seiner Mündung in den Oranje 650 km.

 Fototipps Fish River Canyon

Da der Canyon von Norden nach Süden verläuft, muss man beim Fotografieren Folgendes beachten:

- *Licht kommt in den Canyon erst etwa 2½–3 Stunden nach Sonnenaufgang.*
- *Sonnenuntergangsfotos: Das können Sie vergessen! Die Sonne blendet von Westen und der Canyon ist dunkel.*

Wenn man heute auf den Fisch-Fluss hinabschaut, glaubt man nicht, dass er die Kraft hatte, eine so große Erosionsleistung zu vollbringen. In der Tat fließt er in der heutigen Klimaperiode nur äußerst langsam, z. T. mit Unterbrechungen zwischen der winterlichen Trockenzeit und der sommerlichen Regenzeit. Gerade in der Trockenzeit (Mai–Oktober) sieht man nur vereinzelte Tümpel. Auch werden ja seine Wasser weiter im Norden erheblich angezapft (Hardap Damm, Bewässerungen).

Starke
Erosions-
leistung

Die **Haupt-Erosionstätigkeit** liegt schon lange zurück. In den sog. Pluvialzeiten (Regenzeiten) führte der Fluss vor vielen Millionen Jahren sehr viel Wasser, sodass er sich in die Quarzite, Dolomite und Kalksteine hineinfressen konnte. Im Gegensatz zum

Grand Canyon in den USA ist der Fish River Canyon nicht ausschließlich ein Produkt der Erosion. Vielmehr ist der Hauptteil der Schlucht ein Erosions- und Einbruchstal. Der Fisch-Fluss führt heute als längster Fluss des Landes nur periodisch Wasser. In der Trockenzeit sieht man nur eine Reihe von Wassertümpeln. Trotzdem: In regenreichen Jahren vermag der Hardap Damm seine Fluten nicht zu halten. 1988 überflutete der Fish River Ai-Ais.

Wasser nur periodisch

Wenn man den Fisch-Fluss-Canyon erreicht, stößt man auf den **Hauptaussichtspunkt**. Es gibt aber noch weitere sehr gute Stellen, von denen aus man den Canyon einsehen kann:

- Vom Hauptaussichtspunkt, auf den die C37 stößt, geht nach rechts eine Spur zu einem weiteren Aussichtspunkt ab, wo ein Weg in den Canyon führt (unangemeldet wandern im Canyon ist aber streng verboten!)
- Vom Hauptaussichtspunkt fahren Sie den Weg etwas zurück. Eine Abzweigung nach rechts (Süden) führt zu weiteren Aussichtsstellen, die man auf keinen Fall versäumen sollte.

Wanderung durch den Fisch-Fluss-Canyon

Fußwanderungen sind grundsätzlich nur von 1. Mai bis 15. September gestattet. Die Gruppengröße muss mindestens drei Personen umfassen, maximal 30 werden zugelassen. Die Genehmigung muss vorher beim NWR (s. u.) in Windhoek beantragt werden. Außerdem muss vor Beginn der Wanderung in Ai-Ais oder beim Aussichtspunkt (Nähe Camp Hobas), wo die Wanderung beginnt, ein ärztliches Attest über körperliche Tauglichkeit vorgelegt werden, das nicht älter als 40 Tage sein darf.

Die Länge der Wanderung vom Aussichtspunkt im Norden nach Ai-Ais im Süden beträgt 86 km. Dafür muss man ca. 3–5 Wander-

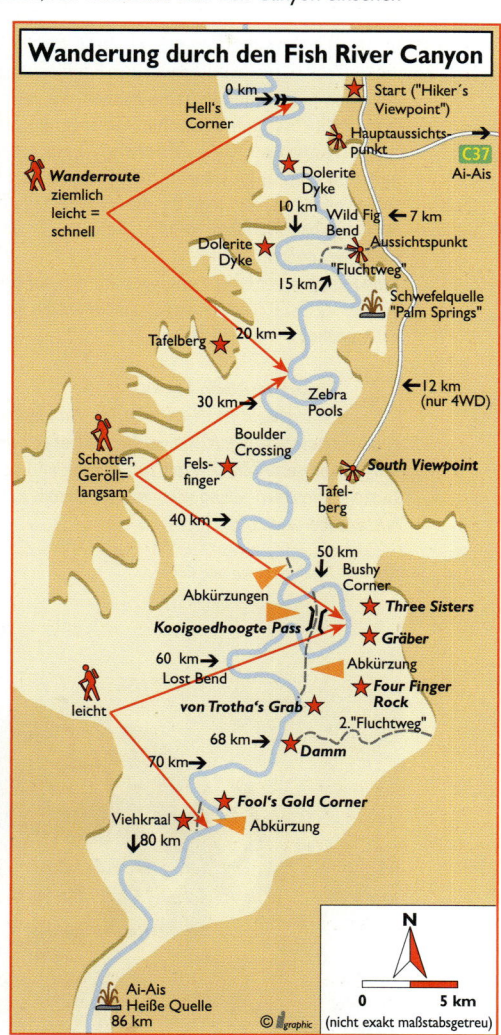

Wanderung durch den Fish River Canyon

0 km — Start ("Hiker´s Viewpoint")
Hell's Corner
Hauptaussichtspunkt
C37
Ai-Ais
Wanderroute ziemlich leicht = schnell
Dolerite Dyke
10 km — Wild Fig Bend — 7 km
Dolerite Dyke
Aussichtspunkt
"Fluchtweg"
15 km
Schwefelquelle "Palm Springs"
Tafelberg
20 km
— 12 km (nur 4WD)
30 km — Zebra Pools
Boulder Crossing
Felsfinger
Schotter, Geröll = langsam
Tafelberg
South Viewpoint
40 km
50 km — Bushy Corner
Abkürzungen
Three Sisters
Kooigoedhoogte Pass
Gräber
60 km — Lost Bend
Abkürzung
leicht
Four Finger Rock
von Trotha's Grab
2. "Fluchtweg"
68 km — **Damm**
70 km
Fool's Gold Corner
Viehkraal
Abkürzung
80 km
Ai-Ais Heiße Quelle 86 km
© graphic
N
0   5 km
(nicht exakt maßstabsgetreu)

tage veranschlagen. Belohnt wird der Wanderer durch die wildromantische Szenerie des Canyons.

Großartige   Am besten beginnt man die Wanderung am Aussichtspunkt nördlich (rechts) vom
Talland-   Hauptaussichtspunkt, auf den die Straße zuführt. Ein steiler Weg führt in ca. 45 Minu-
schaft   ten zum Fisch-Fluss hinab. Man folgt dann den Fluss-Mäandern, überquert gegebenen-
falls den zum größten Teil schmalen und flachen Fluss und sucht sich das Flussufer aus,
an dem man am besten wandern kann. Der Weg führt im Allgemeinen langsam abwärts;
nur an den sandigen oder felsigen Stellen wird die Wanderung etwas strapaziöser.

Es gibt **Übernachtungsplätze** mit *Camping facilities*, aber Proviant und Ausrüstung
müssen selbst mitgebracht werden. Ein Lieblingsplatz ist die Stelle an den Schwefelquel-
len, denn hier stehen einzelne Palmen, die vermutlich während des Zweiten Weltkrieges von flüchtenden deutschen Gefangenen gepflanzt wurden. Am Ende der Wanderung erreicht man Ai-Ais. **Wichtig**: Überschätzen Sie sich nicht! Selbst in den Winter-
Es kann   monaten kann es im Canyon zur Mittagszeit um die 40 Grad werden. Und man schleppt
sehr heiß   selber alles mit, was man für die Wandertage braucht!
werden!   Buchung bei: Namibia Wildlife Resorts, ☎ 061/2857200, reservations@nwr.com.na,
www.nwr.com.na.
Wanderungen mit Übernachtungen werden auf privater Basis z. B. von der Cañon Lodge angeboten (s. S. 207), unter www.trailhopper.com kann man ein Paket mit Guide ab/bis Windhoek buchen.

☞   **Tipp: Maultier-Trekking**
*Ein Highlight ist eine fünftägige Wanderung mit Maultieren durch diese atemberau-
bende Landschaft. Die Maultiere tragen Gepäck und Ausrüstung, während die Wanderer die
Möglichkeit genießen, sich frei zu bewegen und sich auf die Erklärungen des Tourführers zu
konzentrieren. Am Abend wird gezeltet. Details zur Reise: www.mule-trails-namibia.com, auch
buchbar bei www.afrika.de.*

Mit dem Maultier durch den Canyon

Canyon Nature Park

Eine tolle Alternative ist eine Wanderung im privaten Canyon Nature Park. Der Park am Fish River Canyon ist das einzige private Naturschutzgebiet in dieser Gegend. Im Jahre 2003 legten die einstige Gästefarm Fish River Guest Farm am Ostufer und der Canyon Nature Park am Westufer des Fish River Canyons (gegenüber von Hobas) ihre beiden Gebiete zusammen, die nun 45.000 ha umfassen. Unter dem Namen „Canyon Nature Park" wird das Gebiet vermarktet. *45.000 Hektar*
Übernachtet wird in der Fish River Lodge (s. S. 207) am Westufer des Canyons.

Toll sind die Wandermöglichkeiten. Man kann selbst losgehen oder an einer geführten Tour teilnehmen. Das private Gebiet umfasst 120 km des Canyongebiets (auf beiden Uferseiten). Die Ruhe der Landschaft und die Exklusivität (Zugänglichkeit nur für die wenigen Übernachtungsgäste) garantieren ein ruhiges Naturerlebnis.

Ai-Ais

Hierzu eine kleine **Vorgeschichte**: Nach Überlieferungen suchte ein kleiner Hirtenjunge 1850 verloren gegangenes Vieh. Dabei entdeckte er zufällig die warmen Quellen von Ai-Ais, was der Nama-Sprache nach die Bedeutung von „sehr heiß" hat. In den Jahren 1898/1902 kam es bei Ai-Ais immer wieder zu Auseinandersetzungen zwischen der Schutztruppe und den Nama.

Die **Quellen** hier sind reich an Fluoriden, Sulfaten und Chloriden. Das Wasser hat eine Temperatur von 60 °C und speist sowohl Bäder draußen (Swimmingpool) als auch in der Halle (Wannenbäder). Dieses Heilbad ist insbesondere für Rheumakranke empfehlenswert, aber ebenso für einen Erholungsaufenthalt während einer Reise ideal. Man kann hier Wanderungen unternehmen und in den umliegenden Bergen Rosenquarz finden. Selbst in der „Winterzeit" steigen aufgrund der geschützten Lage die Mittagstemperaturen bis auf 25 °C! *Heiße Quellen*

Reisepraktische Informationen Fish River Canyon und Ai-Ais

 Eintrittspreise
Erwachsene 80 N$/Tag, Kinder unter 16 J. frei, Fahrzeuge (bis 10 Sitze) 10 N$/Tag.

 Unterkunft
(s. auch Unterkünfte zu Seeheim/Goageb (S. 217) und ▶ Karte S. 200)
Beide folgenden Unterkünfte werden vom NWR gemanagt, Buchung unter Namibia Wildlife Resorts, ☎ 061/2857200, reservations@nwr.com.na, www.nwr.com.na:
Hobas Campsite/nur Camping **$ (2)**, *Stellplatz 100 N$, p. P. zusätzlich 110 N$, Parkeintritt 170 N$. Lage: auf dem Weg zum Fish River Canyon. Beschreibung: Neben den verschiedenen Lodges, die auch teilweise über Campsites verfügen, ist die staatliche Hobas Campsite zu empfehlen. Sie liegt auf dem Wege zum Fish River Canyon und hat schöne, z. T. schattige Campingplätze mit Feuerstelle, Wasser und guten sanitären Einrichtungen.*

Ai-Ais Rastlager $$ (3), *DZ ab 450 N$ p. P., Camping 125 N$ p. P. zzgl. 100 N$/Platz. Lage: am Ende des Canyons über die C 37 oder C 10 erreichbar. Beschreibung: Vermietet werden Doppelzimmer und Chalets, wobei die Ausstattung teilweise etwas kahl und ungemütlich wirkt. Schön ist der warme Außenpool. Restaurant und Tankstelle sowie Laden vorhanden. Man kann vom Lager-Endpunkt des Fish River Canyons schöne Wanderungen unternehmen. Der große Campingplatz bietet wenig Schatten, allerdings gibt es einige Rasenplätze unter großen Bäumen. Gute sanitäre Einrichtungen, allerdings in der Hochsaison sehr unruhig. Vorsicht: In den Sommermonaten November bis Februar wird es hier im engen Talkessel höllisch heiß!*

Die **Gondwana Collection**, *zu der neben drei Lodges (s. u.) im Naturschutzgebiet Gondwana Cañon Park auch die Namib Desert Lodge, die Kalahari Anib Lodge, Klein-Aus Vista, die Damara Mopane Lodge und Unterkünfte bei Etosha sowie die Hakusembe River Lodge bei Rundu und die Namushasha Lodge im Caprivi gehören, setzt sich in Namibia seit vielen Jahren sehr erfolgreich für Naturschutz und sanften Tourismus ein. Die Lodges werden besonders umweltschonend betrieben: So stammen etwa 70 % der verwendeten Nahrungsmittel aus eigenem Anbau. Auch die Schaffung von Arbeitsplätzen und die Ausbildung der Mitarbeiter gehören zum Erfolgsmodell.*
Buchungen aller Unterkünfte bei: **Gondwana Travel Center Booking Office**, *Windhoek,* ☎ *061/230066, 24h-Service:* ☎ *081/129 2424, info@gondwana-collection. com, www.gondwana-collection.com.*
Cañon Road House *mit Campingmöglichkeit* **$$ (4)**, ☎ *direkt: 063/266031, 555 N$ p. P. im DZ mit Frühstück, Camping 85 N$. Lage: an der C 37 gelegen, ca. 18 km nach dem Abzweig von der C 12 rechts. Beschreibung: sehr originelle, liebevoll restaurierte*

Grandiose Lage: die Cañon Lodge

Unterkunft mit gemütlicher Bar und urigem Außenbereich. Gutes Essen, sehr herzliche Atmosphäre mit kosmopolitischer Offenheit. Tankstelle vorhanden. Ruhige, gepflegte Campingplätze ebenso.

Cañon Lodge $$$ (5), ☎ direkt: 063/693014, p. P. im DZ 895 N$ mit Frühstück. Lage: an der C 37 gelegen, ca. 7 km südlich der Abzweigung zum Fish River Canyon. Wunderbare Lage einer in die Landschaft eingepassten Lodge. Beschreibung: Man wohnt in originellen, z. T. in den Fels gebauten riedgedeckten Unterkünften (25). Das alte Farmhaus (1908) dient als Restaurant, das mit guter namibischer Küche verwöhnt. Reisegruppen werden angenommen, insofern ist man im Cañon Road House individueller untergebracht. Sehr schöne Terrasse mit toller Aussicht!

Cañon Village $$$ (6), ☎ direkt: 063 693025, im DZ 755 N$, Lage: 20 km vom Fish River Canyon entfernt. Beschreibung: Das Cañon Village wurde im kapholländischen Stil erbaut und ist von Bergen umgeben. Für die Gäste stehen 42 Zimmer mit eigenem Badezimmer, Grasdach und je eigener Veranda zur Verfügung. Zudem gibt es ein Schwimmbad, einen zum Teil überdachten Biergarten sowie ein Restaurant mit einem wunderschönen Ausblick auf die Landschaft. Am Abend werden Sundowner-Fahrten und Wanderungen angeboten.

Das schlichte **Cañon Mountain Camp**, etwa 6 km von der Lodge entfernt gelegen, steht nur noch für Gruppenbuchungen zur Verfügung.

Fish River Lodge $$$$$ (7), Buchung über ☎ 061/246788, reservations@fishriverlodge. com.na, www.fishriverlodge-namibia.com, Lodge direkt ☎ 063/683005, mobil 081/ 2605737. Ab 2.250 N$/DZ mit Halbpension. Lage: einzige Unterkunft am Westrand des Canyons. Aus Richtung Keetmanshoop fahren Sie die B 4 Richtung Lüderitz. Nach etwa 81 km biegen Sie links in die D 463 ab. Sie bleiben 88 km auf der D 463 und kommen zu einer weiten Rechtskurve. Dort zweigt links die Zufahrt zum Canyon Nature Park ab. Es sind von hier aus noch 5 km bis zur Lodge auf einer rauen Farmpad. An allen Abzweigungen gibt es Hinweisschilder. Aus Richtung Lüderitz fahren Sie die B 4 ca. 228 km bis Goageb. Hier biegen Sie rechts in die D 459 ab. Folgen Sie der D 459 84 km und biegen Sie dann nach links in die D 463 ab. Nach etwa 20 km befindet sich in einer Linkskurve eine Abzweigung nach rechts, die direkt zum Eingang des Canyon Nature Park führt. Es sind von hier aus noch 5 km bis zur Lodge auf einer rauen Farmpad. An allen Abzweigungen gibt es Hinweisschilder. Beschreibung: Es gibt 20 Chalets mit Doppelzimmern, die in genügendem Abstand zueinander am Rande des Canyons stehen. Das Restaurant-Gebäude verfügt über eine Veranda mit einem 180-Grad-Blick in den Canyon und auf die Berge von Ai-Ais. Besonders zum Sonnenuntergang hin genießt man unvorstellbar schöne Lichtspiele. Gute Verpflegung durch einen ausgebildeten Koch. Angebot von Nachmittagswanderungen, auch mehrtägige Wanderungen möglich. Rückkehr zum Abendessen. Schönes Zusatzangebot: Outdoor-Betten für eine Nacht unter dem namibischen Sternenhimmel.

Ai-Ais/Richtersveld Transfrontier Park

Von Namibia oder von Springbok aus kommend auf der N 7, dann über Eksteensfontein nach **Sendlingsdrift, dem Grenzübergang**. 25 km von hier befindet sich der einzige Parkeingang, *Helskloof Entry Gate*. Von Eksteensfontein fährt man ca. 120 km bis nach Sendlingsdrift. Von Port Alexander sind es 90 km.

Besonders sehenswert Ai-Ais und Richtersveld umfassen 6.045 km² und zählen zu den besonders sehenswerten, wilden und trockenen, wüstenähnlichen Berglandschaften. Der Ai-Ais Hot Spring Game Park ist 4.400 km² groß, der Richtersveld National Park ca. 1.600 km². Extremtemperaturen prägen das Klima: im Winter bis unter Null, im Sommer bis zu

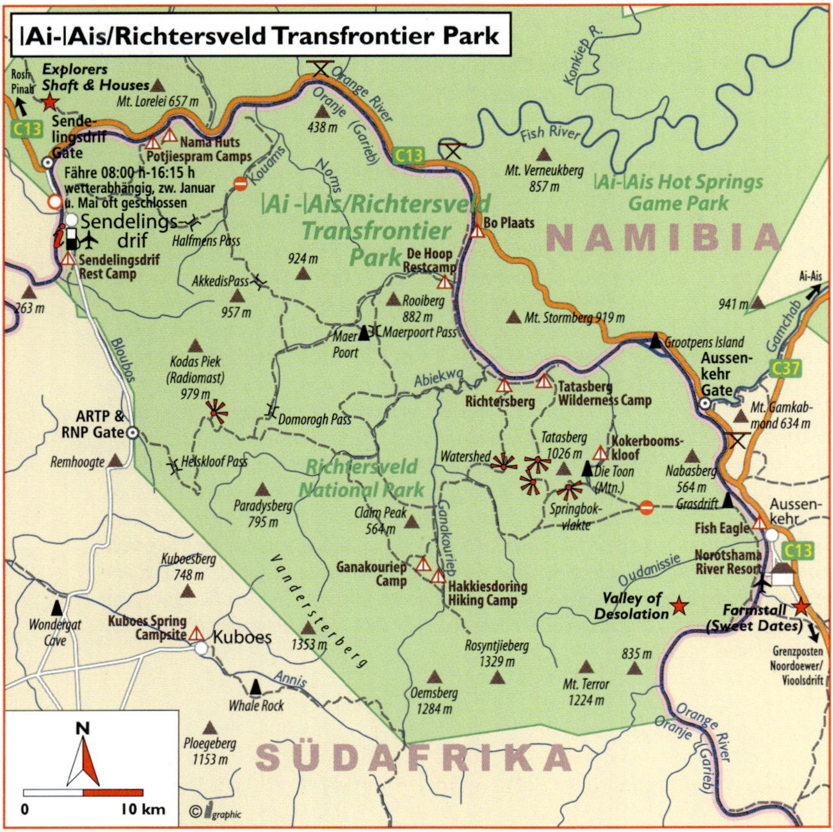

|Ai-|Ais/Richtersveld Transfrontier Park

Explorers Shaft & Houses
Rosh Pinah
Mt. Lorelei 657 m
Sende-lingsdrif Gate
C13
Nama Huts
Potjiespram Camps
Fähre 08:00 h-16:15 h wetterabhängig, zw. Januar u. Mai oft geschlossen
Sendlings-drif
Sendlingsdrif Rest Camp
Halfmens Pass
Akkedis Pass
263 m
Kodas Piek (Radiomast) 979 m
ARTP & RNP Gate
Remhoogte
Helskloof Pass
Domorogh Pass
Paradysberg 795 m
Kuboesberg 748 m
Ganakouriep Camp
Wondergat Cave
Kuboes Spring Campsite
Kuboes
1353 m
Vandersterberg
Annis
Whale Rock
Ploegeberg 1153 m

Orange River
Oranje (Garieb)
438 m
Kauams
Noms
C13
Fish River
Mt. Verneukberg 857 m
Bo Plaats
|Ai-|Ais Hot Springs Game Park
NAMIBIA
Ai-Ais
941 m
De Hoop Restcamp
924 m
Rooiberg 882 m
Maer Poort
Maerpoort Pass
957 m
Mt. Stormberg 919 m
Grootpens Island
Aussen-kehr Gate
C37
Mt. Gamkab-mond 634 m
Abiekwa
Tatasberg Wilderness Camp
Richtersberg
Watershed
Tatasberg 1026 m
Kokerbooms-kloof
Die Toon (Mtn.)
Springbok-vlakte
Nabasberg 564 m
Grasdrift
Aussen-kehr
Fish Eagle
Norotshama River Resort
C13
Oudanissie
Valley of Desolation
Farmstall (Sweet Dates)
Richtersveld National Park
Claim Peak 564 m
Hakkiesdoring Hiking Camp
Rosyntjieberg 1329 m
835 m
Grenzposten Noordoewer/ Vioolsdrift
Oemsberg 1284 m
Mt. Terror 1224 m
Orange River Oranje (Garieb)
SÜDAFRIKA

N
0   10 km   ©graphic

Einsamkeit im Richtersveld National Park

über 50 Grad. Im äußersten Nordwesten der Northern Cape Province von Südafrika gelegen, ist der Richtersveld National Park eine der letzten Wildnisse des südlichen Afrika. Das Gebiet ist eine *mountain desert*, eine Gebirgswüste mit weniger als 50 mm Jahresniederschlag. Oft bringen Morgennebel die erforderliche Feuchtigkeit vom Meer (Ursache: der kalte Benguelastrom). *Extreme Temperaturunterschiede*

Im Park selbst haben sich die wasserspeichernden Sukkulenten den klimatischen Bedingungen angepasst. Dazu gehören die Köcherbäume, artverwandte Stammsukkulenten wie die *Aloe Pillansii* sowie die nur hier vorkommenden „halfsmen". Im Norden grenzt der Park an den Oranje, am anderen Ufer liegt Namibia. Der Park ist durch ein Wegesystem gut erschlossen, wobei es in einigen Flusstälern sehr sandig werden kann. Ebenso sind die Abstiege von der Hochfläche zum Oranje, z. B. zum Camp De Hoop, selbst für geübte Offroad-Fahrer eine Herausforderung.

👉 Entfernungen im Park

Sendelingsdrift – Helskloof Entry Gate: 22 km (25 min)
Helskloof Gate – Kokerboomkloof: 78,3 km
Helskloof Gate – Richtersberg: 68,5 km
Helskloof Gate – De Hoop: 53,7 km
Richtersberg – De Hoop: 8,1 km (tiefer Sand und viele Steine)
Sendelingsdrift – Potjiespram: 9 km
Sendelingsdrift – De Hoop: 38,2 km
Sendelingsdrift / Richtersberg / Kokerboomkloof / Helskloof / Sendelingsdrift: 203 km (9 Stunden)

Reisepraktische Informationen Ai-|Ais/ Richtersveld Transfrontier Park

Vorwahl Südafrika: 0027

 Information & Buchung
South African National Parks, *Sitz in Pretoria,* ☎ *012/4289111, reservations@ sanparks.org, www.sanparks.org. Parkbüro in Sendelingsdrift täglich von 8–16h offen,* ☎ *Park- rezeption 027/8311506, richtersveld@sanparks.org.*

Eintrittspreise
Erwachsene 130 ZAR/Tag, Kinder 65 ZAR/Tag.

Unterkunft
Alle Unterkünfte und Campingplätze buchbar über **South African National Parks***, Kontakt s. o. Der Park ist nur mit Geländewagen befahrbar, Campsites muss man vor Dunkelheit erreichen. Es gibt keinen Laden im Park selbst, in Sendelingsdrift nur einen kleinen Store. Hier gibt es auch eine Tankmöglichkeit. Im Richtersveld gibt es keinen Handy-Empfang!*
Sendelingsdrift Restcamp $, *Chalet ab 615 ZAR/Chalet, Camping ca. 150 ZAR. Lage: direkt am Eingang im Westen in den Richtersveld-Teil des Nationalparks. Beschreibung: 10 an- sprechende, aber einfache Chalets für Selbstversorger (Klimaanlage, Kochplatten), Veranda mit Blick auf den Oranje, Campingplatz (kein Strom) und Swimmingpool vorhanden.*
Tatasberg *und* **Ganakoriep Wilderness Camps $**, *Chalet ab 610 ZAR/Chalet. Be- schreibung: In beiden Camps gibt es einfache Chalets bzw. zeltartige Unterkünfte (canvas ca- bins), Selbstversorgung gute sanitäre Einrichtungen mit warmem Wasser. Trinkwasser muss mitgebracht werden. Auch Campingmöglichkeiten.*

Camping
De Hoop Restcamp *(direkt wunderschön am Oranje-Ufer gelegen, 12 Plätze, sa- nitäre Einrichtungen nur mit kaltem Wasser),* **Potjiespram Restcamp** *(18 Plätze, sanitä- re Einrichtungen nur mit kaltem Wasser),* **Richtersberg Restcamp** *(direkt am Oranje, 12 Plätze, sanitäre Einrichtungen nur mit kaltem Wasser),* **Kokerboomkloof Restcamp** *(kein Wasser, nur einfache „Trocken-Toiletten", 8 Plätze)*

Unterkunft am Oranje *(► Karte S. 200)*
auf südafrikanischer Seite*/Zugang über Vioolsdrift (Northern Cape, South Africa – Grenzübergang nach Namibia) = Südufer des Oranje*
Aquacade River Resort $ (11)*, Plot 21, Kotzeshoop, Vioolsdrift, Südafrika,* ☎ *Südafri- ka 027/7121200 oder 027/7618777, www.aquacade.co.za, Chalets 450 ZAR für 2 Perso- nen, Camping 60 ZAR p. P. und 50 ZAR/Platz. Lage: 10 km westlich von Vioolsdrift an der Kot- zeshoop Road. Beschreibung: ein sehr schön gelegenes Resort direkt am Oranje mit gepfleg- ter Anlage und wunderbaren Ausblicken auf Fluss und die Berglandschaft des Richtersveld. Die Chalets sind für Selbstversorger ausgelegt, der Campingplatz ist vorbildlich eingerichtet (gras- bewachsene Stellplätze, Strom, Tische und Bänke, Grillmöglichkeit, saubere sanitäre Anlagen). Bar vorhanden, Schwimmen im Fluss möglich, gesicherter Bereich), Vermietung von Kanus.*
auf namibischer Seite *am Oranje s. S. 216.*
Für einen ***exklusiven Abstecher*** *empfiehlt sich das* **Sandfontein Game and Nature Reserve (12)***, etwa zwei Autostunden östlich von Noordoewer (s. S. 499).*

Weiterreise-Möglichkeiten

- **nach Lüderitz über Seeheim und Aus** (für normale Pkw, s. S. 212)
- **nach Lüderitz** entlang dem nördlichen Oranje-Ufer nach Rosh Pinah und Aus (über die C37 (D 207)). Alternativ geht es mit Umweg über Noordoewer (Ausnahme: Regenzeit. Rat: Fragen Sie die Ranger in Ai-Ais nach dem Zustand der Wege!) (s. S. 214).
- **Abstecher zum Kgalagadi Transfrontier National Park** (s. S. 491)
- **nach Kapstadt durch das Namaqualand**

 Informationen zum Weiterfahren nach Kapstadt

Wer nur den Süden Namibias bereisen möchte, hat die Möglichkeit, von Kapstadt aus in die Namibia-Route einzusteigen oder den Süden Namibias zu verlassen, um nach Kapstadt zu gelangen. Höhepunkte: **Wildblumen-Blüte im Namaqualand** (im südafrikanischen Frühling Ende August bis Oktober) sowie Kapstadt.

Die **Grobplanung** könnte dann wie folgt aussehen:

- Man fliegt Kapstadt an und mietet hier ein Fahrzeug (in Südafrika sind Mietwagen billiger). Im Süden Namibias steigt man in die vorgeschlagene Namibia-Rundfahrt ein. Rückflug ab Windhoek. Als Airlines kämen hier Air Berlin oder Air Namibia aufgrund der Direktanbindung nach Deutschland infrage, bei der Rückgabe in Windhoek fällt eine one-way-Gebühr an.
- Man fliegt Windhoek an und fährt die vorgeschlagene Namibia-Rundreise gegen den Uhrzeigersinn. In Ai-Ais steigt man aus der Route aus und genießt zum Schluss Kapstadt. Airline-Vorschlag wie oben. Nachteil: Man fährt das teurere namibische Auto nach Kapstadt und zahlt noch zusätzlich die one-way-Gebühr.

Ai-Ais – Seeheim – Bethanien – Lüderitz

Abwechs- Eine sehr abwechslungsreiche Strecke, vor allem dann, wenn man sich zur Fahrt entlang
lungsreiche des Oranje entschließen kann, die einfach grandios ist: **Weite, Berge und der Fremd-**
Strecke **lingsfluss** Oranje **sorgen für eine fantastische Szenerie.** Ab Aus erwartet den Reisenden dann die erste Durchquerung der Namib, deren östliche Ausläufer hinter Aus
beginnen. Links und rechts der Straße erlebt man die „Unendlichkeit" Namibias. Doch
erst kurz vor Lüderitz (bei Kolmanskuppe) sieht man Sanddünen. Hier liegt – vom Sande begraben – zur Linken die alte **Diamantenstadt Kolmanskuppe**.

Die gesamte B 4 zwischen Keetmanshoop und Lüderitz ist asphaltiert. Die restlichen
Abschnitte sind gut gepflegte Naturpads. Lüderitz selbst besitzt eine sehr gut erhalte-
ne alte Bausubstanz, sodass man sich fast wie in einem Freilichtmuseum wähnt: Die Zeit
scheint (architektonisch zumindest) stehen geblieben zu sein.

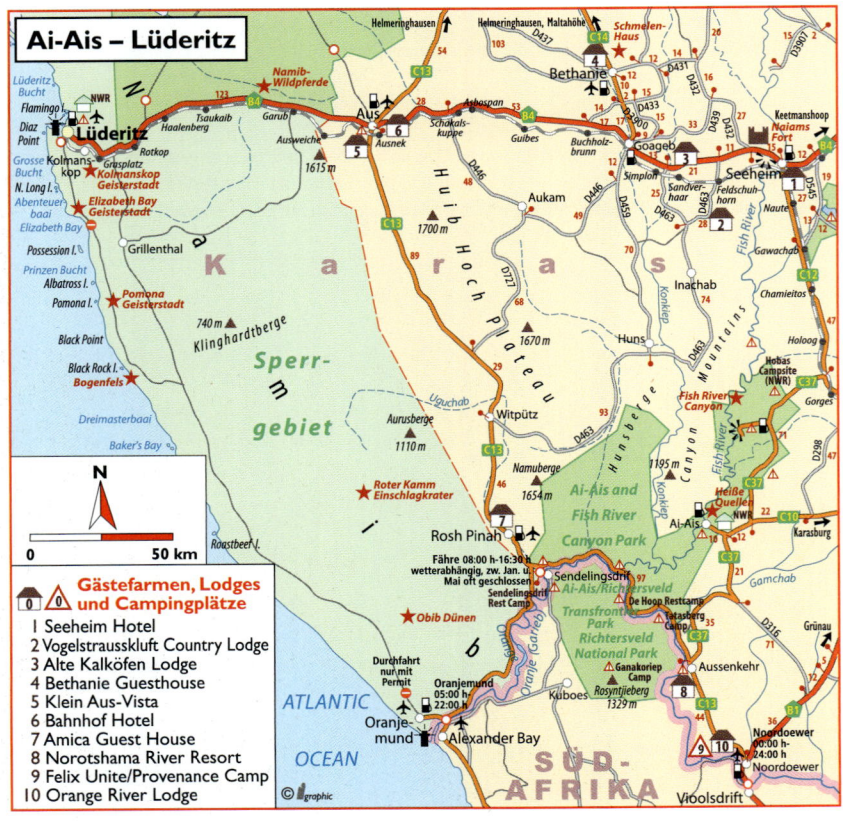

Tageskilometer
493 km; mit Abstecher zu den „Singenden Klippen" ca. 100 km mehr

Tankstellen
Goageb, Bethanien, Aus

Streckenhinweise

Von Ai-Ais die C 10 nach Osten, nach 24 km links in die C37 abbiegen. (Man hat hier noch die Möglichkeit, nochmals kurz die Aussichtspunkte des Fish River Canyons aufzusuchen, indem man nach links abbiegt – interessant für Foto-Freaks, denn die Beleuchtung ist ja bekanntlich immer anders...). Dann nach links auf die Pad C 12 in Richtung Seeheim abbiegen. In Seeheim stößt man auf die B 4, in die man nach links abbiegt. Nach 62 km erreicht man Goageb und fährt hier nach rechts in die C 14 nach Bethanien (26 km nordwestlich von Goageb). Wenn man nun von Bethanien nach Lüderitz fährt, benutzt man ein Stückchen der C 14 nach Goageb (wie auf dem Hinweg), kürzt nun aber die Strecke ab, indem man nach rechts in die Pad 435 einbiegen, auf der man nach 15 km wieder die B1 nach Lüderitz erreicht. Nun sind es noch 87 km nach Aus und von Aus nochmals 122 km nach Lüderitz.

Achtung: Kurz vor Lüderitz warnen Schilder vor Sandverwehungen. Bei starkem Sandsturm bitte anhalten und die Autoscheiben vor Sandflug schützen (mit Pappe, falls vorhanden..., oder zumindest die Frontscheibe schützen, indem Sie den Wagen entsprechend vom Wind wegstellen), da Sie sonst „Milchglas-Scheiben" erhalten.

Sandige Angelegenheit

Vor Lüderitz beginnt die Wüste

Alternativstrecke:
von Ai-Ais entlang dem Oranje und
über Rosh Pinah und Aus nach Lüderitz

Land-
schaftlich
besonders
reizvoll

Dieser Abschnitt ist landschaftlich besonders reizvoll. Der Weg führt durch die weite Tallandschaft des Gamkab Rivier, einzelne Tafel- und Inselberge unterbrechen die Weite. Es folgen bizarre Bergformationen, später stößt man auf das Flusstal des Oranje, Grenzfluss zu Südafrika. Die Abkürzungsstrecke von der D 316 durch das Gamkab-Tal zum Oranje ist landschaftlich sehr schön – und einsam. Für diejenigen, die den längeren Weg über Noordoewer wählen: Kurz hinter Noordoewer fährt man an Bewässerungskulturen (Gemüseanbau, Tafeltrauben) und Orangenplantagen entlang – ein großartiger Gegensatz zu der sonst so trockenen Landschaft. Ein Beweis für die Ertragfähigkeit des Bodens, sobald kostbares Nass zur Verfügung steht!

Man überquert die Mündung des Fish River in den Oranje und genießt immer wieder die z. T. enge Tallandschaft des Oranje. Zelt-Fans kommen hier auf ihre Kosten! Von Rosh Pinah steigt die Landschaft wieder an, Tafelberge zeichnen ein grandioses Landschaftsbild. Von Aus nach Lüderitz durchquert man die Namib. Rechts und links der Straße beginnt das Diamantensperrgebiet, das nicht betreten werden darf. Flache Berge, vor Lüderitz sogar Sanddünen und eine fast vegetationslose Landschaft begleiten den Reisenden nach Lüderitz.

Tageskilometer
ca. 430 km über 316/207/C13/B4

Tankstellen
Ai-Ais, Noordoewer, Rosh Pinah, Aus

Unterkunft
siehe S. 205, 222, 240, Fish River Canyon, Aus, Lüderitz

 Streckenhinweise

Von Ai-Ais nimmt man die Pad C 10 ca. 10 km nach Osten, danach biegen Sie auf die Pad 316 ab. Diese Pad fahren Sie Richtung Noordoewer/Vioolsdrif 22 km und biegen nach rechts (= Westen) ab. Die C13 (mit normalem Pkw befahrbar) folgt zunächst ca. 35 km dem breiten Flussbett des Gamkab River. Später verengt sich das Tal und führt bis an die Ufer des Oranje, wo man die Pad nach Rosh Pinah erreichen. Hier biegen Sie wieder rechts nach Westen ab. Unterwegs passieren Sie (von Nordosten nach Südwesten) die Farmen Kanabium, Uithoek und Aussenkehr). Die Oranje-Pad trägt die Bezeichnung C 13/ D 212 und führt nun ca. 80 km am Oranje entlang nach Rosh Pinah. Von Rosh Pinah aus erreichen Sie auf der C 13 (geteert) nach 165 km das Aus die B 4 nach Lüderitz.
Hinweis: Die Pad am Oranje sollte man bevorzugt am Wochenende befahren, denn da gibt es keine Staub aufwirbelnden Lkws auf der Straße!
Alternativ können Sie, statt von der 316 abzubiegen, bis zur B1 und dann weiter (36 km) nach Noordoewer fahren, wo die Pad D 212 Sie nach Rosh Pinah führt. Diese Wegvariante ist ca.

100 km länger. Dies ist für normale Pkws ebenfalls gut machbar, wobei man bedenken sollte, dass während der Regenzeit die Pad am Oranje im Bereich von Flussmündungen/Gewässerläufen unpassierbar werden kann.

Auf der geteerten Pad B 4 erreichen Sie nach 125 km Lüderitz. Alle nicht asphaltierten Strecken sind in relativ gut befahrbarem Zustand. Erkundigen Sie sich aber bitte vor allem in der Regenzeit nach dem Straßenzustand!

Der Oranje – die Südgrenze Namibias

info

Mit 1.860 km Länge ist der Oranje der längste Fluss Südafrikas. Er entspringt auf 3.160 m Höhe in den Drakensbergen, die aufgrund ihrer hohen Niederschläge eine ganzjährige Wasserführung ermöglichen. Sein größter Nebenfluss ist der Vaal. Als Fremdlingsfluss passiert er die trocken-heißen Gebiete im Norden Südafrikas. (Fremdlingsfluss bedeutet: Er erhält in den trockenen Gebieten keinen Zufluss mehr und wird lediglich aus weit abgelegenen feuchteren Gebieten gespeist.) Im canyonartigen Unterlauf bildet er die Grenze zwischen Südafrika und Namibia und mündet bei Oranjemund (Diamantenabbau) in den Atlantik. Aufgrund der geringen Wasserführung, vieler Katarakte und Felsbrocken ist der Oranje nicht schiffbar. Die Augrabies-Fälle in der Republik Südafrika sind besonders eindrucksvoll. Die Wassermassen des Oranje sehen ziemlich braun aus, denn dieser Fluss führt 0,69 % Schlamm mit sich (fünfmal mehr als der Nil).

Ein Besonderes Erlebnis: Kanutour auf dem Oranje

Reisepraktische Informationen für das Nordufer des Oranje – Noordoewer und Umgebung

Hinweis: auf der namibischen Seite = Nordufer Oranje. Für Unterkünfte auf südafrikanischer Seite s. S. 210.

Unterkunft (▶ Karte S. 212)

Norotshama River Resort $$-$$$ (8), *Aussenkehr,* ✆ *063/297215, www. norotshamaresort.com, ca. 620 N$/ p. P. im DZ inkl. Frühstück, Camping ca. 160 N$ p. P. Lage: 50 km westlich von Noordoewer, im Weinanbaugebiet von Aussenkehr. Mit einem normalen Auto sind es 115 km bis zum Canyon, für Geländewagen gibt es eine Abkürzung. Beschreibung: sehr schöne riedgedeckte Bungalows (mit Klimaanlage) und Camping am Oranje-Ufer mit Grillmöglichkeit, Stromanschluss und sanitären Anlagen. Schwimmbad und Restaurant vorhanden. Aktivitäten: Kanufahrten, Reiten. Von hier führt auch ein Allrad-Weg nach Ai-Ais.*

Felix Unite River Adventures & Accomodation $$ (9), *Noordoewer, Buchung:* ✆ *(Südafrika) +27-21/7029400, www.felixunite.com. Lage: von Noordoewer ca. 9,5 km am Oranje, Abzweig Camel Lodge Motel, dann weiter Teerstraße, Ausschilderung: ein Kanu mit der Aufschrift „Felix Unite". Preise: Cabanas (riedgedeckte Hütten am Oranje Ufer): 850 N$/2 Personen, eingerichtete Zelte 650 N$/2 Personen, Camping ab 100 N$ p. P. Beschreibung: sehr idyllisch gelegenes Camp direkt am Oranje-Ufer. Rustikal und angepasst an die Landschaft. Gute Verpflegung, Möglichkeit zu Kanusafaris.*

Orange River Lodge $ (10), ✆ *063/297012, www.orlodge.iway.na, ca. 450 N$/DZ in der Lodge, ebenso Zimmer in auf Stelzen gebauten cabins (Uferlage) und Campingplätze direkt am Ufer. Lage: 600 m vom Oranje entfernt, ca. 1 km vor der Grenze, 100 m von der B 1 entfernt. Beschreibung: Zimmer mit Klimaanlage, Selbstversorgungs-Möglichkeit, Grillmöglichkeit, Restaurant, Kanuverleih (man lässt sich flussabwärts treiben und wird nach ca. 4 Stunden Fahrt abgeholt) – insgesamt einfach, doch sauber.*

☞ Hinweis für Abenteuerhungrige

Von Noordoewer bis zur Mündung des Fisch-Flusses werden regelmäßig Kanu-Fahrten am Oranje-Fluss veranstaltet (auch für Anfänger geeignet). Buchungen u. a. bei Felix Unite in Südafrika, www.felixunite.com, ✆ 021/7029400. Aber auch die Camps am Oranje bieten Kanu-Fahrten an.

Rosh Pinah

Wasser aus dem Oranje
Rosh Pinah ist ein Bergwerksort. Hier sind ca. 2.500 Menschen mit dem Abbau von Zink beschäftigt. Es gibt eine Tankstelle, Läden (Supermärkte), Bank, Bäcker und Metzger. Der Ort wirkt mit seinen kleinen Grünanlagen wie eine Oase, denn das Wasser zapft man bequem dem Oranje ab.

Zinkmine
Die Zinkmine Scorpion (seit 2003 in Betrieb) weist einen hohen Zinkgehalt von 11 % auf, man fördert etwa 150.000 t/Jahr. Der Abtransport erfolgt u. a. über den Tiefseehafen von Lüderitz.

Reisepraktische Informationen Rosh Pinah

Grenzübergang Sendelingsdrift

Sendelingsdrift erreicht man über Rosh Pinah, Betrieb der Fähre ganzjährig 8–16.15 Uhr südafrikanischer Zeit. Auskunft über ☏ (Südafrika) 0027/8311506. Die Fähre transportiert 2 Allradfahrzeuge und hat eine Tragkraft von 6 t. Die Fähre verkehrt nur, wenn der Wasserstand es zulässt. Bitte über den aktuellen Stand informieren.

Unterkunft

Amica Guest House $$ (7), *Rosh Pinah, 306 Mukarob Close, ☏ 063/274043, aguesthouse@skorpionzinc.com.na, ca. 750 N$/DZ inkl. Frühstück. Lage: ruhige Lage im Ort. Beschreibung: schönes Gästehaus mit persönlicher Betreuung, empfehlenswert.*

Unterwegs nach Lüderitz (Normalstrecke)

Seeheim

Diese kleine ehemalige Bahnstation lohnt auf jeden Fall einen kleinen Stopp. Mittlerweile ist hier ein putziges kleines Hotel entstanden und man kann im Restaurant zum Essen und Trinken einkehren.

Lohnender Stopp

Reisepraktische Informationen zwischen Seeheim und Goageb

Unterkunft

(s. auch Keetmanshoop S. 195 und ▶ Karte S. 212)
Seeheim Hotel $$$ (1), *☏ 063/250503, www.seeheim.co.za. 580 N$ p. P/DZ. Lage: direkt an der B 4 in einem Talkessel der alten Bahnstation gelegen, 43 km westlich von Keetmanshoop. Beschreibung: Das Seeheim-Hotel ist sehr nostalgisch und gemütlich, bietet saubere Zimmer und hat so etwas wie ein rustikales Ambiente. Restaurant, Swimmingpool, Veranda. Alternative zu Keetmanshoop und zum Fish River Canyon, falls hier alles ausgebucht ist.*
Vogelstrausskluft Country Lodge $$$-$$$$ (2), *☏ 063/683086, info@vogelstrausskluft.com, www.vogelstrausskluft.com, ab 895 N$ p. P. im DZ inkl. Frühstück, Camping 130 N$ p. P. Lage: entlang des Fish-River-Canyons, im westlichen Randgebirge der Kalahari. In der Nähe der Straße von Keetmanshoop nach Lüderitz (B4) gelegen. Beschreibung: Die Lodge bietet 24 schöne DZ mit Klimaanlage, Bad und kleiner Veranda mit grandiosem Ausblick. Außerdem gibt es ein Restaurant, Lounge, Terrasse und Swimmingpool. Bei den Exkursionen werden Sie vor allem auf Bergzebras, Gnus, Springbock und Kudus treffen, selten auch auf Wildkatzen. U. a. werden Wanderungen, Quadbike-Fahren und Sterne-Beobachtung angeboten. Campingplatz mit Dusche, Toiletten und Grillplatz vorhanden, wenige Minuten zu Fuß von der Lodge entfernt.*
Alte Kalköfen Lodge $$$ (3), *☏ 063/225849, mobil 0811/290621 oder 081/129 8928, www.altekalkofen.com, Preis: ca. 700 N$ p. P. inkl. Frühstück. Lage: an der D 462 gelegen auf dem Farmgelände von Sandverhaar, etwa 90 km westlich von Keetmanshoop auf dem Wege nach Lüderitz (Abzweig von der B4 zwischen Seeheim und Goageb). Beschreibung:*

10 Bungalows am Rand des Gurib Rivier, einfach und geschmacklich nett und hell eingerichtet. Außenduschen und Pool vorhanden, Farmrundfahrten. Im alten Farmhaus der Simplon Farm liegt das kleine Restaurant, von dessen Veranda man sehr schöne Sonnenauf- und Untergänge beobachten kann, voll lizensiert. Gutes schmackhaftes Essen vom Frühstück bis über Lunch zum Abendessen. „Spektakulär" ist hier die einsame, extrem ruhige und deshalb abseitige Lage. Übrigens: Der Name stammt von den Öfen einer alten Kalkstein-Fabrik, aus deren Ziegeln die Häuser von Kolmanskuppe gebaut wurden.

Bethanien

Bethanien liegt gut 1.000 m über dem Meeresspiegel. Knapp 10.000 Einwohner leben hier. Ein kleines Postamt, eine Polizeistation, eine Tankstelle und die Möglichkeit, sich mit dem Wichtigsten zu versorgen, verweisen auf die regional-zentrale Bedeutung des Ortes. Bethanien als Ort kann wohl zu Recht behaupten, auf die längste „geschriebene" Geschichte des Landes zurückzublicken. Immerhin wurde Lüderitz erst ca. 70 Jahre später gegründet. Die Nama nannten die Stelle in ihrer Sprache „Uigantes", was so viel heißt wie „immerwährende Quelle, die man nicht mit einem Fels verschließen kann". Die Buren nannten sie entsprechend „Klipfontein".

Das **Schmelen-Haus** ist das älteste von Weißen errichtete Gebäude in Namibia (1811). Der Pastor Schmelen baute es und gründete die Missionsstation Bethanien, um hier die Nama zu christianisieren. In dem kleinen Gebäude gibt es ein interessantes Museum mit Ausstellungsstücken zur Regional- und Missionsgeschichte. Schmelen stammte aus Bremen und wurde von der Londoner Missionsgesellschaft hierher gesandt. Ihm folgten weitere Missionare, deren alte Grabmale auf dem Friedhof zu sehen sind.

Missionar Kreft errichtete 1859 eine kleine Kirche mit Doppeltürmen. Schmelen selbst aber arbeitete hier nur bis 1822, da seine Mission durch interne Konflikte der Nama praktisch unmöglich wurde. Später wurden die Missionsrechte an die Rheinische Mission übertragen, deren erster Missionar Knudsen hier 1842 ankam.

Haus des Eine weitere historische Bedeutung des Ortes liegt darin begründet, dass hier 1884 der
alten Nama-Häuptling Fredericks den „Schutzvertrag" zwischen den Nama und der deut-
Häuptlings schen Kolonialverwaltung unterschrieb. In der Mainstreet steht das Haus des alten Häuptlings der Nama mittlerweile unter Denkmalschutz.

Wer war Johann Heinrich Schmelen?

info

Wenn man vor dem bescheidenen Schmelen-Haus in Bethanien steht, so mag man sich fragen, ob sich denn der Weg gelohnt hat. Das begreift man erst, wenn man um die Personen weiß, die hier einst für ihre Ideale lebten.

Johann Heinrich Schmelen wurde am 7. Januar 1776 in Cassebruch bei Bremen als Sohn armer Eltern geboren. Er kam in den Genuss einer sehr fürsorglichen Erziehung. Da er nicht Soldat werden wollte (ein Vorfahre der späteren Kriegsdienstverweigerer!), verließ er Deutschland und reiste nach London. Hier knüpfte er Kontakte zu dem Pfarrer Dr. Steinkopf und wurde aktives Mitglied der deutschen Kirchengemeinde. In London erlebte er die Ankunft dreier christlicher Nama, und bald reifte sein Entschluss, Missionar zu werden. Dem Rat von Dr. Steinkopf folgend, besuchte er zunächst die Missionsschule von Pastor Jänicke in Berlin, und 1811 sandte ihn die Londoner Missionsgesellschaft nach Südafrika.

Nach seiner Ankunft in Afrika lernte er *Christian Albrecht* kennen, der den Auftrag hatte, mit der Regierung über die „ungeordneten Verhältnisse am Oranje" zu verhandeln. Er schloss sich Albrecht an und brach mit ihm nach Pella auf (am Oranje, in der Nähe von Pofadder gelegen). Während Albrecht in Pella blieb, reiste Schmelen aus eigene Faust am Oranje entlang und versuchte, die Mitglieder der Namastämme beim christlichen Glauben zu halten. Er bemühte sich darüber hinaus, bei noch Ungläubigen Gehör zu finden. Es war ein wahres Geschenk für ihn, als ihn der Missionsinspektor Campbell 1812 mit dem Auftrag aussandte, den Westen des Namalandes zu erkunden, um eine geeignete Stelle für eine Missionsstation zu finden.

Unterwegs erfuhr Schmelen, dass sich etwa 50 Nama und Orlam entschlossen hatten, nach Uigantes (dem späteren Bethanien) zu ziehen. Hier bildeten diese Nama den **Grundstock einer kleinen Gemeinde**. Schmelen nahm Einladungen von Nachbarstämmen an und besuchte sie. Er war ein sehr anspruchsloser Mensch. Auf seinen Reisen führte er nur ein Schaffell mit sich, ein Stück Fleisch - und die Bibel. Tagsüber benutzte er das Schaffell als Sattel, nachts als Decke. Das mitgenommene Gewehr diente nicht der Verteidigung, sondern nur, um Wild zu erlegen, da er sich ausschließlich von der Jagd ernährte.

1818 reiste er nach Kapstadt. Hier erhielt er von der Missionsgesellschaft den Auftrag, nicht nach Bethanien zurückzukehren, sondern eine neue Missionsstation im Norden des heutigen Namaqualandes anzulegen. Diese Station nannte er in Erinnerung an Dr. Steinkopf in London **„Steinkopf"** (noch heute auf den Karten zu finden, nördlich von Springbok/Südafrika). Nach einem Jahr übernahm ein jüngerer Missionar die Station, und Schmelen reiste wieder nach Bethanien. Doch hier hatte sich die Situation geändert: Raubzüge und Morde hatten die Atmosphäre vergiftet, und die eingedrungenen Korona verkündeten, dass man Böses tun dürfe, um Gutes zu erreichen. Mit dem „Bösen" meinte man, dass es statthaft sei, den Herero Rinder abzujagen. Schmelen dagegen verurteilte solche Raubzüge und schloss jeden aus der christlichen Gemeinde aus, der sich daran beteiligte. Viele konnten das nicht einsehen: War es denn nicht gut, von gestohlenen Rindern gut zu leben? Ein erfolgreich durchgeführter Raubzug überzeugte viele, dass Diebstahl der einfachere Weg zum Erfolg sei. Man sah mittlerweile in Schmelen jemanden, der sich daran ergötzte, die Gemeindemitglieder arm zu sehen. Kein Wunder, dass nur ein kleiner Teil der Gemeinde zum ihm und zum Glauben hielt. Eine langandauernde Dürre sowie eine Heuschreckenplage, die die letzten spärlichen Reste der Vegetation zunichte machte, führten bei manchen Nama zu dem Glauben, Schmelen habe eine göttliche Strafe erbeten.

Schmelen verließ Bethanien und zog zum Oranje, wo ihn der Auftrag erreichte, **das neue Testament** in die Namasprache zu übersetzen. Da seine Frau eine Nama war, konnte sie ihm bei der Übersetzung beste Hilfe leisten. Dies war eine außerordentliche Lebensleistung, nahm sie doch sieben Jahre in Anspruch. Kurz nach Vollendung der Übersetzungen starb seine Frau auf einer Farm bei Tulbagh/Kapland. Die Kinder von Schmelen bekamen eine gute Erziehung in Kapstadt. Schmelen, zuletzt Missionsleiter in Kommagas (südwestlich von Springbok/Südafrika) starb am 26. Juli 1848.

Reisepraktische Informationen Bethanien

Vorwahl 063

Unterkunft
Bethanie Guesthouse & Beergarden $ (4), ① *063/0283013, mcbester@ iway.na, www.bethanieguesthouse.com. 650 N$/DZ mit Frühstück. Lage: Direkt im Ort. Beschreibung: schöne Zimmer in historischem Gebäude, leckeres Essen. Zudem steht ein Campingplatz zur Verfügung (90 N$ p. P.).*

Außerhalb
**Konkiep Lapa Restcamp $**, ① *063/283151, betuit@iway.na, Camping ca. 80 N$ p.P., Hütte 150 N$ p.P. Lage: zwischen Bethanien und Helmeringhausen an der C 14 gelegen/ Kreuzung D 425, ca. 36 km von Bethanien entfernt. Beschreibung: saubere Campingmöglichkeiten, Swimmingpool, ordentliche sanitäre Anlagen mit warmen Duschen, Grilleinrichtungen, für Zelte sandiger Untergrund, einfache Hütten (insg. 2 DZ) werden auch angeboten. 4 x 4 Trail!*

Abstecher zu den „Singenden Klippen" (ca. 96 km)

Hierzu ist ein **Vierrad-angetriebenes Fahrzeug** nötig – und eine Portion Pfadfindergeist! Die Steine sind nämlich nicht einfach zu finden. Wenn Sie die Singenden Klippen besuchen wollen, schaffen Sie den gesamten Streckenabschnitt nicht (!) an einem Tag. Übernachtungsmöglichkeiten gibt es dann in Goageb oder Aus.

Mehr als ein Tag

Ab Goageb fahren Sie nach Süden entlang der Pad 459. Nach 13 km geht nach rechts die Straße nach Rosh Pinah ab, in die Sie aber **nicht** einbiegen! Nach insgesamt 32 km (von Goageb ab gerechnet) biegt man nach rechts durch das Farmtor der Farm Haswater ab. Nach weiteren 3 km entlang dem Farmzaun biegt man nach links ab. Hier steht ein Schild: Geradeaus geht es zur Farm van Zyl, nach links zu W. de Vries, H. Botha. Nach weiteren 4 km gelangt man an ein Rivier, das tiefen Sand aufweist. Man überquert den Trockenfluss und gelangt nach 9 km an ein Farmhaus. Hier unbedingt noch mal nach dem Weg fragen! Linkerhand führt ein kleiner Weg zum Rivier, man überquert das Rivier und sieht ca. 15 m vom rechten Ufer entfernt die Singenden Klippen.

„Musikalische Felsen"

Bei den Singenden Klippen handelt es sich um Felsen aus Schwarzkalk, die so aufeinander gelagert sind, dass sie einen **Klangkörper** bilden. Helle, fast weiße Vertiefungen lassen vermuten, dass diese Felsen früher als „Musikinstrumente" benutzt wurden. Und in der Tat klingen die Steine an verschiedenen Stellen unterschiedlich, sodass man die Töne zu einer Melodie verbinden kann. Der Umfang der großen Klangplatte beträgt 7,75 m, die kleine Platte hat einen Umfang von 4,54 m. Am Rivierufer gibt es schattige Plätze zum Ausruhen.

Um nicht den gleichen Weg über Goageb wieder zurückzufahren, kann man von der Pad 459 in die Pad 446 einbiegen, und man erreicht die Hauptpad B 4 (Lüderitz – Keetmanshoop) 30 km östlich von Aus.

Aus

Das kleine „Nest" liegt 1.600 m über dem Meeresspiegel und ist in seiner einsamen Verlorenheit eine Versorgungsoase (Tankstelle, Hotel, kleiner Laden). Aus ist ein wichtiger Verkehrsknotenpunkt: Von Rosh Pinah im Süden führt die C 13 etwas versetzt nach Norden (Helmeringhausen, Maltahöhe). Nach Osten geht die B 4 nach Keetmanshoop ab, nach Westen führt sie nach Lüderitz. In der Nähe liegt der kleine Bahnhof Ausnek, wo man die Rosh-Pinah-Erze in Güterwagen verlädt, um sie zur Verhüttung nach Südafrika zu transportieren.

Bei Aus gab es im Ersten Weltkrieg ein **Internierungslager** für deutsche Schutztruppler. Etwa 1.550 Gefangene waren hier im Jahre 1915 in Zelten untergebracht. Später bauten sie – bis 1918 – kleine Häuschen aus selbstgebrannten Ziegelsteinen, legten Wasserleitungen an und pflegten ihr eigenes Gemüse. Mittlerweile sind die Ruinen des Lagers zu einem National Monument deklariert worden. Nach dem Vertrag von Versailles wurden die Gefangenen nach 4 Jahren freigelassen.

National Monument aus Ruinen

Bei der Weiterfahrt nach Lüderitz fällt nun das Gelände Richtung Namib ab. Hier erlebt man – wieder einmal – die eindrucksvolle „Unendlichkeit" des Landes. Nördlich (rechts) der Straße liegt der **Namib-Naukluft-Park**, südlich (links) das **Diamantensperrgebiet**. Für den Besucher heißt das, dass man auf keinen Fall abbiegen darf!

In der Geisterschlucht: cabins für Selbstversorger

Reisepraktische Informationen Aus

Vorwahl 063

i Information

Das **Aus Information Centre** *am Ortseingang bietet Informationen über die Geschichte der Stadt sowie Aktivitäten in der Gegend, z. B. Ausflüge in den Khoichab-Dünengürtel und zu den Wildpferden (können nur hier gebucht werden, die umliegenden Unterkünfte haben keine Konzession mehr). Möglichkeit zum Lunch.*
Bislang steht aber aufgrund finanzieller Schwierigkeiten kein 4x4-Wagen für Ausflüge zur Verfügung.

Unterkunft

Klein-Aus Vista/Gondwana Sperrgebiet Rand Park $$–$$$ (5), *Buchung direkt auf der Lodge: ✆ 063/258116, reservations@klein-aus-vista.com, www.gondwana-collection.com. Preis je nach Unterkunft zwischen 555 (Desert Horse Inn) und 795 N$ p. P. (Eagle's Nest Lodge), Camping: 80 N$ p. P. Lage: ca. 2 km westlich von Aus in Richtung Lüderitz zweigt man nach links ab. Das Haupthaus ist nur 800 m von der B 4 entfernt. Beschreibung: Es gibt auf dem Gelände 2 Übernachtungsalternativen: Die* **Eagle's Nest Lodge** *liegt 7 km von der Rezeption und dem Restaurant (sehr empfehlenswert) entfernt. Die Unterkünfte schmiegen sich an Granitfelsen, jedes Chalet hat eine eigene Küche, einen Kamin und ein Wohnzimmer. Von der Terrasse schaut man in die endlose Namib (unser Tipp!!!). Einziger Nachteil: die ca. 15-minütige Anfahrt mit dem Auto zum Restaurant. Man kann sich aber den Weg zum Frühstück sparen, indem man sich abends ein Breakfast Package geben lässt. Im modernen* **Desert Horse Inn** *gibt es gut ausgestattete Doppelzimmer. Angeboten werden Sonnenuntergangsfahrten im privaten Naturpark. Wandermöglichkeiten auf markierten Wegen (Karte beim Empfang). Die Campingplätze sind hervorragend gestaltet, schattig und mit Wasser, Licht und Strom versorgt.*
Bahnhof Hotel $$ (6), *www.hotel-aus.com, Buchung über Kai-Koro Reservations, Swakopmund, ✆ 064/461677, kai-koro@iway.na, ca. 605 N$ p. P. im DZ inkl. Frühstück. Lage: direkt in Aus gelegen – nicht zu verfehlen! Beschreibung: Das historische Hotel wurde komplett renoviert, ohne dass es seinen Charme verloren hat. Es stehen 21 Zimmer zur Verfügung. Gemütlich ist die rustikale Bar, das Essen ist sehr schmackhaft und orientiert sich an der traditionellen Küche Namibias. Brot und Kuchen werden täglich frisch gebacken. Nach Lüderitz sind es 125 km – und wenn man hier nicht übernachtet, so empfiehlt sich diese historische Stelle in ihrem neuen Glanz für einen Stopover auf dem Weg nach Lüderitz.*

Streckenhinweis

„Wüsten-
pferde"

Ca. 22 km westlich von Aus zweigt von der Teerstraße B 4 rechts (= nach Norden) eine Stichstraße (1,5 km, Schotterpiste) nach Gharub ab. Hier kann man die berühmten Wildpferde der Namib beobachten, die sich durch eine Wasserstelle angezogen fühlen. „Gharub" entstammt der Namasprache und heißt so viel wie „Wüstenpferde".

Das Geheimnis der Namib-Wildpferde

info

Gharub liegt etwa 105 km östlich von Lüderitz und schon im Jahre 1906 war der „Ort" per Eisenbahn mit der Hafenstadt verbunden. Hintergrund: Die Schutztruppe konnte so leichter das notwendige Material in den Süden des Landes bringen. Bei Gharub bohrte man nach Wasser und brachte es in Fässern nach Lüderitz, das bis dahin Süßwasser nur aus Kapstadt bekommen konnte. Einige Jahre später entstand hier ein militärischer Außenposten. Erst 1990 wurde der Bahnhof geschlossen, aber ein Bohrloch versorgt die Wildpferde weiter mit Wasser.

Niemand kennt die genaue Zahl der Pferde. Man vermutet, dass es etwa 250–300 sind, die sich hier an die ariden Bedingungen der Halbwüste und Savanne angepasst haben. Es gibt mehrere Vermutungen, woher die Tiere stammen könnten:
* Die Pferde stammen aus dem **Gestüt Duwisib**, wo der Schlossherr von Wolff vor ca. 100 Jahren eine große Pferdezucht aufbauen wollte. Sein Areal hatte damals keine Zäune, und so konnten sich die Tiere selbst die besten Weiden suchen. Einige der Pferde mögen in die Namib gelaufen und hier geblieben sein.
* Die Pferde sind **Relikte der Schutztruppe**, die um Aus stationiert war.
* Eine noch waghalsigere Hypothese meint, dass diese Pferde die **überlebenden Tiere einer Schiffskatastrophe** sind. Einst strandete vor der Oranjemündung ein Dampfer auf dem Wege nach Australien, dessen Ladung u. a. aus Zuchtpferden bestand.
* Neuesten Erkenntnissen zufolge bildeten den Ursprung der Herde entlaufene Tiere einer Pferdezucht bei Kubub. Dazu sollen dann Pferde der südafrikanischen Armee gestoßen sein, die 1915 bei Gharub verloren gingen.

Wie dem auch sei – die Pferde konnten sich hier deshalb so gut halten, weil sie u. a. bei Gharub eine Quelle vorfinden und weil es an natürlichen Feinden, wie Leoparden, fehlt. Äußerlich sind die Wildpferde eher Ponys ähnlich geworden, denn die natürlichen Bedingungen grenzen körperliche „Üppigkeit" ein. Man beobachtete, dass die Pferde praktisch nur morgens oder nachts grasen, tagsüber suchen sie die wenigen schattigen Stellen auf. An die Wasserknappheit im Gelände haben sie sich gut angepasst: Sie können, ohne zu trinken, ca. 6 Tage unterwegs sein, während ein nicht-adaptiertes Pferd maximal 3 Tage ohne Wasser auskommt.

Die Wildpferde der Namib

Durch die Namib

Bei der Weiterfahrt nach Lüderitz durchquert man später hinter Aus die Namib. Es folgen die von einer Aura der Vergänglichkeit umwehten ehemaligen Bahnhöfe **„Haalenberg"** und kurz vor Kolmanskuppe der **„Grasplatz"**, wo *August Stauch*, der Entdecker der Namib-Diamanten, als Bahnmeister angestellt war. An der Straße entdecken Sie nun ungewohnte Verkehrsschilder, die vor Sand warnen. Tatsächlich sollten Sie Sandverwehungen auf der Fahrbahn sehr ernst nehmen – fahren Sie also sehr langsam darüber oder umfahren Sie Verwehungen. Zwar hat man beim Bau der Straße darauf geachtet, dass sie sich durch ihre Position zum Wind sozusagen selbst reinigt, doch trotzdem müssen nach heftigen Sandstürmen Räumfahrzeuge anrücken, nachdem der „Südwester" gehörige Sandmassen aufgeweht hat.

Warnung vor Sand

Die Namib ist eine **Fels- und Sandwüste**, die sich 1.300 km an der Küste Namibias entlang zieht und im Durchschnitt 120 km breit ist. Zum Landesinneren hin steigt sie an und ist vom Binnenhochland durch eine meist steile Randstufe getrennt. Zwischen Lüderitz und Swakopmund befinden sich die höchsten Dünen. Durch den kalten Benguela-Meeresstrom erhält der engere Küstenbereich nur durch Nebel etwas Feuchtigkeit. Der südliche Teil der Namib ist Diamanten-Sperrgebiet.

Die Namib

Der einstige Bahnhof

In der Khoi-Khoi-Sprache heißt die Namib-Wüste „Große Leere". Trotzdem ist die Wüste durchaus nicht einförmig: Der **Kuiseb** ist so etwas wie ein Grenzfluss, der die Namib in zwei zwar unwirtliche, aber ungleiche Abschnitte einteilt:

- **Nördlich** breiten sich schroffe **Felsklippen, Schluchten** und weite **Kiesflächen** aus.
- **Südlich** bildet die Namib ein **Sandmeer** mit langen, parallelen Dünenkämmen.

Die **Tierwelt** musste sich den extremen klimatischen Bedingungen anpassen. Im Sommer steigen die Oberflächentemperaturen auf über 70 °C an, während 30 cm tiefer im Sand eine fast konstante Temperatur von 32 °C herrscht. Deshalb haben viele Tiere gelernt, sich während der heißen Tageszeit im Sand einzugraben. Während an der Oberfläche eine Luftfeuchtigkeit von nur 5 % herrscht, hat das von der eigenen Atemluft geschaffene Mikroklima oft 70 % Luftfeuchtigkeit. So liegt die Zeit der Aktivitäten der Tiere am frühen Morgen, am späten Abend und vor allem in der Nacht.

An ca. 100 Tagen im Jahr dringen dichte Nebelschwaden weit in die Namib hinein. Der Grund hierfür ist die warme Luft, die vom Atlantik über die kalt aufsteigende Küstenströmung treibt und zu dichtem Nebel kondensiert. Daher bezeichnet man die Namib auch als „Feuchtluftwüste". Die Existenz der Tiere wird neben dem wasserbringenden *Feuchtluft-* Nebel auch durch östliche Winde, vom Binnenland herkommend, ermöglicht. Diese tra- *wüste* gen aus fruchtbaren Randregionen der Wüste Pflanzenteile und Samen herbei. So kommt ein erstaunliches Nahrungsreservoir zustande.

Ein besonders gutes Beispiel für hohe Anpassungsfähigkeit liefert der **Schwarzkäfer**: Er ist in der Lage, kleine, gegen den Wind gerichtete Gräben im Sand aufzuwühlen. Die Seitenwände des bis zu 1 m langen Baus sind ebenso hoch wie der Käfer selbst. Hier schlagen sich Nebeltropfen nieder. Bald hängen sie von den Rändern in den schmalen Laufgang hinunter, und der Käfer braucht beim Marsch durch die enge Gasse nur noch die nassen Perlen links und rechts abzupflücken. Zur Familie der Schwarzkäfer *(Tenebrionidae)* gehören ca. 50 verschiedene Arten. Sie trinken z. B. auch von Gräsern, an denen sich Tau abgelagert hat. Aber durch die oben geschilderte Art der Feuchtigkeitsaufnahme verschaffen sie sich das meiste Wasser, durch das sie ihr Körpergewicht um bis zu 30 % erhöhen können.

Die äußerst selten fallenden Regen führten auch bei der **Pflanzenwelt** zu erstaunlichen *Schnell-* Anpassungsleistungen. Wenn einmal Regen in der Menge von 10–20 mm fällt, so kei- *keimer* men die Samen schnell. Der später produzierte Samen wird vom Wind aufgenommen, weiter transportiert und dient Tieren als Nahrung.

Kurz hinter Aus beginnen südlich (= links) das Diamantensperrgebiet und nördlich (= rechts) der Namib-Naukluft-Park. Hier darf man auf keinen Fall die Straße verlassen. Das Sperrgebiet soll in naher Zukunft für Touristen geöffnet werden, derzeit (Juli 2012) sind noch keine Konzessionen vergeben. Ein Besucher-Permit wird aber immer nötig sein.

info

Informationen über Diamanten in Namibia

Den ersten Diamanten-Rausch erlebte das Südliche Afrika bereits 1860, als die wertvollen Steine bei Kimberley gefunden wurden. Die Diamanten-Lager in der Namib verlaufen in parallel zur Küste liegenden Tälern. Die Ursache dafür ist in einem höheren Meeresspiegel im Tertiär (vor etwa 70 Millionen Jahren) zu suchen. Anfangs konnten die Diamanten einfach vom Boden aufgelesen werden. Hunderte von Arbeitern krochen auf Knien herum und sammelten Diamanten in Marmeladendosen.

In **Kolmanskuppe** (s. a. S. 239) entstand eine blühende, reiche Siedlung mit hohem kulturellen Niveau und einer ausgezeichneten Infrastruktur: Die Direktoren wohnten in massiven Villen mit Palmen im Vorgarten, es gab eine Eisfabrik, die kostenlos Eis, Limonade und Mineralwasser lieferte, Schule, Kindergarten sowie ein Spielplatz waren Selbstverständlichkeiten, und: Das Schwimmbad war mit italienischen Terrazzoplatten gefliest.

Der Boom brach beim Ausbruch des Ersten Weltkrieges ab. 1920 veräußerten die neun deutschen Diamantengesellschaften ihre Rechte mitsamt den Betriebsanlagen für nur 40 Millionen Reichsmark an *Ernst Oppenheimer*. Sie waren im Glauben, dass die Diamantenlager nicht mehr viel hergeben würden. Oppenheimer gründete die „Consolidated Diamond Mines of South West Africa" (CDM). Vom Zeitpunkt der Übernahme fing CDM an, den Schwerpunkt des industriellen Abbaus an den südlichen Namib-Rand zu verlagern, da die Ausbeute bei Lüderitz allmählich nachließ.

1927 entdeckte der Geologe Dr. *Hans Merensky* an einer Bohrstelle südlich des Oranje alte Austernschalen. Seiner Schlussfolgerung nach deutete das auf maritime Ablagerungen hin – und somit zumindest theoretisch auf das Vorhandensein sekundärer Diamanten-Lagerstätten. Schon 1928 sollte sich diese These bewahrheiten: Auf Küstenterrassen fand man die ersten Diamanten. Bald übernahm die **De Beers-Gruppe CDM**, und 1936 wurde Oranjemund gegründet. Diese Stadt gehört völlig dieser Gesellschaft, alle Einwohner sind bei ihr beschäftigt. Heute leben hier ungefähr 8.000 Menschen; damit ist der Ort der viertgrößte in Namibia. Wasser zum Trinken und zur Bewässerung erhält man vom Oranje-Fluss, und in Flussnähe wurden gar 800 ha Land landwirtschaftlich nutzbar gemacht.

Die Mechanisierung des Abbaus ist weit fortgeschritten. Nach dem Abräumen von 12–30 m dicken Sandschichten gelangt man auf Meeresschotter und Schieferschichten, wo Diamanten liegen. Sobald man die Deckschichten entfernt hat und auf festen Untergrund stößt, gehen Arbeiter mit Besen in jede Felsnische und kehren sie aus. Pro Jahr werden allein 50 Millionen Tonnen Abraum umgesetzt.

Hier in Namibia handelt es sich um sogenannte sekundäre Lagerstätten: Durch Wasser und Wind wurden in der Vorzeit Diamanten in Richtung Meer transportiert, dort zunächst abgelagert und bei weiteren Meeres-Transgressionen wieder an Land abgelagert (in Terrassen, je nach Meeresspiegelstand). Im Gegensatz dazu finden wir in Kimberley/Südafrika primäre Lagerstätten vor: In alten vulkanischen Gängen wird hier „Kimberlit", ein diamantenhaltiges Gestein, gefunden.

Das sind die wahren Geburtsstätten der Diamanten, denn hier kann der Kohlenstoff (Diamant besteht aus reinem Kohlenstoff) unter dem hohen Druck und der hohen Temperatur im Erdinneren kristallisieren. Unter diesem Zwang hat sich die Materie harmonisch zu Körpern geordnet, die von regelmäßigen Flächen begrenzt sind:
- meistens **Oktaeder** (8 Flächen),
- seltener **Dodekaeder** (12 Flächen) und
- **Würfel** (6 Flächen).

Außer den über den Meeresspiegel gehobenen Terrassen gibt es noch einen weiteren Abbaubereich: die **Küstenlinie zwischen Hoch- und Niedrigwasser** (man baute zeitweise sogar unter dem Meer ab, was sich jedoch als unrentabel erwies). Die Ausweitungen des Abbaus gehen in folgender Form vor sich: Unterhalb der Hochwassergrenze schafft man Abraum fort und schüttet ihn ins Meer, das so ca. 200 m zurückgedrängt wird. 10 bis 15 m hohe Deiche aus Sand halten nun das Meer zurück und teilen das Land in Koppeln von 100 m Länge ab. So kann man bis zum Felsgrund vordringen, der manchmal 20 m unter NN liegt.

Schematisch kann man sich die Lagerungs- und Abbauverhältnisse wie folgt vorstellen: Ein großer Teil der losgeschlagenen Gesteine kommt in Aufbereitungsanlagen, wo er zerschlagen und vorsortiert wird. Dann gelangt er in Gewinnungs- und Sortieranlagen, wo diamantenhaltiges Gestein mit Hilfe von Röntgenstrahlen vom „tauben" Gestein getrennt wird.

Nach dem Ersten Weltkrieg gab es viele Diamantenfunde; entsprechend sank der Weltmarktpreis, besonders beim Börsenzusammenbruch 1929. *Ernst Oppenheimer* schlug deshalb eine radikale Produktionsbeschränkung vor, um den Preisverfall zu stoppen. Als Chef der Beers-Gruppe, die den Markt beherrschte, legte er die meisten Minen still. So wurde der Nachschub an Rohdiamanten gestoppt und der Preisverfall aufgehalten. 1930 erfolgte die Gründung der Diamond Corporation: Durch knappe Zuweisungen an den Handel und sorgsam ausgewählte Großhändler kontrollierte sie von nun an den Markt. Die besten Stücke werden nur wenigen Branchenriesen vorgelegt, die Marktware mehreren hundert Händlern.

Bislang in London und ab 2013 in Gaborone, der Haupstadt Botswanas (das Land ist einer der weltweit größten Exporteure von Diamanten), finden allmonatlich „sights" statt: Jeder Einkäu-

In der Einsamkeit der Namib

info

fer erhält ein Sortiment Rohdiamanten, auf dem der Gesamtpreis (10.000–20.000 Pfund) vermerkt ist. In einer Koje prüft er die Ware und entscheidet, ob er sie kauft oder nicht. Einzelne Steine gibt es nicht, auch keine Preisverhandlungen. Dieses Syndikat berechnet den Bedarf ein Jahr im Voraus und teilt dann den Produzenten eine bestimmte Quote zu. Bei höherem Bedarf kann man auf Vorräte zurückgreifen. Durch diese Marktkontrolle wurden Diamanten zu einer langfristigen guten Geldanlage gemacht. Ca. 80 % der Diamanten werden durch das Syndikat vertrieben. Seit 1953 werden auch künstliche (Industrie-) Diamanten hergestellt, und zwar mit 110.000 atü Druck und bei Temperaturen von 3.000 °C.

Die Gewichtseinheit für Diamanten ist das **Karat**. Ein Karat entspricht 0,2 g (200 mg). Der Begriff stammt von „kirat" ab, der arabischen Bezeichnung für den getrockneten Samen des Johannisbrotbaumes. Die bohnenförmigen Samen wurden früher auf die Waage gelegt, wenn man Gold oder Edelsteine abwiegen wollte. Das durchschnittliche Gewicht der Samen betrug 205 mg. Der Amerikaner Kurz legte dann die Maßeinheit auf exakte 200 mg fest.

Natürlich sind Diamanten ein **beliebtes Schmuggelobjekt**. Dazu zum Abschluss eine Geschichte: Ein CDM-Prospektor versteckte vor einigen Jahren Diamanten an einer sehr entlegenen Stelle der Wüste. Danach reiste er nach Kapstadt, besorgte ein Flugzeug mit Pilot, und beide machten sich in Richtung Namib auf. Die besagte Stelle wurde gefunden, man landete auf einem sehr nassen Strandstück. Ergebnis: Das Flugzeug sackte ein, und beide wurden bald gefunden und verhaftet. Einige Jahre lang wurde die Sportmaschine als Warnung in Oranjemund ausgestellt.

Im verbotenen Sperrgebiet sind bei Diamantabbauarbeiten die Überreste eines rund 500 Jahre alten Schiffes gefunden worden. Namibias Denkmalrat schätzt, dass es sich um „das **älteste Schiffswrack** handeln könnte, welches südlich der Sahara jemals entdeckt wurde". Das späte 15. Jh. war die Epoche der Seefahrer Christoph Columbus, Vasco da Gama und Bartolomeu Diaz. Die Artefakte müssen noch genauer bestimmt werden. Mehrere Tonnen Kupfer, mehr als 50 Elefantenstoßzähne, Zinngeschirr, Navigationsinstrumente, Waffen und tausende spanische und portugiesische Goldmünzen sind geborgen worden. Bronzekanonen wurden von Archäologen von spanischer Herkunft identifiziert. Diese Entdeckung ist für Namibia von immensem nationalen und internationalen Interesse und Namibias wichtigster archäologischer Fund des Jahrhunderts.

Lüderitz

Geschichte

Bereits im Januar 1488 tastete sich **Bartolomeu Diaz** an der südwestafrikanischen Küste entlang. Die Lüderitzbucht nannte er „angra pequena" (kleine Bucht). Hier suchte er fünf Tage lang Zuflucht vor schlechtem Wetter. Am heutigen Diaz Point errichtete er ein Steinkreuz, das er dem Heiligen Jacobus widmete. Als er weitersegelte, ließ er am Strand eine Frau alleine zurück. Sie gehörte zu jenen vier armen Geschöpfen, die er an der Guinea-Küste gekidnappt hatte und die er an ausgesuchten Punkten entlang der Küste aussetzte. Sie sollten Einheimischen den Ruf Portugals verkünden, die so eher geneigt waren, zuzuhören als wegzurennen... aber dies ist eher Legende und konnte historisch nicht belegt werden.

Alle nachfolgenden Seefahrer schätzten die Bucht als die beste entlang der südwestafrikanischen Küste, aber ihre Lage war aufgrund des kühlen Klimas und des unwirtlichen Hinterlandes doch sehr abweisend. Robben- und Walfänger, Fischer und Guanosammler waren die ersten Menschen, die den Hafen nutzten. Was aber fehlte, war Trinkwasser, das per Schiff angeliefert werden musste. *Es fehlte Trinkwasser*

Adolf Lüderitz, ein Bremer Kaufmann, ließ am ersten Mai 1883 durch seinen Vertrauten Heinrich Vogelsang das Gebiet von „Angra Pequena" erwerben: Für damals 10.000 Reichsmark und 260 Gewehre wurde das Land im Umkreis von 5 Meilen um die Bucht dem Häuptling der Bethanier, *Joseph Fredericks*, abgekauft.

Blick auf Lüderitz

Auch andere Gebiete konnte Lüderitz von den Ureinwohnern zu Spottpreisen erwerben, so kaufte er z. B. dem Namaqua-Häuptling *Jonker Afrikaaner* die Gegend der späteren Stadt Windhoek ab. Das Interesse von Lüderitz an der späteren Lüderitz-Bucht war rein geschäftlicher Art. (Allerdings unterstellen ihm einige Historiker auch so etwas wie „Sendungsbewusstsein".) So galt es, Robben- und Walfänger mit Nahrungs- und Konsumgütern zu versorgen; andererseits konnten über den Hafen Güter aus dem Landesinneren exportiert werden (z. B. Felle, Elfenbein).

Deutsche Schutz-truppe
Doch dem Unternehmergeist von Lüderitz stellten sich bald die Engländer in den Weg, indem sie mit Hilfe eines Kriegsschiffes die Hafeneinfahrt blockierten und somit Lüderitz von der Lieferung des notwendigen Trinkwassers abschnitten, das aus Kapstadt herantransportiert wurde. Deshalb wandte sich Lüderitz an das Deutsche Reich und bat um Schutz, der ihm 1884 durch Bismarck gewährt wurde. Um die Schutzfunktion zu verdeutlichen, wurden im August 1884 zwei Korvetten nach Südwestafrika entsandt, die in Lüderitz die deutsche Fahne hissten. Die deutsche Kolonie Südwestafrika war geboren!

Trotzdem tat sich zunächst nicht viel in Lüderitz. Einem Bericht von Lüderitz können wir seinen Lebenslauf aus seiner Sicht entnehmen:

Informationen über A.E. Lüderitz

„Ich heiße also Franz Adolf Eduard Lüderitz, geboren als ältester Sohn des Kaufmanns F.A.E. Lüderitz aus Hannover, und seiner Frau Henriette Wilhelmine Schüssler aus Oldenburg. Beide waren lutherisch, und so wurde ich auch am 3. September 1834 getauft. Ich besuchte die hiesige Schule und trat, nachdem ich die Prima der Handelsschule absolviert hatte, 1851 als Lehrling in das Geschäft meines Vaters ein, welcher ein seit 1824 bestehendes Tabak-Engros-Geschäft hatte.

Nachdem ich meine dreijährige Lehrlingszeit bestanden hatte, reiste ich im April 1854 nach New York, machte von dort einige Abstecher, um Land und Leute kennenzulernen, und ging dann via Veracruz nach Colima an der Westküste Mexikos, wo ich festes Engagement als Kommis im Geschäft der Herren Rücker, Motz & Co. angenommen hatte. Als dies Geschäft liquidierte, pachtete ich einen sogenannten Roncho, wo ich Pferde-, Maultier- und Viehzucht usw. betrieb, aber keine Seide spann. In den damaligen Revolutionen wurde ich total ausgeplündert (Schutz für Deutsche gab es noch nicht), und so kam ich via Panama und New York nach Bremen zurück, wo ich am 6. August 1859 anlangte und bei meinem Vater ins Geschäft trat. In den nächsten Jahren machte ich dann für dies Geschäft Reisen und besuchte hauptsächlich Holland, Westfalen, Rheinprovinz und Ostfriesland.

Am 9. Mai 1866 verheiratete ich mich mit meiner Frau Emilie Louise von Lingen, geb. am 23. Juni 1836, Tochter von Dr. jur. Carl von Lingen und seiner Frau Meta Henriette Louise geb. Schumacher. Ich habe drei Söhne: Franz Adolf Eduard, geb. am 18. Januar 1868, George, geb. 2. Februar 1869, Carl August, geb. 18. Mai 1874. Gottdank stramme Jungs – mit Töchtern, welche mir „too quarrig" sind, wie Fritz Reuter sagt, habe ich mich nicht befasst. Nach dem Tode meines Vaters, im Februar 1878, übernahm ich das Tabakgeschäft und fing, nachdem die Tabakmonopolfrage aufkam, Handelsverbindungen mit Afrika an, wo ich 1881 eine Faktorei in Lagos begründete. Hieraus entwickelte sich dann der Plan zur Gründung einer Faktorei im sogenannten Nama-Lande, mit dessen Ausführung ich Herrn Heinrich Vogelsang von hier betraute.

Dieser ging vorerst per Steamer via England nach Kapstadt, um Erkundigungen über das „Wo" einzuziehen, und meine Brigg „Tilly" mit Ladung passender Waren und in Deutschland angefertigter und zerlegter Wohn- und Lagerhäuser sowie einigen Kommis an Bord, folgte bald danach. In Kapstadt ging Herr Vogelsang – mit einigen von ihm dort engagierten Leuten – an Bord der „Tilly", fuhr nach Angra Pequena als bestem Hafen und reiste vorab nach Bethanien, um nötige Kaufkontrakte abzuschließen."

Quelle: Afrika-Post, Heft 7/8 - 1979, S. 233, Rudolf Horch.

Lüderitz hatte bald seine finanziellen Mittel erschöpft. **Private Forschungsreisen** mit dem Ziel, Bodenschätze zu finden, brachten kein Geld: Kupfer-, Gold- und Silbervorkommen blieben ein Traum. 1885 wurde die Deutsche Kolonialgesellschaft für Südwestafrika gegründet, welche die Rechte von Lüderitz gegen Bargeld kaufte bzw. gegen Anteilscheine erwarb. Lüderitz selbst hatte fast sein gesamtes Vermögen in dieser Gesellschaft (über 500.000 RM). Jeden Gewinn reinvestierte er. Große Pläne schwirrten in seinem *Große* Kopfe: Eine regelmäßige Schiffsverbindung zwischen Lüderitz und Kapstadt…, Anlege- *Pläne* brücken mit Pontons…, Kohleschuppen… Aber all dies kostete Geld. Er wollte 500.000 Reichsmark als Hypothek auf seinen Besitz aufnehmen, der ohnehin so groß war wie Holland, Belgien, Hannover und Oldenburg zusammen. Er gedachte, das Geld durch Ausbeutung von Bodenschätzen zurückzuzahlen.

Im Oktober 1886 machte sich Lüderitz zum Oranje auf, dessen Schifffahrtsmöglichkeiten er erkunden wollte. Bei dieser Expedition kam er ums Leben. Ob es ein Unglücksfall war, ob er ermordet wurde oder ob er Selbstmord begangen hatte, wurde nie geklärt.

Der Ort Lüderitz wuchs zunächst sehr langsam. Da der Hafen für größere Schiffe ungeeignet war, liefen die meisten Schiffe Walvis Bay und Swakopmund an. Nur eine kleine Kolonialverwaltung hielt „Wacht". 1904 landeten in Lüderitz Truppen, die im Kampf gegen die Nama eingesetzt wurden. Wurde in der ersten Zeit das Trinkwasser aus Kapstadt mit Schiffen gebracht, so lieferte ab 1905 ein Dampfkondensator genügend Süßwasser.

1908 war die **Bahnverbindung** Lüderitz – Keetmanshoop fertig gestellt. Diese Eisenbahnlinie sollte die große Wende bringen, aber nicht im eigentlichen Sinne als eine er-

Stauch, der   schließende Verkehrsader… **August Stauch** war kurze Zeit vorher als Eisenbahn-
Bahn-   beamter in das „Schutzgebiet" Deutsch-Südwestafrika gekommen. Er siedelte sich in Lü-
meister   deritz an. Zu seinen Aufgaben als Bahnmeister gehörte die **Kontrolle eines etwa
zehn Kilometer langen Abschnitts,** der häufig von Sanddünen der Namib-Wüste
verweht wurde. Mit Hilfe von bereitgestellten Kolonnen von Einheimischen wurden diese Verwehungen regelmäßig beseitigt. Er schärfte seinen Arbeitern ein, **auf ungewöhn-
lich aussehende Steine zu achten.** Eines Tages kam einer der Arbeiter, *Zacharias
Lewala,* mit einem Fund zu Stauch. Lewala stammte aus der Kapkolonie und hatte u. a.
auch in der Diamanten-Grube von Kimberley gearbeitet.

Stauch war sich seiner Sache nicht ganz sicher und hielt den Fund zunächst geheim. Erst
als ein Fachmann ihm bestätigte, dass es sich hier wirklich um einen Diamanten handelte, wanderte August Stauch zu der später Kolmanskuppe benannten Stelle.

Lüderitz heute

Mit der Verlagerung des Diamantenabbaus in den Süden um 1920 verging auch
schnell der Stern der Stadt Lüderitz. Heute zählt sie ungefähr **18.000** Dauer-Einwoh-
ner. Von ursprünglich sechs Fischfabriken existieren heute noch zwei. Die Gründe
hierfür sind:

- Die **Überfischung** der Gewässer (mittlerweile wurde die Fangzone für den Weiß-
fischfang auf 200 Meilen erweitert und darf nur von Namibia genutzt werden), und
- die Konzentration auf die **saisonbedingte Langustenfischerei** (1. November bis
30. April). Langusten werden nur in Küstennähe gefangen.

Fisch-   Nach wie vor werden die meisten Langusten nach Japan exportiert, wo sie wegen ih-
export   rer außergewöhnlich roten Farbe besonders beliebt sind.

Viele der schwarzen Familien leben ohne Männer, weil diese in den Fischfabriken von
Walvis Bay ihr Brot verdienen müssen. Es gibt dort inzwischen mehrere **Weißfisch-
fabriken** und es werden in den Fabriken und auf den Fischerbooten viele Menschen
aus Lüderitz beschäftigt. Als **Naturhafen** (nun bis 10 m Tiefe) und dazu noch einziger
Tiefseehafen (außer Walvis Bay) über Tausende von Kilometern an der ganzen Küstenlinie gehen die Bestrebungen dahin, Lüderitz zum modernen Umschlagplatz für Container, Vieh und Massengüter auszubauen, was Handel, Handwerk und Industrie zugute-
käme.

Umsatz   Der Hafen wird seit 1998 ständig ausgebaut und modernisiert. Der Umschlag betrug
verdrei-   zwischen 2000 und 2011 im Durchschnitt mehr als 270.000 t/Jahr. Eine 500 m lange An-
facht   legemauer bietet Anlegeplatz für bis zu 150 m lange Schiffe mit bis zu 9 m Tiefgang, u. a.
auch für Passagierschiffe, die Lüderitz inzwischen zu einem regulären Ausflugsziel an der
Westküste Afrikas einplanen. 150.000 Tonnen Zink von der Skorpion Mine bei Rosh Pinah werden jährlich vom Lüderitzbuchter Hafen aus exportiert. Auf dem neu gewon-
nenen Land wurden bereits große Lagerhallen errichtet, in denen die fertigen Zinkbar-
ren bis zum Exporttermin gelagert werden. Andere Exportwaren sind tiefgekühlter
Fisch und Langusten, Seegras.

Austernfang

Weitere Verbesserungen und Neu-Installierungen im Lüderitzbuchter Hafen beweisen das Vertrauen in die Zukunft des Hafens als wichtiger zweiter Container Umschlaghafen, neben Walvis Bay. Auch die Eisenbahnverbindung ins Landesinnere wird zurzeit neu gebaut.

Dem **Tourismus** bieten sich ebenfalls Möglichkeiten – für den Anfang ist die Infrastruktur reichlich vorhanden. Es gibt befestigte Straßen, der nahe gelegene Flugplatz wird bereits von der Air Namibia angeflogen.

Die Stadt selbst ist in einem recht guten Zustand. Die Wasser- und Stromversorgungseinrichtungen reichen für viel mehr Einwohner, als Lüderitz heute aufzuweisen hat. In den letzten Jahren entstanden neue Übernachtungsmöglichkeiten, ebenso wurden neue Restaurants eröffnet. Gleichzeitig bemüht man sich sehr, dem Reisenden die Stadt selbst sowie die Umgebung nahe zu bringen.

Das Klima mit Niederschlägen von weniger als 50 mm/Jahr ist extrem trocken. Selbst bei blauem Himmel kann es manchmal sehr windig sein (vor allem in den Monaten September bis Februar). Oft ist es wie in Swakopmund morgens neblig.

Neue wirtschaftliche Impulse verspricht sich Lüderitz von folgenden Wirtschaftszweigen:
· Ca. 150 km vor der Küste zwischen Oranjemund und Lüderitz liegt in einer Tiefe von 4.500 m das **Kudu-Gasfeld mit 190 km² Größe**, wo Berechnungen zufolge

Neue wirtschaftliche Impulse

2 Milliarden m³ Erdgas lagern – genug für eine 30-jährige Förderung. Schon seit 1974 wird das Gasfeld erforscht und über eine wirtschaftliche Nutzung nachgedacht. Inzwischen nehmen die Pläne eine konkrete Form an. Unter Beteiligung verschiedener internationaler Gaskonzerne sollen bis 2016 ein Kraftwerk und entsprechende Pipelines entstehen.

• Die Gewinnung von **Seegras**, einem scheinbar wertlosen Strandgut, hat sich als lohnend erwiesen. Der Unternehmer *Klaus Becker* begann bereits 1980 damit, das Agar-Agar genannte Seegras „abzubauen"; ca. 1.500 t werden jährlich in die USA und nach Japan exportiert. Das Produkt setzt sich aus den hier häufig vorkommenden Meerespflanzen *Gracilaria Verrucosa (Seegras), Eklonia Maxima* (Seetang) und *Laminaria* (Seetang) zusammen. Die stürmische See treibt diese Meeresprodukte an die Küste, wo sie ein unansehnliches Strandgut bilden. Mit Rechen wird es entfernt und zum Bleichen auf trockenem Land mehrfach gewendet. Es dient als Rohmaterial zur Herstellung bestimmter Extrakte für die Nahrungsmittel-, Kosmetik- und Pharmaindustrie.

Austern-zucht • Seit 1992 werden in Lüderitz auch **Austern** gezüchtet, und zwar auf floßartigen Inseln. Die Firma Lüderitz Mariculture ist auf die Züchtung spezialisiert. Lüderitz verfügt über ideale Zuchtbedingungen: Die Austernfarm liegt in einer geschützten Bucht weitab vom Hafen, das Meerwasser ist sehr sauber, nicht zuletzt aufgrund des geringen Schiffsverkehrs. Der Abnahmemarkt ist vor allem Südafrika. Je nach Größe werden Austern in den Kategorien Cocktail (Wachstumszeit: 8–9 Monate), Medium, Large und Jumbo (Wachstumszeit bis zu 22 Monaten) gehandelt. In vielen guten Restaurants Namibias können Sie Austern probieren.

Sehenswürdigkeiten

Lüderitz besitzt eine sehr gute **historische Bausubstanz**. Die meisten Gebäude wurden in den Jahren des Diamantenbooms zwischen 1908 und 1914 errichtet. Der spätere wirtschaftliche Niedergang von Lüderitz hatte hinsichtlich des architektonischen Aussehens auch etwas Gutes: Es wurden fast keine neuen, unpassenden Häuser zwischen die alten gesetzt. Kein Haus ist höher als drei Stockwerke. Besonders schöne Zeugnisse der alten Zeit sind u. a. die Kirchen, das Bergamt, der Bahnhof, das **ehemalige Krankenhaus (9)** auf Shark Island (jetzt das Büro des Fischereiwesens), die Schule, das **Woermannhaus (6)**, das Gericht sowie das ehemalige **Kaiserliche Postamt (7)** in der Schinzstraße, und alle Gebäude in der Bergstraße, wie das Kreplin-Haus und das Eberlanz-Haus.

Bei einem Besuch von Lüderitz darf man keinesfalls die Felsenkirche, das Museum mit seinen interessanten Exponaten zur Geschichte und Naturkunde, den Hafen, Shark Island mit dem Lüderitzdenkmal, das Diaz-Kreuz sowie den Achatstrand versäumen!

Auch Lüderitz hat seine „Waterfront" Die **Lüderitz Waterfront (1)** ist ein Komplex von Geschäften und Restaurants, das als Prestigeprojekt gilt und als kleines Pendant zur Kapstädter Waterfront gedacht ist. Hier am Harbour Square soll dem Fremdenverkehr ein neuer Impuls gegeben werden. Ob das vor allem abends gelingt, ist allerdings eher zweifelhaft. Bislang jedenfalls sucht man noch nach Mietern und einem wirklich attraktiven Angebot für Touristen. Seit der Robert-Hafen von 6 m Tiefe auf 10 m auch für größere Schiffe befahrbar gemacht wurde, ist das ganze Hafenleben einfach „lebendiger" geworden.

⚠ Sicherheitshinweis für Besucher

Bedrückend ist die hohe Kriminalitätsrate. Viele Geschäfte haben selbst am Tage ihre Tür vergittert und öffnen sie nur Kunden, die davor stehen. Abends sollte man auf keinen Fall durch die Straßen gehen, sondern direkt vor das Hotel und Restaurant fahren.

Felsenkirche (2)

Dieses Wahrzeichen der Stadt ist im neugotischen Stil erbaut und überragt alle anderen Gebäude. Hier wurde übrigens die alte Uhr vom Postturm angebracht, die nun von weitem gut zu erkennen ist! Der Lüderitzer Architekt *Albert Bause* lieferte hierzu 1911 die Entwürfe. Das für 48.000 Goldmark erbaute Gotteshaus wurde 1912 bereits eingeweiht. Die bunten Glasfenster sind ein Geschenk Kaiser Wilhelms, die Kirchenglocken kamen von einer Glockengießerei in Thüringen.

Nur noch wenige Einwohner gehören der deutschen evangelisch-lutherischen Kirche an und der Anteil der älteren Gläubigen ist besonders hoch.

Die Felsenkirche

Felsenkirche: *Wer die Felsenkirche besichtigen möchte, sollte Mo–Sa zwischen 17 und 17.30 Uhr Sommerzeit und zwischen 16 und 16.30 Uhr Winterzeit kommen, dann wird sie von Herrn Schröder geöffnet, der Ihnen auch gern Auskünfte erteilt. Individuelle Terminabsprache: Herr Schröder, ☏ 063/202381.*

Kaisers bunte Fenster

Das **Goerke-Haus (3)** ist ein besonderes Schmuckstück. Ursprünglich diente das vom Architekten *Otto Ertl* 1909 auf dem „Diamantenberg" erbaute Haus als Wohnhaus für den Geschäftsführer der Emiliental-Diamantengesellschaft. Der frühere Leutnant zog hier 1910 ein, um das Haus 1912 wieder zu verlassen. 1920 kaufte es die Diamantengesellschaft CDM, um es dem jeweiligen Chefingenieur als Wohnstatt anzubieten. 1944 wurde es an den Staat verkauft und diente bis 1981 als Wohnung für den Magistrat. Wiederum erwarb die CDM das inzwischen in die Jahre gekommene Gebäude und restaurierte es. Heute dient es als Herberge für besondere Gäste. Die Eichenmöbel sind

Von Diamanten geprägt

Lüderitz

★ ❶ **Sehenswürdigkeiten**
1 Lüderitz Waterfront
2 Felsenkirche
3 Goerke-Haus
4 Museum
5 Lüderitz-Denkmal
6 Woermann-Haus
7 Ehemaliges Kaiserliches Postamt
8 Lüderitz Safaris & Tours
9 Ehemaliges Krankenhaus

Haifisch-
Insel/
Shark
Island

Alter
Leuchtturm

Roberthafen

Lüderitz
Hospital

Sports
Ground

Lüderitz-
Hafen

Fischerei-
hafen

Hafen St.

Tal St.

Tal St.

Industrial St.

❶ **Unterkünfte**
1 Zur Waterkant
2 Sea View Hotel
  Zum Sperrgebiet
3 Bay View Hotel
4 Nest Hotel
5 Backpacker Lodge
6 Hansa Guest House
7 Haus Sandrose
8 Krabbenhöft & Lampe
9 Shark Island Rest Camp/NWR

❶ **Restaurants**
1 Penguin Restaurant
2 Ritzi's Restaurant
3 Legends Restaurant
4 Diaz Coffee Shop

N

0   250 m

© graphic

Diaz Point, Grosse Bucht   Keetmanshoop

Koloniale Vergangenheit: das Goerke-Haus

nicht mehr die Originale, nur noch einige Lampen stammen aus der Zeit. Sehenswert ist vor allem die Sonnenuhr an der Außenfassade.

Goerke-Haus *(am Diamantberg): Mo–Fr 14–16 Uhr und Sa und So 16–17 Uhr geöffnet. Eintritt: 25 N$ p. P.*

Unbedingt sollten Sie einen Blick in das kleine **Museum (4)** werfen. Hier veranschaulichen interessante Exponate die Geschichte und den Diamantenabbau. Ursprünglich gehen Teile des Museumsbestands auf Friedrich Eberlanz zurück, einen örtlichen Handwerksmeister.

Lüderitz-Museum *(Diaz Street): Mo–Fr 15.30–17 Uhr. Eintritt 15 N$ p. P. Individuelle Termine können unter ① 063-203959 vereinbart werden. Das kleine, doch sehenswerte und äußerst liebevoll gestaltete Heimatmuseum vermittelt einen guten Einblick in die Geschichte von Lüderitz.*

Das **Lüderitz-Denkmal (5)** steht auf Shark Island, wo auch ein kleines Denkmal für Heinrich Vogelsang steht, der im Auftrage von Lüderitz die Kaufverhandlungen für das Land führte. Nach dem Aufstand von 1904 waren hier Herero und Nama in einem Gefangenenlager untergebracht. Seit 2002 ist hier auch für sie ein Denkmal errichtet. Hier liegt auch der staatliche (windige!) Campingplatz.

Nördlich von Lüderitz liegt der **Achatstrand**. Hier fand man früher viele Achate, Mineralien, die zur Gruppe der sogenannten Calcedonen gehören. Achate, eine Sonderform des Quarzes, sind Halbedelsteine, die Hohlräume von Ergussgesteinen ausfüllen. Man spricht hier deshalb auch von „Achat-Mandeln". Bei den Festungsachaten verläuft die Schichtung meist konzentrisch zur Hohlraumwandung. Heute findet man als Besucher nur noch selten (kleinere) Achate – und die darf man nicht mitnehmen!

Keine Souvenirs! Auf dem Wege zum Achatstrand findet man zahlreiche **Sandrosen**, die aus Kochsalz, Calciumcarbonat und Gips/Sand bestehen. Die Feuchtigkeit des Meeres lässt diese Bestandteile zusammenbacken, der Wind wirkt formend. Es ist aber verboten, Sandrosen mitzunehmen! Diejenigen, die selbst eine Sandrose ausgraben wollen, sollten sich beim Naturschutzbeamten, Nature Conservation, in der Schinzstraße melden. Gegen ein Entgelt folgt man einem Fahrzeug zur Fundstelle und dort können die Sandrosen unter Aufsicht ausgegraben werden.

Ausflug zum Diaz-Point

Obwohl von Lüderitz bis zum Diaz-Point auf direktem Weg nur etwa 20 km zu fahren sind, sollte man dennoch mindestens zwei Stunden für den Ausflug einplanen. Zum einen, weil die Piste keine hohen Geschwindigkeiten erlaubt und zum anderen, weil unter-

Am Diaz-Kreuz

wegs einige interessante Abstecher möglich sind, etwa zur Griffith Bay mit schönem Ausblick über die Lagune nach Lüderitz oder zu den Ruinen einer Walfängerstation.

1988, anlässlich der 500-Jahr-Feier der ersten Landung, wurde am Diaz-Point eine Reproduktion des alten Kreuzes (Padro) enthüllt. Man erreicht die Diaz-Spitze über einen Holzsteg. Unten tost das Meer und das stete Geschrei der Seevögel sowie der immer wehende Wind verleihen dieser Stelle ein ganz besonderes Ambiente. Es gibt ein kleines Café, in dem auch gute Austern angeboten werden.

Besonderes Ambiente

Kolmanskuppe

info

Auch Namibia hat seine **„Ghost-Towns"**: Nur 15 km von Lüderitz entfernt liegt der alte Diamantenort Kolmanskuppe, benannt nach dem Nama *Coleman*, der hier 1905 mit einem Ochsenkarren stecken blieb und verdurstete. Der Boom von Kolmanskuppe begann 1908, nachdem der Eisenbahnarbeiter *Zacharias Lewala* die ersten Diamanten entdeckt hatte. Hier lebten bis zu 300 Familien, die meisten kamen aus Deutschland. Doch noch heute mag man erahnen, wie sehr man bemüht war, in dieser unwirtlichen Gegend eine lebenswerte Oase entstehen zu lassen.

Ab 1911 war Kolmanskuppe an die Elektrizität von Lüderitz angeschlossen. Eine Entsalzungsanlage übernahm die Frischwasserversorgung, nachdem vorher allmonatlich ein Schiff aus Kapstadt 1.000 t Wasser brachte. Zur tollen Infrastruktur gehörten ein Schwimmbad, eine Schule und ein Krankenhaus, in dem das erste Röntgengerät des Südlichen Afrika stand. Ein Kasino, ein Restaurant und eine Bar dienten wie auch das Theater der Unterhaltung.

Geisterstadt Kolmanskuppe

info

Hier entstand ein Ort mit einer differenzierten Infrastruktur sowie mit allen erdenklichen Annehmlichkeiten für die Bewohner. Später wurden die südlich gelegenen Diamantencamps von Elisabethbucht, Pomona, Charlottental sowie Bogenfels im Wüstensand aufgebaut. 20 % der Weltdiamantenproduktion kamen 1914 allein aus diesem Gebiet! 1930 wurde der Diamantenabbau hier eingestellt und die Mine geschlossen. Einige Zeit später zogen auch die letzten Bewohner fort und die Wanderdünen der Namib eroberten die Stadt.

Die vollständige Vereinsamung des Ortes war 1957 erreicht, als die CDM den letzten Sicherheitsbeamten abzog. Nun hat man den Ort als Museumsstadt wieder hergerichtet, Zentrum ist das alte Kasino. Ein kleines Museum macht die alte Zeit vor allem durch Fotos wieder lebendig.

Führungen
durch Kolmanskuppe finden täglich (vormittags) statt. Sie benötigen dazu ein Permit, das Sie bei Lüderitz Safaris & Tours (Bismarckstraße) erhalten. Details s. u.

Ausflüge nach Elisabethbucht und zum Bogenfels

Die Elisabethbucht (Halbtagestour schließt Kolmanskuppe ein) und der Bogenfels (Ganztagstour) (beide im Diamantensperrgebiet gelegen) können auf einer interessanten Tour besucht werden. Anmeldungen – rechtzeitig – bei Lüderitz Safaris und Tours. Gut lesbare Passkopien werden für den Antrag des Permits verlangt. Ein Minimum von 4 Personen sollte pro Tour dabei sein. Die Buchungen werden sofort an die jeweiligen Veranstalter weitergeleitet.

Reisepraktische Informationen Lüderitz

Vorwahl 063

Informationen
Lüderitz Safaris&Tours (8), Bismarckstraße, ☎ 063/202719, ludsaf@africa online.com.na, zentrales Informationsbüro und integrierter Souvenirshop, Öffnungszeiten: Mo–Fr 8–13, 14–17 Uhr, Sa 8–12 Uhr, So 8.30–10 Uhr
Tourist Office, Ministry of Wildlife, Conservation and Tourism, Schinzstr., ☎ 063/202752, Mo–Fr 8–17 Uhr und Sa 8–13 Uhr

Hotels (▶ Karte S. 236)
Lüderitz Nest Hotel $$-$$$ (4), ☎ 063/204000, nesthotel@iway.na www.nest hotel.com, Doppelzimmer je nach Saison ab ca. 1.450 N$ inkl. Frühstück. Lage: Ende der Diazstraße. Beschreibung: Das Hotel verfügt über 73 Zimmer, davon 3 behindertengerecht, und 3 Suiten. Die Lage ist sehr schön, im Innenhof gibt es einen windgeschützten Swimmingpool. Die Zimmer sind mit allem Komfort ausgestattet und verfügen alle über Seeblick. Tagungen und größere Busgruppen werden angenommen. Es gibt ein großes Restaurant und eine kleine Bar. Bewachter Parkplatz mit Gate. Geeignet für alle, die eine angenehme, großzügige Atmosphäre und eine schöne Aussicht auf die Bucht genießen möchten. Tages- oder Sunset-Touren zum Achatstrand und zum Diaz-Kreuz werden ebenso angeboten wie geführte Stadtbesichtigungen einschließlich Townships. Toll zum Entspannen danach: die hauseigene Sauna.

Protea Hotel Sea-View zum Sperrgebiet $$ (2), Woerman St., ℡ 063/203411, sperrgebiet@proteahotels.com.na, www.seaview-luederitz.com. Ca. 650 N$ p. P. im DZ inkl. Frühstück. Beschreibung: Die Lage ist zentral, das relativ kleine Hotel (22 Zimmer) zwängt sich in eine Baulücke (deshalb Parkplätze außen). Drinnen gibt es ein Schwimmbad und eine Sauna. Das Hotel vermittelt einen persönlichen Eindruck, die Zimmer sind zweckvoll eingerichtet und freundlich. Im hoteleigenen Restaurant kann man akzeptabel essen. Allerdings gab es gelegentlich Beschwerden über Chlorgeruch im Restaurant, der vom hauseigenen Schwimmbad herrührte.

Bay View Hotel $ (3), Diazstraße, ℡ 063/202288, bayview@namibnet.com, www.luderitzhotels.com. Ab ca. 750 N$/DZ mit Frühstück. Beschreibung: einfaches, aber angenehmes Haus mit 22 ordentlichen Zimmern, Pool und gutem Restaurant.

Bed-and-Breakfast-Häuser

Zur Waterkant $ (1), Bremerstraße, ℡ 063/203145, zur-waterkant@raubkatzen.de, www.raubkatzen.de. Doppelzimmer 650 N$, Familieneinheit 340 N$ p. P., jeweils mit Frühstück. Beschreibung: Die 4 Doppelzimmer (einfache, praktische Einrichtung) und 2 Familieneinheiten mit Kochnische gehören zu einem Privathaus, sicheres Parken im Innenhof. Familie Hälbich kümmert sich persönlich um die Gäste. Geeignet für preiswert reisende Individualisten.

House Sandrose $ (7), Bismarckstraße 15, ℡ 063/202630, info@haussandrose.com, www.haussandrose.com. 280–310 N$ p. P./DZ für Selbstversorger. Beschreibung: Die Zimmer liegen in einem Innenhof. Sie sind unterschiedlich, jedoch alle sauber und sehr liebevoll eingerichtet. Frau und Herr Looser sind sehr nett und helfen dem Gast mit lokalen Tipps. Ideal für preisbewusste Individualreisende.

Krabbenhöft und Lampe $ (8), 25 Bismarck Str., ℡ 063/202466, cischas@yahoo.com. Lampe-Wohnung 200 N$ p. P., 160 N$ p. P. im Oberdeck, Frieda Woermann 500 N$/DZ (jeweils für Selbstversorger). Beschreibung: Haus aus dem Jahre 1910 mit 5 Doppelzimmern im Oberdeck mit Aufenthaltsraum und 2 separaten Ferienwohnungen, genannt „Lampe-Wohnung" (bis zu 6 Personen) und „Wohnung Frieda Woermann" (2 Personen), alle mit altem Mobiliar. Nette, nostalgische Atmosphäre. Gut eingerichtete Küche, sicheres Parken im Hof.

Hansahaus Guest House $ (6), 5 Mabel St., ℡ 063/203581. Ca. 220 N$ p. P., kein Frühstück. Beschreibung: 4 Doppelzimmer, sauber und geschmackvoll eingerichtet, voll eingerichtete Küche, Aufenthaltsraum, schöner Blick auf die Stadt und den Hafen, leider etwas hellhörig.

The Backpacker's Lodge $ (5), Lüderitz, Schinzstr. 7, ℡ 063/202000, luderitzbackpackers@hotmail.com. Ca. 230 N$/DZ, Camping 60 N$ p. P. Beschreibung: einfache, aber saubere Zimmer, Gemeinschaftsküche und -bad, sicheres Parken. Für wenig Geld eine anständige Bleibe. Mehr für junge Leute geeignet.

Camping

Shark Island Rest Camp $ (9), ein gut angelegter Campingplatz des NWR befindet sich auf Shark Island, hier gibt es auch drei Bungalows sowie die Möglichkeit, im Leuchtturm zu übernachten. Camping 100 N$ p. P., Chalet 220 N$ p. P./DZ, Leuchtturm 220 N$ p. P./DZ. Reservierungen bei: Namibia Wildlife Resorts in Windhoek unter ℡ 061/2857200, reservations@nwr.com.na, www.nwr.com.na. Beschreibung: Dieser Campingplatz ist fast vegetationslos, also karg und sehr windumtost. Keine Einkaufsmöglichkeit am Platz, aber ein Restaurant.

Krabbenhöft und Lampe

🍴 Restaurants

Penguin Restaurant *(im Nest Hotel)* **(1)**: *Gutes Essen, internationale Gerichte, vergleichsweise teuer. Wenn das Hotel nur wenig belegt ist, ist das große Restaurant etwas ungemütlich.*

Ritzi's Restaurant (2): *Das helle und freundliche Restaurant liegt in der Waterfront. Der junge Koch bietet neben den Kartengerichten Tagesgerichte an, zumeist handelt es sich um frisch gefangenen Fisch. Das Restaurant ist großräumig und der Gast hat eine tolle Aussicht auf die Waterfront und auf den Hafen. Es ist durchaus geschmackvoll eingerichtet und abends in der Regel voll. Vorausbuchung wäre ratsam:* ☎ *063/202818.*

Legends Restaurant (3): *Das in der Bay Road/Ecke Brücken St. gelegene Restaurant bietet relativ preiswerte Gerichte in etwas steriler Umgebung an. Telleressen zu Mittag, Pizzas auch zum Mitnehmen.*

Diaz Coffee Shop (4): *Ecke Bismarck/Nachtigal St., Kaffee und Kuchen, Sandwiches, leichte Mahlzeiten.*

👁 Ausflüge

Sehr zu empfehlen ist eine Schiffsfahrt mit dem Gaffelschooner „Sedina" (tgl. 8 Uhr, 330 N$ p. P.) oder dem motorisierten Katamaran „Zeepaard" entlang der Buchten und Inseln der Umgebung von Lüderitz. Buchungen können bei Lüderitz Safaris und Tours (s. o.) vorgenommen werden.

Für Kolmanskuppe (verlassene Diamanten-Stadt) benötigen Sie ein Permit, das Sie bei Lüderitz Safaris & Tours erhalten. 55 N$ für Erwachsene, 35 N$ für Kinder. Führungen finden statt: Mo–Sa 9.30 und 11 Uhr. Die Führungen starten oben in der Konzerthalle und werden in deutscher und in englischer Sprache angeboten. Sonntags findet nur eine Führung um 10 Uhr statt. Der Kasinokomplex in Kolmanskuppe wurde inzwischen ausgebaut: Dort befindet sich ein Restaurant, in dem Imbisse und kleine Mahlzeiten serviert werden. Ein schöner Souvenirladen befindet sich ebenfalls im Kasinokomplex sowie ein Diamantengeschäft, in dem man Mo–Fr vormittags ungefasste, geschliffene Diamanten aus Namibia erwerben kann.

 Ärztliche Hilfe/Ambulanz
Krankenhaus, ☎ 063/202446
Ambulanz, ☎ 063/202517

 Mietwagen
AVIS, *Bismarck Street*, ☎ 063/203968
Budget, *6 Mabel Street*, ☎ 063/202777

 Bus
Mainliner-Bus *ab Keetmanshoop nach Windhoek und Südafrika*
Bus *von Keetmanshoop nach Lüderitz*

 Flugverbindung
Flugverbindungen bestehen nach Windhoek und nach Kapstadt. Bitte konkrete Flugmöglichkeiten erfragen, da dieser Flugplan öfter wechselt, unter www.airnamibia.com.na.

5. DER WESTEN

Die Natur Namibias – weiter in die Namib

viele Tiere
Landschaft toll!

Aus – Gebiet Tirasberge

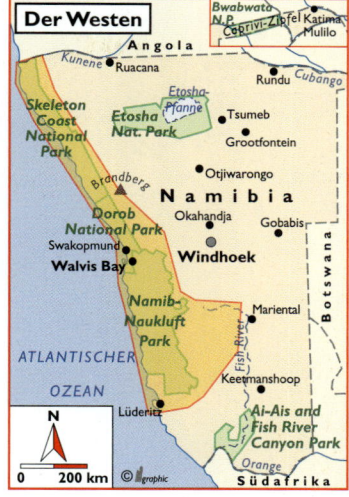

Ab Aus bei der Einbiegung nach Norden – von der C 13 geht es auf die D 707 – beginnt ein unvergleichliches Landschaftserlebnis: Zwischen Aus und Helmeringhausen fährt man über die weite Neisip-Ebene, bevor man nach Westen abbiegt und zwischen der grandiosen Namib des Namib-Naukluft-Parks sowie den bizarren, farbenprächtigen Tirasbergen fährt. Überwältigend ist hier die Weite der Landschaft. Besonders eindrucksvoll ist diese Naturszenerie am frühen Vormittag oder am späteren Nachmittag, wenn die typischen Pastellfarben dominieren.

Insbesondere die Strecken entlang der Pad 707 sowie der C 27 sollte man in der Morgen- oder Spätnachmittagssonne genießen – für Fotofreunde unvergesslich schön! Die Fahrt entlang der beiden Straßen gehört unbedingt zu den landschaftlichen Highlights Namibias. Die Route ist einsam, die westlich gelegene Wüste und die östlich gelegenen, majestätischen Tirasberge sind ein fast „außerirdisches" Erlebnis – ein absolutes Paradies für Naturliebhaber, Wanderer und Fotografen. Stille und Wei-

Begegnung mit einem Kudu in den Tirasbergen

Lüderitz – Tirasberge – Namib Rand (Namib-Naukluft Park)

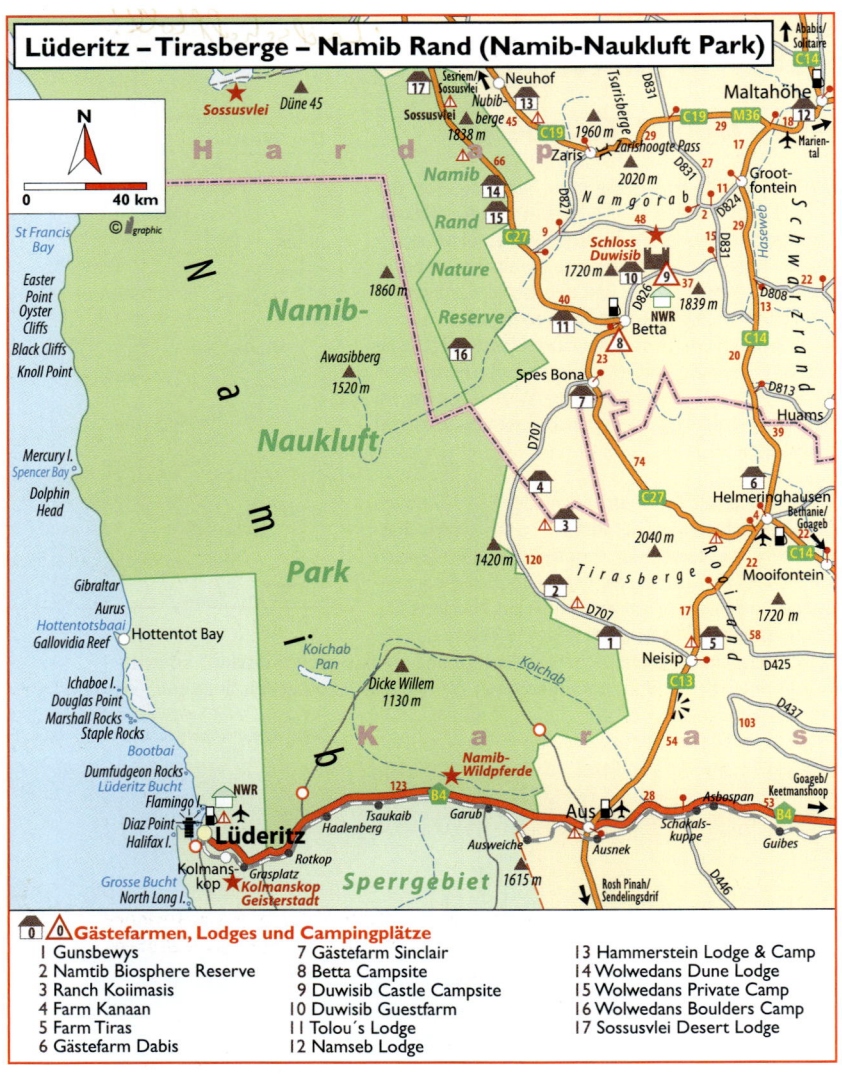

Gästefarmen, Lodges und Campingplätze

1 Gunsbewys
2 Namtib Biosphere Reserve
3 Ranch Koiimasis
4 Farm Kanaan
5 Farm Tiras
6 Gästefarm Dabis
7 Gästefarm Sinclair
8 Betta Campsite
9 Duwisib Castle Campsite
10 Duwisib Guestfarm
11 Tolou´s Lodge
12 Namseb Lodge
13 Hammerstein Lodge & Camp
14 Wolwedans Dune Lodge
15 Wolwedans Private Camp
16 Wolwedans Boulders Camp
17 Sossusvlei Desert Lodge

te pur sind angesagt. Die Granitberge reizen zum Erklimmen, und am Rande und in den Tälern des Massivs gibt es grandios-urige Unterkünfte, aber keine Luxusunterkünfte.

Weiter führt der Weg zur Farm Namtib. Auf den Gästefarmen in der Umgebung sollte man mindestens zwei Übernachtungen einplanen, um die grandiose Natur erleben zu können.

Streckenhinweise

Von Lüderitz geht es zunächst nach Kolmanskuppe; dann weiter auf der Pad B 4 bis Aus – bis hier alles Teerstraße; von hier nach links auf die Pad C 13, die nach Helmeringhausen führt (Gravelroad).

Alternativen:

① Abstecher zur Farm Namtib: Nach ca. 55 km (ab Abzweig in die C 13) zweigt nach links die Pad 707 ab. Dieser Pad folgt man 47 km; dann sieht man das Farmschild „Namtib" an der Seite. Vom Farmtor bis zum Farmhaus sind es 12 km. Wege: Schotter, aber gut befahrbar.

② Abstecher zur Farm Sinclair: Der direkte Weg zur Gästefarm Sinclair führt weiter auf der Pad C 13 bis kurz vor Helmeringhausen. Hier biegt man 6 km vor Helmeringhausen in die C 27 ein und erreicht nach ca. 80 km den Farmeingang zur linken Seite. Wege: Schotter, aber gut befahrbar.

Wenn man – landschaftlich reizvoller – die Pad 707 befährt, biegt man rechts in die C 27 ein. Nach weiteren ca. 25 km erreicht man rechts die Einfahrt zur Farm Sinclair. Wege: Schotter, aber gut befahrbar.

• Direkt nach Helmeringhausen/Maltahöhe: Von der B 4 (Lüderitz – Aus) in die Pad C 13 nach Helmeringhausen und weiter die C 14 nach Maltahöhe. Streckenbeschreibung: Kurz hinter Lüderitz beginnen die Sanddünen der Namib, besonders beeindruckend ist die Umgebung von Kolmanskuppe. Später steigt das Land an. Von Aus in Richtung Helmeringhausen eröffnet sich eine weite Landschaftsszenerie: die weiten Savannenflächen der Neisip-Ebene. Im Osten liegt der Schwarzrand.

• Der Abstecher zur Farm Namtib führt zu besonders grandiosen Landschaften: Hier liegt exakt die Grenze zwischen der Dünen-Namib und dem Farmland mit seinen Bergkuppen der Tirasberge; eine sehr einsame Landschaft, die wohl jeden beeindruckt. Auch der Weg zur Farm Sinclair entlang der C 27 ist landschaftlich sehr eindrucksvoll. Die Fahrt nach Helmeringhausen und dann weiter nach Maltahöhe auf der C 14 wird dann aber landschaftlich monotoner (ziemlich flache, weitläufige Hochsavanne).

Eindrucks-
volle
Landschaft

Tipp

Aufenthalt und Übernachtungen im Gebiet der **Tiras Mountains Conservancy** *(www.tirasmountains.com) – Landschaft, Einsamkeit und Gastfreundlichkeit pur – also wirklich etwas für Individualisten!*

Tirasberge

Im Gebiet der Tirasberge haben sich einige Farmer zusammengetan, um naturliebenden Menschen einen Aufenthalt in einem der schönsten Gebiete Namibias zu ermöglichen.

Die **Tirasberge** erstrecken sich entlang dem Namib-Rand. Man erlebt rote Dünen und steil aufragende Berge auf kürzester Entfernung. Das an die 2.000 m hohe Bergmassiv erstreckt sich über ein weitläufiges Gebiet von 125.000 ha. Vor der Besiedlung durch

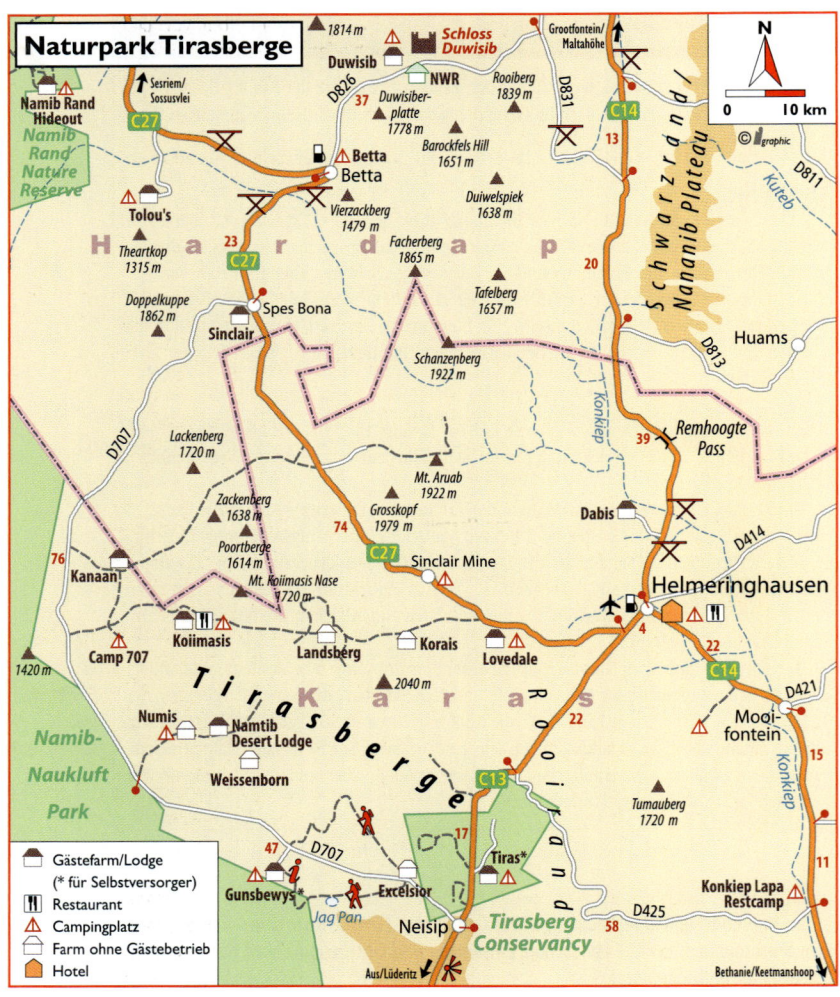

die Europäer haben hier San gelebt, woher die Felsmalereien, Sammelplätze, Feuerstellen und Gräber stammen. Sie lebten von der reich bestückten Antilopenwelt der ausgedehnten Grasflächen: Oryx, Kudu, Springbock, Klippspringer, Buschböckchen. In vergrabenen Straußeneiern bewahrten sie das seltene Wasser, auch wilde Melonen waren Feuchtigkeitsspender.

Leider sind die San aus diesem Teil Namibias vertrieben worden. Sie suchten damals bewusst Trockengebiete aus, da sich hier das Wild an den wenigen Wasserstellen sammelte und so leichter Beute zu machen war. Die Felszeichnungen verraten jedoch, dass einst sämtliche Wildarten bis an die Dünenwelt ästen. Die hohen Gipfel mit unangetasteten Schluchten sind noch natürliche Brutstätten mehrerer Adlerarten. Vor allem brütet hier der Afrikanische Adler, der sich von Klippschliefern, Pavianen und Vögeln ernährt. Das hier beheimatete Namaqua-Flughuhn fliegt 80–100 km weit, um Wasser zum Brüten zu sammeln.

Brütende Adler

Mitten in den Bergen, auf 1.600 m Höhe, liegt die ehemalige Gästefarm **Landsberg**. Hier leben noch Geparde und Leoparden. Man bekommt sie zwar kaum zu Gesicht, sie können aber in trockenen Jahren zur Plage für den Farmer werden, wenn sie Kälber und Schafe reißen.

Nur 15 km von Landsberg entfernt erreicht man **Koiimasis**. Der Name bedeutet „Versammlungsplatz" – und noch immer kann man Stellen finden, an denen frühere Bewohner ihre Versammlungen abhielten. Die Farm liegt eingebettet in eine breite Fläche zwischen den Tirasbergen und Koiimasisnase. In dem kleinen Paradies leben prächtige Ziervögel, darunter viele einheimische Arten. Die Berge laden zum Wandern ein. Ein großartiger Köcherbaum-Bestand erinnert an den Köcherbaumwald, San-Relikte finden sich an vielen Stellen. Auf dieser Farm kann man zelten und das freie Leben in der Wildnis genießen, oder es sich in wunderschönen Chalets gut ergehen lassen.

„Versammlungsplatz"

Durch die **Farm Kanaan** mit ihren zarten Pastelltönen – diese Gästefarm und die umgebenden Dünenlandschaften sind ein Traum für alle Fotografen – erreicht man die Pad 707, eine der landschaftlich schönsten Strecken des Landes. Vorbei an der Gästefarm Namtib liegt fast in den roten Dünen auf 1.000 m Höhe Gunsbewys. Die Dünen erheben sich bis zu 150 m Höhe. Neben vielen endemischen Käfern, Eidechsen, Geckos und Vögeln lebt hier der Palmatogecko – so angepasst an den Dünensand, dass er sich mittels seiner Schwimmhäute rasch in den Sand eingraben kann. Man findet die Gänge der Dünengrille, die ebenso wie der Palmatogecko nachtaktiv ist. Das durchsichtige Tier kann ebenso weit wie hoch springen und vergräbt sich in Tunneln.

Endemische Fauna …

Dank des Schießverbots hat sich eine stattliche Spießbockpopulation entwickelt. Fast jeder Besucher fotografiert hier das ganz besondere Bild von diesen Oryx-Antilopen. Auch hier, am Fuße der Tirasberge, finden sich Reste von Siedlungen der San.

Vom winzigen Gästehaus aus wird man die Sonnenuntergänge mit rot aufleuchtenden Bergen und glühend untergehender Sonne nicht vergessen. Eine freiliegende Hochterrasse bietet nachts einen 360-Grad-Rundblick über den gesamten südlichen Sternenhimmel. Dank der Lufttrockenheit über der Wüste erscheinen die Sterne in einer unwahrscheinlichen Klarheit!

35 km weiter, an der C 13 gelegen, erreicht man die Farm **Tiras**. Durch Alt-Tiras verläuft die ursprüngliche Pad von Lüderitz ins Inland. Viele Sukkulenten gedeihen in der von der Natur verwöhnten Landschaft. Natursculpturen stehen hier wie von Meisterhand geschaffen. Lithops – lebende Steine – sind zu entdecken. Viele Arten würde man in den trockenen Zeiten selbst nie entdecken. Sie warten dann, vom Sand bedeckt, unter der Erdoberfläche auf den nächsten Regen. In Felsspalten gedeihen Bäume, die von oben nach unten wachsen! Der „Sundowner"-Platz am Rande der Berge mit Blick in die Neisipfläche und hinüber zum Rooirand, der im Abendlicht rot aufleuchtet, ist eine Besonderheit.

…und „lebende" Steine – Lithops

Alle beschriebenen Farmen bieten ein besonders individuelles Namibia-Erlebnis. Meist werden nur sehr wenige Gäste auf einmal aufgenommen, die dann die außergewöhnliche Landschaft in Ruhe genießen können.

Farm Namtib

Ein interessanter Abstecher ist die Fahrt zur Farm Namtib am Rande der Namib. Die einzigartige Lage der Farm, zwischen den Dünen im Westen und der Tiras-Bergkette im Osten, lädt zu Tierbeobachtungen und Wanderungen ein. Die Landschaft strahlt eine majestätische Stille aus, das Herz eines jeden Naturfreundes wird höher schlagen, wenn er seinen Weg hierher findet. Die ursprünglichen Betreiber, Renate und Walter Theile, waren Anfang der 80er-Jahre aus Deutschland eingewandert. Inzwischen wird der Farmbetrieb von der nächsten Generation geführt.

Regen ist selten Keine leichte Aufgabe in dieser Landschaft, wo Regen ein seltenes Naturereignis ist. Die Farm wird unter ökologischen Gesichtspunkten geführt. Dazu gehört z. B., dass die umliegenden Weiden nicht in Camps eingeteilt sind, sodass das heimische Wild sich frei bewegen kann. Dazu gehört aber auch, dass mit Energie und Wasser rationell umgegangen wird. Gartenbau und Swimmingpool sind hier am Rand der Wüste nicht ökologisch.

Bergwandern gehört zu den wichtigsten Aktivitäten auf der Farm. Mit etwas Glück kann man die Klippspringer in den Steilwänden oder den Felsenadler hoch in den Lüften beobachten. Ein markierter botanischer Trail erläutert die einheimische Pflanzenwelt.

Wer Einfachheit und Ursprünglichkeit liebt, ist auf Namtib gut aufgehoben (s. S. 252).

Reisepraktische Informationen Tirasberge/Helmeringhausen/Maltahöhe

Unterkunft (▶ *Karte S. 246*)
Ranch Koiimasis $-$$$ (3), www.namibia-farm-lodge.com, ☏ Lodge 063/683247, FIFKoiimasis@googlemail.com, ☏ Camping 063/683052, koiimasis@yahoo.com. Preise: Camping ca. 125 N$ p. P. und 2 Selbstversorgereinheiten (Chalets) zwischen 520 und 1.200 N$ (für 2 Personen), Bungalows der Fest Inn Fels-Lodge 995 N$ p. P (inkl. Frühstück), Dinner 185 N$ p. P. Lage: im Herzen der Tirasberge, an der D 707, dann Richtung Ranch Koiimasis abbiegen (21 km Farmweg). Beschreibung: sehr schöne Campingplätze in einem tollen Gelände (beispielhafte sanitäre Anlagen) zwischen atemberaubenden Felsformationen, schöne Wanderwege. Traumhaft gelegene Bungalows der Fest Inn Fels Lodge mit Außenterrasse, Restaurant, Bar und Pool. Die Inhaber sind sehr freundlich. Geführte Reittouren, deutsch geführte Autotouren, Buschmann-Zeichnungen, Straussenhaltung und Ziervogelzucht. Camper können Abendessen in der Lodge vorbestellen.
Farm Kanaan $$-$$$ (4), ☏ 063/683119, hermi@kanaannamibia.com, www.kanaan namibia.com, 870 N$ p. P./DZ mit Halbpension. Lage: grenzt im Osten an die Tirasberge und im Westen an den Namib Naukluft Park, 8 km von der D707 entfernt. Beschreibung: Zur Farm, die inmitten 22.000 ha unberührter Natur liegt, gehören 4 individuell gestaltete Zimmer. Es gibt zwar generell Strom – aus farmeigenen Solaranlagen – aber die Zimmer werden mit Öl-

lampen beleuchtet. Dies verspricht Romantik pur. Es werden u. a. Landroverfahrten, Foto-Work-
shops und -Exkursionen angeboten. Auch Camping möglich.

Camp 707, buchbar über Farm Kanaan, liegt im südlichen Teil der Farm und bietet ein Cam-
pingerlebnis mitten in der faszinierenden Dünenlandschaft. Maximal 10 Personen haben hier
Platz. Die Übernachtung hier ist nur nach vorheriger Anfrage möglich!

Farm Gunsbewys $ (1), ① 063/683053 (Gertrud Gärbner), www.tirasberge.de, Infos auch
bei Kidogo Safaris: ① 061/243827, kidogo@mweb.com.na, www.kidogo-safaris.de. Camping
ca. 90 N$ p. P., Übernachtung im Gästehaus mit Dusche und Küche ca. 250 N$ p. P. Selbst-
verpflegung sowie Essen nach Bestellung möglich. Lage: Anfahrt: über D 707, von der C 13 kommend, nach etwa 26 km rechts abbiegen. Beschreibung: Wanderungen in den Bergen und Dünen, Dünenfahrten auf der Nachbarfarm Excelsior. Tierbeobachtungen: Strauße, Oryx-Antilopen. Besonderheit: Die Dünengrille, ein nachtaktives, beinahe durchsichtiges Tier mit Riesen-
sprungkraft. Sie baut im Dünensand ihre Behausung, ein Drüsensekret verfestigt den Sand.

Gästefarm Sinclair $$–$$$ (7), ① 063/683049, sinclair1@iway.na, www.natron.net/
sinclair/index.html. Ab 750 N$ p. P. inkl. Halbpension. Lage: von Lüderitz aus kommend nut-
zen Sie die C 3, dann, 56 km hinter Aus, in die D 707 abbiegen, am Ende dieser Straße in die
C 27 nach rechts abbiegen. Nach ca. 25 km sehen Sie rechter Hand das Farmschild (= landschaftlich schönste Anfahrt). Alternativ der C 13 von Aus bis kurz vor Helmeringhausen folgen, dann links in die D 407/C 27 abbiegen. Nach 52 km erreichen Sie die Farmeinfahrt.
Beschreibung: idealer Zwischenaufenthalt auf dem Wege von Lüderitz zum Sossusvlei/
Sesriem bzw. Naukluft-Gebiet, gepflegte gastliche Atmosphäre, Schwimmbad, besonders geeignet für Hobby-Mineralogen (Malachite, Jaspiz, Erdbeerquarz usw.). Zum Mittagessen kommen öfters Busgruppen vorbei. Sinclair wurde nach dem Prospektor Sinclair benannt. Dieser
sicherte sich 1864 die Rechte für den Kupferabbau. Das Erz ließ er von San-Frauen abbau-
en, doch er verweigerte ihnen den Lohn. Die Entrechteten sahen es als legitim an, dafür Ochsen zu stehlen, worauf Sinclair einen Schießbefehl erteilte.

Farm Tiras $$ (5), ① 063/683048, Buchung über Kidogo Safaris: ① 061/243827, www.
kidogo-safaris.de, www.tirasberge.de/farms/tiras. Es stehen ein Gästehaus für bis zu 6 Perso-
nen (1.100 N$), einfache Chalets am Campingplatz (175 N$) sowie Campingplätze (100 N$)
zur Verfügung. Lage: an
der C 13 46 km südlich
von Helmeringhausen.
Beschreibung: Es gibt
Wandermöglichkeiten
(markierte Wege, in
Höhlen San-Zeichnun-
gen). Fauna und Flora
(Sukkulenten) sind sehr
interessant. Wiederum
tolle Tirasberge-Land-
schaft. Auf Selbstversor-
ger ausgelegt, Verpfle-
gung muss vorher ange-
meldet werden.

*Traum eines jeden Fotogra-
fen: rote Dünen, blauer
Himmel (Farm Kanaan)*

Schöner Campingplatz auf der Farm Namtib

Namtib Biosphärenreservat $$ (2), ① 063/683055, contact@namtib.net, www.
namtib.net. 625 N$ p. P. im DZ inkl. Frühstück, Camping 90 N$. Lage: Von der C 13 biegt man
auf die D 707, nach ca. 45 km liegt zur rechten Hand die Farmeinfahrt. Hier der meistbefah-
renen Spur folgen. Beschreibung: lohnender Abstecher zu einer einfachen Farm inmitten herr-
licher Landschaft. Ausgezeichnete Wandermöglichkeiten, gute Tierbeobachtungen, geschickt
gebaute, einfache, doch sehr saubere und praktische Unterkünfte. Gastlichkeit mit einem Touch
von alternativem Farmleben.

Wer lieber direkt **nach Norden Richtung Maltahöhe/Sossusvlei/Naukluft-Gebiet**
reisen will, dem bieten sich folgende Übernachtungsstellen an:

Helmeringhausen (Großraum)
Gästefarm Dabis $$$ (6), ① mobil 081/3108902, gaugler@farmdabis.com, www.farm
dabis.com. 1.680 N$/DZ mit Halbpension. Lage: an der C 14, ca. 10 km nördlich von Helme-
ringhausen. Beschreibung: eine sehr gastliche Gästefarm, ideal für alle, die etwas mehr über
das Farmleben in der faszinierenden Halbwüste erfahren möchten. Besonders kinderfreundlich.
Helmeringhausen Hotel $$, ① 063/283307, info@helmeringhausen.com, helmering@
iway.na, www.helmeringhausen.com. Ca. 550 N$ p. P./DZ mit Frühstück. Beschreibung: Helme-
ringhausen ist ein kleines „Nest" mit einem Hauch nostalgischer Atmosphäre. So war es frü-
her mal im „alten Südwest". Das Helmeringhausen-Hotel (22 DZ) ist blitzsauber, einfach und
irgendwie typisch für die alten namibischen Landhotels. Neben einem Schwimmbecken und
einer Bar gibt es auch noch einen Biergarten. Zum Hotel gehört die 1.000 ha große Farm Hel-
meringhausen, wo man Wildbeobachtungsfahrten unternehmen kann.

Maltahöhe (Großraum)

Oahera Namib Backpackers & Cultural Centre, *Maltahöhe (im Ort an der C 19)*, ☏ *063/293 028, oaheraa@iway.na, www.oaheraart.com. Hier wird einheimisches Kunsthandwerk angeboten (Metallskulpturen, Holzschnitzereien, Steinskulpturen und Bilder). Daneben gibt es einfache Unterkünfte (ca. 160 N$ p. P., Bad und WC werden gemeinsam genutzt), ebenso ein einfaches Restaurant („Red Stone Restaurant") und eine Cafeteria. Camper finden Platz auf einem sicheren Campingplatz (Grillmöglichkeiten, Tische, Toiletten, Duschen, ca. 80 N$ p. P.), Internetzugang.*

**Maltahöhe Hotel $**, ☏ *063/293013, info@maltahoehe-hotel.com, www.maltahoehe-hotel.com. Ca. 600 N$/DZ nur Übernachtung. Beschreibung: ein einfaches Landhotel (2007 wurde es 100 Jahre alt) mit Swimmingpool und typischer Landesküche. Oft sind hier allerdings große Busgruppen untergebracht, sodass der Einzelreisende sich vielleicht unter vielen Gruppentouristen etwas verloren fühlt. Die Bar ist sehr lebhaft (da ja praktisch die einzige im weiten Umkreis) und bildet einen Treffpunkt für Farmer, Geschäftsreisende und Touristen, sodass man in interessante Gespräche verwickelt werden kann. Zuletzt gab es allerdings gelegentliche Beschwerden über nicht ausreichende Sauberkeit.*

Namseb Lodge $$ (12), ☏ *063/683 578, mobil 081/3254790 oder 081/4388572, www.namseb.com, reservation@namseb.com. Doppelzimmer mit Halbpension 500 N$ p. P. Lage: ca. 16 km südlich von Maltahöhe mit Ausschilderung von der C14 aus. Beschreibung: 5 Bungalows sowie 16 Doppelzimmer, saubere Unterkünfte, Pool. Die Landschaft ist jedoch etwas eintönig und liegt an den Füßen des Schwarzrandes. Namseb ist die älteste Straußenfarm des Landes. Selbstverpflegung, aber auch à-la-carte-Essen möglich.*

Tirasberge/Maltahöhe – Sossusvlei/Naukluft (Namib-Naukluft-Park)

Der nächste Streckenverlauf hängt von der gewählten Unterkunft im Bereich Tirasberge/Helmeringhausen oder Maltahöhe ab. Generell gilt die C 27 entlang der Rand-Namib als die schönste Strecke. Hier wechseln bizarre Gebirge mit einem zunehmend offenen Blick in die westlich gelegene Namibwüste.

Das Sossusvlei (s. S. 261) ist das wohl eindrucksvollste Beispiel der Dünen-Namib. In dieser Region können Sie die herrlichen Farben und Formen sowohl der Dünen als auch der Lehmsenken („Vleis") bewundern. Sollte man einen Aufenthalt im NamibRand Nature Reserve geplant haben oder im Gebiet der Sossusvlei Mountain Lodge, dann erübrigt sich u. U. eine Fahrt zum Sossusvlei selbst. Auf keinen Fall sollte ein Ausflug in das wildromantische Naukluft-Gebiet fehlen. In diesem Gebirgsmassiv fließen auch während der Trockenzeit Bäche und zaubern einmalige Biotope entlang ihrem Verlauf. Eine Wanderung hier dürfte für jeden Naturfreund zu einem besonderen Erlebnis werden.

Redaktionstipps

▸ Als Übernachtungsstelle kommt der Eingangsbereich in das Sossusvlei infrage (Zeltplatz, Hotelanlage). Besonders empfehlenswert ist aber ein Aufenthalt von ca. 3 Nächten in einer der umliegenden Gästefarmen und Lodges, weil Sie dann gleich mehrere Vorteile genießen können:

• Endlich einmal wieder mehrere Nächte im gleichen Bett.

• **Genuss der Landschaften** des Sossusvlei und des Naukluft-Gebirges von einem Übernachtungspunkt aus.

▸ Wenn Sie gern wandern, legen Sie im Naukluft-Gebiet einen Wandertag ein.

Lohnt einen mehrtägigen Aufenthalt: das Gebiet um Sossusvlei

Auf der Fahrt vom Süden Namibias zum Sossusvlei ist ein Abstecher zum einzigartigen Wüstenschloss Duwisib zu empfehlen.

Tageskilometer (▶ *Karte S. 246*)
Je nach Übernachtungsstelle im Gebiet Tirasberge, Helmeringhausen sowie Maltahöhe variieren die Entfernungen zum Eingang Sossusvlei/Sesriem. Beispiele:
• *Gästefarm Namtib – Sossusvlei-Eingang: Pad 707/C 27, Abstecher auf Pad 826 nach Osten zum Schloss Duwisib, dann wieder die Pad 826 zurück und nach Nordwesten bis Sossusvlei/ Sesriem. Gesamt-Kilometer ca. 285.*
• *Helmeringhausen (Hotel Helmeringhausen bzw. Gästefarm Dabis) – Sossusvlei-Eingang: Pad C 13 kurz nach Süden, dann in die C 27 bei der Abzweigung von Pad 826 zunächst nach rechts (Osten) zum Schloss Duwisib, dann wieder zurück und der C 27 nach Nordwesten bis Eingang Sossusvlei/Sesriem folgen. Gesamt-Kilometer: ca. 320 (ab Dabis 335 km).*
• *Maltahöhe – Sossusvlei-Eingang: Pad C 14 nach Süden, dann die C 19 bis zum Abzweig der Pad 845, links in die Pad 845 abbiegen und am Ende rechts in die C 27 und dieser bis Sesriem folgen. Gesamt-Kilometer ca. 180.*

Tankstellen
Maltahöhe, Sossusvlei, Solitare. Eine weitere zuverlässige Tankstelle gibt es entlang der Strecke auf der C 27, wenige km nördlich vom Abzweig in die Pad 826 (bei Betta's Campsite).

Schloss Duwisib

Das Schloss Duwisib ist sicherlich ein Unikum im Lande! Es liegt in einer öden Landschaft am Rande der Namib und wurde aus Sandsteinen erbaut. Dazu die Hintergrundgeschichte (auf der Grundlage eines Artikels von Dr. Mossolow in der Allgemeinen Zeitung vom 23.8.1979): Der Autor vermerkt hier, dass der **Erbauer Hansheinrich von Wolff** nicht baltendeutscher, sondern sächsischer Herkunft sei. Von Wolff soll demnach am 11. 9. 1872 in Dresden geboren sein. Er diente später in der sächsischen Artillerie in Königsbrück bei Dresden. Als die Aufstände im damaligen Deutsch-Südwestafrika ausbrachen, meldete er sich zur Schutztruppe.

Nach dem Aufstand ging er auf Heimaturlaub und heiratete am 8.4.1907 die reiche Amerikanerin *Jayta Humphries*. Im selben Jahr kehrte er mit ihr nach Südwest-Afrika zurück. Er kaufte bald die Farm Duwisib, die zunächst 20.000 ha groß war. 1910 vergrößerte er sie um weitere 35.000 ha. Das meiste Land erwarb er vom Staat, nur 5.000 ha waren von privater Hand an ihn verkauft worden. Er hatte vor, seinen Besitz auf 150.000 ha zu vergrößern, aber die Regierung genehmigte ihm ein solches Riesenobjekt nicht. Man führte als Argument an, dass er ein solches Anwesen nicht alleine bewirtschaften könnte. *55.000-Hektar-Farm*

Den Bauauftrag für das Schloss vergab er 1908 an den 1901 aus Berlin gekommenen Architekten **Wilhelm Sander**, der am Bau der Schwerins-, Sander- und Heinitzburg sowie am Tintenpalast in Windhoek beteiligt war. Ende 1908 reiste von Wolff mit seiner Gattin nach Deutschland, um die Einrichtungsgegenstände zu ordern. Mitte 1909 kehrten sie ins Land zurück; der Bau des Schlosses war bereits beendet. Die bauliche Substanz ist auch heute noch als grundsolide zu bezeichnen, die Burg selbst zeigt die wesentlichen Stilelemente deutscher Burgenarchitektur.

Von Wolff war ein tatkräftiger, fröhlicher und fast 2 m großer Draufgänger, der als sehr gastfreundlich und hilfsbereit galt. Noch 30 Jahre nach seinem Tode erinnerten sich die Nachbarsfarmer gern an ihn. Er wurde ein bekannter Pferdezüchter, besaß importierte Vollbluthengste, ebenso Rinder, Wollschafe und Afrikanische Schafe.

Kuriosum: das Schloss in der Wüste

1914 reiste er mit seiner Frau nach Großbritannien, um einen Vollbluthengst zu erste-hen. Auf dem Schiff erhielt er die Nachricht vom Ausbruch des Ersten Weltkrieges. Das Schiff änderte daraufhin seinen Kurs und legte in einem südamerikanischen Hafen an. Von Wolff und seine Frau wurden interniert, doch durch Beziehungen gelang es ihnen, auf ein neutrales Schiff zu gelangen. Mit Wissen des Kapitäns und eines Stewards gelang die Flucht. In Deutschland angekommen, meldete sich von Wolff als Offizier und fiel in der Somme-Schlacht am 4.9.1916. Seine Frau lebte danach in München und am Tegern-see, während des Zweiten Weltkrieges in der Schweiz.

Vollständig restauriert Das Schloss ist mittlerweile vollständig restauriert und steht dem Besucher offen. Ein-drucksvoll und merkwürdig zugleich ist der Gegensatz zur Landschaft: Es gibt einen im-posanten Rittersaal sowie einen idyllischen Innenhof mit Brunnen. *Besichtigungszeiten: täglich 8–17 Uhr, Eintritt 60 N$*

Reisepraktische Informationen Duwisib

Unterkunft (▶ *Karte S. 246*)

Duwisib Guestfarm $$ (10), ☎ *063/293344, duwisib@iway.na, www.farm duwisib.com, ca. 650 N$ p. P./DZ inkl. Frühstück/Dinner, Camping 90 N$. Es gibt auch Fami-lieneinheiten mit 4-8 Betten, ab 1.090 N$. Lage: direkt neben dem Schloss. Beschreibung: Es werden 4 Doppelzimmer mit je eigenem Bad vermietet. Schöne und ruhige Lage, auch Tages-besucher werden angenommen und bewirtet.*

Tolou's Lodge $$ (11), *Buchung über ☎ 067/304716, www.namibiareservations.com/ tolouse.html. DZ/Halbpension ca. 500 N$/p.P im DZ. Lage: 50 km westlich von Schloss Du-wisib an der Route 826. Beschreibung: Es gibt 15 einfache, kleine Bungalows mit Schlafmög-lichkeiten auf dem Dach (toll zum Sterne gucken), Dünenwanderungen, Restaurant.*

Camping

Duwisib Castle $ (9), *Buchung über Namibia Wildlife Resorts, ☎ 061/2857200, www.nwr.com.na, reservations@nwr.com.na. Camping 100 N$ p. P., max. 8 Personen. Lage: direkt unterhalb des Schlosses. Beschreibung: schattige Plätze unter Akazienbäumen, allerdings kein Strom und Licht.*

Betta's Camping Site $ (8), *☎ mobil 0811/1284419 oder 0811/4773992, info@betta camp.net, www.bettacamp.net. 80 N$/Platz. Chalets 200 N$ p. P. Lage: 21 km südwestlich vom Duwisib-Schloss, an der Kreuzung C 27, also D 826/C 27 (407), gelegen. Beschreibung: sehr sauberer Campingplatz unter engagierter Führung. Mit Wasser, Strom, Grillmöglichkeit, klei-ner Shop, Tankstelle. Auch Dinner und Frühstück werden angeboten.*

NamibRand Nature Reserve

Eldorado der Ruhe Wenn man nun weiter der C 27 nach Norden folgt, kommt man am NamibRand Na-ture Reserve vorbei. Dieses flächenmäßig größte Naturschutzgebiet im südlichen Afri-ka ist ein Eldorado für Menschen, die die Einsamkeit und die „unüberhörbare" Stille der Wüste sowie deren Faszination suchen. Das Gebiet wird von privaten Investoren be-wirtschaftet. Immer öfter wird in den vergangenen Jahren der Begriff „Ökotourismus"

Farbenprächtig: Sonnenaufgang

benutzt – und fast ebenso oft missbraucht. Namibia, das an der Schwelle zum Massentourismus angelangt ist, muss sich in den nächsten Jahren sehr mit der Frage beschäftigen, wie viele Reisende das Land wirklich verträgt.

Die Zunahme von Landegenehmigungen für Flugzeuge aus aller Welt spricht eine deutliche Sprache. Sollen Fehler aus anderen Gebieten der Welt nicht wiederholt werden, so muss man mit dem Kapital Nr. 1, den noch weitgehend unverdorbenen Naturpotenzialen, sehr sorgfältig umgehen. Die touristische Belastung mancher Gebiete – z. B. des sensiblen Wüstengebiets am Sossusvlei – ist schon jetzt an ihre Grenzen gestoßen. Es gilt, viele mögliche Faktoren zu berücksichtigen, so z. B. den Schutz der Landschaft vor Allrad-Rowdies, die geregelte Müllentsorgung der touristischen Betriebe und die Wasserversorgung und Wasseraufbereitung. Die touristischen Belastbarkeitsgrenzen sind in Namibia von Natur aus wesentlich enger gesteckt als in anderen Gebieten der Welt! Das gilt insbesondere für die sensiblen Wüsten und Halbwüstengebiete in der Übergangszone zur agrarisch genutzten Savanne.

Gegen die Ausbeutung der Natur

In dieser Landschaft erwarb der Windhoeker Geschäftsmann J. A. Brückner 1984 die Farm „Gorrasis", die er in den Folgejahren durch den Zukauf der Farmen „Die Duine" und „Stellarine" vergrößerte. Die Motive von Brückner waren nicht, aus diesem Investment Kapital zu schlagen. Vielmehr engagierte er sich aus Liebe zum Land und insbesondere aufgrund seiner Leidenschaft für diese einmalig schöne und bizarre Landschaft. Die Idee, ein großes privates Naturschutzreservat zu schaffen, führte zur Gründung einer privaten Holdinggesellschaft, in der sich weitere Privatinvestoren bereitfanden, Geld für den Kauf der Nachbarfarmen Wolwedans, Jagkop, Verweg, Kwessiegat und

Vreemdelingspoort bereitzustellen. Zwischen den Farmen wurden alle Zäune niedergerissen und Wasserstellen erschlossen, um der Tierwelt einen ökologisch intakten, hindernisfreien Lebensraum zu gewähren. Vorsichtig wurde der Wildbestand ergänzt.

Lage

Das NamibRand Nature Reserve liegt ca. 400 km südwestlich von Windhoek (ziemlich genau auf der Höhe von Maltahöhe). Im Westen grenzt das ca. **172.000 ha große Gebiet** an den staatlichen Namib-Naukluft-Park. Die Ostgrenze liegt etwas östlich der Pad 826, die Nordgrenze etwa 60 km südlich vom Sesriem. Im Osten bildet das Nubibberg-Gebirge eine natürliche Grenze.

Historie

Vergeblicher Artenschutzversuch

Ursprünglich lagen im heutigen Gebiet des NamibRand Nature Reserve neun kommerziell arbeitende Farmen. Durch lang andauernde Dürren waren die Farmer gezwungen, Wild zu jagen. Bald entwickelte sich die Überzeugung, dass mit dem Wild mehr Geld zu verdienen war als mit dem armseligen Rinder-Farming, und der Raubbau an der Natur nahm rapide zu. Manche Farmer schreckten nicht zurück, Wild aus dem Namib-Naukluft-Park anzulocken, um es abzuschießen. Kein Wunder, dass die Wildbestände dezimiert wurden. Nur die Farm Gorrasis betrieb Artenschutz, doch letztendlich vergeblich, da die Tiere von Nachbarfarmern abgeschossen wurden.

NamibRand heute

Auf dem nun zusammenhängenden Gebiet erfreut den Besucher die Vielfalt der Wüstenlandschaften der Namib: Weite Sand- und Schotterflächen wechseln mit endlos silbrig schimmernden Grasflächen. Eindrucksvolle, bizarre Gebirge definieren den Gegensatz zu grasbewachsenen, roten Dünenlandschaften. Viele der ursprünglich hier beheimateten Tiere und Pflanzen haben ihre Heimat wiedergefunden. Neben dem Großwild, wie Oryx-Antilopen, Kuhantilopen, Zebras, Straußen und Leoparden, gibt es die kleineren Vertreter der Fauna, repräsentiert z. B. durch Tenebrio-Käfer, Geckos, Schlangen, Maulwürfe und Erdhörnchen.

Die Vielfalt der Wüstenvegetation wird vor allem nach den seltenen kurzen Regenschauern offensichtlich. Den Besucher dürften in besonderer Weise die unglaublich schönen Farbenspiele faszinieren, als ob sie nicht von dieser Welt stammten …

Die Vogelwelt – mittlerweile sind 120 Arten identifiziert worden – hat sich auf das trockene Klima eingerichtet. Insbesondere gibt es Wachteln, Kiebitze, Adler, Falken und Geier zu beobachten.

Weitere Informationen www.namibrand.com.

Namibia-Waran

Reisepraktische Informationen NamibRand Nature Reserve

 Anfahrten für Individualreisende (nur nach vorheriger Buchung)
① **Von Süden aus** kommend: Wenn Sie zuvor die Gästefarm Namtib an der Pad 707 besucht haben, gelangen Sie auf die C 27 (an der C 27 liegt ca. 25 km östlich auch die Gästefarm Sinclair). Sie folgen der C 27 weitere 24 km in nordöstliche Richtung und stoßen dann auf die Kreuzung mit der Pad 836 (diese führt zu Schloss Duwisib). Weiter entlang der C 27 geht es nun ca. 70 km nach Norden (etwa 27 km nördlich der Abzweigung der Pad 827 nach Maltahöhe) bis zum Abzweig der Pad D 126 nach Westen. Nach ca. 10 km erreichen Sie den Eingang zum NamibRand Nature Reserve (Wolwedans Camp).
② **Von Norden aus** kommend: Sie fahren von Sesriem/Sossusvlei die C 27 nach Süden, bis die Pad D 126 nach rechts (Westen) abzweigt. Nach weiteren 10 km erreichen Sie den Eingang zum NamibRand Nature Reserve.

Der C 27 weiter nach Norden folgend, kommen Sie zum Eingang des Sossusvlei. Vom Eingangstor des Sossusvlei bis zum „Parkplatz" unter großen Kameldornbäumen – also nahe den Dünen – sind es 68 km (1–1,5 h). Dieser Abschnitt ist gut mit einem normalen Pkw zu befahren, denn die Straße ist asphaltiert. Von der Stelle, wo Sie den Wagen abstellen, muss man dann ca. 1–1,5 h durch z. T. tiefen Sand zu den hohen Dünen laufen. Praktisch ist es hier das ganze Jahr hindurch in der Mittagszeit sehr heiß, was man beim Fußmarsch bedenken sollte (Wasserflasche). Ein 4-Rad-angetriebenes Fahrzeug leistet hier natürlich gute Dienste, da man weit in die Dünen- und Vleilandschaft hineinfahren kann.
Es werden auch „Shuttles" in Allrad-Fahrzeugen zu den Dünen angeboten.

Streckenbeschreibung

Auf dem Weg zum Sossusvlei überquert man die Ausläufer der malerischen Naukluft-Berge. Das Sossusvlei, eine hellgelbe Lehmsenke, zeichnet einen großartigen Gegensatz zu den orangefarbenen Sanddünen. In den Ausläufern des Vleis wachsen große Kameldornbäume, und auf kleineren Dünen entdeckt man in den stacheligen Sträuchern Nara-Melonen. Am frühen Morgen und späten Nachmittag gibt es herrliche Farbenspiele – unvergesslich für Fotografen!

Unterkunft (▸ Karte S. 246)
Sossusvlei Desert Lodge $$$$$ (17), Buchung über &Beyond, ☎ 0027/11 809 4300, safaris@andBeyond.com, www.andbeyond.com. 6.685–6.595 N$ p. P. inkl. Vollpension. Lage: Abzweig nach Westen von der D 826/C27, 20 km südlich der Einmündung der Pad 845. Ca. 50 km südlich des Sossusvlei gelegen. Beschreibung: Die luxuriöse Lodge liegt, unterhalb eines Bergrückens, in einer der besonders beeindruckenden Landschaften Namibias. Sie bildet eine Einheit mit den Farben der umliegenden Berge – die Steine stammen von hier! Ausflüge mit allradgetriebenen 4-rädrigen Motorbikes, ausgezeichnetes Essen, exzeptionelle Unterbringung stets in eigenem Trakt mit einem großen Zimmer, Wohnbereich, Terrasse, Bad und Dusche mit Blick in die Einsamkeit, Swimmingpool. Das hauseigene Observatorium mit besonders lichtstarkem elektronischen Teleskop entführt in die Unendlichkeit des Weltalls.
Wolwedans Dunes Lodge und Dune Camp $$$$$ (14), ☎ 061/230616, reservations@wolwedans.com.na, www.wolwedans.com. Wolwedans Dune Camp ab ca. 4.100 N$ p. P. inkl. Vollpension, Wolwedans Dunes Lodge ab ca. 2.800 N$ p. P. inkl. Halbpension. Lage:

an der C 27 (D 826) ca. 60 km südlich Sesriem gelegen, dann noch 20 km Farmpad. Beschreibung: Beide Camps liegen in einer atemberaubenden Landschaft, die zum Namib Rand Nature Reserve gehört, das über 200.000 ha groß ist. Tolle Landschaften zwischen Wüste und Gebirge sowie eine artenreiche Fauna und Flora erlebt man auf den geführten, mehrstündigen Rundfahrten im offenen Landrover unter bester sachkundiger Führung. Das Wolwedans Dune Camp ist etwas rustikaler und liegt an einem Dünenkamm (Zelte auf Holzplattformen), während die Lodge einige km nördlich größer ist und über ein großzügig eingerichtetes Restaurant mit schönen Außenterrassen (auf Stelzen) sowie eine gemütliche Bar und einen Außenfeuer-Platz verfügt. Wolwedans sollte man mindestens 2 Nächte buchen, um in den Genuss der Landschaft und der Weite zu kommen.

Wolwedans Private Camp (15) $$$$$, Kontakt s. Wolwedans Dune Lodge, ab ca. 4.500 N$ p. P. inkl. Vollpension. Beschreibung: Etwas entfernt (ca. 1,5 km) vom Camp am Fuße der Dünen gelegen, ist das Private Camp die ideale Unterkunft für alle, die echte afrikanische Einsamkeit und totale Privatsphäre suchen. Schöner Blick auf die Berge. Das private Camp bietet nur Platz für 4 Personen (2 ensuite-Zimmer), ein Wohn- und Esszimmer, eine offene Küche und Veranda. Es kann auch ein eigener Koch gebucht werden.

Boulders Camp (16) $$$$$, Kontakt: s. o., ab ca. 4.800 N$: Alternativ kann man zudem in dem luxuriösen Tented Camp mit 8 Betten nächtigen, das ca. 40 km südlich der anderen Camps in absoluter Einsamkeit in der Namib-Wüste liegt.

> ☞ **Tipp**
> Wer die Landschaft dort noch mehr genießen will: Auf den „Scenic flights" (3 Routen) von Wolwedans kann man gleitend das gewaltige Dünenmeer von Sossusvlei, die einmalige Landschaft entlang der Küste bei Spencer Bay und im Landesinneren oder den Fish River Canyon und seinen Verlauf bis zur Lüderitzbucht unter sich genießen.

Diese Lage hat ihren Preis: Wolwedans Dune Lodge

Sesriem Canyon

Kurz vor dem Eingangstor ins Sossusvlei zweigt ein Weg zum nahen Sesriem Canyon ab. Hier hat sich der Tsauchab-Fluss ca. 50 m tief in das schieferartige Gestein hineingefressen. Im Sommer ist es sehr angenehm hier zu schwimmen, nachdem man die Hitze im Sossusvlei ertragen hat.

Der Name „Sesriem" leitet sich von frühen Erzählungen der ersten Siedler ab: Man brauchte sechs aneinander geknotete (Ochsen-) Riemen, um von unten Wasser heraufzuholen. Für den Besuch des Canyons ist kein separates Permit notwendig, es gilt dasjenige für das Sossusvlei.

Fahrt vom Sossusvlei-Eingang zur Sossusvlei Lodge

Elim-Düne

Nahe am Eingang gelegen (4,5 km entfernt), deshalb besonders bequem erreichbar und benannt nach der Farm, auf der die Düne lag, bevor diese Farm dem Namib-Naukluft-Park

Seltener Anblick: der Sesriem Canyon mit Wasser

angegliedert wurde. Am frühen Morgen oder späten Nachmittag können Sie von hier aus herrliche Farbspiele beobachten. Schauen Sie einmal genauer auf den Dünensand: Sie werden viele Spuren von Kleinlebewesen entdecken, die hier leben!

Sossuspoort-Aussichtspunkt

Von hier aus überblickt man das weite Tal des Tsauchab-Flusses und genießt einen Blick auf die Dünen- und Berglandschaft. Der Tsauchab ist übrigens der Fluss, der durch das

Im Dead Vlei

Sesriem fließt. Der Aussichtspunkt liegt 25 km vom Eingang entfernt.

Düne 45

Der Name sagt schon, dass sie 45 km vom Eingang entfernt ist. Diese Düne ist leicht von der Straße aus erreichbar und wird deshalb besonders gern fotografiert. Sie ist ca. 170 m hoch.

Das Sossusvlei

Das Sossusvlei ist eine große Lehmsenke, die von Dünen umschlossen wird, die zu den höchsten der Welt zählen (bis zu 300 m). Selbst in der Trockenzeit sieht man hier Oryx-Antilopen, Springböcke und Strauße. Diese Tiere leben in Abhängigkeit von der selten mit Wasser gefüllten Senke sowie von der Pflanzenwelt, die sich die benötigte Feuchtigkeit vom Grundwasser heraufholt. Unregelmäßig führt der Tsauchab-Fluss Wasser bis ins Vlei hinein. Nach dem Austrocknen bleiben rissige,

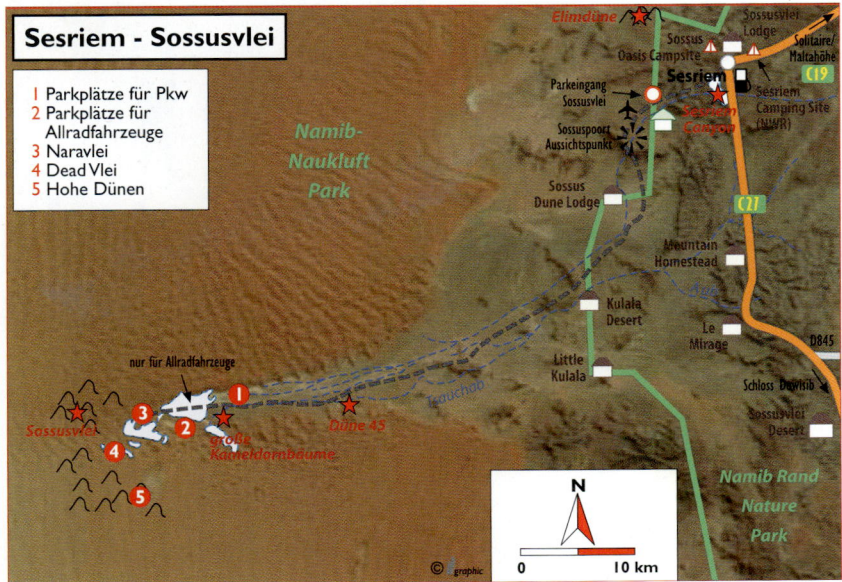

Sesriem - Sossusvlei

1 Parkplätze für Pkw
2 Parkplätze für Allradfahrzeuge
3 Naravlei
4 Dead Vlei
5 Hohe Dünen

hellgraue bis weiße Lehmflächen zurück. Dieses Gebiet liegt im Namib-Naukluft-Park (deshalb ist ein Permit von der Naturschutzbehörde nötig, das man mit der Anmeldung am Eingang zum Sossusvlei erhält). In den Sommermonaten ist es hier unsäglich heiß, doch in den Wintermonaten und den Übergangszeiten geht es gerade noch. *Unbedingt erforderlich: ein Permit*

Wenn man auf die Dünen hochsteigt, genießt man unvergessliche Ausblicke auf kleine Vleis, die sich in ihrem Gelb-Weiß von den orangefarbenen Dünen abheben. Besonders in der Morgen- und Nachmittagssonne sind die Farben- und Schattenspiele faszinierend. Was man nur vom Flugzeug sehen kann: Westlich vom Sossusvlei schließen sich noch weitere Vleis an, die jeweils durch Dünenberge getrennt sind. Man kann deshalb davon ausgehen, dass der Tsauchab-Fluss in der geologischen Vergangenheit ungehindert den Atlantik erreichte.

Um das Sossusvlei herum – besonders in der Nähe des letzten Parkplatzes (nur per Allradfahrzeug oder zu Fuß erreichbar) – können Sie auf den kleinen Dünen Nara-Melonen sehen, ein Hinweis darauf, dass im Untergrund genügend Feuchtigkeit ist. *Nara-Melonen*

Die typische Pflanzenwelt zwischen Sesriem und Sossusvlei

info

Nara-Melonen *(Acanthosicyos horrida)* gehören zu den Kürbisgewächsen und benötigen viel Wasser, das unter den Dünen vorhanden ist. Deshalb hat die Pflanze bis zu 30 m tiefe Pfahlwurzeln. Da die Pflanze keine Blätter hat, ist die Verdunstung auf ein Minimum reduziert. Naras sind in der Sommerzeit (ab Dezember) erntereif. Ist die Frucht reif, so hat sie eine gelbe, harte Schale.

Wie gehen die Topnaar mit den Naras um?
„Zu Beginn jeden Jahres unternehmen viele Topnaar Ausflüge in die Dünen am Kuiseb-Fluss nahe Walvis Bay, wo die Nara-Melonen wachsen. Jede Melone wird auf ihre Reife geprüft und dann mit einem Stock abgeschlagen. Dann entnimmt man das süße, stark nach Kräutern duftende Fruchtfleisch und kocht es über dem offenen Feuer. Die Samenkörner werden durch ein Sieb von der „Suppe" getrennt, die man nun in sauberen Sand gießt. Nach zwei bis drei Tagen wird der Kuchen gewendet, damit auch das Öl der anderen Seite wegsickern kann. Ist die Masse getrocknet, wird sie in Streifen geschnitten und als süßer Leckerbissen verzehrt. Dazu drückt man ein Stück an den Gaumen und leckt daran, denn wegen des anhaftenden Sandes kann man es kaum kauen."
Aus: Bannister und Johnson, Afrikas herbes Paradies Namibia

Dünengras *(Stipagrostis sabulicola)*
Dieses Gras hat ein weit verzweigtes, jedoch flaches Wurzelsystem, mit dem es versickertes Nebel-Wasser effektiv aufnehmen kann. Dieses Gras ist sehr hart und besitzt kaum Nährwert. Es bietet aber Kleinlebewesen guten Unterschlupf und gibt den Dünen Halt.

Kameldornbäume *(Acacia erioloba)*
Gewaltige Kameldornbäume findet man in der Nähe des Campingplatzes am Eingang des Sossusvlei sowie an den beiden Parkplätzen am Sossusvlei selbst. Sie säumen aber auch viele trockene Flusstäler. Diese gewaltigen Bäume verfügen über ein tiefes, weit verzweigtes Wurzelsystem und erreichen Höhen von bis zu 15 m. Sehr oft begleiten Kameldornbäume ein Trockental. Die halbmondförmigen Früchte sind ein Leckerbissen für viele Tiere.

info

Informationen über Dünen

Als Dünen werden in der Geomorphologie regelmäßige oder unregelmäßige Formen von **durch Wind aufgeschütteten Sandablagerungen** bezeichnet. Sie bestehen fast immer aus reinem Quarzsand und treten überall dort auf, wo bewegter Sand gezwungen wird, sich abzulagern, ohne sofort verfestigt zu werden. Je nach Form und Vorkommen sind Dünen am flachen Meeres- oder Seestrand (z. B. Küstendünen der Namib) und Dünen in jetzigen Trockengebieten (z. B. am Sossusvlei) zu unterscheiden. Der Dünensand stammt aus der Verwitterung quarzhaltiger Gesteine oder aus Fluss- und Seeablagerungen.

Über die Entstehung **von Dünen** im Binnenland gibt es verschiedene Ansichten. So soll z. B. schon das ungleichmäßige, stoßweise Wehen des Windes eine erste Ursache für eine Genese sein. Durch irgendein unbedeutendes Hindernis oder einfach durch die Rauheit einer Oberfläche wird die Transportkraft des Windes gebrochen, und so müssen sich die mittransportierten Sandkörnchen ablagern. Am Hindernis entsteht zunächst ein kleiner, sichelförmiger Hügel, der den Luftstrom vom Boden abhebt, seine Kraft weiter bricht und somit eine weitere Sandablagerung verursacht. Durch weiteres Wachsen entsteht allmählich eine Düne. Der Wind treibt einen Teil des Sandes auf der flachen Luvseite hinaus, sodass der Gipfel der Düne mit dem Wind wandert. Auf der steilen Leeseite fällt der Sand unter Bildung eines Böschungswinkels bis zu 30° (je nach Alter, Sandart, Windstärke-Verhältnissen) herunter.

Dünenlandschaft

Der größte Teil des Sandes wird aber von dem nun als Hindernis wirkenden Haufen abgelenkt und seitlich abgelagert. Da deshalb die Seiten rascher wachsen als die Mitte, nimmt der Grundriss der Düne zuerst herzförmige, dann halbmondförmige Gestalt an. Es entstehen Sicheldünen (Barchane). Meist verwachsen die Barchane, deren Längsachse stets quer zur Windrichtung verläuft, mit den benachbarten Dünen zu Dünenketten. Bei gleich bleibender Windrichtung wandern die Dünen bis zu 20 m im Jahr.

Interessant zu wissen: Je grobkörniger das Material einer Düne ist, desto älter ist sie, da das Feinmaterial bereits ausgeweht ist. Ist der Untergrund stark gegliedert, so wird das ganze Dünenfeld sehr unregelmäßig. Hemmen wechselnde Winde und beginnende Vegetation am Wüstenrand das Wandern der Dünen, so spricht man von Staudünen. Das ist auch beim Sossusvlei der Fall. Die Zeichnung verdeutlicht den beschriebenen Vorgang.

Die Dünennamib ist der „sandige" Teil dieser Wüste, der sich auf etwa 300 km zwischen Kuiseb Canyon und Koichab-Fluss (Lüderitz) erstreckt. Bis zu 135 km reicht die Sandwüste ostwärts ins Land. Die meisten Dünen gelten heute als „versteinert", da sie in regenreichen Zeiten verdichtet und damit hart wurden. Geologen zählen diese Dünen zur „Tsondab Sandstein-Formation". Solche Dünen gibt es z. B. 50 km nördlich vom Eingang des Sossusvlei auf der Farm Dieprivier (= Namib Restcamp) zu sehen.

Die Sande, aus denen die Dünen am Sossusvlei aufgeweht sind, stammen aus dem Mündungsbereich des Oranje, der seine Schwemmsande an der Küste ablagerte. Diese Sande wurden und werden durch nordwestliche Winde herantransportiert.

Fälschlicherweise werden die Sossusvlei-Dünen als die höchsten der Welt bezeichnet. Tatsache ist, dass diese Dünen 200 m vom Tsondab-Sandsteinplateau aus ansteigen, das wiederum ca. 125 m über dem Meer liegt. Konkret liegen also die höchsten Dünen maximal 325 m über dem Meeresspiegel.

Reisepraktische Informationen Sossusvlei

 Hinweis

Wichtig zu wissen: Das Sossusvlei ist 65 km vom Eingang bei Sesriem entfernt. Für Pkw-Fahrer endet die Fahrt am Parkplatz unter den Kameldornbäumen. Von hier aus sind es noch 5 km zum Sossusvlei, die man nur im eigenen Geländewagen, mit den angebotenen Shuttle-Allradfahrzeugen oder zu Fuß zurücklegen kann (sehr anstrengend, da tiefer Sand und Hitze sehr zu schaffen machen!).

Wegbeschreibung

vom Sossusvlei-Eingangstor bis zum Sossusvlei (68 km)
- *Für eine Wegstrecke rechnen Sie mit einer Fahrzeit von ca. einer Stunden (guter Asphalt), mit Fotostopps entsprechend mehr.*
- *Die letzten 5 km sind nur mit einem Allradfahrzeug zu befahren. Falls Sie diese Strecke laufen, müssen Sie mit ca. 1 Stunde Laufzeit rechnen, da Sie durch tiefen Sand stapfen müssen. Es gibt allerdings Allrad-Fahrzeuge mit Fahrer, die dort ihre Dienste anbieten.*
- *Wichtig zu wissen: Erst nach dieser Sandstrecke wird das Sossusvlei mit seinen herrlichen Dünen voll erlebbar – also nicht vorher umkehren!*
- *Unbedingt an ausreichend Wasser und Sonnencreme denken.*
- *Es ist strengstens untersagt, die markierten Fahrwege zu verlassen, auch wenn man ein Allradfahrzeug fährt. Die Spuren wären sonst noch nach vielen Jahren zu sehen!*

Unterkunft (▸ *Karte S. 272*)
Sossus Dune Lodge $$$$$ (10), *Buchung über die Namibia Wildlife Resorts, ☏ 061/2857200, www.nwr.com.na, reservations@nwr.com.na. 2.300 N$ p. P. im DZ (Dune Chalet, in der Nebensaison deutlich günstiger) inkl. Halbpension. Lage: Die Sossus Dune Lodge ist die einzige Lodge im Namib-Naukluft Park. Beschreibung: Die Lodge ist umweltverträglich in erster Linie aus Holz, Leinen und Stroh im attraktiven „afro-village"-Stil erbaut. Da die Lodge im Park liegt, können die Gäste das Sossusvlei vor Sonnenaufgang erreichen und bis nach Sonnenuntergang dort bleiben und nach der Rückkehr die Ruhe, Stille und Prächtigkeit der Wüste unter einem spektakulären afrikanischen Himmel genießen. Die Sossus Dune*

Im Park gelegen: Sossus Dune Lodge des NWR

Lodge bietet daneben geführte Touren an, um den Besuchern die Schönheit und biologische Vielfalt der Wüste zu enthüllen. Bitte beachten: Das Permit zum Park ist nicht im Übernachtungspreis enthalten!

Direkt am Eingang zum Sossusvlei

Sossusvlei Lodge $$$$$ (16), ☎ 063/693223, Buchung: reservations@sossusvlei lodge.com, www.sossusvleilodge.com. Preis je nach Saison ca. 1.300–1.600 N$ p. P. im Doppelzimmer mit Halbpension. Lage: direkt am Eingang zum Sossusvlei gelegen. Beschreibung: Die Lodge ist sehr eigenartig gebaut. Es gibt kleine Zweibett-Häuser, deren sanitärer Teil ummauert ist. Der Schlafraum ist von Zelttüchern umspannt, damit es luftig ist. Schwimmbad sowie ein nettes Restaurant sind vorhanden. Diese Hotelanlage ist in besonderer Weise für Bus- und Gruppentouristen gebaut worden. Die Anlage wirkt eher anonym. Großer Vorteil: Die Lodge liegt direkt am Eingang, sodass man keine weite Anfahrt wie von anderen Unterkünften hat, um möglichst morgens an den Dünen zu sein. Allerdings darf man, auch wenn man hier übernachtet, erst zum Sonnenaufgang in den Park hineinfahren. Relativ preiswerte Flüge über die Wüste werden angeboten.

Sossusvlei Desert Camp $$ (18), ☎ 063/683205, Buchung: reservations@desert camp.com, www.desertcamp.com, ca. 600 N$ p. P. im DZ (nur Übernachtung). Lage: 4 km von der Sossusvlei Lodge entfernt. Beschreibung: Das Camp bietet 20 Zelte mit Doppelbetten und einem Schlafsofa, en-suite-Bad, eigenem Stellplatz, Küche und Grill. Im Hauptgebäude findet man eine Bar sowie einen kleinen Laden, der Brennholz und Campingbedarf zum Verkauf anbietet. Außerdem gibt es einen Swimming Pool. Kochutensilien und Geschirr kann man an der Rezeption ausleihen. Im „Boma"-Bereich kann man sich am Lagerfeuer gemütlich zusammensetzen und den afrikanischen Abend genießen. Mahlzeiten werden hingegen nicht angeboten. Wer nicht selbst kochen will, kann allerdings auf der vier Kilometer entfernten Sossusvlei Lodge essen.

⚠ Camping
Camping direkt am Sossusvlei-Eingang

Sesriem Camping Site $ (17), *Buchung über Namibia Wildlife Resorts, ☏ 061/ 2857200, reservations@nwr.com.na, www.nwr.com.na. Preis pro Person 130 N$. Lage: direkt am Eingangstor zum Sossusvlei. Hier liegt ein an sich sehr schöner Campingplatz (Zelten, Camperfahrzeuge), mit Schwimmbad und zum größten Teil unter schattigen Akazien gelegen. Beschreibung: räumlich großzügig angelegt. Allerdings lässt die Sauberkeit der sanitären Anlagen sowie des Schwimmbades manchmal zu wünschen übrig. Es gibt hier sehr oft lärmende Geländebus-Gruppen (Overlander). Essensmöglichkeit im Restaurant der benachbarten Sossusvlei Lodge. Vorteil: Man kann von hier vor der offiziellen Öffnung des Parks (also vor Sonnenaufgang) zu den Dünen herausfahren. Empfehlung: Lange im Voraus buchen (auch in der Nebensaison oft ausgebucht)!*

Sossus Oasis Campsite (15), *www.sossus-oasis.com, reservations@sossusvleilodge.com, ☏ 0027/21 930 4564 (Südafrika), Preis: 115 N$ pro Campsite, zusätzlich 150 N$ pro Person. Lage: unweit des Eingangs zum Sossusvlei gelegen, 5 km zum Sesriem Canyon (benachbart zum Sossus Oasis Shop sowie der Tankstelle). Beschreibung: 12 Campingplätze jeweils mit Toilette, Wachbecken, Dusche, Abwaschküche, Licht, Schattendach und Grillmöglichkeit ausgestattet. Pool vorhanden. Alles ist sehr ordentlich und sauber, nur 500 m zum Restaurant der Sossusvlei Lodge. Nachteil gegenüber der Sesriem Campsite: die Lage außerhalb des Parks. Vorteil: Die Anlage ist deutlich besser und schöner.*

IM UMFELD DES SOSSUSVLEI GELEGENE UNTERKÜNFTE
(die Entfernung ist immer bis zum Sossusvlei-Eingang angegeben):

Ca. 35 km südöstlich des Sossusvlei-Eingangs
The Desert Homestead $$$ (8), *☏ (Lodge) 063/683103, Reservierung: ☏ 061/ 246788, sosses@iafrica.com.na, www.deserthomestead-namibia.com. Ca. 850 N$ p. P. im Doppelzimmer inkl. Frühstück. Lage: an der Mündung C 19/D 854. Die weite Savanne wird gesäumt von den Nubib-, Tsaris- und Naukluft-Bergen. Im Westen reicht der Blick bis zu den fernen Dünen der Namib-Wüste. Einfache, urige Chalets aus Natursteinen mit Dusche und Toilette, Swimmingpool vorhanden. Morgens und abends kann man an Ausritten teilnehmen, Reiterfahrene können an mehrtägigen Reitsafaris teilnehmen.*

Ca. 40 km südöstlich des Sossusvlei-Eingangs
Betesda Lodge & Camping $$$ (13), *☏ 063/693253, betesda@iway.na, www.betesda. iway.na, 800 N$ p. P. inkl. Frühstück und Dinner, Camping 80 N$ p. P. Lage: an der D 854 gelegen, ca. 5 km von der Abbiegung C 19. Beschreibung: Es stehen z. T. sehr schöne Chalets zur Verfügung. Frühstück, Mittag und Abendessen werden angeboten. Es gibt (wenn auch nicht ganz tolle) Campingplätze. Schwimmbad vorhanden, Sonnenuntergangsfahrten, Wandermöglichkeiten.*

Ca. 65 km südöstlich des Sossusvlei-Eingangs
Tsauchab River Camping $$ (14), *☏ 063/293416, Buchung ☏ 064/464144, tsauchab @iafrica.com.na, www.tsauchab.com, Buchung: reservations@logufa.com. DZ im Chalet ab ca. 650 N$ p. P., Camping 100 N$ p. P. zzgl. 150 N$ pro Stellplatz. Lage: D 854 Richtung Büllsport, an der Kreuzung mit D 850. Beschreibung: Es gibt vier Grasdach-Chalets mit Licht, aber ohne Steckdose (Stromversorgung an der Rezeption). Jeder Campingplatz ist für sich allein von Bäumen umgeben und hat eine Grillecke. Alles ist sehr gemütlich, sauber und liebevoll herge-*

richtet. Sehr schöne Wandermöglichkeiten. 12 km vom Farmhaus entfernt gibt es an der Quelle des Tsauchab einen sehr schönen Platz inmitten der Natur, nur per Allradfahrzeug erreichbar – gute sanitäre Einrichtungen.

Ca. 21 km südlich des Sossusvlei-Eingangs

Le Mirage Desert Lodge & Spa $$$$$ (3), ✆ 063/683019, lemirage@leading lodges.com, Reservierungen über www.leadinglodges.com. 2.300 N$ p. P. inkl. Frühstück und Dinner. Lage: 11 km von der C 27, nur 21 km von Sesriem, dem Eingangstor zum Namib Naukluft Park und Sossusvlei. Beschreibung: beeindruckendes, schlossartiges Gebäude im marokkanischen Stil mitten in der einzigartigen Namib-Wüste. Alle 25 Zimmer haben eine tolle Aussicht. Das Besondere dieser Lodge ist das Wellness Center mit verschiedenen Massagen (Thai, Aroma), Pediküren und Manikuren. Ebenfalls angeboten werden Quadbike-Touren, Ausfahrten auf dem Privatgebiet und zum Sossusvlei, Rundflüge und Ballonflüge. Im schönen grünen Innenhof können die Gäste am Swimmingpool entspannen.

Ca. 30–35 km südlich des Sossusvlei-Eingangs

Hoodia Desert Lodge $$$ (9), ✆ 063/683321, mobil 081/3553538, www.hammer stein.com.na, Reservierung ✆ 061/237294. Preis: Bungalos mit Halbpension 1.500 N$/2 Personen. Lage: an der C 19, 22 km südlich von Sesriem am Tsauchab River. Beschreibung: 12 schöne Bungalows mit schattiger Terrasse, Außendusche. Zur Abkühlung steht ein Naturstein-Pool bereit.

Kulala Desert Lodge (6)/Little Kulala $$$$$ (7), ✆ 061/274500, enquiry@wilderness.co.za, www.wilder ness-safaris.co.za. Ca. 1.600 N$ p. P. inkl. Halbpension in der Nebensaison, sonst ca. 2.300 N$ p. P., Little Kulala ca. 6.000 N$ (NS), ca. 8.500 N$ (HS). Lage: im Herzen der Namib-Wüste, ca. 15 km südlich Sesriem an der D 826/C 27, dann noch ca. 15 km Farmweg. Beschreibung: eigenwillige, kreative Architektur (sogenannte kulalas, auf denen eine Plattform gebaut ist, wo man auch nachts schlafen und den Sternenhimmel beobachten kann). Luftiges Restaurant. Wanderungen, Reiten oder Besichtigungen prähistorischer San-Siedlungen können auf Anfrage organisiert werden, oder Sie entspannen sich einfach in der Stille der Namibwüste.

Mountain Homestead $$$$ (5), ✆ 061/246 788, mountainreservations @homestead.com.na. Preis: 1.650 N$

Unterkunft mit Ausblick:
Mountain Homestead

p. P. im DZ. *Lage: 34 km von Sesriem entfernt, direkt im Kulala Wilderness Gebiet. 10 schöne Bungalows mit einem atemberaubenden Blick in die Ebene, Badezimmer mit Aussicht und
plunge pool auf der Terrasse. Auch das Restaurant bietet einen weiten Blick, Ausflüge werden
angeboten.*

Little Sossus Lodge **$$$** **(4)**, *Lodge direkt:* ① *063/683 108, Handy: 081/127 9920, Re-
servierungen: bookings@littlesossus.com.na,* ① *064/464144, www.littlesossus.com. 975 N$
p. P. im DZ mit Halbpension, Camping 100 N$ p. P. Lage: an der Kreuzung der C19 and D854,
ca. 35 km südöstlich von Sesriem. Beschreibung: Die 16 rustikal aus Naturstein erbauten, stil-
voll eingerichteten Bungalows der Lodge fügen sich sanft in die Landschaft ein, zum Entspan-
nen gibt es einen schönen Pool. Die afrikanischen Speisen werden teilweise mit frischen Zu-
taten aus dem eigenen Garten zubereitet. In der Lounge gibt es Internet und Telefon. Besonders
gutes Preis-Leistungs-Verhältnis.*

Ca. 47 km nördlich des Sossusvlei-Eingangs

Weltevrede Guest Farm **$$** **(19)**, *mit Camping,* ① *063/683073, aswarts@mweb.
com.na, www.weltevredeguestfarm.com. Ab ca. 700 N$ p. P. inkl. Halbpension, Camping ab
90 N$ p. P. Lage: 47 km nördlich von Sesriem an der C 19 und 37 km südlich von Solitaire.
Beschreibung: Unterbringung in 12 einzeln stehenden Bungalows mit je eigenem Bad. Campingmöglichkeiten sind vorhanden. Alles ist sehr sauber und gepflegt, die Verpflegung landestypisch, Schwimmbad vorhanden. Verschiedene Wanderwege und eine Allrad-Route sind ausgewiesen.*

Agama River Lodge & Camp **$$$** **(27)**, *agama@resdest.com* ① *063/683245, www.
agamarivercamp.com. Lage: östlich der C 19, ca. 48 km nördlich von Sesriem, 45 km südlich
von Solitaire. Preis: 900 N$ p. P./DZ inkl. Halbpension, Camping 120 N$. Beschreibung: 10 ru-
stikale Chalets mit einem traumhaften Ausblick und Terrasse, auf der man nachts den beein-
druckenden Sternenhimmel beobachten kann. Bar, Sonnendeck, Pool vorhanden, zudem 8 Cam-
pingplätze mit Grillplatz, heißem Wasser. In der Nähe gibt es tolle Wandermöglichkeiten in
den Naukluftbergen (s. auch S. 276).*

Ca. 60 km nördlich des Sossusvlei-Eingangs

Namib Desert Lodge **$$** **(20)**, *mit Camping,* ① *direkt (Lodge): 063/693376, Reservierung über Gondwana Travel Centre,* ① *061/230066, 24h-Service:* ① *081/129 2424, info@
gondwana-collection.com, www.gondwana-collection.com. Je nach Saison 650–780 N$ p. P. im
DZ inkl. Frühstück. Lage: an der C 19 zwischen Solitaire (ca. 28 km südlich) und Sossus-
vlei/Sesriem. Beschreibung: 60 Doppelzimmer, Restaurant, Swimmingpool zwischen Palmen und
nette Gastgeber. Die Lodge liegt in der Nähe interessanter versteinerter Dünen! Es wird eine
Dünenfahrt im privaten Naturpark mit spektakulärer Landschaft angeboten. Oryx-Antilopen
und Springböcke sind an der beleuchteten Wasserstelle zu beobachten. Ein schöner Campingplatz ist vorhanden (mit allen sanitären Einrichtungen, 120 N$ p. P.).*

Ca. 90 km nördlich des Sossusvlei-Eingangs

Namib Naukluft Lodge **$$$** **(21)**, ① *061/372100, www.namib-naukluft-lodge.com. Ca.
800 N$ p. P./DZ mit Frühstück. Lage: an C 19 gelegen, ca. 18 km südwestlich Solitaire. Beschrei-
bung: moderne Unterkünfte in Form großer, luftiger Zimmer inmitten der atemberaubenden
Wüstenlandschaft der Namib. Schwimmbad vorhanden, ebenso ein gutes Restaurant. Ausflü-
ge in das Sossusvlei werden von hier aus angeboten. Sundowner-Fahrten und regelmäßiger
Shuttle-Service von/bis Windhoek. Neu ist das Soft Adventure Camp mit 15 etwas abseits ge-
legenen Bungalow (eigener Pool und Grillmöglichkeit, ca. 700 N$/Chalet).*

Ca. 105 km nördlich des Sossusvlei-Eingangs
Solitaire Country Lodge $ (24), mit Camping, ① Lodge direkt 063/693021, reservations @solitairecountrylodge.com. Die Lodge wurde im Sommer 2012 an die Eigentümer der „gegenüberliegenden" Solitaire Guest Farm verkauft, Buchungsdaten s.u.. 500 N$ p. P. im DZ mit Frühstück. Lage: direkt an der Tankstelle Solitaire, Kreuzung C 14/C 19. Beschreibung: moderne Lodge, einfacher Stil, aber sehr sauber und vor allem preiswert, 25 Zimmer, Mahlzeiten werden ebenfalls angeboten, Camping ebenfalls möglich. Preis-Leistungs-Verhältnis sehr gut. Oft Busgruppen.

Ca. 106 km nördlich des Sossusvlei-Eingangs
Solitaire Guest Farm $$ (23), ① 062/682033, solgf@iway.na, www.solitaireguest farm.com. Ab 570 N$ p. P. im DZ, Camping 120 N$ p. P. Lage: 1 km nördl. Solitaire. Beschreibung: saubere Doppelzimmer, ein Selbstversorgungshaus und Campingmöglichkeiten.

Ca. 160 km nördlich des Sossusvlei-Eingangs
Tsondab Valley Reserve $$$$ (22), ① 061/681030, www.tsondabvalley.iway.na. 1.200 N$ p. P./DZ mit Halbpension, Camping 150 N$ p. P. Lage: bei Solitaire, der Farmeingang liegt an der Kreuzung C14 Walvis Bay–Solitaire und der 1275, die vom Spreetshoogte Pass abwärts nach Westen verläuft. Beschreibung: drei schöne Gästebungalows mit je eigener Dachterrasse, auf der man auch die Nacht verbringen kann. Außerdem drei Camping-Stellplätze mit Wasseranschluss und Freiluftdusche.

Ca. 180 km nördlich des Sossusvlei-Eingangs
Rostock Ritz Desert Lodge $$$ (33), ① 061/257467, reservations@rostock-ritz-desert-lodge.com, www.rostock-ritz-desert-lodge.com. Je nach Saison ab ca. 950 N$ p. P. im DZ. Lage: C 14, 55 km nördlich Solitaire, dann 6 km Schotterpiste nach Osten (Ausschilderung). Beschreibung: sehr kreativ in die Landschaft eingepasste Rundbauten, schöner Swimmingpool und originelles Restaurant, sehr gutes Essen, einsame und ruhige Lage. Es gibt hier 10 markierte Wanderwege von 2,8–14,4 km (1 Stunde bis 7 Stunden). GPS-Geräte zum Wandern werden verliehen. Interessante Allrad-Safaris, u. a. zu Felszeichnungen, werden angeboten.

Einfahrt zur Rostock Ritz Lodge

Ca. 60 km östlich des Sossusvlei-Eingangs
Hauchabfontein Camping $ **(12)**, ☎ *063/293433, infodesk@hauchabfontein.com, www.hauchabfontein.com. 120 N$ p. P. Lage: an Pad 854 zwischen Naukluft und Sossusvlei-Eingang. Beschreibung: schöne Campingplätze unter Akazien, toll ist das Schwimmen im Tsauchab, in dessen ausgewaschenen Pools Wasser steht. Alles, was das Camperherz begehrt, ist da: Wasser, saubere sanitäre Anlagen, Abwaschküche. Feuerholz, Gemüse und Fleisch kann gekauft werden. Und eine tolle Landschaft, manchmal sogar mit Köcherbäumen „garniert" („Geheimer Köcherbaumwald"). Im Norden von den Naukluft-Ausläufern und im Süden von den Zaris-Bergen umgeben.*

Ca. 90 km östlich des Sossusvlei-Eingangs
Zebra River Lodge $$$ **(11)**, ☎ *063/693265, reservations@zebrariver.com, www.zebra river.com. Doppelzimmer mit Vollpension 2.000 N$. Lage: an der D 850 gelegen, über die D 854 und 855 erreichbar. Beschreibung: 8 große Doppelzimmer, schöne Lage, Schwimmbad, tolle Wandermöglichkeiten, Allrad-Trail, sehr schön in den Tsaris-Bergen gelegen (3 Schluchten), sehr kinderfreundlich.*

Ca. 120 km östlich des Sossusvlei-Eingangs
Hammerstein Lodge und Camp $$ **(1)**, ☎ *063/693111, hammerst@hammer stein.com.na, www.hammerstein.com.na. 520 N$ p. P. inkl. Frühstück, Camping 110 N$. Lage: an der Pad 36 (unterhalb des Zariespasses) zwischen Maltahöhe und Sossusvlei gelegen. Beschreibung: eine einfache, saubere Unterkunft, Selbstversorgungsmöglichkeit, Restaurant, Wandermöglichkeit, San-Zeichnungen. Highlight: Geparde hautnah!*

Der Namib-Naukluft-Park

Im Gebiet des Sossusvlei sind Sie sozusagen im Zentrum des Namib-Naukluft-Parks, einem Gebiet, das 2 ½ mal größer ist als der Etosha National Park.

Der 1979 etablierte Namib-Naukluft-Park ist mit 50.000 km² der größte Naturpark des Landes. Er liegt zwischen der Koichab Pan im Süden (das Gebiet direkt nördlich der B 4 zwischen Lüderitz – Keetmanshoop) und dem Swakop-Tal im Norden. Landschaftliche Höhepunkte sind zweifelsohne das Sesriem- und Sossusvlei-Gebiet, das Naukluft-Gebirge, der Kuiseb-Canyon sowie die unendlich weiten Landschaften zwischen Kuiseb-Tal und Swakop-Tal. *Größter Naturpark Namibias*

Besonders im Landesinnern kommt es zu extremen Temperaturschwankungen zwischen Minusgraden in der Nacht und Tagestemperaturen von über 30 Grad (in der winterlichen Trockenzeit). Im Sommer kann die Temperatur örtlich auf über 42 Grad steigen. Die Jahresniederschläge betragen zwischen 10 und 90 mm, wobei der Niederschlag oft nur in Form von Nebel fällt. Richtige Regenfälle sind sporadisch und sehr selten.

Von den Bergen des Naukluft-Massivs führen drei Flussläufe nach Westen in die Sand-Namib: der nördliche Tsondab, der in die Lehmpfanne Tsondab Vlei führt, der Tsams, der im Tsams-Vlei endet, und der südliche Tsauchab, der ins Sossusvlei fließt. Allerdings führen diese Flüsse nur sehr unregelmäßig Wasser. Gelegentlich kann man aber erle-

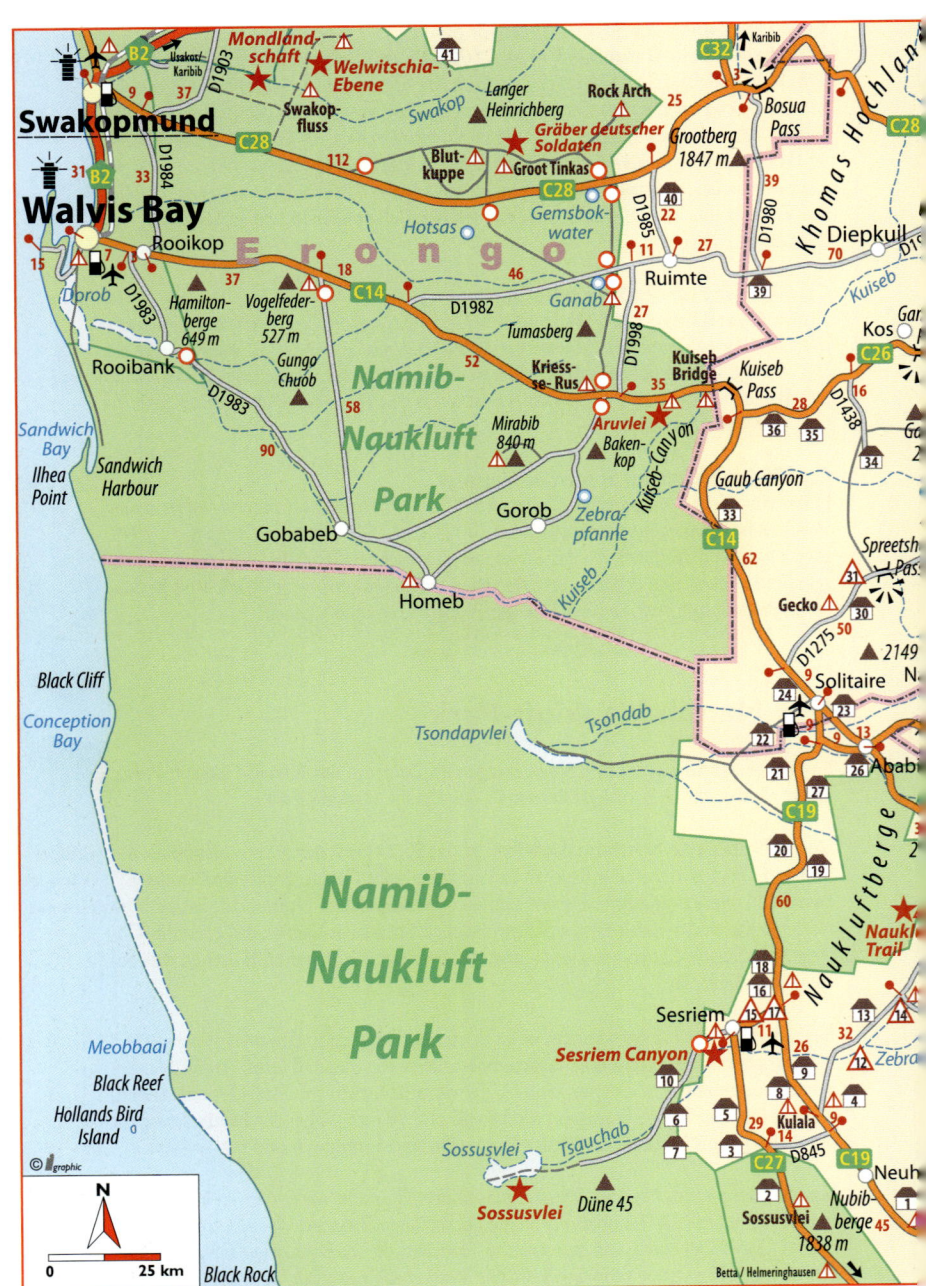

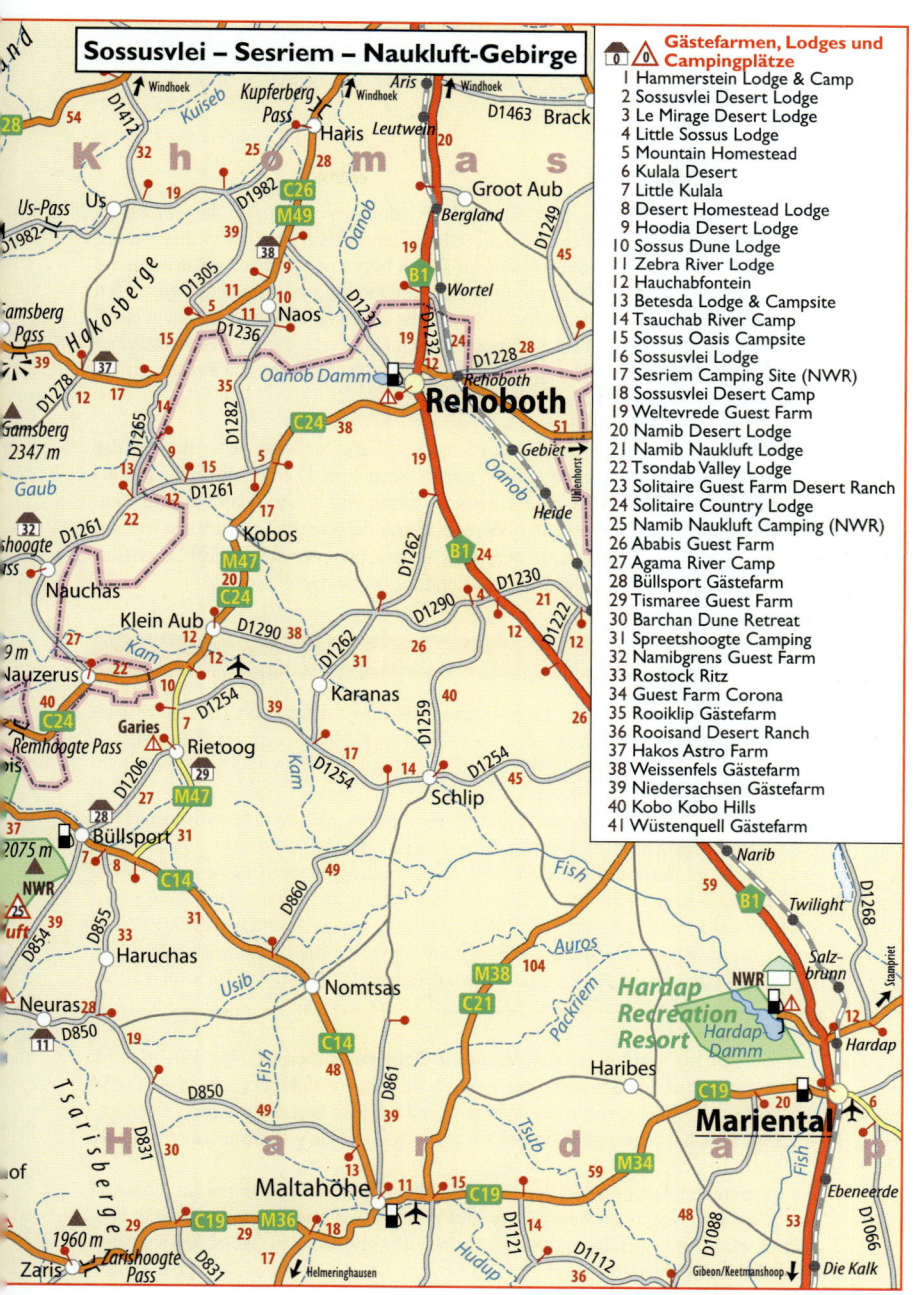

Sossusvlei – Sesriem – Naukluft-Gebirge

Gästefarmen, Lodges und Campingplätze

1 Hammerstein Lodge & Camp
2 Sossusvlei Desert Lodge
3 Le Mirage Desert Lodge
4 Little Sossus Lodge
5 Mountain Homestead
6 Kulala Desert
7 Little Kulala
8 Desert Homestead Lodge
9 Hoodia Desert Lodge
10 Sossus Dune Lodge
11 Zebra River Lodge
12 Hauchabfontein
13 Betesda Lodge & Campsite
14 Tsauchab River Camp
15 Sossus Oasis Campsite
16 Sossusvlei Lodge
17 Sesriem Camping Site (NWR)
18 Sossusvlei Desert Camp
19 Weltevrede Guest Farm
20 Namib Desert Lodge
21 Namib Naukluft Lodge
22 Tsondab Valley Lodge
23 Solitaire Guest Farm Desert Ranch
24 Solitaire Country Lodge
25 Namib Naukluft Camping (NWR)
26 Ababis Guest Farm
27 Agama River Camp
28 Büllsport Gästefarm
29 Tismaree Guest Farm
30 Barchan Dune Retreat
31 Spreetshoogte Camping
32 Namibgrens Guest Farm
33 Rostock Ritz
34 Guest Farm Corona
35 Rooiklip Gästefarm
36 Rooisand Desert Ranch
37 Hakos Astro Farm
38 Weissenfels Gästefarm
39 Niedersachsen Gästefarm
40 Kobo Kobo Hills
41 Wüstenquell Gästefarm

ben, wie sich nach starken Regenfällen im Binnenland das Sossusvlei mit Wasser füllt. Die riesige Wasserfläche erscheint dem Besucher dann wie eine Fata Morgana. Wer den Vlei-See schwimmend durchqueren möchte, braucht dazu beinahe eine halbe Stunde!

Geschichte

Lebens-
raum für
Bergzebras
und Gems-
böcke

Bereits im Jahre 1907 stellte der Gouverneur Friedrich von Lindequist den nördlichen Teil des Gebietes unter Schutz. Und das südliche Dünengebiet ist schließlich schon seit über 50 Jahren Diamanten-Sperrgebiet. Im Osten begann die frühere südafrikanische Administration seit 1960, Farmland zu kaufen, um den Bergzebras einen ungestörten Lebensraum zu erhalten. In der Folgezeit wurde das als „Naukluft Mountain Zebra Park" bezeichnete Gebiet vergrößert, sodass schließlich eine Verbindung zu den westlichen Ebenen bestand: Bergzebras, Gemsböcke und anderes Wild können nun frei je nach Vegetationsstand herumziehen.

Naukluft bedeutet so viel wie enge (nau) Schlucht (Kluft). Der Name leitet sich von der Klamm ab, durch die zu Regenzeiten ein starker Bach fließt. Die höchste Erhebung erreicht 1.929 m. Während der deutschen Kolonialzeit war die Naukluft ein heftig umkämpftes Gebiet. Der Namahäuptling Witbooi nutzte die günstige Lage, um von hier aus Angriffe zu führen. Seine Widersacher, die Schutztruppe unter dem Befehl Leutweins, konnten ihn jedoch 1894 schließlich zur Kapitulation zwingen.

info

Informationen über die Hartmann-Bergzebras

Das Hartmann-Bergzebra ist in den Berggebieten von Namibia und Angola heimisch. Die ehemals großen Bestände wurden durch fortschreitende Besiedlung verringert, sodass es nötig schien, sie in Schutzgebieten anzusiedeln.

Das Hartmann-Bergzebra weist eine Widerristhöhe von etwa 1,40 m auf, seine Grundfarbe ist durch dünne, enge Streifen gekennzeichnet. Ein weiteres auffälliges Merkmal ist ein Hautlappen an der Kehle. Die Hartmann-Bergzebras leben in kleinen Gruppen von 7–12 Tieren, die sich zu großen Herden zusammenschließen. Sie sind sichere Kletterer und haben sich den Bedingungen des trockenen Lebensraumes gut angepasst. So sind sie in der Lage, mehrere Tage ohne Wasser auszukommen. Neben ihrer Streifung ist noch ihr „Wiehern" ein gutes Erkennungsmerkmal, das die Hartmann-Zebras von den übrigen Zebras unterscheidet.

Camper
und
Paviane

Es lohnt sich, einen Abstecher zum **Naukluft-Gebirge** einzuplanen. Von der Pad C 14, die Maltahöhe mit Solitare verbindet, zweigen Sie kurz vor Büllsport links in die D 854 ein. Nach ca. 9 km führt rechts der Weg zur Naukluft. Hier liegt der staatliche Campingplatz, wo es außer zeltenden Touristen vor allem viele Paviane gibt, die absolut frech sind.

Sie müssen den Aufenthalt in der Naukluft schon in Windhoek anmelden. Man darf höchstens drei Nächte bleiben. Wasser und Waschräume sind vorhanden, ebenso Feuerholz. Man plant, auch leer stehende Farmhäuser im Naukluft-Gebiet für Touristen herzurichten und zu vermieten.

Namibias Weinanbau-Wunder:
Neuras am Rande der Naukluft

info

1996 besuchte der frühere Shell-Manager *Allan Walkden-Davis* das erste Mal das Naukluft-Gebiet. Die Umgebung im knochentrockenen Gebiet zwischen Namib – Wüste und dem Naukluftgebirge gefiel dem Naturliebhaber sehr, der raue Reiz der wüstenähnlichen Gegend stand dem Bewohner Zimbabwes seelisch nahe. Und er inspirierte ihn: Fand er doch noch aus alter „deutscher" Zeit Bewässerungsanlagen, gespeist von wunderbaren Quellen auf dem Gelände. Schon der erste Farmer hier hatte sich um die Jahrhundertwende am Weinanbau versucht, das bewiesen alte Rebstöcke, die noch Trauben trugen. Nichts lag näher, als sich dem Weinanbau zuzuwenden. Er pflanzte Rebstöcke der Sorte Shiraz, später auch Merlot an. Die erste Weinernte wurde 2001 eingebracht, doch das Resultat war bescheiden Erst nach eingehendem Vor-Ort-Studium im Weinanbaugebiet in Südafrika und manchem Rat erfahrener Winzer sollte es dem Autodidakten gelingen, gute Weine auszubauen.

Heute gilt der Wein als bemerkenswert und exotisch zugleich. Gerade mal 3.000 Flaschen beträgt die Produktion und die Vermarktung ist denkbar einfach: Man holt sich den Wein selber ab. Sicherlich ein langer Weg, der sich aber allemal lohnt, und eine Übernachtung auf der Farm sollte eingeplant werden, um direkt vor Ort das Gewächs „Namib Red" zu genießen. Nur die Wolwedans Lodge offeriert die Weine ihren Gästen.

Hinweis: Im Mai 2012 wurde die Farm verkauft, Weinproben soll es aber weiterhin geben. Aktuelle Infos unter www.naankuse.com/neuras-estate-of-naankuse.html. Lage: an der Pad 850 kurz vor Einmündung D 854.

Herausforderung für Off-Road-Fahrer: der Naukluft Park

Das Naukluft-Gebirge

Das Naukluft-Gebirge ist wirklich so etwas wie ein kleiner Geheimtipp – die meisten Touristen fahren hier einfach vorbei. Die höchsten Erhebungen reichen bis 1.949 m über den Meeresspiegel. Das Gebirge liegt genau im Dreieck der Pad C 14 (Maltahöhe – Solitaire), der C 19 (Solitaire – Sossusvlei) sowie der Pad D 854. Das Gebiet erhält – im Vergleich zur Umgebung – relativ **gute Niederschläge**, die jährlich zwischen 50 und 500 mm schwanken. Der meiste Regen fällt in Form von Gewittern zwischen Dezember und April. Die Niederschlagsmenge nimmt in Richtung Namib-Wüste (= Westen) ab. So kommt es, dass es im Gebirge zahlreiche Quellen und Bäche gibt, die selbst in der Trockenzeit über Wasser verfügen und dafür sorgen, dass in ihrer Nähe eine **erstaunliche Vegetation** gedeiht. Im Winter kann es jedoch auch empfindlich abkühlen und die Temperaturen können nachts unter 0 °C sinken.

Viele Niederschläge – für namibische Verhältnisse

Wandern im Naukluft-Gebirge

Waterkloof-Wanderweg
In die Naukluft führt vom staatlichen Campingplatz dieser Rundwanderweg (17 km), der etwa sechs Stunden dauert und entgegengesetzt zum Uhrzeigersinn begangen wird. Man folgt zunächst einem Bachbett stromaufwärts und erreicht die höchste Stelle (1.910 m!) etwa in der Mitte des Weges. Auf dem Rückweg vom Plateau folgt man der Naukluft-Klamm.

Oliven-Wanderweg
Dieser Wanderweg fängt ebenfalls in der Nähe des staatlichen Campingplatzes an und ist ca. 10 km lang. Man muss mind. 4 Stunden Wanderzeit ansetzen. Nach einem steilen Anstieg – am Wege stehen z. T. wilde Olivenbäume – erreicht man die Hochebe-

Wanderparadies Naukluft

ne, wo man herrliche Aussichten genießen kann. Der Abstieg erfolgt durch ein Flusstal, es geht ein ganzes Stück durch Geröllfelder bergab. An einer Stelle ist es etwas abenteuerlich: Bei der Überquerung eines Wasserfalls muss man sich an Ketten entlanghangeln. Unterwegs können Sie u. a. Felsenadler beobachten.

Naukluft-Wanderweg

D i e Herausforderung für trainierte Wanderer! Der Trail ist 120 km lang und nimmt ca. vier Tage in Anspruch (man kann den Weg auch in acht Tagesetappen zurücklegen). Übernachtungen sind in alten Farmhäusern und Hütten möglich. An allen Hütten gibt es Wasser. Allerdings muss man auch einen Schlafsack und den gesamten Proviant mitführen. Über Details informiert Sie der Ranger vor Ort.

Sehr langer Trail!

Hinweis

Weitere lohnende Wanderwege im Naukluft-Gebirge sind unter www.naukluft-experience.com beschrieben.
Reisepraktische Informationen zum Naukluft Park s. S. 280f und 285ff.

Reisepraktische Informationen Naukluft-Gebirge

Unterkunftt (▶ Karte S. 272)

Unter dem Namen „Naukluft Experience" haben sich die Gästefarmen Büllsport und Ababis zusammengeschlossen, um die Region rund um das Naukluft-Gebirge gemeinsam touristisch zu vermarkten. Die Natur erhalten und durch die Förderung des Tourismus die künftige Entwicklung des Lebensraumes und der lokalen Bevölkerung unterstützen – so lautet die Vision der Naukluft Experience-Begründer. Jede Farm hat dabei ihre ganz eigene Atmosphäre und bietet unterschiedliche Aktivitäten an, die sich optimal ergänzen. Durch den Zusammenschluss können Gäste das gesamte Angebot beider Farmen nutzen (www.naukluft-experience.com).
Gästefarm Ababis $$$ (26), ☎ 063/683080, info2@ababis-gaestefarm.de, www.ababis-gaestefarm.de, *840 N$ p. P. inkl. Halbpension, Camping 90 N$. Lage: an der C 14 ca. 13 km südlich von Solitaire gelegen, kurz vor der Einbiegung der Pad 854. Beschreibung: eine sehr engagiert geführte Gästefarm mit geschmackvollen Zimmern, hervorragender Küche und einer gemütlichen Veranda, die etwas an „Jenseits von Afrika" erinnert. Die Gastgeber sprechen Deutsch und engagieren sich sehr für die Gäste. Ideal als Ausgangspunkt für Ausflüge in die Naukluft und zu den Dünen ins Sossusvlei. In beide Gebiete werden Ausflüge angeboten. Im Angebot ist auch – nach Vereinbarung – ein Fahrsicherheitstraining für Neulinge im Allradwagen-Fahren.*
Gästefarm Büllsport $$$ (28), ☎ 063/693371, 693363, info@buellsport.com, www.buellsport.com, *800 N$ p. P. im DZ inkl. Halbpension. Lage: an der Pad C14, 56 km südöstlich von Solitaire gelegen (im Mündungsbereich der Pad 824). Beschreibung: eine alte typisch namibische Farm mit ansprechenden, sauberen Zimmern, Swimmingpool, deutschsprachigen Gastgebern (Familie Sauber). Hier bekommt man durch Beobachtung so einiges vom ländlichen Leben mit.*

Namib-Naukluft-Park Camping $ (25), *Buchung über Namibia Wildlife Resorts,* ☎ 061/2857200, reservations@nwr.com.na, www.nwr.com.na, *örtliche* ☎ 063/293245. *100 N$ p. P. Lage: Ca. 20 km südwestlich von Büllsport gelegen (zweigt von der D 0854 Richtung Norden ab). Beschreibung: schattige Plätze, sanitäre Anlagen, guter Ausgangspunkt für*

Wanderungen, aber es gibt hier viele freche Affen, die den Aufenthalt ungemütlich machen können. Kein Proviantkauf, nur Holzkauf möglich.

**Capricorn Restcamp $–$$**, ✆ 062/682118, www.capricorn-naukluft.com.na. 350 N$ p. P./DZ mit Frühstück, Camping 50 N$ p. P. Lage: 40 km östlich der Naukluft-Berge an der MR 47 zwischen Rietoog und Nabaseb (nahe der C 14). Beschreibung: 4 einfache Bungalows mit eigenem Bad und 4 Campingplätze. Schöne Lage, ausgewiesener Spazierweg.

Tismaree Guestfarm $ **(29)**, ✆ 062/6253935 1, www.tismaree.iway.na. 270 N$ p. P./DZ mit Frühstück, Camping 65 N$. Lage: südlich Rietoog an der MR 47 (nahe der C 14). Beschreibung: großzügige Zimmer, Restaurant und Shop. Netter Zwischenstop auf dem Weg zum Sossusvlei.

Vier-Pässe-Fahrt vom Naukluft-Gebiet aus
(▶ Karte S. 272)

Bizarre Bergwelt Auf dieser Passrundfahrt erleben Sie die bizarr-grandiose Welt der mittleren Gebirgslandschaft Namibias und die Pässe Remshoogte, Gamsberg, Gaub und Spreetshoogte. Mittlerweile wurde der Spreetshoogte-Pass durch die Pflasterung in bestimmten Kurven und Steilabschnitten entschärft, sodass er mit einem normalen Pkw, zumindest von Ost nach West (dann geht's bergab), befahren werden kann. Die Pässe haben sehr unterschiedliche Schwierigkeitsgrade. Hier die entsprechenden Kurzbeschreibungen:

 Streckenhinweise

Startpunkt: Solitaire/Büllsport/Gästefarm Ababis
Gesamtlänge der Strecke: 409 km (ohne Spreetshoogte Pass: 289 km)
Streckenführung: Von Solitaire aus auf die Pad C 14 zunächst 14 km nach Süden. Danach biegen Sie in die Pad 1261, der Sie weitere 86 km bis zur Abbiegung in die Pad 1265 folgen. Auf dieser Straße erreichen Sie nach 30 km die C 26 (Windhoek – Walvis Bay). Sie biegen nach Westen (= links) ab und erreichen nach weiteren knapp 60 km den Gamsberg Pass. Ca. 30 km westlich des Gamsberg-Passes biegen Sie nach Süden in die Pad C 14 ein. Auf dieser fahren Sie nun 64 km nach Süden.
Nun steht der Höhepunkt bevor: Sie biegen in die 1275 und erklimmen auf etwa 40–45 km die Höhen des Spreetshoogte-Passes. Nach insgesamt 52 km ab der Abzweigung von der C 14 mündet die Pad 1275 in die 1261. Hier biegen Sie nach rechts ab und erreichen nach 63 km die Pad C 14, genau 14 km südlich von Solitaire.

Remshoogte Pass
Dieser Pass (ca. 1.700 m über NN) hat einen Gradienten von 1:10, ist also problemlos befahrbar. Die Steigung verläuft von West nach Ost.

Gamsberg Pass
Wohl der bekannteste Pass in Namibia. Gradient: 1:9, die Steigung verläuft von West nach Ost. Die Passstraße führt unterhalb des 2.347 m hohen Gamsberges, einer Art Tafelberg, entlang.

Gaub Pass

Harmloser Pass mit einem Gradienten von 1:18. Die Steigung verläuft von Süden nach Norden.

Spreetshoogte Pass

Der Pass der Pässe … Der Gradient beträgt hier im Extremfall 1:4½. Der Pass ist nun auch gut für Pkws befahrbar, nachdem man bestimmte Kurven und lockere Schotter-flächen durch umfangreiche Bauarbeiten (die wesentlichen Teile sind nun befestigt) ent-schärft hat. Oben auf dem Plateau-Abbruch werden Sie mit einer **grandiosen Aus-sicht** belohnt. Man kann hier (wild) campieren und den abendlichen Sonnenuntergang genießen. Sehr schön zum wilden Campieren – aber: Bitte nehmen Sie allen Müll wie-der mit, denn leider haben viele „Naturliebhaber" dies nicht beherzigt!

Grandiose Aussicht

Isabis 4 x 4 Trail

Lage
An der D 1265 gelegen, 130 km von Windhoek entfernt (Abzweig zur D 1265 von der C 26). Von Süden her nähert man sich Isabis über den Spreetshoogte Pass, Nauchas und dann wei-tere knapp 40 km (linker Hand findet man Hinweisschilder) bis Isabis.

Besonderes
Die Landschaft ist atemberaubend (Isabis heißt auf Nama: Schön für das Auge): Bizarre Berg-ketten und Schluchten, grandios ist das Gaub-Flusstal, reichhaltige Vogelwelt (besonders am Klipdam), manchmal kann man Hartmann-Mountain-Zebras sehen, aber ebenso Ku-dus, Gemsböcke und Klippspringer. Durch die Nähe zur Hauptstadt besonders attraktiv. Der Trail ist auch für Ungeübte gut zu fahren, besonders schwere Umwege (für diejenigen, die eine Herausforderung suchen) sind schwarz markiert. Der Gaub-Fluss kommt in der Re-gel jährlich einmal ab, danach bleiben Pools mit Wasser zurück, welche die Tiere anlocken.

Auch für Ungeübte

 Unterkunft
Am Wege liegt das **Isabis Camp** *in einem Flussbett, ein einfacher* **Camping-platz** *mit Toilette, Dusche (kalt) und einem „Schwimmbad" (altes Farmbassin). Ein wei-teres Camp heißt* **Klipdam Camp** *(schattig unter Bäumen gelegen). Verpflegung muss selbst mitgebracht werden. Feuerholz und Trinkwasser an den Campingplätzen vorhan-den. Es wird jeweils nur eine Gruppe auf einmal auf dem Trail zugelassen.*

i **Information**
Preise: *Camping 50 N$ p. P., Auto 80 N$*
Dauer: *1–2 Tage (gemütlich)*
Information: *Joachim Cranz, ☎/🖷 062/572133 (Isabis), info@isabis4x4.com, www.isabis4x4.com.*

info

Was sind „Gradienten"?

Dieser Begriff taucht auch auf der offiziellen Straßenkarte von Namibia auf. Übersetzt meint man damit „Steigung". Und diese Steigung wird stets in einem Quotienten ausgedrückt, z. B. 1:9. Damit ist Folgendes gemeint: Um 1 m Höhe zu gewinnen, muss man 9 Meter weit fahren. Bei einem Gradienten von 1:5 heißt es also, dass man nach nur 5 m Fahrt schon einen Meter gestiegen ist. Je kleiner also die zweite Zahl ist, desto steiler geht's bergauf oder bergab.

Gradienten beziehen sich aber stets auf die maximale Steigung eines Passes und sind nicht als Durchschnittswert für den gesamten Pass zu deuten. Gradienten kann man auch in die bei uns in Europa üblichen Prozente umrechnen. Beispiel: Gradient 1:9. Sie teilen also 1 durch 9 und nehmen das Ergebnis mal 100 = 11 % Steigung.

Zur Einschätzung:

Gradient	Steigung in %	Einschätzung
1:16	6,25 %	leichte Steigung
1:12	8,33 %	problemloser Anstieg
1:8	12,5 %	ziemlich steil
1:4,5	22,22 %	extrem steil

Reisepraktische Informationen 4-Pässe-Fahrt

Unterkunft (▶ Karte S. 272)
Barchan Dune Retreat $$$ (30), ☎ 062/572025, barchan@iway.na, www.barchandunes.com. 750 N$ p. P. inkl. Halbpension. Lage: an der Pad 1275 westlich und unterhalb des Spreetshoogte Pass gelegen. Beschreibung: Die Farm ist von herrlichen Bergen umgeben. Die Lodge ist direkt in Dünen hineingebaut. Der Blick schweift von der Sundowner-Bar auf der Düne in die „Unendlichkeit". Sehr gutes Essen, herzliche Gastgeber, stilvoll.
Kuangukuangu – Luxury Cabin $$$$, Barchan Dune Retreat, ☎ 062/572025, www.kuangukuangu.com. 110 € pro Nacht (nur Übernachtung). Beschreibung: Diese Unterkunft bietet nur Platz für 2 Erwachsene (die Barchan Farm ist aber nur 5 Min. zu Fuß entfernt) und ist ideal für alle, die pures Busch-Feeling und Abgeschiedenheit suchen.
Spreetshoogte Camping $$ (31), ☎ 062/572010, Handy: 081/2688912, spreetshoogte@iway.na, www.natron.net/tour/spreetshoogte, Bungalow ca. 225 N$ p. P., Camping 100 N$. Lage: unterhalb des Spreetshoogte Passes (10 km entfernt). Von Windhoek kommt man über die C24. Beschreibung: Die Farm bietet einen wunderschönen Blick in die Ebene und lädt mit einfachen Bungalows und Campingplätzen zum Entspannen ein. Auf der Farm können auf Ausflügen und Wanderungen der eigene Canyon und die Natur entdeckt werden.
Namibgrens Guest Farm $$ (32), mit Camping, ☎ 062/572021, www.namibgrens.com. Ca. 550 N$ p. P. im DZ inkl. Frühstück, Camping 120 N$, Allrad-Trail 80 N$/Fahrzeug. Lage: direkt an der 1275, 8 km unterhalb des Spreetshoogte-Passes (östlich der Passhöhe). Beschreibung: eher einfache Gästefarm, aber mit Flair und Herzlichkeit. Doppelzimmer, schöne Gartenanlage, Wanderwege. Eland-Antilopen können hier gut beobachtet werden. Allrad-Trail.
Gästefarm Corona $$$ (34), ☎ 062/572127, corona@iway.na, www.natron.net/tour/corona. Ab 950 N$ p. P. im Doppelzimmer mit Halbpension, inkl. Farmrundfahrt, Sundowner-

fahrt, Kaffee und Kuchen am Nachmittag. Lage: von Windhoek C 26 Richtung Walvis Bay/Solitaire. Nach 36 km links abbiegen (Walvis Bay via Gamsberg Pass), nach weiteren 130 km immer auf Pad 26 den Pass überqueren und dann links in die Pad D 1438 einbiegen. Nach 18 km erreicht man das Farmhaus. Beschreibung: Die am majestätischen Gamsberg-Pass gelegene Gästefarm bietet neben vielfältigen Aktivitäten ein hohes Maß an Komfort und Erholung inmitten einer stillen Landschaft. Gemütliche Zimmer, sehr schöner Speiseraum, Terrasse und tolles Essen! Aktivitäten: Geländewagenfahrten in die Bergwelt, Wanderungen, Zelt-Übernachtung im wildromantischen Gaub-Canyon. Für Naturliebhaber ein Eldorado.

Rooiklip Gästefarm $$$ (35), ℡ 061/681031, mobil 081/1287844, rooiklip@iway.na, www.rooiklip.iway.na, 450 N$ p. P./DZ, Camping 100 N$. Lage: von der C26 in die D 1438 abbiegen, nach ca. 9 km Abzweig zur Farm (noch ca. 9 km). Beschreibung: schön gelegene Unterkünfte am Fuße des Gamsberg-Passes, 2 Gästehäuser mit ins. 14 Betten (1–4-Bett-Zimmer), jedes mit eigenem Bad und Terrasse. Lapa vorhanden.

Rooisand Desert Ranch and Holiday Club $$$ (36), ℡ 062/572119 und 081/1470637, www.rooisand.com, DZ mit Frühstück 145 €. Lage: ca. 170 km von Windhoek an der C 26, auf halbem Weg nach Walvis Bay (bis zur Atlantikküste noch ca. 190 km). Beschreibung: In der grandiosen Landschaft der Namib-Wüste gelegen, bietet die Lodge im Haupthaus 5 komfortable Doppelzimmer mit Blick in den Garten. Daneben gibt es ein „Wigwamhaus" mit 4 Einzelzimmern und ca. 2,5 Kilometer vom Haupthaus entfernt ein Gästehaus mit tollem Ausblick, 2 Doppelzimmern, Bädern, Wohnzimmer, Küche und Sonnenterrasse inkl. Kaminofen. Auch Jagdfarm!

Hakos Gästefarm Khomas $$ (37), ℡ 062/572111, hakos@mweb.com.na, www.hakos-astrofarm.com, 495 N$ p. P./DZ mit Frühstück. Lage: oberhalb des Gamsbergpasses ca. zwei Autostunden von Windhoek entfernt. Beschreibung: Die Farm bietet 14 Gästezimmer in familiärer Atmosphäre. Besonders bei Amateurastronomen beliebt, da die Hochlage am Wüstenrand (die Farm liegt direkt an der 2.000 m hohen Hakos-Gebirgskette) tolle Voraussetzungen für Fotografie und Himmelsbeobachtung bietet. Zahlreiche Möglichkeiten für Ausflüge.

Gästefarm Weissenfels $$–$$$ (38), ℡ 061/572112, rowins@iafrica.com.na, www.orusovo.com/weissenfels/farm.htm. 800 N$ p. P. inkl. Halbpension, Camping ca. 120 N$ p. P. Lage: von Windhoek auf Pad 26 zunächst 36 km, dann nach links weiter auf der C 26 78 km Richtung Gamsberg: Das Farmgebäude liegt gut sichtbar an der rechten Seite. Die Farm liegt in unmittelbarer Nähe des Gamsberg-Passes in 1.800 m Höhe. Beschreibung: Die Zimmer sind zwar klein, aber schön eingerichtet. Einige Zimmer haben eine eigene Außenveranda. Campingplatz am Ort. Schwimmbad vorhanden. Aktivitäten: Reiten, Wanderungen, Wellnessmöglichkeiten (Reiki, Aroma-Bäder, einige esoterische Aktivitäten wie Labyrinth Walks mit anschließender Analyse).

**Camp Gecko $$–$$$**, ℡ 062/572017, geckonam@iway.na, www.campgecko.net, je nach Unterkunftsart ab 600 N$ p.P., Camping 100 N$. Lage: an der D1275 unterhalb des Spreetshoogte Pass. Beschreibung: toll gelegene Unterkunft mit verschiedenen Übernachtungsmöglichkeiten von „Busch Hide-Away" über Rundhütte bis zum Busch-Zelt. Aktivitäten: u. a. Bogenschieß-Parcours, Farmdrive, Sundowner auf dem Spreetshoogte Pass, Sossusvlei, Wandern.

Weiterreise-Möglichkeiten

Für alle, deren Rundfahrt durch den Süden **am Sossusvlei endet** und die nach Windhoek zurückreisen müssen, empfiehlt sich folgende Strecke: Die Pad 826 bis zur Einmündung in die Pad 36, hier nach links und nach 61 km in die Pad 1273 nach rechts einbiegen. Nach weiteren 11 km in die Pad 1261, dieser 35 km folgen bis zum Abzweig nach rechts in die Pad 1274, der Sie 23 km folgen. Diese Pad stößt dann auf die Pad 47, hier nach links abbiegen und weitere 82 km nach Rehoboth folgen. In Rehoboth dann nach links Richtung Windhoek auf der asphaltierten B 2. Gesamt-Kilometer vom Sossus-vlei/Sesriem nach Windhoek: 319 km.

Sossusvlei/Sesriem-Gebiet – Walvis Bay – Swakopmund
(▶ *s.a. Karte S. 272*)

Auch diese Strecke bietet wiederum atemberaubende Landschaften und Aussichten. Vorbei an den malerischen Bergen der Naukluft erreichen Sie den Grenzbereich zwischen Sand- und Kies-Namib, markiert durch den **Kuiseb-Fluss**. Besonders eindrucksvoll wird nach der **Durchquerung des Kuiseb Canyons** die Weite der Namib. Ebenso bildet der Kuiseb Canyon einen landschaftlichen Höhepunkt. Später geht er allmählich in die Namib über. Die Landschaft wird relativ monoton. Interessant ist dann der Gegensatz zwischen Meer und Sanddünen auf der Straße von Walvis Bay nach Swakopmund.

Gute Möglichkeiten für Campingfreunde und Offroad-Fahrer Für Campingfreunde und Off-Road-Fahrer bieten sich hervorragende Möglichkeiten, die Wüste zu erkunden. Jeder, der sich nach Einsamkeit und Wüstenerlebnissen sehnt, wird in den Landschaften zwischen Kuiseb-Canyon und Küste voll auf seine Kosten kommen und sollte zumindest eine Nacht in einem der Camps in der Namib verbringen (Permit-Situation beachten, Details im folgenden Text).

Ein besonderes Erlebnis dürfte der Besuch des **Wasservogel-Reservats um Sandwich Harbour** sein (allerdings nur mit Allradfahrzeug und mit Führung realisierbar). In diesem Falle sollte man eine oder zwei Übernachtungen in Walvis Bay dazwischenschalten.

Tankstellen
Sossusvlei, Solitaire, Maltahöhe, Walvis Bay, Swakopmund (keine Tankstelle zwischen Solitaire und Walvis Bay!)

Reiserouten durch und in den Namib-Naukluft-Park: unterwegs vom Sossusvlei-/Sesriem-/Naukluft-Gebiet nach Swakopmund

Hinweis
Sobald Sie die amtlichen Durchgangsstraßen im Parkgebiet verlassen, benötigen Sie ein Permit (s. S. 285).

Die Landschaften dieses Streckenabschnitts sind sehr abwechslungsreich. Entlang der C 19 begleiten nach Westen hin weit entfernte Dünen den Weg. Kommt man von Süden über die Pad C 14, so durchquert man das Naukluft-Gebirge.

Bei **Solitaire** mündet die C 19 in die C 14. Solitaire ist kein Ort, sondern praktisch nur eine Art „Wildwest"-Tankstelle mit einem kleinen Store und einer Lodge mit Zeltplatz – doch beide sind äußerst wichtig für die Reisenden nach Norden, denn dies ist die allerletzte Möglichkeit, sich vor Walvis Bay zu versorgen. Zudem gibt es in der kleinen angeschlossenen Bäckerei den angeblich besten Apfelkuchen des ganzen Landes. Später, Richtung Gaub Pass, säumt zum Westen hin die Sand-Namib den Weg, nach Osten die Berge der Randstufe, die im Bereich des Gaub-Passes bequem erklommen wird.

Kurz nach der aus Windhoek kommenden Pad C 26 macht die Pad C 14 dann eine scharfe Biegung nach Westen, und über den **Kuiseb Pass** (Gradient 1:9 = 11 % Steigung) geht es nun recht schnell hinunter zum Kuiseb Canyon.

Tankstelle mit besonderem Charme: Solitaire

Namib-Naukluft 4 x 4 Trail

Lage
Im Namib-Naukluft Park, Abzweig zum Park von der D 854 (9 km von Büllsport/C 14 entfernt)

Besonderes
Dieser Trail, beginnend am Parkeingang, gilt als eine ganz besondere fahrerische Herausforderung und ist nur für erfahrene Allrad-Fahrer zu empfehlen. Er wurde einst von einem Farmer, der nach Wasser bohren wollte, als Weg für Bohrgestänge und Drillmaschinen angelegt, höchstens 4 Fahrzeuge/Tag sind zugelassen. Auf den Trail darf man nicht später als 14 Uhr fahren. Dieser Trail ist der einzige Allrad-Trail in einem namibischen Nationalpark. Unterwegs gibt es besondere Stellen (15), an denen auf Schildern Informationen meist naturkundlicher Art gegeben werden. Diese Punkte sind auch auf der Karte vermerkt, die man von den Rangern vor dem Losfahren erhält.

 Unterkunft
Ein einfaches **Camp** *(4 Hütten) mit Toiletten und Wasser ist vorhanden und liegt oben auf dem Plateau (Tieriktik-Valley), 28 km vom Eingang entfernt, 50 N$ p. P., 100 N$/Platz. Grillmöglichkeit und solarbeheizte Duschen vorhanden. Aber im Camp ist es meist sehr windig, und durch die Lage in einem kleinen Tal kann man Sonnenauf- und -untergänge nicht beobachten.*

Windiges Camp

ℹ️ Information und Buchungen
Preise: *ca. 300 N$/Fahrzeug, Übernachtung gesondert.*
Dauer: *2–3 Tage, 73 km*
Namibia Wildlife Resorts, *Private Bag 13378, Windhoek, ☎ 061/2857200, reservations@nwr.com.na, www.nwr.com.na.*

Kuiseb Canyon

Der Kuiseb Canyon ist ein markanter Einschnitt in die Landschaft. Wie der Fisch-Fluss, so führte auch der Kuiseb in der Vergangenheit sehr viel Wasser und konnte sich so durch das relativ weiche Gestein einschneiden. Die wilden Schluchtwände werden von Damaraschiefer sowie weichem Kalkstein gebildet.

Zuflucht für deutsche Geologen   Diese Landschaft war für die beiden Geologen **Henno Martin und Hermann Korn** Zuflucht im Zweiten Weltkrieg. Die beiden Deutschen sollten 1940 interniert werden. Sie versteckten sich daher im Bereich des Kuiseb Canyons, um der Verfolgung zu entgehen. In ihrem Buch **„Wenn es Krieg gibt, gehen wir in die Wüste"** beschreiben sie ihren zweijährigen „Ausstieg". Da sie Geologen waren, kannten sie die Gegend bestens.

Vier Tage lang bereiteten sie sich vor, danach flüchteten sie mit ihrem alten Lastwagen und ihrem Hund. Bei Carp Cliff errichteten sie ihr erstes Lager. Im Buch berichten sie über die harten Lebensbedingungen und den Alltag. Als der Kuiseb bei Carp Cliff austrocknete, mussten sie nach 2 ½ Jahren diese Stelle verlassen und an einem anderen Ort eine neue Heimat finden. Doch noch vor Kriegsende mussten sie aufgeben, da Korn wegen Vitamin-B-Mangels sehr krank wurde. Die Behörden allerdings übten Nachsicht mit den beiden und stellten sie als Geologen an.

Der Erlebnisbericht ist sehr spannend und zugleich wahrheitsgetreu geschrieben – eine ideale Lektüre zur Einstimmung auf das Land oder als Nachbereitung (s. Literaturliste).

Auf dem Weg nach Swakopmund: Kuiseb Canyon

Reisepraktische Informationen Kuiseb Canyon

Unterkunft (▶ *Karte S. 272*)

Gästefarm Niedersachsen $$ (39), ☎ *062/572200, mobil: 081/2445958, sachsen@iway.na, www.farm-niedersachsen.com. 595 N$ p. P. inkl. Halbpension. Lage: von Windhoek 36 km auf der C 26. Wenn diese nach links abbiegt, bleiben Sie auf der D 1982, die geradeaus weiter führt. Nach ca. 120 km sehen Sie das Farmgebäude zur Linken. Diese Gästefarm liegt in einer hügeligen, zerklüfteten Schiefergebirgs-Landschaft an der Rand-Namib. Beschreibung: Die Gästezimmer haben alle ihre eigenen Nasszellen. Von der Terrasse hat man einen tollen Ausblick auf das Umland.*
Empfehlenswert ist die „Henno Martin Tour", bei der man einen Eindruck davon erhält, wie die beiden Männer in der Wüste überlebt haben.

Kobo Kobo Hills $$$$ (40), *Kontakt Kirsten Behrens, mobil 811 274712, ☎ 064/ 204711, Kirsten@kobokobo.com.na, info@kobokobo.com.na, www.kobokobo.com.na. 1.156 N$ p. P. inkl. Vollpensiom (ohne Getränke). Lage: vom Sossusvlei kommend nördlich auf der D1998, nach dem Kuiseb Canyon entlang der Zäune des Namib Naukluft Park, rechts (östlich) abbiegen in die D1982 für 11 km, dann links in die D1985 (nur mit 4x4-Antrieb). Auf der rechten Seite steht wenig später ein Holzschild. Beschreibung: gemütliche, in die Natur angepasste Rundhütten in traumhafter Natur gelegen, Innen- oder Außendusche, das Essen wird auf dem offenen Feuer zubereitet, Pool und Bar bieten einen Ausblick ins Tal. Die nette Gastgeberin kümmert sich herzlich um die Gäste. Ideal, wenn man ein paar Tage Einsamkeit genießen möchte.*

Nachdem man den Kuiseb Canyon durchquert hat, geht es in die Ebenen der Zentral-Namib. Erst kurz vor der Küste erscheinen hohe Dünen. Plötzlich wird aus der Kiespad eine gute Asphaltstraße: Wir haben die frühere südafrikanische Enklave Walvis Bay erreicht.

Reisepraktische Informationen Namib Naukluft Park

Wichtige Reisetipps für den Namib-Naukluft-Park

• *Viele Wege führen durch besonders unberührte Gebiete und über sehr selten befahrene Straßen. Deshalb unbedingt einen zweiten Reservereifen mitnehmen, ebenso Notproviant und Wasser.*

• *Nehmen Sie auch Brennholz mit. Auch „tot" aussehende Bäume können hier nach Regenfällen wieder zu Leben erwachen. Deshalb: Bitte nichts abbrechen! Auch Baumreste und herumliegendes altes Gehölz sind ökologisch bedeutsam (z. B. für Kleintiere oder als Bodenschutz).*

• *Nehmen Sie den Hinweis bitte absolut ernst, wenn Sie lesen: „Only 4 x 4" (= nur für Allradfahrzeuge).*

Hinweis

Die amtlichen Durchgangsstraßen durch den Namib-Naukluft-Park können ohne Genehmigung befahren werden. Auch wenn Sie nicht die Absicht haben zu campieren, benötigen Sie ein Permit, sobald Sie folgende Straßen im Bereich des Parkgebiets verlassen:

C 14 *Kuiseb Canyon – Walvis Bay*
D 1982 *Windhoek – Us Pass – Walvis Bay*

C 28 *Windhoek – Khomas Hochland – Swakopmund*
D 1982 *und* **D 1998** *nordwestlich des Kuiseb Canyons*
Permits für den Namib-Naukluft-Park gibt es in den Büros der Namibia Wildlife Resorts Ltd. (Windhoek, Swakopmund Touristik-Büro u. Eingang Sesriem, www.nwr.com.na). Die Park-Eintritts- und Benutzungsgebühren betragen für Erwachsene 80 N\$/Tag, Kinder unter 16 J. haben freien Eintritt, Fahrzeuge (bis 10 Sitze) 10 N\$/Tag.

Hinweis
Toilettenpapier kann in der Wüste nicht verrotten, also bitte wieder mitnehmen.

Unterkunft (▶ *Karte S. 272*)
Innerhalb des Parkgebiets möglich im Bereich südlich und nördlich der C 14/ C 28. Man braucht allerdings ein Permit und es gibt nur Campingmöglichkeiten für Selbstversorger. Für die Camps Mirabib, Homeb, Kriess-se-Rus, Vogelfederberg, Blutkuppe, Groot Tinkas und Ganab werden Eintritts- und Lagergebühren erhoben, die an den o. a. Stellen, wo Sie die Permits erhalten, bezahlt werden müssen.

Vogelfederberg, Lage: an der C 14 gelegen, hinter der Abzweigung zur südlich gelegenen Wüstenforschungsstation Gobabeb (= 17 km westlich der Einmündung der D 1932 auf die C 14). Beschreibung: Die Form erinnert mehr an einen Walfischrücken als an eine Vogelfeder. Der Berg besteht im Gegensatz zur Kalkgebirgskette der Hamilton-Berge aus Granit und ist eine inselbergähnliche magmatische Intrusion, die später durch Abtragung der umliegenden Gesteinsschichten sichtbar wurde. Sehr schöner weiter Landschaftsausblick! Der Granitberg hat relativ wenige Erosionsrisse und ist deshalb auch vegetationsarm. Hier regnet es häufiger als in der Umgebung, sodass man noch nach längeren Trockenperioden kleine Wassertümpel entdecken kann.

Kriess-se-Rus Camp, Lage: an einem Flussbett (Aussinanis Rivier) nahe der C 14 westlich der Abbiegung der D 1998. Beschreibung: im Schatten liegende Rastplätze. Am Rivier gibt es Kameldorn- und Köcherbäume sowie Euphorbien. Diese Campingstelle wurde nach einem früheren Einwohner Swakopmunds benannt, der sich für das Leben in der Namib interessierte.

Mirabib Camp, Lage: südwestlich der C 14 gelegen in Richtung der Wüstenforschungsstation Gobabeb. Beschreibung: Zeltmöglichkeit unter Felsvorsprüngen. Mirabib ist ein Granit-Inselberg, der vegetationsreicher als der Vogelfederberg ist. Von hier aus ist der Besuch der Zebra Pan (etwa 35 km südöstlich) zu empfehlen. An dieser künstlich angelegten Wasserstelle kann man gut Hartmann-Bergzebras, Strauße und Oryx beobachten. Man fand heraus, dass Menschen schon vor etwa 8.500 Jahren bei Mirabib gelebt haben – sicherlich war das Klima damals feuchter und deshalb auch vegetationsreicher.

Homeb Camp, Lage: Abzweig nach Homeb Richtung Süden kurz hinter dem Abzweig der D 1998 von der C 14. Auf diesem Wege erreichen Sie auch die Zebra Pan und biegen nach ca. 10–12 km rechts zum Mirabib Camp ab. Sie bleiben jedoch auf der Straße und erreichen nach insgesamt ca. 72–75 km das Homeb Camp. Direkt am Kuiseb-Fluss gelegen. Beschreibung: Zeltmöglichkeit unter großen Kameldorn- und Ebenholzbäumen. Dies ist auch ein Siedlungsgebiet der Topnaar, deshalb weiden in Ufernähe manchmal Ziegen und wenige Rinder. Am südlichen Flussufer wachsen Nara-Melonen. Empfehlenswert: Eine kleine Wanderung im Flussbett. Für Ehrgeizige ist sicherlich ein Aufstieg am südlichen Ufer interessant, weil man von oben einen guten Überblick über das Kuiseb-Tal genießt und sehen kann, welch scharfe Trennlinie der Kuiseb zur südlich gelegenen Dünen-Namib darstellt.

Ganab Camp, Lage: nahe der Pad 1982 gelegen (östlich der D 1998), ca. 33 km nördlich des Kriess-se-Rus-Camp gelegen. Beschreibung: sehr einsam, unbewacht, schattige Plätze unter den Kameldornbäumen (die in der Nama-Sprache „Ganab" heißen). Weiter Blick in die „Unendlichkeit" der Namib, allerdings oft sehr windig, da ungeschützt. Permit erforderlich.

Groot Tinkas Camp, Lage: nur mit Allradfahrzeug erreichbar. Von der C 28 zweigt ein Weg nordwestwärts ab, und zwar direkt hinter der Parkgrenze. Wenn man von Süden kommt, überquert man die C 28, fährt ca. 11 km nach Norden und stößt nach 11 km auf den 4x4-Weg, der nach rechts (ostwärts) in Richtung Groot Tinkas führt. Beschreibung: Man kann unter großen Schatten spendenden Kameldornbäumen übernachten. Etwas östlich (Klein Tinkas) liegen die alten Ruinen einer deutschen Polizeistation, ebenso zwei aus dem Jahre 1895 stammende Gräber.

Blutkuppe Camp, Lage: am 4x4-Weg nördlich der C 28 gelegen. Beschreibung: Die Blutkuppe, ein Granitberg, hat in seinem Gestein große, rote Einsprengsel, deshalb der Name. Aufgrund der großen Temperaturdifferenzen zerplatzt der Granit auf der Oberfläche. Vorsicht also beim Wandern – viele Gesteinsplatten sind äußerst locker. Besonders interessant ist aufgrund der Verwitterung die westliche Seite: Hier können Sie wildromantische Felsformationen durchwandern. Um die Blutkuppe herum finden wir eine verhältnismäßig reichhaltige Vegetation vor, da die seltenen Niederschläge am glatten Granitberg herunterlaufen.

Gobabeb, südlich der C 14, Abzweig in der Nähe des Vogelfederbergs, von hier aus ca. 60 km nach Süden. Weiter östlich liegt dann das Camp Homeb (oder Mirabib), und man kommt dann wieder auf die C 14. Gobabeb ist eine im Parkgebiet liegende, 1963 errichtete Forschungsstation. Gründer ist Dr. Charles Koch vom Transvaal Museum. Gobabeb bedeutet in der Sprache der Topnaar „Ort des Feigenbaums". Etwa 30 Menschen leben hier, darunter Geologen, Archäologen, Ornithologen, Botaniker und Zoologen. Die Forschungsstation liegt praktisch im Schnittpunkt von drei ökologischen Systemen, und zwar der Sandnamib südlich des Kuiseb-Flusses, des Kuiseb-Flusses selbst und der nördlichen Kies-Schotterflächen. In der Vergangenheit sind oft Touristen hierher gekommen, die jedoch die Arbeit störten, sodass ein Besuch heute nur noch in Ausnahmefällen und nach Anmeldung erlaubt wird.

Weitere Unterkünfte Naukluft-Gebiet s. S. 277

Die Namib – eine der ältesten Wüsten der Welt

info

Da die Namib eine der wichtigsten Zentrallandschaften Namibias ist, soll hier detaillierter auf sie eingegangen werden.

In der Sprache der Nama heißt Namib so viel wie „riesige, öde Fläche". Gewöhnlich wird die Namib in drei Abschnitte gegliedert: Süd-Namib, Mittel-Namib (Dünen-Namib) und Nord-Namib (Kies- und Geröllwüste). In detaillierten geografischen Beschreibungen wird folgende weitere Differenzierung getroffen: Skelettküste, Zentral-Namib, Dünen-Namib, Süd-Namib (nach: Richard F. Logan, The Geographical Divisions of the Deserts of South West Africa, in: Impulse eines Landes extremer Bedingungen für die Wissenschaft, Basel 1972, S.46 ff).

Die Namib liegt zwar im subtropischen Klimabereich, doch trotzdem ist die Temperatur der küstennahen Teile aufgrund des kalten Benguela-Stroms niedrig. Die Wüste ist – bis auf ihre Küstenzone – fast nebellos und bezieht die meiste Feuchtigkeit durch Regen und Tau. Verglichen werden kann die Namib mit den Küstenwüsten der Atacama (Chile/Peru) und der Wüste der Baja California (Mexiko).

info

Die Namib ist extrem lang und schmal: Sie erstreckt sich vom südlichen Angola (Kunene) bis nach Südafrika (Olifants River). Ihre breiteste Stelle beträgt knapp 200 km. Allgemein betrachtet, nimmt sie das Gebiet zwischen dem Atlantik und der großen westlichen Randstufe ein. In ihrer Ost-West-Ausdehnung kann die Namib in zwei Teile gegliedert werden:
- in die ca. 50 km breite **Küstenzone** und
- in den **Inland**-Teil.

Die **Küstenzone** ist sehr durch das Meer beeinflusst. Der hier nordwärts fließende Benguela-Strom sorgt für Kühle in allen Jahreszeiten und für Nebel. Die Temperaturen betragen hier zwischen 9 und 15 °C; die Luftfeuchtigkeit beträgt 80 %. An allen Küstenbereichen, besonders an den südlichen und nördlichen Teilen, wehen starke Südwest-Winde, die noch mehr Kühle bringen und große Massen an Sand transportieren.

Zum **Inland** hin wird die Luft allmählich durch die Oberfläche erwärmt, dementsprechend sinkt die Luftfeuchtigkeit bis auf Werte zwischen 10–60 %; die Lufttemperatur schwankt zwischen 10–32 °C. Lediglich auf der Leeseite von Oberflächenhindernissen (Dünen) sowie in den unteren Lagen der Canyons wird es sehr heiß.

Im Folgenden wollen wir die einzelnen Teile der Namib näher betrachten:

Skelettküste

Damit wird ein schmaler Bereich bezeichnet, der sich entlang der Küste vom Ugab-Fluss bis zum Kunene-Fluss erstreckt. Hier ist es ganzjährig kühl, oft neblig und – besonders in den nördlichen Teilen - stürmisch.

Die rote Dünen-Namib ist das markanteste Gebiet

Manchmal liegen in Küstennähe Salzpfannen und Lagunen. Die Strände sind oft steinig. Landeinwärts sind die Felsmassen durch Winde, die Sand mit sich führen, abgeschliffen.

Die Sichtweite ist selten gut. Durch starke Winde ist die Sicht immer bewegt; man spricht ja auch in diesem Zusammenhang von den „roaring forties", aus denen die Stürme wehen. Natürlich ist diese Küste quasi unbewohnt. Nur in kurzlebigen Bergwerkssiedlungen oder an Stellen, wo Prospektoren tätig sind, leben zeitweise Menschen.
Für viele Schiffe bedeutete diese Küste das Ende. Verschiedene Faktoren führten dazu, dass sie strandeten:
- die Unterströmung des **Benguela-Stromes**,
- die starken, landeinwärts wehenden **Südwest-Winde**,
- die enorme Sichtbehinderung durch **Nebel**.
Diejenigen Menschen, die die Strandung überlebten, kamen dann an Land um, wo es an Frischwasser fehlte. Die Küste wird auch heute noch von vielen alten Schiffswracks gesäumt. Im Sand und im Geröll liegen gebleichte Knochen und Menschenschädel.

Zentral-Namib

Dies ist der Abschnitt **zwischen dem Ugab- und dem Kuiseb-Fluss**. Von der menschlichen Besiedelung her und von seiner wirtschaftlichen Relevanz (Walvis Bay, Swakopmund) ist er der wichtigste Teil der Namib, abgesehen vom Diamantengebiet im Süden.

Dieser Bereich ist vom Namib-Plateau bestimmt, das sich allmählich von der Küste zum Binnenland hin auf eine Höhe von 1.000 m erhebt, von wo ab die Randstufe beginnt. Manchmal erheben sich Restberge aus der sonst monoton-flachen Landschaft. An manchen Stellen reicht der maritime Einfluss bis weit ins Land hinein. In diesen Gebieten wächst auch die Welwitschia mirabilis (s. S. 332).

Dünen-Namib

Dieser Bereich erstreckt sich **vom Kuiseb-Fluss bis fast nach Lüderitz**. Er dehnt sich auf einer Breite von 100 bis 150 km von der Küste bis zur Großen Randstufe aus. Die riesigen Sandmeere hier stammen von der Erosion des Plateaus und der Großen Randstufe. In Zeiten der Hochwasserführung (also besonders in früheren Klimaperioden) haben Flüsse dieses Material hierher gebracht. Als die Flüsse austrockneten, blieb der Sand zurück und wurde vom Wind zu Dünen aufgeweht.

Auch heute noch bringen die Flüsse Sand herab, allerdings nur sehr selten (episodisch/periodisch). Als Ergebnis der Interaktion von täglichen Seewinden und seltenen, aber heftigen Winden aus dem Landesinneren sind die Dünen anzusehen, die in NNW-SSO-Richtung liegen. Sie bewegen sich allmählich nordwärts, enden aber abrupt am Kuiseb-Fluss, wo sie am Südufer in den Einschnitt des Flusses hineintransportiert werden. Alle paar Jahre, wenn der Kuiseb Wasser führt, werden sie weggespült. Doch die Wasserführung reicht bei weitem nicht aus, um den Sand ins Meer zu transportieren. So versperren die dann abgelagerten Sandmassen dem Kuiseb den Eintritt ins Meer. Das Kuiseb-Wasser sickert deshalb allmählich tief durch die dicken Sandmassen hindurch und wird bei **Rooibank** abgepumpt, um Trinkwasser zu gewinnen (s. Abschnitt Walvis Bay).

Die Dünen-Namib ist unbesiedelt, und nur in den östlichen Randgebieten züchtet man Karakulschafe.

Süd-Namib

Die Dünen-Namib **endet abrupt am Koichab-Fluss**. Hier ist die Küste bis zum Oranje überwiegend felsig, im Süden besonders kiesreich (maritime Terrassen).

Einige kleine Sukkulenten wachsen hier. Besonders der Süden erhält gelegentlich Ausläufer der Winterregen vom Kap. Die Gegend ist zumeist Diamantensperrgebiet, die einzige Ausnahme ist die Straße von Aus nach Lüderitz.

Weitere Wüsten- bzw. Halbwüstengebiete Namibias sind:

- **Nama-Wüste**: Sie liegt zwischen Süd-Namib und Kalahari; hier herrscht kein maritimer Einfluss mehr. Es gibt harte Oberflächen, Plateaus und Tafelberge.
- **Kalahari**: Hier gibt es Sanddünen. Der Niederschlag beträgt 125 bis 200 mm im Jahr. Manche Flächen sind grasbedeckt und von Akazien bewachsen; z. T. ist Karakulzucht möglich. Es gibt keine größeren Siedlungspunkte und Hauptstraßen.

Walvis Bay

Walvis Bay, der einzige Großhafen an der Küste Namibias, war bis 1994 eine südafrikanische Enklave. Der Ort liegt in einem Teil des Kuiseb-Deltas. Sehr selten führt der Kuiseb Wasser bis zum Meer. Das meiste Wasser versickert in einer 61 m dicken Sandschicht, die ein natürliches Speicherbecken darstellt. Bis dieses Wasser das Meer erreicht, dürften zwischen dem Einsickern im Inland und dem Eindringen in die See etwa 70 Jahre vergehen.

Tummel-platz der Pelikane und Flamingos

Der **Tiefseehafen** ist vor der offenen See durch eine Landzunge geschützt, die im Norden mit dem **Pelican Point** endet. Dort, wo die Landzunge mit dem Festland verbunden ist und die Gewässer seicht sind, hat sich eine beachtenswerte Vogelwelt erhalten (Pelikane, Flamingos). Aufgrund weitgehend mangelnden „Flairs" bemüht man sich, Walvis Bay auf andere Weise für Reisende interessanter zu machen. Dies ist zumindest bei einer Zielgruppe schon gelungen, den Windsurfern.

Geschichte

Das erste Schiff, das die Bucht erreichte, war das von **Bartholomeu Diaz** am 8. 12. 1487, als dieser die Südspitze Südafrikas finden wollte, um nach Osten zu segeln. Die Portugiesen fanden diese Gegend, abgesehen von der günstigen Lage für einen Hafen, äußerst unattraktiv, denn es fehlte vor allem an Trinkwasser. Aber schon damals bemerkte man den Fischreichtum des Meeres, das besonders reich an Sardinen war. So nann-

Reiche Vogelwelt: Pelikan bei Walvis Bay

Robbenkolonie vor Walvis Bay

ten die Portugiesen die Küste **Praia dos Sardinha** (Küste der Sardinen). 1489 wurde die Gegend auf der ersten Karte so benannt, aber bereits 100 Jahre später nannte man den Hafen **Bahia dos Bahleas** (Bucht der Wale). Der hohe Stickstoffgehalt des Benguela-Stroms unterstützt den **Plankton-Reichtum** der Gewässer – eine gute Nahrungsgrundlage für Wale und Sardinen (Pilchards). Auch Robben finden hier gute Lebensbedingungen. Kein Wunder, dass amerikanische und britische Segler ein besonderes Interesse für den Ort entwickelten (seit dem 17. Jahrhundert). Diese Schiffsaktivitäten und Gerüchte um mögliche Kupferlager sowie Viehherden im Landesinneren ließen die Holländer am Kap aufhorchen. Das Schiff Meermin unter Kapitän Duminy wurde 1793 ausgeschickt, um die Lage zu erkunden. Ergebnis: Walvis Bay wurde Holland einverleibt!

1795 besetzten die Briten das Kap; Captain Alexander wurde ausgesandt, um in der Walvis Bay die britische Flagge zu hissen.

Die Topnaar, die die Gegend bewohnten, lebten vornehmlich von Walfleisch, Fisch und Nara-Melonen (s. a. S. 263). Die **ersten europäischen Siedler** kamen 1844 nach einer achtmonatigen Reise vom Kap hierher. Dixon und Morris fanden mit ihren Familien hier eine neue Heimat und eröffneten ein Geschäft, das sich besonders auf den Export von Vieh konzentrierte, welches von den Einheimischen eingetauscht wurde. *Erste europäische Siedler*

1845 kamen die ersten Missionare an. So auch Scheppmann von der Rheinischen Mission. Er gründete sogleich eine Station in **Rooibank** im Kuiseb-Tal, um die Topnaar zu missionieren. Die Rheinische Mission war es auch, die 1880 die erste Kirche in Walvis

Walvis Bay

ATLANTIC OCEAN

Hafen

Levo Tours

Yachtclub

Mola Mola Safaris, Pelican Tours

Atlantic St.

Walvis Bay Oval

1st St. W.

2nd St. W.

3rd St. W.

4th St. W.

5th St. West

7th St. West

8th St. West

9th St. West

Lagoon Street

Esplanade

Inner Lagoon

Old Rhenish Mission Church

Nangolo Mbumba Drive

12th Street

14th Street

15th Street

Union Street

5th Street

6th Street

Sam Nujoma Ave.

Hage Geungob St.

6th Road

7th Road

8th Road

9th Road

10th Road

11th Road

12th Road

13th Road

11th St.

Goreas Road

Hofmeyer Rd.

11th Rd.

Conradie Rd.

Sam Nujoma Ave.

Theo-

Ben Ro Gurirab Str

Nangolo Mbumba Dr

11th St. East

Hidipo Hamute

16th St

Museum

Town Hall

Rikumbi Kandanga Road

1st St. East

2nd St. East

3rd St. East

4th St. East

6th St. East

Kovambo Nujoma Drive

Union St.

Fifth Road

6th Road

Sandwich Harbour

3rd St. N.

Main Road

4th Rd. N.

2nd Rd. N.

4th St. N.

Erosha Rd.

Alaska Rd.

Kunene Rd.

Drommedaris Rd.

Riebeeck Circle

Riebeeck Circle

5th Rd. East

11th St. North

7th Rd. East

6th Rd. East

8th Road West

Golfplatz

🔵	Unterkünfte		🔵	Resta
1	The Langholm Hotel		1	The Ra
2	Kleines Nest		2	Lothar
3	Lagoon Lodge		3	Crazy
4	Esplanade Park		4	Willi P
5	Protea Hotel Walvis Bay			& Rest
6	Levo Self Catering Chalets		5	Lyon c
7	Oyster Box Guesthouse			
8	Fair Haven Guesthouse			

Bay (in der 5th Street) errichtete. Diese Holzkirche ist das älteste Gebäude in Walvis Bay. Der Ort blühte durch den Viehhandel und die Entwicklung der Kupferminen im Landesinneren auf. Die erste Straße des Territoriums wurde 1844 auf Initiative des Nama-Häuptlings *Jan Jonker Afrikaaner* erstellt: Die „**Bay Road**" verband Walvis Bay mit der Matchless Mine und Jan Jonkers Hauptsitz Windhoek. Doch im Landesinneren rumorte es. Es gab viele Stammesfehden, Banditen und Viehdiebe. Da es keine Kontrolle über diese Vorgänge gab, wurde die britische Regierung gebeten einzugreifen. Um die Lage zu sondieren, wurde der Kommissar Palgrave geschickt. Ein gewisses Engagement erschien nach seinem Bekunden ratsam, aber die Armut des Binnenlandes sprach dagegen, das Land dem britischen Empire zu unterstellen.

Die frühere Annexion von Walvis Bay wurde bekräftigt. Eine formale Vertretung wurde eröffnet, die Importe, Exporte sowie Niederlassungen kontrollierte. Um dem Anspruch des britischen Empires Nachdruck zu verleihen, wurde das Schiff „Industry" aus-

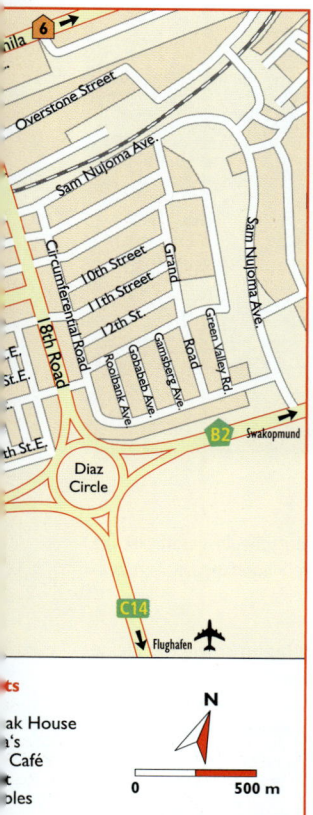

gesandt, das die Bucht am 6. 3. 1878 erreichte. Am 12. 3. des gleichen Jahres wurde das Territorium vom Kommandeur Dyer markiert und formal annektiert. 1880 wurde unter Palgrave die britische Administration eröffnet, gerade in dem Jahr, als die Auseinandersetzungen zwischen Herero und Nama eskalierten. 1889 landete Hauptmann *Curt von François* (Gründer von Swakopmund und Windhoek) hier. Mit ihm kamen 21 Schutztruppler, die die Aufgabe hatten, die Unruhen im Inneren des Landes zu bekämpfen.

Bereits 1828 hatte der englische Kapitän Morrell die sehr reichen **Guano-Vorkommen** entdeckt. Guano dient als Dünger und ist nichts anderes als Vogelmist. In der ersten Zeit baute man ihn vor allem auf der Insel Ichaboe ab, heute zumeist auf künstlichen Inseln. Eine solche Guano-Insel kann der Besucher 10 km nördlich von Walvis Bay auf dem Wege nach Swakopmund sehen. Die Plattform, 1.500 qm groß, wurde 1932 bis 1939 erbaut, und Tausende von Vögeln legen hier ca. 1.000 t Guano jährlich ab.

Guano-Vorkommen

Walvis Bay heute

Der Ort wirkt ziemlich trostlos. Hier wohnen etwa 67.000 Menschen. Wirtschaftlich spielt auch heute noch der Fischfang eine große Rolle, besonders der Fang von Anchovis (einer Sardellenart) und Pilchard (Sardines). Viele der Einwohner arbeiten im Hafen-Terminal. Ein bedeutender Arbeitgeber ist auch die Meersalzgewinnungsanlage, wo man auf 3.500 ha ca. 400.000 t Salz pro Jahr gewinnt. Ein großes Problem von Walvis Bay war in der Vergangenheit auch die Trinkwasserversorgung. 1899 wurde eine Kondensationsanlage gebaut, doch das Wasser war damals das teuerste der Welt: 1.000 Gallonen (4.546 l) kosteten 10,50 Rand! Der Wasserbedarf der wachsenden Stadt, der Schiffe und *Wasser-* der Lokomotiven überstieg bald die Kapazität. In den nächsten Jahren wurden Bohrun- *proble-* gen stromaufwärts des Kuiseb bei Rooibank unternommen. Von diesen Fundstellen be- *matik* zieht Walvis Bay seit 1927 täglich 4,5 Millionen Liter Wasser. Damit sank der Preis für 1.000 Gallonen auf einen Rand. Heute werden von den Rooibank-Wassergewinnungsanlagen Walvis Bay, Swakopmund und die Rössing-Mine versorgt. Die Wasservorräte werden als groß eingeschätzt.

Gärtner haben in Swakopmund und Walvis Bay ein spezielles Problem: Der Grundwasserspiegel liegt nur 3 m unter der Erdoberfläche, und dieses Wasser ist 4,5-mal salzhaltiger als das Meerwasser! So können nur relativ flachwurzelnde Pflanzen gedeihen. Außerdem können hier nur salzresistente Pflanzen und Bäume, wie Kasuarinen (auch in Australien beheimatet), wachsen.

Flamingos

Im Gegensatz zu Swakopmund leben hier nur sehr wenige Deutsche. Insgesamt ist die Bevölkerungszahl schwankend, da der Fischfang saisonal ist. Die Hauptfangzeit liegt zwischen März und August.

Sehenswert in Walvis Bay sind die schön angelegten **Parkanlagen** sowie das kleine **Heimatmuseum** im Civic Centre *(10th Street).* Die bereits erwähnte Kirche der Rheinischen Mission *(5th Street)* stammt aus dem Jahre 1880. Sie stellt einen klassischen Fertigteile-Bau dar: Die Holzteile wurden in Deutschland gefertigt und nach Walvis Bay verschifft.

Größtes Flachwassergebiet Interessant sind die **Lagunen** um Walvis Bay, das größte geschützte Flachwassergebiet an der Westküste des südlichen Afrika, dessen Vogelreichtum und -vielfalt die Herzen von Ornithologen höher schlagen lassen. Vor allem Flamingos (bis zu 50.000), Damaraschwalben, Schmarotzerraubmöwen, Hirtenregenpfeifer und Grünschenkel, aber auch bis zu 200.000 Zugvögel finden hier ideale Lebensbedingungen vor: In den Gezeitenbereichen siedelte sich eine reiche Flora an, die eine Nahrungsbasis für Schnecken und Würmer bildet, die wiederum die Vögel ernähren. An der Promenade entlang der Lagune gibt es einen offenen Informationspavillon. Hier wird das Zusammenwirken der Naturkräfte und der entsprechenden Lebensräume der Flora und Fauna anschaulich dargestellt. Am **Pelican Point**, der südwestlichen Landzunge, tummeln sich zeitweise Hunderte von Pelikanen.

Auch für sportlich Aktive hat Walvis Bay einiges zu bieten. Kajaktouren, Kitesurfing und Angeln sind beliebte Freizeitbeschäftigungen, ebenso Sandboarding und Quadtouren in den Dünen im Umland.

Südlich der Stadt befinden sich interessante **Salzgewinnungsanlagen**. In der Gegend von Walvis Bay, in den Dünen am Swakop und Kuiseb wachsen Nara-Melonen.

Reisepraktische Informationen Walvis Bay

Vorwahl 064

ℹ️ Informationen
Tourist Office, 42 12th Road, ☏ 064/209170, 🖷 064/209171. Hier gibt's Permits auch für den Namib-Naukluft-Park. Geöffnet Mo–Fr 8–13 Uhr und 14–17 Uhr, Sa 9–12 Uhr.

☞ Entfernungen
Unterschiedlich je nach Übernachtungsstelle im Bereich Sossusvlei/Naukluft. Deshalb einige Entfernungsbeispiele bis nach Swakopmund:
Eingang Sossusvlei/Sesriem (also Karos Lodge bzw. Campingplatz) – Swakopmund über Pad 826/C 14/B 2: 350 km
Maltahöhe – Swakopmund über Pad C 14/B 2: 429 km
Gästefarm Büllsport – Swakopmund über C 14/B 2: 325 km
Walvis Bay – Windhoek: 389 km
Walvis Bay – Swakopmund: 31 km

🛏️ Unterkunft (▶ Karte S. 292)
Lagoon Lodge $$ (3), 2 Nangolo Mbumaba Drive, ☏ 064/200850, french@lagoonloge.com.na, www.lagoonlodge.com.na. Ca. 1.400 N$ pro Doppelzimmer. Lage: direkt an der Lagune gelegen. Beschreibung: sicherlich die schönste, etwas mediterran angehauchte Anlage in Walvis Bay. Die 8 Zimmer sind sehr freundlich und individuell ausgestattet und verfügen über einen eigenen Balkon bzw. eine eigene Terrasse mit tollem Ausblick auf die Lagune. Swimmingpool im Hof. Sehr gutes Essen (französische Leitung).
Protea Hotel Walvis Bay Lodge $-$$ (5), ☏ 064/213700, res-walvisbay@proteahotels.com.na, www.proteahotels.com. Doppelzimmer ab ca. 1.100 N$. Lage: Ecke Sam Nujoma Ave./10. Road, Zentrum. Beschreibung: renoviertes Mittelklassehotel, freundlich eingerichtet, vorwiegend für Geschäftsleute.
The Langholm Hotel $-$$ (1), ☏ 064/209230, desk@langholmhotel.com, www.langholmhotel.com, 18-20 2nd Street. Je nach Art des Zimmers zwischen 910 und 1.250 N$ pro Doppelzimmer. Lage: ruhig in einer Wohngegend, nahe zum Raft-Restaurant gelegen. Beschreibung: nettes Hotel mit Innenhof, geschmackvolle Zimmer und schöne Bepflanzung, sichere Parkplätze.

🛏️ Gästehäuser
Kleines Nest $ (2), 36 Esplanade, ☏ 064/203203, kleinnest@iway.na, www.natron.net/tour/kleines-nest. Ab 600 N$ pro DZ mit Frühstück. Lage: an der Lagune mit schönem Blick. Beschreibung: 4 freundliche Zimmer mit kleiner Küche, in unmittelbarer Nähe zu zwei guten Restaurants (u. a. Raft).
Oyster Box Guesthouse $ (7), Ecke Esplanade und 2nd St., ☏ 064/202247, reservations@oysterboxguesthouse.com. Ab ca. 1.020 N$/DZ mit Frühstück. Schöne Lage direkt am Meer, modern eingerichtete, komfortable Zimmer. Tolles Frühstück!
Fair Haven Guesthouse $ (8), 9th St. West, ☏ 064/270100, fairhaven@mweb.com.na. Ca. 750 N$/DZ mit Frühstück. Beschreibung: 5 großzügige und sehr geschmackvoll eingerichtete Zimmer mit Bad.

Selbstverpflegungsunterkünfte

Esplanade Park $ (4), Kovabo Nujoma Dr., ☎ 064/206145. *Cottage für bis zu 3 Personen ca. 370 N$, für bis zu 6 Personen ab ca. 550 N$. Lage: an der Lagune gelegen. Beschreibung: 27 gut ausgestattete Cottages, alle mit eigenem Bad und WC, nur für Selbstversorger.*

Levo Self Catering Chalets $–$$ (6), ☎ 064/207555, bookings@levotours.com, www.levotours.com. *Chalets 650 N$/2 Personen, 750 N$/4 Personen, 1.200 N$/6 Personen (in der Hauptsaison im Dez./Jan. 1.200 N$/pro Chalet, egal mit wie vielen Personen), nur Selbstversorgung möglich, aber Restaurant in der Nähe. Lage: in Langstrand, 15 km südlich von Walvis Bay, an der B 2, 41st Street. Beschreibung: Die Chalets haben je drei Doppelzimmer und zwei Bäder. Auch Bootstouren.*

Camping in/bei Walvis Bay

**Long Beach Leisure Park $**, ☎ 064/215500. *Campingplätze ca. 90 N$ pro Stellplatz und 30 N$ p. P. Bungalow für bis zu 6 Personen ca. 850 N$. Lage: 20 km nördlich von Walvis Bay gelegen. Anfahrt über B 2. Beschreibung: großer Campingplatz am Strand, viel von Einheimischen während der Wochenenden besucht, schattige Essensplätze, Restaurant (nicht immer geöffnet), Tide Pool, saubere Anlage. Im Hochsommer kleines Pendant zum Ballermann...*

Restaurants

The Raft (1), ☎ 064/204877, www.theraftrestaurant.com. *Von Mittag bis abends geöffnet. Ein sehr originelles Restaurant, das auf Stelzen gebaut ist und einen tollen Blick über die Lagune gewährt. Sehr gemütlich, tolle Fischgerichte. Tipp: zum Sonnenuntergang Tisch am Fenster bestellen!*

Crazy Mama's (3), 133 Sam Nujoma Ave., ☎ 064/207364. *Beliebtes lokales Restaurant mit Pizza, Pasta, Salat und Fisch. Reservierung zum Abendessen empfohlen. So geschlossen.*

Willi Probst Café & Restaurant (4), 13 12th Road, ☎ 064/202744, *gegenüber dem Tourist Office. Guter Kuchen, Brötchen, warme Gerichte – nur morgens bis nachmittags geöffnet.*

Lothar's Steak House (2), 112 6th Street, ☎ 064/220884. *Wie der Name schon sagt: Steaks, Steaks, Steaks... auch Salate und Seafood.*

Lyon des Sables (5), „The Boardwalk", Walvis Bay Waterfront, ☎ 064/221220. *Unter französischer Leitung, preisgekrönte Küche. Das Restaurant gilt als eines der besten in Namibia.*

Safaris

Levo Tours, 3rd Street Nr. 32, ☎ 064/207555, www.levotours.com, bookings@levotours.com. *Das Unternehmen bietet Landrover- und Bootsexkursionen (Robben, Delfine, Vogelbeobachtung) an, ebenso Strandfischen. Solch eine Fahrt – ähnlich auch bei Mola Mola Safaris ist spannend. Delfine tummeln sich im Kielwasser der Boote, manchmal klettern Robben gar ins Boot, um mit Fisch gefüttert zu werden. Manchmal lassen sie sich auch streicheln...*

Mola Mola Marine & Desert Adventure, ☎ 064/205511, info@mola-namibia.com, www.mola-namibia.com, Ecke Esplanade und Atlantic St., *Anbieter toller Bootstouren und Wüstenfahrten, bis Sandwich Harbour! Sehr zu empfehlen.*

Kuiseb Delta Adventures, 8th Road West, ☎ 064/202550, fanie@kuisebonline.com, www.kuisebonline.com, *führt interessante, informative Exkursionen (ab ca. 3 Std.) in die Dünenlandschaft des Kuiseb-Deltas durch. Jeder Teilnehmer fährt mit den vierrädrigen, allradge-*

triebenen Motorrädern durch die Dünen zu ausgewählten Punkten und erhält dort Infos zu Flora, Fauna und geologischer Entwicklung.

 ### Krankenhaus/ Ambulanz
Walvis Bay State Hospital, ☎ 064/216300.
Welwitschia Hospital, ☎ 064/218 911

 ### Autoverleih
Avis, ☎ 064/207527, am Flughafen
Europcar, Office No 7, Bar Building, 146 Theo Ben Gurirab St., ☎ 064/203651
Budget, Ecke Sam Nujoma Ave./10th Road, ☎ 064/204128, in der Protea-Lodge oder am **Flughafen**, ☎ 064/204128

 ### Tankstellen
Sossusvlei, Solitaire, Maltahöhe, Walvis Bay, Swakopmund (keine Tankstelle zwischen Solitaire und Walvis Bay!)

 ### Flugverbindungen
Air Namibia verbindet Walvis Bay mit Kapstadt und Windhoek (Eros Airport).

Für frischen Fisch springen die Robben gerne mal auf's Ausflugsschiff

Busverbindungen
Mit Intercape Mainliner: 4-mal wöchentlich über Swakopmund, Usakos, Karibib und Okahandja nach Windhoek, Mo, Mi, Fr, So – 5 Std. Haltestelle am Spur Restaurant's-Parkplatz an der Mbumba Ave.

Zugverbindungen
TransNamib Starline (☎ 061/2982175) fährt So–Fr über Swakopmund, Usakos, Karibib und Okahandja nach Windhoek, Fahrzeit 12 Std. Nach Tsumeb über Swakopmund, Otjiwarongo, Otavi Mo, Mi, Fr 18 ½ Std. Fahrzeit.

Abstecher nach Sandwich Harbour

Das etwa 50 km südlich von Walvis Bay gelegene Sandwich Harbour ist am einfachsten mit einem der einheimischen Safariunternehmen zu besuchen (s. S. 296.). Mit Mietwagen darf man das Gebiet nicht befahren.

„Urwelt-
liche Stim-
mung"

Zu Recht wird Sandwich Harbour als eines der grandiosen Ziele entlang der namibischen Küste bezeichnet. Weiße Stranddünen, gelbe Namib-Dünen zum Land hin und die grünlich schimmernde Lagune sorgen zusammen mit der unendlichen Weite, Einsamkeit und dem brausenden Meer für eine „urweltliche" Stimmung. Die Lagune ist mit Brackwasser gefüllt, dessen schwacher Salzgehalt Schilf und Riedgras wachsen lässt. Außerdem finden sich in diesem Gebiet kleine Tümpel, die mit Süßwasser gefüllt sind, das der Kuiseb-Fluss allmählich durch den Sand gedrückt hat.

Idealer Le-
bensraum
für Klein-
lebewesen

Während viele Sandstrände entlang der namibischen Küste fast ohne Leben sind, da sie ungeschützt liegen, ist die Lage hier anders: Sandwich Harbour bzw. die Lagune liegen geschützt. Im Gebiet der Gezeiten sammelt sich daher eine Menge Kleinst-Flora an – ideale Nahrung für kleine Lebewesen, wie Schnecken und Würmer. Diese graben sich bei Ebbe in den Sandstrand und sind ihrerseits wieder ein Nahrungsvorrat für die vielfältige Vogelwelt. Insbesondere zwischen Oktober und April kommen Zehntausende von Zugvögeln aus der nördlichen Hemisphäre hierher. Besonders interessant sind während der Trockenzeit die Flamingos.

Geschichtlicher Hintergrund

Die Nama bezeichneten die Süßwasserquellen an der Lagune als „Anichab" (= Quellwasser). Der Name „Sandwich Harbour" tauchte zum ersten Mal auf einer 1791 veröffentlichten Karte der East India Company auf. Die Grundlage für diese erste Kartographisierung des Gebiets lieferte Kapitän Shield, der mit dem **Walfänger-Schiff namens „Sandwich"** in den Jahren 1785/86 im Südatlantik kreuzte.

Wind und Wasser sorgen für einen **steten Wandel der Lagunenlandschaft**. Etwa vor 100 Jahren konnten hier noch Segler hineinfahren. Für Walfänger bot sich hier ein besonders guter Landeplatz, da es Süßwasser gibt und es im Vergleich zu Walvis Bay weniger nebelig ist. Außerdem rankt sich eine besondere Legende um die hohen östlichen Wanderdünen: Vor etwa 200 Jahren soll hier ein Segler gestrandet sein, der auf dem Wege von Indien nach England war. An Bord soll sich eine fantastische Ladung von Gold, Elfenbein, Edelsteinen und Schmuck befunden haben…

Curt von François hatte vor knapp 100 Jahren festgestellt, dass das Wasser der zum Meer hin damals offenen Lagune am Nordende neun Meter tief war. (Und nur etwas mehr als ein Jahrzehnt später versperrte bereits eine Sandbarriere den offenen Zugang zum Atlantik.) Es gab hier zur damaligen Zeit eine kleine Fisch- und **Fleischfabrik**, wo Vieh geschlachtet wurde, das man den Nama abgekauft hatte. Von 1904 bis 1906 spielte Sandwich Harbour eine wichtige Rolle als „Geheimhafen" für die Einfuhr von Waffen für den Krieg gegen die Einheimischen. Walvis Bay, das im Besitz der Engländer war, verweigerte eine solche Einfuhr.

Um 1910 begann der **Guano-Abbau** in und um Sandwich Harbour, wobei die Gewinnung immer mehr professionalisiert wurde, bis man 1938 sogar mehr als 700 t gewinnen konnte. In dieser Zeit begann der damalige Konzessionär – die Firma Fisons Fertilizers – mit der Gewinnung von Land, indem sie riesige Mengen Sand vom Lagunenboden auf die Inseln pumpte. 1942 gewann man auf diese Weise 4 ha Land. Die Guano-Ernte wurde in Säcken verpackt und auf schweren Studebaker-Lastwagen nach Walvis Bay gebracht. Das war damals nicht ohne Risiko, denn die Autos konnten nur zwischen Niedrig- und Hochwasser auf dem festen Sand fahren. Für Notfälle hatte man vorgesorgt: Die Fahrzeuge waren mit einem Anker versehen, falls eine Panne passierte und die Flut einbrach. Bis Ende der 1940er-Jahre wurde hier Guano abgebaut, danach hörte die wirtschaftliche Aktivität auf.

Lkw mit Anker

Die Eduard Bohlen – eine Schiffslegende

info

Dieses legendäre Schiffswrack gehörte zur Woermann-Linie und strandete auf dem Weg von Swakopmund nach Kapstadt etwa 10 km südlich der Conception Bay im September 1909. Das Schiff fuhr zur Zeit des Unglücks sehr küstennah, doch man glaubte, noch mehr als 50 m Wasser unter dem Kiel zu haben. Nur knapp 200 m weiter lief man jedoch auf eine Sandbank und konnte sich aus eigener Kraft nicht mehr befreien. Auch Rettungsversuche des Frachters Otavi schlugen fehl: Beim Abschleppversuch riss das Stahlseil.

Die Passagiere konnten alle evakuiert werden. Sie wanderten bis Conception Bay, wo sie von der Otavi aufgenommen und zurück nach Swakopmund gebracht wurden.

Heute liegt das Schiff fast gespenstisch, teilweise von Dünen angeweht, gute 200 m landeinwärts: Der Küstenlauf hat sich verändert und der Strand wurde wesentlich breiter. Auf Flugsafaris kann man das Wrack aus der Vogelperspektive betrachten. Doch auch an Land hatte die Bohlen noch eine letzte Aufgabe: Sie diente Diamantenarbeitern einige Zeit als Unterkunft.

Im Jahr 1943 versandete Sandwich Harbour, sodass am westlichen Ende nun eine Festlandverbindung entstand. Diese war ideal für Schakale, denen die vielen Jungvögel ein gefundenes Fressen waren. Nur zwei Jahre später aber legte eine Sturmflut die Sandbarriere wieder frei – und die Vögel konnten für einige Zeit wieder ungestört leben. Doch 1947 versandete der Meereszugang erneut.

In den vergangenen 20 Jahren blieb eine Meeresverbindung bestehen. Die Sandablagerungen nahmen in dieser Zeit besonders im südlichen Teil zu. Zwischen 1979 und 1989 konnte das Meer etwa 400 m landeinwärts vordringen, sodass der Lebensraum für Vögel der Süßwasser-Feuchtgebiete abgenommen hat.

Seit 1979 ist Sandwich Harbour Teil des Namib-Naukluft-Parks und damit absolutes Naturschutzgebiet. Es sind nur noch spärliche Reste der früheren menschlichen Aktivitäten erkennbar: eine uralte, vom Dünensand verwehte Hütte, einige Palmen, die einst einen Garten zierten, ein alter verrosteter Lastkran aus der Zeit der Landgewinnung …

Teil des Naturschutzparks

Tierwelt um Sandwich Harbour

info

Dieses Gebiet ist ein **Eldorado für jeden Ornithologen**. Man schätzt, dass es hier bis zu 200.000 Wasservögel gibt. Bei Ebbe halten sich hier etwa 7.800 Watvögel auf. Als besonders vogelreich gelten die 15 km² großen Lehminseln im südlichen Teil.

Man unterscheidet hier drei Gruppen von Vögeln:
- **Watvögel**: Dazu zählen Fluss- und Küstenseeschwalben, Zwerg-Strandläufer, Sicher-Strandläufer, Kiebitzregenpfeifer, Pfuhlschnepfen und Brandseeschwalben.
- **Inland-Wasservögel**: Dazu zählt man vor allem die Flamingos, die besonders in Trockenzeiten gerne hier bleiben. Über 2.000 Fahlregenpfeifer leben hier, was etwa 25 % der Weltpopulation dieser Vogelart entspricht.
- **Zugvögel** aus nördlichen Feuchtgebieten: Vor allem Kapenten, Nilgänse, Hauben- und Zwergtaucher, Graureiher und Kaplöffelenten.

Reisepraktische Informationen Sandwich Harbour

 ### Wichtige Hinweise
- *Für die eigene Anfahrt ist ein Permit nötig, das Sie an Tankstellen und Touristen-Büros in Swakopmund und Walvis Bay erhalten.*
- *Es sind nur Tagesbesuche zwischen Sonnenaufgang und Sonnenuntergang erlaubt. Bitte erkundigen Sie sich bei der Planung eines Besuchs über den aktuellen Stand der Dinge.*
- *Informieren Sie sich in Walvis Bay über die Gezeiten. Am besten: bei Ebbe losfahren und bei Ebbe die Rückfahrt antreten. Wenn's nicht anders geht: bei Flut losfahren und bei Ebbe zurückkommen. Am besten fahren Sie an einem Wochenende: Dann sind während der Angelsaison Fahrzeuge entlang der Piste anzutreffen. Wenn Sie Probleme bekommen sollten, so ist Hilfe gewiss.*
- *Vom 25. Januar bis zum 15. April ist Angeln im Bereich Sandwich Harbor verboten. Dieses Angelverbot hat mehrere Gründe:*
- *Viele Fische tragen in der Zeit von Dezember bis April Eier.*
- *Der kommerziell orientierte Fischfang in Sandwich Harbour nahm zu.*
- *Ebenso nahm die Umweltverschmutzung zu.*
- *Die vielen 4x4-Fahrzeuge zerstörten in besonderer Weise die empfindlichen Bodenpflanzen.*

Anfahrt
Die Anfahrt ist nur mit einem Allradfahrzeug möglich (mit dem Mietwagen in der Regel nicht erlaubt, im Zweifel vorher die Mietwagenfirma kontaktieren). Die lokalen Safari-Unternehmen in Walvis Bay (z. B. Mola Mola Safaris, s. S. 296) bieten Fahrten nach Sandwich Harbour an.
Von Walvis Bay führt die Straße zunächst an Salzgewinnungsanlagen vorbei, bis man nach etwa 15 km Paaltjes erreicht, einen beliebten Platz für Angler. Bis hier hat die Pad noch einen festen Untergrund und führt durch das Marschland der Küste. In dieser Region wird das Wasser des Kuiseb durch die Dünen gedrückt und bildet an manchen Stellen kleine Teiche. Etwa hier beginnt die Sandstrecke. Nach ca. 33–34 km ab Walvis Bay gelangen Sie auf ein Plateau.

Hier ist die Pad zumeist gut, es gibt aber immer wieder sehr sandige Stellen. Nach insgesamt ca. 50 km erreichen Sie einen Zaun, der den direkten Zugang mit dem Auto nach Sandwich Harbour versperrt. Ab hier müssen Sie zu Fuß laufen und erreichen die Bucht nach ca. 30–45 Minuten.

Fahrtipp: *Genereller Appell: Tun Sie sich diese Tour auf eigene Faust nicht an. Sie müssen Gezeiten beachten, da das Meer an einigen Stellen direkt an die Dünen kracht. Und hier ist schon so mancher Touristenwagen „abgesoffen".*

Für die, die es nicht lassen können: Lassen Sie den Reifendruck herunter und schalten Sie den Allradantrieb ein. An manchen Stellen muss man dann auch mit der kleinen Untersetzung (Lowrange) fahren. Folgen Sie am besten den Spuren. Auf jeden Fall müssen Sie ab hier die bräunlich aussehenden Pfannen meiden – Sie können dort leicht mit dem Wagen einbrechen und versinken!

Weiterfahrt nach Swakopmund

31 km nördlich von Walvis Bay liegt Swakopmund. Die parallel zu Küste und Dünenlandschaft verlaufende Pad B 2 ist geteert. Ca. 14 km nördlich liegt der gut angelegte **Campingplatz Langstrand** (Tide Pool). Besonders bei Sonnenuntergang ist es hier sehr schön. Wer Lust hat, kann zwecks besserer „Übersicht" auf die Dünen jenseits der Straße klettern.

Im Meer erkennt man eine riesige **Guano-Plattform**, an der seit den 1930er-Jahren Guano abgebaut wird. Kurz vor der Stadtgrenze von Swakopmund überquert man auf einer 688 m langen Brücke das **Rivier des Swakop**. Diese längste Brücke des Landes weist Fundamente auf, die 30 m tief in den sandigen Untergrund eingelassen sind. *Längste Brücke des Landes*

Küste bei Sandwich Harbour – erreichbar nur mit einer Tour

Swakopmund und Umgebung

Swakopmund

👉 **Entfernungen**
Swakopmund – Windhoek: 356 km
Swakopmund – Lüderitz: 731 km
Swakopmund – Okaukuejo (Etosha): 561 km

Deutsche Wurzeln
Sowohl architektonisch als auch sprachlich sind in Swakopmund die **deutschen Wurzeln** unverkennbar. Noch haben einige Straßen und Gebäude deutsche Namen, sie werden jedoch nach und nach umbenannt. Die meisten Hotels und Pensionen lassen den Besucher eher an ein Nordseebad denken als an Afrika. Auch die Restaurantszene (in den vergangenen Jahren allerdings zunehmend „internationalisiert") zeigt z. T. deutlich deutsche Bezüge. Und auch die kühlen Morgen- und Abendtemperaturen, oft von Nebel begleitet, verwirren den Besucher und lassen Zweifel an Afrika aufkommen, wären da nicht die Palmen …

So ist Swakopmund ein Erlebnis für sich, eben ein Stückchen koloniales Erbe und ein afrikanisches Unikum. Als **Badeort** kommt das Städtchen den hitzegeplagten Namibiern vor allem in den Sommerferien gelegen, wenn es im Binnenland brüllend heiß ist. Dann tun die Nordseetemperaturen gut.

Ausgangsort für Unternehmungen
Der Überseebesucher ist gut beraten, von Swakopmund als Badeort nicht allzu viel zu erwarten, denn die Strände sind wahrhaftig nicht traumhaft und tropisch. Und in den Zeiten zwischen April und November ist das Baden nur für ganz Hartgesottene ein Ver-

Relikte der Kolonialherrschaft

gnügen. Zu empfehlen ist Swakopmund dagegen als Ausgangsort für einige interessante Safaris und Ausflüge, so z. B. nach **Sandwich Bay**, zur **Robbenkolonie Cape Cross** oder in die hinter der Stadt liegende Wüste.

Überblick

Swakopmund ist kulturell und architektonisch in ganz besonderem Maße durch die **deutsche Kolonialzeit geprägt**. In den Geschäften wird neben Englisch und Afrikaans z. T. auch Deutsch gesprochen. Ca. 10 % der rund 34.000 Einwohner sind deutscher Abstammung. Die Straßen sind ausgesprochen breit angelegt – ein geschichtliches Relikt, denn die Ochsenwagen sollten wenden können. Der Kleinstadt geht dadurch allerdings etwas an Gemütlichkeit verloren.

Die Stadt ist von einem **gemäßigt-kühlen Klima** geprägt. Aufgrund des kalten Benguela-Stroms sind die Temperaturen hier angenehm kühl und überhaupt nicht „afrikanisch", sondern eher dem Nordseebereich ähnlich. Morgens ist es oft **neblig**, und selbst im Sommer steigt die Wassertemperatur nicht wesentlich über 20–22 °C, während sie in den Wintermonaten auf 13 °C absinkt. Das aber hält die Namibier nicht davon ab, in Scharen hierher zu kommen – besonders während der Weihnachtsferien. Denn allzu gerne entflieht man der unerträglichen Hitze im Landesinneren.

So ist die gesamte Infrastruktur des Ortes und der weiter nördlich gelegenen Siedlungen **auf Feriengäste abgestimmt**. Viele verbringen in Swakopmund auch ihren Lebensabend. Diese Rentner bilden zusammen mit den Arbeitnehmern von Rössing, der Salzfabriken und der touristisch orientierten Unternehmen das wirtschaftliche Rückgrat der Stadt.

Der Name Swakopmund stammt vom Fluss **Swakop** ab, welcher südlich der Stadt in den Atlantik mündet, wenn er Wasser führt (was sehr selten ist). Swakop ist die lateinische Schreibweise des Nama-Wortes „Tsoaxoub", was „Exkremente" bedeutet. Die Nama bezeichnen den Fluss deshalb so, weil er

Redaktionstipps

▶ **Übernachtungen** je nach Geldbeutel im Swakopmund Hotel & Entertainment Centre, Hansa Hotel, Hotelpension Adler, Hotel-Pension D'Avignon. Besonders preiswert: die Ferienhäuschen der Stadtverwaltung

▶ **Restaurants**: Platform One Restaurant (Swakopmund Hotel & Entertainment Centre), De Kelder Restaurant, Kücki's Pub

▶ **Tagessafaris**: in die umliegende Wüste (S. 313) und nach Sandwich Harbour (S. 298)

▶ **Flugsafaris**: Insbesondere Flüge zum südlichen Teil der Küste (Schiffswracks) und übers Sossusvlei mit Pleasure Flights bieten grandiose Erlebnisse und Aussichten!

▶ **Auf eigene Faust**: Welwitschia Drive (S. 326) und Ausflug nach Cape Cross (Robben) (S. 323)

▶ **In der Stadt**: Besuch des Swakopmunder Museums (S. 306) sowie „architektonischer Stadtrundgang", Sonnenuntergang an der Mole

„Bezirksgericht" mit Leuchtturm

sehr große Schlammmassen mit sich führt. Bislang schützte der Fluss den Ort vor Versandung, doch seit seiner Stauung im oberen Bereich fließt nur noch sehr selten Wasser in seinem Bett. Völlig anders war das Bild, als holländische Seefahrer hier 1793 landeten und dem Swakop landeinwärts folgten: Es gab üppige Vegetation, und Elefanten, Springböcke, ja sogar Nashörner konnten hier gejagt werden.

Seit einigen Jahren entnimmt auch die Uran-Mine bei Rössing große Wassermassen aus den Kiesschichten des Riviers.

info

Swakopmunds alte Bohlenwege: die Bürgersteige von gestern

In der Kolonie musste man auch baulich anders verfahren als im alten Europa: So hielten z. B. die aus Zement gegossenen **Bürgersteige** nicht lange. Deshalb erließ man 1905 ein Gesetz, nach dem jeder Bauherr dafür Sorge zu tragen hatte, dass entlang seinem Grundstück ein Bohlenweg angelegt wurde. Schließlich konnte man ja nicht die Passanten einfach im Sand versacken lassen. Doch statt Bohlen wurden oft Kistenbretter genutzt, die sich schnell durchbogen. Deshalb war das Tragen und Transportieren von schweren Lasten auf diesen Gehsteigen verboten. Und wer gegen die Verordnungen verstieß, musste mit Strafen rechnen, die vom Bußgeld über Gefängnis bis hin zu Prügel reichten.

Meist trifft man in und um Swakopmund sogenannte **„Salzpads"** an, Straßen und Wege, die mit Salz befestigt sind. Auch die von Swakopmund nach Norden führende Pad C 34, welche in die 2301 und 2302 übergeht, ist eine Salzpad. Salz gibt es in der Swakopmunder Gegend genug. Man vermischt dieses Salz mit Sand, durchfeuchtet das Gemisch und walzt es fest. Die Oberfläche wird sehr eben und unter Sonneneinstrahlung ziemlich hart. Zusätzlich gibt man seit einigen Jahren ein Schlackengemisch bei, manchmal noch Kies.

 Vorsicht
Bei Feuchtigkeit (bei starkem Nebel, besonders in den Morgenstunden, und bei den seltenen Regenfällen) wird eine Salzpad ziemlich rutschig. Man muss dann ähnlich vorsichtig fahren wie auf Straßen mit Raureif.

Geschichte

Deutsches Schutz-gebiet Am 7. 8. 1884 wurde Südwestafrika zum **„deutschen Schutzgebiet"** deklariert. Damals übernahm das Deutsche Reich die von *Lüderitz* gekauften Gebiete. In der Folgezeit war man bemüht, die Region zu fördern. Der Kontakt zum Mutterland war nur über einen Hafen möglich. Doch entlang der ca. 1.400 km langen Küste waren nur zwei Buchten für die Anlage von Häfen geeignet: Angra Pequena (Lüderitz) und Walvis Bay. Allerdings gab es bei beiden Nachteile: Beide waren von einem **Sanddünen-Gürtel** umgeben und ihr direktes Hinterland war Wüste.

Da Walvis Bay seit 1878 zudem in britischem Besitz und die geografische Lage von Lüderitz zum Landesinneren nicht gerade günstig war, forschte man weiter nach einem

Meist Ferienhäuser: an Swakopmunds Küste

möglichen Hafenort. Damit waren vor allem die Schiffe der Kaiserlichen Marine betraut. Zwar fand man nördlich und südlich eine Menge Buchten vor (z. B. Sandwich Harbour und Kap Frio), doch gab es an diesen Stellen kein Süßwasser, und auch die Verbindungen ins Landesinnere waren sehr schlecht.

Suche nach geeignetem Hafen

Am 4. 8. 1892 landete Hauptmann **Curt von François** mit dem Kanonenboot „Hyäne" etwas nördlich der Swakop-Mündung. Da hier Süßwasser gefunden wurde und der Weg ins Landesinnere verhältnismäßig günstig erschien, wurde der Grundstein der Stadt gelegt. In der Folgezeit kamen immer mehr Schutztruppler und Siedlerfamilien hier an. Swakopmund wurde für sie die erste Begegnung mit dem ihnen so fremden Land. Das erste größere Schiff landete am 23. 8. 1893. Es war die „Marie Woerman", die 120 Schutztruppler sowie Siedler brachte. Wie eine solche Landung vor sich ging, schildert der folgende Bericht:

„Die Dampfer lagen etwa einen Kilometer von der Küste entfernt auf Reede. Vom Strand ruderten, wenn es der Seegang zuließ, Brandungsboote mit Crewleuten bemannt, die die Schiffe geschickt durch den Brandungsgürtel bugsierten, zu den Schiffen. Dort wurde die Ladung mittels der Schiffskräne in die Boote befördert und zurückgerudert, wobei wieder der gefährliche Brandungsgürtel zu überwinden war. Dann wurden die Kisten und Kasten auf höhere, trockene Stellen getragen und gestapelt und später in Lagerschuppen untergebracht." (aus: Swakopmund, „Eine kleine Chronik", 1982, S. 8)

In der ersten Zeit mussten also Frachten und Passagiere von den weit draußen ankernden Schiffen **mit Booten** abgeholt werden. Da die See hier sehr unruhig war, übernahmen z. T. Bootsfahrer aus Liberia, die an ein stark brandendes Meer gewöhnt waren, die Überfahrt. 1904 begann man mit dem Bau einer **Holzbrücke**, die 1907 eine Gesamtlänge von 325 m erreichte. Doch Springfluten und sog. Bohrwürmer setzten diesem Bauwerk zu. Von dieser Brücke ist heute nichts mehr zu sehen, da die südafrikanische Besatzungsmacht sie 1916 abreißen ließ.

1912 begann man mit dem Bau einer Eisenbrücke, die 640 m lang werden sollte. Aber sie konnte nur auf einer Länge von 262 m fertig gestellt werden, da dann der Erste Weltkrieg begann.

Eingangs-tor des Landes

Swakopmund entwickelte sich zum Eingangstor des Landes. Zunächst stand aber ins Hinterland nur der sog. **„Baaiweg"** zur Verfügung (von Walvis Bay über die Namibfläche bis zum Swakoptal nach Otjimbingwe). Eine Ochsenwagenfahrt von Swakopmund nach Windhoek dauerte damals zwei bis drei Wochen; Reiter dagegen konnten diese Strecke in drei Tagen zurücklegen. 1897 begann man mit dem Bau einer Schmalspurbahn nach Windhoek, die gesamte Strecke (382 km) war 1902 fertig. Etwa parallel zur Eisenbahnlinie entwickelte sich eine neue Straßenverbindung, die bis 1967 in ihrer Gesamtlänge asphaltiert wurde.

Sehenswertes – ein empfehlenswerter Rundgang

Den Besuch des **Swakopmund Museums** dürfen Sie keinesfalls versäumen. Seine Entstehung ist dem unermüdlichen Einsatz von Dr. Alfons Weber zu verdanken, der es 1951 gründete. Die naturwissenschaftliche Sammlung stellt den

Natur-wissen-schaft und Kultur-historie

Gegensatz zwischen der Namib und dem Meer hervorragend heraus. Sehenswert ist ebenso die Mineraliensammlung wie auch die historische und die völkerkundliche Ausstellung. In besonderer Weise wurde auch auf die Bedeutung des Transportwesens eingegangen: So ist hier ein Original-Ochsenwagen zu sehen, der vor über 100 Jahren zwischen Angola und Grootfontein verkehrte. Auf das kulturelle Leben der Einheimischen wird in einer liebevollen Sammlung von alten Musikinstrumenten, Schnitzereien und Haushaltsgeräten eingegangen. Ein eigener Trakt ist den verschiedenen Kulturen Namibias gewidmet.
Swakopmund Museum, *Strand Str. (unterhalb des Leuchtturms),* ☎ *064/402046, www.swakopmund-museum.de, geöffnet tgl. 10–17 Uhr, ca. 25 N$.*

Wahr-zeichen der Stadt

Das unübersehbare Wahrzeichen der Stadt ist der 21 m hohe **Leuchtturm.** Er wurde 1902 erbaut und 1910 noch mal erhöht. Die Anlage um den Leuchtturm herum ist sehr gepflegt, der Rasen bedarf natürlich einer permanenten Bewässerung (mit Brauchwasser). Das Denkmal

🔴 Unterkünfte
1 Beach Lodge
2 Sandcastle Apartments
3 Orange House
4 Brigadoon Guesthouse
5 Veronika B&B
6 Swakopmund Hotel & Entertainment Centre
7 Pension Schweizerhaus
8 Pension Rapmund
9 Hansa Hotel
10 Hotel Eberwein
11 Pension Deutsches Haus
12 Meike's Guest House
13 Swakopmund Boutique Hotel
14 Central Guesthouse
15 Sam's Giardino
16 Dünenblick Self Catering Apartments
17 Pension a la Mer
18 Hotel Europa Hof
19 Secret Garden
20 Pension d'Avignon
21 Desert Sky Backpackers
22 Pension Prinzessin-Rupprecht-Heim
23 Cornerstone Guesthouse
24 Organic Square
25 Hotel Garni Adler
26 Swakopmund Restcamp
27 Alte Brücke Restcamp
28 The Stiltz

🟡 Restaurants
1 Platform One Restaurant
2 Swakopmund Brauhaus
3 The Lighthouse
4 Café Anton
5 De Kelder Restaurant
6 Napolitana
7 Kücki's Pub Restaurant
8 HAIKU Sushi & Wine Bar
9 The Tug

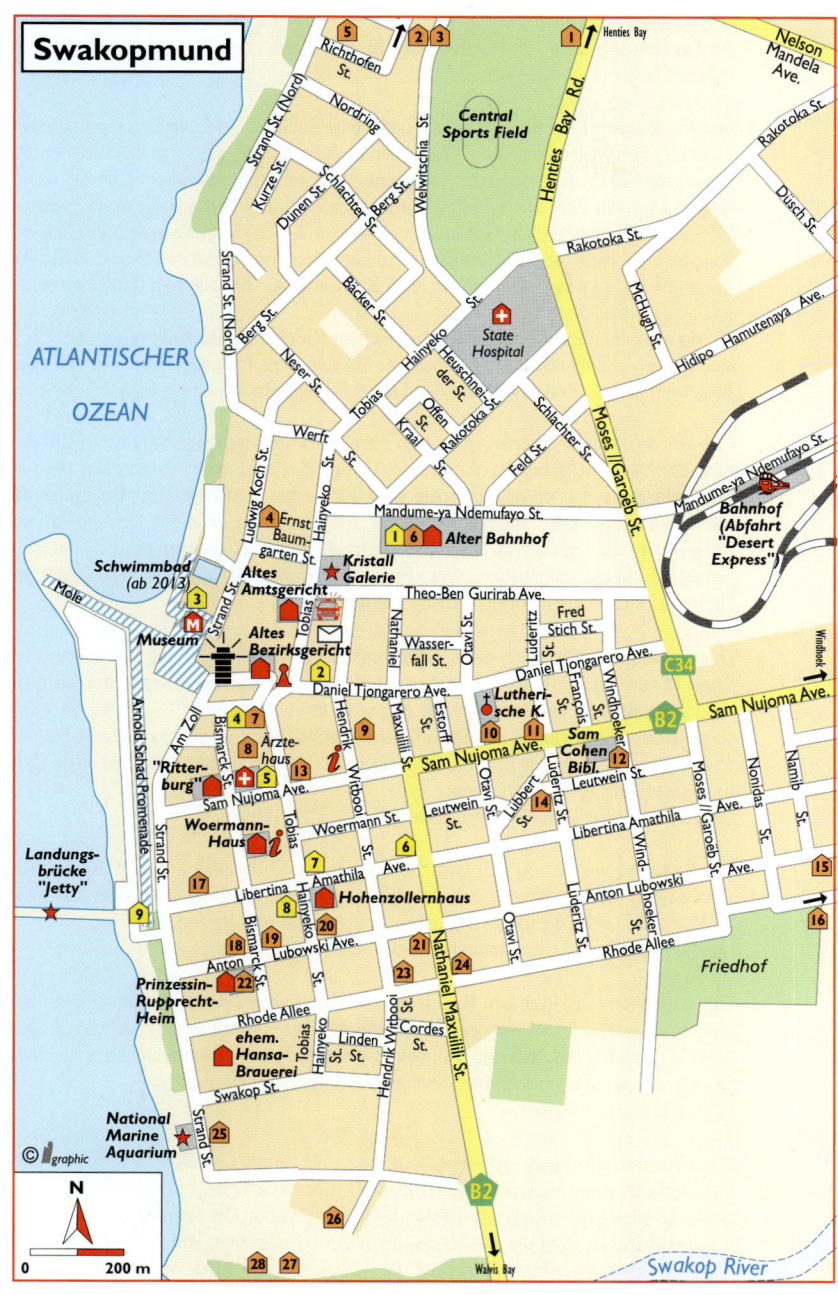

Swakopmund

ATLANTISCHER

OZEAN

Central
Sports Field

Henties Bay

Nelson
Mandela
Ave.

State
Hospital

Schwimmbad
(ab 2013)

Mole

Museum

Altes
Amtsgericht

Altes
Bezirksgericht

Kristall
Galerie

Alter Bahnhof

Bahnhof
(Abfahrt
"Desert
Express")

Mandume-ya Ndemufayo St.

Theo-Ben Gurirab Ave.

Daniel Tjongarero Ave.

Lutheri-
sche K.

Sam
Cohen
Bibl.

"Ritter-
burg"

Ärzte-
haus

Woermann-
Haus

Hohenzollernhaus

Sam Nujoma Ave.

Landungs-
brücke
"Jetty"

Prinzessin-
Rupprecht-
Heim

ehem.
Hansa-
Brauerei

National
Marine
Aquarium

Friedhof

Swakop River

Walvis Bay

N

0   200 m

© igraphic

beim Leuchtturm erinnert an die Teilnehmer des Marine-Expeditionskorps, die während der Herero-Aufstände 1904/07 ihr Leben ließen. Das von der Marineinfanterie Kiel gestiftete Denkmal wurde 1909 enthüllt.

Der alte **Bahnhof** wurde 1901 erbaut und diente noch bis 1993 seinem ursprünglichen Zweck. Mittlerweile wurden die Gleise demontiert, da der ehemalige Bahnhof nun als Eingangsbereich zum Luxushotel „Swakopmund Hotel & Entertainment Centre" dient. Heute halten die Züge aus Windhoek am östlichen Stadtrand, u. a. der Desert Express. 1993 entstand der Plan, das Gebäude in einen Hotel- und Casinokomplex umzubauen. TransNamib sowie die südafrikanische Hotelinvestorengemeinschaft Stocks & Stocks stehen hinter dem insgesamt gelungenen Bau, der etwa 30 Millionen Rand kostete.

Mit dem Bau der **Evangelisch-Lutherischen Kirche** wurde 1909 begonnen, 1912 fand die Einweihung statt. Der neu-barocke Stil sowie das Mansardendach wurden vom Architekten Otto Ertl gewählt. In der Daniel Tjongarero Avenue gelegen.

Ein schönes Gefängnis Man würde bei dem schönen, mit vielen Elementen des Jugendstils verzierten Gebäude in der Moses St. sicherlich nicht dessen ursprüngliche Funktion erraten. Das ehemalige **Gefängnis** liegt etwas außerhalb des eigentlichen Stadtkerns. Im Hauptgebäude waren die Wohnungen der Polizeibeamten, im Seitentrakt befanden sich die Zellen. Übrigens lag das Gefängnis früher weit außerhalb der Stadt, die damals noch viel kleiner war. Architekt war ebenfalls Otto Ertl, erbaut wurde das Gebäude 1906. Zellen im Hinterhof dienen auch heute noch als Gefängnis!

Einen Besuch wert ist auch das **Omeghaus**; die Abkürzung „Omeg" leitet sich von **O**tavi **M**inen- und **E**isenbahn-**G**esellschaft ab, zu deren Eigentum dieses im typischen Kolonialstil erbaute Gebäude gehörte. Heute ist es im Besitz der Gesellschaft für Wissenschaftliche Entwicklung. Die **Sam Cohen Bibliothek** (nebenan) stellt eine bedeutende Africana-Sammlung dar (ca. 2.000 Bücher). U. a. gibt es hier eine lückenlose Zeitungssammlung von 1898 bis heute.
Lage: Bibliothek/Dr. Sam Nujoma Avenue

Die **Kaserne** wurde 1905 im typischen deutschen Kolonialstil erbaut. Ursprünglich wurde sie für das deutsche Eisenbahnregiment errichtet, das 1905 die Holzbrücke baute. Von 1927–1975 diente sie als Schule, heute ist sie eine Jugendherberge.
Lage: Ecke Bismarckstr. und Anton Lubowski-Avenue

Das sehenswerte **Prinzessin Rupprecht-Heim** wurde 1901 erbaut und diente zunächst als Lazarett für verwundete Schutztruppler. Später wurde es zu einem Erholungsheim umgestaltet und nach der Frau des bayerischen Prinzen Rupprecht benannt. Heute sind hier eine Pension und ein Seniorenheim untergebracht.
Lage: Anton Lubowski-Avenue

Wohnhaus der bedeutendsten Handelsfirma Das **Woermann-Haus**, 1903/04 erbaut, diente als Wohn- und Geschäftshaus der damals bedeutendsten Handelsfirma, der Damara & Namaqua Handelsgesellschaft, aus der sich 1909 die Firma Woermann, Brock & Co entwickelte. Die Schifffahrtslinie Woermann verband ab 1894 die alte Heimat mit dem Schutzgebiet. Von 1924–1972 diente es als Schülerheim. Dem Haus drohte der Abriss, welcher durch das Engagement der

Innenhof des Woermann-Hauses

Swakopmunder verhindert werden konnte. 1975 wurde es restauriert und beherbergt seitdem die öffentliche Bibliothek. Heute sind hier auch eine Touristeninformation und in der oberen Etage eine Kunstgalerie untergebracht. Vom Turm („Damara"-Turm genannt) aus kann man einen weiten Blick ins Umland genießen. Von diesem Punkt aus beobachtete ein Team der Woermann-Linie die Ankunft der Schiffe. Mithilfe eines Spiegeltelegrafen war sogar Kommunikation (Morsen mit Lichtsignalen) möglich.
Information: Bismarckstraße; die Schlüssel zum Turm gibt es im Informationsbüro; Öffnungszeiten der Kunstgalerie: Mo–Sa 10–12 Uhr, Mo–Do auch nachmittags 15–18 Uhr

Was sind Heliografen?

info

Heliografen wurden in den Jahren 1875 bis 1885 entwickelt. Mithilfe von zwei Spiegeln, die gegeneinander gesetzt sind, wurde ein Spiegel so verändert, dass er über den anderen Spiegel Lichtblitze über große Entfernungen senden konnte. Voraussetzung und gleichzeitig Nachteil war: Sonnenlicht musste vorhanden sein. Da in Swakopmund oft Nebel herrscht, war also der Einsatz des Heliografen nur eingeschränkt möglich. In anderen Teilen des Landes aber war der Heliograf für die Schutztruppen ein viel genutztes Übertragungsmittel von Nachrichten.

Das Gerät war durchaus ein mobiles Kommunikationssystem, denn es war leicht in Einzelteile zerlegbar und wurde in kleinen Ledertaschen transportiert. Wenn man so will: ein Handy des 19. Jahrhunderts.

Nachfolgegerät war später der elektrische Telegraf, der das Sonnenlicht durch eine Glühbirne ersetzte. In beiden Fällen aber konnten stets nur kurze Nachrichten versendet werden – für lange „Konversation" eignete sich die Morsetechnik nicht.

Die „Jetty", ein Wahrzeichen der Stadt

Die **Eisenbrücke** (auch **„Jetty"** genannt) wurde 1911 gebaut und diente als Ersatz für die ehemalige Holz-Landebrücke. Ursprünglich sollte sie 640 m ins Meer hinausragen, aber der Ausbruch des Zweiten Weltkriegs verhinderte die Fortsetzung der Bauarbeiten, sodass die Eisenbrücke nur 262 m lang wurde und damit ihrer Funktion als Landungsbrücke nicht gerecht werden konnte. Stattdessen wurde sie von Anglern und Spaziergängern benutzt.

1983 wurde die von Salz und Sturm stark angegriffene Konstruktion geschlossen und nach einer eher oberflächlichen Restaurierung 1986 wieder freigegeben. Ab 2005 wurde sie erneut und diesmal unter großem finanziellen Aufwand restauriert und Ende 2006 wiedereröffnet. Inzwischen gibt es auch ein Fischrestaurant am Ende der Jetty.

Auge in Auge mit dem Tigerhai Das Aquarium am südlichen Ende der Stadt wurde 1995 eröffnet und 2010 bis Anfang 2012 komplett saniert. Hier tummeln sich im 350 m³ großen Hauptbecken Vertreter der kalten Strandgewässer wie Kabeljau, Catfish und Brasse. Der Stachelrochen ist sicherlich ein besonders interessantes Exemplar. Toll ist der durch das Becken angelegte Besuchertunnel, der eine Begegnung selbst mit einem Tigerhai möglich macht.
Swakopmund Aquarium, *Strandstraße (gegenüber Hotel-Pension Adler), geöffnet täglich außer Mo 10–16 Uhr. Fütterungen finden jeweils um 15 Uhr statt.*

Martin Luther – das berühmte Dampfmobil
Dieses Unikum steht etwas außerhalb (2,5 km) an der B 2 nach Usakos. In der Zeit vor dem Eisenbahnbau fand der gesamte Frachtverkehr ins Inland mit Ochsenwagen statt. Manchmal gab es entlang der Strecke keine ausreichende Weidemöglichkeit und nicht

genug Wasser, sodass die Tiere verendeten. Diesem Missstand wollte ein Oberleutnant der Kaiserlichen Schutztruppe namens Edmund Troost ein Ende setzen. Er wollte eine Eisenbahnstrecke bauen. In der deutschen Maschinenfabrik Dehne/Halberstadt entdeckte er eine Dampflokomotive, die er aus eigener Tasche bezahlte. 1896 wurde das 280 Zentner schwere Gefährt in Walvis Bay ausgeladen. Der eigens aus Deutschland mitgebrachte Lokomotivführer reiste nach Ablauf seines Fünf-Monats-Vertrages unverrichteter Dinge wieder ab, da Troost seinen dienstlichen Pflichten in der Schutztruppe nachkommen musste und keine Zeit fand, sich um sein Vorhaben zu kümmern.

Schließlich schaffte es das Lokomobil doch, in drei (!) Monaten die 30 km lange Strecke von Walvis Bay nach Swakopmund zurückzulegen. Riesige Schwierigkeiten bereitete allein die Wasserversorgung des Gefährts, denn 1.000 Liter Wasser kosteten damals 30 Mark. Troost berichtete selbstironisch: „Um am Sonnabend arbeiten zu können, musste man von Montag bis Freitag Wasser heranfahren". *In drei Monaten 30 km Wegstrecke*

Nachdem das Lokomobil mit drei Anhängern einige Transporte bis nach Nonidas sowie nach Heigamchab geschafft hatte, versackte es eines Tages an der Stelle, wo es heute festmontiert steht. Eine Anekdote berichtet von der Namensverleihung: Dr. Max Rhode soll in einer feucht-fröhlichen Runde im „Bismarck" wie folgt gewitzelt haben: „Wisst ihr schon, dass der Dampfochse jetzt Martin Luther heißt? Weil er auch sagen kann: Hier steh' ich, ich kann nicht anders." (Nach dem Wort des Reformators im April 1521 vor dem Reichstag zu Worms.) Dieser Name hat sich bis zum heutigen Tag gehalten. *Dampfochse*
(aus: Swakopmund, Eine Kleine Chronik)

Inzwischen steht die Lok zwar immer noch am alten Platz, aber in einem eigens errichteten Museum.

Swakopmunds Siedlungsstruktur: Spiegelbild der Apartheid

info

Wie in Südafrika auch, wird es in Namibia noch sehr lange dauern, bis die Relikte der „Rassentrennungspolitik" im Siedlungsbild verschwinden.

In der „Innenstadt" von Swakopmund wohnen nur wenige Bürger. Im Villenviertel Kramersdorf leben vorwiegend Weiße. In Vineta haben sich gut verdienende Weiße, mittlerweile auch einige Schwarze niedergelassen. Nach wie vor ist Tamariskia eine Wohngegend der Farbigen und Mondesa eine reine Schwarzen-Siedlung. Mondesa ist eine 1960 geschaffene Siedlung, in die zwangsweise Schwarze aus einem Elendsviertel im Stadtgelände übersiedeln mussten. Hier wurde Apartheid par excellence betrieben: Vor den Hausnummern der Ovambo stand ein „O", bei den Herero ein „H" usw.

Reisepraktische Informationen Swakopmund

Vorwahl 064

ℹ️ Informationen

Namib Info Büro, *28 Sam Nujoma Ave., ① 064/404827, namibi@iway.na, www. natron.net/tour/swakop/infod.htm. Geöffnet: Mo–Fr 8–13 Uhr und 14–17 Uhr, Sa 9 Uhr–Mittag, Juli–Sept. Sa bis 15 Uhr und So 9–12 Uhr*

Namibia Wildlife Resorts, *① 064/402172, Reservierungen: ① 064/402172, www.nwr. com.na, Bismarck St. 17, im Süden der Sam Nujoma Ave. Hier gibt's Permits für den Skeleton Coast National Park und den Namib Naukluft Park. Geöffnet: Mo–Fr 8–17 Uhr. Hier erhält man auch die Permits für die Durchfahrt durch den Skelettküstenpark (z. B. um nach Palmwag oder Khorixas zu gelangen, nach Sandwich Harbour oder auf den genehmigungspflichtigen Straßen des Namib-Naukluft-Parks zu fahren).*

☞ Touren

Township-Touren

Hata Angu Cultural Tours *führt auf den Mondesa-Township-Touren Touristen durch die „Stadt in der Stadt", die in den 1950er-Jahren für die schwarzen Arbeiter errichtet wurde. Damals lebten sie strikt nach Ethnien getrennt in den verschiedenen Vierteln: Ovambo, Damara, Herero, Nama. In diesen Vierteln hat sich die kulturelle Vielfalt erhalten. Weitere Stationen der ca. 3-stündigen Führung sind ein Besuch auf dem Markt und bei verschiedenen Hilfsprojekten. Die Teilnehmer werden am Hotel abgeholt, die Tour dauert 2–3 Stunden. Die Hälfte*

Unbedingt empfehlenswert: eine geführte Tour, um die Geheimnisse der Wüste kennenzulernen

der Einnahmen geht an die Bewohner. *Information: Handy 081/271 6838, ➀ 064/461118, info@culturalactivities.in.na, www.culturalactivities.in.na. Ca. 370 N$, Start 11h und 15h/16h mit traditionellen Tänzen.*

Historische Stadtführungen, *Auskunft im Museum von Swakopmund.*

☞ **Hinweis**

In Swakopmund und vielen anderen Städten gibt es sog. „Car Guards". Dabei handelt es sich um eine Arbeitsloseninitiative, bei der die Autowächter für 1–2 N$/Stunde auf Ihr Auto aufpassen, zahlbar bei Rückkehr (dies sollte man auch in jedem Fall tun). Erschrecken Sie also nicht, wenn Ihnen jemand einen Zettel an die Windschutzscheibe steckt.

Wüstentouren

The Desert Tour, *angeboten von einem deutschsprachigen Einheimischen, der sich in vielen Jahren als Guide in Namibia auf die Mondlandschaft und deren Umfeld, spezialisiert hat. Es geht im Allrad zu den uralten Schluchten der Mondlandschaft, einem der faszinierendsten Gebiete der Namibwüste. Man zeigt den Teilnehmern, wie wertvoll und lebenswichtig die Vegetation der Wüste für die Menschen war, die seit Urzeiten durch das südliche Afrika zogen. Die Heilkraft und der Nährwert der Pflanzen wird erklärt, die sich über Jahrtausende den harten Bedingungen der Wüste angepasst haben und man kommt an die geheimnisvolle Urzeitpflanze Welwitschia Mirabilis.*

Nicht selten bekommt man Springböcke, Strauße, Klippspringer, den Europäischen Bienenfresser oder den Karoo-Schmätzer zu sehen. Auch kleineren Lebewesen wie Chamäleons und Käfern ist die Wüste ein Zuhause.

Der Ausflug startet zweimal täglich um 8.30 und um 14 Uhr von Swakopmund aus mit mindestens zwei Gästen und dauert 3½–4 Stunden.

The Desert Tour, *Gerald Kolb, ➀ 081-1299076, gerald@dtnamibia.com, www.dt namibia.com.*

Charly's Desert Tours, *11 Sam Nujoma Ave, ➀ 064/404341, info@charlysdesert tours.com, www.charlysdeserttours.com, bietet besonders fachkundig geführte Touren in die umliegende Wüste, aber auch Touren bis zum Kuiseb Canyon an. Sehr zu empfehlen ist die Tagestour rund um Swakopmund in die Wüste (Tagestouren ab ca. 700 N$).*

Alter-Action Sandboarding, *➀ 064/402737, www.alter-action.info, auf den Dünen um Swakopmund. Vergleichbar mit Snowboarding. Man liegt oder steht auf den Brettern und rast mit fast 70 km/h die Dünen hinunter, allerdings recht teuer.*

Living Desert Adventures, *➀ 064/405070, www.living-desert-adventures.com. Angeboten werden empfehlenswerte und spannende 4–5-stündige Touren in den Dünengürtel zwischen Walvis Bay und Swakopmund (Beginn 8 Uhr). Der Schwerpunkt liegt auf der lokalen Fauna und der Entdeckung der „Little Five".*

Kamel-Ritte *bietet Frau Erb (➀ 064/400363) an. Die Kamelfarm liegt zwischen dem Burghotel Nonidas und dem Rössing Country Club entlang der B 2. Um die Wende zum 20. Jh. ritten die Schutztruppler auf Kamelen – und heutzutage Touristen. Ausflüge mit Übernachtungen in der Wüste sind möglich, Schlafsack und Essen müssen mitgebracht werden, auf Ihr Kamel müssen Sie nachts selber aufpassen. Allerdings werden auch nachmittags von 14–17 Uhr 15–60-minütige Kamelritte angeboten (bitte vorher anmelden).*

Swakop Tour Company, *➀ 064/404088, 0811/242906, proverb@mweb.com.na, der in der Nähe von Swakopmund geborene Georg Erb bietet Touren in die Umgebung an, er verfügt über ein umfangreiches Wissen zu Flora und Fauna.*

✈ **Rundflüge und Fallschirmsprünge**
Pleasure Flights and Safaris, ☎ 064/404500, redbaron@iafrica.com.na, www.pleasureflights.com.na. *Diese Flugfirma bietet landesweit interessant geführte Rundflüge u. a. zum Sossusvlei, zum Skelettküsten-Park sowie zur Diamantenküste und dem Norden Namibias an. Lizensierter Flugbetrieb mit Berufspiloten und Hochdecker-Cessnas (= gute Sicht!)*
Scenic Air, ☎ 064/403575, swakopmund@scenic-air.com, www.scenic-air.com. *Flüge zum Sossusvlei, ins Damaraland, zum Brandberg sowie ins Kaokoveld mit Himbatour und Lunch.*
Ground Rush Adventures, ☎ 064/402841, www.skydiveswakop.com.na. *Es werden Tandem-Fallschirmsprünge aus etwa 3.000 m Höhe angeboten. Ein tolles Erlebnis für Abenteuerlustige. Keine Vorkenntnisse notwendig, es gibt vor dem Sprung eine Einführung und ein Training.*

🛏 **Unterkunft** (▶ *Karte S. 307*)
Hinweis: *Während der namibischen Sommerferien (also Dezember/Januar) ist eine Vorausbuchung der Unterkünfte sehr ratsam. Auch Restaurantreservierungen sind in dieser Zeit dringend zu empfehlen!*

Swakopmund Hotel & Entertainment Center $$$$$ (6), ☎ 064/4105200, swakopmund@legacyhotels.com, *Buchung über Legacy Hotels in Südafrika:* ☎ +27 011/8066888, hotels@legacyhotels.co.za, www.legacyhotels.co.za. *2.950 N$/DZ. Lage: am Stadtrand gelegen, nahe Zentrum. Beschreibung: mit Schwimmbad und sehr gutem Restaurant. Um den alten historischen Bahnhof herum ist hier 1994 ein neuer, schöner Hotel-Komplex entstanden. 90 luxuriöse Hotelzimmer stehen zur Verfügung, ein Spiel-Kasino mit „slot machines", Roulette, Poker etc., 2 Kinos, eine „video game arcade". Wichtig zu wissen: Hotelanlage und Casino-Teil sind hervorragend voneinander getrennt. Natürlich viele Reisegruppen.*
Swakopmund Boutique Hotel $$$ (13), 4 Sam Nujoma Avenue, ☎ 064/417100, reservations@swkboutiquehotel.com, www.swkboutiquehotel.com. *1.990 N$/DZ (ab 01.11.2012: 2.200N$). Lage: zentral in Strandnähe. Beschreibung: 21 elegant-„stylish" eingerichtete Zimmer, davon 12 mit Meerblick und einem „privaten" Balkon. Auf der Dachterrasse, die komfortabel mit Liegestühlen ausgestattet ist, kann man mit Blick auf den Atlantik den Sonnenuntergang genießen. Im hauseigenen Weinkeller kann man sich nach guten südafrikanischen Tropfen umschauen. Das hauseigene Restaurant bietet gute regionale Küche.*
Hansa Hotel $$$ (9), 3 Hendrik Witbooi Street, ☎ 064/414200, reservations@hansahotel.com.na, www.hansahotel.com.na. *1.943 N$/DZ. Lage: im Zentrum gelegen. Beschreibung: altes Traditionshotel, 58 Zimmer, „konservative" Atmosphäre, viele Busgruppen, gutes Restaurant.*
Hotel Europa Hof $$ (18), 39 Bismarckstr., ☎ 064/405061, info@europahof.com, www.europahof.com. *Ab ca. 1.270 N$/DZ. Lage: nahe dem Zentrum. Beschreibung: sauberes Mittelklassehotel, 40 Zimmer, mit gutem Restaurant (Langusten und andere Spezialitäten). Große Zimmer, freundlicher Service.*
Sam's Giardino Hotel $$ (15), Lubowski Ave 89, ☎ 064/403210, request@giardinonamibia.com, www.giardinonamibia.com. *1.250 N$/DZ inkl. Frühstück. Lage: in Zentrumsnähe, ruhig gelegen. Beschreibung: gepflegtes Haus mit persönlicher Atmosphäre, eigenes kleines Restaurant mit besonderen (relativ teuren, aber ausgezeichneten) Weinangeboten, sicheres Parken.*
**Rossmund Lodge $–$$**, ☎ 064/414600, roslodge@mweb.com.na, ca. 1.000 N$/ DZ inkl. *Frühstück. Lage: ca. 6 km außerhalb von Swakopmund. Beschreibung: Die Lodge ist aus weißem Kalkstein im mediterran-nordafrikanischen Stil erbaut. Alle 22 Zimmer mit Blick auf den*

Golfplatz oder die Wüste. Essen gibt es im Golfclub (abends nur mit Vorbestellung). Ein Shuttle Service nach Swakopmund steht nach Absprache zur Verfügung. Es werden auch geführte Nachtspaziergänge angeboten (400 N$ p. P.).

Hotel-Pension Schweizer Haus/Café Anton $ (7), *Bismarckstr. 1, ☎ 064/400331, schweizerhaus@mweb.com.na, www.schweizerhaus.net. DZ ab 970 N$/DZ mit Frühstück. Lage: zentral, nahe zum Strand. Beschreibung: kleines Traditionshotel, gepflegt, nahe am Meer gelegen, mit eigenem Restaurant „Café Anton".*

An der Mole noch kein Hotel!
Der Baubeginn des neuen 5-Sterne-Kempinski Strand Hotels soll nach mehrmaligen Verzögerungen nun im August 2012 starten (geplante Eröffnung 2014). Kurz vor der Eröffnung (Juli 2012) steht dagegen das neue Beach Hotel neben dem Aquarium (www.beach-hotel-swakopmund.com).

Pensionen bzw. hotelähnliche Unterkünfte ohne Restaurant

The Stiltz $$–$$$$$ (28), *☎ 064/400771, info@thestiltz.in.na, www.thestiltz.com, DZ mit Frühstück ab ca. 1.400 N$, Luxusvilla ca. 3.300 N$/2 Personen. Lage: am südlichen Ende Swakopmunds unweit der Hotel-Pension Adler gelegen, nahe dem Restcamp „Alte Brücke". Beschreibung: sehr originelle, gemütlich-„kreative" Unterkunft, am Rande von Swakopmund in einer schilfbestandenen Wattlandschaft gelegen. Die Zimmer sind auf Plattformen gebaut und die einzelnen Bungalowteile mit Stegen verbunden. Wenn man abends nach Swakopmund zum Essen möchte (ca. 1–1,5 km) sollte man aus Sicherheitsgründen mit dem Auto fahren. Der Besitzer erbaute u. a. auch das „The Tug"-Restaurant in Swakopmund, das „The Raft" in Walvis Bay (beide sind als sehr gute Fischrestaurants bekannt) und die Erongo Wilderness Lodge. Alle Bauten sind auf Stelzen und naturnah errichtet.*

Organic Square Guesthouse $$ (24), *29 Rhode Allee, ☎ 064/463979, organicsquare@guesthouse-swakopmund.com, www.guesthouse-swakopmund.com. Ca. 1.280 N$/DZ mit Frühstück (mit frischen Bio-Produkten). Beschreibung: 7 großzügige Zimmer, davon ein Familienzimmer für bis zu 4 Personen.*

Beach Lodge $$ (1), *Stint Street 1, ☎ 064/414500, reservations@beachlodge.com.na, www.beachlodge.com.na. Ab 630 N$ p. P. im DZ inkl. Frühstück. Lage: etwas außerhalb, direkt am Strand gelegen, 15 Gehminuten in die Stadt. Beschreibung: die einzige B&B Unterkunft direkt am Strand. Die Beach Lodge bietet Ihnen 7 Familienzimmer und 12 Doppelzimmer. Von allen Zimmern können Sie die Aussicht aufs Meer genießen. Sicheres Parken!*

Hotel-Pension Deutsches Haus $$ (11), *Lüderitzstr. 13, ☎ 064/404896, 🖷 064/404861, 1.250 N$/DZ inkl. Frühstück. Lage: nahe dem Zentrum, aber ruhig. Beschreibung: Die Architektur macht dem Namen alle Ehre. Gepflegtes Haus mit 20 Zimmern, Schwimmbad (Sauna) und nettem Frühstücksraum. Zentral gelegen. Mittagessen wird angeboten, auf Wunsch auch Abendessen.*

Cornerstone Guesthouse $–$$ (23), *40 Hendrik Witbooi St., ☎ 064/462468, www.cornerstoneguesthouse.com. Ca. 525 N$ p. P./DZ mit Frühstück. Beschreibung: 7 gemütliche Zimmer mit je eigenem Bad und kleiner Veranda. Leckeres Frühstück. Es werden auch 2 Selbstversorger-Apartments in Strandnähe angeboten.*

Central Guesthouse $ $$ (14), *Ecke Lüderitz & Leutwein St., ☎ 064/407189, info@guesthouseswakopmund.com, www.guesthouseswakopmund.com. 580 N$ p. P./DZ mit Frühstück. Beschreibung: in einer ruhigen Seitenstraße gelegen. 7 komfortable Zimmer, Lounge mit Kamin, sicheres Parken.*

**Atlantic Villa Boutique Guesthouse $–$$**, *Plover Street, Vogelstrand,* ① *064/463511, bookings@atlantic-villa.com, www.atlantic-villa.com. Standard-DZ 520 550 N$ p. P. inkl. Frühstück. Lage: etwa 6 km vom Zentrum entfernt in ruhiger Umgebung direkt am Meer gelegen. Beschreibung: Das Guesthouse bietet unterschiedlich, aber alle luxuriös ausgestattete Doppelzimmer und Suiten sowie 3 Selbstversorger Apartments für bis zu 6 Personen. Alle Zimmer haben einen Balkon mit Meer- oder Wüstenblick.*

Hotel garni Adler $–$$ (25), *Strandstr. 3,* ① *064/405045, adler@iafrica.com.na, www.natron.net/adler/. Ab ca. 1.050 N$/DZ mit Frühstück. Lage: am südlichen Ortsende in Strandnähe. Beschreibung: Schwimmbad, gepflegtes Mittelklasse-Haus mit privater Atmosphäre. Leider ist der Meerblick inzwischen verbaut. Sicheres Parken.*

Hotel Eberwein $–$$ (10), ① *064/414450, Enquiry@Hotel-Eberwein.com, www.eber wein.com.na. Ab ca. 1.100 N$ pro DZ mit Frühstück. Beschreibung: historisches Haus (1910) mit gewissem Ambiente. Gemütliche Bar, netter Frühstücksraum und Aufenthaltslounge. Die Zimmer (16 DZ) sind z. T. im viktorianischen Stil eingerichtet. Netter, persönlicher Service.*

Pension à la Mer $ (17), *4 Libertina Amathila Ave,* ① *064/64404130, alamer@iway.na, www.pension-a-la-mer.com, ca. 800 N$/DZ. Beschreibung: Wie der Name vermuten lässt, liegt die Pension ganz in der Nähe des Meeres. Das historische Haus wurde von den Besitzern, dem Ehepaar Stührenberg, liebevoll renoviert. 12 originell eingerichtete Zimmer mit ensuite-Bad/WC stehen zur Verfügung. Bewachte Parkplätze.*

Hotel-Pension d'Avignon $ (20), *L. Amathila Str. 25,* ① *064/405821, davignon@iway.na, www.natron.net/tour/davignon/. 520 N$/DZ mit Frühstück. Lage: am Rande des Stadtzentrums. Beschreibung: Schwimmbad, persönliche Atmosphäre, eigener abgeschlossener Parkplatz.*

Brigadoon Guesthouse $$$ (4), *16 Ludwig Koch Street,* ① *064/406064, brigadoon@ iway.na, www.brigadoonswakopmund.com, N$ 650 p.p. im DZ inkl. Frühstück. Lage: nahe dem Zentrum, 200 m vom Strand und unweit des Alten Bahnhofs. Beschreibung: schicke, modern ausgestattete 7 Zimmer bietet dieses Boutique Guesthouse, das reichhaltige Frühstück wird auf der eigenen Veranda serviert. Für Familien stehen auch Apartmens zur Verfügung.*

Orange House $ (3), *Richthofenstr. 22,* ① *064/405157, Buchung in Deutschland über* ① *09502/49090, office@ORANGE-House.de, www.orange-house.de. 30 € p. P. inkl. Frühstück. Lage: 2 Minuten vom Strand und ca. 15 Min. von der Stadtmitte von Swakopmund entfernt. Beschreibung: Das Orange House ist eine schöne Bed&Breakfast-Unterkunft mit 13 komfortablen, neuen Doppelzimmern mit Dusche/WC, die direkten Zugang zum wunderschönen Garten haben. Das Frühstücksbuffet wird im afrikanisch dekorierten Frühstücksraum serviert. Für Sonnenbäder steht eine Dachterrasse zur Verfügung, auf der man auch den Sundowner zu sich nehmen kann. Gutes Preis-Leistungs-Verhältnis und nette Gastgeber, die einem bei Fragen gerne mit Tipps zur Verfügung stehen. Es gibt nur einen sicheren Parkplatz, sonst muss man auf der Straße parken.*

Prinzessin Rupprecht Hotel $ (22), *15 Anton Lubowski Avenue,* ① *064/412540, info@hotel-prinzessin-rupprecht.com, www.hotel-prinzessin-rupprecht.com. DZ ab 375 N$ p. P. mit Frühstück. Lage: nahe zum Zentrum, ruhig. Beschreibung: 25 saubere und helle Zimmer. 2011 renoviert.*

Hotel-Pension Rapmund $ (8), *Bismarckstraße 6–8, Swakopmund,* ① *064/402035, rapmund@iafrica.com.na, www.hotelpensionrapmund.com. 773 N$ pro DZ mit Frühstück. Lage: nahe Zentrum und Strand gelegen. Beschreibung: beliebtes Low-Budget-Hotel für Preisbewusste, 25 Zimmer.*

Meike's Guesthouse $ (12), *23 Windhoek St.,* ① *064/405863, www.meikes-guest house.de. 850 N$ für ein DZ mit Frühstück, EZ 550 N$. Lage: nahe Zentrum. Beschreibung: 5 geschmackvoll eingerichtete Zimmer, 2 Familiensuiten und eine Ferienwohnung, sehr persön* lich und liebevoll geführtes Haus mit privatem Ambiente. Frau Würriehausen ist eine reizende Gastgeberin!

The Secret Garden Guesthouse $ **(19)**, 36 Bismarck St., ① 064/404037, info@ secretgarden.com.na, www.secretgarden.com.na. Preis ab ca. 350 N$ p. P. inkl. Frühstück, bei nur einer Übernachtung wird ein Zuschlag erhoben. Lage: im Herzen des alten Swakopmund gelegen. Beschreibung: 9 saubere Doppelzimmer mit mediterranem Flair, die den Blick in einen Innenhof mit Palmen haben, 2 Suiten. Es gibt Selbstversorgungsmöglichkeiten, u. a. auch Grillmöglichkeiten und sicheres Parken (Garagen).

Veronika Bed & Breakfast $ **(5)**, 5 Dolphin St., Swakopmund, ① 064/404915, holiday@ veronika-bed-and-breakfast.com, www.veronika-bed-and-breakfast.com. Ab 490 N$ pro DZ mit Frühstück. Lage: ziemlich zentral und in unmittelbarer Nähe zum Strand. Beschreibung: fünf individuell gestaltete Zimmer verschiedener Größe, außerdem Frühstücksraum und Lounge mit kostenlosem Kaffee und Tee den ganzen Tag über.

Anandi Ocean View Guesthouse $, 14 Nelken St., ① 064/406553, anandiswakop@ iway.na, www.anandiguesthouse.com. 650 N$/DZ nur Übernachtung (Hochsaison 750 N$). Beschreibung: etwa 5 km nördlich des Zentrums im Stadtteil Ocean View. Einfach, aber zweckmäßig ausgestattete Doppelzimmer, auch ein Selbstversorger-Apartment mit 2 Schlafzimmern. Netter Inhaber.

Preiswert-Tipps für Übernachtungen und Unterkünfte für Selbstversorger

Dünenblick Self Catering Apartments $–$$ **(16)**, 37 Riverside Ave., ① 064/ 463979, www.selfcatering-swakopmund.com. Ca. 700–1.200 N$/2 Personen, auch größere Apartments und Häuser mit 2 bis 4 Schlafzimmern (ca. 1.600–4.700 N$).

Swakopmund Restcamp $ **(26)**, Roon St., ① 064/4104618, Handy 0811/285893, restcamp@swkmun.com.na, www.swakopmund-restcamp.com. Beschreibung: Fischerhütte mit zwei Betten und Küche ab ca. 300 N$, weitere Häuschen mit bis zu sechs Betten zwischen 370 und 870 N$ (an Feiertagen und zur Hochsaison etwas teurer), immer inkl. Bettwäsche. Lage: am südlichen Ortsrand gelegen. Saubere, einfache Unterkünfte.

Alternative Space Backpackers $, 167 Anton Lubowski Ave., ① 064/402713, nam00352@mweb.com.na. 350 N$ (ab Oktober 2012: 375 N$) p. P. inkl. Frühstücksbuffet. Lage: in Zentrumsnähe und ruhig gelegen. Beschreibung: für Backpacker eine gute Adresse, Küchennutzung, sicheres Parken, der Preis beinhaltet Frühstück. TV-Lounge, Bibliothek. Freitags Fischbraai.

Desert Sky Backpackers $ **(21)**, 35 Lazarett St., ① 064/402339, talital@iway.na. Mehrbettzimmer p. P. 130 N$, DZ ab 390 N$, Familienzimmer ab 560 N$, Camping 110 N$ p. P. Lage: am Stadtrand in Strandnähe. Beschreibung: TV Lounge, Küche für Selbstversorger, Internetzugang. Terrasse mit Meerblick, sehr freundliche Inhaber.

Sophia Dale Restcamp $, ① 064/403264, sophia@mweb.com.na, www.sophiadale.org. Rondavels für 4 Personen 800 N$, „Königshaus" 660 N$/DZ – erstere sind für Selbstversorger eingerichtet. Camping: 90 N$ p. P. Lage: 12 km östlich von Swakopmund. Von der B 2 geht es in die 1901. Nach ca. 800 m erreicht man das Anwesen. Beschreibung: sauberes, preiswertes Camp außerhalb der Nebelzone (sehr wichtiger Vorteil!) – morgens ist es dann nicht so ungemütlich kühl wie in Swakopmund. Sehr nette Gastgeber. Mit Restaurant und Biergarten.

Sandcastle Apartments $ **(2)**, 4 Woker St., ① 064/403632, mail@sandcastle-swakop mund.com, www.sandcastle-swakopmund.com. Ab ca. 780 N$/2-Personen-Apartment (Selbstversorger). Beschreibung: 4 unterschiedlich große und individuell eingerichtete Apartments für 2 bis 6 Personen. Angenehme Atmosphäre in Strandnähe.

**Sandfields Guesthouse $$**, 11 Sphinx St. (direkt um die Ecke der Sandcastle Apartments), ☉ 064/463136, www.sandfieldsguesthouse.com, 510 N$ p.P. im DZ. Beschreibung: 5 helle Zimmer mit Dusche/WC, auch Familienzimmer. Sehr hilfsbereite Gastgeber und leckeres Frühstück.

Camping
Alte Brücke $ (27), am Ende der Strandstraße hinter Hotel-Pension Adler, ☉ 064/404918, info@altebrucke.com, www.altebrucke.com. Ab ca. 300 N$ (Stellplatz/2 Personen). Beschreibung: sehr gepflegte Plätze mit Rasenfläche, Grillplatz, Wasser, Licht und eigener Dusche. Aus der Nähe hört man das Rauschen des Atlantiks. Es werden auch unterschiedlich große, gut ausgestattete Chalets für Selbstversorger vermietet (ab ca. 450 N$ p. P.).

**Meile 4 Caravan Park $**, ☉ 064/461781, www.mile4swkp.com. Stellplatz 55 N$ zzgl. 55 N$ p. P. (Dez/Jan: Stellplatz ab 180 N$ zzgl. 50 N$ p. P.). Lage: 8 km nördlich von Swakopmund, Anfahrt über C 14. Beschreibung: Hier werden Stellplätze und einfache Bungalows angeboten.

Weitere direkt am Meer gelegene Campingplätze nördlich von Swakopmund und südlich des Ugab-Rivier (keine Rasthütten!) sind Meile 14 (ziemlich verschmutzt, unbedacht), Meile 72, Meile 108 und Jakallsputz. Alle diese Campingplätze sind buchbar über Namibia Wildlife Resorts (Adresse s. o.).

Restaurants
Platform One Restaurant (1), im Swakopmund Hotel & Entertainment Centre (ehemaliger Bahnhof, 2nd Bahnhof Street), ☉ 064/400800. Elegantes Restaurant in Stadtnähe – und dazu (im Vergleich zum Standard des Hotels) erstaunlich preiswert. Täglich gibt es wechselnde Buffets. Die Bedienung ist sehr professionell.

Swakopmund Brauhaus (2), Mall zwischen Tobias Hainyeko St. und Hendrik Witbooi St., ☉ 064/402214, nördlich der Sam Nujoma Avenue. Bestes Restaurant für deutsches Essen und natürlich für Bier. Leckere Gerichte, großzügige Portionen zu vernünftigen Preisen. Täglich zum Frühstück von 10–11, zum Mittag von 11–14.30 und zum Abendessen von 18–21.30 Uhr geöffnet, Sonntag geschlossen. Oft größere Gruppen – entsprechend laut.

The Tug (9), nahe der Jetty und der Arnold Schad Promenade, direkt am Meer, ☉ 064/402356. Sehr originelle Architektur und urige Atmosphäre, schöner Ausblick aufs Meer, tolle Fischgerichte. Reservierung dringend empfohlen, wochentags nur abends, Sa und So auch mittags geöffnet. Die teurere Variante zu den o. a. Restaurants, aber allemal das Geld wert.

Café Anton (4), Ecke Bismarck/Daniel Tongarero Ave., ☉ 064/400331, www.schweizerhaus.net/cafe_anton.htm, bekannt für seine Schwarzwälder Kirschtorte, abends nun auch ab 19–21 Uhr zum Abendessen geöffnet. Gute vegetarische und Seafood-Gerichte. Gutes Preis-Leistungs-Verhältnis.

Kücki's Pub Restaurant (7), Tobias Hainyeko St., ☉ 064/402407, Steaks, Fischgerichte und Pizzas, rustikale Atmosphäre, „locker". Immer noch der beste Pub der Stadt und Treffpunkt der Einheimischen. Das 1981 eröffnete Pub gehört Wolfgang Kühhirt („Kücki"), der das deutsche Kneipenkonzept nach Namibia brachte. Dies war im früheren Südwestafrika eine Neuerung, denn „die Damen gingen damals in die Ladies Bar, die Herren in die Saufbar und die Hungrigen in einen anonymen Speisesaal". Küche geöffnet 17.30–22 Uhr (Hochsaison 23 Uhr).

The Lighthouse (3), ☉ 064/400894, Strand Street gegenüber dem Museum. Schöner Blick aufs Meer, Pizza, Pasta und Fischgerichte zu angemessenen Preisen, sehr schöner Blick von der Terrasse während des Sonnenuntergangs.

De Kelder Restaurant (5), *Tobias Hainyeko St. (Einkaufspassage),* ① *064/2433. Von Insidern sehr gelobtes Restaurant mit ausgezeichnetem Essen und gutem Service bei Kerzenlicht. Und außerdem preiswert!*

Napolitana (6), *Nataniel Maxniliili St.,* ① *064/2773. Hier gibt es gute Pizzas und Pasta, preiswert.*

Grapevine Bistro Restaurant, *Wöhrmann-Brock-Passage beim Ankerplatz-Ausgang. Tagsüber Frühstück, Lunch und Snacks, nur Fr auch abends geöffnet. Nachfolger des nun geschlossenen Grapevine Restaurants in der Libertina Amathila Ave. Empfehlenswert.*

HAIKU Sushi & Wine Bar (8), *37 Tobias Hainyeko St, südlich vom Kuecki's Pub.* ① *064/406406. Frisches Sushi – das Kontrastprogramm zur deftigen Küche !*

@ **Internet-Café**

Swakopmund I-Café & Coffee Shop, *in der Woermann Brock Mall an der Tobias Hainyeko St., www.swakop.com/icafe, geöffnet Mo–Sa 7–22 Uhr, So 10–22 Uhr.*

🎁 **Einkaufen**

Schuhe: *Im Schuhladen, Kudu und Robbenschuhe Siebold* (① *064/404790), in der Nedbank Shopping Arcade an der Sam Nujoma Avenue können Sie die unverwüstlichen, bequemen Kudulederschuhe preiswert einkaufen.*

Bücher: *Die Swakopmunder Buchhandlung in der Sam Nujoma Street bietet als breites Sortiment deutschsprachige Literatur über Namibia an.*

Teppiche: *Die freundliche Jenny Carvill bietet in ihrem Karakulia Workshop Karakulteppiche bester Qualität mit landestypischen Mustern an. Teppiche können auch problemlos nach Europa versendet werden. Rakotoka St., P.O.Box 1258, Swakopmund,* ① *064/61415, www.karakulia.com.na. Das Unternehmen hat auch einen kleinen Shop in der Brauhaus-Arkade.*

Schmuck: *African Art Jewellers, Hendrik-Witbooi-St. (im Hansa Hotel-Gebäude) sowie Sam Nujoma Avenue,* ① *064/405566, www.aajewell.com.na, ist bekannt für ausgezeichneten handgefertigten Schmuck.*

Apotheke: *Swakopmunder Apotheke, Sam Nujoma Street*

Safarikleidung: *Safariland Holtz, Sam Nujoma Drive, erstklassige Auswahl von Safarikleidung, aber teuer. Günstiger im Namib Safari Shop,* ① *064/463214 (in der Brauhaus-Arkade neben Kudu- und Robbenschuhe Siebold), zu haben.*

✚ **Krankenhaus und Ambulanz**

Ambulanz: ① *064/405731*

Cottage Private Hospital, *Ecke Mosley und Franziska Van Neel Street,* ① *064/412200, www.mediclinic.co.za*

Bismarck Medical Center and Private Hospital, ① *064/405000/1, 17 20 Sam Nujoma Ave./Bismarck Street*

 Polizei

① *064/10111, Post und Garnisonstr., nahe beim Postamt*

 Post

Daniel Tjongarero und Garnison St.

Golf

Im **Rossmund Golf Club** kommen Golfer auf einem 18-Loch-Platz auf ihre Kosten. Montag geschlossen. ☎ 064/5644. Besucher sind herzlich willkommen. 5 km von Swakopmund in Richtung Windhoek an der B 2 gelegen.

Schwimmen

Sandstrand an der **Mole** *(vorsichtig: kalter Benguela-Strom, selbst im Hochsommer nur Nordseetemperaturen). Das alte Hallenschwimmbad wurde abgerissen und ein privater Investor baut derzeit eine neue Anlage mit Schwimmbad, Fitnesscenter und Geschäften. Die Eröffnung soll Anfang 2013 sein.*

Busverbindungen

Intercape *(☎ 061/227847). Abfahrt nach Walvis Bay Mo, Mi, Fr, Sa, 13.20 Uhr, 170 N$, und nach Windhoek, Fahrzeit 4 Std., am Mo, Mi, Fr und So. Abfahrt um 10.35 Uhr am Busterminal Ecke Roon und Brückenstr.*

Town Hoppers *(Infos und Buchung: Brauhaus Arkade Swakopmund), Mirja Senke, ☎ 064/407223, townhoppers@iway.na, www.namibiashuttle.com, es gibt einen täglich fahrenden Shuttle zwischen Windhoek und Swakopmund mit Minibussen. Der Transfer startet/endet in Swakopmund in der Tobias Hanyeko Street in der Nähe der Standard Bank, in Windhoek am Tourist Information Office gegenüber dem Kalahari Sands Hotel. Kosten p. P. pro Strecke ca. 250 N$, Dauer: ca. 4 Stunden mit Zwischenstopps in Usakos, Karibib, Wilhelmstal und Okahandja. Gegen einen kleinen Aufpreis kann man sich auch bis vor die Haustür bringen lassen.*

Nur für Hartgesottene: Schwimmen am Strand von Swakopmund

Zugverbindungen
TransNamib Starline (① 061/2982175) ab Bahnhof Schlosser St., nach Tsumeb (17 Std., Mo, Mi, Fr), über Otjiwaronogo (9 Std.)

Flugverbindungen
Walvis Bay–Windhoek *tgl. außer Samstag mit Air Namibia*
Walvis Bay–Johannesburg *tgl. mit SAA*
Walvis Bay–Kapstadt *direkt tgl. außer Sa mit Air Namibia und SAA, außerdem tgl. außer Sa über Windhoek mit Air Namibia*
Etosha (Mokuti) kann nur über Windhoek erreicht werden.

Autovermietung
AVIS, *im Swakopmund-Hotel & Entertainment Center,* ① 064/402527
BUDGET, *3 Moses Garoeb St.,* ① 064/463380
EUROPCAR, *32 Libertina Amathila St.,* ① 064/463812

Ausflüge von Swakopmund in den Dorob National Park
(ehemals National West Coast Recreation Area)

☞ **Hinweis**
2010 wurde das Gebiet zwischen dem Kuiseb-Delta (südlich von Walvis Bay) bis zum Ugab River im Norden zum **Dorob National Park** *erklärt. Die Straßen hier sind allemal Pkw-tauglich, die C 34 ist geteert. Zurzeit braucht man kein Permit außer für den Dünengürtel zwischen Langstrand und Walvis Bay. Aktuelle Infos beim Swakopmund Office Ministry of Environment and Tourism, Cnr. Bismarck St. & Sam Nujoma Ave.,* ① 064/404 576.

Kein Permit notwendig

… zu den Salzpfannen

Direkt nördlich von Swakopmund (8 km) wird in großen Anlagen Salz gewonnen (160.000 t/Jahr). Dazu ist es nötig, ca. 18 Millionen Liter Meereswasser täglich in die Verdunstungsbecken zu pumpen. Das Salz wird vor allem nach Südafrika geliefert, wo man es zur Herstellung von Plastik und anderem synthetischen Material benötigt. Schon in deutscher Zeit begann man mit der Salzproduktion.

Wie geht die Produktion nun vor sich? Zunächst einmal wird Seewasser in flache Pfannen geführt. Durch Verdunstung erhöht sich der Salzgehalt immer mehr, bis er 17 % erreicht und sich Kalziumsulfat ablagert. Wenn der Salzgehalt 25 % erreicht, wird die Lösung in Verdunstungsbecken übergeführt, wo Natriumchlorid kristallisiert. Das Salz wird danach abgeschabt, gewaschen, gereinigt und getrocknet. Das aufbereitete Endprodukt hat dann einen Reinheitsgrad von 99,6 %. Die Richwater Oyster Company nutzt seit einigen Jahren die Salzgewinnungsanlagen als **Austernzucht**-Stätte (Aqua-Farming). Die Muschelsaat wird aus Guernsey importiert. Unter Hinzuführung von frischem Meerwasser erreichen die Muscheln innerhalb von nur einem Jahr ein Gewicht von ca. 135 g. Danach werden die Muscheln mit einer Mindestgröße von 12 mm in die Verdunstungs-

Austernzucht

Südliche Skelettküste – Dorob National Park

pfannen gesetzt. Nach weiteren 12 Monaten haben die Austern aufgrund des plankton-
reichen Wassers ihr Verkaufsgewicht erreicht. Da die namibischen Meeresgewässer sehr
sauber sind, steht dem Austerngenuss nichts im Wege!

… zu den Camping- und Badeplätzen

Nördlich von Swakopmund gibt es eine **große Anzahl direkt am Strand gelegener Campingplätze**: Meile 14, Meile 72, Meile 108, Jakkalsputz. Weitere Übernachtungsmöglichkeiten gibt es im nördlich davon gelegenen Skelettküsten-Park (s. S. 338).

Torra Bay: Dieses Camp ist nur in der Zeit vom 1. Dezember bis 31. Januar geöffnet   *Buchungs-*
(zu buchen bei der Naturschutz-Behörde in Windhoek). Ohne Buchungsbestätigung   *bestäti-*
kann man in Torra Bay nicht übernachten. Benzin, Feuerholz und Trinkwasser ist in die-   *gung*
sem Camp nur während der Öffnungszeiten erhältlich.   *notwendig*

> **!** **Achtung**
> *Der Ugab River (Kontrollposten) darf auf dem Weg in den Park nur bis 15 Uhr über-*
> *quert werden, den Kontrollpunkt bei Springbokwater (C 3245 vom Damaraland) muss man*
> *spätestens um 17 Uhr erreichen.*

… zum Robbenreservat Cape Cross

Am Kreuzkap errichtete **Diego Cão 1486** zu Ehren König Johannes von Portugal ein
padro (Kreuz). Er war wohl der erste Europäer, der südwestafrikanisches Gebiet be-

Robbenkolonie Cape Cross

Symbo-
lische
Kreuze

trat. Vorbeifahrende Schiffe sahen dieses Kreuz später von See aus auf ihrem Wege von der Kongomündung über Angola und Cape Cross weiter nach Lüderitz. Es war Brauch der Portugiesen, überall dort, wo sie landeten, ein Holz- oder Kalksandstein-Kreuz zu errichten.

Die Kreuze hatten verschiedene Funktionen:
* Symbolträger für das **Christentum**,
* Dokumentierung des Rechtes der **Besitzergreifung**,
* **Landmarke** für vorbeifahrende Schiffe.

Als Deutsch-Südwestafrika etabliert wurde, schickte man sich 1884 sofort an, einen besseren Hafen als Swakopmund zu suchen. Kapitän Becker mit dem deutschen Kreuzer „Falke" sollte diese Aufgabe lösen. 1892 fiel ihm das Kreuzkap auf, er fuhr aber weiter nach Swakopmund, um zusammen mit von François zum Kreuzkap zurückzufahren. Dieser war aber gerade in Windhoek; sein Assessor Köhler begleitete deshalb Becker. Man stellte fest, dass hier bei nicht zu stürmischer See Landemöglichkeiten für Schiffe bestehen würden. Doch dieser Ankerplatz hatte einen entscheidenden Nachteil: Man fand kein Wasser!

Auf der Suche nach Wasser stießen Leute von Becker auf das inzwischen halb umgestürzte Steinkreuz, das man nach Deutschland mitnahm. Es gelangte schließlich nach Berlin in ein Museum. Ersatzweise stellte Becker am Kreuzkap ein 5 m hohes Holzkreuz auf. 1895 wurde hier dann eine aus Deutschland gebrachte Nachbildung des Originalkreuzes aufgestellt. Bald darauf (1895) machte sich von François auf einen Fußmarsch zum Kreuzkap auf, der sieben Tage dauerte. Auch er fand keine geeignete Alternative. Trotzdem sollte der abgelegene Platz für einige Zeit ein wirtschaftlicher Mittelpunkt werden: Am Kreuzkap tummelten sich Tausende von **Robben**, die seit dem 17. Jahrhundert wegen ihres Fleisches, des Öls und der Felle heiß begehrt waren. Auch **Guano-Lager** gab es in der Gegend, und zwar auf kleinen Erhebungen, die auf der Salzfläche lagen (einem Teil des früheren Meeres, das dann ausgetrocknet ist).

Guano-
Abbau

Der Engländer Matthews entdeckte 1894 die Robben und Guano-Lager im Auftrage der Deutschen Kolonialgesellschaft. Was er aber verschwieg, war das Auffinden der Guano-Lager. Einer seiner Verwandten stellte an die Gesellschaft den Antrag zur Robbenjagd und zum Guano-Abbau. Ohne Ahnung von den Guano-Lagern zu haben, vergab die Gesellschaft für jährlich 500 Pfund für 10 Jahre die Konzession. So arbeiteten 1895 etwa 100 Menschen am Kreuzkap. Süßwasser kondensierte man. Allein in den ersten drei Monaten wurden 6.000 t Guano abgebaut, wofür die Deutschen 135.000 RM allein an Zöllen kassierten. Im gleichen Zeitraum wurden 2.500 Robbenfelle ausgeführt.

1903 neigten sich die Guano-Lager dem Ende zu; auch der Robbenbestand war sehr stark dezimiert, und die wirtschaftlichen Aktivitäten liefen aus. Auch heute noch werden in Namibia Robben Robben geschlachtet (culling), weil ihre Felle nach wie vor begehrt sind, aber auch, weil sie angeblich zu viele Fische fressen (zwischen 1. August und 15. November, allerdings nur zu bestimmten Zeiten).

Am Kreuzkap leben etwa 250.000 Seebären (allg. als Pelzrobbe, manchmal auch als Ohrenrobbe oder Seelöwe bezeichnet).

Die Robbenkolonie bei Cape Cross ist deshalb so groß, weil hier der Plankton-Gehalt des Benguela-Stromes für **Fischreichtum** sorgt. Die felsige Landzunge und Kieselstein-strände machen diesen Platz zusätzlich attraktiv. Insgesamt gibt es an der Küste Nami-bias 23 Robbenkolonien, die zusammen ca. eine Million Tiere aufweisen.

1 Million Robben

Die Verarbeitung der geschlachteten Tiere geschieht ohne Rückstände. Man gewinnt u. a. Knochenmehl und verschiedene Öle, die der Parfümherstellung dienen.

☞ **Hinweis für Besucher: nichts für sensible Nasen…**
Vorsicht: An Robbenkolonien stinkt es fürchterlich – also erwarten Sie kein „pures" Ver-gnügen. Nach einiger Zeit gewöhnen sich die meisten Besucher an den Gestank. Besonders empfindlichen Besuchern sei ein Taschentuch als Nasen-/Mundschutz empfohlen…

Informationen über die Pelzrobben

info

Die Pelzrobbe wird auch als Seelöwe oder Ohrenrobbe bezeichnet, und zwar in Abgrenzung zu der Robbenart, die keine Ohren hat. Die Zwergpelzrobbe ist eine der drei Robbenarten, die an der Küste zwischen Südangola und der Algoabucht heimisch sind. Normalerweise sind die Zwerg-pelzrobben standortgebunden, doch vereinzelt auch auf Wanderschaft. Es soll schon Robben ge-geben haben, die innerhalb von 20 Monaten 1.600 km bis zur Kapküste und wieder zum Kreuz-kap zurück geschwommen sind. Das ganze Jahr über gibt es hier am Kreuzkap Robben.

Außerhalb der Paarungszeit sieht man kaum Bullen in der Kolonie; sie kommen erst im Oktober an Land, um ihren „Haremsbezirk" zu besetzen. Ausgewachsene Bullen können bis zu 190 kg schwer werden, doch zu Beginn der Brunftzeit sind sie so fett gefressen, dass sie es auf ein Gewicht bis zu 360 kg bringen können. Diese Fettreserven verbrauchen sie innerhalb der nächsten sechs Wochen, da sie ihre Territorien mit viel Kraftaufwand verteidigen müssen. Die Kühe sind erheb-lich kleiner als die Bullen und wiegen nur bis zu 75 kg. Ein paar Wochen nach den Bullen kom-men die trächtigen Kühe an Land, um hier ein einziges Junges zu gebären. Die Tragzeit dauert ca. acht Monate. Etwa fünf bis 25 Kühe bilden den Harem eines Bullen, und bereits sieben Tage nach der Geburt beginnt wieder die Brunftzeit. Folglich ist eine Robbenkuh praktisch bis auf we-nige Tage im Jahr trächtig.

Die meisten Robben werden gegen Ende November/Anfang Dezember geboren. Ihr Geburtsge-wicht beträgt 4,5–7 kg, ihre Pelze sind pechschwarz. Schon eine Stunde nach der Geburt begin-nen die Jungen, bei der Mutter zu saugen. Die Mutter entwickelt eine sehr starke Bindung zu ih-rem Nachwuchs. Doch sie muss ihr Junges verlassen und wegen der Nahrungssuche aufs Meer hinausschwimmen. Durch gegenseitiges Rufen finden sich Mutter und Kind wieder. Fast ein Jahr säugt die Mutter ihr Junges. Im Alter von vier bis fünf Monaten beginnen die Kleinen, Schalen-tiere und kleine Fische zu fressen. Und im Alter von sieben Monaten können sie bereits bis zu vier Tage im Wasser bleiben.

Die natürliche Sterblichkeitsrate der Kreuzkap-Robben beträgt ca. 27 % der Geburtenziffer. Vor allem in der ersten Lebenswoche sind die Kleinen stark gefährdet. Die häufigsten Todesursachen sind:
- **Frühgeburten**,
- **Verletzungen**, indem ein großes Tier im Gedränge ein kleines zermalmt,

info

- **Ertrinken,**
- **Verhungern**, wenn die Mutter stirbt,
- auch **Schakale und Strandwölfe** trachten den jungen Robben nach dem Leben: Ca. 25 % der Todesfälle gehen auf ihr Konto.

Der Robbenpelz fühlt sich sehr weich und geschmeidig an. Die Zwergpelzrobbe besitzt eine dichte Schicht kurzer Haare unter einer Deckschicht längerer und gröberer Schutzhaare. Die obere Haarschicht wird im Wasser nass, die unteren feinen Haare bleiben trocken und bilden eine Isolierschicht. Auch die Fettschicht sorgt für eine weitere Isolierung. Die Robben können auf diese Weise als Warmblüter mit einer Körpertemperatur von 37 °C längere Zeit in den 10–15 °C kalten Fluten des Benguela-Stroms aushalten.

Wovon ernähren sich Robben? Zu 50 % leben sie von kleinen Fischen, wie der Bastardmakrele und der Sardine, die in Schwärmen leben. Aber auch Krustentiere und Tintenfische werden nicht verschmäht. Bei alten Robben fand man in den Mägen sogar Kies und Steine, die vor allem verdauungsfördernd sind, aber auch dazu dienen, das Gleichgewicht besser zu halten.

Robben fressen eine große Menge an Fischen, die ca. 8 % ihres Eigengewichtes entspricht. Kein Wunder, dass diese aktiven Tiere nicht zu den Freunden der Fischer zählen, denn außerdem beschädigen sie oft auch deren Netze.

Reisepraktische Informationen Cape Cross

Anfahrt
Auf guter Pad fahren Sie in nördliche Richtung 125 km entlang der Küste über Wlotzkasbaken und Henties Bay.

Öffnungszeiten
Das Robbenreservat ist täglich (ganzjährig) von 10–17 Uhr geöffnet. Trinkwasser und Toiletten sind vorhanden. Motorräder sind nicht zugelassen!

Unterkunft
**Cape Cross Lodge $$**, *Henties Bay, Reservierung: ① 064/461677, info@cape cross.org, www.capecross.org. Doppelzimmer ab 970 N$ p. P. mit Halbpension, Ausflug zu den Robben ab 110 N$. Beschreibung: 4 km südlich der Cape Cross Robbenkolonie, 60 km nördlich von Henties Bay. Moderner, zweckmäßiger Hotelbau, helle, große Räume, vernünftiges Essen. Ausflüge mit Quadbikes und Mountain Bikes sind möglich. Das Restaurant steht auch Besuchern von Cape Cross zur Verfügung*

… zur Welwitschia mirabilis

Es gibt u. a. zwei Möglichkeiten, diese Pflanzen zu sehen:
- Um zur **Welwitschia-Fläche** zu gelangen, müssen Sie sich zuerst im Touristen-Büro in Swakopmund eine Erlaubnis besorgen.

Welwitschia Mirabilis

• **Ausgezeichnete Welwitschia-Pflanzen** kann man entlang der Pad 2342 südlich des Brandbergs auf dem Weg nach Uis Myn bewundern. Meiner Meinung nach sieht man hier die schönsten Exemplare dieser Gattung. Sie fahren die Straße 2301 weitere 30 km von der Abzweigung nach Cape Cross nordwärts. Dann biegen Sie landeinwärts auf die Pad 2303 ab und stoßen nach 65 km auf die 2342, die der „Welwitschia-Highway" genannt wird. Der späte Nachmittag, wenn die Sonne das Brandberg-Massiv anstrahlt, ist die beste Zeit zum Fotografieren. Doch **Vorsicht**: Teile der Strecke sind in sehr schlechtem Zustand und damit für normale Pkw und

Charly – der legendäre „Wüstenfuchs"

Charly – er war ein Begriff für Safaris in die Umgebung von Swakopmund. Ende der 1970er-Jahre zeigte er mir „seine Wüste". Hier fühlte er sich zu Hause – und lange vor dem touristischen Boom führte er interessierte Besucher in die Geheimnisse von Fauna, Flora und Geologie der Namib ein. Wie kein anderer kannte er sich in den Gebieten zwischen Khan- und Swakop-Rivier aus. Er gründete auch das Safari-Unternehmen „Charly's Desert Tours". Ihm ist es zu verdanken, dass auch nach seinem Tode Tausende von Besuchern die Chance haben, auf geführten Touren Details der faszinierenden Natur in der Umgebung Swakopmunds kennenzulernen. Zweifelsohne gehört Charly zur Riege der Safari-Pioniere.

Camper nicht geeignet! Für Allradfahrzeuge ist diese Strecke jedoch problemlos befahrbar. Besonders am Westrand des Brandberges gibt es herrliche Gelegenheiten wild zu campieren.

Exkursion für Pflanzen- und Landschafts-Liebhaber zur Welwitschia-Fläche

Für Pflanzenkundler, Mineralogen und Landschaftsliebhaber gibt es einen hochinteressanten **Ausflug in die Umgebung von Swakopmund** (hin und zurück ca. 160 km). Dieser Ausflug wird auch als Halbtages-Safari ab Swakopmund angeboten.

„Welwitschia Highway"

Reisepraktische Informationen Welwitschia Drive

Anfahrt

Von Swakopmund aus folgen Sie ca. 3,5 km der B 2 in Richtung Usakos und biegen dann nach rechts in die C 28 ein. Nach ca. 17 km auf dieser Pad zweigen Sie nach links (Nordosten) in die Pad 1991 ab und befinden sich auf der „Welwitschia-Route". Entlang des Weges sind die einzelnen naturkundlichen Sehenswürdigkeiten mit Nummern-Steintafeln gekennzeichnet. Die Pad ist teilweise in schlechtem Zustand und mit einem normalen Pkw nur schwer zu befahren. Also wenn Sie kein Allradfahrzeug zur Verfügung haben, am besten eine Tour buchen. Gesamtstrecke: ca. 160 km, Fahrzeit ca. 4 Stunden (Pausen an den Haltepunkten eingerechnet).

Permit

Eine Erlaubnis ist erhältlich in den Büros von Namibia Wildlife Resorts. Im Tourismusbüro (Woermann-Haus, an der Tankstelle am Autohaus Kriess/Sam Nujoma Ave.) erhalten Sie eine detaillierte Karte.

Unterkunft

**Goanikontes Oase $$**, ☎ 064/405976, goanikontes-oasis@iway.na, Camping 100 N$ pro Stellplatz + 70 N$ p. P., DZ im Bungalow inkl. Frühstück 550 N$, A-Frame Haus 750 N$. Auf Bestellung auch Lunchpaket (45 N$) und Dinner (70 N$). Lage: von Swakopmund kommend sind es ab dem Abzweig C 28/D 1991 ca. 35 km bis Goanikontes; von der B2 (Windhoek) sind es ab dem Abzweig in die D 1991 noch ca. 19 km. Beschreibung: in idyllischer Umgebung am Swakop Rivier gelegene Unterkunft in Rundbungalows oder A-Frame-Häusern, zudem schöne Campingplätze mit Grillmöglichkeit. Ideal, wenn man in Ruhe die Einsamkeit genießen möchte.

**Wüstenquell $$**, info@wustenquell.com, www.wustenquell.com, ☎ 064/53081, Buchung über Eden Travel Consultancy, ☎ 061/234342, eden@mweb.com.na, DZ 460 p. P. inkl. Frühstück, Camping 100 N$. Lage: über die D 1910 von Swakopmund (Permit erforderlich) oder die D 1914 von Usakos (s. S. 347 und Karte S. 342). Von Swakopmund von der B2 rechts auf die C28 abbie-

Das „A-Frame"-Haus von Goanikontes

Faszinierende Landschaft bei Wüstenquell

gen, Richtung „Langer Heinrich Mine". Folgen Sie der C28 für ca. 40 km und biegen Sie dann Richtung Norden (links) auf die „Welwitschia Plains"-Straße. Nachdem man noch einmal durch den Swakop Rivier gefahren ist geht links eine kleine, private Straße von der Hauptstraße ab. Dort stehen Schilder. Das Farmtor ist verschlossen (Schlüssel hängt an einer Kette), dann sind es noch ca. 18 km. Beschreibung: Die 2011 von Verena und Oliver Rust übernommene Farm bietet zwei geschmackvoll eingerichtete Gästezimmer, mit Bad und Dusche, Kühlschrank und schattiger Veranda. Die drei landschaftlich sehr schön gelegenen Campingplätze (ca. 3 km vom Haupthaus) inmitten bizarr geformter Felsen sind äußerst empfehlenswert (Wasser, Dusche/WC, Schatten, Feuerstelle).

Flechten *(Xanthoma culina convoluta)* (1)

Auf den Besucher macht die Namib einen äußerst trockenen, leblosen Eindruck. Doch beim genaueren Hinschauen entdecken Sie Flechten, die hier aufgrund der morgendlichen und abendlichen Nebel überleben können. Sie haben sich lose über die Oberfläche ausgebreitet und sind in der Lage, in allen Rinnen und Furchen Wasser aufzunehmen. Flechten sind die ersten Pflanzen überhaupt, die sich über kahle Stellen ausbreiten und so den Boden vor Erosion schützen.

Schutz vor Erosion

Die primären Wachstumsbedingungen für Flechten sind Feuchtigkeit, kühle Temperaturen und niedrige Lichtintensität. Die wichtigste Bedingung ist aber Feuchtigkeit! Nehmen Sie auf diese Exkursion etwas Wasser mit und gießen Sie es über die Flechten: Sie werden beobachten, wie schnell die Pflanzen ihre Farbe verändern. Flechten können lange Dürreperioden überstehen, doch sie können u. U. die ersten Lebewesen sein, die z. B. aufgrund von Umweltverschmutzung sterben.

Talersträucher *(Zygophyllum stapffii)* (2/6)

Ihren lateinischen Namen erhielten die Talerbüsche nach dem Geologen Stapff, der 1885/86 im Kuiseb-Tal geologische Studien betrieb. Talerbüsche sind endemisch, d. h., sie kommen nur in der Namib vor. Die sukkulenten Blätter erinnern in ihrer Form an Taler. Der Strauch benötigt außer Tau und Nebel auch Grundwasser.

Interessant: Während der Mittagshitze wenden sich die Blattränder der Sonne zu, um dadurch die Verdunstung zu minimieren. Talersträucher können auch sehr gut salzige Stellen aushalten.

Ochsenwagenspuren (3)

An dieser Stelle kann man die jahrzehntealten Spuren von Ochsenwagen sehen. Hier verlief einst der Baaiweg, auf dem der Verkehr zwischen Küste und Binnenland „rollte". Noch immer hat die Natur diese Schäden nicht ausgleichen können. Deshalb ist es wichtig, nur auf den angelegten Wegen zu fahren. Dieser Hinweis gilt vor allem für alle Fahrer von Allradwagen!

Bedenken Sie: Flechten haben das sagenhafte Wachstumstempo von weniger als 1 mm/Jahr!

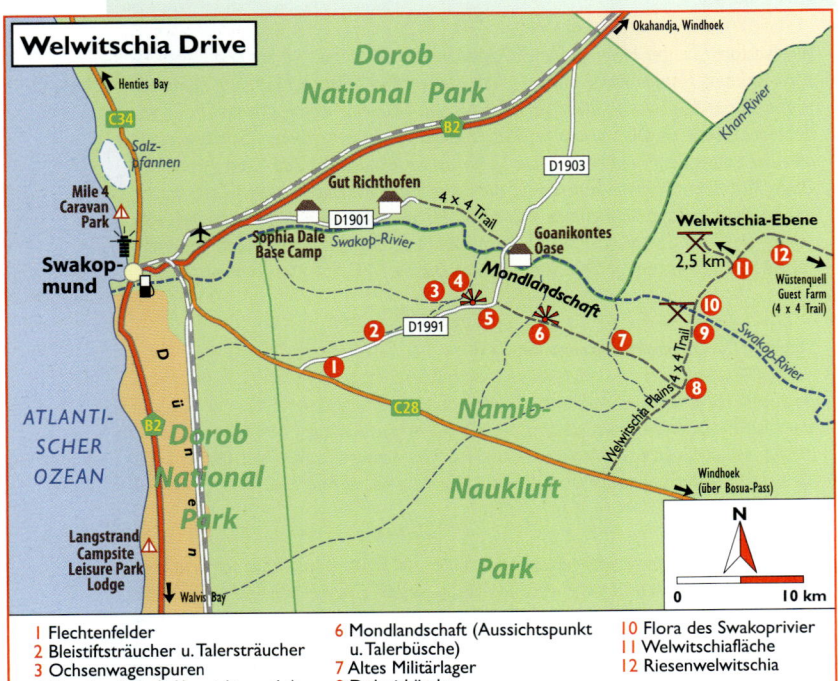

Welwitschia Drive

1 Flechtenfelder	6 Mondlandschaft (Aussichtspunkt
2 Bleistiftsträucher u. Talersträucher	u. Talerbüsche)
3 Ochsenwagenspuren	7 Altes Militärlager
4 Mondlandschaft (Aussichtspunkt)	8 Doleritbänder
5 Flechtenfeld	9 Hoodia
	10 Flora des Swakoprivier
	11 Welwitschiafläche
	12 Riesenwelwitschia

© graphic

Mondlandschaft (4/6)

Der Swakop hat sich in der geologischen Vergangenheit in die weicheren Gesteine hineinge-fressen. Ergebnis ist eine wirklich sehenswerte „Mondlandschaft", wenn auch ohne Krater. Besonders in der späten Nachmittagssonne kann man hier beeindruckende Fotos schießen. *Fototipp*

Flechtenfelder (1)

Diese Stellen sind besonders flechtenreich. Es gibt eine Unmenge unterschiedlich aussehen-der Arten. Manchmal haben die Flechten fast die gleiche Farbe wie der Boden.

Alte Kettenraupenfahrzeuge (7)

Diese unschönen Relikte stammen aus dem Jahre 1915 und sind Reste eines Lagers, das die südafrikanische Armee hier für kurze Zeit unterhielt. *Unschöne Relikte*

Dolerit-Gesteine (8)

An der Weggabelung muss man nach links fahren, um an dieser Stelle vorbei ins Swakop-tal zu gelangen. Das schwarze Dolerit-Band zieht sich deutlich über die Berge. Es verwittert langsamer als das Umgebungsgestein. Als Dolerit bezeichnet man einen mittel- bis grob-körnigen Basalt. Man kann am Berg deutlich sehen, wie das dunkle Dolerit als flüssige La-va in den Granit des Ur-Gebirges eindrang.

Swakop-Rivier

Die Fahrt hinunter in das Tal des Swakop ist ein Erlebnis. Schlagartig verändert sich die Ve-getation, die nun üppig wird. Im Tal des Flusses – der zumeist trocken ist – kann man u. a. die verschiedenen Akazienarten Namibias exemplarisch bewundern.

Die große Welwitschia mirabilis (12)

Diese Riesen-Welwitschia hat wahrscheinlich ein Alter von ca. 1.500 Jahren. An ihr wird deutlich, weshalb man sie als ein „lebendes Fossil" bezeichnet.
Der Artname „mirabilis" stammt aus dem Lateinischen und heißt so viel wie „wunderbar". Der Gattungsname dieser Pflanze Welwitschia geht auf den Namen des Botanikers *F.M.J. Welwitsch* zurück, der 1806–1872 lebte. Bei einer Forschungsreise entdeckte dieser öster-reichische Wissenschaftler die nie zuvor in der Literatur erwähnte Pflanze. Als er sie am 3. September 1859 das erste Mal sah, soll er ausgerufen haben: *„Ich bin überzeugt, das Schönste und Herrlichste gesehen zu haben, was die Tropenländer Südafrikas darbieten können!"* (aus: Bannister & Johnson, a.a.O., S.34) *„...das Schönste und Herr-lichste..."*

Die Welwitschia mirabilis gehört zur Gruppe der Sukkulenten (s. a. Ausführungen Köcher-baumwald). Ihr Hauptverbreitungsgebiet ist ein relativ schmaler Streifen, der sich von Na-mibias Namib-Wüste bis nach Südangola hinzieht. Während in der Namib bei Swakopmund die Pflanzen sehr alt sind, findet man jüngere Pflanzen erst ab Khorixas und dann weiter nach Südangola. Die Ursache ist der von Süden nach Norden zunehmende Niederschlag, der jungen Pflanzen die Chance zum Leben gibt. Ich selbst habe junge Welwitschia mira-bilis 1986 gesehen, und zwar bei einer Durchquerung der Namib von der Skelettküste ins Damaraland (auf der Pad von Torra Bay nach Khorixas). Natürlich stehen alle diese Pflan-zen unter Naturschutz, wie übrigens alle Sukkulenten.
Die Verbreitung der Welwitschia mirabilis scheint durch den Wind erfolgt zu sein. Es wird vermutet, dass die nun trockene Schwemmlandebene in der Umgebung von Swakopmund

die Urheimat der Pflanze ist und die vorherrschenden südwestlichen Winde für die Verbreitung nach Nordosten gesorgt haben.

Wie ist die Welwitschia mirabilis aufgebaut?

Der rübenförmige Stamm kann bis zu 3 m tief in der Erde stecken. Die Welwitschia mirabilis hat Pfahlwurzeln, die viele Verzweigungen haben. Außer den beiden Keimblättern entwickelt die Pflanze nur zwei sehr lange, lederartige Blätter mit Zellulosefasern, die am Stamm beginnen und zum Ende hin zerschlissen sind. Diese Blätter liegen auf dem Boden auf und werden daher durch den Wind zerzaust. Wenn die Blätter mit dem heißen Wüstensand in Berührung kommen, verdorren sie. Es sieht dann so aus, als ob sie verbrannt seien. Wenn allerdings die Blätter absterben, stirbt die ganze Pflanze.

Die beiden Keimblätter haben eine olivgrüne Farbe. Die getrennt geschlechtlichen Blüten stehen in rispigen Blütenständen. Die weibliche Blüte sieht Kiefernzapfen ähnlich. In der Mitte befindet sich die Samenanlage. Hier suchen Tiere (z. B. Bienen, Fliegen, Hummeln) in der Blütezeit Nektar. Manchmal fressen bzw. knabbern auch Zebras, Gazellen und Oryx-Antilopen an der Pflanze. Auch anderen Tieren bietet die Welwitschia mirabilis Schatten, Schutz und Nahrung: z. B. Schlangen, Spinnen, Echsen, Skorpionen.

Über die Wasserversorgung der Welwitschia mirabilis gibt es viele Vermutungen. Man nahm an, dass sehr tief reichende Pfahlwurzeln Grundwasserreservoire anzapfen würden. Doch mittlerweile weiß man, dass keine noch so lange Pfahlwurzel den tiefen Grundwasserspiegel erreichen könnte. Bei freigelegten Pflanzen fand man heraus, dass die rübenförmige Wurzel eine Länge von nur 50–100 cm hat. Von ihr gehen weit verzweigte, feine Haarwurzeln aus. An den Blättern der Welwitschia mirabilis kondensiert der Nebel, die Tropfen fallen auf den Boden und führen zu einer leichten Durchfeuchtung. (nach: Giess, Dinteria 3/1969, S. 6)

Dr. Friedrich Welwitsch (1806–1872) – „Vater" der Welwitschia mirabilis

info

Der Name dieser einmaligen Pflanze geht auf den Botaniker Dr. Welwitsch zurück, der 1806 in Kärnten geboren wurde. Zuerst sollte er Rechtswissenschaften studieren, um das berufliche Erbe seines Vaters anzutreten. Doch er bevorzugte das Studium der Medizin und der Naturwissenschaften. Der Vater nahm ihm dies übel und entzog ihm jede weitere Unterstützung. Dr. Welwitsch unternahm zunächst Wanderungen in der Umgebung von Wien und im Alpenland, wobei er botanische Studien betrieb. Einige Jahre später wurde er Direktor des Botanischen Gartens in Lissabon und erhielt hier eine Professur. 1853 berief ihn die portugiesische Regierung zur Erforschung der Tier- und Pflanzenwelt in die Kolonie Angola. Dr. Welwitsch wagte sich bis an die Skelettküste vor und entdeckte hier die typischen Formen der Trockenvegetation, u. a. auch die nach ihm benannte Welwitschia mirabilis.

Nachdem Dr. Welwitsch von seinen Forschungsreisen aus Angola zurückkehrte (sein Aufenthalt in Afrika währte 12 Jahre) beschloss er, in London nahe dem Natural History Museum und den Royal Botanical Gardens zu leben. Bis zu seinem Tode 1872 arbeitete er unermüdlich. Auf seinem Grabstein auf dem Kensal Green Cemetery in London ist eine Welwitschia eingraviert.

Van Stryk Mine
Dies ist ein kleines, von Hand ausgeschachtetes Eisenbergwerk, das bis in die 50er-Jahre in Betrieb war.

Nun geht es auf der Pad C 28 nach Westen zurück nach Swakopmund.

Zurück nach Swakopmund

Euphorbien und Lithops – häufig anzutreffende Sukkulenten

info

In den namibischen Wüsten- und Halbwüstengebieten findet man noch andere Sukkulenten, wie z. B. Arten der Gattung Euphorbien und Lithops („Lebende Steine").

Euphorbia

Auf Ihrer Fahrt werden Sie sicherlich auch einige Arten der Gattung Euphorbia kennenlernen. Sie gehören zur Familie der Wolfsmilchgewächse (Euphorbiaceae). Es gibt eine Vielzahl von Euphorbien, sodass es zur genauen Unterscheidung der Arten einer eingehenden Bestimmung bedarf. Diese Pflanzen sind ein Musterbeispiel für eine konsequente Nutzung und Speicherung von Wasser und gehören zu den adaptionsfähigsten Sukkulenten:
- ihr Stamm ist in die Erde verlegt,
- ihre Außenteile haben einen wachsartigen Verdunstungsschutz,
- die Transpiration wird durch viele feine Härchen eingeschränkt,
- Stamm und Äste sind rau und gerieffelt, was weiteren Verdunstungsschutz bietet,
- Stacheln, Dornen und giftige bzw. brennende Säfte dienen dem Schutz vor Tierfraß.

Lithops

Diese genügsamen Pflanzen haben ihren Stammplatz im Sand oder im Gesteinsschutt. In der feuchten Jahreszeit sind die beiden dickfleischigen Blätter, zwischen denen die Blüte erscheint, prall mit Wasser gefüllt. Lithops-Arten können lange Dürreperioden überleben. Auch bei dieser Pflanzengattung gibt es zahlreiche Arten und Unterarten.

Weiterfahrt

- Der vorgeschlagenen Hauptroute folgen (s. S. 339)
- Zur Skelettküste (s. u.)
- Ins Erongo-Gebirge (Spitzkoppe, Ameib)

Zurück nach Windhoek/Alternativstrecken:
- Asphaltstrecke B 2 über Usakos, Karibib nach Okahandja, dann die B 1 nach Windhoek. Gesamtstrecke: 358 km = schnellste Strecke, oder:
- Schotterstrecke über die Pad C 28 (über den Bosua Pass mit 20 % Steigung; keine Tankstelle und kein Ort unterwegs). Landschaftlich eine schönere Strecke als die oben beschriebene, aber eben langsamer. Gesamt-Kilometer: 332 km

Entlang der Küste

Alternativstrecke von Swakopmund zur Skelettküste (Skeleton Coast Park)

Eine Naturpad zwischen Strand und Namib führt Sie entlang der Küste von Swakopmund Richtung Norden nach Terrace Bay. Die Strecke führt zunächst durch die National West Coast Recreation Area, nördlich des Ugab-Flusses in den Skeleton Coast National Park. Landschaftlich gesehen ist dieser Abschnitt **sehr einsam** und eher als etwas monoton zu bewerten. Auch das vorherrschende Wetter ist nicht dazu angetan,

Monoton für Sympathien zu werben: Es ist kühl bis kalt, sehr **oft nebelig**, selten klar. Stets weht *und* ein Wind, nur flache Dünen begleiten den Weg. Allerdings werden Freunde der unbe- *nebelig* rührten Natur hier sicherlich auf ihre Kosten kommen. Vor allem aber Angler mit Hochseeruten lieben die fischreichen Küstengewässer. Die Straße verläuft meistens mehrere Meilen vom Strand entfernt landeinwärts. Die „wahre" Skelettküste mit ihren besonders beeindruckenden Landschaften schließt sich erst nördlich von Terrace Bay an, doch dieses Gebiet ist privates Safari-Konzessionsgebiet und darf nur mit einer geführten Safari besucht werden. Terrace Bay selbst ist deshalb vor allem für **Angler** interessant.

Ansonsten gibt es hier allerdings kaum besondere Aktivitäten. Terrace Bay kann man jedoch als einen Zwischenstopp nach Norden wählen, wenn man über die Pad 3245 nach Twyfelfontein/Khorixas oder zur Palmwag Lodge weiterreisen möchte. Diese Strecke ist für normale Pkw tauglich.

Viele Wracks sind nur per Flug-Safari erreichbar

Reisepraktische Informationen zur Strecke

 Permits
Ein Permit für die Durchfahrt des Skeleton Coast National Parks auf kürzestem Weg ist bei Namibia Wildlife Resorts in Windhoek, im Touristikbüro in Swakopmund sowie an den beiden Zufahrtstoren (Ugab-Rivier im Süden und Springbokwater im Osten/aus Richtung Khorixas kommend) erhältlich. Bei der Durchfahrt dürfen beide Tore nicht später als 15 Uhr (Ugab-Rivier) bzw. 17 Uhr (Springbokwater) passiert werden.

 Tageskilometer
Swakopmund – Terrace Bay: ca. 347 km

 Tankstellen
Swakopmund, Henties Bay, Terrace Bay

☞ Streckenhinweise

Wenn Sie von Swakopmund aus nach Terrace Bay reisen, fahren Sie auf einer guten Salzpad am Kreuzkap vorbei (Robbenkolonie, s. S. 390). Sie erreichen am Ugab River den Kontrollposten des Skeleton Coast Parks, den Sie spätestens bis 15 Uhr passieren müssen. Von hier aus sind es 104 km bis zum Abzweig der Pad 3245 nach Springbokwater (= Ostgate zum Skeleton Coast Park). Sie sind nach 153 km in Terrace Bay. Die Naturpad ist gut auch mit normalem Pkw befahrbar.

Henties Bay

Unterwegs kommen Sie an dem Küstenort Henties Bay vorbei, der knapp 60 km nördlich von Swakopmund liegt. Henties Bay entstand eher zufällig. Der südafrikanische Polizeibeamte Hentie van der Merwe entdeckte 1923 in der Nähe der Omaruru Rivier Mündung in den Atlantik eine Süßwasserquelle. Die Angelmöglichkeiten fand er ausgezeichnet und verbrachte in den Folgejahren oft seinen Urlaub hier. Freunde und Verwandte folgten, es entstand allmählich eine informelle Siedlung, die 1965 offiziell zu einem Ort „ernannt" wurde. Heute leben hier etwa 4.000 Menschen permanent, in den Weihnachtsferien kommen noch gut 10.000 Besucher dazu! Dem Besucher steht heute eine gute touristische Infrastruktur zur Verfügung.

Zufällige Ortsgründung

Reisepraktische Informationen Henties Bay

Vorwahl 064

ⓘ Informationen
Tourist Information Office *im SME Centre in der Nicky Iyambo Ave., ☎ 064/501143, hbayinfo@iway.na, www.hentiesbaytourism.com, www.hentiesbay.org, geöffnet: Mo–Fr 8–13 Uhr und 14–17 Uhr*

Unterkunft

**Desert Rendezvous $$**, *238 Strandloper St.,* ☎ *064/500281, www.desertrendez vous.co.za. Ca. 450 N$ p. P. Lage: im Ort gelegen. Beschreibung: fünf modern und individuell eingerichtete Doppelzimmer, drei davon mit eigenem Bad. Leckeres Frühstück, Lunch und Dinner auf Anfrage.*

Camping

**Buck's Camping Lodge $**, ☎ *064/501039, buckcamp@mweb.com.na. Je nach Saison 200–250 N$/Platz.*

Arzt/Ambulanz
State Clinic, ☎ *064/500020*

Post
Pelikaan St./Ecke Jakkalsputz Rd., Mo–Fr 8–13 Uhr und 14–17 Uhr

Skelettküste
(▶ Karte S. 322 und beiliegende Reisekarte)

Der sicherlich sehr abweisend klingende Name dieses nördlichen Küstenabschnitts, zum Naturschutzgebiet des Skeleton Coast Parks deklariert, verrät die wahrlich raue Natur einer der urtümlichsten Landschaften der Welt. Die sturmzerzauste See des Südatlantiks und die dichten Nebel über dem kalten Benguela-Meeresstrom ließen hier schon viele Schiffe stranden. Alte, verrostete Schiffswracks säumen die Küste und legen Zeugnis ab von so manchem furchtbaren Schicksal: Selbst wenn es einem Schiffbrüchigen gelungen war, das rettende Ufer zu erreichen, so verschlug es ihn an den Rand der Namib, die ihn menschenleer und ohne Nahrung und Wasser empfing.

Glaubte man, nur die Küstendünen überwinden zu müssen, um in fruchtbare Gebiete zu gelangen, war man nach einigen Kilometern des Wanderns Richtung Landesinneres eines besseren belehrt: Auch hier gab es keine Chance zum Überleben.

Größter Schiffsfriedhof der Welt Wenn man die Tagebücher der frühesten Händler oder Berichte der ersten kolonialen Küstenexpeditionen der 1890er-Jahre liest, wird deutlich, wie zutreffend der Name Skelettküste ist. Hier befindet sich nach Meinung von Experten der größte Schiffsfriedhof der Welt. In diesen alten Dokumenten erfährt man von Wrackteilen, die von portugiesischen, holländischen, britischen, hauptsächlich jedoch von amerikanischen Walfangbooten stammen. Überall fanden sich Schiffszubehör, Harpunen, Ketten, Tranfässer, Anker, Planken, die Gebeine von Glücksrittern und Seeleuten, die dem Atlantik zwar getrotzt und sich an Land gerettet hatten, um dann aber hier elendig zugrunde zu gehen.

Die Skelettküste reicht vom Ugab-Fluss bis zum Kunene-Fluss an der angolanischen Grenze. Heute gehört sie zum Naturschutzgebiet des Skelettküsten-Parks. Dieser unterteilt sich in zwei Gebiete:
- **nördliches Gebiet** zwischen den Flüssen Hoanib und Kunene.
- **südliches Gebiet** zwischen Hoanib und Ugab.

Schiffswracks an der Skelett-Küste

Jeder Besucher sucht nach den Schiffswracks ... und findet sie nicht. In der Tat liegen diese zumeist sehr abgeschieden und schwer zugänglich. Viele liegen sogar gar nicht im Bereich des Skeleton Coast Parks, sondern südlich von Walvis Bay an der Küste nach Lüderitz. Hierhin führen Flugsafaris ab Swakopmund. Im Bereich von Conception Bay sieht man dann die verrosteten Wracks inmitten von Dünen, Robben und Vogelparadiesen.

Flugsafaris
zu den Schiffswracks bieten verschiedene Safariunternehmen an (s. S. 339).

Leicht mit dem Auto erreichbar ist das Wrack der **Winston**, genau 59 km nördlich des Kreuzkaps gelegen, 3½ km von der Hauptpad entfernt. Um dieses in 2 Teile geborstene Wrack zu sehen, sollten Sie unbedingt auf den Fahrspuren bleiben, links und rechts des Weges kann man u.U. gnadenlos tief versinken, da nur die Oberfläche hart erscheint, sich darunter aber morastiger Boden befindet. Die letzten 3 ½ km sollten Sie zu Fuß gehen.

Ugab-Wanderroute

Jeden zweiten und vierten Dienstag im Monat (April–Oktober) wird eine Wandertour (50 km) in Begleitung eines Naturschutzwarts angeboten, die bis Donnerstag dauert (Gruppengröße – sechs bis acht Personen). Die Tour beginnt dienstags um 9 Uhr vor dem Eingangstor am Ugab-Rivier (ca. 200 km nördlich von Swakopmund) und endet auch hier. **Schlafsack und Proviant müssen selber mitgebracht werden.** Bevor man die Wanderung beginnt, kann man ca. 40 km südlich des Ugab-Riviers bei Meile 108 übernachten (Camping). Die Kosten für die Wanderung betragen ca. 220 N$/Person.

☞ **Hinweis**
Sie benötigen für die Wanderung ein ärztliches Attest (wie für die Wanderung durch den Fish River Canyon), das bei Antritt der Wanderung nicht älter als 40 Tage sein darf und dem Beamten bei Beginn der Wanderung vorgezeigt werden muss.
Anmeldung: *Namibia Wildlife Resorts in Windhoek (Adresse s. S. 207) oder Swakopmund Resorts Office (Woermann-Haus, Bismarckstreet 23–26, Swakopmund).*

Die „wahre" Skelettküste

Ca. 600 km nördlich von Swakopmund bei Sarusas liegt das Basislager der Flugsafaris zu den Schiffswracks. Von hier aus wird mit vierradangetriebenen Fahrzeugen nach Rocky Point, Kap Frio und dem Hoarusib Canyon gefahren. Natürlich ist dieses Abenteuer nicht ganz billig, denn man fliegt nur in kleinen Gruppen hierher, und alle lebensnotwendigen Dinge müssen von weitem herbeigeschafft werden. Auch während der Sommermonate, aber besonders in der winterlichen Trockenzeit, ist es an dieser Küste sehr kühl und aufgrund der Feuchtigkeit zeitweise sehr ungemütlich, sodass Sie entsprechende „unafrikanische" Kleidung mitnehmen sollten.

Reizvolle Flugsafaris

Reisepraktische Informationen Skelettküste

Vorwahl 061

☞ Zufahrten

Über Ugabmund im Süden und Springbokwater im Osten. Alle Reisenden, die im Besitz einer gültigen bestätigten Übernachtung sind, müssen spätestens um 15 Uhr die Zugangsstellen Ugabmund oder Springbokwater passiert haben. Tagesbesucher dürfen den Park durchqueren (auf dem Wege z. B. von Twyfelfontein nach Swakopmund und umgekehrt), sie dürfen aber Torra Bay und Terrace Bay nicht besuchen. Das Permit kostet 80 N$/Tag für Erwachsene, Kinder unter 16 J. haben freien Eintritt, 20 N$/Tag für Fahrzeuge (bis 10 Sitze).

🛏 Unterkunft
im allgemein zugänglichen Teil

Alle Buchungen über Namibia Wildlife Resorts, ☎ 061/2857200, reservations@nwr.com.na, www.nwr.com.na.

**Terrace Bay Resort $$$**, *850 (Nebensaison 670) N$ p. P. im Doppelzimmer, 700 (Nebensaison 450) N$ p. P. (mind. 4 Personen) N$ im Beachchalet. Beschreibung: Es gibt hier einfache, aber saubere Bungalows, ein kleines Restaurant, Laden, Tankstelle, gute Angelmöglichkeiten. Sonst eher langweilig und für bescheidene Ansprüche geeignet.*

**Torra Bay Camping Site $**, *125 N$ p. P. Beschreibung: einfacher Campingplatz mit Toilette, Duschen und einem kleinen Laden. Laute Generatorengeräusche, da die Angler hier ihren gefangenen Fisch einfrieren. Nur geöffnet vom 1. Dezember bis 31. Januar!*

**Ugab River Camp $**, *ca. 50 N$, Anfahrt über C 34, Lage: knapp 120 km nördlich Swakopmund, nahe dem Eingang zum Skeleton Coast National Park.*

Mit dem Propellerflieger über der Wüste

✈ **Flugsafaris ins Konzessionsgebiet**
**Skeleton Coast Safaris $$$$$**, ☎ 061/224248, info@skeletoncoastsafaris.com, www.skeletoncoastsafaris.com, zwischen ca. 6.000 und 8.200 US$ p. P. alles inklusive. Beschreibung: 4–6-tägige Flugsafaris ab/bis Windhoek zur Skelettküste, nach Wunsch kombiniert mit Etosha, Sossusvlei, NamibRand und Lüderitz. Dabei geht es von Windhoek über die spektakuläre Landschaft des Kuiseb Canyon und die Conception Bay nach Swakopmund. In geringer Höhe kann man weiter Richtung Norden die Robben von Cape Cross, Schiffswracks und die Ugab-Formationen, eine faszinierende Mondlandschaft, aus der Luft bewundern. In den verschiedenen Camps werden auch Touren mit dem Landrover angeboten, bei denen die Vielfalt der Flora und Fauna dieser rauen Natur erkundet wird. Mit etwas Glück kann man sogar Wüstenelefanten sehen. Auch der Besuch einer Himba-Siedlung ist möglich.
Hoanib Skeleton Coast Camp $$$$$, Infos unter www.wilderness-safaris.com. Nachdem das Skeleton Coast Camp 2012 abbrannte und Wilderness Safaris keine Konzession mehr für das Gebiet erhalten hat, wird nun an neuer Stelle das Hoanib Camp eröffnet, das direkt am Hoanib ganz im Norden des Palmwag-Konzessionsgebietes liegen soll. Das neue Camp soll aus ca. 8 Luxus-Zelten bestehen und ebenfalls sehr hochpreisig werden.
Pleasure Flights & Safaris $$$$$, ☎ 064/404500, redbaron@iafrica.com.na, www.pleasureflights.com.na. Preise auf Anfrage. Beschreibung: Es werden sowohl Rundflüge von einigen Stunden Dauer als auch mehrtägige Hubschraubersafaris angeboten.

Weiterreise-Möglichkeiten

Nach Twyfelfontein (Felsgravuren)/Khorixas/Etosha National Park:
Wenn man auf einer Selbstfahrertour einen Aufenthalt in Terrace Bay eingeplant hat, kann man von hier über die Pad C 34 und später über die Pad 3245 nach Twyfelfontein/Khorixas und weiter zum Etosha National Park reisen.

Über Palmwag und Kamanjab nach Etosha mit Besuch von Twyfelfontein (Felsgravuren):
Sie fahren von Terrace Bay die Pad C 34 nach Süden, biegen dann in die Pad 3245 ab (Zugangstor Springbokwater) und fahren weiter über die 2620/3254 nach Twyfelfontein. Von hier aus können Sie dann nach Besichtigung der Felsgravuren den Weg wieder zurückfahren und folgen der Pad 2620 nach Norden, bis Sie die Palmwag Lodge erreichen. Das Ganze ist innerhalb einer Tagesreise machbar, vorausgesetzt, dass Sie früh genug in Terrace Bay aufbrechen.

Zurück zur „Hauptstrecke" der großen Namibia-Rundreise:
Man folgt der C 34 nach Süden, verlässt am Ugab Rivier den Skeleton Coast Park und biegt dann in die Pad 2303/2342 ein. Vorsicht: schlechte Wegstrecke, nicht Pkw-tauglich. Vorbei am grandiosen Brandbergmassiv stößt man südlich von Uis Myn auf die Pad C 35, die nach Khorixas/Etosha National Park führt. Wer campieren will: Sehr schöne Stellen und Ausblicke gibt es entlang der Pad 2342 südlich/südwestlich des Brandbergmassivs (u. a. gibt es hier viele Welwitschias).

6. DER NORDEN

Zu dem prähistorischen Namibia

Von Swakopmund nach Omaruru

Diese Strecke ist **landschaftlich sehr abwechslungs-reich**. Sie durchquert die Namib und führt dann ins **Erongo-Gebirge**. Hinter Swakopmund lohnt sich ein Abstecher zur **Spitzkoppe**, dem markanten Berg-massiv, auch bekannt als Matterhorn von Namibia (1.728 m). Das **Farmgelände von Ameib** bietet einen ersten Eindruck prähistorischer Felskunst sowie die Möglichkeit zu erlebnisreichen Wanderungen. Insbesondere die **Felsformation der „Bull's Party"** dürfte das Herz jedes Landschaftsliebhabers höher schlagen lassen. Ein interessanter Zwischenstopp sind die Marmorwerke von Karibib (Souvenirs).

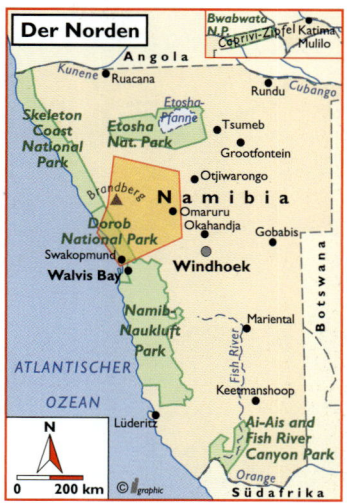

 Tageskilometer
- *bis Ameib auf der direkten Strecke ab Swakopmund: ca. 210 km (mit Abzweig zur Spitzkoppe ca. 276 km)*
- *bis Ameib über Henties Bay und Spitzkoppe: 261 km*
- *von Swakopmund nach Ameib, dann über Karibib nach Omaruru: ca. 280 km. Von hier aus ca. 40–50 km zu den entsprechenden Gästefarmen*

 Tagesplanung
Frühmorgens in Swakopmund aufbrechen, um nach ca. 2 ½ Stunden Fahrzeit auf Ameib zu sein. Danach hier Wanderung zur Phillips-Höhle und zur Bull's Party. Am Nachmittag ge-

---

Streckenhinweise

Direkte Strecke: von Swakopmund die Pad B 2 nach Usakos nehmen, dann nach Norden auf die Pad 1935 abbiegen, von hier zweigt man auf die Farm Ameib ab. Abzweigmöglichkeit zur Spitzkoppe: 23 km vor Usakos in die Pad 1918 einbiegen und dieser Straße 18 km westwärts bis zum Abzweig der Pad 3716 folgen, wo Sie nach weiteren ca. 15 km das Spitzkoppe-Massiv erreichen. Weiter nach Omaruru geht es über Karibib, dann nach Norden der C 33 folgend nach Omaruru und entsprechend weiter zu den jeweiligen Übernachtungen auf den Lodges/ Gästefarmen Epako, Okosongoro, Immenhof oder Schönfeld (genaue Wegbeschreibung bei der Unterkunftsbeschreibung).

Alternativstrecke: von Swakopmund die C 34 nach Norden bis Henties Bay (67 km), von hier aus nach Osten (= rechts) in die Pad 1918, der Sie von Hentiesbay 92 km folgen bis zur Abzweigung der Pad 1925 nach Norden Richtung Spitzkoppe, die Sie nach weiteren 18 km erreichen. Weiter nach Ameib über die Pad 3716 nach Süden, dann nach der Einmündung in die Pad 1918 nach links bis zur B 2. Hier weiter über Usakos nach Ameib (Beschreibung s. o.). Außer der B 2 sind alle Strecken Naturstraßen.

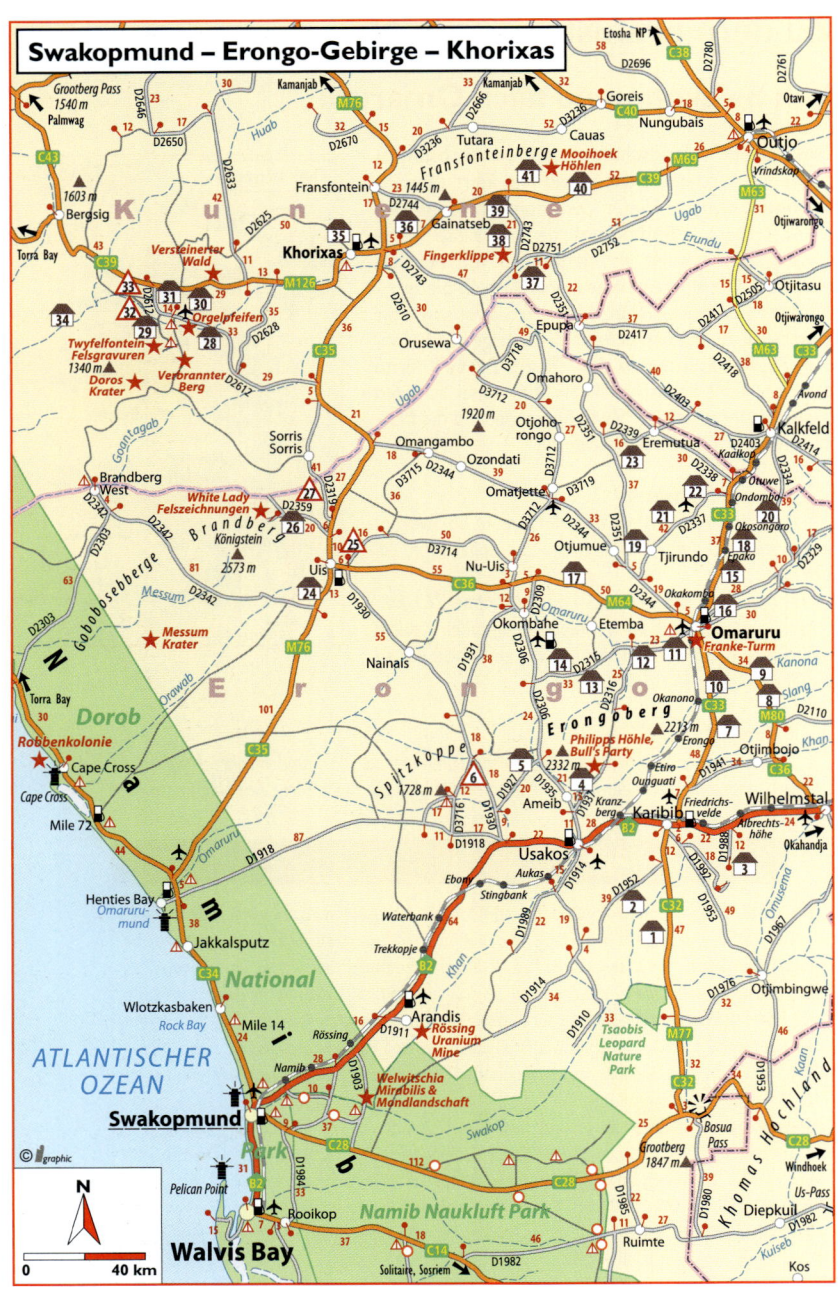

Swakopmund – Erongo-Gebirge – Khorixas

gen spätestens 15 Uhr in die Umgebung von Omaruru fahren, um dort auf einer der empfohlenen Gästefarmen oder in Omaruru zu übernachten.

Tankstellen
z. B. in Usakos oder bei der Alternativstrecke in Henties Bay

Rössing: Namibias Uran-Mine

Die **Entstehung der Uranvorkommen** Namibias reicht bis zu 1,7 Milliarden Jahre zurück. Die Namib war damals Teil des Meeres. Im flachen Wasser setzten sich allmählich Gesteine ab. Der Meeresboden senkte sich ab, und viele Ablagerungen folgten. Die immer mächtiger werdende Sedimentschicht sank in die Erdkruste ein. Durch den in der Tiefe herrschenden hohen Druck und die hohen Temperaturen wurden die Sedimente in ihrer ursprünglichen Lagerung gestört und gefaltet. Gleichzeitig drang uranhaltiger Granit in diese Gesteine ein. Das primäre Uranmineral der Lagerstätte ist Uranit, das mikroskopisch kleine Kristalle bildet. Durch Verwitterung entstehen die deutlich sichtbaren gelben Kristalle des Beta-Uranophans.

Die Rössing-Mine ist mit fast 10 % der weltweiten Uran-Produktion die **größte Tagebau-Uranmine der Welt**. Ihre Geschichte geht bis in die 1920er-Jahre zurück, als *Peter Louw* am Rössingberg schwarzes Gestein aufsammelte, das sich nach näherer Untersuchung als uranhaltig erwies. Doch niemand bekundete damals Interesse an dem Fund. In den 50er-Jahren erwarb Louw zusammen mit vier Partnern die Schürfrechte am Rössingberg. Nach langem Bemühen gelang es, die südafrikanische Tochter der britischen Bergbaugesellschaft Rio Tinto Zinc für ein Engagement am Rössingberg zu interessieren. 1970 erfolgte die Gründung der Rössing Uranium Ltd. Im Zuge der Energieversorgungskrise in den 70er-Jahren und der steigenden Energiekosten wurden ab 1973 die Minenanlagen gebaut. Die Mine gehört heute noch zum britischen Konzern Rio Tinto und ist nach der Diamantengesellschaft CDM *(Consolidated Diamond Mines)* der zweitgrößte Steuerzahler Namibias.

Größte Tagebau-Uranmine der Welt

Zweitgrößter Steuerzahler

Derzeit hat die Mine etwa 900 fest angestellte Mitarbeiter, wovon fast 98 % Namibier sind. Sie leben vor allem in **Arandis** und **Swakopmund** (in Tamariska und Vineta).

Gästefarmen, Lodges und Campingplätze

1 Gamikaub Gäste- und Jagdfarm	15 Roidina Nature Farm	28 Aabadi Mountain Camp
2 Etusis Lodge	16 Omaruru Game Lodge	29 Twyfelfontein Lodge
3 Albrechtshöhe Gäste- u. Jagdfarm	17 Groß-Okandjou Farm	30 Mowani Mountain Camp
4 Ameib Farm	18 Epako Game Lodge	31 Doro Nawas Camp
5 Hohenstein Lodge	19 Etendero Gästefarm	32 Aba Huab Camp
6 Spitzkoppe Restcamp	20 Okosongoro Safari Ranch	33 Xaragu Camp
7 RL-Farm	21 Immenhof Gäste- und Jagdfarm	34 Damaraland Camp
8 RB-Farm	22 Schönfeld Gäste- und Jagdfarm	35 Khorixas Lodge
9 Omburo Jagdfarm	23 Erindi-Onganga Gästefarm	36 Damara Mopane Lodge
10 Onduruquea Gästefarm	24 Königstein Guesthouse	37 Omburo Ost Gästefarm
11 Erongo Wilderness	& White Lady B&B	38 Ugab Terrace Lodge
12 Eileen Gästefarm	25 Brandberg Restcamp	39 Vingerklip Lodge
13 Omandumba Gästefarm	26 Brandberg White Lady Lodge	40 Gelukspoort Gästefarm
14 Ai-Aiba Lodge	27 Ugab River Camp	41 Bambatsi Gästefarm

Nach Kasachstan, Kanada und Australien ist Namibia der viertgrößte Uranproduzent der Welt.

Im Verlauf einer 7-Tage-Woche wird **über eine Million Tonnen Gestein** bewegt. Nachdem das Gestein aufgesprengt wurde, werden täglich 40.000 t Erz zerkleinert. Anschließend wird das Erz unter Zugabe von Wasser gemahlen. Um das Uran aus der Erzbrühe zu lösen, werden Schwefelsäure und andere Chemikalien als Laugenmittel hinzugefügt. Die entstehende uranhaltige Lösung muss in zwei Phasen angereichert werden: Die erste Stufe besteht aus einem Ionen-Austausch-Prozess. Durch Millionen von Harzperlen wird das Uran aus der Lösung absorbiert und anschließend in einem geringeren Flüssigkeitsvolumen wieder gelöst. Als zweite Stufe folgt ein Lösungsmittel-Extraktions-Prozess. Die konzentrierte uranhaltige Flüssigkeit wird mit Ammoniak versetzt. Es entsteht ein gelber Niederschlag aus Ammoniumdiuranat, der „Yellowcake" genannt wird. Dieser Niederschlag wird entwässert und anschließend bei 600 °C getrocknet. Als Endprodukt wird Uranoxid gewonnen, welches für den Versand in Stahlfässer abgefüllt wird.

Fallende Weltmarktpreise für Uran sind für die Betreiber der Mine ein ebenso großes Problem wie die starken **Kursschwankungen** des N\$. Die Produktionskosten müssen in der namibischen Währung beglichen werden, aber Uran wird auf dem Weltmarkt in US\$ gehandelt. Sparmaßnahmen, vor allem Personalreduzierung und Zwangsurlaube, waren in den letzten Jahren immer wieder nötig zur Erhaltung der Mine.

Problem Wasser- versorgung   Ein weiterer Faktor ist die problematische **Wasserversorgung**. Man pumpt das Wasser aus dem Kuiseb-, Khan- und Omaruru-Fluss. Umstritten ist der geplante Bau eines Staudamms im Khan-Rivier. Hier möchte man aus einem Stausee, der 3,5 km lang sein soll, mehr als ½ Million Kubikmeter Wasser entnehmen. Der Khan ist ein Zufluss des Swakopflusses, und Folge wäre, dass die Gemüsebauern im Swakoptal um ihre Existenz bangen müssten. Dieser Plan liegt zurzeit wegen ausstehender ökologischer Studien, aber auch wegen finanzieller Engpässe bei den Minenbetreibern auf Eis.

Bedenken gegen den Uran- Abbau   Immer wieder wurde und wird auf Verstöße des Rössing-Unternehmens gegen **Gesundheits- und Umweltvorschriften** hingewiesen. Durch eine werbewirksame Informationspolitik und gut arrangierte Besichtigungen sorgt das Unternehmen aber bisher dafür, dass alle Untersuchungen im Sande verlaufen. Trotzdem bleiben gewisse Zweifel: Bei der Gewinnung des radioaktiven Urans aus dem Gestein entsteht jede Menge gefährlicher Abfall. Fast 400 Millionen t eines aggressiven Schwefel-Wassergemisches lagern in einem Flussbett, und dieses Gemisch verdunstet in horrenden Mengen in der namibischen Wüste. Außerdem versickert das säurehaltige Abwasser (pH-Wert um 2.0) in großen Mengen im Gestein. Eine großräumige Verseuchung des Grundwassers ist zu befürchten. Auch wird bei den Sprengungen leicht radioaktiver Staub freigesetzt. Zwar verweht dieser Staub zumeist in der Wüste, doch etwa 20 % bleiben in der Umgebung von Arandis, der Minenarbeiter-Stadt. Und hier soll es eine überdurchschnittlich hohe Zahl von Krebskranken geben …

Weitere ergiebige Uranminen in Namibia sind **Langer Heinrich** (namensgleich mit dem Berg im Namib Naukluft Park) und die **Mine bei Trekkopje**, 50 km nördlich von Rössing. Weitere Uranprojekte sind in Planung.

Information: *Die Rössing-Mine liegt 70 km östlich von Swakopmund, südlich der B 2 auf dem Wege von Swakopmund nach Usakos. Besucherpermits gibt es im Swakopmunder Museum (30 N\$, ① 064/402046, tgl. 10–17h, www.swakopmund-museum.de). Nur zu zwei festen Terminen im Monat ist es möglich, die Mine zu besichtigen. Auskunft erteilt das Museum.*

Arandis

In Arandis leben knapp 7.000 Menschen. Im Sommer wird es hier unsäglich heiß, denn der Ort liegt 60 km von den kühlen Strömungen des Meeres entfernt. Die Stadt gehörte einst der Rössing-Mine. Bürgermeister, Verwaltungsangestellte, Kindergärtnerinnen: Alle wurden vom Konzern bezahlt. Wenn man seinen Arbeitsplatz bei Rössing verlor, musste man den Ort verlassen. 1992 wurde Arandis vom Konzern als Geschenk an den namibischen Staat übergeben. Für Touristen ist Arandis uninteressant, gerade erst wird mit dem Ausbau der Infrastruktur für die Einwohner begonnen.

Spitzkoppe

Die Route führt in einiger Entfernung an der Spitzkoppe (1.728 m, die „Große Spitzkoppe" genannt) vorbei, dem **„Matterhorn von Namibia"**, das 1949 erstmals bestiegen wurde. Daneben gibt es die kleine Spitzkoppe (1.580 m) sowie die Pontok-Berge. Die große Spitzkoppe wirkt besonders mächtig, ragt sie doch ca. 800 m vom Plateau empor. Wer Zeit hat, sollte sich unbedingt die imposanten „Insel"-Berge anschauen (Ein-

Große und kleine Spitzkoppe

Das „Matterhorn" von Namibia

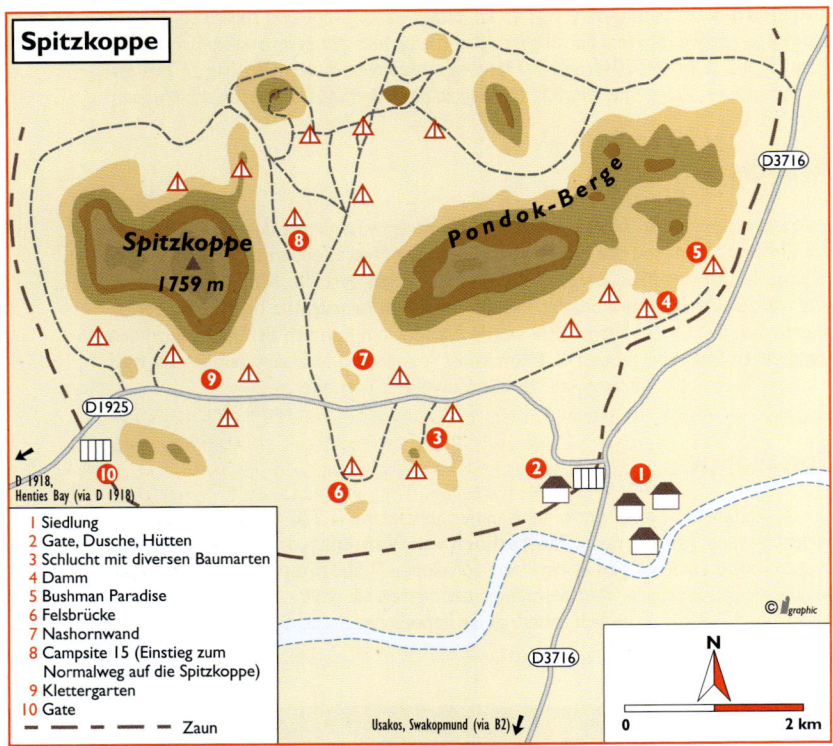

Spitzkoppe

Spitzkoppe
1759 m

Pondok-Berge

D3716

D1925

D1918,
Henties Bay (via D 1918)

1 Siedlung
2 Gate, Dusche, Hütten
3 Schlucht mit diversen Baumarten
4 Damm
5 Bushman Paradise
6 Felsbrücke
7 Nashornwand
8 Campsite 15 (Einstieg zum
  Normalweg auf die Spitzkoppe)
9 Klettergarten
10 Gate
— — — — Zaun

Usakos, Swakopmund (via B2)

D3716

© graphic

N

0   2 km

tritt: 100 N$). Wie bei dem Erongo-Gebirge und dem Brandbergmassiv sind hier während der Kontinentalverschiebung (vor ca. 70 Millionen Jahren) Magmamassen in den alten Gesteinssockel eingedrungen. Im Zuge der Erosion wurden diese Granit-Intrusionen später freigelegt und bilden die heutigen Gebirge.

Die Spitzkoppe ist ein **Regenfänger** inmitten des sonst sehr trockenen Umlandes, sodass sich Wasser in geschützten Senken und Felsmulden lange halten kann. Diese günstige Lage veranlasste, ähnlich wie beim Brandbergmassiv, schon vor langer Zeit die San, sich hier in Höhlen niederzulassen. Die Felszeichnungen des „Buschmann-Paradieses" sowie der „Nashorn-Wand" zeugen von früher Besiedlung. Unbedingt sollte man den großen Bogenfelsen sehen.

Intensives
Natur-
erlebnis

Das sogenannte **Buschmann-Paradies** erreicht man über eine verankerte Kette, an der man sich hochhangelt. Oben angekommen, eröffnet sich ein toller Blick – so, wie ihn die Menschen vor Hunderten von Jahren bereits genossen haben dürften. Hier konnten sie das im Tal ziehende Wild beobachten, Felsüberhänge boten Schutz, und genau dort kann man alte Felszeichnungen entdecken. Für Camper ist ein Aufenthalt in diesem Gebiet ein ganz besonders intensives Naturerlebnis.

Unterkunft (▶ *Karte S. 342*)
Spitzkoppe Community Tourism Restcamp $ **(6)**, *Camping ca. 70 N$ p. P.,*
Bungalows: ca. 200 N$ p. P., „Restaurant"/Bar. Beschreibung: Es werden mehrere abgelege-
ne Campingplätze in der Gebirgsgegend angeboten (manche verfügen über Toiletten und Grill-
einrichtung). Besonders toll ist der Platz 26 (Anfang Buschmann Paradies/Felszeichnungen)
sowie Campsite 10 (hier gute Vogelbeobachtung) und Campsite 11 (gut für Sonnenuntergän-
ge). Toiletten und Duschen gibt es an der Rezeption. Ebenso werden riedgedeckte Bungalows
angeboten. Insgesamt alles sehr einfach ausgestattet. Wasser am besten selbst mitbringen –
an der Spitzkoppe herrscht seit Jahren totale Wasserknappheit. An der Rezeption können ge-
führte Wanderungen verabredet werden. Nächster Ort ist Usakos.

Usakos

Usakos ist ein kleines Städtchen mit etwa 5.000 Einwohnern und liegt am Khan-Rivier.
Auch dieser Ort ist im Zuge der im Jahre 1900 fertiggestellten Eisenbahnverbindung
entstanden. Einige Gebäude aus der deutschen Kolonialzeit stehen heute noch. Für den *Versor-*
Reisenden ist Usakos in erster Linie zum Tanken und zur allgemeinen Versorgung von *gungs-*
Bedeutung. Sehenswert ist lediglich die alte Lokomotive aus dem Jahre 1912, die noch *möglich-*
bis 1960 auf der Strecke bis Grootfontein/Tsumeb fuhr. Erst danach wurde das Schie- *keiten*
nensystem von der Schmalspur (600 mm) auf die breite Kapspur gebracht (1.067 mm).

Etwas weiter nördlich be-
ginnt das **Erongo-Gebirge**.
Bald erreicht man die Farm
Ameib, auf deren Gelände
sich viele interessante Felszeichnungen finden.

Reisepraktische Infor-
mationen Usakos

Vorwahl 064

ℹ Informationen
Chameleon Coffee
Shop, *nahe der Shell Station.*

Unterkunft
(▶ *Karte S. 342*)
Bahnhof Hotel $, *72 Theo*
Ben Guirab St., Usakos,
☎ 064/530444, bahnhof@
iway.na. Ab 495 N$/Doppel-
zimmer mit Frühstück. Lage:
im Zentrum. Beschreibung:

einfaches, renoviertes Hotel mit Biergarten (Wasserfall!), Zimmer mit Klimaanlage, Restaurant, Swimmingpool, sicheres Parken. Es kann laut sein, weil es hier abends oft viele Gäste gibt.

Nördlich Usakos
Hohenstein Lodge $$ (5), s. S. 350, Erongo-Gebirge, im Westen des Gebirges
Ameib Ranch $$ (4), s. S. 350, Erongo-Gebirge, im Westen des Gebirges

Östlich Usakos:
Gästefarm Albrechtshöhe $$ (3), s. S. 353, ca. 30 km östlich von Karibib

Südöstlich Usakos:
Etusis Lodge $$–$$$ (2), s. S. 353, ca. 35 km südlich von Karibib

Südwestlich Usakos:
Wüstenquell Gästefarm $$–$$$, s. S. 328, ca. 90 km südwestlich von Karibib

 ### Camping
(s. a. Ameib Ranch)
**Namib Wüste Farmstall und Camping $**, ☎ 064/530283, docwag@iway.na. Camping ca. 50 N$ p. P. zzgl. ca. 60 N$/Stellplatz. Lage: Ortsausgang Usakos, B 2 Richtung Swakopmund. Beschreibung: netter Campingplatz mit kleinem Restaurant und Pool, sehr sauber.

 ### Ambulanz/Arzt
☎ 064/530023 (Ambulanz), ☎ 064/530013 (Arzt)

 ### Post
Theo Ben Gurirab St., Mo, Di, Do, Fr 8–16.30 Uhr, Mi 8.30–16.30 Uhr, Sa 8–12 Uhr.

 ### Öffentliche Verkehrsmittel
Verbindungen mit TransNamib Starline (www.transnamib.com.na) und Intercape Mainliner (www.intercape.co.za).

Ameib

Auf jeden Fall! Auf der Farm Ameib sollte man auf jeden Fall einen Zwischenstopp auf dem Wege nach Norden einlegen, auch wenn man hier nicht übernachtet. Mittlerweile sind in der näheren und weiteren Umgebung sehr schöne Alternativen entstanden (s. S. 350).

Die Landschaft, in der das Farmgelände von Ameib liegt, gehört zum **Erongo-Gebirge**. Die wild-romantische Szenerie lädt zu Wanderungen ein.

Besonders berühmt ist die **Phillips-Höhle** (die übrigens nach *Emil Phillip* benannt ist, dem einst die Farm gehörte). Dieser auf der Höhe eines Berges gelegene Felsvorsprung ist ca. 50 m lang und 10 m tief und steht unter Denkmalschutz. Von dieser Höhle hat man einen fantastischen Ausblick auf die umliegenden Berge. Der Forscher *Abbé Breuil* besuchte diese Höhle und widmete den hier gefundenen Felszeichnungen einen ganzen Band in seiner Abhandlung über Felsmalereien. Besonders eindrucksvoll ist die

Beeindruckende Felsformationen

Zentralfigur des Weißen Elefanten, in dessen Leib eine rote Antilope eingemalt ist. Letztere ist wahrscheinlich jüngeren Datums.

Die Phillips-Höhle erreicht man auf einem markierten Fußweg, der ca. 30 Minuten in Anspruch nimmt. In der Sommerzeit allerdings ist diese Wanderung recht anstrengend, da es in dem zu durchwandernden Talkessel sehr heiß ist. Ebenso ist der Anstieg auf die Höhe recht mühsam, sodass man auch im Winter leicht ins Schwitzen gerät. Deshalb sollte man auf jeden Fall etwas zu trinken mitnehmen und sich an den vorgegebenen Weg halten.

Eine weitere Sehenswürdigkeit ist die auf dem Farmgelände liegende „**Bull's Party**": Diese überdimensionalen, runden Steinkugeln sind Produkte der Erosion. Aufgrund der hohen Temperaturunterschiede heizt sich der Gesteinskörper an der Außenseite stark *Außen* auf, während das Innere stets kälter bleibt. Allmählich lockert sich deshalb das Gestein, *heiß,* die Außenhaut blättert ab. Dieser Platz eignet sich besonders für ein Picknick, da es hier *innen kühl* genügend Schatten gibt. Im Sommer fließt hier nach ergiebigen Regenfällen ein Bächlein, das eine paradiesische Erfrischung bietet.

☞ Tipp
Am besten den Ameib-Besuch so einplanen, dass man vor 11 Uhr hier ist, um Zeit zur Besichtigung der Phillips-Höhle und der „Bull's Party" zu haben. Wenn man gegen 14.30–15 Uhr das Gelände verlässt, erreicht man noch rechtzeitig umliegende Übernachtungsalternativen. Noch besser ist es, zwei Tage auf einer der benachbarten Farmen zu bleiben, um als Tagesbesucher Ameib aufzusuchen. Dann kann man sich auf der Strecke Swakopmund über Spitzkoppe bis zur gewählten Übernachtungsstelle Zeit lassen.

Etemba

Hinweis
Etemba ist Privatgelände und kann nicht auf eigene Faust erkundet werden! Von der benachbarten Hohenstein Lodge aus wird aber ein 2-Tages-Paket mit Übernachtung im Etemba Wilderness Camp angeboten („Absolut Erongo", s. u.).

Auf dem ehemaligen Farmgelände von Etemba befinden sich interessante Mineralienvorkommen, wunderschöne Felsformationen (insbesondere der bekannte „Steinpilzfelsen"), hervorragende Felszeichnungen sowie einer der höchsten Berge des Erongo-Massivs (der Gottlieb). Das Gelände lag jahrzehntelang brach, daher konnte sich eine **spektakuläre Naturlandschaft** entwickeln. Seit einigen Jahren streifen sogar Wüstenelefanten in den umliegenden Schluchten umher.

Gottlieb

In der **Etemba-Höhle** finden sich interessante Zeichnungen von Menschen sowie Giraffen und weiteren Tieren. Man hat von hier oben eine wunderbare Aussicht auf das Rivier des Omaruru. Am Berghang steht in der Nähe der Höhle ein imposanter Moringa-Baum.

Reisepraktische Informationen Erongo-Gebirge

Vorwahl 064

Unterkunft (▸ *Karte S. 342*)
Im Westen des Gebirges:
Hohenstein Lodge $$ (5), ☏ *064/530900, info@hohenstein-lodge.com, www.hohenstein lodge.com, Buchung: reservations@hohenstein-lodge.com. 650 N$ p. P. inkl. Frühstück. Lage: von Usakos auf der Pad D 1935 27 km nach Norden, dann nach rechts zur Lodge abbiegen. Beschreibung: Die Lodge bietet komfortable Zimmer mit Terrasse an, alles ist sehr geschmackvoll eingerichtet. Von jedem Zimmer hat man einen tollen Ausblick auf den Hohenstein (2.316 m). Schwimmbad sowie Restaurant vorhanden. Mögliche Aktivitäten: Wandern (auch mit Führung), Birdwatching-Touren (mehr als 400 Arten sind zu beobachten), Klettern im „Boulder Forest", Panoramafahrten mit Guide, Besuch von Mineraliensuchern an den Steilhängen des Hohenstein.*
*Unter der Bezeichnung **„Absolut Erongo"** wird von Hohenstein aus ein 2-Tages-Paket angeboten: Es umfasst am Tag der Ankunft Aktivitäten auf dem Gelände von Hohenstein sowie eine Übernachtung in der Lodge; am 2. Tag geht es dann durch das Erongo-Gebirge nach Etemba, wo u. a. eine Besichtigung der Felszeichnungen oder eine Dschungelwanderung auf dem Programm stehen. Übernachtet wird nach einem abendlichen Lagerfeuer im neuen Etemba Wilderness Camp. Weitere mögliche Aktivitäten: Besuch eines San-Museumsdorfes oder des Erongo Rhino Trusts. (**Hinweis:** Das Programm befindet sich derzeit (Juli 2012) noch in der Vorbereitungsphase und wird voraussichtlich **ab April 2013** angeboten. Preis für das Gesamtprogramm mit 2 Übernachtungen: 1990 N$ p. P. Aktuelle Informationen gibt es auf der Website der Hohenstein Lodge.)*
Ameib Ranch $$ (4), ☏ *064/530803, ameib@natron.net, ca. 600 N$ p. P. mit Frühstück, Cottage-Übernachtung ca. 320 N$ p. P. mit Frühstück, Campingplatz ab 120 N$ p. P. Lage: von Usakos nach Norden in die Pad D 1935 einbiegen. Nach 12 km nach rechts in die Pad 1937*

Bei den Wanderungen gibt es zahlreiche Felszeichnungen zu entdecken

– nach 16 km erreicht man das Farmhaus. Landschaftlich liegt Ameib besonders schön von den Bergen des Erongo umgeben. Beschreibung: Die Zimmer sind unterschiedlich, relativ einfach eingerichtet, aber sauber. Auf dem Zeltplatz gibt es einfache Cottages zu mieten. Es gibt auf dem Gelände 2 Schwimmbäder, ein Restaurant (für Besucher des Campingplatzes ideal!) und eine Bar. Die Verpflegung ist landestypisch gut. Camper können auf dem (recht großen) Campingplatz übernachten, sanitäre Anlagen vorhanden (s. auch S. 348).

Im Osten/Norden des Gebirges:
Erongo Wilderness Lodge $$$$$ (11), ☎ 061/239199, www.erongowilderness-namibia.com, je nach Saison zwischen 1.515 und 1.850 N$ p. P. inkl. Halbpension. Lage: von Omaruru auf der C 33 nach Süden, nach ca. 2 km nach rechts in die Pad D 2315 abbiegen. Nach 10 km linker Hand zur Lodge. Beschreibung: kreative Architektur: Zelte mit Veranda auf festen Plattformen, z. T. angelehnt an mächtige Felsen, tolles Beispiel für Harmonie zwischen Architektur und Landschaft. Sehr schöner Restaurantbereich, Pool mit Sonnendeck. Tolle Wandermöglichkeiten, z. B. zu Felszeichnungen, gute Tierbeobachtungsgelegenheiten (artenreiche Vogelwelt). Die schönste Lodge im Erongo-Gebirge!
RL Gästefarm $$–$$$ (7), ☎ 064/570657, rlfarm@iway.na, www.rl-farm.de, 75 € p. P. mit Halbpension im Haupthaus, 85 € p. P. mit Halbpension im Bungalow. Lage: an der C 33 (Karibib – Omaruru) gelegen, 26 km vor Omaruru. Beschreibung: gepflegte Anlage mit großem Pool, 6 Doppelzimmer sowie 2 Familienbungalows stehen den Gästen zur Verfügung. Die Zimmer sind geschmackvoll im afrikanischen Stil eingerichtet. Ausgezeichnete Küche, persönliche Atmosphäre. Aktivitäten: Pirschfahrten im 16.000 ha großen Wildreservat, Microlight-Flüge, Quadbike fahren. Mehr Jagd- als Gästefarm!
RB-Gästefarm $$ (8), Kontakt in Deutschland: ☎ 05542/933940, j.becker@rb-farm.de, Farm direkt: ☎ 064/570811, info@rb-farm.de, www.rb-farm.de, ca. 80 € p. P./Voll-

pension. Lage: an der C 36 (Wilhelmstal–Omaruru) gelegen, 30 km vor Omaruru. Beschreibung: sehr schöne Anlage mit großem Schwimmbad und Whirlpool, wo sich der Gast so richtig verwöhnen lassen kann – super für Erholung pur. Es stehen Einzel- und Doppelzimmer sowie eine Suite zur Verfügung. Sehr persönliche und liebevolle Betreuung, hervorragende Küche, Einblicke ins namibische Farmleben, Aktivitäten: Pirschfahrten auf dem 5.000 ha großen Farmgelände, Reiten, Kutschfahrten (sehr gut für Familien mit Kindern geeignet), keine Jagd während des Gästebetriebes.

Im Norden des Gebirges:

AiAiba Lodge $$–$$$ (14), *Buchung: ☎ 061/257175, Lodge direkt: ☎ 064/570330, aiaiba@africaonline.com.na, www.aiaiba.com, ca. 1.560 N$ inkl. Frühstück/DZ. Lage: Man fährt auf der D 2315 von Omaruru aus ca. 45 km nach Westen und biegt dann nach Norden ab. Von dieser Straße sind es zur Lodge dann nur 1,5 km. Beschreibung: Die Lodge liegt am Nordrand des Erongo-Gebirges. In der Nähe liegen fantastische Fundstellen prähistorischer Malereien (so z. B. auf dem Gelände der ehemaligen Gästefarm Etemba, Ausflug wird von der Lodge aus organisiert). Es gibt hier 10 riedgedeckte Bungalows mit 20 Doppelzimmern, die je über eine eigene Terrasse verfügen. Ein sehr schön gestaltetes Restaurant (hervorragend!) lädt zum Verweilen ein. Sehr persönliche Atmosphäre.*

Omandumba $$ (13), *Harald und Deike Rust, ☎ 064/571086, omandumba@iway.na, www.omandumba.de, 570 N$ p. P. mit Vollpension. Lage: 45 km westlich Omaruru an der D 2315. Abzweig nach links/Nähe Ai Aiba Lodge, in einem 6 km langen und 5 km breiten Tal gelegen. Beschreibung: Omandumba („der Platz, wo der Bitterbusch wächst") ist eine 5.200 ha große Farm, ca. 1.200 m über Meeresspiegel und gehört zur Erongo Mountain Nature Conservancy (Zusammenschluss von 30 Farmen, 190.000 ha). Es gibt keinen Anschluss an das öffentliche Stromnetz, Handy-Empfang nur an einigen Stellen möglich. Sehr einfache Farm, zzt. 3 Gästezimmer sowie schön gelegene Campingplätze. Es gibt Rinder, Ziegen, Gänse… Highlights sind die tolle Bergumgebung und die Felszeichnungen. Sehr nette Gastgeber, ideal für Familien. 2 km entfernt liegt ein Living Museum der San, das das ganze Jahr über besucht werden kann. Es gibt Tanzvorführungen und geführte Touren durch die Landschaft mit guten Erklärungen. Sehr schöne Felsenkulisse – toll für Fotos am Nachmittag. Das Living Museum ist eine Mischung aus Schule und Museum, man kann viel über die alte Kultur der San, ihre Jagdmethoden und Handwerkskünste erfahren.*

Gästefarm Eileen $$ (12), *☎ 064/570837, erongo@iway.na, www.erongo.iway.na. 680 N$ p. P./DZ mit Halbpension, Mittagessen 75 N$ (vorbestellen), Camping 100 N$. Es werden keine Kreditkarten akzeptiert! Lage: von Omaruru 2 km südlich auf der C 33, dann nach Westen 24 km entlang der D 2315, dann links und 8 km auf der D 2316, dann links 7 km zur Farm Eileen (von der Abzweigung D 2316 nach 2 km geht es links zum Camp). Beschreibung: Die Gästefarm bietet Standard- und Komfortzimmer. Die Zimmer sind gemütlich eingerichtet, es gibt ein Schwimmbad. Es werden Wanderungen und Rundfahrten angeboten. Sehr familiäre und persönliche Atmosphäre. Der Campingplatz liegt hoch in den Erongobergen und hat warme und kalte Duschen sowie Toiletten. Jeder Platz hat eine Feuerstelle und Wasseranschluss, aber keinen Strom. Schöne Wanderwege, auf der Nachbarfarm können nach Absprache Felszeichnungen aufgesucht werden. Camping nur für Selbstversorger.*

Karibib

Der Durchgangsort an der B 2 zwischen Usakos und Omaruru zählt heute ca. 15.000 Einwohner. Die Ortskirche wurde 1849 von Missionaren gegründet. Als Ort einer Bahnstation erblühte Karibib ab 1900. Da die Züge in dieser Zeit nur unzureichend die Strecke beleuchteten und nur tags fuhren, entwickelte sich hier ein Zwischenstopp mit Übernachtungen. Sechs Hotels entstanden. Aus dieser Zeit stammen auch noch einige Kolonialgebäude. Doch schon 1907 war die Blüte vorbei: Nach dem Ausbau der Bahn (Spurverbreiterung) erhielt nur noch das benachbarte Usakos einen Bahnhof.

Heute ist wirtschaftlich bedeutend der schwarze Marmor, der hier gebrochen wird *(Besichtigung des Marmorwerks an der Hauptstraße möglich,* ① *064/550002, http://namagra. com).* In Ortsnähe gibt es die **Goldmine Navachab**. Hier wird im offenen Tagebau goldhaltiges Gestein abgebaut. Aufgrund des stark gestiegenen Goldpreises lohnt sich der Abbau.

*Gold-
abbau*

Reisepraktische Informationen Karibib

i **Information**
An der 2 Mainstreet liegt das **Henckert Tourist Center**. *Es ist für alle interessant, die Edel- und Halbedelsteine lieben. Neben Schmuck wird auch Kunsthandwerk auf etwa 1.000 qm Fläche angeboten. Information: www.henckert.com, tgl. geöffnet. Also unbedingt anhalten!*

 Unterkunft (▶ *Karte S. 342*)
Ca. 30 km südlich Karibib
Gäste- und Jagdfarm Gamikaub $$$ (1), *Buchung über GEZI Travel Shop CC,* ① *064/ 570 632, www.ehuameno.de. 95 € p. P./DZ mit Vollpension. Lage: von Karibib C 32 ca. 30 km nach Süden. Beschreibung: fünf Doppelzimmer im afrikanischen Stil, zwei davon mit eigenem Bad. Pool, Terrasse, Grillplatz und schöner Garten. Wildbeobachtung an natürlichen Wasserlöchern.*

Ca. 35 km südlich Karibib
Etusis Lodge $$–$$$ (2), ① *064/550826, www.etusis.com, in Deutschland: V. u. S. Ledermann, Siekerberg 14, 22962 Siek,* ① *04107-9668, info@etusis.com. Luxuszelt 820 N$, Bungalow ca. 1.090 N$ p. P. inkl. Halbpension, Camping 100 N$ p. P. Lage: von Karibib 19 km nach Süden auf der C 32, dann weitere 16 km auf der Pad 1952. Die Lodge liegt am Fuß eines Gebirgskamms (Otjipatera-Bergmassiv), umgeben von 18.000 ha ariden Landes. Beschreibung: Die Unterkünfte (Bungalows und Luxuszelte, voll eingerichtet) sind sehr geschmackvoll, ebenso die Swimmingpool-Anlage. Gutes Restaurant. Die Lodge liegt sehr einsam und bietet hervorragende Erholung. Aktivitäten: Wandern auf markierten Wanderwegen, Bergsteigen, Pferdeausritte (Lesotho-Pferde).*

Ca. 30 km östlich Karibib
Gäste- und Jagdfarm Albrechtshöhe $$ (3), ① *062/503363, meyer@iafrica.com.na, www.safariwest.de. Ca. 700 N$ p. P. inkl. Halbpension. Lage: von der B 2 Richtung Okahandja nach 26 km rechts abbiegen – dann noch 2 km. Beschreibung: Die Gästefarm war ursprüng-*

lich eine alte Schutztruppenstation und liegt inmitten der hügeligen Landschaft östlich von Karibib. Die meisten Zimmer haben eigenes WC/Dusche, es gibt ein schönes Schwimmbad unter Bäumen, eine überdachte Veranda und ein gemütliches Wohnzimmer mit Kamin. Zum Essen wird u. a. namibisches Wild gereicht. Aktivitäten: Bergwandern, Wildbeobachtung (u. a. Weißschwanzgnus, Streifengnus).

Omaruru

👉 Streckenhinweis

Von Ameib fahren Sie am besten die D 1935 nach Usakos, dann die B 2 nach Karibib und von Karibib die C 33 nach Omaruru. Von Omaruru dann weiter über die C 36 nach Uis.

Zentraler Ort für die Umgebung Omaruru ist eine kleine Stadt mit heute ca. 14.000 Einwohnern. In den letzten Jahren hat sich Omaruru zu einem freundlichen, sauberen Ort gemausert, da viel renoviert wurde. In der Sprache der Herero bedeutet der Name **„Bitterkeit"**, womit das bitter schmeckende Wasser dieser Gegend gemeint ist. Dieses Wasser beeinflusste auch den Geschmack der Milch der Stammesherden. Der relative Wasserreichtum durch das

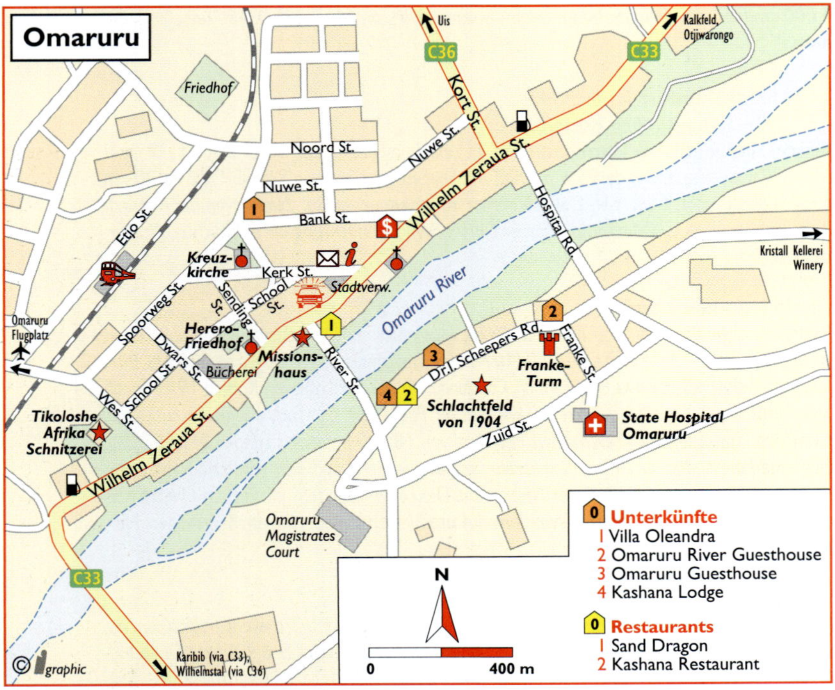

Omaruru

Friedhof

Uis

C36   C33

Kalkfeld, Otjiwarongo

Noord St.

Nuwe St.

Nuwe St.

Bank St.

Kerk St.

School St.

Stadtverw.

Kreuz-kirche

Herero-Friedhof

Missions-haus

Bücherei

Omaruru River

Omaruru Flugplatz

Tikolosche Afrika Schnitzerei

Wilhelm Zeraua St.

Wes St.

School St.

Dwars St.

Spoorweg St.

Sending St.

Eijo St.

Kort St.

Wilhelm Zeraua St.

Hospital Rd.

Kristall Kellerei Winery

Franke St.

Dr.J. Scheepers Rd.

Zuid St.

Franke-Turm

Schlachtfeld von 1904

State Hospital Omaruru

River St.

Omaruru Magistrates Court

C33

Karibib (via C33), Wilhelmstal (via C36)

N

0   400 m

Unterkünfte
1 Villa Oleandra
2 Omaruru River Guesthouse
3 Omaruru Guesthouse
4 Kashana Lodge

Restaurants
1 Sand Dragon
2 Kashana Restaurant

© graphic

Omaruru Rivier (hoher Grundwasserspiegel, der Fluss selbst ist aber den größten Teil des Jahres knochentrocken) begünstigt die Vegetation.

Die Hauptstraße verläuft parallel zum Fluss. Und hier liegen auch die wesentlichen Versorgungseinrichtungen wie Tankstelle, Bäckerei und verschiedene Geschäfte. Omaruru ist für das umgebende Farmland ein zentraler Ort. Für den Reisenden, der das Erongo-Gebirge erkunden möchte, und für alle, die weiter nach Norden fahren wollen, ist der Ort ein angenehmer Zwischenstopp.

Auch in der namibischen **Geschichte** spielte Omaruru eine gewisse Rolle: Am 17. Januar 1904 erhoben sich auch hier die Herero. Die militärische Vertretung am Ort war sehr schwach besetzt, da der größte Teil der Garni-

Relikt der Kolonialzeit: Franke-Turm

son unter der Führung von Hauptmann Franke zur Bekämpfung eines Aufstandes im Süden engagiert war. Der 1908 erbaute **Franke-Turm** ist Hauptmann Franke gewidmet worden und bietet eine schöne Aussicht. Besteigen Sie den Turm möglichst morgens, da später die zu öffnende Eisenluke am Dach glühend heiß wird.

Sehenswert sind außerdem:

Schnitzerei Tikoloshe

Diese Schnitzerei liegt von Karibib her kommend am Ortseingang, hinter der Omaruru-Brücke, zu erkennen an der fast 8 m hohen Holzgiraffe. Paul Goldbach, der Gründer der Schnitzerei, wurde bei einer Amazonasreise von Wurzel-Schnitzern inspiriert. 1988 kam er, nachdem er das Talent eines seiner Arbeiter, Paolo Cachinga, entdeckte, auf die Idee, diese Werkstatt aufzubauen. Mittlerweile arbeiten mehrere Schnitzer aus der Kavango-Region hier und bearbeiten das Wurzelholz des Mopane-Baumes. Es entstehen durch die Wurzelstruktur einzigartige Darstellungen vor allem von Tieren. Man kann hier wirklich originelle Stücke kaufen oder einfach nur den Kunsthandwerkern zuschauen *(tgl. 7.30–17.00 Uhr; www.tiko loshe.iway.na)*.

Ungewöhnliche Kreationen der Schnitzer

Kristall Weinkellerei

Seit Beginn der 1990er-Jahre wird hier an den Ufern des Omaruru Rivier Wein ange-baut, 1995 wurde das erste Mal geerntet. Die Weinlese findet im Februar/Anfang März statt. An Weinen gibt es u. a. Colombard-Weißwein sowie Ruby Cabernet-Rotwein, bei-de sind trocken. In der anliegenden Weinstube im kapholländischen Stil kann man die Tropfen verkosten und dazu eine Kleinigkeit essen. Außerdem wird u. a. namibischer Grappa angeboten. Ebenso ein Branntwein aus Kaktusfeigen oder Zitronen. **Kristall Kellerei Winery**, *Michael und Katrin Weder,* ✆ *064/570083, winery@ wederpc.com, http://kristallkellerei.wordpress.com. Für Führungen und Weinproben geöffnet Mo–Fr 8–16.30, Sa 8–12.30 Uhr.*

Namibi-scher Grappa

Reisepraktische Informationen Omaruru

Vorwahl 064

Unterkunft (▶ *Karte S. 354 bzw. 342)*
Villa Oleandra $$$$ (1), *Buchung:* ✆ *081/3324293, info@villamargherita.com.na, www.villamargherita.com.na. Beschreibung: Die geschmackvoll eingerichtete Villa verfügt über zwei großzügige Schlafzimmer mit je eigenem Bad, ein großes Wohnzimmer, eine Küche so-wie Garten und Pool. Für Selbstversorger mit gehobenen Ansprüchen.*
Omaruru River Guesthouse $ (2), ✆ *061/259727, www.river-guesthouse.com. DZ ab ca. 610 N$ mit Frühstück, Camping ca. 90 N$. Lage: Dr. I Scheepers Dr., gegenüber dem Fran-ke-Turm. Beschreibung: 6 gemütliche Zimmer mit eigenem Bad, 6 schattige Campgrounds, schö-ner Pool. Insgesamt nette Atmosphäre.*
Omaruru Guesthouse $ (3), ✆ *064/570035, hello@omaruru-guesthouse.com, www.omaruru-guesthouse.com. 565 N$/DZ mit Frühstück. Lage: Dr. I Scheepers Dr. Beschrei-bung: 19 einfache, aber zweckmäßige und saubere Zimmer. Gepflegte Anlage, schöner Garten.*
Kashana Lodge, Restaurant & Art Centre $ (4), *Buchung über* ✆ *061/224712, reservations@resdes.com.na oder direkt:* ✆ *064/571434, info@kashana-namibia.com, www.kashana-namibia.com. Ab ca. 450 N$ p. P. mit Frühstück. Lage: Dr. I Scheepers Dr. Beschreibung: 6 strohgedeckte Bungalows mit großzügigen Doppel- und Familienzimmern. Res-taurant und Bar vorhanden. Sehr gutes Preis-Leistungsverhältnis, angenehme Atmosphäre.*

Westlich Omaruru:
Erongo Wilderness Lodge, *s. S. 351,* **Gästefarm Eileen**, *s. S. 352 (beide Erongo-Gebirge)*

Südlich Omaruru:
Namib Guestfarm Onduruquea $$$ (10), ✆ *064/570832, contact@namib-guest farm.com, www.namib-guestfarm.com. 830 N$ p. P./DZ inkl. Halbpension, Camping 95 N$ p. P. Lage: von Windhoek auf der B 1 nach Norden bis Okahandja, von dort aus auf die B 2 Rich-tung Karibib. Vor Karibib auf die C33 Richtung Omaruru abbiegen. Nach 40 km erreichen Sie das Eingangstor. Von dort sind es dann noch ca. 2 km zum Farmhaus. Beschreibung: sehr ge-pflegte und familiär geführte Farm. Die komfortablen Grasdachbungalows sind alle mit Klima-anlage, Minibar und Fön ausgestattet. Großes Schwimmbad mit Naturpanorama und beleuch-tetes Wasserloch zur Wildbeobachtung direkt von den Bungalows aus. Die deutsch-afrikani-*

Namib Guestfarm Onduruquea

sche Küche ist mit ihrem selbst angebauten Gemüse und gutem Wildfleisch für jeden ein Genuss. Ein tolles Erlebnis sind die Wildbeobachtungsfahrten mit dem Besitzer, der immer eine spannende Geschichte aus seiner mehr als 40-jährigen Erfahrung zu erzählen hat. Tipp: geführte Tagesausflüge nach Absprache ins Erongo-Gebirge, zu den San und den Felsenmalereien. Zum Genießen und Entspannen werden Massagen von fachkundigem Personal angeboten. Neu auf Onduruquea ist die Kaffeerösterei, die erste auf einer Gästefarm in Namibia. Wer sich für die Produktion von Kaffee interessiert, kann dem Röster gerne bei seiner Arbeit über die Schulter schauen oder an einer Kaffeeverkostung teilnehmen. Netter Campingplatz mit ordentlichen sanitären Anlagen, Stromanschluss an jedem Stellplatz sowie Feuerholz, der Pool darf benutzt werden.

Nördlich Omaruru:

Okosongoro Safari Ranch $$$$ (20), ☎ 067/290170, clausen@okosongoro.com.na, www.okosongoro.com.na. Ca. 130 € p. P. inkl. Vollpension (für Nicht-Jäger). Lage: auf der C 33 von Omaruru 38 km nach Norden, dann rechts (weitere 5 km) zur Farm. Beschreibung: sehr persönlich geführte Jagdfarm, einfache, aber durchaus gemütliche Unterkünfte, nette Gastgeber (Familie Clausen). Wandern, Ansitzen an Wasserstellen zwecks Wildbeobachtung, Pirschfahrten. Von den Anhöhen weiter Blick auf das Land bis zum Erongo und Mount Etjo.

Epako Game Lodge $$$ (18), ☎ 064/570551, epako@iafrica.com.na, www.epako.com, ab ca. 1.100 N$ p. P. inkl. Halbpension. Lage: 22 km nördlich Omaruru an der C 33 nach Kalkfeld. Beschreibung: geschmackvoll und gediegen eingerichtete Zimmer (23) mit Klimaanlage

Es muss nicht immer der Wilde Westen sein. Frei wie die Cowboys können Reitfreunde auch durch die wilde Savanne Namibias galoppieren. Die großzügigen Ebenen und die ursprüngliche Natur bieten ideale Bedingungen für Pferdeliebhaber. Reitmöglichkeiten findet man zum Beispiel auf der **Gross-Okandjou Farm** rund 30 Kilometer nordwestlich von Omaruru. Der aus Amerika stammende Reitstil „Western Riding" wird auf der Farm praktiziert. Nicht nur Westernsattel und Cowboyhut unterscheiden das Westernreiten vom klassischen Reiten, sondern vor allem der sanfte Umgang mit den Tieren. Auf natürliche Weise und ohne Gewalt oder Druck wird versucht, ein Vertrauensverhältnis zwischen Pferd und Reiter aufzubauen. Auf Gross-Okandjou werden Einweisungen ins Westernreiten angeboten sowie Ausritte in die weitläufige Savannenlandschaft. Auf dem 9.000 ha umfassenden Gelände trifft man auf Oryxe, Kudus, Zebras und Leoparden. Erfahrene Reiter können auch abenteuerliche Mehrtages-Touren durch die Khowarib-Schlucht im Kaokoland buchen. Die Farm bietet zudem Übernachtungsmöglichkeiten für Gäste an. Verschiedene Einzel- und Doppelzimmer sowie ein Familienbungalow stehen zur Verfügung. Auch Jagdfarm.

*Gross-Okandjou Farm $$ **(17)**, Kontakt in Deutschland: ☎ 07224/656599, immo. vogel@gross-okandjou.de, Farm direkt: ☎ 064/570925, www.gross-okandjou.de. 48 € p. P./DZ mit Frühstück, kompletter Reittag inkl. Vollpension 150 € p. P., Reitstunde 18 €.*

und eigener Terrasse, im Restaurant namibische und erstklassige französische Gerichte. Vom Restaurant und von der Terrasse guter Blick auf ein Wasserloch. Sehr gute Wildbeobachtungsmöglichkeiten.

Omaruru Game Lodge $$–$$$ *(16)*, ☎ *064/570044, omlodge@iafrica.com.na, www.omaruru-game-lodge.com. DZ ab ca. 1.820 N$ inkl. Halbpension, Selbstversorgung 340 N$ p. P. Lage: außerhalb Omarurus an der 2329 gelegen (15 km). Beschreibung: rustikale Lodge mit Restaurant, Bar und Schwimmbad. Gute Wildbeobachtungsmöglichkeiten (u. a. Flusspferde, Elefanten, Nashörner, Giraffen, Wasserböcke). Selbstversorgungsbungalows vorhanden.*

Gäste- und Jagdfarm Immenhof $$–$$$ *(21)*, *Buchung über T. & G. Kruse, Kruse-Stocksee@t-online.de, http://gaestefarm-namibia.info. DZ ca. 1.500 N$, Familienzimmer ca. 2.400 N$. Lage: von Omaruru Pad 33 nach Norden, nach 39 km links in die Pad D 2337. Nach 21 km liegt Immenhof rechter Hand. Beschreibung: eine stilvolle Gästefarm in hügeligbergiger Landschaft nördlich der Tjirundu-Berge. Gemütlich eingerichtete Zimmer, Schwimmbad, traditionelle deutsche Küche, bereichert durch namibische und südafrikanische Spezialitäten. Wandern, Wildbeobachtung und Reiten möglich, außerdem werden Massagen angeboten. Sehr herzliche Gastgeber!*

Roidina Nature Farm $$ *(15)*, ☎ *064/571188, reservation@roidina.com, www.roidinacentaurus.com. 800 N$ p. P./DZ mit Halbpension. Lage: von Omaruru ca. 19 km auf der C 33 nach Norden, dann rechts abbiegen und noch ca. 5 km. Beschreibung: komfortable und individuell eingerichtete Grasdach-Bungalows, gepflegte Außenanlage mit Pool. Ausritte unterschiedlicher Länge sowie Reitunterricht auf den farmeigenen Pferden wird angeboten, außerdem verschiedene Entspannungs-Seminare. Insgesamt sehr angenehme, ruhige Atmosphäre.*

Nordwestlich von Omaruru:

Schönfeld Gäste- und Jagdfarm $$$$ *(22)*, *Hartwig and Elke von Seydlitz, ☎ 067/ 290090, schoenfeld@mweb.com.na, www.schoenfeldsafaris.com. Ca. 1.300 N$ p. P. mit Halbpension. Lage: Von der C33 biegt man 38 km nördlich von Omaruru auf die D 2337 und folgt der Schotterpiste für 14 km. Beschreibung: Am Rande der Tjirunduberge gelegen, bietet die*

Farm Schönfeld nett eingerichtete Zimmer mit Bad, auch im „Burgturm" der Seydlitzburg. Ein Schwimmbad steht zur Abkühlung bereit, außerdem kann man bei einer Gepardenfütterung dabei sein oder eine Pirschfahrt unternehmen. Sehr persönliche Betreuung und gutes Essen.
Erindi-Onganga Gästefarm $–$$ (23), ☎ 067/290112, fnolte@iway.na, www.natron.net/erindi-onganga, ca. 550 N$ inkl. Halbpension (ohne Getränke) p. P., Camping ca. 60 N$. Lage: von Omaruru auf C 36 Richtung Uis 6 km, dann in die Pad D 2344 Richtung Omatjette einbiegen. Nach 25 km rechts in die Pad 2351, nach etwa 25 km Schild „Erindi Onganga", jetzt noch 6 km bis zum Farmhaus. Beschreibung: traditionelle Gästefarm mit Rinder-, Schaf- und Wildbetrieb in der offenen Buschsavanne des zentralen Namibia. Einfache, saubere Zimmer, sehr gute „deutsche" Hausmannskost, namibische Leckereien und Gemüse aus dem biologischen Anbau. Wanderwege, Wasserstellen für Wild- und Vogelbeobachtung. Farmrundfahrten im Geländewagen, Spielplatz für Kinder. Voll ausgestatteter Campingplatz vorhanden, 3 Doppelzelte, Küchenzelt, Dusche und WC, alles beleuchtet, auch Platz zum selbst campen.
Etendero $–$$ (19), ☎ 064/570927, etendero@iway.na, www.etendero.de, ab 510 N$ p. P./DZ inkl. Frühstück. Lage: von Omaruru 7 km entlang der C36 Richtung Uis, rechts abbiegen Richtung Omatjette, nach 19 km rechts abbiegen Richtung Etendero. Nach 10 km erreichen Sie die Farm. Beschreibung: Unterbringung in komfortablen Doppelzimmern in Gästehäusern oder im Haupthaus. Schöner Pool. Es gibt viel Wild zu beobachten: Oryxantilopen, Kudus, Springböcke, Warzenschweine, gelegentlich sieht man Geparde oder auch Leoparden. Ausflüge mit dem Pferd und Auto werden angeboten. Gute Küche.

🍴 Restaurants
Sand Dragon (1), Wilhelm Zeraua Street, ☎ 064/570707. Mo–Sa 8–22, So 11–17 Uhr. Angenehmes Restaurant und Café mit angeschlossenem Craft Shop, es gibt Kuchen, guten Kaffee und leckere kleine Gerichte.
Kashana Restaurant (2), Dr. I Scheepers Drive, ☎ 064/571434. Gehört zur Kashana Lodge (s. o.). Lunch, Kaffee und Kuchen sowie Dinner. Mit Bar.

Weiterreise-Möglichkeiten

- **Zurück nach Windhoek:** Wenn man den Norden Namibias aufgrund von Zeitmangel nicht mehr besuchen kann, erreicht man Windhoek am schnellsten über die C 33/B 2/B 1 (Karibib/Okahandja). Entfernung Omaruru – Windhoek: 242 km
- **Direkt nach Etosha:** Vom Erongo-/Omaruru-Gebiet erreicht man über die Pad C 33/M 63/C 38 relativ schnell (eine halbe Tagesreise) den Etosha National Park (Camp Okaukuejo). Entfernung Omaruru – Okaukuejo: ca. 325 km

Ameib/Bereich Erongo-Gebirge (Omaruru) – Brandberg – Khorixas
(▶ *Karte S. 342*)

Savannen-
landschaft
und Land
der
Damara

Dieser Streckenabschnitt führt von den Ausläufern des Erongo-Gebirges zum Brandberg, dem höchsten Massiv in Namibia. Es geht durch eine zum Teil hügelig-bergige Savannenlandschaft. Hier leben vor allem Damara, die als eines der ältesten Völker Namibias angesehen werden. Das karge Land verrät den nahen Wüsteneinfluss. Landschaftlicher Höhepunkt ist das **Brandberg-Massiv**, das monolithisch aus der Ebene herausragt. Hier erwartet den Reisenden ein „Highlight" prähistorischer Felskunst, die berühmte Darstellung der „Weißen Dame". Allerdings kann man sie nur im Rahmen einer Führung besichtigen.

 Tageskilometer
Je nach Übernachtungsstelle:
*   *von Gästefarm Ameib: ca. 340 km*
*   *von Omaruru (mit Abstecher Brandberg) nach Khorixas: ca. 300 km*
*   *von den Gästefarmen Immenhof, Schönfeld, Okosongoro oder Epako Game Ranch: ca. 330–360 km*

 Tankstellen
Omaruru, Uis, Khorixas

Souvenirstand im Damaraland

Tipp
Wer nicht den ganzen Weg nach Norden in die Region Khorixas fahren und sich mehr Zeit für den Brandberg gönnen möchte, kann im Uis Restcamp übernachten (www.brandberg restcamp.com, s. S. 362). Schwimmbad und Restaurant sind vorhanden, allerdings ist alles sehr einfach. Vorteil einer Übernachtung hier: Man kann morgens zum Brandberg aufbrechen, spart sich damit Zeit und kann die Wanderung zur „Weißen Dame" in den kühlen Morgenstunden unternehmen.

Streckenhinweise

- Von Ameib aus kehren Sie zurück auf die Pad 1935, biegen nun rechts ein. Diese Straße geht dann in die Pad 2306 über. Hinter Okombahe treffen Sie auf die C 36, in die Sie nach links Richtung Uis abbiegen. Danach fahren Sie die Pad C 35 Richtung Khorixas. 14 km nördlich von Uis führt die Pad 2359 zum Brandberg-Massiv (Weiße Dame). Danach fahren Sie den Weg wieder bis zur Pad C 35 zurück und erreichen Khorixas. Kleine Abkürzung über die Pad 2319 möglich!
- Von den Gästefarmen bei Omaruru (Immenhof, Schönfeld, Okosongoro, Epako Game Ranch etc.): Entsprechend über Pad C 36 nach Uis, dann der oberen Beschreibung folgend.

Alle Straßen sind gut zu befahrende Naturpads.

Uis

Der kleine Bergbauort ist eine kleine Oase auf dem Weg in Richtung Norden: Hier kann man seine Vorräte auffrischen, es gibt eine Tankstelle, eine Rastmöglichkeit und ein Restaurant. *Tanken und Rasten*

In Uis wurden **Zinn und Wolfram** abgebaut, und zwar vom südafrikanischen Stahlkonzern ISCOR. Doch mittlerweile hat man die Förderung eingestellt, da sie sich nicht mehr rentierte, weil die Uis-Mine weltweit den geringsten Zinngehalt hat. Die fallenden Weltmarktpreise ließen eine weitere Produktion nicht mehr zu. Allerdings will der Konzern die Anlagen noch nicht verkommen lassen, damit man vielleicht später, sollte es sich wieder lohnen, den Betrieb aufnehmen kann. Für die ehemals fast 500 Arbeiter und Angestellten ist das sicherlich kein großer Trost, und so haben die Arbeitslosen in Uis kaum eine Perspektive. Dafür gibt der Tourismus einigen Brot und Arbeit. Es entstand ein Informationszentrum, in dem man Informationen zu Unterkünften, Touren und Wanderungen erhält.

Die **Brandberg Mountain Guides** können unter ☏ 064/504162 kontaktiert werden – sehr zu empfehlen für einen etwas längeren Aufenthalt, weil sie die Gegend wie aus der Westentasche kennen und entsprechend über Felsmalereien und Flora wie Fauna informiert sind.

Reisepraktische Informationen Uis

Vorwahl 064

Unterkunft (▶ *Karte S. 342*)
Königstein Guest House $ (24), ℑ *064/504120, ab ca. 350 N$ p. P. im DZ. Lage: zwischen Omaruru im Osten und Henties Bay im Westen, am Ortseingang von Uis, gegenüber einer Tankstelle. Beschreibung: Zu den Buschmann-Zeichnungen der „White Lady" am Brandberg kann man von hier durch die Tsisab-Schlucht wandern (nur mit Führung). In der Umgebung leben u. a. Strauße und Elefanten. 13 Zimmer, Pool und Campingmöglichkeit.*
White Lady B&B and Campsite $ (24), *Third Ave., Ortseingang Uis, ℑ 064/504102, Camping ca. 70 N$, B&B DZ ca. 700 N$, whitelady@iway.na. Beschreibung: sehr saubere Campinganlage mit Pool und Rasen. Ebenso werden Einzel-, Doppel- und Dreibettzimmer vermietet (teilweise mit eigener Veranda). An der Campsite liegt eine künstliche Teichanlage, die morgens viele Vögel anlockt. Frühstück möglich. Vom Besitzer der Unterkunft werden sogenannte „Microlight-Flüge" angeboten. 20–25 Minuten kosten ungefähr 400 N$.*
Brandberg Rest Camp $ (25), *Uis (gegenüber Tankstelle am Ortseingang/C 36), ℑ 064/ 504038, brandberg@africaonline.com.na, www.brandbergrestcamp.com. DZ ab 300 N$ p. P. inkl. Frühstück, Campen 60 N$, auch Selbstversorgerapartments (250 N$ p. P.). Beschreibung: sauberes Camp, leider etwas wenig Schatten. Großes Schwimmbad vorhanden. Kostenloser Internetzugang. Angeboten werden auch teilweise mehrtägige Trekking-Touren in die Umgebung (Brandberg, Königstein).*

Ambulanz/Arzt
ℑ *064/570037*

Post
In der Nähe der Tankstelle, geöffnet Mo–Fr 9–11.30 Uhr und 13.30–15.30 Uhr

Der Brandberg – Namibias höchstes Massiv

Der Brandberg stellt ein gewaltiges Massiv dar, dessen Gesteinsmassen z. T. den Eindruck vermitteln, als ob es hier gebrannt habe. Es handelt sich dabei um den sogenannten *„Wüstenlack"*. Vom Umriss her ist der Brandberg etwa ovalförmig, ca. 30 km lang und 23 km breit und bedeckt damit eine Fläche von erstaunlichen 760 km². Am Ostrand beträgt die Meereshöhe des Gebirgssockels 800 m, am Westrand 600 m. Die Schlucht, in die man hineingehen muss und der man folgt, heißt **Tsisabschlucht**. In diesem Gebirgsmassiv liegt auch der höchste Berg von Namibia, der 2.580 m hohe **Königstein**. Als erster Bezwinger wird Reinhard Maack genannt, der den Berggipfel am 2. Januar 1918 erreichte.

„Wüsten- lack"

Die „Weiße Dame" (White Lady)

Die etwa 45 cm hohe Figur wurde am 3. Januar 1918 von dem deutschen Landvermesser **Dr. Reinhard Maack** in einer Höhle entdeckt. Er interpretierte die Zeichnung als

Das Brandbergmassiv aus der Ferne

info

Das Geheimnis der tiefschwarzen, glänzenden Felsen

In den ariden Wüsten- und Trockensavannenzonen Namibias trifft man häufig auf tiefschwarz glänzende Gesteine, die manchmal wie lackiert wirken und im Volksmund als **„Wüstenlack"** bezeichnet werden. Tatsächlich aber handelt es sich um das Ergebnis chemischer Prozesse an der Oberfläche der Gesteine, hervorgerufen durch extreme Sonneneinstrahlung und die damit verbundene Hitze. Der Wüstenlack ist eine 1–3 mm dünne Kruste von Mangan-, Kieselsäure- oder Eisenverbindungen. Kondensierende Feuchtigkeit (z. B. Tau) sowie die hohe Verdunstung begünstigen seine Entstehung. Unter diesem „Deckmantel" können sich Gesteine unterschiedlicher Farbe verbergen. Der Glanz kommt vor allem durch sogenannten „Windschliff" zustande: Feine Sandpartikelchen, vom Winde transportiert, schleifen Fels- und Gesteinsflächen allmählich blank (= „Wüstenpolitur").

Abbild eines Kriegers. Anschließend geriet die Existenz der Höhle aber wieder in Vergessenheit und die Zeichnung wurde erst 1936 durch den französischen Priester und Prähistoriker **Henri Édouard Breuil** einer umfassenden Untersuchung unterzogen.

Breuil kam zu der Überzeugung, dass die Darstellung griechischen Ursprungs sein müsse. Seiner Meinung nach ähnelte sie dem Figurenschmuck griechischer Vasen und er führte zum Vergleich Figuren aus dem Palast von Knossos auf Kreta an, die ähnlich aussähen. Obwohl die Figur über keinerlei weibliche Formen oder Attribute verfügt, interpretierte Breuil sie als Darstellung einer Frau mit einem Gefäß oder einer Lotusblume in den Händen.

Herkunftsland Griechenland?

Afrika-
nische
Interpre-
tationen

Zweifelsohne ist eine derartige Interpretation sehr eurozentriert, traute man doch zu Zeiten eines Breuil den Afrikanern kaum künstlerische Fähigkeiten zu. In den folgenden Jahrzehnten rückten dann verstärkt afrikanische Interpretationen in den Vordergrund, z. B. die von *Credo Mutwa*, einem Medizinmann der Zulu. Er berichtet: „*Doch unterlief dem Abbé ein Fehler, indem er die Figur als Frau identifizierte. Es ist keine Frau, sondern ein besonders hübscher junger weißer Mann, einer der fünf großen Herrscher, die das afrikanische Reich der Malti fast 200 Jahre lang regiert haben … Ich bin überzeugt, dass es sich um Karesu den Zweiten handelt … Aus unseren Legenden (ist er) durch seine Begeisterung für die Jagd bekannt …*"

Aus: Credo Mutwa, Indaba, München 1983, S. 139.

Das „Weiße" an der Figur ist im Übrigen eine Körperbemalung, wie sie bei vielen afrikanischen Kulturen (Himba, Herero, den südafrikanischen Xhosa) zu rituellen Zwecken üblich war und auch heute noch ist. Und dass es sich um keine „Dame" handelt, darauf deutet das Fehlen von Brüsten ebenso hin wie die Ausstattung der Figur mit Pfeil und Bogen.

Berühm-
teste
Felsmalerei
in Namibia

Heutige Interpretationen schließen sich viel stärker der Annahme eines genuin afrikanischen Ursprungs der Felskunst an. Im Gebiet des Brandbergs fand man bis heute ca. 45.000 Felszeichnungen aus unterschiedlichen Zeitperioden. Es sind **verschiedene ethnische Gruppen** daran beteiligt gewesen. Dass sich die früheren „Buschmannszeichnungen" in der Qualität der Darstellung von der „Weißen Dame" unterscheiden und die daraus resultierende Annahme, dass diese deshalb europäischen Ursprungs sein müsse, basiert auf einem Vorurteil: Weshalb sollte sich die Ausdrucksweise der afrikanischen Künstler nicht gewandelt und entwickelt haben? Endgültig ist die Frage nach dem Ursprung der Malereien jedoch bis heute nicht geklärt.

🚶 Wanderung

Der Fußmarsch zur White Lady dauert ca. 1 Stunde (und 1 Stunde wieder zurück) und ist nur mit Führung möglich. Nehmen Sie unbedingt genügend zu trinken mit! Auf dem Weg ist es fast das ganze Jahr über sehr heiß, sodass man die Mittagszeit auf jeden Fall meiden sollte. Man muss über Felsen und Steine klettern; also ein nicht ganz leichter Weg.

info

Felsmalereien in Namibia: Kunst inmitten der Natur

Fast überall im Lande trifft man Zeugnisse prähistorischer Kunst an. Die bevorzugte Farbe war Rot, aber auch Schwarz und Weiß sowie Nuancierungen zwischen Rot und Gelb wurden angewandt. Gemalt wurde an allen möglichen Stellen: Felsüberhängen, Grotten und nicht geschützten Wänden. Felsmalereien und Gravuren werden oft am gleichen Ort gefunden, während dies in Südafrika nie der Fall ist. Dort findet man Gravuren und Felsmalereien stets an verschiedenen Orten.

Während die Gravuren kaum Menschen darstellen, ist bei den Malereien der Mensch das Hauptmotiv. Tiermotive waren ebenso beliebt: Strauße, Zebras, die unterschiedlichen Antilopenarten, Elefanten und Giraffen sind gemalt worden. Es gibt auch Figuren, die halb Mensch, halb Tier sind. Den Künstlern ist es gelungen, sehr dynamische Abläufe wie die des Laufens oder des Bogenschießens darzustellen. Farbschattierungen innerhalb eines Körpers sind kaum anzutreffen, man malte vielmehr die Fläche mit einer Farbe aus. Oft ist eine Zeichnung auch in verschiedene Farbflächen aufgeteilt.

Insgesamt überwiegen in Namibia Malereien, Gravuren sind seltener anzutreffen.

Die benutzten Farben

Die Farbsubstanzen stammen aus kalkhaltigen Gesteinen, die oxydierte Metalle enthalten. Damit diese Steine besser pulverisiert werden konnten, wurden sie wahrscheinlich im Lagerfeuer gebrannt. Dabei wurde der Kalk aktiviert, und die pulverisierte Masse schließlich mit Blut angerührt. Das darin enthaltene Bluteiweiß band den aktiven Kalk zu sog. aminosaurem Kalk, der ein sehr gutes Farb-Bindemittel ist. Mit etwas Glück entstand so eine ideale Zusammensetzung und die Farben blieben über viele Jahrhunderte erhalten. Man geht aber davon aus, dass auch viele Malereien mit der Zeit einfach verblasst und schließlich ganz verschwunden sind.

Das geschätzte Alter der Malereien

Die C-14-Methode (Nachweis des Gehaltes an radioaktivem Kohlenstoff) ist bei den prähistorischen Malereien nicht anwendbar. Dafür brauchte man einige Gramm der Farbe, die man abkratzen müsste; somit würde aber auch das Bild zerstört. Man fand schließlich heraus, dass die aminosauren Kalke, die die Farbstoffe binden, nach einiger Zeit zerfallen. Bei den elf nachweisbaren Malfarben stellte man fest, dass die erste bereits nach ca. 50

Auf vielen Farmen kann man versteckte Felszeichnungen entdecken

Jahren, die letzte nach 2.000 Jahren verblichen ist. Doch diese Methode ist noch zu ungenau, wenn es um die Datierung besonders alter Darstellungen geht. Anfang der 1970er-Jahre hat der deutsche Archäologe Dr. Wendt in den Ascheschichten einer Wohngrotte bemalte Steinplatten gefunden. Die Analyse der verkohlten Reste der Feuerstelle ergab ein Alter von 14.000 Jahren.

Reisepraktische Informationen Brandberg

Vorwahl 061

☞ **Führungen**
sind durch die Brandberg Mountain Guides möglich. Die Führer sind sehr ortskundig und wissen viel über die Felszeichnungen sowie Fauna und Flora. Am Fuß des Berges (Anfahrt über D 2359, Parkplatz) können Sie die Führer kontaktieren. Begleitung bis zur White Lady: ca. 40 N$ p. P., ☎ 064/504162.

Unterkunft (▸ *Karte S. 342*)
Am Fuß des Brandbergs:

Brandberg White Lady Lodge $$ **(26)**, ☼ 064/684004, ugab@iway.na, www.brand bergwllodge.com, ca. 650 N$ p. P./DZ mit Halbpension. *Lage: von Uis aus 15 km nach Norden auf C 35, dann links in D 2359 und Beschilderung folgen (27 km). Beschreibung: 8 Chalet-Unterkünfte, Restaurant mit Blick auf den Brandberg, auch Campingmöglichkeit (70 N$ p. P. zzgl. 20 N$/Fahrzeug; 495 N$/Doppelzelt für Selbstversorger).*

Ugab River Camp $ **(27)**, *ca. 75 N$ p. P. Lage: 33 km von Uis. Folgen Sie die C35 von Swakopmund kommend. Nach der Abzweigung zu den Brandbergen, die man geradeaus passiert, sind es noch 2,2 km, bis man das erste Hinweisschild sieht. Biegen Sie hier links in die D2319 (Richtung Soris Soris), man folgt der Straße 18 km, und das nächste Hinweisschild zeigt Ihnen den Weg nach links. Ab hier sind es nur noch 10 km bis zur Ugab River Campsite in direkter Nähe zum Fluss. Beschreibung: einfacher, rustikaler Campingplatz mit sehr freundlichen Betreibern, fließend Wasser. Evtl. Wüstenelefanten. Guter Ausgangspunkt für Wanderungen.*

Westlich des Brandbergs im Ugab-Tal

Ugab Camp $, *Lage: am westlichen Ende der D2342, entweder von Cape Cross über D2303 oder von Uis die C35, dann D2342. Beschreibung: einfacher, rustikaler Campingplatz unter der Ägide des Save the Rhino Trust (☼ 064/403829). Das Ehepaar Brell unterhält diesen Campingplatz und bietet auch Ausflüge zu den Nashörnern an.*

⚠ Vorsicht

Von diesem Camp aus kann man theoretisch nach Norden Richtung Twyfelfontein/Palmwag fahren. Dieser Weg ist aber sehr verwirrend und sollte nicht allein und nicht ohne GPS befahren werden, da man sich sehr leicht in dem Netz von kleinen, einspurigen Pads verfahren kann. Wer doch diese Route nehmen möchte, sollte seine nächste Unterkunft darüber informieren und um Hilfe bitten, sollte man nicht zum geplanten Termin dort erscheinen.

Durch das ehemalige Damaraland

Vom Brandberg nach Khorixas

Weiter führt die Fahrt nach **Khorixas**. Der Ort hieß früher „Welwitschia" und war in der Apartheidzeit unter der südafrikanischen Administration Distrikthauptstadt des „Homelands" Damaraland. Heute gehört die Gegend zum Verwaltungsbereich Opuwo.

Gemäß dem Odendaal-Plan wurden sogenannte Homelands errichtet, in denen die einheimischen Völker und Stämme einer „ungestörten" Entwicklung nachgehen sollten. Auch das Damaraland war ein solches Homeland mit einer Größe von ca. 48.000 km². Auf diesem Gebiet leben heute ungefähr 35.000 Damara (von einer Gesamtzahl von ungefähr 140.000). Zur Herkunft und Kultur der Damara siehe S. 75.

Fährt man heute durch das ehemalige Damaraland, so macht es unter agrarwirtschaftlichem Gesichtspunkt einen sehr vernachlässigten Eindruck. Einige Gründe dafür sind:

- Das Land bzw. die ursprünglichen Farmen wurden neu parzelliert und zu **Mini-Betrieben** von ca. 2.500 ha je Familie (im Durchschnitt fünf Personen) zerstückelt.

Landwirtschaft ist in der Gegend um Khorixas kaum möglich

*Herunter-
gewirt-
schaftet?*

- Es **mangelt an Kapital**.
- Es **fehlt das Know-how** oder es ist nur unzureichend vorhanden.
- Die Möglichkeit – wie früher – zur Wanderwirtschaft besteht nicht mehr, dafür aber eine **Fixierung auf ein begrenztes Gebiet**.
- Durch die Mini-Parzellierung ist eine Unterteilung des Farmlandes in viele Camps nicht mehr möglich, sodass **Überweidung** mit allen Folgeschäden eintritt (Bodenerosion, Absinken des Grundwasserspiegels, weitere Verkleinerung der Nutzfläche).

Das große Problem der Damara ist die **Wasserarmut**. Regenfeldbau ist wegen der ungenügenden Bodengüte und zu geringem Niederschlag nirgends möglich. Für Bewässerungsanbau fehlen Grundwasserreservoirs.

Khorixas

*Zentraler
Ort der
Umge-
bung, aber
etwas
trostlos*

Zu Khorixas gibt es nicht viel zu sagen: ein etwas trostloser Ort, in dem etwa 10.000 Menschen leben. Für das weite Umland spielt Khorixas jedoch eine nicht unbedeutende Rolle: Es gibt hier eine Bank und ein Krankenhaus, eine Tankstelle und Einkaufsmöglichkeiten. Khorixas (das „x" wird dabei wie ein „ch" ausgesprochen) verfügt am westlichen Ende über ein preiswertes, einfaches Touristen-Camp, von dem aus man Tagesausflüge zum Versteinerten Wald und nach Twyfelfontein (Felsgravuren) unternehmen kann.

Reisepraktische Informationen Khorixas

Vorwahl 067

🛏 **Unterkunft** (▶ *Karte S. 368/369*)
Khorixas Lodge und Restcamp $ (9),
Buchung über Namibia Wildlife Resorts, ① 061/ 2857200, reservations@nwr.com.na, www.nwr. com.na. Ab 300 N$ (Saison: 400 N$) p. P. im DZ mit Frühstück. Lage: 3 km westlich des Ortsausgangs von Khorixas, Abzweig von der C 39. Beschreibung: einfa-

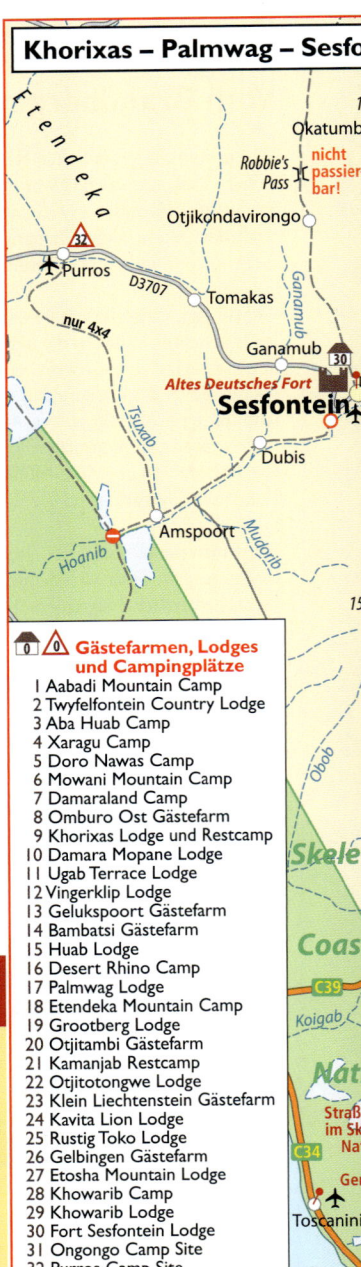

Etendeka

Okatumb

Robbie's Pass nicht passierbar!

Otjikondavirongo

⚠ 32
✈ Purros
D3707
Tomakas

nur 4x4
Ganamub
30

Ganamub

Tsuxub

🏰 **Altes Deutsches Fort**
Sesfontein ⛪

○ Dubis

Amspoort

Hoanib
Mudorib

15.

🏠 ⚠ **Gästefarmen, Lodges und Campingplätze**
1 Aabadi Mountain Camp
2 Twyfelfontein Country Lodge
3 Aba Huab Camp
4 Xaragu Camp
5 Doro Nawas Camp
6 Mowani Mountain Camp
7 Damaraland Camp
8 Omburo Ost Gästefarm
9 Khorixas Lodge und Restcamp
10 Damara Mopane Lodge
11 Ugab Terrace Lodge
12 Vingerklip Lodge
13 Gelukspoort Gästefarm
14 Bambatsi Gästefarm
15 Huab Lodge
16 Desert Rhino Camp
17 Palmwag Lodge
18 Etendeka Mountain Camp
19 Grootberg Lodge
20 Otjitambi Gästefarm
21 Kamanjab Restcamp
22 Otjitotongwe Lodge
23 Klein Liechtenstein Gästefarm
24 Kavita Lion Lodge
25 Rustig Toko Lodge
26 Gelbingen Gästefarm
27 Etosha Mountain Lodge
28 Khowarib Camp
29 Khowarib Lodge
30 Fort Sesfontein Lodge
31 Ongongo Camp Site
32 Purros Camp Site

Obob

Skele

Coas

C39

Koigab

Nat

Straß
im Sk
Nat

C34

Ger

✈
Toscanini

Entspannung mit Aussicht in der Huab Lodge

ches, aber sauberes Camp im Stile der früheren staatlichen Rastlager, mit 26 Bush Chalets, 10 Einzelzimmern und 20 Standplätzen für Camper. Außerdem 2 Familien-Chalets (4 Betten). Restaurant und Schwimmbad vorhanden. Swimmingpool, Außenbar.

Nördlich von Khorixas

Huab Lodge & Bush Spa $$$$ (15), ① 067/312070, *online@huab.com*, *www.huab.com*. Ab ca. 1.250 N$ p. P./Halbpension. Lage: östlich von Khorixas biegt man in die Pad C 35 nach Norden, später links in die D 2670 (weitere 35 km). Beschreibung: Diese Lodge ist ein wirklich exzellenter Tipp für alle Naturliebhaber und Afrika-Romantiker. Jan van de Reep, der früher als Safariführer im Kruger National Park und in Etosha arbeitete und daher Landschaft und Tierwelt des südlichen Afrika besonders gut kennt, hat diese Lodge aufgebaut. Innerhalb des Geländes riss man alle Innen-Zäune ab, damit sich das Wild frei bewegen kann. Heute sind auf Huab u. a. Oryx-Antilopen, Klippspringer, Kudus, Zebras und mitunter sogar Wüstenelefanten heimisch. Natürliche Wasserstellen, aber auch künstliche wildgerechte Tränken versorgen das Wild ganzjährig. Am Herzen liegt Jan van de Reep neben dem Naturschutz auch die Schaffung von Arbeitsplätzen für die lokale Bevölkerung, dazu gehört auch die Abnahme von Gemüse und Kunsthandwerk. Die sehr komfortablen Unterkünfte (maximal für 16 Gäste) liegen inmitten einer unberührten Landschaft, in der man die Stille Namibias so richtig genießen kann. Auf dem Gelände werden täglich Morgen- und Abendsafaris sowie Wanderungen angeboten. Vom in Naturstein eingefassten Pool, mit heißem Quellwasser gefüllt, kann man Afrikas Sternenhimmel bewundern. Zum Team gehört inzwischen auch ein Physiotherapeut, der verschiedene Massagen und andere Behandlungen anbietet.

Östlich von Khorixas

Ugab Terrace Lodge $$$** (11), ☎ 067/687080, info@ugabterracelodge.com, www.ugabterracelodge.com, 1.000 N$ p. P. inkl. HP. Lage: 60 km östlich Khorixas an der D 2743, 10 km südlich Abzweig von der C 39. Beschreibung: Auf einer Anhöhe (tolle Aussicht!) stehen 16 **Bungalows zur Verfügung, authentisch mit Möbeln aus Namibia eingerichtet, insgesamt warmes, afrikanisches Dekor. Für Campingfreunde (Selbstfahrer mit Campingfahrzeugen, z. B. Allradwagen mit Dachzelten) steht ein schöner **Campingplatz** mit guten sanitären Anlagen zur Verfügung. Zur Anlage gehört ein in die Landschaft eingepasstes „Naturschwimmbad" (einzelne Pools, die kaskadenartig in Felsmulden eingebettet sind) sowie ein Restaurant, wo den Gast frische erstklassige Gerichte erwarten (eigener Kräutergarten). Aktivitäten: Besichtigungsmöglichkeit der Felszeichnungen auf der Farm Omburo-Ost, Pferdeausritte (auch mehrtägig, bis zur Küste mit Zeltübernachtungen), Wanderungen mit Führer, Mountainbiking mit Guides. Der gesamte Betrieb ist sehr persönlich geführt.

**Gelukspoort $$$** (13), ☎ 067/312025, info@gelukspoort.com, www.gelukspoort.com. Ab ca. 1.000 N$ p. P./DZ mit Frühstück. Camping 140 N$ p. P. Lage: C 39 in Richtung Outjo, nach ca. 80 km Einfahrt auf der linken Seite. Beschreibung: wunderschönes Farmgelände mit abwechslungsreicher Vegetation und hohem Wildbestand. Unterkunft im Doppelzimmer oder im Bungalow mit Grasdach. Auch großzügige, schattige Stellplätze für Camper vorhanden.

**Bambatsi Gästefarm $$–$$$** (14), ☎ 067/313897, info@bambatsi.com, www.bambatsi.com. 880 N$ p. P. inkl. Halbpension. Lage: westlich von Outjo, von der C 39 nach 75 km rechts in die Farmpad (weitere 5 km). Beschreibung: schön gelegene Gästefarm mit herrlichem Ausblick von der Anhöhe (ca. 1.150 m über Meeresspiegel) auf die Mopane-Savanne, Schwimmbad. Schöner Außenbereich. Camping möglich.

Nachts grau, tagsüber bunt: Siedleragame

Damara Mopane Lodge $$ (10), *Buchung über ① 061/ 230066, 24h-Service:* ② *081/129 2424, info@gondwana-collection.com, www.gondwana-collection.com. Je nach Saison 650–780 N$ p. P./DZ mit Frühstück. Die Lodge ist im Stil eines afrikanischen Dorfs aufgebaut: 55 kreisförmig ausgerichtete Chalets, jedes von einem eigenen Kräuter- und Gemüsegarten umgeben. Ideal für Ausflüge nach Twyfelfontein oder zum Versteinerten Wald.*
Vingerklip Lodge (12), *s. S. 391*

Westlich von Khorixas im Damaraland
Damaraland Camp $$$$$ (7), *Buchung: ① 061/274500, enquiry@wilderness.co.za, www.wilderness-safaris.com, je nach Saison ca. 1.980–3.310 N$ p. P. inkl. Halbpension. Lage: C 39 von Khorixas ca. 110 km nach Westen, vom Schild weitere 20 km Weg nach Süden. Das Camp liegt ca. 90 km von Torra Bay landeinwärts. Beschreibung: Die Unterkünfte sind große, gut eingerichtete Luxuszelte mit eigenem Bad und Veranda. Sehr schöne, der Natur angepasste Anlage mit Namibia-Feeling. Kleiner Swimmingpool hinter dem Camp in einer „mini gorge". Das Camp liegt am Huab-Tal, von weitem sieht man den Brandberg. Tagesausflüge nach Twyfelfontein möglich.*
Desert Rhino Camp $$$$$ (16), *Kontakt s. Damaraland Camp, ca. 4.000–5.800 N$ p. P./ DZ inkl. aller Mahlzeiten und Aktivitäten, Beschreibung: Das Besondere des Desert Rhino Camp (ehemals Palmwag Rhino Camp) ist, dass es mobil ist: Die komfortablen Zelte können, z. B. bei veränderten Wanderwegen der Tiere, verlegt werden. Sanitäreinrichtungen vorhanden, auf Wunsch gibt es auch heißes Wasser. Das Camp befindet sich auf dem Gebiet der Palmwag Lodge, das über 450.000 ha groß ist. Die reiche Tierpopulation besteht neben Zebras, Kudus, Giraffen, Springböcken und den seltenen Wüstenelefanten auch aus Raubkatzen: Mit etwas Glück sieht man Löwen, Leoparden oder Geparde. Natürlich gibt es auch Nashörner, die sich an die harten Lebensbedingungen der Wüste angepasst haben und deren Schutz sich das Camp besonders verschrieben hat. Es werden Wanderungen und Ausfahrten (auch nachts) angeboten.*
Doro Nawas Camp $$$$$ (5), *Kontakt. s. Damaraland Camp, je nach Saison ca. 1.650– 2.100 N$ p. P. inkl. Halbpension. Lage: etwa 85 km auf der C39 von Khorixas entfernt, im nördlichen Damaraland, am Flussbett des Aba-Huab River. Beschreibung: 16 komfortable Chalets aus Naturstein, geräumig, sehr gepflegt und afrikanisch (mit Außendusche), zudem mit en-suite-Dusche, Waschbecken und Toilette. Das Aufenthaltsgebäude hat rundherum Glasfenster und eine Veranda, sodass man wunderschöne Aussichten auf die umliegende Ebene hat. Auf dem Gelände bietet sich die Chance, die seltenen Wüstenelefanten zu sehen. Nachts kann man Betten auf die Chalet-eigene Veranda ziehen, unter freiem Himmel schlafen und die Sterne bewundern. Essen kann man ebenfalls unter afrikanischem Himmel. Außerdem sind ein Schwimmbad mit Aussicht, eine offene Feuerstelle, eine schöne Bar und ein kleiner Andenkenshop vorhanden.*

🍴 Restaurants
Essensmöglichkeiten jeweils in den Lodges und Gästefarmen. Wenn man dort nicht wohnt, dann vorher nachfragen bzw. anmelden. In den Restaurants der Khorixas Lodge, Vingerklip Lodge, Twyfelfontein Lodge jederzeit möglich.

Mitten in der Weite: die Damara Mopane Lodge

Für sehr einfache Ansprüche: Snacks an der Total Tankstelle in Khorixas oder in Mirabells Bar and Restaurant in Khorixas an der C 39, einen Häuserblock von der Total Tankstelle entfernt.

Geschäfte/Banken
Standard Bank *(Tjongarero St.)*,
Mini Market General Dealer *(Ecke C 39/Gobs St.)*

Postamt
Tjongarero St.

Tankstelle
Direkt an der Twyfelfontein Lodge

Ambulanz/Arzt
State Health Clinic, ☎ *067/331064, an der C 39 gelegen*

Weiterreise-Möglichkeiten

- Direkt **zum Etosha National Park** über die Pad C 39/C 38 (Camp Okaukuejo, ca. 250 km)
- Nach Nordwesten über die C 39/C 43 nach **Palmwag** (ca. 165 km) oder zur Skelettküste nach **Terrace Bay** über C 39/C 34 (ca. 260 km)

Von Khorixas zum Versteinerten Wald und nach Twyfelfontein

(▶ *Karte S. 368/369*)

Interessante geologische Phänomene

Dieser abwechslungsreiche Tagesausflug mit Aufenthalt in der Region Twyfelfontein führt zum interessanten geologischen Phänomen des Versteinerten Waldes und durch eine grandiose Gebirgslandschaft. Von der alten Siedlungsgeschichte dieses namibischen Landstrichs zeugen weiter westlich die faszinierenden **Felsgravuren von Twyfelfontein**. Weitere Naturphänomene wie die „**Orgelpfeifen" (Basaltsäulen)** sowie der „**Verbrannte Berg"** mit seinen bemerkenswerten Farbnuancierungen sind ebenfalls sehenswert. Die gesamte Strecke ist eine gut zu befahrende Naturpad.

Tageskilometer
ca. 220

Tankstellen
Khorixas, Twyfelfontein-Lodge

 Streckenhinweise

Ab Khorixas fahren Sie die Pad C 39 in Richtung Torrabaai; nach ca. 50 km kommen Sie am Versteinerten Wald vorbei. Später biegen Sie links in die Pad 2612 nach Twyfelfontein ein. 21 km hinter dieser Abbiegung zweigt die Pad 3254 zum Verbrannten Berg ab (weitere 5 km), die Pad 3214 führt nach Twyfelfontein (weitere 5 km, die nach Sandverspülungen aufgrund von starken Regenfällen z. T. schwer passierbar sein können).

Versteinerter Wald (Petrified Forest)

Ob diese uralten, baumähnlichen Reste versteinerte Relikte eines Waldes sind, der einmal vor ca. 300 Millionen Jahren gewachsen ist, oder ob es sich um Material handelt, das hierher angeschwemmt worden ist, wurde bislang nicht geklärt. Die größten Exemplare sind bis zu 30 m lang. Zwischen den versteinerten Baumstämmen gedeihen Welwitschias – die „runzligen Bewohnerinnen der Namib". Beste Besuchszeiten sind der frühe Morgen oder der späte Nachmittag.

Versteinerung kommt zustande, wenn organische Materialien wie das Baumholz durch geologische Vorgänge (Meerestransgressionen, Zuschüttungen) relativ luftdicht abgeschlossen werden. Ganz allmählich erfolgt ein **Austausch von Holzsubstanz gegen Kieselsäure**. Diese nimmt die Feinstruktur des Holzes an, wobei durch „Verunreinigung" der Kieselsäure bestimmte Färbungen entstehen: Reine Kieselsäure ergibt die Farben Weiß, Grau oder Gelbbraun; Eisenoxyde ergeben Gelb, Orange, Rot; Manganoxyde ergeben Schwarz, Blau, Purpurrot.

Spätere Erosionsprozesse (Weg-schwemmen der Oberfläche, Wegblasen von Lockerbestandteilen durch den Wind) haben die versteinerten Bäume wieder freigelegt. Streng genommen stimmt der Ausdruck „versteinerte Bäume" nicht, da es sich ja um Kiesel-säure handelt und nicht mehr um eine organische Substanz.

Ein besonders berühmtes Gebiet ver-steinerter Bäume liegt in Arizona/USA, wo es den Petrified Forest National Park gibt.

☞ **Hinweis**
Neben dem offiziellen Besucherzen-trum mit Museum (Eintritt: N$ 40) gibt es entlang der Straße zahlreiche „private" Ge-lände, für die ebenfalls Eintritt erhoben wird. Auch wenn es dort versteinertes Holz zu sehen gibt, handelt es sich oftmals um „Abzocke", es werden auch keine (gu-ten) Führungen angeboten. Beim offiziellen Besucherzentrum kann man das Gelände nur mit Führung (ca. 1 Std.) erkunden.

Versteinerter Wald

Die Felsgravuren von Twyfelfontein

☞ **Tipp**
Beste Besuchszeit ist der spätere Nachmittag, wenn viele der Gravuren im Sonnenlicht liegen (morgens ist es im Sommer zwar kühler, aber die Gravuren liegen im Schatten). Gutes Schuhwerk und Kopfbedeckung sowie mitgenommene Getränke sollten die Wanderung von ca. 1 ½–2 Stunden zu einem schönen Erlebnis werden lassen. Ein Parkplatz befindet sich un-ten im Tal an der ursprünglichen Quelle.

1947 bekam der Farmer **Levin** die Erlaubnis, hier eine Farm aufzubauen. Den Namen erhielt die Farm nach ihrer spärlichen Quelle, die Levin wegen ihrer befürchteten Zwei-felhaftigkeit „Twyfelfontein" nannte. Wenn es gut regnete, war das Tal von Twyfelfon-tein prächtig grün. Doch das kam selten vor. So war Levin gezwungen, mit seinem Vieh auf Wanderschaft zu gehen. 1964 musste er seine Farm an den Staat verkaufen, damit die Einrichtung des damaligen Homelands Damara ermöglicht werden konnte. Seitdem ist das Farmhaus verlassen. Seit 1952 ist Twyfelfontein ein „National Monument". *Zweifel-hafte Quelle*

Twyfelfontein ist der reichste Fundort von Felsgravuren in Namibia und seit 2007 als das erste **UNESCO Welterbe** des Landes anerkannt. Die Gravuren wurden hier schon zu deutscher Zeit bzw. kurz danach gefunden, aber zunächst wenig beachtet. Erst als Twyfelfontein als Farm eingerichtet war, kamen Albert Viereck und J. Rudner hierher. Das war im Jahr 1953. Die ersten Veröffentlichungen über die Felsgravuren erschienen im Juli 1953 in der „Allgemeinen Zeitung".

Die **prähistorischen Künstler** benutzten wahrscheinlich Quarzmeißel. Die Gravuren finden sich meist auf sehr ebenen Platten, die heruntergestürzt sind. Da das Gestein inzwischen ausgehärtet ist, wäre es heute unmöglich, mit einem Meißel Figuren in diese Platten einzugravieren. Mit den Primitivwerkzeugen der Frühzeit konnte man nur relativ frisch heruntergestürzte Felsplatten bearbeiten. Die Felsen, auf denen die tiefsten Gravuren zu finden sind, mussten also kurz vor der Bearbeitung hinabgestürzt sein.

Die Tiefe der Gravuren beträgt in der Regel 1–3 mm, sehr selten 5–8 mm. Die Gravuren lassen sich allgemein in **drei Motivgruppen** einteilen: Darstellungen von Tieren, Darstellungen von Fährten dieser Tiere und Darstellungen abstrakter Art.

Die Darstellungen von Tieren sind meist sehr gut gelungen. Bestimmte Eigenschaften werden absichtlich besonders betont und in der Darstellung übertrieben, so z. B. die Leichtfüßigkeit eines Springbocks oder der lange Hals der Giraffe.

Interessant sind die abstrakten Gravuren. Was mögen sie darstellen? So findet man z. B. Kreise mit einem tiefen Loch oder einem Strich in der Mitte. Bei den San gilt der Kreis mit einem Punkt als Kennzeichnung für eine Wasserstelle. Manche Kreise haben Striche und Linien außerhalb. Wurden so die Zuflüsse stilisiert, während einfache Kreise

Beeindruckende Felsgravuren

mit Innenpunkt das stillstehende Wasser andeuteten? Die australischen Ureinwohner, die Aborigines, haben ähnliche Darstellungsformen entwickelt.

Ein grober Aufschluss über **das Alter der Gravuren** ergibt sich aus der sog. Patina, *Alters-* womit man die Oxidation der äußeren Gesteinsschicht bezeichnet. Diese Oxidation *bestim-* geht anfangs schnell vor sich, lässt aber mit zunehmender Gesteinstiefe nach und dringt *mung* dann nur noch langsam vor. Alte Gravuren erkennt man daran, dass sie farblich mit dem nicht bearbeiteten Teil der Steinplatte übereinstimmen. Doch ist die Patinierung nur ein schlechter Maßstab für exakte Altersbestimmungen, denn man weiß bislang nicht, wie schnell sie in Namibia erfolgt. Die Patinierung ist abhängig von der Ansammlung von Wasser am Felsen, der Gesteinsart sowie der salzhaltigen Luft, die vom nahen Meer weht.

Die Spannbreite der Datierungen reicht von Gravuren aus unserer Zeit bis hin zu solchen aus der Zeit um 24.000 v. Chr.

Dass es gerade hier, im Übergangsgebiet zwischen Namib und dem inneren Hochland so viele Gravuren und Zeichnungen gibt, liegt wohl daran, dass hier **Grasweiden** schon in sehr früher Zeit bestanden haben müssen. Die großen Tierherden, die hier gelebt haben, mussten sich an den wenigen Wasserstellen sammeln, um ihren Durst zu löschen. Ein Leichtes für den Jäger der Frühzeit, hier Beute zu machen. Deshalb waren die Rand- *Dichte* gebiete, die sich unmittelbar an die Wüste anschlossen, ziemlich dicht besiedelt (so das *Besiedlung* Erongo-Gebirge, das Khomas-Hochland, die Spitzkoppe, die Naukluft, der Brandberg und *am Rande* Twyfelfontein). In der Nähe dieser Wasserstellen finden sich auch die von Jägern ge- *der Namib* schaffenen Felsbilder. Von der Terrasse hatten die Jäger einen guten Überblick über das Tal.

Ein Wanderweg

führt zu den wichtigsten Gravuren, die herausragenden Platten sind nummeriert (1–8).

Platte 1: Hier können Sie eine „Lehrtafel" bewundern: Tierfährten, verschiedene Tiere, aber auch abstraktere Muster sind zu erkennen.

Platte 2: U. a. auch als „Graffiti Platte" bezeichnet, da sich hier 1948 jemand verewigen wollte. Und als man das „neue Kunstwerk" löschen wollte, entstand erst recht eine auffällige Stelle … Auf dieser Platte sind u. a. Nashörner, Giraffen und Zebras zu erkennen.

Platte 3: Hier ist ein großer Elefant zu erkennen, unten einige Antilopen. Leider ist diese Platte durch Erosion gefährdet.

Platte 4: Dargestellt sind hier verschiedene Spuren von unterschiedlichen Antilopenarten, ebenso sind Springböcke zu erkennen.

Platte 5: Hier sind verschiedene Tiere eingeritzt, doch markant ist der Löwe *Von Tieren* mit dem rechtwinkligen Schwanz und seinen großen Tatzen. Der Löwe trägt in *und* seinem Maul eine Jagdbeute. Auf dieser Platte erkennt man auch Giraffen, Ze- *„hocken-* bras und Strauße. Giraffen galten bei den San als Regenbringer. *den* **Platte 6:** Hier sind Rinder dargestellt, die ersten „gezüchteten" heimischen *Männern"* Nutztiere.

Platte 7: Darstellung von Menschen, u. a. zwei hockende Männer (Jäger).
Platte 8: Hier ist auf Hochglanz poliert ein seltsames Tier gestaltet, das eine Mischung aus einem Fabelwesen und einem Tier ist. Vor dem Fabeltier befindet sich eine polierte Scheibe mit einem Durchmesser von 15 cm, in der Mitte mit einem tiefen Punkt. Es handelt sich bei diesen Darstellungen um die einzig polierten Felsbilder überhaupt. Die Frage taucht hier natürlich auf, was eigentlich dargestellt werden sollte. Vielleicht handelt es sich dabei um ein ganz besonders verehrungswürdiges Symbol.

Interessant ist auch der **Symbolfelsen:** Hier gibt es Kreise mit tiefen Löchern in der Mitte, wobei, wie schon erwähnt, das Loch wahrscheinlich eine Wasserstelle und der Kreis den Vegetationsgürtel um diese Stelle kennzeichnet. Diese Gravuren sind die ältesten und stammen vielleicht aus einer Zeit, in der noch kein San im Kaokoveld lebte, sondern frühe Steinzeitmenschen. Hier sieht man auch Felsen mit Löchern. Vielleicht wurde auf diese Weise die Anzahl der erlegten Tiere festgehalten?

Gravuren und Malereien Auf der Terrasse kann man auch einzelne **Malereien** entdecken. Hier in Twyfelfontein überlagern sich nämlich zwei kulturelle Darstellungsformen: Gravuren und Malereien. Gravuren sind dabei naturgemäß wesentlich haltbarer als Malereien. Überall liegen vor den gravierten Felsen noch Steinspitzen aus Quarzit herum, als ob die Künstler der Frühzeit den Ort gerade erst verlassen hätten.

Insgesamt ist zu sagen, dass Twyfelfontein inzwischen **ziemlich touristisch** geworden ist. Konnte man vor nicht allzu langer Zeit das Gelände noch alleine erkunden, wird dem Besucher heute bei der Ankunft ein Guide zugeteilt, der alle Gravuren zeigt und – mehr oder weniger engagiert – Erklärungen dazu liefert. Auch die Übernachtungsvielfalt vom Campen bis hin zur Super-Luxus-Lodge hat sich enorm entwickelt.

☞ **Tipp**
Etwa 8 km von Twyfelfontein (an der Ecke D 3214 und D 2612, ausgeschildert) liegt das 2010 eröffnete Living Museum der Damara, das in Zusammenarbeit mit der Living Culture Foundation Namibia entwickelt und aufgebaut wurde. Hier kann man viel über das Leben der Damara vor der Kolonialisierung erfahren. Wie sah ihre traditionelle Kleidung aus? Was aßen sie? Welchen Schmuck trugen sie? Das Museum ist tgl. geöffnet. Infos unter www.lcfn. info/damara/damara-museum.

Reisepraktische Informationen Twyfelfontein

s. a. Khorixas
Vorwahl 061

Tankstelle
Direkt an der Twyfelfontein Lodge

Unterkunft (▶ *Karte S. 368/369*)
Mowani Mountain Camp $$$$$ (6), *mit sehr exklusivem Campingplatz $, Bu-chung über Visions of Africa,* ☎ *061/232009, mowani@visionsofafrica.com.na, www. mowani.com. Ab 1.900 N$ p. P. im DZ mit Halbpension. Lage: etwa 100 km westlich Khori-xas, erreichbar über die C 39, dann 2612, dann 3254 (Ausschilderung zur Twyfelfontein Coun-try Lodge). Beschreibung: sehr naturnah gebautes Camp, das zwischen riesigen Felsen liegt. Lu-xuszelte (12), sehr kreativ und geschmackvoll eingerichtet, sind auf Plattformen installiert. Je-de Unterkunft hat ihre eigene Veranda mit Blick auf das Aba-Huab-Tal. Jeder Komfort ist ge-boten und die kreative Architektur überrascht immer wieder. Herrliche Ausblicke auf das Aba-Huab-Tal, tolle Küche, Stille … was will man mehr? In der Nähe (auf der anderen Seite der D 2612) liegt das zur selben Gruppe gehörige* **Camp Kipwe** *(Kontaktdaten s. o., ab 1.800 N$ p. P. im DZ/Frühstück und Dinner), in ebenfalls traumhafter Lage und mit kunstvoll in den Fels gebauten Unterkünften (zur Auswahl stehen 9 Rundbungalows und eine Suite), Außendusche, sehr freundliches und kompetentes Personal. Im Mai 2012 wurden der Spei-sesaal und die Rezeption bei einem Feuer beschädigt, bis August 2012 soll alles wieder auf-gebaut sein. Bitte vorher erkundigen.*
Twyfelfontein Country Lodge $$$ (2), *Buchung:* ☎ *061/374750, twyfelfontein@ ncl.com.na, www.namibialodges.com, Lodge direkt:* ☎ *067/697021. Ca. 930 N$ p. P. im DZ*

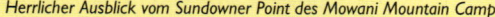

Herrlicher Ausblick vom Sundowner Point des Mowani Mountain Camp

mit Frühstück. Lage: Von der 3254 kommend biegen Sie ab in die 3214 Richtung Twyfelfontein. Folgen Sie dem Hinweisschild zur Lodge (Zufahrtsstraße leider in schlechtem Zustand). Die Lodge ist schön in die felsige Landschaft integriert und nur 5 km von den berühmten Felsgravuren entfernt. Beschreibung: Die Lodge bietet 56 Zimmer, allerdings sehr einfach und zweckmäßig eingerichtet.

Hinweis zu Namibia Country Lodges: *Die Gruppe löste sich 2012 auf, die Lodges stehen zum Verkauf. Bis auf Weiteres können alle gebucht werden, auf der o. g. Website wird aktuell informiert.*

Aabadi Mountain Camp $$ (1), ☏ *0813/412875, aabadi.mountaincamp@gmail.com, www.aabadi-mountaincamp.com, Safarizelt 670 N\$ p. P. inkl. Frühstück, Campingplatz 70 N\$ p. P., Abendessen 160 N\$. Lage: 80 km südwestlich von Khorixas an der D 2612. Von der C 35 südlich Khorixas in die D 2612 abbiegen. Nach etwa 60 km links liegt das Camp. Für Selbstfahrer ohne Allrad kein Problem! Beschreibung: am Ufer des Aba-Huab Flusses, nur 20 km entfernt vom UNESCO-Weltkulturerbe Twyfelfontein. Auswanderer aus den Niederlanden haben sich hier inmitten des unberührten Damaralandes einen Lebenstraum erfüllt. Fünf geschmackvoll eingerichtete Doppelsafarizelte mit eigenem Freiluftbad, ein gemütliches Restaurant mit Sundowner-Terrasse, ein kleiner Laden und ein schöner Zeltplatz stehen für die Gäste bereit. Die Zelte liegen im großzügigen Abstand voneinander und garantieren ausreichend Privatsphäre. Jedes Zelt bietet von der eigenen Veranda aus einen herrlichen Blick auf den Aba-Huab-Fluss und die unberührte Umgebung. Nach Sonnenuntergang wird es richtig romantisch, denn Elektrizität gibt es in Aabadi nicht. Umso schöner ist es beim schwachen Schein der Öllampen, den Tag bei einem Glas Wein ausklingen zu lassen und sich dabei wie in „Jenseits von Afrika" zu fühlen. Das Besondere: Gelegentlich kommen die seltenen Wüstenelefanten hier zum Trinken vorbei. Nature Walks werden angeboten, auf denen den Besuchern die Schönheit des Damaralandes, die außergewöhnliche Tier- und Pflanzenwelt der Region näher gebracht wird (ca. 85 N\$ p. P.).*

⚠ Camping

Xaragu Camp $–$$ (4), *Buchung ☏ 067/687037, xaragu@iway.na, www.xaragu. com. Je nach Saison 540 bis 595 N\$ p. P. im Safari-Zelt mit eigenem Bad inkl. Frühstück, Camping 120 N\$ p. P. Lage: C 39 von Khorixas Richtung Torra Bay, am versteinerten Wald vorbei. Nach ca. 75 km kommt der Abzweig links nach Twyfelfontein. An der rechten Seite sieht man „George's Shop". Nach weiteren 100 m geradeaus ist rechts der Abzweig zum Camp Xaragu. Ab hier gut ausgeschildert. Beschreibung: Es gibt 10 Campingplätze (schattig) mit Grillplätzen sowie Zelte unterschiedlicher Ausstattung. Schwimmbad und eine Naturquelle sind vorhanden, ebenso Bar und Lapa. Den Campern stehen saubere Toiletten sowie warme Duschen zur Verfügung. Schattige Parkplätze, Shop. Gamedrives und „elephant tracking" werden angeboten, ebenso Reitmöglichkeiten.*

Aba Huab Camp $ (3), ☏ *067/697981 Camping p. P. ca. 70 N\$, Zeltunterkünfte ca. 100 N\$ p. P., Auto 20 N\$, Essen nach Bestellung. Lage: C 39 von Khorixas kommend, dann in die D 2612/Pad 3254. Nach Durchqueren des trockenen Flussbetts gleich rechts abbiegen. Nur 5 km zu den Felsgravuren. Beschreibung: Die Campingplätze liegen entlang dem Flussbett, einige haben Grillplätze, Tische und Bänke, fließendes Wasser, 2 Duschanlagen und Toiletten, ebenso werden einfache, strohgedeckte Unterstände angeboten. Es gibt eine Bar mit gekühlten Getränken und Snacks. Manchmal kann es hier sehr betriebsam werden, wenn viele Gäste da sind. Und wer auf Tierbesuche aus ist: Öfters kommen Wüstenelefanten am Camp vorbei.*

Madisa Campsite $, *Buchung über Leisure Pleasure Lodges, ☏ 064/406123. Ca. 160 N\$ p. P. Lage: 18 km westlich der D 2612, nahe der Abzweigung nach Twyfelfontein. Beschreibung: 10 Campsites mit je eigenen Duschen (auch Heißwasser) und Grillplatz.*

Die Basaltsäulen-Galerie und der Verbrannte Berg

Wenn Sie die Straße wieder zurückfahren und rechts in die Pad 3254 einbiegen, kommen Sie zu den Basaltsäulen (nach ca. 3 km an der linken = östlichen Seite der Straße) und zum Verbrannten Berg (5 km nach der Einbiegung, rechts).

Basaltsäulen

Die Basaltsäulen (auch als „Orgelpfeifen" bezeichnet) entstanden, als vor ca. 120 Millionen Jahren Lava in das Schiefergestein eindrang und zu den eckigen, etwa 5 m hohen Säulen erstarrte. Erosion legte dann die an „Orgelpfeifen" erinnernde Formation wieder frei. Die ganze Basaltwand hat eine Länge von etwa 100 m.

Verbrannter Berg (Burnt Mountain)

Schon der Weg hierhin mutet an, als ob man auf „verbranntem Gestein" führe: Er ist pechschwarz. Vor etwa 200 Millionen Jahren lag hier ein eher unscheinbarer, ca. 200 m hoher Hügel, der aus Karoo-Schiefer und Sandstein bestand. In diesen Hügel drangen dann vor 80 Millionen Jahren Dolerit-Lavamassen ein, die zu rötlichen, violetten und rosa-ähnlichen Farbveränderungen des Gesteins führten. Insbesondere in den Morgen-, aber vor allem in den Abendstunden sind die Farbspiele sehr sehenswert.

 Hinweis
Von hier führt ein sehr abenteuerlicher Weg ins westliche Brandberg-

Basaltsäulen

Gebiet, vorbei am Doros Crater. Diese Strecke mündet in Brandberg-West kurz vor dem Kreuzungsbereich der D 2342 und 2303. Da diese Strecke sehr, sehr einsam (und schön) ist, sollte man sie auf jeden Fall nur mit zwei Allradfahrzeugen, genauem Kartenwerk, GPS-Navigation und entsprechendem Proviant (vor allem Wasser) befahren. Die Strecke ist z. T. sehr steinig (Reifenpannen) und in den Flusstälern sehr sandig. Vorsicht insbesondere in der Regenzeit! Erwarten Sie keine eindeutige Pad, es gibt viele Abzweigungen und Nebenwege. Gute Infos unter www.hentiesbaytourism.com.

Weiterreise-Möglichkeiten

- **Rückfahrt nach Khorixas** (oder entsprechend nach Bambatsi oder zur Huab Lodge) über die Pad 3254/D 2612, später ostwärts (also nach rechts) auf die C 39.
- **Zur Palmwag Lodge** (s. S. 385): Über die Pad 3254/D 2612 zur C 39, hier links einbiegen und etwa 74 km über C 39/C 43 in Richtung Palmwag weiterfahren. Einbiegung in die Pad 3706, wo Palmwag gleich zur linken Seite liegt (Gesamt-Kilometer ab Twyfelfontein: etwa 100 km/3 Fahrstunden auf z. T. sehr schlechter Straße). **HINWEIS**: Ab November 2012 wird ein neuer Eigentümer die Lodge betreiben. Unbedingt vorher nach dem aktuellen Stand der Dinge erkundigen (s. S. 384).
- **Abstecher zur Skelettküste (Terrace Bay)**: Über Pad 3254/D 2612 zur C 39, hier links abbiegen und dann nach 30 km links in die Pad 3245 (bzw. der C 39 weiter folgen) abbiegen, die dann nach weiteren 92 km zur Küste führt. Hier auf der Pad C 34 nach Norden bis Terrace Bay fahren (weitere 49 km). Gesamt-Kilometer: ca. 200 km. Bitte beachten Sie dabei: Man muss dafür ca. 4 Stunden Fahrzeit rechnen. Die Strecke ist generell gut zu befahren. Denken Sie bitte daran, dass Sie um spätestens 17 Uhr den Kontrollpunkt Springbokwater (= Grenze Skelettküsten-Park) erreichen und ebenso im Besitz einer festen Unterkunftsbuchung in Terrace Bay sein müssen.
- **Direkte Weiterfahrt zum Etosha National Park (Camp Okaukuejo)**: Wer in Eile ist, sollte sehr früh morgens nach Twyfelfontein aufbrechen und gegen Mittag die Fahrt zum Etosha Park antreten, um rechtzeitig vor Sonnenuntergang das Camp Okaukuejo zu erreichen. Vorteil: Man kann direkt am nächsten Morgen seine erste Safari unternehmen. Nachteil: Eine hetzige Sache… Gesamt-Kilometer Khorixas – Twyfelfontein – Khorixas – Outjo – Etosha (Camp Okaukuejo): ca. 350 km.

 Infos
zu diversen, sehr extremen Routen im Damara-Gebiet, wie
- Messum Crater Route
- Omaruru River Route
- Ugab Menhir Route
- Brandberg West Route
- Twyfelfontein Route
- Doros Crater Route
- Damaraland Minerals Route

unter www.hentiesbaytourism.com

Von Khorixas in den Etosha National Park

Westliche Route: von Khorixas über Twyfelfontein zur Palmwag Lodge – Etosha National Park
(▶ *Karte S. 368/369*)

Diese Strecke führt in einem westlichen Bogen in noch unberührte und wenig befahrene Landschaften Namibias und bietet ein einmaliges Erlebnis. Ein Abstecher ins Kaokoveld ist allerdings nur für erfahrene Offroad-Fahrer bzw. im Rahmen einer geführten Campingtour empfehlenswert. In den letzten Jahren begaben sich zunehmend „Individualisten" in das **traditionelle Siedlungsgebiet der Himba**. Besser ist es, die Gegend auf einer **organisierten Safari** mit landeskundlich und völkerkundlich sensiblen Führern zu besuchen.

Organisierte Safari empfehlenswert

Einen erholsamen Zwischenstopp vermag die Gästefarm Otjitambi zu gewähren, eine echte „Südwester" Traditionsfarm. Den Abschluss dieser Alternativstrecke bildet der **Etosha National Park**, Namibias Besucherziel Nr. 1.

Entfernungen
Gesamtstrecke ab Khorixas – mit Abstecher nach Twyfelfontein über Palmwag und Abstecher nach Sesfontein – nach Etosha (Camp Okaukuejo): etwa 750 km

Tankstellen
Palmwag, Sesfontein, Kamanjab, Outjo, Okaukuejo (Etosha N. P.)

Streckenhinweise

Von Khorixas folgen Sie der C 39 nach Westen. Sie fahren am Versteinerten Wald vorbei, bevor Sie nach 73 km in die D 2612/Pad 3254 einbiegen, um nach 26 km Twyfelfontein zu erreichen. Auf dem Rückweg biegen Sie in die Pad 3254 ab, wo Sie zu den Basaltsäulen und zum Verbrannten Berg gelangen (Beschreibungen aller genannten Sehenswürdigkeiten im vorherigen Kapitel S. 374ff). Wieder auf der Strecke C 39/C 43 zurück, gelangen Sie nach 74 km auf die Kreuzung der Pad 3706, wo Sie nach 2 km die Palmwag Lodge erreichen. Von hier sind es etwa 115 km nach Sesfontein. Die Pad hierhin ist relativ gut, aber es ist eine ziemliche Berg- und Talfahrt, und in der Regenzeit sorgen einige gefüllte Flüsse und Flüsschen für plötzliche Überraschungen. Etwa 25 km ab der Abfahrt von Palmwag nach Norden verlocken grüne Hinweisschilder zu Abstechern. Doch Vorsicht: Erstens braucht man hierzu ein Permit von der Palmwag Lodge, zweitens muss man unbedingt ein Allradfahrzeug zur Verfügung haben. Die Ongongo-Wasserfälle (Abzweig vor Sesfontein nach Nordosten) sind ebenfalls nur mit Allradfahrzeug erreichbar. Nach Purros gelangt man über die Pad 3707 (ca. 90 km von Sesfontein aus). *(▶ Karte S. 368/369)*

Achtung: Permit und Allrad!

Von Palmwag aus fahren Sie Richtung Kamanjab auf der Pad 2620/C 40. Von Kamanjab erreichen Sie über die C 40 (nun Asphalt) und die C 38 den Etosha National Park.

Malerische
Palmoase
Die **Palmwag Lodge** ist eine malerische Palmenoase, direkt am Uniab River gelegen. Es gibt hier grasgedeckte Bungalows und Campingmöglichkeiten. Ein Restaurant sowie ein Swimmingpool stehen ebenfalls für die Gäste zur Verfügung. Palmwag kann man mit einem normalen Pkw erreichen. Zur Erkundung der Umgebung allerdings benötigt man ein Allradfahrzeug.

 Hinweis

Im November 2012 wird der derzeitige Betreiber der Palmwag Lodge (Wilderness Safaris) den Betrieb an neue Eigentümer übergeben. Dieser stand bei Drucklegung noch nicht fest, die Lodge soll aber nicht geschlossen werden.

Die Lodge veranstaltet auf Wunsch Rundfahrten mit erfahrenem Führer. Unterwegs kann man Giraffen, Springböcke, Zebras, Oryx-Antilopen, Kudus und Steinböcke beobachten, seltener Elefanten. Besonders sehenswert ist Van Zylsgat, ein tiefer Pool im Uniab River. Selbst Monate nach der Regenzeit ist das Wasser hier bis zu 6 m tief.

Ausflüge von Palmwag aus

Sesfontein

Mit dem eigenen Wagen kann man auf der C 43 nach **Sesfontein**, einem alten Militärposten während der Schutztruppenzeit, gelangen. Die Straße ist in einem relativ guten Zustand, jedoch erinnert sie oft an eine Achterbahn: Sie senkt sich steil zu einem Flussbett hinab, um ebenso steil wieder an Höhe zu gewinnen.

Etwa 75 km hinter Palmwag Richtung Sesfontein überquert man den **Khowarib-Fluss**, was in der Regenzeit problematisch sein kann. Kurz danach zweigt die Pad nach Nordosten zu den Ongongo-Wasserfällen ab. Kurz vor Sesfontein liegt Warmquelle, benannt nach den hier sprudelnden warmen Quellen.

Sesfontein selbst ist ein kleines Nest. Der Name verweist auf die sechs Quellen in der Umgebung. Hier leben Damara und Herero friedlich miteinander, wenn auch unter sehr, sehr kargen Lebensbedingungen: Die kleinen Rinder- und Ziegenherden können gerade ein Minimum an Unterhalt sichern.

Über die Pad 3707 (107 km nordwestlich von Sesfontein, Geländewagen erforderlich) gelangt man nach rund 100 km nach **Purros**, wo auch Himba leben.

Purros

Zentrum
der
Himba-
Kultur
Hier im fruchtbaren Tal des **Hoarusib** ist kleinflächiger Ackerbau möglich. Die Fahrstrecke nach Purros sollte man mit einem Allradfahrzeug antreten. Die hier lebenden Himba sind natürlich auf Touristen eingestellt, und so bleibt ein Besuch dieses kleinen Fleckens bestenfalls nur ein **Vorgeschmack auf das „wahre" Kaokoveld** im Norden.

Es gibt einen Campingplatz genau dort, wo die Flüsse Hoarusib und Gomatum zusammenfließen. Unweit des Campingplatzes liegt das **Purros Traditional Village** (ausgeschildert). Hier haben Frauen eine Ausstellung organisiert, die zum Thema die Herero- und Himba-Kultur hat. Es besteht die Möglichkeit, kunsthandwerkliche Erzeugnisse zu kaufen (Schmuck, Puppen, Herero- und Himbakörbe, Gürtel). Angeboten werden auch Führungen und Wanderungen in die Umgebung. Auf Pirschfahrten und Wanderungen wird das Hoarusib-Tal besucht, wo Elefanten, Giraffen, Nashörner, Kudus, Zebras und Strauße leben.

Reisepraktische Informationen Sesfontein und Umgebung

Tankstelle
Im Ort vorhanden

Restaurant
In der **Sesfontein Lodge**

Unterkunft (▶ *Karte S. 368/369*)
Etendeka Mountain Camp $$$$$ (18), *Buchung über* ☎ *064/464144, www. etendeka-namibia.com. 2.050 N$ p. P. inkl. Mahlzeiten, Touren und Wanderungen. Zutritt nur bei Vorausbuchung! Lage: C 39/C43 von Khorixas aus kommend, ab Palmwag-Kreuzung C 40 nach Nordosten. Es gibt für jeden, der bucht, einen genauen Treffpunkt an einem pick-up-point. Beschreibung: Das Camp liegt in einer unberührten Wildnis, umgeben von einheimischen Tieren (Hartmann-Zebra, Oryx, Springbock, Giraffe, Wüstenelefant) und Pflanzen. Es gibt 10 eingerichtete Zelte (inkl. Bad/Dusche). Das 50.000 ha große Naturschutzgebiet liegt zu Füßen des Grootberg und ist ein Eldorado für Naturliebhaber. Planen Sie mindestens 2 Übernachtungen ein!*
Khowarib Lodge $$$$$ (29), ☎ *064/402779, reservations@khowarib.com, www.khowarib.com. Je nach Saison zwischen 1.560 und 1.950 N$ p. P. mit Halbpension. Lage: 1 km von der C 43 entfernt, im Osten von Khowarib. Beschreibung: luxuriöse Zelte mit eigener Aussichtsplattform und großzügigen Badezimmern. Geführte Touren, z. B. zu den Wüstenelefanten oder einem Himba-Dorf werden angeboten.*
Palmwag Lodge $$$$ (17), *Buchung:* ☎ *064/416820, www.namibia-tracks-and-trails.com, www.wilderness-safaris.com. Ab ca. 1.200 N$ p. P. inkl. Halbpension in der Nebensaison, sonst ca. 1.400 N$, Camping ca. 120 N$ p. P. Lage: C 43/Kreuzungsbereich D 2620. Dieses rustikale Camp liegt in einem malerischen Flusstal. Beschreibung: Die Unterkünfte sind riedgedeckte Bungalows. Es gibt ein Restaurant und eine Tankstelle. Der Campingplatz (8 Stellplätze) ist sauber und zweckmäßig eingerichtet. Schwimmbad mit Poolbar vorhanden. Von hier aus kann man Ausflüge in das Hoanib-Tal zu Himba-Siedlungen unternehmen. Markierte Wanderwege. Neben der Palmwag Lodge bietet das Tented Camp vier großräumige Safarizelte, alle mit eigener Dusche/WC, Elektrizität. Von der Veranda hat man einen herrlichen Blick auf die Wasserstelle. Wichtiger Hinweis zur Lodge s. S. 384.*
Grootberg Lodge $$$ (19), *Reservierung:* ☎ *061/246788, reservations@grootberg.com, Lodge direkt:* ☎ *067/687043, www.grootberg.com, ca. 1.100 N$ p. P. im DZ inkl. Halbpension. Lage: an der C40, in der Nähe des Grootberg Pass, etwa 25 km weiter westlich befindet sich das bekannte Palmwag. Beschreibung: Die 12 Zimmer der Lodge sind aus Naturstein und Reetdach erbaut und fügen sich harmonisch in die natürliche Umgebung ein. Von überall hat man eine grandiose Aussicht ins Tal. Ausgezeichnete Küche. Aktivitäten: Es werden u. a. Wanderungen, Elephant oder Rhino Tracking, Reitsafaris und der Besuch eines Himba-Dorfes angebo-*

Ausblick von der Grootberg Lodge ins Tal

ten. Das Besondere: Die Lodge ist im Rahmen des Namibia Tourism Development Programme zu 100% Eigentum der dort ansässigen Gemeinde. Ziel ist es, die lokale Bevölkerung stärker vom Tourismus profitieren zu lassen. Sehr engagiertes Personal. Im Frühjahr 2012 eröffnete die ca. 25 km entfernt gelegene **Hoada Community Campsite** neu unter dem Management der Grootberg Lodge (Kontakt s. o., www.grootberg.com/hoada.html, 75km auf der C40 von Kamanjab Richtung Palmwag), bislang gibt es drei Stellplätze für bis zu 4 Zelte mit je eigenem Bad/Dusche (heißes Wasser), Grillplatz 120 N\$ p. P., zusätzliches Feuerholz 40 N\$.

Fort Sesfontein Lodge \$\$\$ (30), Buchung: info@fort-sesfontein.com, www.fort-sesfontein.com, ① 065/685034/32. 955 N\$ p. P. im DZ mit Frühstück. Lage: bei Sesfontein gelegen. Beschreibung: Das Fort war ursprünglich ein Polizei- und Veterinärposten. Nach einer gelungenen Renovierung ist es ein idealer Ausgangspunkt für Ausflüge in die Umgebung. Schöne Unterkünfte, Restaurant, großzügiger Pool.

Khowarib Camp \$ (28), 70 N\$ p. P. Lage: 31 km südöstlich von Sesfontein, Zufahrt über D 3706, in Khowarib Village nach rechts abbiegen. Folgen Sie dem Track, PKW-tauglich, etwa 2–3 km, an der linken Seite liegt das Camp. Die Campingplätze an der anderen Seite des Flussbettes sind nur mit Allradfahrzeugen erreichbar. Beschreibung: schön gelegener Platz, direkt an der Einfahrt in die Khowarib-Schlucht gelegen, relativ saubere Toiletten/Duschen (kalt), Bar. Aktivitäten: Wanderungen entlang dem Hoanib River, Vogelbeobachtungen. Am schönsten sind die Plätze direkt am Flussufer, weitläufigeres Gelände als Ongongo Camp Site.

Ongongo Camp Site \$ (31), Camping ca. 80 N\$ p. P., 2-Personen-Zelte ca. 400 N\$. Lage: 6 km von Warmquelle entfernt, etwa 18 km südlich von Sesfontein. Nur mit Allrad erreichbar, keine einfache Strecke. Beschreibung: idyllische Lage an einem kleinen Wasserfall. Inzwischen gibt es auch eingerichtete Zelte und Strom an jedem Stellplatz. Unterhalb des Wasserfalls Schwimmen möglich. Aktivitäten: Wandern in der Umgebung.

Purros Camp Site $ (32), *ca. 60 N$ p. P. Lage: 107 km nordwestlich von Sesfontein, an der D 3707 gelegen. Campingplatz liegt 2 km nordöstlich des Dorfes Purros (Schilder, Zufahrt nur mit Allradfahrzeugen!). Beschreibung: einfacher Zeltplatz verteilt auf 4 abgesonderte Lager, mit Toiletten und warmer Dusche, Bar, Schatten unter großen Bäumen. Aktivitäten: Im Hoarusib-Tal kann man Elefanten, Giraffen, Nashörner, Kudus, Zebras, Strauße usw. beobachten. Allradfahrzeug notwendig! Vorsicht vor Elefanten und Nashörnern!*

Weiterfahrt zum Etosha National Park (Anschluss Hauptroute)

Auf dem Weg nach Etosha gibt es einige lohnende Zwischenstopps, etwa die bereits erwähnte Huab Lodge (s. a. S. 370) oder die Gästefarm Otjitambi.

Otjitambi liegt inmitten eines von großen Granitbergen durchsetzten Mopane-Waldes, der von vielen Rivieren durchzogen wird. Seit 1903 ist die Farm im Besitz der Familie Schlettwein. Auf fast 12.000 ha lebt auch freies Wild, wie Bergzebras und Giraffen. Spezialität: Es werden Rundflüge in einem „Microlight" angeboten, einer Art kleinem Drachenflugzeug mit „Rasenmähermotor", außerdem sind geführte Ausflüge nach Twyfelfontein, Etosha, an die Skelettküste und zum Versteinerten Wald möglich. Toll: Auf Otjitambi gibt es ein Thermalbad.

Microlight-Rundflüge

Gästefarm Otjitambi $$$ (20 ▶ *Karte S. 368/369), Buchung ☎ 067/312138, jcsotjitambi@iway.na, www.otjitambi.iway.na. Camping 75 N$ p. P., DZ inkl. Vollpension, Farmrundfahrten und Sundowner 950 N$ p. P. Lage: Anfahrt C 40, 47 km östlich Kamanjab und 110 km westlich Outjo, dann weitere 7 km auf der D 3246. Beschreibung: Seit 1903 ist dies eine Rinderfarm – fast 12.000 ha groß. Der Niederschlag hier beträgt nur 300 mm/Jahr. Da es immer wieder Dürreperioden gab und gibt, wurde ab 1964 ein Gästebetrieb aufgebaut. Heute gibt es hier 7 nette Gästezimmer sowie Campingplatz und Schwimmbad. Die Gegend ist sehr wildreich, von Hochsitzen kann man Wild und Vögel bequem beobachten. Das Essen ist sehr schmackhaft, oft gibt es Wild. Die Familie Schlettwein erfreut sich des Rufs einer besonders netten Gastfreundschaft. Von Jägern gern gewählte Farm!*

Tipp
Überhaupt eignet sich das südwestlich des Etosha-Parks gelegene Gebiet um Kamanjab hervorragend für einen geruhsamen und landschaftlich bereichernden Aufenthalt. Die Gegend ist sehr wildreich und gehört aufgrund ihrer relativen Abgelegenheit zu den kleinen „Geheimtipps" des Landes.

Sehr wildreiche Gegend

Kamanjab

Kamanjab ist ein kleiner, zentraler Ort mit etwa 6.000 Einwohnern. Der Durchreisende nach Norden (nach Ruacana am Kunene sind es etwa 300 km) findet hier Versorgungsmöglichkeiten wie Tankstelle, Supermarkt und Übernachtungsalternativen (vor allem in der näheren und weiteren Umgebung). Sehenswert (2 km vom Ort entfernt,

Tankstelle und Supermarkt

Schlüssel zum Einlass beim Oase Garni Guesthouse) sind die **Felsgravuren**, mit denen Jäger der Vorzeit ihre Beute darstellten. Von einem Granitberg aus konnten sie bequem Tiere beobachten, die zum Wasser zogen.

Ein **Himba Traditional Village** befindet sich an der C 40, 20 km östlich von Kamanjab (Anmeldung notwendig, ebenfalls im Oase Garni Guesthouse). An sich ist die Gegend kein traditionelles Gebiet der Himba, aber in diesem Dorf kann man einen Eindruck vom traditionellen Leben erhalten. Wobei man bedenken sollte, dass ein Dorf nur ein sporadischer Aufenthaltsort der nomadisierenden Himba ist...

Reisepraktische Informationen Kamanjab

Unterkunft (▶ *Karte S. 368/369*)

Etosha Mountain Lodge $$$$$ **(27)**, ☎ *067/687090, etoshamountainlodge@ iway.na, www.etosha-mountainlodge.com, 1.600 N$ p. P. im DZ inkl. Dinner und Frühstück. Lage: 50 km nördlich von Kamanjab am Südwest-Rand des Etosha National Parks. Beschreibung: Die Lodge verfügt über 1 Suite und 6 Luxus-Chalets mit atemberaubender Aussicht. Jedes Chalet hat viel Privatsphäre. Der Hauptkomplex – ebenfalls mit wunderschöner Aussicht – besteht aus einer Rezeption, einer Lounge, einem Speisesaal, einer Bar, einem Swimming Pool mit einem Teakholz-Deck und einem Weinkeller (Grotte). Die Lodge ist behindertengerecht. Als Aktivitäten werden eine Morgenpirschfahrt und eine Nachmittagspirschfahrt inklusive Getränke angeboten, ferner eine ganztägige Pirschfahrt inklusive Getränke und Picknick Lunch. Mit etwas Glück können Sie Spitzmaul- und Breitmaul-Nashörner, Giraffen, Eland, Bergzebras, Kudus, Oryx, Geparde, Leoparden, Springböcke, Gnus, Warzenschweine, Duiker, Impalas und Säbelantilopen, Kuhantilopen usw. sehen (150 km vom Eingang des Etosha Parks).*

Otjitotongwe Cheetah Park Lodge $$–$$$ **(22)**, ☎ *067/687056, cheetahs@ iway.na, www.cheetahparknamibia.com, 870 N$ p. P./DZ mit Halbpension, Camping inkl. Cheetah Tour 175 N$ p. P. Lage: von der C 40 aus Richtung Outjo, 24 km vor Kamanjab in die Pad 2683 einbiegen (hier weitere 8 km, einige Farmtore sind zu öffnen). Beschreibung: Es stehen 5 strohgedeckte Bungalows zur Verfügung, ebenso gibt es schön angelegte Stellplätze für Camper, allerdings oft wegen Gruppen sehr lebhaft ... Man kann hier gezähmte und wilde Geparde beobachten (Fütterungen). Auf dem Gelände gibt es auch 600–700 Millionen Jahre alte fossile Algen zu sehen.*

Kavita Lion Lodge $$–$$$ **(24)**, ☎ *067/687107, kavita@iway.na, www.kavitalion.com; ca. 870 N$ p. P. im DZ mit Frühstück. Lage: von Kamanjab C 35 ca. 36 km. Die Lodge liegt auf einem 9.000 ha großen Gelände an der südwestlichen Ecke des Etosha National Parks. Beschreibung: Das Kavita-Team ist spezialisiert auf Eco-Ethno-Tourismus und widmet sich im Rahmen der Afri-Leo-Stiftung vor allem dem Erhalt des namibischen Löwen. Maximal 16 Gäste werden aufgenommen, das Essen wird im Garten unter einem Grasdach (Lapa) serviert. Aktivitäten: Wanderwege (markiert), Vogel- und Wildbeobachtung, Wanderung zu einem Himbadorf (Museumsdorf, unbewohnt, hier werden Bräuche und Traditionen der Himba erklärt). Im Juli 2012 stand die Lodge bei laufendem Betrieb zum Verkauf, ob und in welcher Form sie weiterbetrieben wird, ist noch offen.*

Rustig Toko Lodge $$ **(25)**, ☎ *067/687095, www.tokolodge.com. 770 N$ p. P. mit Frühstück, Camping 100 N$. Lage: von der C 35 8 km nördlich Kamanjab in die 2763, dann in die 2695 einbiegen. Nach 6 km erreichen Sie die Lodge. Beschreibung: Die komfortable Gästefarm bietet einen tollen Ausblick von der Gartenterrasse aus. Die 14 individuell möblierten*

Zimmer bieten alles für einen angenehmen Aufenthalt. Das Essen ist sehr geschmackvoll, da die Gastgeberin eine begeisterte Köchin ist. Schwimmbad vorhanden. Aktivitäten: Wandern, Bergsteigen, Farmrundfahrten, Tagesausflüge zu den Ovahimba bei Opuwo, nach Ruacana und in den westlichen Teil des Etosha NP werden angeboten.

Guestfarm Klein Liechtenstein $$ **(23)**, ☎ 067/330270, mobil: 081/4460974, muendle@iway.na, www.namibia.li. Halbpension 620 N$ p. P. im DZ. Lage: an der C 40, 25 km westlich von Kamanjab. Beschreibung: Die Farm dehnt sich auf 6.000 ha aus und bietet auf Farmrundfahrten die „üblichen" Tierbeobachtungsmöglichkeiten (Kudu, Warzenschweine, Oryx, Springböcke). 5 geräumige Doppelzimmer, schattige Gartenanlage mit Schwimmbad, sehr schöner Barbereich.

Gelbingen Gästefarm $$ **(26)**, ☎ 067/330277, gelbingen@iway.na, www.gelbingen-safaris.com, ab ca. 800 N$ p. P. im DZ mit Halbpension. Lage: Teil des Etosha-Kaoko-Hegegebiets, das an den Nationalpark grenzt, in der Nähe der D 2763. Beschreibung: Die Unterkunft besteht aus 8 Bunga-

Ein Besuch bei den Himba: Spaß für die Kinder, Notwendigkeit für die Erwachsenen

lows mit eigenem Badezimmer, Restaurant/Bar mit typisch namibischer Küche. Viele Tiere leben in diesem Gebiet: Eland, Kudu, Oryx, Springbock, Impala, Zebra, Warzenschwein, Giraffe und Gnu. Auch Leoparden, Geparde, Hyänen und manchmal sogar Löwen werden gesichtet. Es werden Angel- und Jagdtouren angeboten, auch ein sich auf dem Farmgelände befindliches Himba-Dorf kann besucht werden.

**Oase Garni Guesthouse $**, ☎ 067/330032, oaseguesthouse@iway.na. 580 N$/DZ (ab 2013: 600 N$) inkl. Frühstück. Lage: direkt im Zentrum Kamanjabs. Beschreibung: nette, freundliche Unterkunft für die Durchreise, saubere Zimmer, Restaurant und Bar. Hinweis: Die Besitzer betreiben zusammen mit Einheimischen einen Campingplatz an der C 40 in Richtung Outjo. Ebenso gibt's hier die Möglichkeit, Zugang zur Peet-Alberts-Kuppe zu bekommen. Etwa 2 km entfernt liegt der Granitberg, wo es Felsgravuren zu sehen gibt. Die Inhaber haben den Schlüssel dazu.

Kamanjab Restcamp $ **(21)**, ☎ 067/330290, info@restcamp-kamanjab.com, www.kamanjab-restcamp.com, Camping 120 N$ p. P., Bungalow 450 N$ p. P./DZ. Lage: 3 km außerhalb von Kamanjab auf dem Wege nach Palmwag. Beschreibung: Das Restcamp bietet inmitten eines natürlichen Mopane-Waldes Campingplätze mit Elektrizität, Wasser (kalt und warm) sowie insgesamt sehr sauberen sanitären Anlagen. Außerdem gibt es Bungalows mit eigenem Bad/WC und privatem Parken vor dem Haus. Touren ins Kaokoveld werden von hier aus ebenfalls angeboten (Minimum 4 Tage), freundliche Mitarbeiter, leger.

**Porcupine Camp $**, ☎ 067/339274, restcamp@iway.na. Camping 75 N$ p. P., B&B im eingerichteten Zelt 275 N$ p. P. Lage: 8 km von Kamanjab entfernt an der C 40 Richtung

Torra Bay. Beschreibung: 6 herrlich gelegene Campingplätze mit je eigener Feuerstelle, 2 Duschen (warm) und gemeinsame Toiletten. Auch Zelte werden angeboten. Sehr persönliche Betreuung, auf Wunsch kochen die Gastgeberinnen auch für die Gäste und gegessen wird dann im offenen Wohnzimmer der beiden.
Gästefarm Otjitambi $$$ (20), s. S. 387

Werkstatt und Pannenhilfe
Falkenberg Garage, ① *067/330104, Handy 081/2832420, alkuni@iway.na. Wer in die abgelegenen Teile des Kaokovelds fährt, sollte ein intaktes Auto haben. In Kamanjab gibt es eine Autowerkstatt, die im Notfall hilft. Wichtig: Vorkasse bei Anruf per Kreditkarte. Es ist hilfreich, einmal vorbeizufahren, bevor man ins Kaokoveld startet. Dann kennen die Falkenbergs den Anrufer und helfen noch lieber.*

Über die Hauptpads C 40 und C 38 (über Outjo) erreicht man dann den Etosha National Park und hat damit wieder Anschluss an die vorgeschlagene Hauptroute.

Östliche Route: Khorixas – Ugab-Terrassen – Outjo – Etosha National Park

Die „Serengeti Namibias" Höhepunkt dieses Streckenabschnitts ist zweifelsohne der **Etosha National Park**, Namibias „Serengeti", wenn auch alles ein deutliches Stück trockener und einmaliger ist. Denn am Rande der riesigen Salzpfanne reiht sich Wasserloch an Wasserloch – beliebte Anziehungspunkte für die artenreiche Tierwelt und deshalb lohnendes Ziel für einmalige Tierbeobachtungen. Doch auch unterwegs gibt es noch etwas zu sehen: die faszinierenden **Ugab-Terrassen**, ein Stückchen Arizona in Namibia. Der Weg von Outjo zum Etosha National Park führt über eine Hochebene, die mit Dornbuschsavanne bedeckt ist.

Tageskilometer
ca. 265 km (bis zum Parkeingang), 280 km (bis Camp Okaukuejo)

Tankstellen
Khorixas, Outjo, in den Camps Okaukuejo, Halali, Namutoni

Streckenhinweise

Von Khorixas aus fahren Sie in östliche Richtung die Pad C 39 in Richtung Outjo. Nach ca. 54 km biegen Sie rechts in die Pad 2743 (Schild: Vingerklip) ein, von der es dann zur Fingerklippe geht. Sie fahren danach weiter in südliche Richtung, bis die Pad 2351 rechts abzweigt (wo die Felszeichnungen der Farm Omburu Ost liegen), dann weiter links in die Pad 2752, die zurück auf die Pad C 39 nach Outjo führt. Von hier nehmen Sie die Pad C 38 nach Etosha. Die Straßen sind Naturpads außer der Straße zwischen Khorixas - Outjo und Outjo - Etosha (Okaukuejo-Eingang).

Fingerklippe (Vinger-klip)/Ugab-Terrassen

Auf dem Gelände der Farm Bertram steht ein markanter, 35 m hoher Felsen, den man bis zu seinem Fuße besteigen kann. 1970 wurde der Fels das erste Mal von Bergsteigern bezwungen und wenige Jahre später sogar im Freeclimbing. Man genießt von hier eine herrliche Aussicht auf die Tafelberge, die im Ugab-Tal stehen, das früher mit viel Wasser gefüllt war.

Früher – das bedeutet vor etwa 30 Millionen Jahren – führte der Ugab große Sand- und Gesteinsmengen mit sich und lagerte sie allmählich ab. Später hob sich das Land, die Ablagerungen wurden damit der Erosion preisgegeben. Im feuchter werdenden Klima grub der Ugab sein Bett tiefer in seine eigenen Ablagerungen, die sich durch Kalkzuführungen im Flusswasser zu Konglomeraten verbanden, und modellierte Inselberge heraus.

Weithin sichtbar: die Fingerklippe

Die **Fingerklippe**, ein Felsen aus verbackenem Sedimentgestein, erinnert etwas an den Finger Gottes (Mukurub) im Süden des Landes, der 1988 zusammenbrach. Sehr schön ist die hier gelegene Vingerklip Lodge, von der aus man abends herrliche Blicke auf diese weite, grandios gestaltete Landschaft genießen kann.

Vingerklip Lodge $$$ (5 ▶ *Karte S. 392/393),* ☎ *067/290319, Buchung:* ☎ *061/ 255344, vingerkl@mweb.com.na, www.vingerklip.com.na. 995 N$ p. P. im DZ inkl. Halbpension. Lage: Abzweig von der C 39 östlich Khorixas in die Pad 2743. Beschreibung: afrikanisch geprägte Lodge direkt an der Fingerklippe mit 2 Schwimmbädern und Restaurant mit herrlichen Ausblicken auf die Ugab-Terrassen. Schöne Gesamtanlage, allerdings manchem vielleicht etwas zu groß, Bad und Zimmer sauber, aber schon etwas älter. Ideal als Ausgangsort für Ausflüge nach Twyfelfontein.* Tolle Aussicht von der Vingerklip Lodge

Die Felsmalereien auf der Farm Omburo Ost

Hendrik Reitz, der zusammen mit seiner Frau Stephanie die Farm bewirtschaftet, führt Besucher zu sehenswerten Felszeichnungen auf dem 7.500 ha großen Farmgelände. Er versteht es, die Sehenswürdigkeiten sehr sachkundig zu erläutern. Nebenbei gibt er Er-

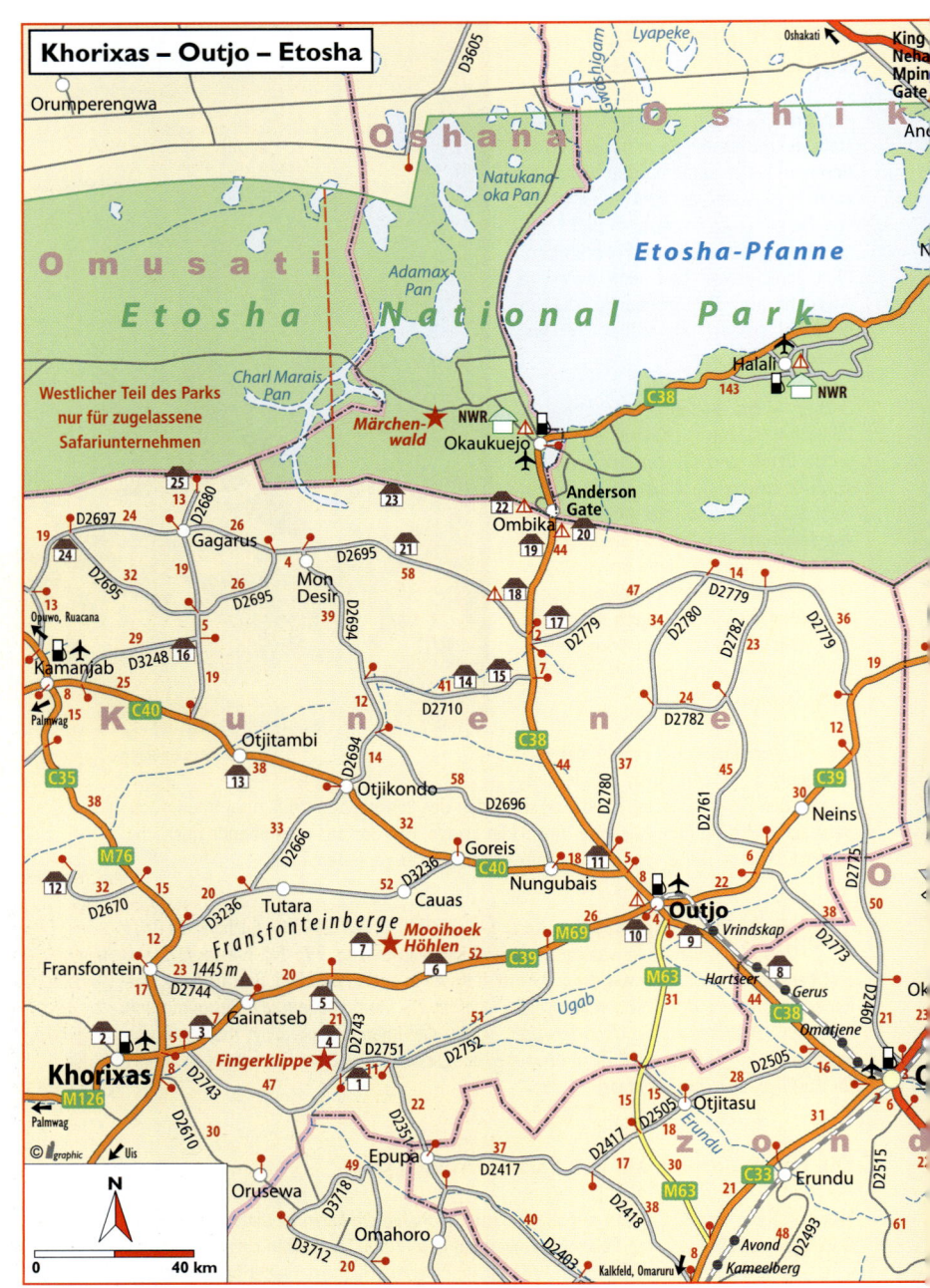

Khorixas – Outjo – Etosha

Orumperengwa

O s h a n a

O s h i k

Oshakati

King
Neha
Mpin
Gate

And

Lyapeke

Natukang-
oka Pan

Etosha-Pfanne

O m u s a t i

Adamax
Pan

E t o s h a   N a t i o n a l   P a r k

Charl Marais
Pan

Halali

143

NWR

Westlicher Teil des Parks
nur für zugelassene
Safariunternehmen

Märchen-
wald

NWR

Okaukuejo

C38

Anderson
Gate

Ombika

D3605

Gwachigam

25
13

D2697 24

D2680

19
24

Gagarus

26

D2695

32

19

26

D2695

Mon
Desir

58

D2695

39

D2694

13
Opuwo, Ruacana

D2695

5

Kamanjab

D3248 16

19

23

D2695 21

4

22
19 44

20

14 15

18

17

D2779

47

14

D2779

34

D2780

D2782

23

36

D2779

19

Palmwag 15

8

25

K u n e n e

41 14 15

7

D2710

12

24

D2782

12

Otjitambi

D2694

14

C38

44

D2780

37

45

30

C39

Neins

C35

13

38

Otjikondo

58

D2696

D2761

38

33

32

Goreis

C40

18 11

5

6

M76

D2666

D3236

52

Cauas

Nungubais

8

22

50

12

32

15

20

Tutara

26

Outjo

38

D2670

12

F r a n s f o n t e i n b e r g e

Mooihoek
Höhlen

7

52

C39

M69

10

9

Vrindskap

8

D2775

Fransfontein

23 1445 m

20

6

M63

31

Hartseer

Gerus

C38

D2773

D2460

Ok

17

D2744

7

5

Gainatseb

21

D2743

51

Ugab

M63

44

Omatjene

21

23

2

5

3

4

D2751

D2752

1

Khorixas

8

D2743

Fingerklippe

47

D2505

16

2

Palmwag

M126

D2610

30

22

15

15

D2505

Otjitasu

31

31

6

© Ilgraphic

Uis

D2351

Epupa

37

D2417

17

30

C33

Erundu

E r u n d u

z o n

d

D2515

61

N

Orusewa

49

D3718

D2417

M63

21

40

48

Avond

D2493

Omahoro

D3712

20

D2403

D2418

38

Kalkfeld, Omaruru

8

Kameelberg

0   40 km

Gästefarmen, Lodges und Campingplätze

1 Farm Omburo Ost	17 Toshari Lodge
2 Khorixas Lodge	18 Etosha Safari Lodge
3 Damara Mopane Lodge	19 Little Ongava
4 Ugab Terrace Lodge	20 Taleni Etosha Village
5 Vingerklip Lodge	21 Epacha Game Lodge & Spa
6 Gelukspoort	22 Ongava Lodge
7 Bambatsi Gästefarm	23 Epacha Eagle Tented Lodge & Spa
8 Farm Gamkarab	24 Rustig Toko Lodge
9 Ombinda Country Lodge	25 Etosha Mountain Lodge
10 Etotongwe Lodge	26 Kempinski Mokuti Lodge
11 Matunda Gästefarm	27 Mushara Lodge
12 Huab Lodge	28 Onguma Safari Camps Etosha
13 Otjitambi Gästefarm	29 Etosha Aoba Lodge
14 Buschberg Gästefarm	30 Sachsenheim Jagd- und Gästefarm
15 Vreugde Gästefarm	31 Emanya@Etosha
16 Otjitotongwe Lodge	

klärungen zu Pflanzen, Bäumen und dem früheren Leben der San. Außerdem werden Führungen über die Farm angeboten, auf der neben Schafen und Rindern auch Araber-Pferde gezüchtet werden.

**Farm Omburo Ost $$** (1 ▶ Karte S. 392/393), ☎ 081/2404719, omburo.ost@arcor.de, www.omburo-ost.com. 520 N$ p. P./DZ mit Frühstück. *Anfahrt:* Wenn man vom Vingerklip-Felsen die Pad 2743 nach Süden fährt, biegt man bald in die Pad 2751 nach Osten ab. Nach ca. 2 km liegt rechts die Farm. *Beschreibung:* Es gibt zwei Doppel- und ein Familienzimmer (4 Personen). Ausritte und Fahrten mit einer Eselskutsche sind möglich. Sehr angenehme, familiäre Atmosphäre, gute Küche.

Ugab-Terrassen

Outjo

Outjo ist ein kleiner Ort mit ca. 7.000 Einwohnern und liegt etwa 1.300 m hoch. Outjo heißt in der Herero-Sprache so viel wie „kleiner Hügel". 1896 gründete General Leutwein hier ein Militärlager, das als Basis für nördliche „Sicherungsmaßnahmen" gedacht war.

Outjo verfügt über eine Eisenbahnverbindung nach Otjiwarongo, die schon in deutscher Zeit in

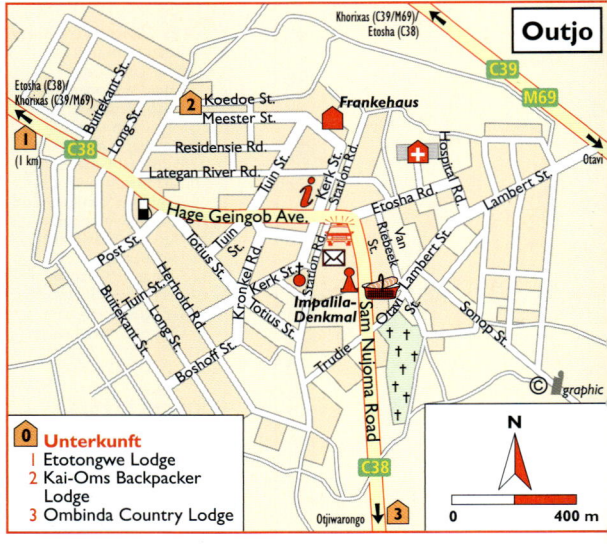

Unterkunft
1 Etotongwe Lodge
2 Kai-Oms Backpacker Lodge
3 Ombinda Country Lodge

Angriff genommen wurde. Hier in der Gegend von Outjo ist der Rinderanteil (25 %) zugunsten des Schafanteils (75 %) relativ gering, obwohl die gleiche Niederschlagsmenge fällt wie z. B. in Otjiwarongo. Die Ursache dafür ist der Untergrund, der aus Kalksteinen besteht, die extrem schnell das Wasser durchsickern lassen. Das kleine Städtchen spiegelt noch etwas das „alte Südwest" wieder: Ein Hotel in deutscher Hand, eine deutsche Bäckerei, ein Mineralienladen, Tankstelle, Postamt ... alles blitzsauber. Und die Bedeutung von Outjo heute? Lediglich Durchreise-Ort für Touristen nach Etosha, denn nach Okaukuejo fährt man auf hervorragender Teerstraße nur eine Stunde ...Sollte man in Etosha keine Unterkunft finden, so kann man durchaus in Outjo übernachten und den Park als Tagesbesucher erkunden.

Durch-
reise-Ort
zum
Etosha-
Park

An der Post steht das **Impalila-Denkmal**. 1914 ritten im Oktober deutsche Schutztruppler in das angolanische Naulila, um ein Friedensabkommen mit den Portugiesen zu schließen. In dieser Zeit wurden die Deutschen im Süden des Landes von den Südafrikanern und Briten bekämpft. Die Delegation wurde jedoch bei ihrer Ankunft in Angola erschossen, worauf General Franke (s. S. 355) 2 Monate später zu einem Vergeltungsritt aufbrach. Das kleine **Franke-Haus-Museum** zeigt Exponate zur Stadt- und Regionalgeschichte sowie Naturkundliches.

🍴 **Tipp: The Farmhouse & Beergarden**
*Mitten in Outjo an der Hauptstraße liegt das **Farmhouse**, wo es neben warmen Gerichten auch hervorragende Kuchen und Torten gibt. Betrieben wird es von Ansta, einer Namibierin, die lange in der Schweiz gelebt hat – auch Rösti stehen auf der Speisekarte.*

Reisepraktische Informationen Outjo

Vorwahl 067

 Informationen
Tourist Office, *7 Hage Geingob Avenue,* ① *067/313013,* 🖨 *067/313065*

🛏 **Unterkunft** (▶ *Karte S. 394 bzw. 392/393*)
Ombinda Country Lodge $–$$ (3), *Buchung:* ① *061/237294,* 🖨 *061/237295.*
Ca. 500 N$ p. P./DZ inkl. Frühstück. Lage: 1 km südlich von Outjo, an der C 38. Beschreibung:
Es stehen riedgedeckte Chalets und Familieneinheiten, ein Restaurant und ein Schwimmbad
mit Poolbar zur Verfügung. Gutes Essen im Restaurant! Tennisplätze und 9-Loch-Golfplatz vor-
handen.
Etotongwe Lodge $ (1), ① *067/313333, comms@etotongwelodge.com, www.etotongwe*
lodge.com. 340 N$ p. P./DZ. Lage: an der C 38, am nordwestlichen Rand von Outjo. Beschrei-
bung: Es stehen 21 gemütlich und zweckmäßig eingerichtete En-Suite-Zimmer sowie ein Pool,
ein Restaurant und eine Bar zur Verfügung. Für Camper gibt es 8 Stellplätze mit Wasser- und
Stromanschluss. Empfehlenswert.
Kai-Oms Backpackers $ (2), ① *067/313597, info@kai-oms.com, www.kai-oms.com.*
Lage: Ecke Herhold/Meester St. Beschreibung: Es gibt Doppel- und Familienzimmer mit eige-
nem Bad, einen 9-Bett-Schlafraum sowie Standplätze für Camper. Gepflegte Anlage, angeneh-
me Atmosphäre.

Nördlich Outjo:
Matunda Guestfarm $$ (11), ① *067/313863, matunda@mweb.com.na, www.natron.*
net/matunda. Ca. 530 N$ p. P. mit Halbpension. Lage: 11 km nordwestlich Outjo an der Kreu-
zung C 38 (nach Etosha)/C40 (nach Kamanjab). Beschreibung: renoviertes Farmhaus mit
4 Gästezimmern. Gute, hausgemachte Verpflegung (selbst gebackenes Brot, Kuchen, farm-
eigene Milchprodukte etc.). Matunda hat einen alten Baumbestand um das ganze Haus he-
rum. Swimmingpool vorhanden, Wanderungen und Spaziergänge auf dem wildreichen Ge-
lände sind möglich.
Vreugde Guestfarm $$ (15) *s. S. 413*
Buschberg Gästefarm $$ (14) *s. S. 413*

Westlich Outjo:
Bambatsi Guest Farm $$–$$$ (7) *s. S. 371*
Gelukspoort $$$ (6) *s. S. 371*

Südlich Outjo:
Farm Gamkarab $$$$ (8), ① *067/313827, gamkarab@mweb.com.na, www.bowhunting-*
namibia.com, 3-tägige Reitsafari ca. 3.000 N$ p. P, 10-tägige Reitsafari 3.500 N$ p. P./Tag.
Lage: 23 km nordöstlich von Outjo an der C 39. Beschreibung: spezialisiert auf Bogenjagd und
Reitsafaris. Bei den Reitsafaris wird in Zelten geschlafen und die Mahlzeiten werden am of-
fenen Feuer zubereitet. Die 10-tägige Safari wird von einem Allradfahrzeug mit Ausrüstung und
erfahrenen Guides begleitet. Tolles Naturerlebnis! Auf dem Gelände liegt die Gamkarab-Höh-
le (schöne Tropfsteininformationen).

Restaurant
Aloe Steakhouse *(Hage Geingob und Herold Street) gegenüber der Total-Tankstelle. Kleinigkeiten auch in der Outjo Bäckerei (hier auch Internet-Zugang, Käsesahnetorte, Schwarzwälder Kirschtorte), geöffnet Mo–Sa von 6.30–17.30 Uhr.*

Geschäfte/Souvenirs
Namibia Gemstone, ☎ *067/313072, an der Hauptstraße gelegen. Von Dieter Langner geführter Laden mit Schwerpunkt Halbedelsteine – toll sortiert.*

Etosha National Park

Hinweis
s. Karte in der hinteren Umschlagklappe

Überblick über Geologie, Klima, Vegetation und Geschichte

Geologische Entstehung und Ausmaße

Der Name „Etosha" kommt aus der Ovambo-Sprache und bedeutet soviel wie „großer weißer Platz". Die heutige Etosha-Pfanne war in der geologischen Vergangenheit der **Boden eines großen Binnensees**, der inzwischen ausgetrocknet ist. Dieser See war ein Teil der riesigen Kalahari-Senke, die sich u. a. bis nach Botswana ausdehnt. Den geologischen Unterbau dieser Senke bilden ca. 1 Milliarde Jahre alte Granite. Die Senke selbst entstand durch tektonische Bewegungen, die von Norden nach Süden verliefen. In der Folgezeit entstand ein Binnenmeer, das mit Sand und Gesteinen aufgefüllt wurde, was eben auch dazu führte, dass sich die Senke vertiefte. Später, vor ca. 70 Millionen Jahren, trugen Flüsse von Norden und Süden weitere Sedimente heran und bildeten die sogenannte Kalahari-Deckschicht (Sand- und Kiesablagerungen).

Im Pliozän – vor etwa 12 Millionen Jahren – soll der **Kunene** östlich der heutigen Rua-

Ausreichend Platz für die großen und kleinen Bewohner des Parks

cana-Fälle (wo er sich später durch Hindernisse einen Weg nach Westen geschaffen hatte) ebenfalls in süd-östliche Richtung in die Etosha-Senke geflossen sein und einen See gebildet haben. Als er seinen Flusslauf änderte, wurde dieser Zufluss abgeschnitten. Das Restwasser verdunstete in dem ariden Klimabereich, denn die Verdunstung hier beträgt 2.700 mm pro Jahr bei ca. 400–500 mm effektivem Niederschlag.

Da das Wasser nur durch Verdunstung, nicht aber durch Abfluss entweichen konnte, blieben die **eingespülten Mineralien und Salze** zurück. Die lockeren Bestandteile des ehemaligen Seebodens wurden vom Wind weggeweht, und so wurde die Pfanne vertieft. Der Untergrund der Pfanne besteht aus Kalken und Tonen, darüber befinden sich die Salzablagerungen.

Die große Etosha-Pfanne bedeckt heute ein Gebiet von **5.000 km²** und erstreckt sich von Ost nach West über 129 km, die Nord-Südausdehnung misst an der breitesten Stelle etwa 70 km. Der gesamte Nationalpark erstreckt sich über **22.270 km²**. Ursprünglich war der Park 100.000 km² groß, doch man brauchte Land für Siedlungen (s. S. 401).

Die Ausdehnungen des gesamten Nationalpark-Gebiets betragen von Osten nach Westen bis zu 295 km, von Norden nach Süden bis zu 110 km. Die **höchste Erhebung** beträgt 1.500 m über NN. Zwischen den Camps von Okaukuejo und Halali, die auf einem Niveau von etwa 1.000 m über NN liegen, beträgt die Höhendifferenz nur 13 m.

Klima- und Wasserverhältnisse

Die Sommer sind in der Etosha-Pfanne sehr heiß, aber auch die Wintertemperaturen sind angenehm warm: Im Durchschnitt beträgt die Juni-/Juli-Temperatur 15 °C, im Januar über 25 °C. Natürlich kann es auch am Tage wesentlich wärmer sein, nachts dagegen kühler, obwohl die Differenzen zwischen Tages- und Nachttemperaturen lange nicht so krass sind wie in anderen Teilen des Landes.

Die Regenzeit dauert von November bis April, im westlichen Teil des Nationalparks werden Niederschlagshöhen von ca. 400 mm, im östlichen von 500 mm erreicht. In der Regenzeit fließt noch immer

Redaktionstipps

▸ Lassen Sie sich **Zeit** und rasen Sie nicht von Wasserloch zu Wasserloch. Die allg. Geschwindigkeitsbegrenzung beträgt 60 km/h.

▸ Verhalten Sie sich **leise** an den Wasserlöchern, flüstern Sie nur. Schalten Sie frühzeitig den Motor ab und lassen Sie den Wagen ausrollen.

▸ Fragen Sie **vorbeikommende Reisende**, ob und wo sie Wild gesehen haben. Schauen Sie auch in den ausliegenden Tierbeobachtungs-Unterlagen in den Rezeptionen der Camps nach, wo und wann Wild gesichtet wurde.

▸ Vergessen Sie nicht Ihr **Fernglas**.

▸ **Vorsicht bei Elefanten und Nashörnern**, die den Weg kreuzen. Lassen Sie den Motor an und seien Sie jederzeit bereit zum Rückzug.

▸ **Landschaftliche Höhepunkte:**
• Der Ghost Tree Forest (= Geisterwald). Dieses Gebiet liegt ca. 40 km westlich von Okaukuejo. Es handelt sich um eine Ansammlung der urweltlich anmutenden Moringa-Bäume.
• Aussichtspunkt „Etosha" nördlich von Halali: sehr guter Überblick über die unendlich groß scheinende Salzpfanne von Etosha.

▸ **Für Tierfreunde**:
• Fisher's Pan nordöstlich von Namutoni: hervorragend für Vogelfreunde (vor allem in der Regenzeit)
• Wasserlöcher um Namutoni

▸ **Übernachtungsauswahl:**
Die in den letzten Jahren grundlegend renovierten Camps im Etosha Park sind, obwohl staatlich, keineswegs günstig, dafür hat man den Vorteil, im Park zu übernachten.
Die privaten Lodges um die Eingangsbereiche im Westen wie im Osten bedienen jeden Kundenwunsch. Wenn man im Park selbst übernachtet, empfehle ich 2 Übernachtungen in Okaukuejo (schöne Bungalows am Wasserloch!), dann 1 Übernachtung im mittleren Camp Halali sowie 1–2 Nächte in Namutoni oder im neuen Luxuscamp Onkoshi.

Wasser aus dem Norden und dem Osten in die Pfanne, vor allem aus dem Ekuma-Rivier und dem Omaramba Ovambo. Große Teile der Pfanne stehen dann unter Wasser. Doch nur in besonders starken Regenzeiten ist die Pfanne vollständig mit Wasser gefüllt.

Es gibt starke **Niederschlagsschwankungen**. So fallen ca. 20 % des Regens im Januar, 25 % im Februar und 18 % im März. Im Jahr gibt es durchschnittlich 42 Regentage, doch ist eine ganztägige Wolkendecke nur sehr selten.

An der Südseite der Pfanne gibt es viele Wasserlöcher, die die Tiere während der Trockenzeit anlocken. Sie entstehen dadurch, dass das in der Regenzeit in der porösen Kalkformation angesammelte Wasser auf dem undurchlässigen Tonboden ausfließt.

Reger Betrieb am Wasserloch

Verschie-
dene
Quellen-
arten

Im Nationalpark gibt es **drei Arten von Quellen**: Die **Artesischen Quellen** entspringen auf kleinen Kalkhügeln, die etwas höher als die Umgebung liegen. In einer Mulde brechen sie dann durch die Oberfläche. Meistens befindet sich auf der Wasseroberfläche dann ein Ried-Dickicht. Unter dem Ried kann das Wasser sehr tief sein. Beispiele sind Namutoni, Klein-Namutoni, Koinachas, Chudop, Aus. **Grundwasserquellen** kommen an jenen Stellen vor, an denen Grundwasser die Oberfläche erreicht. Im Nationalpark findet sich dieser Quellentypus besonders in Kalksenken, die tiefer als der Grundwasserspiegel liegen. Hier befindet sich das Grundwasser der Umgebung in einer Tiefe von 1,5–9 m. In Trockenzeiten geben diese Quellen nicht viel Wasser her; wenn der Grundwasserspiegel absinkt, können sie gar völlig austrocknen. Beispiele sind Groß Okevi, Klein Okevi, Numeros, Ngobib. **Schichtquellen** entstehen, wenn zwei Schichten mit unterschiedlicher Wasserdurchlässigkeit zusammentreffen und die obere Schicht aufhört. Man trifft diese Quellen zumeist am Rande der Pfanne an, dicht unterhalb der Oberflächenkalke. Diese Quellen sind nicht sehr ergiebig. Beispiele sind Okerfontein (die stärkste unter ihnen) und andere kleinere Quellen am Rande der Pfanne.

Landschaftsform und Vegetation

Das Gebiet des Etosha National Park gliedert sich in verschiedene Vegetationszonen. *Cornelia Berry* hat in ihrem Buch „Bäume und Sträucher des Etosha-Nationalparks und in Nord- und Zentral-Namibia" sehr ausführlich die für einzelne Landschaftsabschnitte charakteristische Pflanzenwelt beschrieben. Für den botanisch interessierten Leser ist diese fundierte Zusammenfassung sehr empfehlenswert. Auch die folgenden Ausführungen orientieren sich daran.

Die Landschaft des gesamten Parkgebiets ist **flach**. Nur im äußersten Westen beginnt eine hügelige Region, die allmählich in das Kaokoveld übergeht. Ebenso gibt es Erhebungen bei Namutoni. Ungefähr 50 Wasserlöcher sind ganzjährig gefüllt und versorgen die Tiere auch während der Trockenzeit mit dem lebensnotwendigen Nass.

Cornelia Berry untergliedert den Etosha National Park in **neun Vegetationszonen**:

Neun Vegetationszonen

① Die Salzpfanne füllt sich in den Regenmonaten Dezember bis April teilweise mit Wasser, das jedoch sehr salzhaltig ist, sodass es für Menschen und Tiere ungenießbar ist. Nur Algen wachsen in diesem alkalischen Wasser. In niederschlagsreichen Jahren kann man hier Flamingos antreffen. Der größte Teil der Fläche bleibt nach der Verdunstung des Wassers vegetationslos, weshalb diese Gebiete als **Salzwüste** bezeichnet werden. An einigen Stellen wächst eine Salz liebende Grassorte, die in der Trockenzeit aufgrund ihres Proteingehalts von Gnus, Zebras und Springböcken bevorzugt wird.

② Die **Kurzstrauch-Savanne** befindet sich am Rande der Pfanne. Hier wachsen auf kalkigen und z. T. brackigen Böden kleine Sträucher, so z. B. in der Umgebung von Salvadora.

③ Auch die **Grasflächen** befinden sich in der Nähe der Pfanne. Die baumlose Andoni-Fläche nördlich des Camps Namutoni ist exemplarisch dafür. Das Gras, das hier wächst, ist sehr nahrhaft, und insbesondere im Sommer kommen Zebras, Gnus und Springböcke hierher. Gras ist aber nicht gleich Gras: Es gibt einjährige und mehrjährige Grassorten. Die Grasflächen sind unterbrochen von Salzbüschen, die bei Springböcken beliebt sind.

④ Die **Dornbusch-Savanne** findet sich in der Nähe der Pfanne, und zwar überall dort, wo der Boden kalkhaltig und brackig ist; so z. B. bei Gemsbokvlakte und Okerfontein.

⑤ **Mopane-Savanne:** Mopane-Bäume sind besonders typisch für Etosha, da sie 3/4 des Baumbestandes ausmachen. Diese Bäume haben schmetterlingsartige Blätter. Die schönsten und höchsten Exemplare gibt es bei Halali (m bis über 6 m).

⑥ Die **Senken und Lehmpfannen** bilden eine weitere Vegetationszone. Kleine Lehmtümpel gibt es z. B. in der Nähe von Ombika. Während der Regenzeit sind sie wahre Schlammlöcher. Hier wächst die Kirks-Akazie, die einen olivgrünen Stamm hat.

⑦ Den **Gemischten Trockenwald** findet man im Nordosten des Parkgebiets, wo mehr Niederschlag fällt und die Böden sandig sind. So wachsen nördlich von Namutoni die typischen Südwester Kamerdornbäume, ebenso der hohe Blutfruchtbaum, der bei Giraffen und Elefanten beliebt ist. Beim Fort Namutoni wachsen attraktive Makalani-Palmen.

⑧ Zu den **Dolomit-Hügeln** gehört der Hügel im Halali-Lager sowie die in der Nähe liegenden Twee Koppies. Hier wachsen die malerischen Moringa-Bäume. Außerdem gedeihen auch Blutfruchtbäume sowie verschiedene Akazienarten.

⑨ Die **Tambuti- und Terminalia-Trockenwald**-Zone befindet sich südlich von Springbokfontein und zieht sich bis in die Nähe von Namutoni. Hier wachsen die dunkelstämmigen Tambutis.

Geschichte des Nationalparks

Die ersten Europäer in Etosha waren *Charles Anderson* und Sir *Francis Galton* (1851). Dorsland-Trekker lebten 1876 vorübergehend an der Quelle von Rietfontein. Reste ihrer Häuser sind heute noch zu sehen.

Wildreichtum in früheren Jahren
Namibia war in früherer Zeit – vor Ankunft der Weißen – ein äußerst wildreiches Land. So berichtete der englische Forschungsreisende Sir *James Alexander* 1837, dass die Gebiete am Fisch-Fluss und am Swakop die besten Elefantenreviere der Welt seien. Er sah am Oranje Unmengen von Flusspferden und im Kuiseb-Tal viele Nashörner.

Die Nachrichten vom Wildreichtum lockten Wilderer an. Was war begehrt? **Elfenbein** brauchte man für Klaviertasten und Billardbälle, **Straußenfedern** für die Hüte der Damen, und das **Horn der Nashörner** wurde von reichen Chinesen gekauft, da es angeblich Jugendfrische erhalten sollte (zwecks Einnahme wurde es pulverisiert).

Ausrottung der Elefanten
Die Einheimischen – Herero, Damara, San und Ovambo – hatten nichts gegen die Wilderer, denn sie brauchten diesen ja nur zu folgen, um genügend Fleisch zu haben. So endete die Massenjagd auf Elefanten mit ihrer **völligen Ausrottung**. Selbst in der Etosha-Pfanne war um 1880 kein Elefant mehr vorhanden. Und als in der deutschen Ko-

Mit Geduld und ein bisschen Glück bekommt man auch Leoparden zu sehen

lonialzeit Schutztruppler hierherkamen, reichte selbst das Antilopenfleisch nicht mehr aus, um die wenigen Menschen zu ernähren. So führte bereits der erste deutsche Gouverneur *Curt von François* Jagdgesetze ein sowie die Notwendigkeit, einen Jagdschein zu erwerben.

1907 erklärte der Gouverneur **von Lindequist** ca. ¼ von Namibia zum **Naturschutzgebiet**. Die Etosha-Pfanne mit ihrer Umgebung gehörte auch dazu. Schnell konnte sich die Tierwelt wieder regenerieren. Damals war die Parkgröße auf sagenhafte 93.240 km² festgelegt: Etosha hatte einen Zugang zur nordwestlichen Skelettküste und zum Kunene. Im Zuge der von der südafrikanischen Administration auch in Namibia praktizierten Apartheidpolitik sowie der Notwendigkeit, der wachsenden einheimischen Bevölkerung mehr Lebensraum zu verschaffen, wurde das Parkgebiet von 1947–1953 auf 23.149 km² verkleinert. 1970 erfolgte eine erneute Verkleinerung auf die heutige Größe von 22.270 km². 1973 wurde das Parkgebiet komplett eingezäunt, künstliche Wasserlöcher führten zu einem sprunghaften Anstieg des Wildbestands.

Schaffung des Naturschutzgebietes

Die Dorsland-Trekker

info

Von 1874-1877 begaben sich etwa 50 Familien aus Transvaal, alles burische Siedler, auf den Weg, um neues Siedlungsland zu suchen. Diese Trekker wollten der britischen Herrschaft entfliehen, um einen eigenen „Staat" zu gründen. Sie zogen mit ihren einfachen Ochsenwagen durch die Kalahari, zunächst zum Ngami-See (Botswana), ins Gebiet des heutigen Etosha und weiter nach Angola. Da sie durch „Durstland" zogen, erhielten sie den Namen „Dorsland-Trekker". 1876 verweilten sie kurz bei Namutoni und Rietfontein, bevor sie weiterzogen. An der Wasserstelle Rietfontein zeugt heute noch das kleine Grab der Frau des damaligen Trekleiters Gert Alberts von dem entbehrungsreichen Trek. 1885 kehrte ein Teil der Dorsland-Trekker entmutigt aus Angola zurück und rastete wieder an den gleichen Stellen. Nachkommen dieser kleinen Gruppe kamen 1928 nach Südwestafrika zurück, der Rest 1974, als in Angola der Bürgerkrieg tobte.

Tipp
Die Grabstätten findet man in der Nähe der Wasserstelle Rietfontein, in unmittelbarer Parkplatznähe führt ein Weg dorthin.

Geschichte Namutonis

1897 wurde in Namutoni, was in der Ovambo-Sprache so viel heißt wie „Ort, der von weitem zu sehen ist", ein Polizeiposten gegründet; 1903 war ein aus Lehmziegeln bestehendes **Fort** errichtet. 1904 wurden von hier 150 Mann, darunter alle Offiziere, abgezogen. Sie zogen nach Süden, um den von den Herero bedrängten Farmern Schützenhilfe zu leisten. Die Ovambo wurden in dieser Gegend als sehr friedlich eingestuft, sodass man glaubte, dieses Unternehmen ohne jedes Risiko beginnen zu können.

Trotzdem gingen die Ovambo zum **Angriff** auf das deutsche Fort über, denn ihnen kam das Gerücht zu Ohren, dass die Schutztruppe ihr Vieh beschlagnahmen und jedes Tier erschießen wollte. Tatsächlich war dieser Verdacht gar nicht so abwegig, denn es herrschte Rinderpest, und die deutschen Veterinäre empfahlen die Erschießung der kranken Rinder.

Durch Wilderei extram gefährdet: Nashörner

Etwa 500 Ovambo waren an dem Angriff beteiligt. Sie waren zum Erstaunen der deutschen Schutztruppler teilweise mit Gewehren ausgerüstet und brachten auch Leitern mit. Im Fort verschanzt, bekämpften vier Soldaten und drei vor den Herero geflüchtete Farmer die Angreifer. Sie konnten sich gut wehren und den Angriff zunächst zurückschlagen. Als sich die Ovambo zurückzogen, setzten sich die Deutschen zum nächsten Stützpunkt der Schutztruppe, nach Tsumeb, ab. Direkt am nächsten Tag zerstörten die Ovambo Namutoni, das dann 1905–1907 neu erbaut wurde. Im Ersten Weltkrieg diente das Lager zunächst der Unterbringung britischer Gefangener, bis es 1915 an die Südafrikaner übergeben werden musste.

Widerstand der Ovambo

1957 wurde das Fort restauriert und dient seitdem als Rastlager und Museum der Kolonialzeit.

Zukunft des Nationalparks

Trotz der Überwindung der Rassentrennungspolitik konnte sich Namibia bisher noch nicht entschließen, das Parkgebiet zu vergrößern, da der Landbedarf der Bevölkerung dem entgegensteht. Es sind allerdings Bemühungen im Gange, eine Art Korridor zur Skelettküste zu schaffen. Das würde allerdings bedeuten, dass in diesen Gebieten keine Landwirtschaft betrieben werden kann. Wirtschaftspolitisches Ziel wäre dann, die betroffene Bevölkerung vom Tourismus profitieren zu lassen und dadurch Ersatz für die Einkünfte aus landwirtschaftlicher Tätigkeit zu schaffen. Pläne dafür liegen bereits in den Schubladen der entsprechenden Behörden. Sie sehen zunächst die Gründung des Kunene-Volksparks westlich von Etosha vor, der längerfristig mit dem Etosha-Nationalpark sowie mit dem Skelettküsten-Nationalpark verbunden werden soll.

Ökologische Gefahren und Probleme

Man muss mittlerweile aufpassen, dass bestimmte Tierartenpopulationen nicht zu stark werden und so das ökologische Gleichgewicht stören. Obwohl der Park riesig ist, wurden die alten Zug- und Wanderwege der Tiere unterbrochen. Das führt zu **Überweidung** oder Zerstörung der Vegetation, z. B. durch zu große Elefantenpopulationen. Eine Minderung der **Elefantenbestände** wäre aus ökologischer Hinsicht dringend geboten. An vielen Wasserstellen kann man sehen, welche Zerstörung die Dickhäuter anrichten können. *Starke Tierpopulationen*

Überpopulationen tragen außerdem zu einer Verschärfung des **Wassermangels** bei. Deshalb muss sich der Naturschutz bemühen, die Tierarten in einem ausgewogenen Verhältnis zueinander zu halten, und deshalb ist auch die reglementierte Jagd oder die Vergabe von Verhütungsmitteln an Löwinnen geboten.

Neben der Überpopulation ist die Verbreitung von **Krankheitserregern** unter den Tieren ein großes Problem. Insbesondere Tollwut, Maul- und Klauenseuche sowie Milzbrand kamen in der Vergangenheit immer wieder vor. Die Milzbrandbakterien *(bacillus anthracis)* sind äußerst gefährlich, weil schon ein kleiner Kratzer, eine winzige Wunde ausreicht, damit der Krankheitserreger in die Blutbahn gelangt. Im Körper vermehrt er sich rasant und scheidet Gifte aus, sodass das befallene Lebewesen innerhalb kurzer Zeit stirbt. In den toten Körpern befinden sich dann Billionen von Milzbrandbakterien. Seltsamerweise sind Aasfresser und Löwen dagegen immun, aber sie tragen den Bazillus weiter, so z. B. an Wasserstellen, an denen sie ihren Durst löschen. Dadurch können dann andere Tiere, die keine Immunität entwickelt haben, infiziert werden. *Gefahr von Milzbrand*

Ein in der Regel eher kleines Problem stellen Flächenbrände dar, die in Etosha meistens durch **Blitzeinschlag** entstehen.

Der immer weiter **zunehmende Tourismus** ist da schon ein wichtigerer Faktor. Namibia setzt voll auf die Karte „Tourismus". In Etosha, dem Hauptanziehungspunkt Nr. 1, bleiben die Auswirkungen nicht aus. Mittlerweile gibt es in und um Etosha herum ca. 4.000 Übernachtungsmöglichkeiten. Immer mehr Fahrzeuge fahren durch den Park, immer mehr Menschen parken vor den Wasserlöchern – mit den üblichen Begleiterscheinungen wie Lärm- und Abgasproduktion …

Tierbestände in Etosha			
Springbock	ca. 17.000	Giraffe	ca. 2.700
Strauß	ca. 2.800	Spitzmaul-Nashorn	ca. 350
Burchell-Zebra	ca. 14.000	Schwarzes Streifengnu	2.200
Impala	ca. 900	Schwarznasenimpala	ca. 1.000
Oryx (Spießbock)	ca. 6.200	Eland	ca. 1.200
Bergzebra	ca. 1.200	Kudu	ca. 1.500
Südafrikanische Kuhantilope	ca. 1.300	Gepard/Leopard	Anzahl nicht bekannt
Löwe	ca. 200	Elefant	ca. 2.500

Einzäunung des Parks – Gründe und ökologische Folgen

Stahlseile und Elefantenzäune Der Nationalpark ist vollständig eingezäunt (1.640 km). Der Zaun ist 2,6 m hoch, 17 starke Drähte durchziehen ihn; die untersten sind mit Maschendraht abgesichert, der z. T. 70 cm im Boden eingegraben ist. Durch die Einzäunung will man die Abwanderung des Wildes verhindern, die Tierwelt vor Wilderern schützen und die Nutztiere der benachbarten Farmen vor den Raubtieren aus dem Park schützen.

Der größte ökologische Nachteil der Einzäunung ist die Tatsache, dass die angestammten und natürlichen **Wanderrouten der Tiere unterbrochen** wurden. Das Wild konzentriert sich damit auf einen künstlichen Lebensraum, der in dieser Umzäunung kein in sich geschlossenes ökologisches System repräsentiert. Früher konnten die Tiere von der Westküste bis zum Okavango wandern. Gemäß den Jahreszeiten und dem Stand der Vegetation fand so eine schonende und raumverteilte Nutzung der Naturgegebenheiten statt.

Auf Safari in Etosha

Hinweis
s. **Tierlexikon** *im Anhang ab S. 556*

Zunächst sollte man wissen, dass man nur auf den offiziellen Wegen (Schotterpisten) auf die Pirsch gehen und auf keinen Fall schneller als 60 km/h fahren darf. Durch die **Geschwindigkeitsbegrenzung** wird zum einen die Tierwelt vor Rasern geschützt, zum anderen will man die Staubentwicklung eindämmen. Auf vielen Strecken wird bei schneller Fahrt der weiße Lehmstaub aufgewirbelt, was die fragile Vegetation beeinträchtigt.

Alle Camps haben mittlerweile **künstliche Wasserlöcher**, die nachts angestrahlt werden. Das von Tieren am meisten besuchte Wasserloch ist das von Namutoni: Man steht an einer Mauerbrüstung und kann die Tiere fantastisch beobachten. In Halali hat man von der Anhöhe aus einen guten Blick auf die Wasserstelle sowie die umliegende Landschaft, sodass man herannahende Tiere ausmachen kann.

Wann kann man am besten Tiere beobachten – und wo? Grundsätzlich gilt: Überall kann man je nach Glück und Jahreszeit tolle Tierszenen erleben. Die beste Jahreszeit ist die winterliche Trockenzeit, dann müssen die Tiere zum Trinken an die Wasserstellen kommen, wo die Touristen warten. Doch sobald Regen fällt und es auch im Busch Tümpel gibt, verstreuen sich die Tiere in der Landschaft, zumal die Gegend um die Wasserstellen stets ziemlich kahlgefressen ist.

Wenn es im Sommer genug geregnet hat, so steht auf weiten Veld-Flächen genügend Wasser zur Verfügung, sodass sich die Tiere verteilen. Riesige Springbock-, Gnu- und Zebraherden verweilen im Sommer im sog. Süßgrasveld im westlichen/nordwestlichen Gebiet der Etosha-Pfanne. Mit der beginnenden Trockenzeit spalten sich die Herden in zwei Gruppen: Die kleinere zieht in die Nähe von Okaukuejo, die größere sucht ihre Winterweide bei Gemsbokvlakte. Durch die Einzäunung von Etosha können die Elefantenherden nicht mehr ungehindert ihren angestammten Routen folgen. Trotzdem bre-

Elefantenparade in Etosha

chen Elefanten in der Trockenzeit aus dem Kaokoland nach Etosha ein, während sie in der Regenzeit dem gleichen Weg wieder zurückfolgen. In der Trockenzeit favorisieren Elefanten dann natürlich die ergiebigen Wasserstellen am Südrand der Pfanne.

Ein Tipp, um den größten Massenanstürmen an den Wasserlöchern zu entgehen: Während der **Mittagszeit** sitzen die meisten Besucher Etoshas im Restaurant. Auch wenn die Tierbeobachtungen dann nicht ganz so optimal sind, bietet diese Tageszeit doch Gelegenheit, einigermaßen in Ruhe Zeit in der Nähe der Tiere zu verbringen. Ebenso kann man oft den Massen entfliehen, wenn diese noch an den Frühstückstischen sitzen.

👉 Tipp
In allen Camps liegen Tagebücher aus, in die Besucher ihre Tierbeobachtungen nach Ort und Zeit eintragen. Diese Hinweise können bei der Tagesplanung hilfreich sein. Doch klar ist auch: Die Tiere bleiben nicht dort, wo sie jemand gesehen hat …

Ausgangspunkte für Safaris sind die NWR-Camps im Park, v. a. Okaukuejo, Namutoni und Halali. Meist bricht man von hier aus auf Safari auf und zieht sich in der heißen Mittagszeit in die Camps zur Siesta zurück. *Ausgangs-punkte*

Ausflüge von Okaukuejo aus

• Westlich (ca. 70 km westlich von Okaukuejo): Kurz vor dem für die Öffentlichkeit gesperrten westlichen Teil des Nationalparks befindet sich die Wasserstelle Ozonju-

Märchen- itji m'Bari. Hier gibt es mit Glück u. a. Pferdeantilopen zu sehen. Den Besuch dieser Ge-
wald gend kann man verbinden mit dem Märchenwald – s. u.

• Westlich Okaukuejo (ca. 16 km): Der Märchenwald mit seinen schönen Moringa-
Bäumen ist einen Ausflug wert. Diese bizarr wirkenden Bäume sind endemisch und man
findet sie nur in Namibia (bis zum Naukluft-Gebiet). Hier wachsen sie in großer Zahl
in der Ebene, meist bevorzugen sie aber Hänge wie bei Halali.

• Südlich/südöstlich: Wasserstellen Ombika/Gemsbokvlakte/Olifantsbad/Aus: Aus, Olifantsbad und Gemsbokvlakte sind künstlich angelegt. In Ombika gibt es gute Chancen,
Löwen zu sichten. Gemsbokvlakte: häufig Oryx-Antilopen. Bei Olifantsbad gibt's – wie
der Name schon sagt – häufig Elefanten.

• Nördlich (ca. 20 km): Wasserstelle Okondeka. Aufgrund einer guten Quelle werden hier Zebras, Springböcke und Gnus angelockt. Und gerne hocken wegen dieser
möglichen Beute hier Löwen.

 ## Weg Okaukuejo – Halali

Die Parkstraße am Südrand der Etosha-Pfanne bietet kaum landschaftliche Höhepunkte. Auf
den Flächen gibt es oft große Zebra- und Springbockherden zu sehen. Die schneeweiß-blen-
dende Salzpfanne ist „nicht von dieser Welt", besonders lohnend ist der Blick vom Etosha Lookout nördlich des Camps Halali. Die Wasserstelle Homob lockt Springböcke, Zebras und Gnus
an, manchmal sieht man hier auch Oryx-Antilopen.

Ausflüge von Halali aus

Auf jeden Fall ist ein Ausflug zum Etosha Lookout lohnend (s. o.). Die Wasserstellen
Goas und Noniams ziehen Oryx-Antilopen, Zebras, Gnus und Springböcke an.

Wenn man mehr Zeit hat, lohnt sich der Eland Drive südöstlich Halali (kann man auf
dem Wege nach Namutoni nehmen): Hier gibt es mit Glück Eland-Antilopen zu sehen.

 ## Weg Halali – Namutoni

Fahren Sie das Wasserloch Springbokfontein an – wie der Name schon sagt, gibt es hier vor
allem Springböckchen zu sehen. Weiterhin passiert man Kalkheuwel, besonders beliebt wegen
des ausgesprochenen Wildreichtums.

Ausflüge von Namutoni aus

• Nordöstlich Namutoni: Der Ausflug zur Fisher's Pan und nach Twee Palms ist vor
allem für die Vogelbeobachtung gut. Man kann hier insbesondere Flamingos, einige Pelikane und Marabus beobachten.

• Nördlich Namutoni: Andoni ist etwa 50 km von Namutoni entfernt, in Richtung des
King Nehale Gate. Unterwegs kommt man an der bei Elefanten beliebten Wasserstel-
le Tsumcor vorbei. In Andoni sind die Tierbeobachtungsmöglichkeiten besonders im
Sommer gut.

- Südöstlich Namutoni: Klein-Namutoni: Hier gibt es die kleinsten Namibia-Antilopen zu sehen, die Dikdiks. Die Landschaft ist geprägt von Tambuti- und Marulabäumen.
- Westlich Namutoni: Die Wasserlöcher Kalkheuwel und Chudop sind fast immer gut für Tierbeobachtungen.

Die kleinsten Antilopen Namibias

 **Hinweis**
Besorgen Sie sich bei der Parkverwaltung eine detaillierte Karte des Parkgebiets, in der alle Wasserlöcher namentlich eingetragen sind. Sie werden sehen, es macht sehr viel Spaß, mit Ruhe und Geduld auf die Tiere zu warten.

Reisepraktische Informationen Etosha National Park

Eingänge/Einlass
Andersson Gate bei Okaukuejo im Süden, Von Lindequist Gate bei Namutoni im Osten, Nehale lya Mpingana Gate im Norden (nördlich Andoni Plain, Einlass bis 2 Stunden vor Sonnenuntergang, damit man Namutoni rechtzeitig erreicht). Die Durchfahrt aus der Kunene-Region über Otjivasondo nach Etosha ist nur für Reisende erlaubt, die Übernachtungen im Dolomite Camp gebucht haben. Diese Besucher dürfen dann im Park nach Okaukuejo, Halali und Namutoni weiter fahren. Die Touristenlager müssen vor Sonnenuntergang erreicht sein und können erst nach Sonnenaufgang wieder verlassen werden.

Löwen-Siesta: Die Großkatzen schlafen bis zu 20 Stunden am Tag

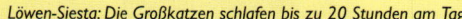

Eintrittspreise

Alle Besucher, auch Tagesbesucher und diejenigen, die ein Quartier in Etosha gebucht haben, müssen den Eintritt bezahlen, und zwar zusätzlich zur Übernachtung: Erwachsene 80 N$/Tag, Kinder 6 bis 16 J. frei, Fahrzeuge (bis 10 Sitze): 10 N$/Tag. Der Preis gilt für 24 Stunden, nicht pro Kalendertag. **Bitte beachten:** Auch wenn man im Park übernachtet, muss man für jeden im Park verbrachten Tag bezahlen.

Beste Besuchszeiten

An sich die Trockenmonate zwischen Mai und September. Vorteil: Die Vegetation ist gelichtet, und aufgrund des Wassermangels zieht es die Tiere an die Wasserlöcher. Für Vogelbeobachtung sind die besten Monate November–März.

Während der namibischen Ferienzeiten, vor allem Ostern und Weihnachten, wird es im Park sehr voll. Zu dieser Zeit wird es außerdem in Etosha unsäglich heiß, bis zu 40 Grad. Zwar ist die Vegetation in der Regenzeit grün und relativ dicht, doch versperrt sie den „Durchblick". Außerdem ist während dieser Zeit überall im Gelände Wasser vorhanden, sodass die Anziehungskraft der Wasserstellen auf die Tiere nicht mehr so groß ist.

Aufenthaltsdauer

Empfehlenswert sind mindestens 3 Tage, wobei man die Übernachtungen in verschiedenen Camps planen sollte, um das den Touristen zugängliche Parkgebiet intensiv erleben zu können. Die meisten Tiere sieht man erfahrungsgemäß an den Wasserlöchern um Namutoni.

Vorausbuchungen

Ohne Vorausbuchungen sollten Sie nicht losfahren, denn dieser Nationalpark steht praktisch auf dem Programm von jedem Namibia-Urlauber. Insbesondere zu Ostern, Juli–September und Dezember/Januar ist eine Vorausbuchung unabdingbar. Campingplätze sind fast immer noch vor Ort zu ergattern.

Straßennetz

Alle Wege in Etosha sind gute Schotterpisten, die man keinesfalls verlassen darf.

Verbote

Offene Fahrzeuge sowie Motorräder dürfen nicht in den Park hinein.
Das Fahrzeug darf im Parkgebiet nicht verlassen werden (sehr gefährlich).
Jegliches Stören der Tiere ist untersagt.
Die Mitnahme von Schusswaffen ist nicht erlaubt.

Einrichtungen in allen Camps des Etosha Parks

Restaurants, Laden mit Grundnahrungsmitteln, Kioske, Tankstelle, Postdienst, Schwimmbad, Lagerfeuerholz-Verkauf

Gesundheit

Zzt. ist eine Malaria-Prophylaxe ganzjährig empfehlenswert.
s. Kapitel „Gesundheitsvorsorge" in den Gelben Seiten

Post

Nur im Lager Okaukuejo (Mo–Fr 8.30–13 Uhr und 14–16.30 Uhr, Sa 8–11 Uhr). Briefmarken gibt es auch an der Rezeption in Namutoni.

Wildbeobachtungsfahrten

Die Firma Etosha Game Viewers bietet tägliche Pirschfahrten in den Etosha Park an. 20 km vom Osteingang (= Namutoni) entfernt werden professionell geführte Halbtags-Touren mit Fahrzeugen unternommen, die besonders hoch gebaut sind und gute Fotografiermöglichkeiten bieten. Mit großem Engagement werden Flora und Fauna erläutert. Hervorzuheben sind die persönliche Betreuung und das faire Preis-Leistungs-Verhältnis. ☏ 067/230036 bzw. 067/229115.

Mit Führung oder ohne Führung?

Selbstfahrer kommen auch ohne Führung voll auf ihre Kosten. Auch die geführten Touren fahren auf den gleichen Wegen und besuchen die gleichen Wasserlöcher – und sind ebenso wie der Selbstfahrer stark auf den Zufall angewiesen, um die eine oder andere Tierart zu sehen. Außerdem sind die Tierbeobachtungen in einem Bus zusammen mit anderen Teilnehmern nicht immer ganz konfliktfrei, da jeder am nächsten an den Fenstern sein möchte, wo etwas zu sehen ist. Die entsprechenden Geräusche stören Tiere, und Fotografen geraten in Stress ... Vorteil einer Führung: Man bekommt Erklärungen, und der Guide hat geübte Augen, Tiere früh genug zu erspähen.

Öffentliche Verkehrsmittel

Etosha ist mit öffentlichen Verkehrsmitteln nicht zu erreichen, nur die Orte Tsumeb und Outjo. Anhalterverkehr ist im Parkgebiet verboten.

Wenn man nicht selber fahren will, ist eine geführte Tour eine gute Alternative

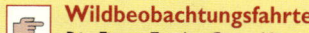

Unterkunft (▶ *Karte in der hinteren Umschlagklappe und beiliegende Reisekarte*) *s.a. Outjo/Kamanjab*

Übersicht
Innerhalb des frei zugänglichen (östlichen) Teils des Etosha National Parks gibt es 4 NWR-Camps:
- *Okaukuejo, das westliche Camp*
- *Halali, das mittlere Camp,*
- *Namutoni, das östliche Camp*
- *Onkoshi, das Luxuscamp an der nördlichen Parkgrenze, 40 km von Namutoni*
Im westlichen Teil liegt das Dolomite-Camp (s. S. 412).

Die staatlichen Camps unter der Leitung der Namibia Wildlife Resorts, die man bis vor einigen Jahren nur als „basic" beschreiben konnte, wurden inzwischen komplett renoviert. Die Zimmer sind sehr geschmackvoll und „afrikanisch" gestaltet, auch die sanitären Anlagen wurden neu gemacht. Zudem werden geführte Morgen-, Nachmittags- und Nachttouren angeboten (ab 500 N$ p. P.). Die Neuerungen betreffen alle Etosha Camps sowie das Waterberg Camp und Ai-Ais. Natürlich schlugen sich die enormen Modernisierungen in stark angehobenen Preisen nieder. Und nicht jeder fühlt sich in „stylish Africa" wohl. Vorteile der öffentlichen Camps: Sie liegen im Park, und man braucht den Park nach dem Tagesbesuch nicht wieder zu verlassen und eine erneute Einlassgebühr bezahlen.
Alle Camps sind zu Direktpreisen in Euro buchbar unter www.afrika.de oder Service-Telefon ✆ 02133/26030.

Außerhalb des Nationalparks sind – sozusagen vor den Toren – private Unterkünfte entstanden, die jedem gefallen werden, der es etwas persönlicher haben möchte. Nachteil: Man muss von diesen privaten Übernachtungsstellen erst in den Park hineinfahren und abends vor Sonnenuntergang wieder herausfahren. Vor dem westlichen Eingang nach Okaukuejo, dem Anderson-Tor, gibt es als private Alternativen z. B. **Toshari Lodge**, **Ongava Lodge**, **Epacha Game Lodge & Spa**, **Etosha Safari Lodge** *(s. S. 412f)*

Vor dem östlichen Eingang, dem Lindequist-Tor, gibt es u. a. die **Aoba Lodge**, **Mokuti Lodge**, **Mushara Lodge**, **Onguma Game Ranch** *(s. S. 414f).*

Die Camps innerhalb des Parks:
Die Übernachtungsstellen innerhalb des Etosha National Parks können gebucht werden bei Namibia Wildlife Resorts, ✆ 061/2857200, reservations@nwr.com.na, www.nwr.com.na.

Camp Okaukuejo (= westlichstes Camp) **$$-$$$$**, ✆ 067/229800, 🖷 067/ 229852. Campingplatz 200 N$ pro Stellplatz plus 100 N$ p. P., Bush Chalet (2 Betten) je nach Saison ca. 700–1.000 N$ p. P./DZ mit Frühstück, „Premier Waterhole Chalet" (4 Betten) nach Saison ca. 1.300–2.200 N$ p. P. inkl. Dinner und Frühstück. Beschreibung: Dieses Camp mit großzügiger Anlage ist vor allem wegen der beleuchteten Wasserstelle gerne besucht, obwohl gerade dies nicht „Afrika pur" ist, wenn an der Mauer abends und nachts z. T. 100 und mehr Besucher dem an dieses Spektakel gewohnten Wild zuschauen (und dabei mit Bierdose und Zigarette für die zivilisatorischen Begleiterscheinungen sorgen!). Kurz: das „unruhigste" der Etosha-Camps. Das Camp hat einen hohen Wasserturm (1963), von dem aus man vor allem bei Sonnenuntergang einen herrlichen Blick auf Etosha genießen kann. Es gibt zweistöckige „Waterhole"-Chalets mit Aus-

sichtsbalkon (sehr schön!) direkt am Wasserloch, und in der zweiten Reihe stehen einfachere 2x2-Bett-Apartments zur Verfügung. Alle Unterkünfte sind mit einem Kühlschrank eingerichtet sowie mit Klimaanlage und privater Dusche/Toilette/Waschbecken. Zeltlager- und Wohnwagenplätze vorhanden. Weitere Einrichtungen: Schwimmbad, Tankstelle, Curio Shop und Restaurant.
Camp Halali (= mittleres Camp) **$$-$$$**, ℺ 067/229400, 🖪 067/229413. Camping 200 N$ pro Stellplatz 100 N$ p. P., Bush Chalet (2 Betten) nach Saison ca. 600–950 N$ p. P., Doppelzimmer ca. 500–700 N$ p. P., Family Chalet (4 Betten) 600–950 N$ p. P. (alle inkl. Frühstück). Beschreibung: Dieses Camp ist im Vergleich mit Okaukuejo viel ruhiger und kleiner. Im Campgebiet erhebt sich der kleine Berg „Tsumasa" (= Hügel). Hier wurde ein interessanter Lehrpfad angelegt, der in die Flora des Gebiets einführt. Man wird zu Mopanebäumen, Moringabäumen, Balsambäumen, Drüsenakazien und Blutfruchtbäumen geleitet. Im Camp gibt es wie in Okaukuejo eine beleuchtete Wasserstelle, die allerdings von der Anzahl der Tiere her mit Okaukuejo nicht verglichen werden kann. Übernachtung in Rasthäusern

Immer gut zu sehen: Giraffen

mit 1 oder 2 Schlafräumen möglich (2–4 Betten). Alle Unterkünfte mit Klimaanlage, Kühlschrank sowie privatem Bad. Zeltlager- und Wohnwagenplätze mit den entsprechenden Waschgelegenheiten, Toilette etc. vorhanden. Weitere Einrichtungen: Schwimmbad, Restaurant, Curio Shop und Tankstelle.

Camp Namutoni (= östlichstes Camp) **$$-$$$**, ℺ 067/229300, 🖪 067/229306. Camping 200 N$ pro Stellplatz plus 100 N$ p. P., Doppelzimmer ca. 600–750 N$ p. P., Bush Chalet ca. 750–900 N$ p. P. inkl. Frühstück. Beschreibung: Die Wasserstellen in der Umgebung von Namutoni gehören zu den besonders tierreichen. Das historische Fort Namutoni ist schon von weitem zu sehen (siehe auch S. 401). Ursprünglich befand sich hier ein bäuerliches Anwesen der Ovambo, die diesen Platz „Namutoni" nannten, was so viel bedeutet wie „Platz, der von weitem zu erkennen ist". Zeltlager- und Wohnwagenplätze mit den entsprechenden Waschgelegenheiten, Toilette etc. vorhanden. Einziges Camp mit weiten Rasenflächen zum Campen. Weitere Einrichtungen: Schwimmbad, Restaurant (Steakhouse und ein African Fusion Restaurant) und Tankstelle. Die Unterkünfte erlauben keine Anfahrt mit dem Wagen, man muss über Stege sein Gepäck ins Zimmer bringen. Tagesgäste dürfen den Pool nicht benutzen.

Camp Onkoshi (= 40 km nördlich von Namutoni, Luxuscamp, $$$$$, nach Saison ca. 1.500–3.000 N$ p. P. mit Halbpension. Beschreibung: das exklusivste Etosha-Camp der Namibia Wildlife Resorts. Hier stehen 15 tolle Zelt-Chalets zur Verfügung, die auf Holzpfählen gebaut sind. Alles strahlt Luxus und afrikanische Authentizität aus. Bei der gesamten Anlage wurden ökologische Aspekte berücksichtigt. Das Camp liegt auf einer „Halbinsel", direkt östlich der Etosha-Pfanne, sodass tolle Ausblicke garantiert sind. Selbstfahrer werden nach Vereinbarung von Namutoni aus mit Fahrzeugen der Namibia Wildlife Resorts abgeholt.

Im Westteil Etoshas:

Dolomite Camp $$-$$$$. Das Dolomite Camp befindet sich im äußersten Westteil des Etosha-Parks. Es ist das erste NWR-Camp in diesem sehr abgelegenen, ursprünglichen Parkteil. Das gesamte Design der Anlage ist ökologisch durchdacht und besteht aus natürlichen Materialien, die sich harmonisch in die Landschaft einfügen. Es gibt eine geräumige Rezeption, eine Lounge, eine Bar und ein Restaurant. Die Anlage ermöglicht sowohl Sonnenaufgangs- als auch Sonnenuntergangs-Beobachtungen.
Es stehen 25 riedgedeckte Chalets zur Verfügung, alle mit eigenen sanitären Einrichtungen und wunderbaren Ausblicken auf die Mopane- und Akaziensavanne. Man kann über Okaukuejo/ Andersson Gate oder über das Galton Gate im Westen einreisen. Von Okaukuejo aus sind es etwa 170 km zum Camp, vom Galton Gate aus etwa 45 km. Für die Einfahrt über das Galton Gate muss man eine Reservierung für das Dolomite Camp vorweisen können. Preise: je nach Saison 750–900 N$ p. P./DZ im Bush Chalet, 1.200–1.400 N$ im Deluxe Chalet.

Außerhalb des Etosha National Park:

Vor Okaukuejo:
**Ongava Lodge $$$$$**, Ongava Europe ☏ +44-(0)1299/402114 oder +44-(0)1299/ 406391, info@ongava.com, www.ongava.com, www.wilderness-safaris.com, Lodge direkt: ☏ 067/ 229603. Je nach Saison zwischen 1.982 und 3.312 N$ p. P./DZ mit Halbpension. Lage: unmittelbar vor dem Anderson Gate links, dann noch ca. 9 km. Beschreibung: Es handelt sich hier um ein privates Game Reserve (30.000 ha) mit einer Lodge (12 luxuriöse Chalets mit eigenem Bad, Klimaanlage, Balkon). Auf dem Gelände werden Wildbeobachtungsfahrten angeboten, ebenso geführte Trips nach Etosha. Alles ist ziemlich luxuriös gestaltet, Schwimmbad ist vorhanden.
**Little Ongava $$$$$**, Kontakt: siehe Ongava Lodge. 7.269 N$ p. P. mit Vollpension und allen Touren (Nebensaison; in der Hochsaison 10.613 N$). Lage: Little Ongava liegt direkt neben bzw. auf einem Hügel oberhalb der Ongava Lodge am südlichen Rand des Etosha N.P. Beschreibung: luxuriöse Unterkunft mit 3 großzügigen, lichtdurchfluteten Suiten im afrikanischen Stil, die in Wohnzimmer, Schlafzimmer und Badezimmer eingeteilt sind. Davor befindet sich eine großzügige Veranda. Über einen Steg geht man an der Außendusche vorbei zu einem überdachten kleinen Pavillon, wo sich ein Tagesbett befindet. Angeboten werden Pirschfahrten im offenen Landrover in die herrliche Umgebung und den umgebenden Mopanebusch. Tierbeobachtungen sind auch von der Terrasse möglich. Eine Lapa und Boma sowie ein gut eingerichteter Safarishop sind vorhanden.
**Ongava Tented Camp $$$$$**: Kontakt: s. Ongava Lodge, Lage: Etosha Süd, in der Nähe des Anderson Gate. 4.069 N$ p. P. im DZ inkl. Vollpension und Aktivitäten in der Nebensaison (Hauptsaison: 5.786 N$). Beschreibung: Das Ongava Zeltcamp bietet echte Buschatmosphäre: Unterkunft in 10 komfortablen Safarizelten mit Doppelbetten, Waschbecken, Dusche

und WC, heißem und kaltem Wasser. Jedes Zelt hat eine überdachte Veranda mit Tisch und Sessel. Der Essbereich liegt in der Nähe eines Wasserlochs, das häufig von Wild besucht wird. Nach Einbruch der Dunkelheit wird man wegen der wilden Tiere vom Zelt abgeholt und zurückgebracht. Nachts kommen sogar manchmal Löwen zum Wasserloch. Es werden typisch namibische Mahlzeiten serviert. Aktivitäten: geführte Fußpirschen und Fahrten über das Farmgelände.

**Epacha Game Lodge & Spa $$$$$**, ② 067/697047, epacha@leadinglodges.com, www.leadinglodges.com. 2.580 N$ p. P./DZ mit Halbpension. Lage: 30 km vor dem Anderson Gate liegt die Epacha Game Lodge auf der linken Seite. Beschreibung: Die Lodge bietet allen Komfort und liegt inmitten eines 21.000 ha großen Wildreservats, direkt am Etosha NP. Es werden Ausflüge in den Etosha NP, Gamedrives auf Epacha, Wanderungen, Sauna, Jacuzzi und Massagen angeboten. Es stehen 18 Bungalows, 8 Zelte und 1 Suite mit eigenem Schwimmbad zur Verfügung. Epacha bietet tolle Wellness-Angebote mit Blick in die Natur!

**Epacha Eagle Tented Lodge & Spa $$$$**: ② 067/687161, eagle@leadinglodges.com, www.leadinglodges.com. 1.490 N$ p. P. mit Halbpension im Standardzelt. Lage: ca. 500 m von der Epacha Game Lodge entfernt. Beschreibung: Die luxuriöse Lodge besteht aus 8 Luxus- und 8 Standard-Zelten (großes en-suite-Bad mit Dusche, Waschbecken und Toilette) sowie einem Hauptgebäude, das wie ein kleines Schloss aussieht. Die Zelte sind am Hang auf hohen Stelzen errichtet, vom privaten Holzbalkon hat man einen fantastischen Ausblick. Am schönen Pool kann man sich im Wasser und mit einem kühlen Drink erfrischen. Aktivitäten: Reiten, Wanderungen, Pirschfahrten (auch nachts), Fahrten in den Etosha National Park und durch das Epacha Wildreservat. Sehr persönliche Atmosphäre und pures Busch-Feeling.

**Etosha Safari Lodge $$-$$$**, Buchung: ② 061/230066, 24h-Service: ② 081/1292424, info@gondwana-collection.com, www.gondwana-collection.com, je nach Saison 750–900 N$ p. P. inkl. Frühstück. Lage: an der C 38, Nähe Anderson Gate. Beschreibung: Die Lodge bietet schöne Chalets mit Aussicht auf die Etosha-Landschaft, 3 Swimmingpools und ein gutes Restaurant. Bar. Es werden auch Touren nach Etosha angeboten. Nebenan liegt das Etosha Safari Camp: 50 komfortable Chalets mit Veranda stehen zwischen Mopanebäumen, dekorativ eingerichtet, warmes, einladendes Ambiente (550 bis 660 N$ p. P. inkl. Frühstück). Campingplätze (120 N$ p. P.). Außerdem gibt es hier eine originelle Bar im „Township-Stil".

**Toshari Lodge $$**, ② 067/333440, Buchung: ② 081/382 2655, toshari@iway.na, www.etoshagateway-toshari.com. Ab 550 N$ p. P. im DZ mit Frühstück. Lage: 26 km bis zum Eingang von Etosha, etwa 70 km von Outjo aus auf der C 38 nach Norden fahren – gleich nach der Abzweigung der Pad 2695 nach links liegt etwas später die Einfahrt zur Lodge. Die Lodge liegt in einer Mopane-Savanne, die von kleinen Dolomithügeln unterbrochen wird. Beschreibung: nette Gastgeber, gutes Essen, Schwimmbad.

**Vreugde Guestfarm $$**, ② 067/687132, info@vreugdeguestfarm.com, www.vreugde guestfarm.com. 750 N$ p. P. im DZ mit Halbpension. Lage: von Outjo 60 km nach Norden auf der C 38 Richtung Etosha, dann links in die Pad 2710, noch 9 km (40 km südlich des Parkeingangs gelegen). Beschreibung: sehr geschmackvolle Unterkünfte, schöne Gartenanlage, Wildbeobachtungsfahrten auf einer benachbarten Game Ranch. Sehr nette Gastgeber! Übrigens: „Vreugde" heißt „Freude" in Afrikaans.

**Buschberg Gästefarm $$**, ② 067/312143, info@buschberg.com, www.busch berg.com. Ab ca. 630 N$ p. P. im DZ inkl. Frühstück/Dinner, Camping 100 N$. Lage: von Outjo 60 km nach Norden Richtung Etosha auf der C 38, dann 20 km nach Westen in die D 2710. Beschreibung: 3 saubere, geräumige Doppelzimmer und eine Familieneinheit, Wildbeobachtungsfahrten, Wanderungen. Zum Eingang nach Etosha sind es 55 km, nach Okaukuejo 74 km. Traditionelle namibische Mahlzeiten (Wild).

Taleni Etosha Village $-$$, *zentrale Reservierung (Südafrika)* ① *+27-(0)211 9304564, reservations@etosha-village.com, Lodge direkt:* ① *067/687190, ca. 500–550 N$ p. P. nur Übernachtung. Lage: 4 km südlich des Eingangs von Okaukuejo, Abzweig nach Westen. Beschreibung: preiswerte Unterkunft für unabhängig Reisende. Die insgesamt 40 Einheiten sind im Stil eines modernen afrikanischen Dorfes mit natürlichen Materialien errichtet und befinden sich auf erhöhten Holzplattformen. Die en-suite-Badezimmer ähneln traditionellen 'kraals'. Schwimmbad und Restaurant stehen ebenfalls zur Verfügung. Wildbeobachtungsfahrten im Nationalpark in halb-offenen Fahrzeugen (10 Personen, sehr bequem ausgerüstet mit Getränkehaltern) können vor Ort zusätzlich gebucht werden. Diese originelle Unterkunft bietet ein authentisches, ursprüngliches Urlaubserlebnis für Selbstfahrer, Familien oder kleine Gruppen. Das Besondere: Selbstversorger haben das Vergnügen einer voll ausgestatteten Kücheneinrichtung und eines Grillplatzes. Im Laden sind Lebensmittel (Fleisch, Salat, frisches Brot…) erhältlich.*

Vor Namutoni:

Kempinski Mokuti Lodge $$$$$, ① *067/229084, Buchung:* ① *061/388400, www.kempinski-mokuti.com, ab ca. 240 €/DZ inkl. Frühstück. Lage: kurz vor dem Lindequist-Tor (Einfahrt nach Namutoni) gelegen. Beschreibung: sehr schön gebaute, luxuriöse und erste 5-Sterne-Lodge Namibias mit strohgedeckten Chalets (klimatisiert), mit 2 Swimmingpools und gutem Restaurant sowie Abendessen im afrikanischen Boma. Gute Buffets. Wanderwege, Fahrradverleih. Mokuti ist ein Himba-Wort und bedeutet „im Busch". Interessant ist der zur Lodge gehörende Reptilienpark (Ontouka Park). In artgerechten Lebensräumen leben hier u. a. die Zebraschlange und die Schwarze Mamba. Angeschlossen ist ein tiermedizinisches Institut, das der Schlangenforschung sowie der Entwicklung von Antiseren dient.*

Mushara Lodge $$$$, ① *067/229130, Buchung:* ① *061/240020, reservations@musharalodge.com, www.mushara-lodge.com. 1.300 N$ p. P./DZ mit Halbpension. Lage: nur 8 km vor dem Lindequist-Tor, links vor der Mokuti Lodge gelegen. Beschreibung: idealer Ausgangspunkt, wenn Sie außerhalb des Etosha NP übernachten möchten. Diese luxuriöse, sehr schön angelegte Lodge bietet 10 Strohdachbungalows (klimatisiert), im afrikanischen Stil eingerichtet. Auf Mushara fühlt sich jeder Gast wohl, sehr freundliches Personal, ausgezeichnete Küche. Ausflüge zur Ombili-Stiftung (s. S. 442) möglich.*

Emanya@Etosha $$$$, *Buchung:* ① *061/222954, bookings@emanya.com, www.emanya.com. 1.165 N$ p. P./DZ mit Frühstück. Lage: von der C38 am Emanya-Eingangstor links abbiegen in die D 3028, nach 3,3 km liegt die Lodge auf der rechten Seite. Zum Etosha NP/Eingang Namutoni sind es 20 Min. Fahrtzeit. Beschreibung: eine sehr moderne und exklusive Lodge vor den Toren Etoshas. 20 stilvoll eingerichtete Chalets, Pool- und Wellnessbereich mit kostenloser Fußmassage. Hervorragendes Restaurant mit Weinkeller. Die Lage ist ideal für Safaris in den Etosha NP.*

Onguma Safari Camps Etosha *(Onguma Game Ranch), Information:* ① *061/232009, reservations@onguma.com, www.ongumanamibia.com. Die Onguma Ranch liegt nur 9 km vom Namutoni Gate entfernt in einem äußerst tierreichen Gebiet. So kann man hier z. B. viel Wild (Zebra, Kudu, Eland etc.), mit etwas Glück auch Löwen, Geparde und Leoparden beobachten. Auch Ornithologen werden auf ihre Kosten kommen.*
Onguma bietet verschiedene Unterkunftsmöglichkeiten:

- **Onguma The Fort $$$$$**: *Das Luxus Camp wurde im Stil eines Forts mitten in der Fisher's Pan errichtet. Es bietet 12 Mini Suites und eine geräumigere Main Suite, alle stilvoll mit afrikanischen, indischen und marokkanischen Elementen eingerichtet. Sein Abendessen kann man auf dem Viewing Deck mit Blick auf das Wasserloch, im Open Air Dining*

Luxus-Camp mit marokkanischem Einschlag: Onguma

Room oder am laternenbeleuchteten Pool zu sich nehmen. Alle Zimmer haben Klimaanlage. 2.400 bis 2.800 N$ p. P. im DZ inkl. Frühstück/Dinner.

- **Onguma Bush Camp $$$**, *ab 890 N$ p. P. inkl. Frühstück: Das Bush Camp bietet 16 Doppel- und 2 Familienzimmer sowie eine Suite. Abendessen gibt es in der Lapa, außerdem stehen ein Swimmingpool und eine Bar zur Verfügung. Alle Zimmer mit Klimaanlage. Außerdem gibt es 6 Campingplätze (140 N$). Originell: Unterkunft ist auch in sehr schönen Baumhäusern möglich, nur 5 Minuten von der Lodge entfernt (Onguma Treetop Camp). Dies ist eine besonders schöne, naturnahe Übernachtungsempfehlung (ca. 1.450 N$ p. P. mit Halbpension).*
- **Tented Camp $$$$$**, *ab 2.200 N$ mit Halbpension, besteht aus 7 luxuriösen Zelten, alle mit Blick auf das Wasserloch (ca. 60 m entfernt). Auch von der Lounge im Hauptkomplex hat man einen guten Blick und kann bei einem kühlen Drink die Tiere beobachten. Außerdem finden Sie hier einen Weinkeller, eine Bar und einen Speiseraum. Keine Kinder unter 12 Jahren.*

**Etosha Aoba Lodge $$$**, ☎ *067/229100, info@etosha-aoba-lodge.de, www.etosha-aoba-lodge.com. Ab 990 N$ p. P./DZ mit Halbpension. Lage: gemeinsame Zufahrt mit Onguma, direkt hinter dem Lindequist Gate über ca. 13 km (relativ schlechte) Straße. Beschreibung: Die idyllisch in einem Tamboti-Wald gelegene Lodge ist eine „kleinere, persönlichere Alternative" zur Mokuti-Konkurrenz und vermittelt ein Stückchen afrikanischer Buschatmosphäre (7.000 ha großes Gelände, riedgedecktes Haupthaus mit 2 Familienzimmern, 10 riedgedeckte Bungalows). Vom Haupthaus aus genießt man den Blick auf eine Tiertränke. Schwimmbad, Sundownerfahrten im offenen Geländewagen. Gut zum Entspannen und zum Wandern. Etwa 20 km bis nach Etosha.*

**Sachsenheim Jagd- und Gästefarm $$**, ☎ 067/230011, ebg-b.beckmann@freenet.de, www.sachsenheim-wild.de, ca. 600 N$ p. P./DZ mit Frühstück. Lage: 25 km von Namutoni entfernt. An der Kreuzung B1 Tsumeb – Ondangwa biegen Sie links Richtung Ondangwa ab. Nach etwa 4 km liegt der Farmeingang auf der rechten Seite, dann sind es noch etwa 1,5 km Sandpiste bis zu den Farmgebäuden. Beschreibung: Die Farm Sachsenheim ist etwa 11.000 ha groß und bietet Ihnen eine ruhige Unterkunft nur 25 km von der Etosha-Pfanne entfernt. Das Farmgebiet gehörte in früherer Zeit mit zum Bereich des Etosha-Nationalparks. Hier befinden sich viele natürliche Wasserstellen (Vleis), an denen man besonders im Mai und April, wenn sich die Anzahl der Wasserstellen verringert, gut Wild beobachten kann. Ein Restaurant mit Bar, das hervorragende südafrikanische Weine und gutes Bier anbietet, sowie ein Swimmingpool, ein afrikanischer Grillplatz und eine Sonnenterrasse gehören ebenfalls zur Farm. Geführte Ausflüge zum Etosha NP sind möglich. Jagdfarm!

 Alternative zur Weiterfahrt von Etosha/Ostgate in den Süden Namibias

Übernachten in traditionellen Hütten

**Muramba Bushman Trails $**, ☎ 067/220659, ☎ 067/222798. Hütten zur Selbstversorgung ca. 500 N$, Stellplätze für Camper ca. 90 N$. Lage: Sie fahren von Tsumeb die M 75 64 km nach Norden und biegen dann rechts in die D 3016, um nach 6 km Muramba Bushman Trails zu erreichen. Beschreibung: Reinhard Friederich ist ein exzellenter San-Experte, u. a. Mitarbeit am Buch „Buschmänner, eine Reise zur Urbevölkerung Namibias" (Hrsg. Rolf Frei). Er lebt in der 3. Generation auf der Farm und spricht fließend Heikum, eine San-Sprache. Auf einem eintägigen Trail erfahren Sie alles über das Leben der Ureinwohner.
Auf dem Farmgelände kann man in 6 im San-Stil errichteten Hütten übernachten, ebenso gibt es einige Campingplätze. Ideal als ein zusätzliches Erlebnis nach dem Besuch von Etosha!

 Hinweis
Bei Muramba Bushman Trails muss man sich vorher anmelden (wochentags).

Weiterreise-Möglichkeiten

- Von hier aus ins **Ovambo-Land** und an den Kunene über die B 1/C 46
- Fahrt zum **Caprivi und nach Victoria Falls** über die B 1, C 42 und B 8
- Der großen Namibia-Rundreise folgend und **über Tsumeb in das Waterberg-Gebiet**

In den äußersten Nordwesten

Kaokoveld
**mit Rückweg über Purros/Sesfontein/
Palmwag, zum Westteil des Etosha
National Parks oder Durchfahrt ins
Ovamboland und Einfahrt zum Etosha
National Park am King Nehale Gate**

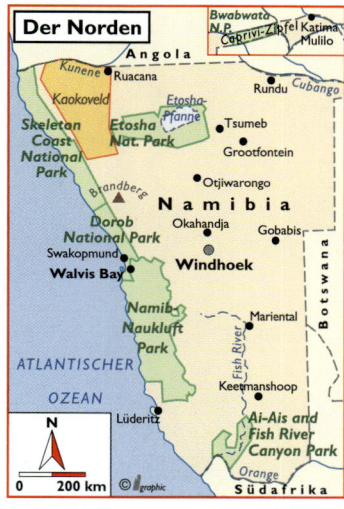

Das Kaokoveld ist nach wie vor **eine der abgeschie-
densten Regionen Namibias**. Im Nordwesten des
Landes gelegen, zeichnen diese Landschaft bizarre, pa-
stellfarbene Gebirge, urtümliche Flüsse sowie eine äußerst dünne Besiedlung aus. Dem Reisenden steht nur
eine sehr lückenhafte touristische Infrastruktur zur Verfügung. Individualreisende sollten deshalb grundsätzlich
mit 2 Geländewagen und entsprechender Bevorratung
an Wasser, Lebensmitteln und Benzin unterwegs sein.
Die Versorgung mit gutem Kartenmaterial und eventuell
einem Satelliten-Navigationssystem (GPS) sind zu
empfehlen. Viele der „Straßen" sind schwere Pisten
oder kaum erkennbare Wege, die nur dem geübten und
mutigen Geländewagen-Fahrer vorbehalten sind. Das Kaokoveld ist nach wie vor **tra-** *Traditio-*
ditionelles Lebensgebiet der Himba, die zum Teil nomadisierend die trockenen *nelles Him-*
Landstriche durchstreifen. Gefahr für ein **weiteres Untergehen ihrer Kultur** droht *ba-Land*
vor allem durch den immer stärker werdenden Tourismus.

Allgemeine Reisepraktische Informationen Kaokoveld

Unterkunft
s. bei den jeweiligen Orten

Kilometer
*variieren je nach individuell gewählter Fahrstrecke, rechnen Sie aber mit ca. 1.300–
1.600 km*

Tankstellen
Palmwag Lodge, Sesfontein, Opuwo, Ruacana, Oshakati, Ondangwa

Landkarten
Alle Karten sind erhältlich bei: Namibiana Buchdepot (www.namibiana.de).
The Shell Map of Kaokoland *(2001; 1:620.000): Gute Übersichtskarte, aber nicht ganz
neu und die eingezeichneten Wasserpumpen sind nicht unbedingt zuverlässig als „Wasser-
lieferanten" zu interpretieren.*
Kaokoland *(InfoMap, 5. Auflage 2012; 1:620.000): Aktuelle und ausgereifte Übersichtskarte, wenig topografische Merkmale, aber Zusatzinfos wie Campingplätze und GPS-Koordinaten.*

Kaokoveld

Gästefarmen, Lodges und Campingplätze
1 Purros Campsite
2 Okahirongo Elephant Lodge
3 Camp Aussicht
4 Mopane Camp
5 Oreness Restcamp
6 Ohakane Lodge
7 Opuwo Country Hotel
8 Kunene Village Restcamp
9 Ruacana Eha Lodge
10 Hippo Pools Camp
11 Okapuka Camp
12 Kunene River Lodge
13 Okarohombo Campsite
14 Camp Otjinhungwa
15 Serra Cafema Camp
16 Epupa Falls Camping
17 Kapika Waterfall Camp
18 Epupa Camp
19 Omarunga Camp

Topografische Übersichtskarte in Einzelblättern
(1:250.000):
Sesfontein, Nr. 1912
Kamanjab, Nr. 1914
Etosha West, Nr. 1814
Opuwo, Nr. 1812
Swartbooisdrif, Nr. 1712
Oshakati, Nr. 1714

GPS-Punkte
Benutzen Sie möglichst ein GPS-Gerät, das eine An-schlussmöglichkeit an den Zigarettenanzünder hat. Wenn die-se Möglichkeit nicht besteht, nehmen Sie genügend Ersatzbat-terien mit. Verlassen Sie sich nicht total auf das GPS-Gerät. Sie sollten außerdem einen Kompass und gutes Kartenmaterial mitführen.

Ort	Breitengrad	Längengrad
Blue Drum	17 47 45 S	12 23 29 E
Epupa	17 00 14 S	13 14 65 E
Etanga	17 51 84 S	13 01 64 E
Etengwa	17 27 86 S	13 03 18 E
Khumib River/		
D 3707 im Süden	18 38 75 S	12 39 94 E
Mariental unterhalb		
Van Zyl's Pass	17 36 44 S	12 36 73 E
Okongwati	17 25 71 S	13 16 39 E
Opuwo	18 03 41 S	13 49 73 E
Orange Drum	17 46 36S	12 18 16 E
Orupembe	18 10 55 S	12 33 36 E
Otjinhungwe	17 14 40 S	12 26 08 E
Otjinungwa Camp	17 14 72 S	12 26 15 E
Ovivero Dam	17 35 44 S	12 54 03 E
Purros	18 46 54 S	12 56 79 E
Rote Tonne	17 47 51 S	12 31 31 E
Ruacana	17 24 48 S	14 13 06 E
Sesfontein	19 07 53 S	13 36 97 E
Swartbois Drift	17 19 14 S	13 48 26 E
Tomakas	18 51 55 S	13 16 18 E
Van Zyl's Pass		
(Passhöhe)	17 39 27 S	12 41 72 E

(Angaben ohne Gewähr)

Tipp
Viele Infos zum Thema mit GPS (nicht nur) durch Na-mibia sowie die Möglichkeit, GPS-Geräte zu mieten gibt es un-ter www.dt800.de.

Eine Tour durchs Kaokoveld ist eher für erfahrene Offroad-Fahrer geeignet

Gesundheitshinweise
Malaria-Prophylaxe vor allem am Kunene, ebenso Wasserentkeimung

Reisezeit/Wetter
Auf jeden Fall sind die trockenen und kühleren Monate zwischen April und September vorzuziehen. Vorsicht: Wenn es eine starke sommerliche Regenzeit gab, können viele Wege noch

---

Folgen des wachsenden Individualtourismus im Kaokoveld

Der Individualreisende übersieht oft, dass es auch auf den „normalen" Routen Namibias sehr viel zu sehen und zu erleben gibt, weshalb er das vermeintlich Normale gegen das Extreme meint umtauschen zu müssen. Was manche Offroad-Fahrer nur am Rande interessiert, ist der Schaden, den sie anrichten. Problematisch sind u. a. die vielen zusätzlichen Fahrspuren durch vorher unberührtes Gebiet, die verschmutzten Lager, welche die „Naturliebhaber" hinterlassen, sowie die Störung des Wildes, vor allem in den Flussbetten. Auch im Umgang mit den einheimischen Himba fehlt es oft am nötigen Respekt und am Wissen über adäquate Verhaltensweisen. Wiederholt wurden – vor allem aus dem Ausland – Forderungen nach einer Regulierung des Tourismus im Kaokoveld, nach der Umwandlung des Gebietes in einen Park laut, die bei der namibischen Regierung allerdings bisher auf wenig positive Resonanz stießen.

schlimmer sein, als sie es üblicherweise sind! Selbst im „Winter" wird es tagsüber 30–35 Grad, die Temperaturen fallen aber nachts durchaus auf bis zu 5 Grad ab. Im Bereich der Hartmann-Berge und des westlichen Kunene-Tals kommt oft Küstennebel in den frühen Morgenstunden auf – die Temperaturen fallen dann entsprechend.

Fahrzeug- und Fahrhinweise

Fahrzeugauswahl: Sie sollten diese Strecke auf jeden Fall gemeinsam mit einem weiteren Fahrzeug fahren. Unabdingbar sind für die meisten Teile dieses Reisegebiets vierrad-angetriebene, „hochbeinige" und genügend stark motorisierte Fahrzeuge. Vergessen Sie nicht, beim Vermieter eine entsprechende Erlaubnis für das Befahren dieser einsamen Gegenden einzuholen. Ohne Allradantrieb können Sesfontein, Opuwo, Ruacana (aber nicht über die D 3700) und die Epupa Falls aufgesucht werden (hierbei am besten die Zufahrten über C 35, C 41, C 43 benutzen – die anderen Straßen sind für Normalfahrzeuge teilweise nicht geeignet). Trotzdem sollten auch diese Autos über eine möglichst hohe Bodenfreiheit verfügen. Für Individualtouristen, die sich mit ihrem Allradfahrzeug auf die sehr abgelegenen Strecken trauen, empfehlen wir, stets mit 2 oder 3 Fahrzeugen im Konvoi zu fahren, da man sich im Falle einer Panne oder eines Steckenbleibens gut gegenseitig helfen kann. Ebenso ist die Mitnahme eines Satelliten-Telefons ratsam.

Fahrzeugersatzteile:
Folgendes sollte unbedingt mitgenommen werden:
- Reserveöl (Inhalt der Ölwanne im Falle einer Beschädigung)
- Reservewasser in Kanistern
- Reifenreparatur-Mittel/allgemeine gute Klebemittel (2-Komponenten-Kleber)
- elektrische Luftpumpe
- Keilriemen
- Draht und diverse Schrauben unterschiedlicher Größe
- gut sortierte Werkzeugkiste
- Spaten und 2 starke, etwa 1,5–2 m lange Unterlegbohlen, um Vertiefungen zu über-brücken.

Fahrweise: müßig zu sagen: extrem vorsichtig, je schlechter die Strecke wird. In unebenem Gelände äußerst langsam fahren, damit der beladene Wagen nicht nachfedert und dadurch aufsetzt. Nichts ist schlimmer, als sich Unterbodenbeschädigungen einzuhandeln.

Reifen: Reifen werden aufgrund der z. T. sehr schlechten Wege mit spitzen Steinen extrem beansprucht. Anzuraten sind mindestens 2, besser 3 Ersatzreifen. Gehen Sie von vornherein davon aus, dass eine Reise ins Kaokoveld Reifengeld kosten wird – kein Vermieter wird sich wegen dort verschlissener Reifen auf eine Kulanz-Regelung einlassen. Ein Reifen kostet je nach Fahrzeugtyp ca. 1.000–1.500 N$.

Wege bzw. „Straßensystem": Verbleiben Sie stets auf klar erkennbaren Wegen und Pads. Abseits dieser Wege zu fahren bedeutet eine erhebliche und langfristige Beschädigung der Boden- und Pflanzendecke. Zum Skelettküstenpark hin gibt es Verbotsschilder für die Einfahrt („no entry"). Und lassen Sie sich nicht von offiziellen Straßennummern bluffen: In Wahrheit kann es sich um die miserabelste Strecke handeln!

 Tipp: Pannenhilfe im Kaokoveld

Falkenberg Garage, s. S. 390

In die Einsamkeit des Nordens sollte man am besten mit zwei Autos aufbrechen

Versorgung

Bitte denken Sie daran, dass Sie u. U. für längere Zeit völlig autark sein müssen. Entsprechende Wasser- und Lebensmittelvorräte sind unabdingbar, ebenso müssen Sie möglichst doppelt so viel Benzin mitführen wie Sie voraussichtlich tatsächlich benötigen. Auf tiefsandigen Strecken schnellt der Benzinverbrauch auf die doppelte normale Höhe an. Einkaufsgelegenheiten gibt es nur in Sesfontein, Opuwo und Ruacana. Benzin: Opuwo, Ruacana, Sesfontein.

Grundversorgung mit Wasser/Lebensmitteln:
in Opuwo, Ruacana, Oshakati, Ondangwa
Wasser: auch in Orupembe, Otjinende

Kommunikation

Unterwegs ist Kommunikation via Satelliten-Telefon möglich. Die privaten Camps am Kunene kommunizieren per Funk mit Swakopmund und Opuwo. Handy-Empfang gibt es in Epupa, Okongwati und Sesfontein.

Ärztliche Versorgung/Notfall

Eine **Ambulanz** und **Klinik** gibt es nur in Opuwo (☎ 065/273026).
Polizeistationen: Sesfontein ☎ 065/275515, Opuwo ☎ 065/273041, Ruacana ☎ 065/270089

Weitere Hinweise

Grasbrand: Im Sommer sind Teile der Fahrwege mit hohem Gras zugewachsen. Dieses Gras kann sich unter dem Motor, der Auspuffanlage sowie den Achsen festsetzen und durch die Hitze einen Brand verursachen.

Wasserstellen: *Für Tiere sind diese oft die einzige Möglichkeit im weiten Umkreis, um zu trinken. Wenn Sie zu nahe an diesen Stellen campieren, fühlen sich die Tiere gestört und trauen sich nicht heran. Wasser gibt es am Kunene, eine Wasserpumpe in Orupembe.*

Wildfährten: *Die Tiere folgen meistens den Flusstälern, die in der Regel ost-westwärts verlaufen. Sie sollten in diesen Tälern nicht mit dem Wagen fahren, weil die Tiere dann Angst bekommen und in Panik versuchen, steile Berghänge hinaufzurennen.*

Kulturelle Rücksicht:

- *„Verlassene" Himba-Hütten: Viele Kraals der nomadisierenden Himba wirken verlassen. In Wirklichkeit sind deren Besitzer einfach unterwegs. Der Anstand gebietet es, nicht hineinzugehen oder gar etwas als Souvenir mitzunehmen. Ebenso sollten Sie wissen, dass es ungeschriebenes Gesetz ist, nie zwischen Haupthütte und Heiliges Feuer zu treten.*

- *Fotografieren: Fotografieren Sie erst, wenn Sie mit den Menschen in Kontakt getreten sind. Eine Entlohnung mit Geld ist nicht ratsam, stattdessen können Sie sich erkenntlich zeigen, indem Sie Lebensmittel anbieten.*

Feuerstellen: *Nutzen Sie bereits vorhandene Feuerstellen und achten Sie peinlichst darauf, dass kein Buschfeuer entstehen kann.*

Müll: *Bitte hinterlassen Sie nirgends unverrottbaren Müll wie Dosen, Plastik etc. Nehmen Sie ihn bis zum nächsten großen Ort mit.*

Unterkunft

Man muss sich entlang der gesamten Strecke praktisch ausschließlich auf Camping ausrichten. Wildes Campieren ist noch überall erlaubt. Angelegte Campingplätze gehören im Kaokoveld oft den Communities oder kleinen Unternehmern. Solche Campingplätze liegen z. B. im Bereich Marienfluss-Tal/Kunene, Epupa Falls oder an der Strecke Swartbooisdrift – Ruacana.

In den Luxuscamps der Safari-Gesellschaften (z. B. Serra Cafema) sind Individualreisende nicht immer willkommen, meist ist eine Voranmeldung notwendig.

Sonst kann man praktisch überall am Ufer des Kunene (Vorsicht: Krokodile!) und im freien Gelände übernachten.

☞ Mögliche Streckenverläufe für Individualreisende

1. Route: Palmwag – Sesfontein – Opuwo – Epupa – Ruacana – Oshakati – Ondangwa – Etosha National Park (Eingang King Nehale Gate): ca. 970 km

2. Route: Palmwag – Sesfontein – Opuwo – Epupa – Ruacana zum Westteil des Etosha National Parks (Eingang Okaukuejo): ca. 1.140 km

3. Route: Palmwag – Sesfontein – Opuwo – Etanga – über van Zyl´s Pass oder wesentlich leichter (ca. 120 km länger) über den Otjihaa Pass nach Orupembe – weiter über Red Drum zum Marienfluss-Tal bis zum Kunene und zurück über Orupembe, Purros, Sesfontein nach Palmwag: ca. 960 km

Allgemeines zum Kaokoveld

*Unbe-
rührte
Land-
schaften*
Das Kaokoveld zählt zu den besonders **unberührten Landstrichen** in Namibia. Im Nordwesten des Landes gelegen und an den Kunene grenzend, ist dies das Gebiet der hererosprechenden Himba (s. S. 72). Im Westen schließt sich die unwirtliche Skelettküste an, seit jeher eine natürliche Barriere. Die Buchtenarmut und die sturmgepeitschte See hielten Eroberer fern, die zerklüftete Gebirgswelt tat ihr Übriges: kein Land für Eindringlinge! In dieser Abgeschiedenheit konnte sich das Volk der Himba zumindest teilweise seine ethnische Eigenart und Kultur bewahren.

Geografischer Überblick

Die Nordgrenze des Kaokovelds bildet der Kunene, die Westgrenze der Atlantik. Die Südgrenze war nie so eindeutig definiert, doch könnte man dafür in etwa den Ugab bestimmen. Im Osten ist eine Abgrenzung noch schwieriger, denn nur ganz allmählich fällt das Kaoko-Kalk-Plateau zur Hochfläche des Ovambo-Landes ab.

Im Zuge des Odendaal-Planes, dem Ergebnis der räumlichen Apartheidpolitik Südafrikas, wurde als Kaokoveld ein Gebiet der **Größe von ca. 50.000 km²** definiert. Kein sehr großes Gebiet im Vergleich zum ehemaligen Lebensraum der Himba. Dies war die Folge der sich immer weiter von Südosten nach Nordwesten verschiebenden Farmgrenze. Schon in der deutschen Kolonialzeit wurden Farmen weit ins Kaokoveld hinein etabliert, aber später wieder aufgegeben (so z. B. Khairos oder Groß-Omaruru). Das Gebiet um Kamanjab allerdings wurde fester Bestandteil der Farmzone.

Unberührte Landschaft am Kunene

Insgesamt betrachtet, ist das Kaokoveld sehr bergig. **Drei Gebirgszüge** erheben sich: der **Ehombo**, die **Zebraberge** und das große **Baynes-Gebirge**. Der Name stammt von dem Engländer Baynes, der um die Jahrhundertwende das Gebiet bereiste.

Neben dem Oranje und dem Kavango ist der einzige ganzjährig wasserführende Fluss der **Kunene**. Alle anderen Flüsse des Kaokovelds sind nur periodisch fließende Flüsse. Nur in starken Regenzeiten führen sie Wasser. Ihre Mündungen sind stark versandet, manchmal kann sie nur das geübte Auge identifizieren. Den meisten Regenfall erhalten die nördlichen und nordöstlichen Teile, während die südlichen und westlichen Teile extrem niederschlagsarm sind. Entlang der Kaokoveld-Küste bestimmt der kalte Benguela-Strom das Wetter.

Zu Beginn des 20. Jahrhunderts war das Kaokoveld noch ein wildreiches Gebiet. Neben den kleineren Antilopenarten, wie Springbock, Stein- und Gemsbock, gab es auch Kudus, Löwen, Nashörner und Elefanten. Dieser Wildreichtum lockte Jäger an, die den Tierbestand stark dezimierten. Heute erholen sich dank konsequenter Bekämpfung der Wilderei die Bestände langsam wieder.

Tierbestand erholt sich langsam wieder

(▶ Karte S. 418/419)

Tierreichtum im Kaokoveld

Berühmt sind die **Wüstenelefanten** im Kaokoveld, die man schon im Damaraland antrifft. Sie haben sich an die extremen Lebensbedingungen in dieser Landschaft angepasst. Sie kennen sich im Gelände bestens aus und wissen, wo es die begrenzten Wasser- und Nahrungsvorräte gibt. In der Trockenzeit graben sie tiefe Löcher in den trockenen Flussläufen: Hier sammelt sich dann genügend Wasser, das auch für die anderen Tiere überlebenswichtig ist. Im Unterschied zu „normalen" Elefanten, die etwa 10 km am Tage zurücklegen, können Wüstenelefanten Strecken von 50–80 km zurücklegen und tagelang ohne Wasser auskommen. Man schätzt ihre Zahl auf 500–800. Selbst die Oryx-Antilope kann längere Trockenzeiten nicht so gut wie der Wüstenelefant überleben.

Angepasst an die extremen Lebensbedingungen

Unterwegs wird man immer wieder Oryx-Antilopen, Springböcken und manchmal Giraffen begegnen, die gerne in akazienbestandenen Flusstälern leben.

Es gibt Pläne, das Kaokoveld zu einem Naturschutzgebiet zu deklarieren, das vom Hoanib-Fluss im Süden bis zum Kunene reichen soll. Im Osten ist die Grenze entlang der Randstufe geplant, die westliche Grenze soll dann der Skeleton Coast National Park bilden.

Routen im Kaokoveld

Route 1: Palmwag – Sesfontein – Opuwo – Epupa – Ruacana – Ondangwa – Etosha National Park

Von Palmwag aus geht es auf der C 43 in Richtung Sesfontein. Die herrliche Tafelberglandschaft führt zunächst nach Khowarib. Von hier geht es in nördlicher Richtung nach

Thermal- Warmquelle. Hier gibt es Thermalquellen. Über Sesfontein gelangt man auf der C 43
quellen in nach Opuwo. Diese Straße ist in relativ gutem Zustand und führt auf und ab. Es ist ei-
bizarrer ne **wilde Landschaft voll bizarrer Schönheit**: Tafelberge und Kegelberge wechseln
Landschaft einander ab, die Bergmassive bestehen zumeist aus uralten Graniten, Schiefern, Quar-
ziten und den jüngeren Sandsteinen. Parallel zu den wechselnden Gesteinsfarben wechselt die Farbe der Pad, die mal grau, mal weiß ist, um später in Rot oder Violett zu
wechseln.
(▶ *Karte S. 418/419*)

info

Wüstenelefanten im Hoanib-Tal

Hier ist es schon oft zu Unfällen gekommen. Das Trockenrivier mit seinen engen Schluchten ist
ein Zufluchtsgebiet für die Tiere. Sie können, da es keine Ausweichmöglichkeit gibt, leicht in Panik geraten und sehr aggressiv werden.

Wenn Sie trotzdem hineinfahren möchten (Konzessionsgebiet von Palmwag, Permit notwendig!),
dann lassen Sie einen großen Abstand zu den Tieren. Auch mit dem Allradwagen kann man aufgrund des tiefen Sandes nicht schnell „abhauen", wenn der Abstand nicht stimmt. Einige Tou-
ristenautos wurden in den vergangenen Jahren hier von Elefanten zerstört. Und noch ein Rat:
Nicht aussteigen!

Opuwo

Verwal- Opuwo ist das Verwaltungszentrum der Region Kunene und hat knapp 5.000 Einwoh-
tungs- ner. Hier leben vor allem Himba und Herero, die schon an ihrer traditionellen Tracht
zentrum zu erkennen sind. Opuwo ist der zentrale Versorgungsort für die einsame Umgebung:
der Region Es gibt hier ein Krankenhaus, eine Polizeistation, zwei Supermärkte und zwei Tankstellen. Auffallend sind die vielen einfachen einheimischen Kneipen („shebeens"). Man sollte nicht diese letzte Gelegenheit versäumen, hier die Vorräte für die Fahrt nach Norden aufzufüllen.

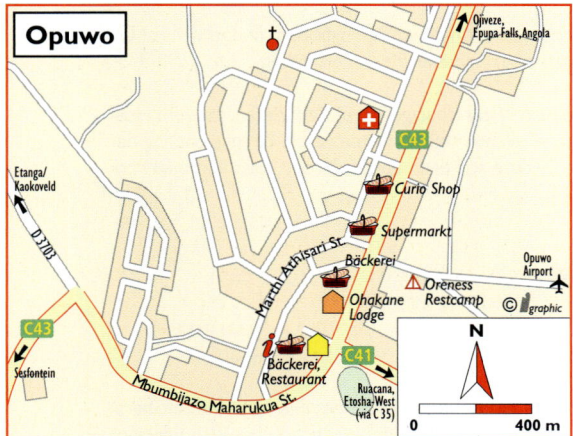

Wirtschaftlich betrachtet,
geht es den etwa 30.000
Menschen, die in dem sehr
weiten und kargen Umland
leben, nicht gut. Sie verfügen
kaum über Möglichkeiten,
ihre landwirtschaftlichen Erzeugnisse im Süden des Landes zu verkaufen, da die
Verkehrsanbindungen sehr
schlecht sind. Bis zur Unabhängigkeit galt die südafrikanische Armee als zuverlässi-
ger Arbeitgeber. Das Kao-
koveld war damals ein stra-
tegisch wichtiges Gebiet,

galt es doch, durchsickernde Befreiungskämpfer schon im Vorfeld des „weißen" Nami- *Schlechte*
bia aufzugreifen. Nach dem Abzug des Militärs konnte Namibia diese Arbeitsplätze bis- *Verkehrs-*
lang nicht ersetzen. *anbindung*

Reisepraktische Informationen Opuwo und Umgebung

Vorwahl: 065

ℹ️ Informationen
Kaoko Info Center *(Kreuzung Muharuku Ave./C 41, in der Nähe des Restaurants Oreness.),* ☎ *065/273420, www.kaokoinformationcenter.com. Informationen über das Kaokoveld-Gebiet sowie Vermittlung von Touren in Himba- und Herero-Dörfer, unbedingt daran teilnehmen (sehr engagierte, kundige einheimische Führer, die Sie in Ihrem eigenen Auto begleiten können), geöffnet täglich 8–17 Uhr.*

🛏️ Unterkunft (▶ *Karte S. 426 bzw. 418/419*)
Opuwo Country Hotel $$ (7), *Buchung über* ☎ *061/374750, opuwo@ncl. com.na, www.namibialodges.com, ab ca. 660 N$ p. P. mit Frühstück, Zelten 89 N$ p. P. Lage: 3 km außerhalb nordwestlich gelegen, Ausschilderung. Beschreibung: moderne Lodge mit schöner Aussicht, guter Verpflegung und engagiertem Personal, Swimmingpool. Für Camper stehen saubere, gepflegte Plätze zur Verfügung. (S. Hinweis S. 380 zu Namibia Country Lodges)*
Ohakane Lodge $–$$ (6), *Marthis Athisari St., Opuwo,* ☎ *065/273031, ohakane@ iway.na, ca. 500 N$ p. P. mit Frühstück. Lage: in der Ortsmitte von Opuwo gelegen. Beschreibung: klimatisierte Zimmer mit Dusche/WC, geschmackvoll eingerichtet, Vollpension & Barservice, Schwimmbad. Vom Ort sehr abgeschirmt. Geführte Touren zu den Himba werden angeboten. 5 km östlich von Opuwo an der C 41 liegt das* **Mopane Camp (4)** *(Zeltlodge, kein Camping; Kontakt über Ohakane Lodge). Alles hier ist sehr „basic", doch besonders am Abend am Lagerfeuer fühlt man sich „richtig in Afrika".*
Außerhalb Opuwos
Camp Aussicht $$ (3), ☎ *067/313751,* ☎ *061/234342, eden@mweb.com.na, www. campaussicht.com. ca. 90 N$ Camping, ca. 560 N$ p. P. Übernachtung im Haus mit Frühstück und Abendessen. Lage: 70 km südlich (C 43) von Opuwo auf der halben Strecke von Sesfontein nach Opuwo, Stichstrecke etwa 5 km. Beschreibung: Auf einem Aussichtsberg mit 360-Grad-Rundumsicht gibt es 5 Stellplätze für Camper, im Hauptgebäude 4 einfache Gästezimmer. Es handelt sich um eine Dioptaz-Mine, ein Eldorado für Mineralogen. Lunch und Dinner werden vom Chef und Minenbesitzer Marius Steiner zubereitet, Selbstversorgung möglich. Gute Wandermöglichkeiten, Vogelbeobachtung, Fahrten zu Himba.*
Kunene Village Restcamp $ (8), ☎ *065/273043, ca. 70 N$ p. P. Camping, ca. 250 N$ p. P. Bungalows. Lage: 4 km westlich von Opuwo, Anfahrt über D 3703 nach Etanga. Beschreibung: einfaches Camp auf Graswiese, Waschhaus mit Toiletten/Duschen, fließendes Wasser an jedem Stellplatz, kleine Erfrischungsbar. Es werden auch kleine Bungalows mit eigener Dusche/WC, allerdings ohne Bettwäsche vermietet. Aktivitäten: Wandern am Fluss und in den benachbarten Hügeln.*

⚠️ Camping
Oreness Restcamp $ (5), ☎ *065/273572, www.orenessrestcamp.com. Ca. 65 N$ p. P., Bungalows ab 165 N$ p. P. Lage: gegenüber der Shell-Tankstelle nach rechts abbiegen,*

dann nochmals 350 m. Beschreibung: kleiner Campingplatz, Grasflächen, seit kurzem unter Himba-Leitung, sehr freundliches Personal.

**Ovahimba Village and Camping of Kaokoveld $**, ca. 70 N$. Lage: von der C 41 in die Muharuku Ave., 3 km (Ausschilderung). Beschreibung: in einem kleinen Tal außerhalb der Stadt gelegen mit Grillmöglichkeit, Bar und sanitären Einrichtungen, sehr einfach.

Restaurants
In der **Ohakane Lodge** oder im **Kunene Craft Café** (im Kunene Craft Center). **Oreness Restaurant** (Ecke C 41/Muharuru Ave.): Hier Seafood, Steaks, Omeletts (geöffnet täglich 8.30–22 Uhr).

Arzt/Ambulanz
☎ 273026

Epupa Falls und Ruacana

Traditio-nelles Siedlungs-land der Herero

Sie können von Opuwo die Fahrt nun weiterführen zu den Epupa Falls am Kunene, die C 43 ist ohne Probleme mit einem Allradfahrzeug zu befahren, mit Vorsicht auch außerhalb der Regenzeit mit einem hochbeinigen Pkw. Es geht durch die kleinen Ansiedlungen Otjiveze und Otjijanjasemo. Hier ist traditionelles Siedlungsland der Herero, die man immer wieder antrifft. Die Epupa Falls (ca. 40 m) sind sehr beeindruckend, der Kunene fließt durch eine Felsenge und über wilde Stromschnellen nach Westen. Nach dem Erlebnis einer trockenen Landschaft erscheint das Kunene-Tal wie eine Oase: Vom Berg aus schaut man auf eine mehr als üppige Vegetation, wobei besonders die Makalani-Palmen und Baobabs malerisch wirken. Doch Vorsicht beim Baden: Der Kunene ist der Lebensraum von Krokodilen. Oberhalb der Fälle gibt es einige „meist krokodilfreie“ Badepools. In dieser Landschaft kann man gut einige Tage verweilen!

Krokos!

Spezieller Hinweis
Von Epupa Falls führt die Pad 3700 zu den ca. 95 km entfernten Ruacana Falls. Doch diese Pad ist teilweise außerordentlich schwer zu befahren, obwohl sie so schön eingezeichnet ist. Es geht über z. T. schier unüberwindbares Geröll, die Seitenneigung ist manchmal kritisch. Also Finger weg davon. Selbst wenn man durchkommt, benötigt man 10–12 Stunden Fahrzeit! Landschaftlich ist es aber wunderschön.

Alternative
Einfacher ist die Fahrt nach Ruacana über die Pad 3701, die von der C 43 abgeht und in die in die Pad D 3700 mündet (relativ gute Weiterfahrt bis Ruacana – sehr holprige Piste, später vor Ruacana sogar geteert). Die Strecke von Swartbooisdrift nach Ruacana, knappe 70 km lang, bietet tolle Landschaftsszenerien.

info

Was ist Sodalit?

Sodalit tritt in der Mine bei Epembe (s. S. 429) als ein attraktiv gemasertes bläuliches Gestein in Erscheinung. Es gehört zur Gruppe der Alumosilicate. Wenn es rein ist, gilt das Gestein als Halbedelstein. Sonst – bei starken Maserungen – gebraucht man es zur Innenausstattung. Seit 1964 baut man das Gestein hier ab, um es zu Fliesen zu verarbeiten. Auch Bildhauer lieben den Stein.

Ruacana erreicht man, wie schon gesagt, von Epupa Falls aus am besten über die Pad 3701. Hier kommt man bei Epembe an der Sodalit-Mine vorbei und kann bei Interesse sogar die Mine besichtigen.

An den **Ruacana-Fällen** liegt das größte Hydro-Elektrizitätswerk Namibias. Es wurde 1970 gemeinsam von Südafrika und Angola (damals noch portugiesisch) erbaut. Durch den Neubau eines zweiten Kraftwerks wurde die Landschaft vollends verschandelt. Nur noch bei absolutem Hochwasser stürzt der Kunene etwa 125 m in die Tiefe, aber auch das nur noch 2-mal täglich – ansonsten treiben die Wassermassen Turbinen an. Insgesamt sind also die Ruacana-Fälle kein lohnendes Ziel für den Reisenden.

Die Ruacana-Fälle liegen genau im Grenzbereich Namibia – Angola. Man passiert einen Schlagbaum und darf die Fälle ohne bürokratische Formalitäten besuchen. Achtung: Aufgrund des Rückstaus fließen die Fälle nur gegen 9 und 16 Uhr.

Eine Oase im trockenen Namibia: Epupa Falls

Reisepraktische Informationen Epupa Falls / Ruacana

Bereich Epupa Falls

🛏 **Unterkunft** (▶ *Karte S. 418/419*)
Kapika Waterfall Camp $$$$$ (17), ☎ *064/461677, www.kapikafalls.com. 2.200 N$/DZ mit Halbpension, Camping 90 N$ p. P. Lage: direkt am Kunene, Anfahrt über die C 43. Beschreibung: 10 großzügige Chalets mit eigenem Bad und Veranda mit Blick auf den Kunene. Tolle Vogelbeobachtungsmöglichkeiten. Himba-Touren werden angeboten.*
Epupa Camp $$$$ (18), *Buchung: ☎ 061/232740, reservations@epupa.com.na, Camp direkt: ☎ 065/685053, www.epupa.com.na. Ca. 1.600 N$ p. P. mit Vollpension und Aktivitäten. Lage: Die Lodge liegt ca. 1 km östlich von Epupa, umgeben von Palmen und Affenbrotbäumen. Beschreibung: Es stehen 9 voll eingerichtete Luxuszelte mit je eigenem Bad zur Verfügung. Man nimmt die Mahlzeiten in einer Dining Area mit Blick auf den Kunene ein.*
Omarunga Camp $$$ (19), ☎ *064/403096, camtrav@iafrica.com.na, www.natron.net/ omarunga-camp, Buchung auch über Eden Travel: ☎ 061/234342. 1.108 N$ p. P./DZ mit Halbpension, Camping 100 N$ p. P. Lage: direkt am Kunene gelegen, Anfahrt über C 43/*

D 3700 (kein Allrad nötig), direkt in Epupa. Beschreibung: im Schatten von Makalani-Palmen gelegen, in Fußweite der Epupa-Fälle mit Blick auf die angolanischen Berge. Es stehen 13 eingerichtete Bungalows zur Verfügung, aber auch Camper sind willkommen. Aktivitäten: Schlauchbootfahrten, Besuch von Himba, gute Vogelbeobachtungsmöglichkeiten. Schwimmen im angeblich krokodilfreien Pool oberhalb der Wasserfälle.

Epupa Falls Camping $ (16), *keine Reservierung nötig, ca. 70 N$. Lage: direkt bei Epupa Falls am Ufer. Beschreibung: Die Plätze sind idyllisch (Palmen).*

📢 Hinweis
In der Hochsaison zwischen Juli und Oktober sind diese Campingplätze äußerst stark besucht!

Bereich Ruacana

📢 Versorgung
In Ruacana gibt es einen kleinen Supermarkt und eine BP-Tankstelle, wo im Quick Shop Campingbedarf angeboten wird.

🛏 Unterkunft (▶ Karte S. 418/419)
Kunene River Lodge $$$ (12), ① 065/274300, www.kuneneriverlodge.com, Buchung: ① 061/224712, kunene@resdest.com. 956 N$ p. P./DZ mit Halbpension, Rustic Chalet: 720 N$ p. P./DZ mit Halbpension. Camping ca. 120 N$ p. P. Lage: 50 km westlich der Ruacana Falls und 100 km östlich der Epupa Falls. Anreise über Ruacana in Richtung Swartbooisdrift oder über Opuwe-Otjiveze (D 3700 und 37001) – Allradfahrzeug nötig (vor allem auf dem Weg Ruacana/Epupa). Die Lodge liegt an der D 3700, 5 km östlich von Swartbooisdrift. Beschreibung: einfache Bungalows, Campingplätze, Restaurant, Bar, Pool. Aktivitäten: White Water Rafting, Vogelbeobachtungen, Kanufahrten, Wandern, Mountain Bikes. Quadbike-Touren (4-Rad-angetriebene Motorräder) in die Zebra Mountains, Sundownerfahrten auf dem Kunene.

Ruacana Eha Lodge $$ (9), ① 065/271500, www.ruacanaehalodge.com.na, www.namibia reservations.com/ruacanaehalodgee.html. DZ ca. 1.075 N$. Lage: C46 von Oshakati (Springbok Avenue), 20 km von den Ruacana-Fällen. Beschreibung: Die Lodge hat 22 Zimmer (ein Familienzimmer und 21 Zweibett-Zimmer). Jedes Zimmer verfügt über ein en-suite-Badezimmer und Klimaanlage. Zur sportlichen Betätigung stehen ein Schwimmbad, Fitness Center, eine Squash-Halle und ein Volleyballfeld zur Verfügung. Außerdem gibt es 15 Campingplätze und 6 traditionelle Hütten. Jeder Platz hat einen Braaiplatz mit Elektrizität, die Badezimmer haben heißes Wasser. Folgende Aktivitäten werden angeboten: Besuch eines Himbadorfes, der Ruacanafälle und des Hydroelektrischen Kraftwerks, Fahrt nach Witsand, geführte Wanderung nach Rock Pool, Sundownerfahrten. Achtung: Der Kunene wird zur Stromgewinnung genutzt. Daher sind die Ruacanafälle nur bei Hochwasser spektakulär, d. h. wenn es viel geregnet hat und das Kraftwerk seine Schleusen öffnet. Am besten vorher bei der Lodge nachfragen.

Hippo Pools Campsite $ (10), *keine Anmeldung nötig. Lage: 37 km westlich Ruacana am Ufer des Kunene gelegen (Kreuzung DR 3700/C46), Anreise über C 46, vom Ende der Teerstraße ca. 1 km zum Hippo Pool. Beschreibung: sehr einfaches Camp unter großen Bäumen, warme Duschen, Grillplätze. Nahe den Ruacana-Wasserfällen (10 Min. Autofahrt), sauber.*

Okapuka Camp $ (11), *keine Anmeldung nötig. Lage: an der D 3700, etwa 45 km westlich Ruacana. Beschreibung: einfaches, aber sauberes Camp, das direkt am Kunene liegt. Sogar Warmwasser-Dusche vorhanden.*

Weiterfahrt von Ruacana durch das Land der Ovambo in den Ostteil des Etosha National Parks

Strecke Ruacana – Oshakati – Ondangwa – Nordeingang Etosha National-park (= King Nehale Gate) – Rastlager Namutoni (ca. 380 km, Teerstraße, gute Schotterstraße im Park-Gebiet)

☞ Tipp/Warnung

an alle, die von Oshakati über die C 45 südlich der angolanischen Grenze nach Rundu/Caprivistreifen fahren wollen: Auf dieser Straße ist es in der vergangenen Zeit immer wieder zu Überfällen gekommen. Insbesondere in der Umgebung von Nkurenkuru ist es gefährlich. Also lieber per B 1, C 42 und B 8 nach Rundu bzw. in den Caprivi fahren.

Die Strecke nach Süden – zunächst durch eine Mopane-Savanne führend – wird entlang der C 46 zunehmend flach, fast baumlos und erscheint eher monoton. Kaum vorstellbar, dass die ersten Reisenden im vergangenen Jahrhundert hier noch Wälder antrafen, die in der Zwischenzeit dem Bevölkerungsdruck weichen mussten. Die Landschaft ist von vielen kleinen Wasserläufen durchsetzt, die Menschen leben deshalb auch vom Fischen. Auf kleinen Flächen werden Mais und Hirse angebaut, ein Dorf drängt sich neben dem anderen.

Etwa 38 km westlich von Ruacana liegt im Süden der Olusati-Damm. Später bei Outapi können Sie den Ombalantu Baobab besichtigen. Dieser Affenbrotbaum ist ausgehöhlt und diente mal als Gefängnis, mal als Post und mal als Kirche.

Das frühere Ovamboland heute

In der Apartheidzeit hieß dieses Gebiet „Ovambo-Land", benannt nach dem bevölkerungsreichsten Stamm Namibias. Heute umfasst das Gebiet die Regionen Oshana, Omusati, Oshikoto und Ohangwena (deshalb auch als „Four O"-Region bezeichnet). Dieses *Four „O"-* Gebiet ist mit über 800.000 Einwohnern das bevölkerungsreichste Namibias, denn etwa 45 % der Gesamtbevölkerung leben hier. Im Gegensatz dazu stehen die einsamen Landschaften anderer Teile Namibias. In der Zeit des Unabhängigkeitskampfes tobten hier die Kämpfe zwischen der Befreiungsorganisation SWAPO und der südafrikanischen Armee. Touristisch spielt das Gebiet bis heute praktisch keine Rolle, da es hier keine entsprechende Infrastruktur gibt.

Die Bevölkerung lebt von der Landwirtschaft: Es werden Hirse sowie verschiedene Gemüsearten angebaut. Außerdem wird Rinderzucht betrieben. Die Landschaft macht einen ruhigen Eindruck: Flache Wasserläufe, kleine Seen und Tümpel sind vor allem in der Regenzeit gefüllt. Das Ovamboland ist an sich ein Überschwemmungsgebiet des Kuvelai, der von Norden nach Süden fließt und Wasser bis nach Etosha führen kann. Die Gehöfte der Bevölkerung liegen deshalb auf kleinen Erhöhungen wie auf kleinen Inseln zwischen dem Netzwerk flacher „oshonas", wie man die periodischen Wasserläufe nennt. Dort, wo Wasser fehlt, wird das Land wüstenähnlich, denn die sandigen Böden sind Ausläufer der Kalahari.

Das Bild weiter Landschaftsteile ist bestimmt durch flache, sandige Ebenen, auf denen *Flache Savannen-* Makalani-Palmen wachsen. Die Landschaften sind eben und von typischer Savannen- *landschaft*

Dicht bevölkerte Region im Norden

vegetation beherrscht. Die größten Städte sind Oshakati (Handelszentrum), Ondangwa (Verwaltungszentrum) sowie Ongwediva (Ausbildungszentrum).

Oshakati

Der erste große Ort ist **Oshakati** mit fast 40.000 Einwohnern, Sitz der Bezirksregie-
rung von Oshana. Sicherlich ist auch Oshakati kein „schöner" Ort, doch dokumentiert
Schlechte er die historisch-politischen Wirren der Vergangenheit: Um Oshakati gibt es ungeplan-
Infra- te Siedlungen der Hinzugezogenen, dann wieder Prestigeprojekte, dazwischen Siedlun-
struktur gen westlicher Bauart. Alles passt nicht so recht zueinander, und die Infrastruktur ist
entsprechend: Auch Jahrzehnte nach der Unabhängigkeit mangelt es an Schulen, an Arbeitsplätzen, an einer ordentlichen Wasser- und Stromversorgung.

Der Nachholbedarf dieses Teils von Namibia wird hier offensichtlich. Originäre Kultur
gibt es hier kaum. Nur die kleinen Garküchen, Cuca shops genannt, bringen etwas traditionelle Atmosphäre. Interessant ist hier lediglich der lebendige Markt (bitte lassen
Sie aber Ihren Wagen nicht aus den Augen!).

Ondangwa

Später erreicht man **Ondangwa** (10.000 Einwohner). Das Städtchen zeigt quirliges afrikanisches Leben. Es gibt hier einen Marktplatz, viele Garküchen, aber auch moderne
Einkaufsmöglichkeiten mit Supermärkten. Und natürlich gibt es Tankstellen.

Nakambale Museum und Restcamp (Olukonda)

Anfahrt: 8 km südlich von Ondangwa biegen Sie von der B 1 in die D 3629 nach rechts ab. Nach ca. 5 km liegt Olukonda links, etwa 500 m von der Kreuzung entfernt. In Olukonda befinden sich das Museum und das Restcamp.

Namibisches Nationaldenkmal

Olukonda wurde 1871 als finnische Missionsstation gegründet, heute wird sie von der Evangelical Lutheran Church of Namibia geleitet. Die Missionskirche, 1893 als einfache strohgedeckte Kirche erbaut, ist seit 1995 ein namibisches Nationaldenkmal. Regelmäßig werden hier noch immer Gottesdienste abgehalten. Im Missionshaus ist heute das Museum untergebracht, das die Kultur der Ovambo und die Geschichte der finnischen Missionare thematisiert.

 Streckenhinweis

Von Ondangwa sind es über die B 1/C 38 nur noch 180 km (Teerstraße/gute Schotterstraße) zum Etosha National Park/Eingang King Nehale Gate – noch etwa 50 km bis zum Rastlager Namutoni).

Reisepraktische Informationen Oshakati und Ondangwa

Vorwahl 065

 Unterkunft

**Oshandira Lodge $$**, ☏ 065/220443, oshandira@iway.na, ca. 600 N$ p. P. im Doppelzimmer mit Frühstück. Lage: neben dem Flughafen gelegen, 100 km vom King Nehale Gate (Etosha) entfernt. Beschreibung: 17 Doppelzimmer stehen zur Verfügung, großer Pool, à-la-carte-Restaurant (sehr beliebt bei Einheimischen), sicheres Parken.

**Santorini Inn $$**, ☏ 065/220457, 🖨 065/220506, ca. 550 N$ p. P. im Doppelzimmer mit Frühstück. Lage: Main Road. Beschreibung: 23 Doppelzimmer mit Bad, Restaurant, auch Chalets für Selbstversorger vorhanden.

**Oshakati Country Hotel $$**, ☏ 065/222380, res.och@united.com.na. Ca. 580 N$ p. P. im DZ mit Frühstück. Lage: Robert Mugabe Avenue, Zentrum. Beschreibung: 50 klimatisierte Zimmer, à-la-carte-Restaurant, schöner Pool.

**Oshakati Guest House (Backpacker) $**, ☏ 065/224659, reservations@oshakatiguest house.com, www.oshakatiguesthouse.com. Ca. 400 N$ p. P., mit Restaurant. Lage: im Ort, 917 Leo Shoopala St. Beschreibung: 22 einfache Zimmer.

 Arzt/Klinik

Dr. Stegmann, Medical Center Main Road, englischsprachiger Allgemeinmediziner, ☏ 220958

Oshakati State Hospital, ☏ 065/2233000

<u>*Bereich Ondangwa*</u>

Vorwahl 065

Unterkunft
**Ongula Traditional Homestead $$**, *Buchung über ☎ 061/250725, ongula@resdest.com, www.ongula.com, ca. 800 N$ p. P./DZ mit Dinner und Frühstück. Lage: nordöstlich von Ondangwa. Von der B 1 in Richtung Tsumeb nach ca. 8 km links in die M 121 abbiegen und bis zum Ende des geteerten Straßenabschnitts fahren. Auf der Schotterpiste weitere 6 km nach Nordosten, dann am Ongula-Schild links abbiegen. Nach 4 km erreichen Sie die Lodge. Beschreibung: Ein Aufenthalt in der Lodge – 4 traditionelle Rondavels für je 8 Gäste – ist eine gute Möglichkeit, die Kultur und den Alltag der Ovambo kennenzulernen. Besucher können beim Korbflechten, Töpfern und bei der Zubereitung traditioneller Speisen über offenem Feuer zusehen und mitmachen. Die Lodge bietet großzügige, schlicht und zweckmäßig eingerichtete Zimmer sowie gute Küche.*
**Protea Hotel Ondangwa $**, *Main Road, ☎ 065/241900, www.proteahotels.com, ca. 500 N$ p. P./DZ inkl. Frühstück. Lage: Ortszentrum. Beschreibung: sicherlich mehr ein Hotel für Geschäftsleute. 90 komfortable Zimmer, gutes Restaurant, Swimmingpool.*
**Ondangwa Rest Camp $**, *☎/🖷 065/240351, Camping ca. 60 N$, in bereits aufgestellten Zelten/Chalets 130–220 N$ p. P. Lage: Post Office Street, hinter der Shopping Mall. Beschreibung: wenig attraktiv, aber zentral mit Restaurant und Bar.*
**Nakambale Museum Rest Camp $**, *Camping ca. 50 N$ p. P., Hütte ab 70 N$, Lage: 13 km südwestlich Ondangwa an der D 3629 gelegen. In Olukonda befinden sich Museum und Camp. Hier im Museum können Sie sich über das Leben der Ovambo sowie die Geschichte der ehemaligen finnischen Mission informieren. Beschreibung: Das Camp liegt in der Nähe des traditionellen Dorfes, Unterkunft kann auch in traditionellen Hütten gewährt werden. Saubere Duschanlagen und Toiletten. Sehr ländliche Umgebung.*

Krankenhaus/Ambulanz
☎ 240305, 5 km nördlich von der Main Road an der D 3622 gelegen

Post
Post Office Street

Weiterfahrt von Ruacana zum Westteil des Etosha National Parks

Strecke von Ruacana über die C 35 nach Kamanjab, dann C 40 nach Outjo, dann C 38 nach Okaukuejo (= westliches Camp vom Etosha National Park) – Gesamtstrecke: ca. 560 km – alles Asphalt (kilometermäßig, aber nicht zeitmäßig, kann man die Strecke ab südlich Kamanjab abkürzen, indem man die Pad 3248 und 2695 benutzt, die 29 km südlich des Etosha Parks auf die C 38 stößt (knapp 470 km). Diese Verbindung führt an den Westteil des Etosha National Parks. Leider ist das Galton Gate am Eingang Otjovasando für den normalen Touristen gesperrt. Hier dürfen nur spezielle namibische Safari-Veranstalter und Gäste des Dolomite Camps mit Reservierung durch. Der Individualreisende muss bei Okaukuejo einreisen.

Da die Entfernung von Ruacana doch sehr groß ist, empfiehlt sich eine Übernachtung in einer der schönen Gästefarmen oder Lodges im **Bereich Kamanjab** (s. S. 388).

Route 2: Opuwo – Etanga – über van Zyl's Pass oder wesentlich leichter über den Otjihaa Pass nach Orupembe – weiter über Red Drum zum Marienfluss-Tal bis zum Kunene

Diese Route führt durch extrem einsame Gebiete. Auf keinen Fall ist der Weg von Opuwo über Okongwati – Etengwa – Otjitanda zu empfehlen, der Wegzustand ist manchmal wirklich äußerst schlecht. Auch ist die Strecke von Opuwo nach Okongwati vor allem in der Regenzeit aufgrund vieler zu kreuzender Riviere sehr problematisch. *Einsame Gebiete*

Der **van Zyl's Pass** ist eine extreme Herausforderung für jeden Allradfahrer. Die Passhöhe beträgt 1323 m, das Marienfluss-Tal liegt ca. 550 m über dem Meeresspiegel. Er kann nur von Osten nach Westen befahren werden. Die umgekehrte Fahrt ist einfach unmöglich und lebensgefährlich, da es über (etwa 40–50 cm hohe) Steinstufen geht. Wir raten allen ab, sich diesen Stress anzutun. Die Anforderungen an Fahrer und Fahrzeug sind enorm. Wer sich das trotzdem zutraut, sollte mit Beschädigungen an Achsen, Stoßdämpfern, Kardanwellen und Reifen rechnen – auf keinen Fall mit Hilfe! Viele Steine stehen steil und spitz nach oben, sodass man leicht Löcher in die Karkassen reißt. Gehen Sie davon aus, dass Sie 1–2 Reifen verbrauchen werden. *Keine Hilfe zu erwarten*

Dieser Bergpass wurde eigentlich nie als öffentlicher Weg gebaut, sondern von dem südafrikanischen Beamten Ben van Zyl errichtet, der während der südafrikanischen Admi-

Nicht jedermanns Sache: Überquerung des van Zyl's Pass

nistrationszeit das Gebiet des Marienflusses kontrollieren musste. Er baute ihn zusammen mit Einheimischen, um sich den Umweg über Orupembe zu ersparen. Von der Passhöhe können die erfolgreichen Wagemutigen einen Blick auf das Marienfluss-Tal genießen.

Zum Marienfluss-Tal und Kunene

Den Umweg über Orupembe sollten Sie wählen, um relativ stressfrei über das Tal des **Marienflusses** zum Kunene zu gelangen. Der harmlosere Otjihaa Pass führt nördlich von Orupembe zur Weggabelung „Red Drum" (hier steht wirklich eine rote Tonne, die als Wegzeichen gilt). Und von hier aus sind es etwa 100–110 km bis zum Kunene! Die Pad im Marienfluss-Tal ist einfach zu befahren, man gleitet durch wehende Grasland-

Mächtige schaften, auf denen man ab und zu Springböcke, Oryxe und Strauße sieht. Dieses 10–
Gebirgs- 15 km breite Tal ist von mächtigen Gebirgsketten (den Otjihipa Mountains im Osten
ketten und den Hartmann Mountains im Westen) flankiert. Fahren Sie bitte nicht vom Weg ab ins trockene Gras – es könnte sich aufgrund der heißen Auspuffanlage leicht entzünden. Und wenn Sie endlich am Kunene ankommen, dann erreichen Sie die **Okarohombo Campsite** inmitten eines traditionellen Siedlungsgebiets der Himba.

Fairy Circles im Marienfluss-Tal

Im Marienfluss-Tal, aber auch in den südlichen Gebieten der Namib (Gebiet Wolwedans – Sossusvlei Mountain Lodge) trifft man folgendes Phänomen an: In den Grasflächen gibt es runde bis ovale, im Durchmesser 2–5 m große vegetationslose Flächen. Von einem Berg aus mit einiger Fantasie betrachtet, muten diese seltsamen Erscheinungen an, als ob Außerirdische gelandet seien oder die Erde an diesen Stellen verseucht sei. Bislang konnte man das Phänomen nicht ganz erklären.

Folgende Theorien gibt es zur Existenz der sogenannten „Fairy Circles":
• Es handelt sich um Stellen, an denen einst Euphorbien (Wolfsmilchgewächse) standen, die abgestorben sind und den Boden nachhaltig vergifteten. Dagegen spricht, dass Euphorbien eher selten auf sandigen Flächen leben. Fairy Circles findet man aber ausschließlich auf sandigen Flächen.
• Verursacher ist eine Termitenart, deren Verbreitungsgebiet von Äthiopien bis nach Südafrika reicht. Diese Termite bevorzugt niederschlagsarme Regionen. Sie vergräbt sich in tiefgründige Sandböden, wo Wasser sehr schnell versickert und knabbert die Wurzeln der Gräser an, sodass diese von unten her absterben. Die Termiten leben in einer Tiefe von bis zu 8 m.
• Nach neuesten Untersuchungen könnten auch ganz bestimmte Gaszusammensetzungen in den Böden die Ursache der Kreise sein. Die Vegetation würde demnach u. a. durch Kohlenmonoxid, Erdgas und Schwefel massiv am Wachstum gehindert.

Rückweg vom Marienfluss-Tal nach Orupembe

Vom Marienfluss-Tal nimmt man die westliche Strecke über Red Drum nach Orupembe (= links/nach Süden abbiegen). Der Weg ist z. T. steinig, die Landschaft hügelig bis bergig – und einsam! Wagemutige verfolgen ab Orupembe in der Trockenzeit das Tal des Khumib und treffen nach ca. 70–80 km auf die Pad D 3707, die nach Purros führt.

Zum Hartmann-Tal und Kunene

Von Red Drum geht es ca. 26–27 km nach Westen, es gibt zwei Abzweigungen nach Süden. Sie nehmen die Abzweigung nach Norden. Eine relativ gute Wellblechpiste führt nach Norden ins Hartmann-Tal. Etwa 45 km nach der Abzweigung nach links, nach weiteren ca. 12 km noch einmal nach links. Nach weiteren ca. 15 km geht es rechts auf eine Spur. Dann steht man vor hohen Dünen, hinter denen der Kunene verborgen fließt. *Hohe* Diese Dünen hochzufahren ist sehr, sehr schwer, im Übrigen ist hier das Konzessions- *Dünen* gebiet der Firma Wilderness (Camp Serra Cafema). Suchen Sie hier eine Westumge- *verbergen* hung der Dünen, bis es schließlich nicht weitergeht. Erklimmt man die Dünen, wird man *den* mit einem tollen Blick auf die Oasenlandschaft des Kunene belohnt. *Kunene*

Rückweg vom Hartmann-Tal nach Orupembe

Ca. 80 km wieder zurück auf die „Red Drum"-Piste, nach 500 m nach Süden. Hier durchfahren Sie zwei Seitenriviere des Enogo-Flusses. Es zweigen ab und zu Pisten nach Westen ab. Diese darf man nicht befahren, da sie ins Konzessionsgebiet des Skeleton Coast Parks führen. Die Landschaft ist nun wieder sehr karg und nimmt den Charakter der Skeleton-Coast-Namib an, trotzdem entdeckt man ab und an Oryx-Antilopen und Springböcke, gelegentlich Strauße. Ca. 70 km von der Ausfahrt des Hartmann-Tals kommt man an eine Weggabelung: Nach links = Norden geht es nach Orupembe (weitere 2–3 km). Hier gibt es Wasser und einen einfachen, nicht eingerichteten Campingplatz.

Weiterfahrt nach Purros/Palmwag

Von Orupembe erreichen Sie nach ca. 110 km Purros. Auf den ersten 45 km folgt die Piste dem Gomadommi-Rivier. Knapp 30 km hinter Tomakas überquert man das Ganamub-Rivier. Es folgt nach wenigen Kilometern eine kleine Himbasiedlung. Sesfontein/Palmwag erreicht man nun auf relativ gutem Wege (trotzdem 4 x 4) über die D 3707 und C 43.

Reisepraktische Informationen Hartmann-Tal, Kunene, Marienfluss-Tal, Orupembe, Purros

Bereich Sesfontein, s. S. 385

 Unterkunft (▶ *Karte S. 418/419*)
Bereich Hartmann-Tal/Kunene
Serra Cafema Camp $$$$$ (15), ☎ *0611/274500, www.wilderness-safaris.com, je nach Saison ca. 6.700–9.600 N$ inkl. Vollpension und Aktivitäten. Lage: 65 km östlich der Kunefluss-Mündung, am Südufer des Kunene, 100 km nördlich Orupembe, Anfahrt über das Hartmann Valley. Beschreibung: komfortable, volleingerichtete Zelte (8) auf Pfählen unter schattigen Anabäumen. Sehr schön gelegen, ein Paradies für Naturliebhaber. Aktivitäten: Angeln, Wandern, Besuch von Ovahimba-Familien, tolle Vogelbeobachtungsmöglichkeiten, Bootsfahrten. Das Camp kann per Allradfahrzeug erreicht werden. Vorsicht: Das Camp liegt nur 65 km vom Meer*

entfernt – abends und morgens kann es deshalb kühl werden, eine Malariaprophylaxe ist im Sommer nötig.

Bereich Marienfluss-Tal/Kunene

Okarohombo Campsite $ (13), ca. 60 N$. Lage: am Ufer des Kunene an der Mündung des Marienflusses, 80 km nördlich von Orupembe, nur mit Allrad erreichbar. Anfahrtsmöglichkeit über Sesfontein (D 3707) – Purros – Orupembe – Otjihaa – Red Drum – Marienfluss oder D 3703 von Opuwo nach Otjitanda, hier links Richtung van Zyl's Pass (nur für geübte Allradwagen-Fahrer!) und dann der Straße in das Marienfluss-Tal folgen. Beschreibung: einfache, am Kunene gelegene Zeltplätze im Schatten großer Bäume, mit entsprechenden sanitären Einrichtungen im Weide- und Siedlungsgebiet der Himba. Feuerholz muss mitgebracht werden. Aktivitäten: Wandern (walking trails), Vogelbeobachtung am Kunene, Kontakt zu Himba.

Camp Otjinhungwa $ (14), kann direkt angefahren werden, ca. 40 N$ p. P. Lage: 100 km nördlich Orupembe, nördliches Ende des Marienfluss-Tals, direkt am Kunene. Beschreibung: einfaches Camp unter schattigen Bäumen, nur mit Allrad erreichbar, „Busch-Toilette", alles sehr einfach. Aktivitäten: Baden in den Pools des Kunene.

Bereich Orupembe

**Etambura Camp $$**, Infos und Buchung über Conservancy Safaris, ☽ 064/406136, info@kcs-namibia.com.na, www.kcs-namibia.com.na. Ca. 575 N$ p. P./DZ für Selbstversorger. Lage: 25 km nördlich von Orupembe, an der Hauptstrecke nach Marienfluss/Kunene. Beschreibung: von Himba geführtes Camp in wunderschöner Lage auf einem Hügel mit toller Aussicht. Es gibt fünf Chalets mit eigener Terrasse und eigenem Bad, bisher nur für Selbstversorger (Grillplätze und Küchenbereich), aber für die Zukunft ist auch ein Restaurant geplant.

Marble Community Campsite $, in der Nähe des Etambura Camps gelegen, 23 km südlich von Opuwo auf die D3707 Richtung Orupembe abbiegen (nur für 4x4), ausgeschildert. Die Plätze liegen schattig am Ufer des Flusses, Chalets gibt es auch.

Bereich Purros

Okahirongo Elephant Lodge $$$$$ (2), ☽ 065/685018, okahirongo@iway.na, www.okahirongolodge.com, ab ca. 2.800 N$ p. P./DZ mit Halbpension. Lage: bei Purros im Kaokoland. Beschreibung: Die 7 luxuriösen und geräumigen Chalets (mit open-air-Dusche!) bieten alle Annehmlichkeiten und haben einen fantastischen Ausblick in die faszinierende Landschaft. Das Essen wird z. T. mit Produkten aus dem eigenen Anbau zubereitet und in den Speisesälen oder unter dem afrikanischen Sternenhimmel serviert. Am schönen Pool kann man sich zwischen Wanderungen und Game Drives entspannen. Besonders gut lassen sich hier Elefanten beobachten. Die Lodge unterstützt die Purros Conservancy und ihr Desert Lion Project: Der Lebensraum der Wüstenlöwen soll durch Öko-Tourismus erhalten bleiben. Mehr Infos über das Projekt unter www.desertlion.info.

Purros Camp Site $ (1), ca. 60 N$ p. P. Lage: 107 km nordwestlich von Sesfontein, an der D 3707 gelegen. Der Campingplatz liegt 2 km nordöstlich des Dorfes Purros (Schilder, Zufahrt nur mit Allradfahrzeugen!). Beschreibung: einfacher Zeltplatz, verteilt auf 4 abgesonderte Bereiche, mit Toiletten und warmer Dusche, Bar, Schatten unter großen Bäumen. Aktivitäten: Im Hoarusib-Tal kann man Elefanten, Giraffen, Nashörner, Kudus, Zebras, Strauße usw. beobachten. Allradfahrzeug notwendig! Vorsicht vor Elefanten und Nashörnern!

Wüstenelefant bei Purros

Vom Etosha National Park nach Tsumeb

Dieser Streckenabschnitt bietet landschaftlich gesehen nur wenige Höhepunkte. Er ist mehr als „Zwischenpuffer" anzusehen, um noch einen halben Tag Etosha-Pirschfahrten zu ermöglichen. Von der Etosha-Pfanne fahren Sie in südlicher Richtung durch die Savannen-Hochebene. In der Nähe von Tsumeb werden Berge sichtbar. Auf der Straße vom Etosha National Park nach Tsumeb passiert man eine baumbestandene Ebene, in der Zitrusfrüchte, Gemüse und Nutzbäume angebaut werden. Ebenso werden hier Kühe gehalten, um die Versorgung mit Milchprodukten sicherzustellen. Allein 5.000 Rinder werden zur Fleischversorgung gehalten. Woher erhält man genügend Wasser für den Anbau? Vor Tsumeb kommen Sie am Otjikoto-See vorbei, wo Sie unbedingt aussteigen sollten.

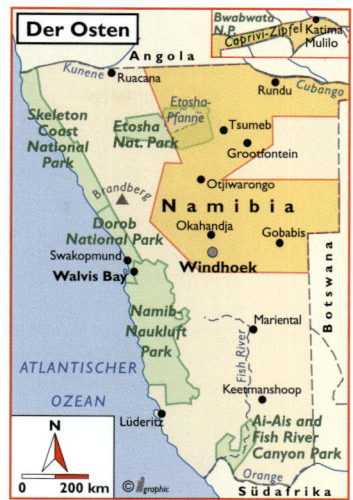

Bei der Weiterfahrt nach Süden bietet sich dann Tsumeb als Zwischenstopp an, wo man am Nachmittag noch bequem das interessante **Tsumeb-Museum** aufsuchen kann.

👉 Streckenhinweise

Von Namutoni aus fahren Sie aus dem Etosha National Park über die Pad C 38 hinaus. Nach 35 km stoßen Sie auf die Pad B 1, in die Sie nach rechts Richtung Tsumeb abbiegen. Die Straßen sind ab Namutoni bis Tsumeb asphaltiert.

Wenn auch keine Big Five, so gibt es auf der Strecke doch Wildleben zu entdecken

Ein Tipp für alle, die mit etwas Zeit nach Namibia reisen: die Ombili-Stiftung

☞ **Hinweis**
Wer Interesse hat, Ombili zu besuchen, sollte sich unbedingt 1–2 Tage vorher anmelden: ☎ 067/230050, info@ombili.de, www.ombili.de. Anfahrt: Von Etosha stößt man zunächst auf die große Nord-Süd-Verbindungsstraße B 1. Hier geht es nun 8 km Richtung Norden, um dann nach rechts (= Osten) in die Pad 3001 einzubiegen. Nach ca. 19 km biegt man in die Pad 3004 ein. Kurz danach geht es links (= Osten) nach wenigen Kilometern nach Ombili. Richtung Tsumeb kann man nach dem Besuch von Ombili eine Abkürzung fahren, indem man die Pad D 3004 benutzt, die nach 21 km auf die B 1 stößt.

Gemeinnützige Projekte

In Namibia gibt es viele gemeinnützige Hilfsprojekte, die die Lebensumstände der Bevölkerung verbessern sollen. Ombili ist ein gutes Beispiel dafür, wie sich mit dem Engagement von Privatpersonen Großes bewirken lässt. Die Ombili-Stiftung wurde 1989 gegründet. Ihr Hauptziel ist es, einer Gruppe von Khoi-San (Buschleuten) das Überleben in einer kommerziell ausgerichteten Welt zu ermöglichen. Die Rückkehr der Buschleute zu ihrer traditionellen Lebensweise, dem Jagen und dem Sammeln von Feldfrüchten, ist kaum mehr möglich, da praktisch ganz Namibia entweder in Farmen oder in Naturschutzgebiete eingeteilt ist. Ombili hat sich deshalb zum Ziel gesetzt, die San zu befähigen, sich selbst zu ernähren und ihr Leben von der Abhängigkeit Dritter zu lösen.

Alle Besucher werden gebeten, keine Geschenke und keine Trinkgelder zu geben, denn das könnte die San im Laufe der Zeit zu Bettlern machen. Spenden an Ombili sind dagegen sehr willkommen, weil sie gesteuert der gesamten Gruppe zugutekommen.

Integration der Buschleute

Die etwa 250 San lernen hier einen sanften Übergang ein neues (Über-) Leben. Die Erwachsenen werden kundig im Anbau von Mais, Bohnen und Papayas, die Kinder lernen währenddessen in der Schule Lesen und Schreiben. Alkohol ist streng verboten, traditionelles Handwerk wird gefördert. Weiterhin angegliedert sind inzwischen eine Klinik für die medizinische Grundversorgung der San sowie ein Kulturzentrum mit kleinem Café und Verkauf von kunsthandwerklichen Gegenständen.

Die finanzielle Unterstützung des Projekts erfolgt zu einem großen Teil aus Deutschland, so z. B. durch die Deutsch-Namibische Entwicklungsgesellschaft in Bonn (www.dneg.de) oder den Lions-Club in Mosbach/Neckar.

Otjikoto-See

20 km nördlich der Stadt Tsumeb liegt an der B 1 der Otjikoto-See. Er ist entstanden, als eine riesige Höhle im Dolomitgestein einstürzte. Als der See durch die ersten europäischen Reisenden **Francis Galton** und **Charles Anderson** (1851) ausgemessen wurde, kam man auf eine Wassertiefe von 55 m, später wurden sogar bis zu 90 m tiefe Stellen nachgewiesen! Durch Abpumpen ist der Wasserspiegel inzwischen gesunken und beträgt an der tiefsten Stelle nun 36 m. In dem klaren Wasser tummelt sich ein Rie-

senschwarm von Fischen (zu den *Talapia guinasana* gehörend). Diese Fischart wurde in den 1930er-Jahren hier ausgesetzt; man brachte sie vom 15 km entfernten Lake Guinas hierher. Die Herkunft der Fische in jenem See ist nicht bekannt, jedoch vermutet man, dass sie durch eine lange zurückliegende Landüberflutung hierher kamen. Während diese Fischart oberflächennah lebt, existieren in der Tiefe Zwergbrassen.

1915 versenkten deutsche Truppen am Ende des Südafrika-Feldzuges hier militärisches Gerät, das später von der südafrikanischen Armee geborgen wurde und z. T. heute im Museum von Tsumeb besichtigt werden kann.

Zum Schwimmen scheint der See sich nicht zu eignen! 1927 ertrank hier Johannes Cook, der Postmeister von Tsumeb. Seine Leiche wurde nie gefunden. Man vermutet daher, dass es starke Strudel gibt. Der See dient der **Wasserversorgung von Tsumeb**.

Direkt am Otjikoto-See gibt es eine kleine Zooanlage mit Kudus, Warzenschweinen, Krokodilen, Straußen, Papageien und anderen Vögeln *(günstiger Eintritt)*, ein Restaurant/Coffee Shop mit niedrigen Preisen sowie einen guten und preiswerten Curio Shop.

Namibias Städte-Dreieck Otavi – Grootfontein – Tsumeb

info

Wer in den Norden und Nordosten Namibias reisen möchte, wird einen der drei Orte durchqueren. Über Grootfontein gelangt man in den Caprivi-Streifen und von hier aus weiter nach Botswana, Zambia und Zimbabwe. Über Tsumeb erreicht man das dicht besiedelte Gebiet der Ovambo.

Schon lange Zeit vor Ankunft der Weißen wussten Siedler diese Gegend zu nutzen. Das relativ dichte Buschland war schon immer wildreich und lockte zur Jagd. Ebenso wussten Damara schon über die Verhüttung von Kupfererz Bescheid. Sie machten sich dabei Termitenhügel zu Nutze. In diesen „prähistorischen Hochöfen" schichteten sie Holz unter das Erz und gewannen so – wenn auch in bescheidenen Mengen – Kupfer. In der Kolonialzeit gewann dieses Gebiet an Bedeutung: Schon 1900 wurde die OMEG (= Otavi-Minen- und Eisenbahngesellschaft) gegründet, die die Erzgewinnung im Bereich Otavi – Tsumeb – Grootfontein arrangierte.

Je nach Kontext wird das Städtedreieck Otavi – Grootfontein – Tsumeb unterschiedlich bezeichnet:
- als „Kupferdreieck", da es in diesem Gebiet viele Kupfervorkommen gibt,
- als „Maisdreieck", da hier Mais das Haupt-Anbauprodukt ist,
- als „Höhlendreieck", da in dieser Karstlandschaft besonders viele Höhlen zu finden sind.

Die Damara nutzten die Termitenhügel zur Kupfergewinnung

Tsumeb

Die ersten Bewohner der Region um Tsumeb waren San. Sie gaben dem wasserarmen Ort den Namen „Tsomsoub", was bedeutet „einen Brunnen graben, der immer wieder einstürzt". Später wurde daraus „Tsumeb". Die San trieben mit dem Kupfer, das sie am 12 m hohen, knapp 200 m langen und ca. 80 m breiten grünlichen Malachit-Hügel abbauten, einen regen Handel mit den Ovambo. Sie bekamen für das Erz Fleisch und Tabak, während die Ovambo es zu Arm- und Fußreifen weiterverarbeiteten. Seit jeher war also diese Gegend bevorzugter Siedlungsplatz, gab es doch genügend Regen.

Reger
Handel

Tsumeb (etwa 1.280 m hoch gelegen) hat heute knapp 11.000 Einwohner und wird oft als **Gartenstadt** bezeichnet. **Jacarandas**, die im Frühjahr violett blühen, und herrliche Bougainvillea verwöhnen das Auge. Die Stadt macht einen sehr freundlichen, ge-

pflegten Eindruck, der darüber hinwegtäuscht, dass Tsumeb eigentlich eine **Industrie-stadt** ist. Und was man als Tourist ebenfalls nicht sieht: die nach wie vor armseligen Unterkünfte der Schwarzen, die auch nach der Unabhängigkeit Namibias vom „weißen" Tsumeb getrennt leben.

Das Wirtschaftsleben war lange Zeit auf die Minentätigkeit zentriert. Hier wurden große Mengen an Kupfer, Zink und Blei gewonnen. Daneben aber wurden noch viele andere Mineralien gefördert: davon ca. 40, die erstmals auf der Welt hier entdeckt wurden. Diese **Vielfalt an Mineralien** befand sich – und befindet sich teilweise immer noch – in einem vulkanischen Gang, in dem von unten bis oben außerordentlich vielfältiges Material gefunden wurde. Diese Vulkanröhre wurde schon in früherer Zeit von verschiedenen ethnischen Gruppen genutzt. Europäische Forscher und Prospektoren bekamen Kenntnis von den Lagerstätten. 1893 erreichte Mathew Rogers, der für die South West African Company arbeitete, Tsumeb. Er verhandelte mit den lokalen Stämmen, um die Rechte für die Nutzung der Lagerstätten zu erlangen.
Vielfalt an Mineralien

Rogers begann, eine genaue Studie über die Menge der Erze zu erstellen. Ebenso überprüfte er die Wirtschaftlichkeit einer möglichen Mine in einer so abgelegenen Gegend. Die Planung und Finanzierung des Bergwerkes nahm einige Jahre in Anspruch. 1900 begann dann unter der Otavi Mining and Railroad Company der Ausbau, zunächst mit 33 Bergleuten unter der Führung von Christopher James. Nicht nur Kupfer wurde gewonnen, sondern auch seltene, schöne Mineralien. Ende Dezember 1900 wurde die erste Ladung Erze per Ochsenwagen nach Swakopmund gebracht, aus Sicht der kolonialen Besatzer erwies sich die Kolonie nun erstmal als gewinnbringend! Die Verkehrsprobleme waren aber erst befriedigend gelöst, als 1906 die **Schmalspurbahn bis Swakopmund** fertiggestellt war. Innerhalb des ersten Jahres der Inbetriebnahme transportierten hier die Züge 25.700 t Erze (Handelswert: 1,3 Mio. Reichsmark). Ab Swakopmund besorgte die Woermann-Schifffahrtslinie den Transport ins wilhelminische Reich.
Vekehrsprobleme und Lagerstätten

Über die Jahre operierte die Mine gut, abgesehen von Einbrüchen während des Ersten Weltkrieges und der Weltwirtschaftskrise. 1946 wurde die Tsumeb Corporation gegründet. Das neue Management baute die Mine stetig aus, mit Schächten von über 1.000 m Tiefe. Zu den besten Zeiten waren hier über 8.000 Menschen beschäftigt. Damit wurde die Mine zum wirtschaftlichen Magneten im nördlichen Namibia.
Wirtschaftliches Standbein der Region

Die Mine hat seit ihrer Inbetriebnahme über 1 Milliarde N$ erwirtschaftet, vor allem waren daran Kupfer, Blei, Zink, Kadmium, Silber und Germanium (wird für Nachtsichtgeräte gebraucht) beteiligt. Tsumeb deckte zeitweise 20 % des Weltbedarfs an Germanium. Insgesamt wurden in den Erzgängen 217 verschiedene Mineralien gefunden, damit dürfte Tsumeb zu den Naturwundern der Erde gerechnet werden. Im Museum des Ortes sind Gesteins- und Mineralienstücke ausgestellt. Die vollkommenste Sammlung befindet sich jedoch im naturkundlichen Museum des Smithsonian Institute in Washington.

Der **Verfall der Rohstoffpreise** gefährdete jedoch zunehmend die Wirtschaftlichkeit der Mine. Dazu kam 1996 ein vehementer Streik, bei dem Wasserpumpen abgeschaltet wurden und Erze in der Hütte erkalteten. 1997 wurden dann Teile der Mine wegen Unrentabilität geschlossen. Im April 1998 wurde die Förderung eingestellt, mit der Folge, dass 2.000 Menschen ihre Arbeit verloren. Dies war ein gewaltiger Schlag für Tsumeb, die Kriminalität stieg rapide an. Die gesamte lokale Wirtschaft von Banken über Einzelhandel bis zur Gastronomie litt. Ab September 2000 lief die Produktion wieder an, Eigentümer wurde die Ongopolo Mining and Processing Company.

Schwarze Zahlen

Mit staatlicher Hilfe, Darlehenserlassen und mit Hilfe von Teilen des alten Managements versuchte man, wieder eine solide Basis zu finden. Bereits im Februar 2003 meldete die Gesellschaft wieder Gewinne. Als 2006 der Konzern Weatherly International einen Großteil der Ongopolo-Aktien erwarb, konnten erneut größere Investitionen getätigt werden.

Mit dem „Revival" der Minentätigkeit geht es auch Tsumeb insgesamt wieder besser. Die Mine ist vor allem stolz auf die eingeführten Umweltschutzmaßnahmen: Im Umkreis von 15 km sind Kontrollstationen zur Messung von Schadstoffen installiert worden.

Tsumeb Museum

Kultur der Himba und San

Unbedingt sollte man das kleine, aber mit viel Engagement aufgebaute, an der Hauptstraße gelegene **Tsumeb-Museum** besuchen. Das Gebäude wurde 1915 erbaut und diente als Deutsche Privatschule. Das Museum wurde 1975 eröffnet und zeigt Exponate aus der Umgebung. Man erfährt Interessantes aus der Kolonialgeschichte, aber vor allem lernt man die San- und Himba-Kultur näher kennen. Höhepunkt der Sammlung ist das Khorab-Zimmer, welches ein Waffenarsenal beherbergt, das im Otjikoto-See gefunden wurde. Die Deutschen hatten es dort 1915 versenkt, um es vor dem Zugriff der Briten zu bewahren. Die Kanonen wurden nach 70 Jahren aus einer Tiefe von 70 m geborgen. Umfangreiche Sammlung v. a. örtlicher Bergbau- und Kulturgegenstände als Ergänzung zu den historischen Kriegsgefangenenlagern der Schutztruppe, die in Tsumeb im frühen 20. Jahrhundert gebaut wurden. Für Mineralogen ein Muss: die wunderbaren Mineralien, die aus der Tsumeb-Mine stammen. Museumsgründerin ist die mittlerweile in einem Seniorenheim in Windhoek lebende *Ilse Schatz*, 1929 auf einer Farm bei Grootfontein geboren. Sie heiratete einst den Sohn des Tsumeber Bergwerkchefs und lebte mit ihm auf seiner Farm. Ihr zu Ehren wurde eine Straße in Tsumeb benannt. 2011 erschien das zweite Buch der rüstigen Rentnerin: *„Ilse Schatz – Aus Briefen einer Namibianerin"*, herausgeben von *Reinhard Balzer*.

Tsumeb Museum, *Main St., ein Block östlich der Hospital St.,* ① *067/220447. Eintritt 20 N$. Geöffnet Mo–Fr 9–12 und 14–17 Uhr, Sa 9–12 Uhr. Touren zu den Bergwerken werden angeboten. Abfahrtszeiten und Preise bitte beim Museum erfragen.*

Tsumeb Cultural Village

Das Tsumeb Cultural Village (offiziell „Helvi Mpingana Kondombolo Cultural Village") liegt an der linken Seite der B 1, die von Tsumeb nach Süden führt (① *067/220787*). Das 1997 auf Initiative der Stadt Tsumeb und der Namibia Association of Norway erbaute Open-Air-Museum zeigt traditionelle Wohnstätten der Himba, Ovambo, Kavango, Caprivi, Herero, Damara und Nama. Hier erfährt der Besucher komprimiert vieles über Geschichte, Kultur, Arbeit und Kunsthandwerk der verschiedenen Bevölkerungsgrup-

pen. Ovambo zeigen hier z. B. ihre Töpfer- und Flechtkunst, Damara zeigen Lederpro- *Kunst-*
dukte. Probieren Sie statt Coca Cola „oshikundu", ein traditionelles Erfrischungsgetränk *handwerk*
aus dem Norden.

Ausflug

Nach Südosten zur Gästefarm Ghaub: Es handelt sich um eine alte, 1895 erbaute ehemalige Missionsstation der Rheinischen Missionsgesellschaft, die erst in den 1950er-
Jahren aufgegeben wurde. Die gesamte Anlage wurde umfassend renoviert, es stehen
hier nun sehr schöne Zimmer zur Verfügung. Der einladende Garten mit Schwimmbad und die Führungen zu den Tropfsteinhöhlen (knapp 3 km lange Höhle) sowie zu
Felsgravuren sind Highlights. Es gibt hier sogar eine alte Kanzlei mitten auf dem Farmgelände.

Gästefarm Ghaub $$, ① *067/240188, ghaub@iway.na, www.ghaub.com. Je nach Saison
1.100–1.500 N$ pro DZ inkl. Frühstück. Lage: südöstlich von Tsumeb. Beschreibung: 10 ge-
schmackvolle Zimmer, sehr schöne Außenanlage mit Schwimmbad, geführte Tour zur Tropf-
steinhöhle und zu Felsgravuren auf dem Farmgelände, gutes Essen.*

Reisepraktische Informationen Tsumeb

Vorwahl 67

ℹ Informationen
Travel North Namibia, ① *067/220728, travelnn@namibnet.com,
www.natron.net/tnn, Ausgangspunkt für alle Fahrten nördlich von Windhoek. Der angebote-
ne Service beinhaltet Informationen, Autovermietung, Internetnutzung, Reservierung von Flug-
tickets und individuell zusammengestellte Safaris. Außerdem B&B Guesthouse mit 7 Zimmern.
Geöffnet Mo–Fr 8–17 Uhr; Sa 8–12 Uhr.*

✚ Arzt/Ambulanz
Staatliches Krankenhaus, *Hage Geingob St. (neben der Caltex Tankstelle);* ① *067/
221082.*
T.C.L. Krankenhaus, *Hospital St. (nördlich des Parks);* ① *067/221001.*
Allgemeinarzt: *Dr. Pretorius,* ① *067/222400, 4th Road in der Höhe Makalani-Hotel
(englisch).*
Zahnarzt: *Dr. Nel,* ① *067/221530, 9 Hospital St. (englisch).*

🛏 Unterkunft (▶ *Karte S. 444*)
Makalani Hotel $, *Ndilimani Cultural Troupe St.,* ① *067/221051, reservation@
makalanihotel.com, www.makalanihotel.com. DZ/Frühstück ca. 720 N$. Lage: zentral im Ort
gelegen. Beschreibung: gutes Restaurant, schöner Biergarten, Zimmer einfach u. zweckmäßig,
Schwimmbad im Innenhof. Eingang neben einer Spielhalle.*
Minen Hotel $, *7 Omeg St.,* ① *067/221071, contact@minen-hotel.com, www.minen-
hotel.com. DZ ca. 680-800 N$ inkl. Frühstück. Lage: im Ort, zentral gelegen. Beschreibung: Tra-
ditionshotel mit bodenständigem Restaurant und herzlicher Bewirtung, Schwimmbad, Zimmer
mit Klimaanlage, beliebt bei Einheimischen.*

**Gästehaus OMEG Allee $**, 3 Sam Nujoma Ave., (ein Block südlich von Travel North Namibia), ☎ 067/220631, omegalle@iway.na. DZ 530 N$ mit Frühstück; Kreditkarten werden gegen Aufschlag akzeptiert. Lage: angenehme Lage, etwas außerhalb des Stadtzentrums, in einer baumbestandenen Straße in einem Wohngebiet gelegen. Beschreibung: großzügige Räume mit Klimaanlage, Bad, Kühlschrank und Fernseher. Möglichkeit zur Selbstversorgung in der Küche; sichere Parkmöglichkeit. Bayerisch geprägt, gutes Frühstück.

Unterkünfte in der Umgebung von Tsumeb (▶ Karte S. 457)
Uris Safari Lodge $$ (3), ☎ 067/687060/1, enquiry@uris-safari-lodge-namibia.com, www.uris-safari-lodge-namibia.com. Ca. 740 N$ p. P./DZ mit Frühstück, Lage: Von Windhoek fahren Sie nach Norden auf der B1 Richtung Tsumeb. An der Kreuzung Grootfontein – Namutoni fahren Sie in Richtung Namutoni. Nach 9,6 km bei Punyu Crushers biegen Sie nach links ab und folgen der Schotterstraße 8,6 km. Hier durchfährt man ein Sicherheitstor. Danach weitere 1,6 km, dann nach links und nach 4,2 km erreichen Sie die Lodge. Beschreibung: Uris Safari Lodge ist eine luxuriöse Unterkunft, deren Anlage großzügig gestaltet ist (Swimmingpool). Auf dem 17.000 Hektar großen Gelände finden maximal 42 Gäste ausreichend Platz, um ihren Traum von Afrika zu erleben. Die Lodge grenzt an das stillgelegte Uris-Bergwerk, in dem Besucher heute einen Einblick in die Welt des Bergbaus in Namibia bekommen. Die Geschichte der Mineralien zieht sich wie ein roter Faden durch das Konzept der Lodge: Am gemütlichen Feuerplatz kann man in Büchern über den Bergbau stöbern, im Weinkeller, dessen Eingang einem Minenschacht gleicht, nach edlen Tropfen buddeln oder im angegliederten Laden Mineralien erwerben.
Ghaub Gästefarm $$ (4), s. S. 447
Treesleeper Camp $ (1), ☎ 067/221752, info@treesleeper.org, www.treesleeper.org. Camping je nach Stellplatz 60–100 N$ p. P., DZ 340 N$ p. P. Lage: ca. 60 km nördlich von Tsumeb an der D 3006. Beschreibung: wunderschön gelegene, auf Stelzen gebaute Busch-Campingplätze, teilweise mit eigener Dusche/WC. Zelte, Schlafsäcke etc. können ausgeliehen werden. Seit 2012 auch Doppelzimmer und Familienbungalows.

🍴 Restaurants
Minen Hotel, 7 Omeg St., ☎ 067/221071 oder 067/221021. Frühstücksbuffet ca. 70 N$ p. P. Sitzgelegenheiten innen und im Garten. Preiswertes und dennoch köstliches deutsches Essen. Geöffnet von 7–9 Uhr, 12.30–14 Uhr und 19–21.30 Uhr.
Etosha Café, 21 Main St., ☎ 067/221207. Kaffee und Kuchen sowie kleine Gerichte zu günstigen Preisen. Auch B&B.

🎁 Einkaufen
Tsumeb Arts and Crafts Centre, 18 Main Street; ☎/🖷 067/220257. Von einheimischen Handwerkern und Künstlern werden hier u. a. Körbe, Kleidungsstücke und Schnitzwaren angeboten. Man kann bei der Arbeit zuschauen. Insbesondere Frauen finden hier eine Möglichkeit, am Tourismus etwas zu verdienen. Gegründet, um den Einheimischen die Selbstversorgung durch Herstellung und Verkauf von Kunsthandgewerbe zu sichern. Geöffnet Mo–Fr 8.30–13 Uhr und 14.30–17.30 Uhr, Sa 8.30–13 Uhr. Außerhalb der regulären Öffnungszeiten können weitere Besuchszeiten telefonisch vereinbart werden.

✉ Post
Post St., Ecke 5th Rd., ☎ 067/200211. Geöffnet Mo–Di und Do–Fr 8–16.30 Uhr, Mi 8.30–16.30 Uhr, Sa 8–12 Uhr.

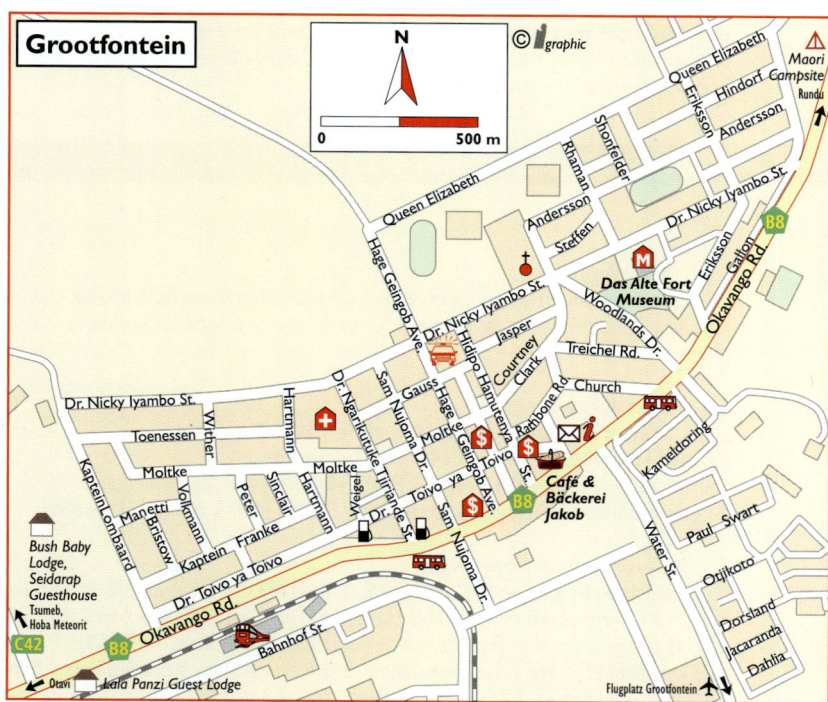

Bus
Die Bushaltestelle befindet sich bei Travel North Namibia, Sam Nujoma Drive. Intercape Mainliner-Busse fahren nach Windhoek (2x pro Woche, 5 Std) und Victoria Falls (2x pro Woche, 15 Std.).

Mietwagen
Europcar Tsumeb, ☎ 067/220728, 🖨 067/220916, Sam Nujoma Dr., bietet Motorräder und Autos einschließlich spezieller Angebote für Etosha mit und ohne Kilometerpauschale. Die Wagen können an jedem beliebigen Ort in Südafrika abgeholt und wieder abgegeben werden.

Grootfontein

Grootfontein (ca. 25.000 Einwohner) ist ein kleiner, einladender Ort, in dem aufgrund der guten Wasservorkommen herrliche Jacarandabäume und Bougainvilleen wachsen. Er ist „Ausgangstor" für Reisen in den Norden (Caprivi-Streifen). Der Name bedeutet „große Quelle" und auch die San nannten diesen Ort aufgrund des Wasserreichtums bereits „Gei Oub" (= große Quelle).

Freund-licher Ort

Kurze Zeit lebten hier im Jahre 1885 die bereits erwähnten Dorsland-Trekker (s. S. 401) und gründeten den „Staat Upingtonia". Doch die deutschen Kolonialherren ließen die burischen Flüchtlinge nicht lange gewähren und „integrierten" 2 Jahre später einfach Upingtonia in ihr Kolonialreich. Verständlich, dass die neuen Herren diese Gegend begehrten, gab es hier doch große Erzvorkommen (Kupfer, Zink, Blei), aber auch ein Klima, das für die Landwirtschaft vielversprechend war.

Serum gegen Malaria

Grootfontein liegt wie Etosha im malariagefährdeten Gebiet Namibias. Der deutsche Tropenmediziner und frühere Bezirkschef von Grootfontein (1897–1900) *Dr. Philalethes Kuhn* beschäftigte sich mit der gefürchteten Fieberkrankheit und entwickelte 1904 wohl als erster ein Serum dagegen. Da es hier damals Sümpfe gab, die als Brutstätten der Moskitos galten, legte Kuhn zudem bis zu 4 m tiefe Gräben an, um die Gegend trockenzulegen. Relikte dieser Gräben sieht man heute noch am Campingplatz der Stadt. Kuhn ist allerdings aufgrund seiner späteren Nähe zur NSDAP und seiner „rassehygienischen" Ansichten eine ambivalente historische Figur.

Auch Grootfontein hat ein Museum, es ist im ehemaligen deutschen Fort untergebracht und zeigt u. a. Ausstellungsstücke zum Dorsland-Trek. Sehenswert ist hier die wohl erste Landkarte von Namibia, angefertigt von dem Geologen R. Maack. Daneben gibt es alte Bauerngerätschaften, Kunsthandwerk aus der Gegend, Exponate zum Bergbau und zu den Mineralien der Umgebung sowie eine Ausstellung über die Himba-Kultur zu sehen.
Das Alte Fort Museum Groofontein, *im Fort zwischen Upingtonia und Eriksson St., Öffnungszeiten: Mo–Fr 9–12.30 und 14–16.30 Uhr, andere Zeiten auf Anfrage (℡ 067/ 242456, www.altefortmuseum.de).*

Reisepraktische Informationen Grootfontein

Vorwahl 067

ℹ️ Informationen
Tourist Information Center *beim Die Kraal Steakhouse. Auch Internet. Das Information Center fungiert auch als Buchungsbüro für diverse touristische Leistungen und ist geöffnet Mo–Sa 8–17 Uhr.*

✚ Arzt/Ambulanz
State Hospital, ℡ 067/242041 *an der Moltke Street*
Private Hospital, ℡ 067/240064, *Nickey Lyambo Street*
Zahnarzt *Dr. Coston,* ℡ 067/242125, *Hidipo Hamutenya Str., deutsch/englisch*
Allgemeinärzte *Dr. Verwey und Dr. Botha,* ℡ 067/243198, *7 Bernhard St., englisch*

🛏️ Unterkunft (▶ *Karte S. 449*)
**Bush Baby Lodge & Camping $**, ℡ 067/243391, *bushbabysafaris@iway.na, www.bush-babycamping.com. Ab 500 N$ p. P./DZ mit Frühstück, 350 N$ p. P. im Doppelzelt, 250 N$ p. P. im Selbstversorgerapartment (je nur Übernachtung), Camping 90 N$ p. P. Lage: ca. 8 km nordwestlich von Grootfontein, an der C 42 Richtung Tsumeb. Beschreibung: 5 Doppelzimmer, 5 Bungalows, 3 Zelte, eine Selbstversorgerwohnung sowie Stellplätze für Camper*

stehen zur Verfügung, einfach aber angenehm eingerichtet. Viele Tiere auf dem Gelände. Mit Swimmingpool.

Seidarap Guesthouse $, ① 067/242817, seidarap@seidarap.com, www.seidarap.com. 410 N$ p. P./DZ mit Frühstück. Beschreibung: wunderschöne Gartenanlage mit Pool, sehr familiärer Betrieb. 6 zweckmäßig und stilvoll eingerichtete Doppelzimmer mit Bad. Auf Bestellung auch Abendessen, zudem werden individuell zugeschnittene Tagesausflüge angeboten, beispielsweise Höhlenbesichtigungen im Otavi-Bergland oder Ausflüge zu San-Dörfern.

Lala Panzi Guest Lodge $, ① 067/243648, Fax 067/243749. DZ ca. 500 N$, Stellplätze für Camper ca. 100 N$. Lage: 5 km südlich Grootfontein an der B 8. Beschreibung: einfache, saubere Unterkünfte, nette Stellplätze für Camper, landestypische Verpflegung, Campingbereich mit Pool, schöne Bar mit Restaurant in einem kreativ eingerichteten Eisenbahnwaggon.

Camping

Olea Caravan Park $, ① 067/243101, Fax 067/242930. Camping für 2 Personen ca. 120 N$, Woodlands Drive. Beschreibung: gepflegter Platz, teilweise schattig.

Maori Campsite $, ① 081/2032836, katpaul@iway.na. Camping 60 N$, Übernachtung in einfachen Rondavels 150 N$/2 Personen. Lage: 2 km östlich von Grootfontein. B 8 Richtung Rundu, 2 km nach dem Ortsausgang Grootfontein (Hinweisschild) links in die D 2885 einbiegen und dem Straßenverlauf 900 m folgen. Beschreibung: Camping auf einer Farm (Zitrusfrüchte, Gemüseanbau), alles ist sehr sauber, die (deutschen) Besitzer sehr freundlich. Auf Bestellung kann man hier auch essen und Wild- und Rauchfleisch kaufen.

Camping auch möglich auf den Arealen von Bush Baby Lodge, Roy's Camp und Lala Panzi.

Gästefarmen in der Umgebung (▶ Karte S. 457)

42 km nordöstlich

Gästefarm Dornhügel $$$ **(7)**, ① 067/240439, dornhueg@iway.na, www.dornhuegel.com. 960 N$ p. P./DZ inkl. Halbpension. Lage: von Grootfontein B 8 Richtung Rundu, nach 18 km dann rechts in die D 2844, nach weiteren 24 km liegt das Farmhaus rechts. Beschreibung: familiär geführte Gästefarm mit echtem Farmbetrieb, idealer Zwischenstopp in die Caprivi. Saubere, geräumige Zimmer, Schwimmbad, gute landestypische Fleischgerichte, aber auch Vegetarier lieben die Produkte des eigenen Gemüsegartens. Diese Farm eignet sich vor allem für Familien mit Kindern, denn auch die Farmersfamilie Beyer zog ihre 3 Sprösslinge hier auf. Pferde, Hunde, Katzen und ein Pool – was wollen Kinder mehr? Es werden Ausflüge im Geländewagen angeboten.

94 km nördlich

Baobab Game Ranch $$ **(2)**, ① 067/232055, www.baobab.com.na, 650 N$ p. P./DZ mit Halbpension. Anmeldung/Reservierung notwendig. Lage: von Grootfontein B 8, kurz hinter Grootfontein auf die M 73, dann auf die D 2848, weiter auf D 2855. Ca. 500 m nach dem Hinweisschild zum Großen Baobab liegt auf der rechten Seite das Farmtor – insgesamt ab Grootfontein etwa 94 km. Von Tsintsabis aus kommend liegt das 2. Einfahrtstor zur Farm an der D 3016, ca. 4 km nach dem Abzweig zur D2855. Die Farm liegt am Omaramba Ovambo, einem Trockenfluss, der in die Fisher's Pan im Ostteil des Etosha National Parks fließt. Beschreibung: Die Farm wird von der Familie Friederich bewirtschaftet. Herr Friederich spricht die Sprache der San und arbeitet mit ihnen auf der Farm. Die San-Frauen stellen schönes Kunsthandwerk her. Die Rinderfarm liegt in einer von Ilala-Palmen durchsetzten Landschaft, in der man auch Termitenhügel und Wasserstellen finden kann. Den Gästen stehen geräumige Doppelzimmer zur Verfügung. Auch ältere Besucher sind auf der Farm willkommen. Frau Friederich, die die angebotenen Touren selbst durchführt, ist ausgebildete Krankenschwester. Das Essen ist farmtypisch. Auch Jagdfarm.

56 km nordöstlich
Roy's Rest Camp $$ (5), ☎ 067/240302, royscamp@iway.na, www.roysrestcamp.com. Bungalow ca. 600 N$ p. P./DZ inkl. Frühstück, Camping ab 90 N$. Lage: 56 km auf der B 8 Richtung Rundu. Beschreibung: einfache Bungalows, schöne Campingplätze, Bar, Restaurant und Schwimmbad, Wild- und Vogelbeobachtung. Guter Stopp auf dem Wege ins Kaudom oder in den Caprivi. In der Nähe des Camps befindet sich ein San-Dorf, das gegen eine Gebühr Besuchern offen steht

 Restaurants
Die Kraal Steakhouse: gutbürgerlich, landestypisch, ☎ 067/240300: ca. 6–7 km auf der B 8 Richtung Rundu: Steaks, Salate.
Café & Bäckerei Jakob, Okavango Rd., ☎ 067/242433

 Post
West Street, geöffnet Mo–Di und Do–Fr 8–16.30 Uhr und Mi 8.30–16.30 Uhr

Öffentliche Verkehrsmittel
Intercape Mainliner, Haltestelle Shell-Tankstelle, Fahrt nach Windhoek Mo und Do um 0.55 Uhr, ca. 420 N$, und nach Victoria Falls Mo und Fr, Abfahrt 20.15 Uhr, Fahrzeit 14 ½ Std., ca. 430 N$.

Ausflüge

• Nach Südosten zum sog. „Palmenmeer": Wenn Sie die C 47 nach Südosten nehmen, sehen Sie zunehmend die schönen Makalani-Palmen.
• Nach Norden zu den **Baobabs bei Tsintsabis**.

> ☞ **Streckenhinweis**
>
> *Charater-*
> *volle*
> *Baobabs*
> Sie fahren von Grootfontein zunächst auf der B 8 5 km in Richtung Rundu, dann biegen Sie nach links in die MR 73 ein, fahren hier 8 km, um dann auf die D 2848 einzubiegen. Nach 38 km geht's linker Hand in die D 2855, der Sie 33 km nach Norden folgen. Hier sehen Sie Hinweisschilder zum National Monument „Baobab". Von einem Parkplatz erreichen Sie nach einem Wanderweg von ca. 800–1.000 m den legendären Affenbrotbaum.

Baobabs – Afrikas urweltliche Bäume

info

Der Legende nach entstanden die Baobabs folgendermaßen: Im Zorn habe Gott sie entwurzelt und verkehrt wieder eingepflanzt! Diese mystisch wirkenden Bäume sollte man einmal im Mondlicht erleben – sie strahlen dann in besonderer Weise ihre Faszination aus. Neben den Schirmakazien gelten sie als besonders charaktervolle Laubbäume der afrikanischen Savannen.

Baobabs (lat.: *Adansonia digitata*) können bis zu 3.000 Jahre alt werden. Sie wachsen extrem langsam: Ihr Durchmesser nimmt pro Jahr nur 3 mm zu! Zu Beginn ihrer Wachstumszeit – die ersten „jungen" 300 Jahre – nehmen sie einen Stammumfang von 2 m an, später können Sie einen Umfang von 10 m und Höhen zwischen 40–50 m erreichen. Dickere Bäume gibt es nicht. Allerdings sind sie dann schon mehr als 1.000–2.000 Jahre alt. Baobabs sind große Anpassungskünstler, denn sie speichern in ihrem Mark Wasser für Trockenperioden. Während der Trockenzeit lassen sie die Blätter fallen, um so die Verdunstung so gering wie möglich zu halten.

Baobab

Während der kurzen Regenzeit zeigt der Baobab weiße Blüten. Einheimische verrühren den Blütenstaub mit Wasser und benutzen ihn dann als Klebstoff. Die bis zu 40 cm langen Früchte hängen an Stielen herunter und fühlen sich wie Samt an. Da sie wie Affenschwänze aussehen, nennt man den Baobab auch „Affenbrotbaum".

Das weiße Fruchtfleisch um die Samen ist sehr reich an Vitamin C, Vitamin B und Kalzium. Aus dem Fruchtfleisch haben Einheimische früher Getränke zubereitet, die nach Zitrone schmeckten – deshalb auch der manchmal verwendete Name „Zitronenbaum". Junge Blätter können als „Gemüse" gegessen werden. Das gelbe Samenfett eignet sich zu technischen Zwecken, kann aber auch in Form von Speiseöl genutzt werden.

Legenden behaupten, dass ein Löwe jeden verschlinge, der vom Baum eine Blüte reiße. Und weiter: Verrühre man die Samen mit Wasser und trinke das Gemisch, dann sei man gegen Krokodilangriffe gefeit...

Abstecher in den südwestlichen Winkel des Städte-Dreiecks: Otavi

Intensiver Ackerbau

Otavi, ein unscheinbarer Ort mit etwa 5.000 Einwohnern, liegt in einer agrarisch sehr fruchtbaren Zone Namibias. Hier ist die Landschaft hügelig, gipfelt mit etwa 2.100 m hohen Bergen, die den Niederschlag abfangen, sodass intensiver Ackerbau betrieben werden kann, vor allem Maisanbau. Da die Niederschläge unregelmäßig verteilt sind, muss bewässert werden (Trockenfeld-Anbau), damit auch Gemüse und Zitrusfrüchte gedeihen. Die Gründung des Ortes fiel 1906 mit dem Abschluss des Baus der Bahnstrecke Swakopmund – Otavi – Tsumeb zusammen (580 km), denn die Kupfervorkommen brauchten eine Transportmöglichkeit an die Küste. Die „Otavi-Bahn" der OMEG („Otavi Minen- und Eisenbahngesellschaft") wurde legendär, das alte Bahnhofsgebäude wurde 2006 restauriert und steht unter Denkmalschutz (heute mit Café).

Wichtiger Verkehrs- knoten- punkt

Ähnlich wie die Städte Tsumeb und Grootfontein bildet Otavi einen wichtigen Verkehrsknotenpunkt: Die Nord-Süd-Achse B 1 verbindet mit Namibias Süden und Norden, die B 8 schafft nach Osten die Verbindung zum Caprivi-Gebiet und die C 39 verbindet mit dem Westen (Outjo, Khorixas). Im Zuge des aufstrebenden Tourismus ist der Ort – neben den naheliegenden Gästefarmen – auch ein Versorgungspunkt geworden (Supermarkt, Tankstellen, Autoreparatur).

Sehenswert für historisch interessierte Besucher ist das Khorab Memorial. Es erinnert an die Kapitulation der deutschen Schutztruppe vor den Südafrikanern. Im Juli 1915 hatten sich die Kommandeure der Schutztruppe – Seitz und Franke – entschlossen, zu kapitulieren. Fast 3.500 deutsche Militärs gingen in Gefangenschaft. Die Anfahrt ist etwas verzwickt: Von Süden aus durchquert man den Ort und überquert anschließend die Bahnlinie. Am Hinweisschild nach rechts abbiegen. Es geht entlang eines Zauns, dann wieder nach rechts und dann nochmals nach rechts… man hat das Ziel erreicht.

Reisepraktische Informationen Otavi

Vorwahl 067

Unterkunft (▶ *Karte S. 457*)
Gabus Game Ranch $$ (9), ☏ 067/234291, *office@gabusnamibia.com*, *www.natron.net/tour/gabus*. 730 N$ p. P./DZ inkl. Frühstück. Lage: Die Gabus Game Ranch erreicht man, wenn man durch Otavi fährt, Richtung Outjo, auf der C39. Nach 2 km biegt man ab auf die D3031 Richtung Lake Guinas. Gabus Game Ranch liegt 10 km außerhalb von Otavi. Beschreibung: Am Haupthaus der Farm zieht ein Wasserloch Tiere an. Es gibt hier Zebras, Antilopen, Wasserböcke, Kudus und Giraffen. Die Farm liegt am Fuß der Uiseb-Berge und wird von der Familie Kühl bewirtschaftet. Es gibt riedgedeckte Bungalows, alle mit Bad, WC und Klimaanlage. Jeder Bungalow hat eine eigene Terrasse, es gibt ein Schwimmbad und eine Bar. Das Essen ist landestypisch und sehr gut. Ausflüge zu Tropfsteinhöhlen und zu einer Winzerei (Thonningii Wynkelder) werden angeboten.
Ohange Lodge $$ (6), ☏ 067/234031, *ohangejk@iway.na*, *www.ohange.com*. 765 N$ p. P. im DZ inkl. Frühstück. Lage: in den Otavibergen. Beschreibung: Das Hauptgebäude und die

zehn Bungalows aus Naturstein fügen sich harmonisch in die Landschaft ein und bieten einen tollen Ausblick in die Weite der namibischen Landschaft und auf Wasserstellen. Sehr freundliche Gastgeber, die einem viel Wissenswertes über Namibia und seine Fauna und Flora nahe bringen.

Khorab Safari Lodge $ (10), ☎ 067/234352, reservations@khorablodge.com, www.khorablodge.com. Ab ca. 485 N$ mit Frühstück p. P. im DZ. Lage: 4 km südlich von Otavi an der B 1. Beschreibung: 10 gemütliche Bungalows mit je zwei Doppelzimmern (jeweils mit eigenem Bad). Sehr schöne Gesamtanlage, Pool, Wanderwege, geschmackvoll eingerichtet, mit gutem Restaurant. 2 Stellplätze zum Campen vorhanden (Grillplatz, saubere Sanitäranlagen). Ausflüge zu Tropfsteinhöhlen und zur Winzerei (Thonningii Wynkelder).

Zum Potjie Rest Camp $ (8), ☎ 067/234300, info@zumpotjie.com, www.zumpotjie.com. 350 N$ p. P./DZ mit Frühstück im Bungalow, Camping ca. 60 N$ p. P. Lage: 8 km nördlich Otavi an der B 1 Richtung Tsumeb. Beschreibung: freundliche, preiswerte Anlage mit Swimmingpool, Wandermöglichkeiten. Zum Essen werden frische Farmprodukte angeboten. Es gibt hier ein kleines Museum. Frau Kästner zeigt mit Begeisterung Exponate zum früheren Leben in Namibia.

Einkaufen

An der Total-Tankstelle liegt **Fourways Biltong and Meat**. Hier gibt es das beliebte Trockenfleisch aus Rind und Wild.

Weiterreise-Möglichkeiten

* **Von Tsumeb zum Caprivi:** Von Tsumeb aus kann man – je nach Routenverlauf und vor allem je nach der zur Verfügung stehenden Zeit – einen Abstecher zum Caprivi-Streifen unternehmen. Anfahrt über die C 42, dann die B 8 über Rundu bis Katima Mulilo. Unterwegs können Sie die Popa Falls am Okavango besuchen und einen Abstecher nach Shakawe am Oberlauf des Okavango unternehmen (Allradfahrzeug notwendig) oder weiter bis in die Nähe von Katima Mulilo reisen, um hier am Kwando-Fluss ein „Stück Okavango-Delta in Namibia" zu erleben (Lianshulu Lodge). Entfernungen: Tsumeb – Rundu: 308 km, Rundu – Katima Mulilo ca. 500 km. *Abstecher zu den Popa Falls*
* **Von Tsumeb in das Kaudom Game Reserve:** Man nimmt die B 8 für 50 km Richtung Rundu, biegt dann in die C 44 nach Tsumkwe ab – weitere 212 km, von Tsumkwe weitere 60 km auf der Pad 3301 nach Norden bis zum südlichen Camp Sikereti.
* Der vorgeschlagenen Rundreise-Route folgend **zum Waterberg-Gebiet:**

Tsumeb – Hoba-Meteorit – Waterberg

Paradies für Wanderfreunde

Zunächst geht es vorbei am eindrucksvollen Hoba-Meteoriten, Zeugnis eines immensen galaktischen Einschlags. Später führt die Fahrt durch weites, von keiner Siedlung tangiertes Farmland bis zum weit sichtbaren Waterberg-Gebirgsplateau. Für Wanderfreunde ist dieses Bergmassiv ein Paradies: Die Schönheit der einmaligen Natur erschließt sich vor allem auf einer Wanderung auf dem Plateau.

Tageskilometer
ca. 270 km

Tankstellen
Tsumeb, Otjiwarongo, Waterberg Plateau Park

 Streckenhinweise

Von Tsumeb aus fahren Sie die Pad C 42 bis kurz (3 km) vor Grootfontein. Hier fahren Sie in die Pad 2859 (etwa 15 km) zum Hoba-Meteoriten. Danach nehmen Sie die Pad 2860, bis Sie die große Teerpad B 8 (C 44) Grootfontein – Otavi kreuzen. Diese überqueren Sie und fahren die Pad 2612 bis zur Abzweigung nach links in die Pad 2512. Sie kommen dann am Waterberg vorbei.

Unterwegs zum Waterberg-Gebiet

Hoba-Meteorit

National-denkmal

Ungefähr 20 km westlich von Grootfontein wurde in den 1920er-Jahren auf der Farm Hoba-West der wahrscheinlich zweitgrößte Meteorit der Welt gefunden. Der Brocken wiegt 55 t, ist ungefähr 3 m lang und 1 m „dick". Mittlerweile wurde das Erdreich um den Meteoriten ausgegraben und eine Art Amphitheater zum Betrachten des galaktischen Besuchers angelegt. Selbst Toiletten und Grillplätze fehlen nicht. Außerdem gibt es einen Aufseher, der nebenher eine kleine Landwirtschaft betreibt und die Besucher beobachtet, denn: In der Vergangenheit haben sich Touristen mit Eisensägen und sonstigem geeigneten Werkzeug an den Meteoriten herangemacht, um ein Souvenir mitzunehmen…

Touristische Attraktion: der Hoba-Meteorit

Tsumeb – Waterberg

Gästefarmen, Lodges und Campingplätze

1 Treesleeper Camp	10 Khorab Safari Lodge	19 Otjibamba Lodge
2 Baobab Game Ranch	11 Kambaku Safari Lodge	20 Wesrand Farm
3 Uris Safari Lodge	12 Frans Indongo Lodge	21 Weaver's Rock Guest Farm
4 Ghaub Gästefarm	13 Aloegrove Safari Lodge	22 Okonjima Lodge
5 Roy's Rest Camp	14 Wabi Game Ranch	23 Mount Etjo Safari Lodge
6 Ohange Lodge	15 Waterberg Wilderness Lodge	24 Dinosaurier-Spuren
7 Gästefarm Dornhügel	16 Waterberg Rest Camp	Gästefarm und Camping
8 Zum Potjie Rest Camp	17 Hamakari Jagdfarm am Waterberg	
9 Gabus Game Ranch	18 Waterberg Guest Farm	

© l graphic

Auf einer Erklärungstafel steht: „*Größter bekannter Metall-Meteorit der Welt. Zusammensetzung: 93 % Eisen, 7 % Nickel mit Spuren von Kobalt, Kupfer und Chrom. Gefunden in den frühen 1920er-Jahren durch Herrn J. H. Brits, den ehemaligen Eigentümer der Farm Hoba. 1955 als Nationales Denkmal erklärt.*"

Es gibt hier einige schöne Picknickplätze (Wasser) unter schattigen Bäumen sowie Grillmöglichkeiten und sanitäre Einrichtungen. Ein kleiner Verkaufsstand bietet Erfrischungen an.

info

Was sind Meteoriten?

Meteoriten sind Gesteinskörper oder große Nickeleisenklumpen, die bei ihrem Flug durch die dichte Atmosphäre nicht verglüht sind (so wie beispielsweise Sternschnuppen oder Meteore). Sehr selten passiert es, dass Meteoriten als große Stücke die Erde erreichen. Meistens werden sie in viele tausend kleine Stücke gesprengt. Jährlich prasseln ca. 11.000 Meteorite auf die Erde herab, allerdings meistens sehr kleine. Nur wenige davon gelangen zur wissenschaftlichen Prüfung. Die Erde erhält durch meteoritischen Staub täglich einen enormen Massenzuwachs. Würde man diese Masse gleichmäßig verteilen, ergäbe das bei einem Erdalter von drei Milliarden Jahren eine Schicht von 5 m Dicke.

Wenn Meteoriten zur Erde fallen, hinterlassen sie eine hellleuchtende Spur, die etwa in der Höhe von 100 km beginnt. Je dichter die Atmosphäre wird, desto mehr wird der Meteorit gebremst (Hemmungspunkte liegen zwischen 42 und 4 km Höhe). Hier zerspringen die meisten Meteoriten explosionsartig.

Waterberg Plateau Park

Überblick

Waterberg heißt so viel wie „Wasserberg". Dieser freistehende Berg (1.900 m über dem Meer gelegen), erstreckt sich auf etwa 48 km Länge und bildet oben ein Plateau von 8–16 km Breite. Durch seine herausragende Lage inmitten einer sonst flachen Savannenlandschaft fängt er in der Regenzeit die Niederschläge ab. Deshalb ist er vegetationsreicher als die Umgebung. Auch hier gibt es Felsgravuren und Malereien zu sehen.

Das Waterberg Plateau ist eher von landschaftlichem Reiz, die Tiere sind sehr scheu und flüchten schon von weitem.

Anschluss an organisierte Touren Das Waterberg Rest Camp bietet Rasthäuser und Campingplätze und verfügt über ein Restaurant, einen Swimmingpool sowie eine Tankstelle. Zudem gibt es sehr schöne Übernachtungs- und Aufenthaltsmöglichkeiten in der Umgebung. Die Naturschutzbehörde will die Flora und Fauna des Waterberg Plateau Parks so gut es geht schützen. Deshalb kann man hier nicht „auf eigene Faust" herumfahren, sondern muss sich mehrmals täglich stattfindenden Touren in Allradfahrzeugen, von erfahrenen Rangern begleitet, anschließen.

Ragt aus der Ebene: das Waterberg Plateau

Tierwelt

Die Gründung des Parks hatte vor allem das Ziel, die einmalige Tierwelt dieses Gebiets zu schützen bzw. sogar neue Tierarten anzusiedeln. So gelang es, hier Pferde-Antilopen aus dem Kavango-Gebiet, Rappen-Antilopen aus dem Caprivi-Streifen, Elen-Antilopen und Giraffen „sesshaft" zu machen. Die anzutreffenden Breitmaulnashörner stammen ursprünglich aus Südafrika, einige Spitzmaulnashörner brachte man aus Etosha hierher. Einmalig in Namibia ist eine hier heimische Büffelherde. Weitere Tierarten am Waterberg: Kudus, Angola-Schwarznasenimpalas, Leier-Antilopen, Warzenschweine, Oryx-Antilopen und Paviane. Daneben leben hier die entsprechenden Raubtiere: Geparde, Leoparden, Streifen- und Schabrackenschakale sowie Wüstenluchse. Damara-Dikdiks sieht man des Öfteren – vor allem morgens und am frühen Abend – in der Nähe des Camps.

Mehr als 200 Vogelarten wurden im Waterberg-Gebiet beobachtet. Besonders einmalig sind die Kapgeier, deren einzige Brutstätte in Namibia hier am Okarukuwisaberg liegt.

Mehr als 200 Vogelarten

Geologie

Das Waterberg-Plateau wird von einer 180–200 Millionen Jahre alten Etjo-Sandschicht gebildet. Diese Schicht ist porös und speichert daher das Wasser, das langsam den Sandstein durchsickert, bis es auf ein wasserundurchlässiges lehmartiges Gestein stößt (Omingonde-Formation). Entlang diesem Quell-Horizont tritt das Wasser zu Tage, sichtbar u. a. an der grünen Pflanzenwelt.

Geschichte

Bevorzugtes Siedlungsland

Schon seit Urzeiten war die Region um den Waterberg **bevorzugtes Siedlungsland**. Davon zeugen u. a. Felszeichnungen am Karakuwisaberg (nördlicher Teil des Waterbergs). 1851 entdeckten Francis Galton und Charles Andersson als erste Weiße dieses Gebiet. In ihren Tagebüchern berichten die Forschungsreisenden von San, die sie hier antrafen. Für die Herero war das Gebiet um den Waterberg stets eine beliebte **Weidelandschaft**. Der Herero-Häuptling Kambazembi ließ hier eine Herde von annähernd 40.000 Rindern weiden. Und da hier viele Einheimische lebten, fassten auch Missionare Fuß: 1873 wurde bei Otjozondjupa die Rheinische Mission sesshaft, die allerdings während des Herero-Khoikhoi-Kriegs einige Jahre später wieder zerstört und 1891 nochmals aufgebaut wurde. 1896 bezog hier auch die deutsche Polizei Stellung, wovon noch Ruinen südlich des Rasthauses zeugen. Das heutige Restaurantgebäude diente früher als Wohnhaus für die Polizeibeamten und wurde nach Einrichtung des Parks stilvoll restauriert.

Eine traurige historische Bedeutung erlangte der Waterberg dadurch, dass hier die größte Schlacht zwischen den Herero und der deutschen Schutztruppe stattfand (11. August 1904), in der die Herero eine vernichtende Niederlage erlitten.

Gemeinsame Gedenkfeiern

Jährlich findet am Waterberg eine gemeinsame Gedenkfeier von Herero und Deutschen statt. Der Führer der Herero, Kuaima Riruako, hielt während des Treffens am 18. 8. 1981 eine Rede, in der er u. a. sagte: „Es ist der Lauf der Geschichte, dass aus früheren Feinden Freunde werden, Freunde, auf die Verlass ist. Die Herero tragen keinen Hass mehr in ihren Herzen und tragen auch nichts nach. Wir strecken die Hand über die Gräber zur Freundschaft aus und sind zur Zusammenarbeit bereit."

Auf Fußsafari

Herero-Aufstand am Waterberg

Die Herero kamen im Verlauf des 18. Jahrhunderts von Norden über den Kunene in den mittleren Teil von Südwestafrika. Ab 1840 siedelten sie im Gebiet zwischen Grootfontein sowie der Linie Swakopmund – Windhoek – Gobabis. Als nomadisierendes Bantuvolk trieben sie eine extensive Viehwirtschaft. Sie vertrieben, versklavten oder töteten die Damara, die dieses Gebiet schon vorher bewohnten. Doch nach Süden vermochten sie sich nicht weiter auszubreiten, da die Nama ihnen großen Widerstand entgegensetzten. 1840 kam es zu blutigen Auseinandersetzungen zwischen Nama und Herero, wobei den Nama der Sieg dank der Feuerwaffen gelang, die die befreundeten Nama-Orlam-Stämme südlich des Oranje ihnen zusammen mit Hilfstruppen zur Verfügung stellten. Die Herero unterlagen, wurden von den Nama unterdrückt, und erst nach einer weiteren Generation konnten sich die Herero in den Jahren 1863/64 von der Knechtschaft befreien. Doch schon bald darauf holten die Nama zum Gegenschlag aus, nahmen viele Herero gefangen und stahlen große Teile ihres Viehs.

Sowohl mit den Nama im Süden als auch den Herero im Norden schloss das deutsche Reich einen Schutz- und Freundschaftsvertrag. Der Vertrag sollte deutsche Staatsbürger und ihr Eigentum schützen. Er schützte aber auch die Herero, da sie sich unter ein deutsches Protektorat gaben. Der Kommandeur der Schutztruppe Leutwein verfolgte eine Befriedungspolitik, deren Duktus sich in folgender Aussage niederschlägt: „Nicht mit Blut und Eisen ... sollte Kolonialpolitik betrieben werden, sondern mit Verständnis für die gewordene Eigenart der vorgefundenen Bevölkerung." Leutwein versuchte, bei allen Stämmen des Gebietes um Sympathien und um Anerkennung der deutschen Kolonialmacht zu werben.

Auf der Seite der Herero stand Leutwein Samuel Maharero gegenüber. Gemeinsam kämpfte man 1894 und 1897 gegen die Khoi Khoi, wofür Maharero gar mit einer kaiserlichen Kriegsauszeichnung belohnt wurde. Maharero war als Herrscher der Herero nicht unumstritten. Leutwein stand Maharero zur Seite, als dieser um Schutz seiner Residenz in Okahandja bat. So ließ Leutwein hier und in anderen Teilen des Herero-Landes militärische Stationen aufbauen. Samuel Maharero bewunderte die Lebensweise der Weißen. Das verführte ihn zum Konsumrausch. Er umgab sich mit europäischen und amerikanischen Luxusgütern, die er mit Land und Vieh bezahlte. Doch von Landausverkauf konnte noch nicht die Rede sein: 1903 waren nur 4 % des Herero-Landes in den Händen der Weißen.

Die Gründe für den Herero-Aufstand waren vielfältig:

- Betrügerische Händler übervorteilten Herero und trieben Teile des Volkes in große **Schulden**, in Not und in Abhängigkeit. Diese Menschen verarmten, da sie ihre Schulden mit Land oder Vieh bezahlen mussten.
- Es gab ungesühnte **Tötungsdelikte** von Weißen an Herero.
- Es wurde von **ungeklärten Todesfällen in Gefängnissen** gemunkelt.
- Von Jahr zu Jahr mehr wurde den stolzen, freiheitsliebenden Herero bewusst, in welche Abhängigkeiten sie geraten waren.
- Die verheerende **Rinderpest** von 1897 vernichtete 50 % des Rinderbestandes, und somit **verloren die Herero Reichtum und Stolz**.
- Mit großem Argwohn verfolgten die Herero ebenfalls die **Befreiung** der durch sie versklavten **Damara** durch die deutsche Schutzmacht und die Zuweisung von Reservatsland an die Damara bei Okombahe. Der kleine Hererostamm von Otjimbingwe wurde 1903 in einem Reservat von ca. 132.000 ha zusammengeschlossen.
- Der **Erwerb von Feuerwaffen** und von Munition sowie das **Stempeln von Gewehren durch das Gouvernement** verärgerten die an eine freie Kriegsführung gewohnten Herero.
- Auch religiöse Motive waren für den Ausbruch des Aufstandes mitentscheidend. Ein Teil der ahnengläubigen Herero erinnerte sich, dass ihre Ahnen vor 40 Jahren den Befreiungskampf

gegen die Nama gebilligt hatten und leiteten hieraus ab, dass auch nun im Sommer 1903 der Segen der Ahnen sicher sei und man mit Kriegsvorbereitungen gegen die Deutschen beginnen sollte.

So wurde schließlich von allen Herero der Beschluss zum Aufstand gefasst. Die Vorbereitungen zum großen Schlag wurden im Geheimen getroffen. Allerdings gelang es nicht, sich mit anderen Völkern gegen die Deutschen zu verbünden. Die Ovambo zogen ihre Zusage zur Kooperation zurück, nachdem von ihnen 500 von nur 7 Deutschen am Fort Namutoni zurückgewiesen wurden. Die Rehobother Baster waren auch keine verlässlichen Verbündeten, da ihr Häuptling Informationen an die Deutschen weiterleitete.

Man wartete den idealen Zeitpunkt ab. Dieser schien gekommen zu sein, als im Winter 1903 ein Stamm der Khoi Khoi, die Bondelswarts, in ihrem Reservat Unruhe stiftete. Leutwein sah sich gezwungen, Truppen in den Süden zu schicken. Samuel Maharero bestimmte, dass Engländer, Baster, Buren, Nama und Bergdamara geschont werden sollten. Ebenso ordnete er an, dass auch die Missionare von diesem Plan nichts erfahren sollten.

Um die Kriegslust zu schüren, verbreitete man das Gerücht, dass die Deutschen im Süden geschlagen worden seien und dabei Leutwein getötet worden sei. Die Herero gingen nun siegessicher zum Angriff über, aber die einzelnen Stämme taten dies zu unterschiedlichen Zeitpunkten. Es kam zu Widerständen gegen weiße Farmer, bei denen Herero arbeiteten, zu Viehdiebstählen und Hamsterkäufen. Am 10. Januar 1904 schließlich sammelten sich in Okahandja 1.000 nicht ortsansässige Herero. In den folgenden Tagen begannen kriegerische Auseinandersetzungen: Morde, Brandstiftungen und Diebstähle. Die Eisenbahnverbindung nach Windhoek wurde zerstört. Die wenigen Truppen, die am Waterberg, in Wilhelmstal, Okasise und Witvley ihren Dienst versahen, wurden getötet.

Die Herero drangen weiter nach Omaruru, Otjimbingwe, Gobabis, Karibib, Outjo, Grootfontein, ja gar nach Windhoek vor. Doch die Deutschen organisierten schnell Gegenmaßnahmen, und zwar von Swakopmund aus. Hauptmann Franke kam von Süden herangeeilt: In nur 4 ½ Tagen schaffte er mit seinen Truppen die 336 km, vertrieb bei Windhoek die Herero und befreite Okahandja sowie Omaruru.

Die Herero flohen nach Norden, wollten aber im Februar wieder nach Süden ziehen, wo ihnen nun Leutwein entgegentrat. Es gelang, die Herero in isolierten Einzelgefechten zu binden und zu zerstreuen. Später jedoch sammelten sie sich in großer Zahl im Khomashochland sowie am Waterberg. Leutwein musste Niederlagen einstecken. Kaiser Wilhelm II. war darüber sehr zornig und löste Leutwein durch General von Trotha ab. Dies war sicherlich ein Missgriff, denn Trotha war kein Landeskenner, eine umstrittene Führerfigur und wurde im Allgemeinen menschlich nicht geachtet. Trotha plante einen **Generalangriff**, und zwar **im Gebiet des Waterberges**, wohin sich die Herero zurückgezogen hatten. Er wollte sie hier umzingeln und vernichtend schlagen, was aber leider gründlich misslang. Aufgrund von Orientierungsschwierigkeiten und schweren taktischen Fehleinschätzungen drohten die Kolonialtruppen zeitweise sogar überrannt zu werden. Schließlich konnte ein großer Teil der Herero mehr oder weniger unbehelligt in Richtung Südosten abziehen.

Der eigentliche **Völkermord** durch die Kolonialtruppen fand nicht am Waterberg selbst statt, sondern im Anschluss an die Schlacht, als die Deutschen den Herero auf ihrem Weg durch die Omaheke-Wüste nachsetzten und systematisch die Wasserversorgung abriegelten. Die meisten Herero verdursteten oder starben an Entkräftung. Nur wenige überlebten den Weg durch die Wüste bis ins britische Protektorat, wo ihnen Asyl gewährt wurde.

Reisepraktische Informationen Waterberg

i **Information**
Öffnungszeiten Park: 6–21 Uhr
Besucherpermits pro Tag 80 N$/Tag für Erwachsene, Kinder unter 16 J. frei, für das Fahrzeug
10 N$/Tag

 Tankstelle
Im Rastlager vorhanden, täglich geöffnet von 8–13 Uhr und 14–17 Uhr

 Geländewagen-Safari
Von der Parkbehörde werden täglich Geländewagen-Fahrten auf das Plateau durchge-
führt. Auskunft erteilt das Camp-Büro.

Wanderungen im Waterberg-Gebiet
Geführte Wanderungen/4 Tage: *Eine 4-tägige geführte Wanderung wird jeweils*
am 2., 3. und 4. Wochenende in den Monaten April bis November durchgeführt. Die Wanderungen beginnen stets am Donnerstag um 16 Uhr am Onjoka-Eingang und dauern bis zum
frühen Sonntagnachmittag. Die Gruppen bestehen mindestens aus 3, maximal aus 8 Personen. Man muss Schlafsack und Verpflegung selbst mitnehmen. Eine frühzeitige Reservierung
ist dringend anzuraten (☏ 061/2857200). Hinweis: Motorräder sind nicht erlaubt.
Unbegleitete Wanderungen: *Zwischen Anfang April und Ende November kann man*
eine Wanderung auf eigenes Risiko (Nashörner!) unternehmen. Die Wanderung beginnt stets
am Mittwoch um 9 Uhr beim Park-Büro und dauert bis Samstag. Die Gruppen müssen mindestens aus 3 Personen bestehen, maximal sind 10 Personen zugelassen. Die Teilnehmer müssen Schlafsack und Proviant selbst mitbringen. Die Gesamt-Tour ist etwa 50 km lang.

Unterkunft (▶ *Karte S. 457*)
Waterberg Wilderness Lodge $$$ (15), ☏ 067/687018, info@waterberg-wil-
derness.com, www.waterberg-wilderness.com. Ab ca. 900 N$ p. P. im DZ inkl. Halbpension. Lage:
direkt unterhalb des Waterberg Plateaus in einem Tal zwischen schroffen Felsen gelegen, 12 km
hinter dem Waterberg Rest Camp (s. u.), an der 2512 (nach insgesamt 105 km von der Ab-
zweigung). Beschreibung: Es werden Wanderungen und Fahrten in die Otjosongombe-Schlucht
und auf das Waterberg Plateau angeboten. Die Lodge bietet 10 Zimmer und eine gute Kü-
che. Entspannen Sie sich am Pool inmitten afrikanischer Landschaft. Die Gesamtanlage ist wirk-
lich idyllisch. Daneben gibt es die **Waterberg Plateau Lodge**. Sie liegt in einem Hochtal
unterhalb der Waterberg Kante mit einem atemberaubenden Blick in die Omaheke-Wüste.
Hier wurden exklusive Bungalows mit eigenem „plunge pool" gebaut (je nach Saison ab ca.
1.000 N$ p. P.). Ein Tipp für Naturliebhaber! Von der Lodge aus werden mehrstündige Wan-
derungen durch das Naturschutzgebiet des Waterberg Plateaus unternommen.
Zudem gibt es einen Campingplatz, die **Waterberg Plateau Campsite** mit 10 schat-
tigen Stellplätzen. Es gibt eine strohgedeckte Bar, Schwimmbad, Duschen/WC; Grillpakete und
Feuerholz erhältlich (150 N$).
Wabi Game Ranch $$$ (14), ☏ 067/306500, info@wabi.ch, www.wabi.ch. 850 N$
p. P./DZ mit Frühstück. Lage: von Norden auf der B8 33 km hinter Grootfontein links in die
D 2612 und weiter über die D 2512, nach 88 km liegt rechts Wabi. Es müssen auf dem Weg
ca. 6 Gatter geöffnet werden. Beschreibung: am Waterberg Plateau gelegen, hier kann man es

sich in einem der 8 luxuriösen Bungalows (auch ein Familienbungalow vorhanden) oder am Pool bequem machen. Wildrundfahrten und Wanderungen werden angeboten.

Kambaku Safari Lodge $$$ (11), ☎ 067/306292, mail@kambaku.com, www.kambaku. com. Ab 95 € p. P./DZ inkl. Halbpension. Lage: 71 km nördlich von Otjiwarongo an der B1 den Abzweig 2808 nehmen, nach 17 km erreichen Sie Kambaku. Beschreibung: Die im afrikanischen Stil erbaute Lodge liegt inmitten einer Wildfarm (25 km Luftlinie zum Waterberg) und bietet Pirschfahrten, Ausritte und Ausflüge in die nähere Umgebung. Besonderheit: Mountainbike-Safaris! Es stehen geschmackvoll eingerichtete Zimmer zur Verfügung. Hervorragend für Familien mit Kindern geeignet.

Hamakari Jagdfarm am Waterberg $$$ (17), ☎ 067/306633, hamakari@iway.na, www.hamakari.com. Ca. 950 N$ p. P. inkl. Halbpension, Camping 100 N$ p. P. Lage: im nordöstlichen Teil Namibias in unmittelbarer Nähe des Waterbergs, ca. 70 km östlich von Otjiwarongo. Beschreibung: Auf der seit 5 Generationen im Familienbetrieb geführten Farm gibt es 6 komfortable Doppelzimmer (alle mit eigenem Bad), eine umfangreiche Bibliothek, einen großen Swimming Pool inmitten eines tropischen Gartens sowie Wild- und Vogelbeobachtungsplätze. Der Waterberg Plateau Park mit seinen seltenen Tierarten und faszinierenden Felsformationen, sowie das angrenzende Hereroland können von hier aus besucht werden. Auf dem Farmgelände findet man die Gräber der 1904 im Kampf mit den Herero gefallenen deutschen Soldaten und eine Gedenkstätte an den Hereroaufstand.

Waterberg Guest Farm $$ (18), Buchung über Exclusive Reservations, ☎ 061/237294, reservations@exclusive.com.na, www.waterbergnamibia.com. 690 N$ p. P./DZ mit Frühstück, Bungalow 1.025 N$ p. P. (ab 01.11.2012: 725 N$ bzw. 1.080 N$). Beschreibung: Die von der Familie Schneider-Waterberg seit vier Generationen geführte Waterberg Farm liegt – wie der Name vermuten lässt – inmitten der beeindruckenden Landschaft am Fuße des Waterbergs.

Auf dem Gelände des Waterberg Rest Camp ist schönes Camping möglich

Das 42.000 Hektar große Gelände ist die Heimat vieler Tiere: Leoparden, Geparde, verschiedene Antilopen-Arten, Klippspringer und über 240 Vogelarten können Besucher auf der Farm entdecken. Die Gästefarm bietet Unterkunftsmöglichkeiten in vier komfortablen Doppelzimmern sowie zwei nach Herero-Art errichteten Bungalows etwas abseits vom Haupthaus. Vorzügliche namibische Küche und toller Blick auf den Waterberg bei Sonnenuntergang.

Waterberg Rest Camp \$\$ (16), Central Reservations Office: ☎ 061/2857200, reservations@nwr.com.na, www.nwr.com.na. Je nach Saison 500 bis 650 N\$ p. P. im Bush Chalet, DZ ca. 350 bis 450 N\$ p. P., Camping 100 N\$/Platz zzgl. 100 N\$ p. P. Lage: Einfahrt in den Park von Otjiwarongo/Okahandja über B 1, dann auf die C 22, dann weiter über D 2512. Beschreibung: Übernachtet werden kann in komfortablen und gut ausgestatteten Bush-Chalets mit Zwei- und Vier-Bett-Zimmern, Familienapartments und Doppelzimmern, die größeren Chalets haben einen Grillplatz, eine Tee-Station und einen Kühlschrank. Das Camp bietet Restaurant, Bar und Kiosk, die im historischen „Rasthaus" untergebracht sind, das 1808 erbaut wurde und damals als Polizeistation diente. Außerdem gibt es einen Souvenirshop, einen Swimmingpool mit Bar und einen Campingplatz. Es werden geführte Safaris zu Fuß und mit dem Auto (morgens und abends) angeboten, bei denen man seltene und geschützte Tierarten wie das Schwarze und Weiße Nashorn, Büffel und die Rappenantilope zu Gesicht bekommen kann. Von den Anhöhen des Plateaus hat man fantastische Ausblicke in die Ebene und kann die Weite Namibias förmlich spüren. Problem: die vielen Paviane – halten Sie Fenster und Türen immer gut geschlossen!

Frans Indongo Lodge \$\$ (12), ☎ 067/307946/7, indongo@mweb.com.na, www.indongo lodge.com. Ca. 750 N\$ p. P. im DZ inkl. Frühstück. Lage: 26 km nördlich von Otjiwarongo biegen Sie von der B1 auf die D 2433, hier weitere 17 km. Oder von Norden kommend 92 km südwestlich von Otavi in die D 2433 einbiegen. Beschreibung: Die Lodge liegt idyllisch in der weiten Ebene nördlich des Waterberg-Massivs. Alles ist äußerst geschmackvoll und gediegen eingerichtet, das Essen sehr gut. Swimmingpool und eine große Holzveranda mit Lapa (riedgedeckt) runden das Afrika-Feeling ab. Das 17.000 ha große Farmgelände beherbergt viele Wildarten, so auch das Spitzmaulnashorn.

 Öffentliche Verkehrsmittel
keine Anbindung!

Idealer Zwischenstopp zu Versorgungszwecken:

Otjiwarongo

Otjiwarongo, heute etwa 22.000 Einwohner zählend, liegt zwischen dem Otavi-Dreieck (Otavi–Tsumeb–Grootfontein) und Windhoek. Das umliegende Gebiet ist gutes Rinder-Farmland, südöstlich der Stadt liegt das Waterberg-Massiv, ebenso ein touristischer Magnet wie die Cheetahs (Geparde), die man auf umliegenden Farmen in natürlicher Umgebung beobachten kann (deshalb der Beiname „Cheetah Capital of the World"). 1907 wurde Otjiwarongo an die Otavi-Eisenbahn angeschlossen, somit war die Verbindung zur Küste von Swakopmund perfekt. Von dieser Zeit zeugt die Henschel-Lokomotive vor dem Bahnhof, die noch genauso aussieht, wie sie damals im Einsatz war. Der Ort macht dank Bewässerung einen ‚grünen' Eindruck, es gibt alle wichtigen Versorgungsmöglichkeiten.

„Cheetah Capital"

Das **Tourist Rendezvous** liegt am südlichen Eingang von **Otjiwarongo**. Hier gibt es ein kleines Freilichtmuseum mit Gegenständen aus der alten Farmerszeit, einen Andenkenladen, einen „tea room" sowie ein Internet-Café. Draußen kann man auf einem gepflegten Rasen den Lunch einnehmen oder sich Sandwiches zusammenstellen lassen. Es werden auch einige Zimmer mit Selbstversorgungs-Möglichkeiten angeboten. Ein idealer Stopp für Selbstfahrer auf dem Weg in den Norden oder nach Süden.
Tourist Rendezvous Otjiwarongo, *Ecke Hage Geingob und School Street,* ① *067/307085,* ☎ *067/307086*

Reisepraktische Informationen Otjiwarongo

Vorwahl 067

ℹ Informationen
Tourist Rendezvous, *Hage Geingob St.,* ① *067/307085. Mit kleinem Museum, Coffee Shop und Curio Shop.*

➕ Arzt/Ambulanz
Medi Clinic, *Sonn Street,* ① *067/303734*
State Hospital, *Dr. Libertina Amathila Drive,* ① *067/300900*

🛏 Unterkunft
Out of Africa B&B $, *Tuin Street,* ① *067/303397, levaneck@iway.na, www.outofafrica-namibia.com. Preise auf Anfrage. Lage: leicht abseits vom Stadtzentrum gelegen. Beschreibung: sonnige, hübsch eingerichtete Räume inmitten üppiger Vegetation. Gutes Preis-Leistungsverhältnis. Frühstück, sicheres Parken, Schwimmbad, eigenes Badezimmer und Fernsehen inklusive. Bungalows auch für Selbstversorger eingerichtet.*

Auch die kleinen Tiere Namibias sind einen Blick wert

Bush Pillow Guesthouse $, ✆ 067/303885, *reservations@bushpillow.hypermart.net, www.bushpillow.hypermart.net. 620 N$/DZ mit Frühstück (ab 2013: 680 N$). Lage: Ecke Son Rd./Hoog St., gegenüber dem Sportplatz. Beschreibung: 6 Doppel- und 1 Familienzimmer, je mit Bad. Swimmingpool, Restaurant und Bar vorhanden. Individuell und stilvoll eingerichtet, angenehme Atmosphäre.*

Camping (▶ Karte S. 457)

Wesrand Farm $ **(20)**, ✆ 060/8007974, *wesrand@mweb.com.na. Camping 100 N$ p. P. inklusive Feuerholz, Elektrizität vorhanden. Lage: den Dr. Libertina Amathila Drive westlich der Stadt entlang, dann links auf die C33 nach Süden. Nach 10 km beim kleinen Wesrand-Hinweisschild nach rechts auf die Kiesstraße einbiegen. Nach 6 km erreichen Sie die Farm. Beschreibung: klassische afrikanische Farm mit wunderschönen Campingplätzen und prächtiger Aussicht inmitten der Bushveld-Ebene. Die gemeinschaftlich genutzten sanitären Einrichtungen unter freiem Himmel gehören zu den besten in Namibia; Clou ist die Bademöglichkeit unter freiem Himmel, von der aus man die nahe gelegenen Bergkuppen überblicken kann. Möglichkeit, von nahe gelegenen Städten abgeholt zu werden. Des Weiteren Gelegenheit, bei der farmeigenen Viehbetreuung (z. B. frei laufende Ziegen) mitzuhelfen; außerdem gute Wandermöglichkeiten.*

🛏 Unterkünfte in der Umgebung (▶ Karte S. 457)

Ca. 4 km südlich Otjiwarongo

Otjibamba Lodge $$ **(19)**, ✆ 067/303133, *info@otjibamba.com, www.otjibamba.com. Ca. 600 N$ p. P./DZ inkl. Frühstück. Lage: nur 4 km auf der B 1 südlich von Otjiwarongo liegt die Otjibamba Lodge nahe der Hauptstraße. Beschreibung: Die Lodge ist umgeben von einer Wildfarm, welche verschiedene Wildarten beherbergt. Swimmingpool, gemütliche Lounge und sehr gutes Essen. Es stehen 20 Bungalows zur Verfügung. Eher für einen Zwischenstopp zwischen Windhoek und Etosha geeignet (viele Busgruppen).*

Ca. 15 km nördlich von Otjiwarongo

Aloegrove Safari Lodge $$ **(13)**, ✆ 067/306231, *aloegrove@mweb.com.na, www.aloegrove.com. 730 N$ p. P. im DZ, inkl. Frühstück. Lage: ca. 15 km nördlich von Otjiwarongo biegen Sie rechts ab, in die Zufahrt zur Aloegrove Safari Lodge. Beschreibung: Die Lodge liegt auf einer kleinen Anhöhe inmitten der afrikanischen Buschsavanne und bietet einen herrlichen Ausblick in die Weite, 360 Grad Rundblick. Es werden Pirschfahrten und Raubtierfütterungen (Löwen, Geparde und Leoparden) angeboten. Es stehen 6 rustikal eingerichtete Bungalows zur Verfügung.*

Ca. 35 km südöstlich Otjiwarongo

Weaver's Rock Guest Farm $ **(21)**, ✆ 067/304885, *srtc@iway.na, www.weaversrock.com. 880 N$/DZ mit Bad inkl. Frühstück, Camping 100 N$ p. P. Lage: südlich von Otjiwarongo von der B 1 in die C 22 Richtung Okakarara einbiegen, nach wenigen Kilometern befindet sich auf der rechten Seite die Weaver's Rock Guest Farm. Beschreibung: Nach der Einfahrt zur RL-Farm gelangt man nach 2 km an ein altes Haus aus der Schutztruppenzeit (Beobachtungsposten). In diesem Haus sind Küche und sanitäre Einrichtungen untergebracht, ebenso gibt es eine Bar und einen Pool. Die Campingplätze sind schön angelegte Rasenplätze, Strom und Grillmöglichkeit vorhanden.*

106 km südwestlich Otjiwarongo
Mount Etjo Safari Lodge $$$$$ (23), s. S. 471
Dinosaurier-Spuren Gästefarm und Camping $ (24), s. S. 472

🍴 Restaurants

O. Carstensen Bäckerei, St. George's St., Otjiwarongo, ☎ 067/302326. Ein belebter Ort, an dem sich der authentische Charme einer deutschen Dampfbäckerei mit Kamin und eine stilvolle Atmosphäre zum Dinieren verbinden. Frisches Brot, verschiedene Kuchen und Sandwiches zieren die Speisekarte ebenso wie komplette Mahlzeiten, die Fleisch-, Nudel- und vegetarische Gerichte einschließen.

Kameldorn Garten, 17 Hindenburg St., Otjiwarongo, ☎ 081/2445967. Zwei Blocks südlich des Marktplatzes der Hage Geingob St., dann rechts in die Hindenburg St. Sehr entspannte Atmosphäre; die Tische sind von üppigen Grünpflanzen umgeben. Einheimische kommen gern, um nach einem langen Tag zu entspannen. Die Speisekarte bietet Frühstück, leichte Gerichte sowie preiswerte „Dinner Specials" mit jeder Menge frischem Gemüse.

Prime Rib Restaurant, 12 River St., Otjiwarongo, ☎ 067/303165. Gleich bei Hage Geingob St. Der beste Platz der Stadt für Fleischgerichte. Es gibt Steaks (28–46 N$), Pizza, Burger und Salate für Vegetarier. Geöffnet Mo–Sa 12–14.30 Uhr und 18–21 Uhr. Es wird nur Barzahlung akzeptiert.

Otjibamba Lodge Restaurant, ☎ 067/303133. 3 km südlich der Stadt an der Hage Geingob St. auf der rechten Seite gelegen. Das eher gehobene à-la-carte-Restaurant bietet Fisch, Schwein und Rind. Zu empfehlen sind besonders die Straußenfleisch-Gerichte.

@ Internet-Zugang

Communication Center, ☎ 067/303852, Market Square

✉ Post

Hage Geingob Street beim Market Square, Mo–Di und Do–Fr 8–16.30 Uhr, Mi 8.30–16.30 Uhr, Sa 8–12 Uhr

🚂 Zug

Der Bahnhof befindet sich am Dr. Libertina Amathila Drive an der Westseite der Stadt. Der Fahrkartenschalter im Bahnhof ist Mo, Mi, Fr 7–16 Uhr geöffnet; das Nachlösen der Fahrscheine im Zug kostet 5 N$ mehr als der Normalpreis.

🚌 Bus

Intercape-Busse fahren von der BP-Tankstelle in der Hage Geingob St. in folgende Städte: Victoria Falls (17 Std.; Mo, Fr 17.45 Uhr; ca. 500 N$) über Tsumeb (2 Std.; 300 N$).

Zwei besondere Stopovers: die Gästefarmen Okonjima und Mount Etjo Safari Lodge

Die Gästefarmen sind für alle zu empfehlen, die keinen längeren Aufenthalt am Waterberg wünschen und hier nur einmal „vorbeifahren" wollen. Ebenso lässt sich von beiden Gästefarmen bequem ein Tagesausflug zum Waterberg realisieren. Sicherlich sind beide ausgewählten Farmen ein idealer Abschluss einer großen Namibiareise, bevor es zurück nach Windhoek geht.

Okonjima

Okonjima ist ein Herero-Wort und bedeutet „Ort der Affen". Das ehemalige Farmgelände ist schon seit Jahrzehnten im Besitz der Familie Hanssen, auch heute noch ist der Betrieb familiengeführt. In den 1970er-Jahren war Okonjima eine Rinderfarm und die Familie hatte – wie auch die angrenzenden Farmer – große Probleme mit wildernden Raubkatzen. Zunächst wurde auf dem üblichen Weg, also durch gezielte Jagd und durch Tierfallen, versucht, die Viehverluste durch Raubkatzen zu minimieren – mit mäßigem Erfolg. Die intensive Beschäftigung mit der Lebensweise der Tiere sowie das Interesse der Touristen an den faszinierenden Großkatzen führten letztlich zu einem Umdenken und Okonjima entwickelte sich langsam von einer traditionellen landwirtschaftlichen Farm zu einem Naturschutzgebiet und beliebten touristischen Ziel.

Ort der „Affen"

1993 wurde auf Okonjima die **AfriCat**-Stiftung (www.africat.org) gegründet, die sich den Schutz und Erhalt der afrikanischen Großkatzen, insbesondere von Geparden und Leoparden, auf die Fahnen geschrieben hat. Oft werden in Namibia wildernde Groß-

Auf Okonjima kann man Leoparden ganz nah erleben

katzen von Farmern in Käfigfallen gefangen und anschließend erschossen. AfriCat bietet die Möglichkeit, die gefangenen Tiere abzugeben oder abholen zu lassen, anstatt sie zu töten. Die Katzen werden dann auf Okonjima gefüttert, versorgt und ggf. medizinisch behandelt. Anschließend werden die Tiere wenn möglich wieder ausgewildert.

Der **Wildbestand** auf dem Gelände von Okonjima ist beeindruckend, neben Leoparden, Geparden, braunen Hyänen und Tüpfelhyänen, verschiedenen Antilopenarten, Giraffen und Pavianen finden sich auch kleinere Vertreter wie Honigdachse, Spring- und Buschhasen, Erdhörnchen und verschiedene Mangustenarten. Außerdem wurden über 250 verschiedene Vogelarten auf Okonjima identifiziert, darunter auch einige endemische Arten.

Zu den Hauptattraktionen auf Okonjima gehört die Leoparden-Beobachtung. Die anmutigen Raubkatzen bewegen sich auf dem Gelände frei und suchen sich dort auch selbst Ihre Beute. Die Tiere sind sehr scheu und es kann nicht garantiert werden, dass man auch wirklich welche zu Gesicht bekommt, allerdings erleichtern Funkhalsbänder die Suche. Besucher können sich entweder auf einer geführten Beobachtungstour im Safarifahrzeug oder zu Fuß auf dem Tracking-Pfad auf die Pirsch begeben.

Eine der besten Farmen zur Wild- und Vogelbeobachtung Abends wird eine Führung angeboten, bei der man nachtaktive Tiere wie Stachelschweine und Honigdachse beobachten kann. Okonjima ist eine der besten Farmen zur Wild- und Vogelbeobachtung im Lande und eine exzellente Möglichkeit, viel über Afrikas Tierwelt und Kultur zu lernen. Außerdem kann man auf Okonjima einen Eindruck vom traditionellen **Leben der San** bekommen. So erfährt man entlang des „Buschmann-Trails" unter anderem, wie die San in verbuddelten Straußeneiern Wasser aufbewahren, wie sie ihre Giftpfeile präparieren und wie gut sie Tierspuren lesen können.

**Okonjima Lodge $$$–$$$$** (22 ▶ *Karte S. 457*), ☏ *067/687032, info@okonjima lodge.com, www.okonjima.com. Ab 1.135 N$ p. P./DZ inkl. Halbpension im Maincamp, im Bush Camp ab 3.045N$ p. P./DZ inkl. Halbpension. Aktivitäten p. P. ca. 460 N$. Camping ca. 600 N$ p. P. inkl. 1 Aktivität, guter sanitärer Anlagen und Feuerholz. Zusätzlich wird eine Parkeintrittsgebühr erhoben. Lage: Von Otjiwarongo/Waterberg aus kommend, fahren Sie auf der B 1 Richtung Okahandja. Nach dem Schild „Okahandja 130 km" fahren Sie weitere 2 km, dann biegen Sie nach rechts in die Schotterpiste D 2515 ein. Nach 6 km wieder links in die breite Farm-Pad einbiegen. Ab der Abzweigung B 1/D 2515 ist die Farm gut ausgeschildert, bis zur Farm sind es von dort aus 25 km. Auf der Distrikt-Pad D 2515 müssen 2 „Rolltore" überfahren werden, auf der Farmpad muss man 5–6 Farmtore öffnen (und bitte wieder schließen). Beschreibung: 20 Zimmer im Main Camp, 8 luxuriöse Chalets im Bushcamp. Zudem gibt es die Grand African Villa für 8–12 Personen (inkl. Guide und Game-Drive-Fahrzeug) sowie die Private Bush Suite für 4 Personen. Der angegliederte Omboroko Campingplatz bietet 4 Stellplätze und einen Pool. Die „AfriCat Foundation" fördert den Erhalt großer Raubkatzen. Hervorragende Gelegenheit, die Tiere aus nächster Nähe zu beobachten. Es werden Pirschfahrten, geführte und ungeführte Wanderungen angeboten. Aus Sicherheitsgründen sind Kinder unter 12 Jahren nicht in allen Camps zugelassen, bitte ggf. vorher erkundigen. Okonjima ist sehr gut organisiert.*

Mount Etjo Safari Lodge

Eine weitere interessante Adresse ist die Mount Etjo Lodge, ebenfalls ein privates Wildreservat mit professioneller Einführung in den Naturschutz. Das Gelände wurde im Verlauf der vergangenen 30 Jahre systematisch zu einem privaten Naturschutzgebiet ausgebaut. Kinder können mitgebracht werden.

Privates Naturschutzgebiet

Bei Mount Etjo handelt es sich nicht um eine Farm im eigentlichen Sinne, sondern um ein privates Wildreservat, das Jan Oelofse auf dem mittlerweile über 30.000 ha großen Areal aufgebaut hat. Herr Oelofse (gebürtiger Namibier, seine Vorfahren stammen aus Skandinavien) hat sich schon früh als Naturschützer einen Namen gemacht, bevor er begann, seine ganze Kraft in dieses Projekt zu stecken. Um den heutigen Tierbestand zu etablieren, mussten bestimmte Tierarten ausgesetzt werden. Das Motto von Herrn Oelofse ist: „Nicht wie im Zoo sind die Tiere im Gehege, sondern hier sind es die Menschen". Neben Antilopenarten findet man auf Mount Etjo Elefanten, Giraffen, Strauße, Wasserböcke und Nashörner.

„Menschen im Gehege"

Mount Etjo liegt in einer mit Bäumen bestandenen Buschsavanne unterhalb einer Tafelberg-Kette, von der ein Berg der Mount Etjo selbst ist. Direkt vor der Lodge gibt es einen kleinen Stausee, der fast immer Wasser hat und vor allem Vögel anzieht. Wie auch auf Okonjima werden hier erstklassig geführte Wanderungen sowie Rundfahrten mit dem Jeep angeboten. Interessant ist die allabendliche Löwenfütterung. Bei den Wanderungen werden Sie auf versteinerte Spuren von Tieren aus der Urzeit stoßen. Die Unterkünfte sind hervorragend und im spanischen Stil errichtet. Das Essen ist echt namibisch: Es gibt stets Wildgerichte, aber auch Rind und Geflügel. Das Essen wird am offenen Feuer zubereitet und man kann dabei zuschauen.

Mount Etjo Safari Lodge $$$$$ (23 ▶ *Karte S. 457), ① 067/290173, mount.etjo@ iway.na, www.mount-etjo.com. Ab ca. 1.600 N$ p. P. inkl. Halbpension. Beschreibung: Hunderte von Vogel- und Säugetierarten können beobachtet werden, darunter Elefanten, Breit- und Spitzmaul-Nashörner, Flusspferde, Giraffen sowie zahlreiche Antilopenarten, vom majestätischen*

Spannend: eine Löwenfütterung

Kudu bis hin zum zierlichen Damaraland-Dik-Dik. Großkatzen, wie Löwen, Leoparden und Geparde, streifen ebenfalls durch das Reservat. Wildbeobachtung mit offenen Geländewagen oder zu Fuß, unter der Begleitung von erfahrenen Wildhütern. Alle 22 Zimmer sind komfortabel ausgestattet und afrikanisch dekoriert, mit en-suite-Toilette und Badezimmer. Einige Zimmer in der Main Lodge haben ein eigenes Jacuzzi-Bad. Die Main Lodge verfügt über einen Swimmingpool und Garten und liegt oberhalb einer Wasserstelle, wo viele Tiere – unter anderem Flusspferde – beobachtet werden können.
Es gibt zwei Anfahrtswege

• **unproblematische Strecke:**
Von Otjiwarongo zunächst auf der Pad C 33 bis Kalkfeld. In Kalkfeld biegen Sie nach links in die Pad D 2414 ein. Diese macht gleich hinter den Bahnschienen einen Schlenker nach rechts. Nach knapp 2 km treffen Sie auf eine T-Kreuzung, wo Sie nach rechts abbiegen. Nach weiteren 17 km biegen Sie links in die Pad 2483 ein. Dieser folgen Sie noch 15 km, bis die Lodge auf der linken Seite erscheint.

• **während der Regenzeit problematische Anfahrt (von Windhoek):**
Diese Strecke ist während der Regenzeit problematisch, da mehrere größere Riviere durchquert werden müssen (vorher am besten anrufen, ob Sie fahren sollten). Sie folgen der Pad B 1 bis zur Einmündung der Pad 2483, wo Sie rechts abbiegen. Auf dieser Pad fahren Sie 42 km bis Mount Etjo.

Abstecher zu den Dinosaurier-Spuren

Auf der Farm Otjihaenamaparero, 29 km südöstlich von Kalkfeld, kann man in den ca. 190 Millionen Jahre alten roten Etjo-Sandsteinen beeindruckende Dinosaurier-Spuren entdecken. Bereits 1951 wurden diese zum National Monument deklariert. Die versteinerten Dinosaurier-Spuren stammen von den zur Terapoda-Gruppe gehörenden Ceratosauriern und Syntarsus. Die längere der zwei sich kreuzenden großen Spuren kann man über 28 m verfolgen. Die Dinosaurier hinterließen an den spärlichen Wasserstellen zwischen den damaligen Sanddünen im feuchten Sediment ihre Fußabdrücke. Später wurden die Spuren von Dünensanden abgedeckt und konnten sich so als Spuren-Fossilien erhalten, als sich der Sand zu Sandstein verfestigte.

Dreizehiger Dinosaurier

 Streckenhinweis

Von Kalkfeld aus fahren Sie die D 2414 bis zum Abzweig D 2467 und biegen bei den Schildern DINOSAUR'S TRACKS ein. Nach 1,5 km stehen Sie am Tor vor dem Farmhaus. Eintritt: 20 N$, Kinder (6–12): 10 N$.

Dinosaurier-Spuren Gästefarm und Camping $ (**24** ▸ *Karte S. 457*), ☎ *067/ 290153, dinotracks@mweb.com.na, www.dinosaurstracks.com. 35 € p. P./DZ mit Frühstück, Camping 80 N$ p. P. Im Gästehaus stehen wunderschöne saubere Zimmer zur Verfügung. Schöner, schattiger Campingplatz unter Akazienbäumen in unmittelbarer Nähe zu den Dinosaurier-Spuren. Sehr ruhig und einsam gelegen. Tagesbesucher können für eine Pause kostenlos einen netten Picknickplatz nutzen. Abstecher bequem von Okonjima oder Mount Etjo Safari Lodge möglich.*

Der Nordosten von Windhoek

Streckenabschnitt Waterberg – Windhoek

Schier endlos verliert sich die B 1 irgendwo am Horizont, man atmet sozusagen Namibias Freiheit. Unterwegs lädt **Okahandja** zu einem kurzen Besuch der Herero-Gräber ein. Das **Thermalbad Groß-Barmen** – bei Okahandja gelegen – ist ebenfalls einen Besuch wert.

Herero-Gräber

Tageskilometer
ca. 325 km mit Abstecher nach Groß-Barmen

Tankstellen
Okahandja, Groß-Barmen

Streckenhinweis

Vom Waterberg Plateau Park folgen Sie der Pad 2512 bis zur Einmündung der C 22 (ab hier bis Windhoek ist die Strecke durchgehend asphaltiert), hier nach rechts Richtung Otjiwarongo, dann bei der Einmündung in die B 1 nach links Richtung Windhoek. In Okahandja zweigt dann die Pad 87 nach Groß-Barmen ab (= Abstecher zu den Thermalquellen). Dann wieder zurück auf die B 1 und nach rechts nach Windhoek abbiegen.

Landschaft bei Okahandja

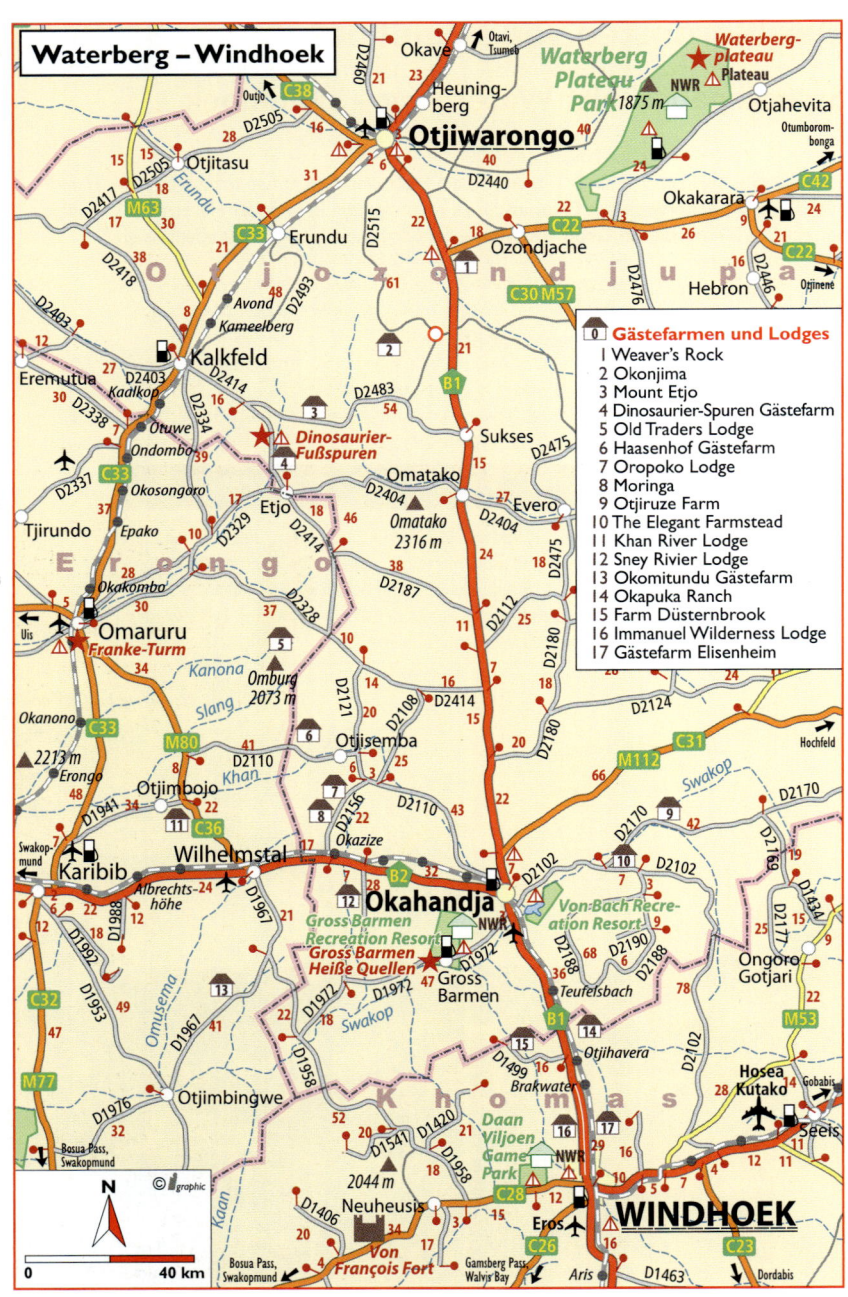

Waterberg – Windhoek

0 Gästefarmen und Lodges
1 Weaver's Rock
2 Okonjima
3 Mount Etjo
4 Dinosaurier-Spuren Gästefarm
5 Old Traders Lodge
6 Haasenhof Gästefarm
7 Oropoko Lodge
8 Moringa
9 Otjiruze Farm
10 The Elegant Farmstead
11 Khan River Lodge
12 Sney Rivier Lodge
13 Okomitundu Gästefarm
14 Okapuka Ranch
15 Farm Düsternbrook
16 Immanuel Wilderness Lodge
17 Gästefarm Elisenheim

0   40 km

Unterkunft unterwegs
The Elegant Farmstead *(s. S. 478)*, **Farm Düsternbrook** *(s. S. 166)*, **Gästefarm Elisenheim** *(s. S. 165)*

Okahandja

Der Ort (ca. 20.000 Einwohner), etwa 1.400 m hoch gelegen, befindet sich an einem Nebenfluss des Swakop. Wegen seines sehr sandigen Flussbettes heißt er „Okahandja", was so viel meint wie „große sandige Ebene". Daher stammt auch der Ortsname.

Für die Herero ist Okahandja ein Stammeszentrum. Hier findet man deshalb auch die Gräber der früheren Herero-Führer, wie z. B. Tjamuaha, Maharero, Samuel Maharero und Friedrich Maharero. Diese Gräber liegen an der Kirche in Okahandja. Seit 1978 ist hier auch der ermordete Herero-Führer Kapuuo begraben. Zum Gedenken an die verstorbenen Herero-Häuptlinge und an die verheerende Schlacht am Waterberg findet

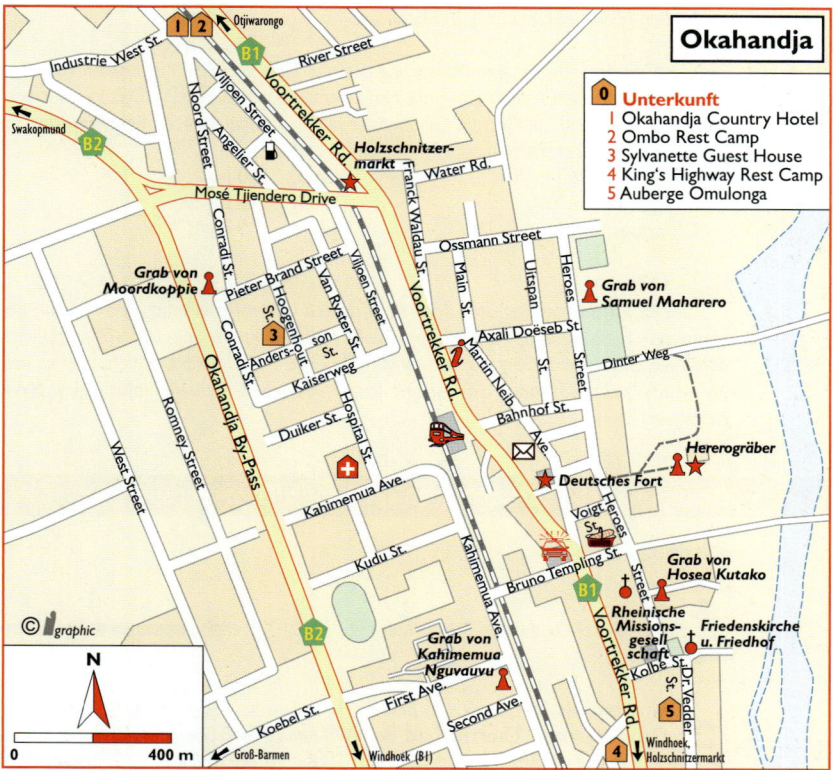

Okahandja

0 Unterkunft
1 Okahandja Country Hotel
2 Ombo Rest Camp
3 Sylvanette Guest House
4 King's Highway Rest Camp
5 Auberge Omulonga

hier auch heute noch jedes Jahr am ersten Sonntag nach dem 23. August ein großes Herero-Treffen statt.

1872 gründete die Rheinische Missionsgesellschaft hier eine Station; die damals erbaute Kirche steht heute noch. 1894 errichteten die Deutschen einen militärischen Stützpunkt, indem sie ein Fort bauten. Mit diesem Jahr dürfte auch die eigentliche Ortsgründung zusammenfallen. 1901 erreichte die von der Küste kommende Schmalspurbahn aus Swakopmund den Ort. Das Original-Bahnhofsgebäude wird immer noch benutzt. Im Januar 1904 brach der Krieg mit den Herero aus, und die Bewohner von Okahandja suchten Schutz im Fort, während ihre Geschäfte und Häuser geplündert und zerstört wurden. Sie wurden bis Ende Januar belagert, bis sie von der Schutztruppe befreit wurden.

Groß-Barmen

Ursprünglich lag hier eine **Missionsstation der Rheinischen Mission**, die 1844 gegründet wurde. Nach Barmen wurde diese Stelle benannt, weil sich dort ihr Hauptsitz befand. Die Station wurde 1904 aufgegeben. Carl Hugo Hahn war ihr Gründer und in den 60er-Jahren des 19. Jahrhunderts kamen Missionare mit bekannten Personen wie Jan Jonker Afrikaaner, Hendrik Witbooi und Maharero in Kontakt.

Thermal- Die **Thermalquelle** hat ihren Ursprung in einer Tiefe von 2.500 m. Etwa 6.700 Liter
und pro Stunde sprudeln nach oben – mit einer Temperatur von 65 °C. Das Wasser ent-
Heilquelle hält viel Fluorit und ein Gramm Glaubersalz je Liter. Auch andere Mineralien sind im gelösten Zustand enthalten:

Natrium	363 mg/l	Silikate	100 mg/l
Sulfate	357 mg/l	Kalium	22 mg/l
Chloride	127 mg/l	Fluorid	9 mg/l

☞ **Hinweis**
*Das Erholungsgebiet Groß-Barmen ist derzeit wegen Renovierung und Neubau **geschlossen**. Es sollen komplett neue Unterkünfte sowie ein großer Spa- und Wellnessbereich entstehen. Die Neueröffnung war ursprünglich für Ende 2012 geplant, es sieht aber so aus, als würde sich alles noch um einiges länger hinziehen. Aktuelle Infos beim NWR (www.nwr.com.na).*

Reisepraktische Informationen Okahandja/Groß-Barmen

Vorwahl: 062

➕ **Arzt**
*Dr. Hanekom und Dr. de Beer, Bahnhof St., ① 501078, englischsprachige **Allgemeinmediziner***

🛏 **Unterkunft** (▶ Karte S. 475 bzw. 474)
Groß-Barmen Thermalbad, *die NWR-Anlage Groß-Barmen wird derzeit umfassend renoviert. Unterkünfte mit insgesamt ca. 150 Betten, ein Wellness- und Fitnessbereich*

sowie ein Konferenzzentrum sind geplant. Infos zum aktuellen Stand über ① *061/2857200, www.nwr.com.na.*

**Okahandja Country Hotel $–$$** (1), ① *062/504299, okalodge@africaonline.com.na, www.okahandjahotel.com. 550 N$ p. P./DZ mit Frühstück, Camping 80 N$. Lage: am nördlichen Ortsausgang von Okahandja gelegen. Beschreibung: Die Lodge bietet 22 komfortable Zimmer und zwei Familieneinheiten, ein gutes à-la-carte-Restaurant & Biergarten.*

**Sylvanette B & B Guesthouse $** (3), ① *062/505550, sylvanette@iway.na, www.sylva nette.com. DZ ca. 750 N$ pro Nacht, inkl. Frühstück. Lage: 311 Hoogenhout St. Beschreibung: 7 nette, afrikanisch dekorierte Zimmer, Schwimmbad, Grillplätze und sicheres Parken. Nahe beim Holzschnitzer-Markt.*

King's Highway Restcamp *(früher Okahandja Rest Camp)* **$** (4), ① *062/504086, okahandja@kingshigwhay.co.za, www.kingshighway.co.za. Bungalows für 2 Personen ca. 300 N$, Stellplätze ca. 80 N$ p. P. Lage: direkt an der B 1 am Swakop-Rivier gelegen. Beschreibung: Es werden einfache Bungalows ohne Bad sowie Campingplätze angeboten. Gemeinschaftliche Einrichtungen wie sanitäre Anlagen und Küche vorhanden.*

**Straußenfarm&Ombo Rest Camp $** (2), *Frau Ires Döring,* ① *062/502003, omborest camp@africaonline.com.na, www.ombo-rest-camp.com. 4 Bungalows unterschiedlicher Größe (3 davon für Selbstversorger ausgestattet), ab 520 N$ pro Bungalow, Campingplätze mit warmem Wasser und Strom (65 N$). Lage: 10 km außerhalb von Okahandja an der B1, dann rechts auf die C31 (1,5 km), Camp liegt auf der rechten Seite. Beschreibung: Auf der Farm leben 35 Strauße, die alle mit der Hand großgezogen worden und dementsprechend zahm sind: Auf einer Tour können die Gäste sie füttern und streicheln. Zudem leben Springböcke und zwei Warzenschweine auf der Farm. Es gibt es einen kleinen Souvenirladen und ein Restaurant, in dem u. a. Straußen- und Krokodilfleisch serviert wird.*

Auf den Nebenstrecken muss man sich gelegentlich die Straße teilen

Auberge Omulonga $ (5), 458 Dr. Vedder St., ☎ 062/500340, omulonga@iway.na, www.omulonga.iway.na. DZ 500 N$ mit Frühstück. Beschreibung: französisch-afrikanischer Mix in Ausstattung, Atmosphäre und Essen. Engagierte Gastgeber, sehr zu empfehlen!

Ca. 41 km südlich Okahandja:
Farm Düsternbrook $$–$$$ (15), s. S. 166

Ca. 50 km südlich von Okahandja:
Okapuka Ranch $$ (14), s. S. 165, **Immanuel Wilderness Lodge $–$$ (16)** s. S. 165

Ca. 45 km südöstlich Okahandja:
Otjiruze Farm $$ (9), ☎ 062/503719, otjiruze@mweb.com.na, www.otjiruze.com. Ca. 715 N$ p. P. inkl. Frühstück. Lage: Bei Okahandja geht es von der B1 ab in die D2102 (Richtung Van Bach Damm), nach 27 km in die D 2170 für weitere 17 km. Beschreibung: Diese Gästefarm lädt zu vielen attraktiven Unternehmungen ein. 8 individuell eingerichtete Gästezimmer, eine reizvolle Gartenanlage und die herzliche Gastfreundschaft bieten einen angenehmen Aufenthalt. Swimmingpool, Wanderwege. Auch Jagdfarm.

Ca. 30 km östlich Okahandja:
The Elegant Farmstead $$–$$$ (10), Buchung über ☎ 061/301934, info@the-elegant-collection.com, www.the-elegant-farmstead.de. Ca. 815 N$ p. P./DZ inkl. Halbpension. Lage: etwa 28 km östlich von Okahandja über D 2102 erreichbar. Beschreibung: 8 Doppel- und 3 Familienzimmer, alle modern und hell eingerichtet. sowie mit Bad und Klimaanlage ausgestattet. Schöne Außenanlage mit Pool und Garten, außerdem Bar, Wasserloch und Boma vorhanden.

Ca. 55 km westlich Okahandja:
Oropoko Lodge $$$ (7), ☎ 062/503871, oropoko@iafrica.com.na, www.oropoko.com.na. Ca. 1.600 N$/DZ inkl. Frühstück. Lage: 41 km außerhalb von Okahandja, an der B2, in die D2156 abbiegen. Beschreibung: luxuriöse Zimmer, ein atemberaubender Rundblick und ein sehr tierreiches privates Wildreservat (Nashörner, Giraffen, Antilopen etc.) machen Ihren Urlaub auf Oropoko zu einem unvergesslichen Erlebnis. Sehr gutes Essen, große Bar, herrlicher Swimmingpool. Auf Pirschfahrten kann man u. a. Giraffen und auch Nashörner sehen!
Sney Rivier Lodge $$ (12), ☎/🖷 062/503741. Ca. 750 N$ p. P./DZ. Lage: Von Okahandja fährt man auf der Groß-Barmen Road ca. 55 km nach Westen, an der T-Gabelung fährt man dann nach links (weitere 3 km). Beschreibung: Im Herzen einer 14.000 Hektar großen Wildfarm mit 23 verschiedenen Wildtierarten einschließlich Zebras, Giraffen, Gnus, Impalas, Belsböcken, Springböcken, Leoparden und Geparden liegt die luxuriöse Sney Rivier Lodge. Am Fuße der Khomas-Hochland-Bergkette erwartet den Besucher die exklusive Unterkunft. Keines der 5 Chalets liegt weiter als 40 Meter von einem Wasserloch entfernt, so können die Gäste von ihrer Veranda aus bequem die Wildtiere Namibias beobachten. Auch Jagdbetrieb!

Ca. 61 km westlich von Okahandja:
Moringa $$$ (8), Farm Bergweiher Nr. 19, ☎ 062/503872, Handy: 081/2415600, moringa@iway.na, www.moringasafaris.com. Ca. 90 € p. P. inkl. Vollpension. Lage: 41 km außerhalb von Okahandja von der B 2 Richtung Westen abbiegen, nach 20 km erreichen Sie die Farm (Ausschilderung). Beschreibung: gemütliche Bungalows, schöner Swimmingpool, entspan-

nende Atmosphäre – kurz: eine erholsame Gästefarm mit guter Verpflegung. Aktivitäten: Wildbeobachtung an Wasserlöchern, Wandern, Rundfahrten. Auch Jagdfarm.

Ca. 70 km westlich von Okahandja:
Haasenhof Gästefarm $$ (6), ☎ 062/503827, info@haasenhof.com, www.haasenhof.com. 650 N$ p. P. inkl. Vollpension. *Lage:* von Okahandja zunächst auf B 1, dann nach Nordwesten in die Pad 2110 abbiegen (Schild: Haasenhof 68 km). *Beschreibung:* Der Besucher erlebt hier das Leben auf einer großen Rinderfarm. Sehr nette Gastgeber. Die Zimmer sind schlicht eingerichtet, genügen aber allen Bedürfnissen und sind blitzsauber. Schwimmbad vorhanden. Die Küche ist farmtypisch (Grillen, gutbürgerlich). Fast alles, was man isst, wird auf der Farm erzeugt. *Aktivitäten:* Ansitze zur Wildbeobachtung an Wasserdämmen, auf Wunsch Teilnahme an der Alltags-Farmarbeit, Wandern auf die Berge der „Jägerhöhen" (1.600 m). Großer Garten mit Schatten spendenden Bäumen. Achtung: In der Regenzeit bitte vor der Anreise mit dem Pkw über den Zustand der Riviere erkundigen.

Ca. 80 km westlich Okahandja:
Khan River Lodge $$–$$$ (11), ☎ 062/503883, info@khanriverlodge.com, www.khanriverlodge.com. 800 N$ p. P./DZ mit Frühstück, Camping 150 N$ p. P. *Lage:* von Okahandja B 1 Richtung Swakopmund. Bei Wilhelmstal auf die C 36 nach Norden – nach ca. 20 km erreichen Sie die Farm. *Beschreibung:* eine sehr gut geführte Gästefarm, in deren Mittelpunkt der Gast steht. Die Zimmer sind geräumig und gut ausgestattet. Schwimmbad mit Bar vorhanden. Traditionelle Küche mit Wildgerichten. *Aktivitäten:* Tontaubenschießen, Wild- und Vogelbeobachtungen. Auch Jagdfarm. Sehr nette Gastgeber, sehr persönlich.

Ca. 95 km westlich Okahandja:
Okomitundu Gästefarm $–$$ (13), ☎ 062/503901, info@okomitundu.com, www.okomitundu.com. Ab 525 N$ p. P. im DZ inkl. Halbpension. *Lage:* von Okahandja die B 2 60 km nach Westen Richtung Karibib, dann in die D 1967 (weitere 35 km). *Beschreibung:* Die Gästefarm ist sehr stilvoll eingerichtet und bietet eine sehr persönliche Betreuung. Auf dem 18.000 ha großen Gelände werden Reitausflüge unternommen, Wandertouren und Pirschfahrten angeboten. Mountainbiking ist möglich. Für Astronomen steht ein C-8-Teleskop zur Verfügung. Die geschmackvoll eingerichteten Zimmer sind sehr geräumig und verfügen über einen eigenen sanitären Bereich. Zwei beheizbare Schwimmbecken und eine ausgebaute Aussichtsterrasse stehen zur Verfügung. Die Verpflegung ist „farmgemäß": selbst gebackenes Brot, hausgemachte Farmerwurst, gegrilltes Wild – alles in namibischer Tradition. Inzwischen gibt es sogar eine eigene Käserei!

Ca. 108 nordwestlich von Okahandja:
Old Traders Lodge im Erindi Private Game Reserve $$$$$ (5), www.erindi.com, Reservierung: reservations@erindi.com, ☎ 064/570802. Ab 1.890 N$ p. P./Vollpension mit Getränken. *Lage:* von Okahandja auf der B 1 ca. 44 km Richtung Otjiwarongo. Dann in die D 2414 abbiegen und 40 km bis zum Eingang von Erindi links abbiegen, danach weitere 24 km bis zur Rezeption. *Beschreibung:* Erindi liegt auf einem riesigen Gebirgsplateau (in Herero-Sprache „Ort des Wassers"), wo mehr als 12.000 Wildtiere in einem unglaublich großen Wildreservat leben. Sogar seltene und vom Aussterben bedrohte Tiere können erhalten werden. Hier kann man erleben, wie es mal gewesen sein muss im ursprünglichen Afrika. Das Erindi Reserve hat eine Fläche von 70.000 ha und wurde am 01. Juni 2008 eröffnet. Die Old Traders Lodge war einst eine Herberge für Händler, sie bietet luxuriöse Zimmer mit Blick auf ein

Auf der Pirsch im Erindi Game Reserve

Wasserloch, sodass Gäste auch während der Nacht das Wild von Erindi beobachten können. Alles ist sehr gediegen eingerichtet, sehr geräumige Suiten, Klimaanlage, eigene Bäder, Schwimmbad; das Restaurant hat eine tolle Aussichtsterrasse.

Restaurant

Okakango Wildlife Garden Restaurant, ☎ 062/503280. Lage: von der B 1 2 km Richtung Otjiwarongo, dann nach links in die D 2110. Beschreibung: gutbürgerliche Küche mit Fleischgerichten, Kaffee und Kuchen, abends geschlossen, mäßige Preise.

Einkaufen/Souvenirs

Das berühmte **Biltong** (luftgedörrtes Fleisch verschiedener Wildarten) gibt es in guter Qualität bei Closwa Biltong, Vortrekker St., zu kaufen.
Ebenso sind die beiden **Holzschnitzer-Märkte** an den Ortseingängen zu empfehlen. Holzschnitzer, die hier arbeiten, bieten ihre Produkte ohne Zwischenhandel an. Hier können Sie wirklich schöne und authentische Souvenirs erwerben!

Öffentliche Verkehrsmittel

Der **Mainliner** hält hier auf dem Wege nach Swakopmund und Victoria Falls an der Shell Station im Süden des Ortes.

Windhoek – Buitepos

Auf dieser Strecke bleibt die Landschaft relativ gleichmäßig. Sie fahren durch Busch- und Grassavanne, wobei das Niveau der Hochebene allmählich von ca. 1.600 m auf 1.100 m in Windhoek abfällt. Ab Gobabis bis zur Grenze kommen Ihnen kaum Fahrzeuge entgegen.

Tageskilometer
318 km

Tankstellen
Windhoek, Gobabis

   Streckenhinweis

Von Windhoek bis zur Grenze ist die Strecke seit einigen Jahren durchgängig asphaltiert.

   Unterkunft
Windhoek, Gobabis, verschiedene Gästefarmen bzw. „im Busch"

   Grenzübertritt nach Botswana
Es wird eine geringe Straßenbenutzungsgebühr erhoben, die an der Grenze bezahlt werden muss. Geöffnet im Sommer 7–24 Uhr, im Winter 6–23 Uhr.

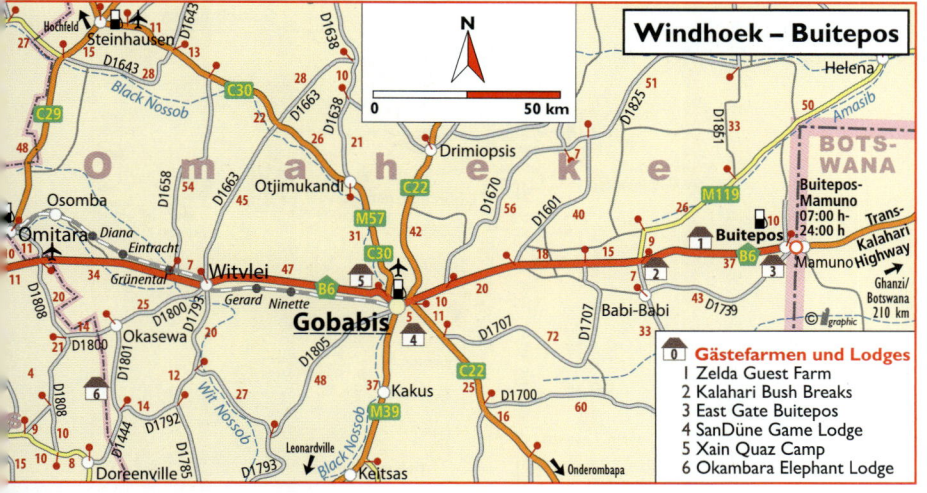

Gästefarmen und Lodges
1 Zelda Guest Farm
2 Kalahari Bush Breaks
3 East Gate Buitepos
4 SanDüne Game Lodge
5 Xain Quaz Camp
6 Okambara Elephant Lodge

Gobabis – Grenzposten im Osten

Die Strecke nach Gobabis führt durch ein ebenes Hochland. Links und rechts der asphaltierten Strecke (B 6) nach Gobabis liegen große Rinderfarmen.

Zentraler Versorgungsort der Gegend Gobabis ist auf diesem Streckenabschnitt der größte Ort (20.000 Einwohner). Der Name entstammt der Nama-Sprache und bedeutet „Der Ort, an dem sich die Menschen stritten". Das Städtchen ist heute zentraler Versorgungsort für ein großes Umland, das bis zur Grenze Botswanas reicht. 1856 wurde hier unter Amraal Lambert eine Missionsstation der Rheinischen Mission gegründet.

Viele Jahre lang war Gobabis ein beliebter Zwischenstopp für Jäger und Händler zwischen den Küstenorten und dem Lake Ngami sowie der Ghanzi-Region. 1895 errichtete die deutsche Schutztruppe hier einen Militärposten. In jener Zeit war es schwer, neue Siedler zu motivieren, hier zu farmen. 1897 brach die Rinderpest aus, wobei mehr als 50 % des Viehbestandes starben. 1898 wurden die ersten Farmen an Angehörige der Schutztruppe verkauft. Der erste Zivilist, der 1899 eine Farm erwarb, war Carl Ohlsen. 1930 erhielt Gobabis den Bahnanschluss.

Trans-Kalahari-Highway Durch die Trans-Kalahari-Strecke erlebte der Ort einen gewissen Aufschwung, denn nun ist die Straßenentfernung zwischen Johannesburg und Windhoek um 400 km kürzer geworden.

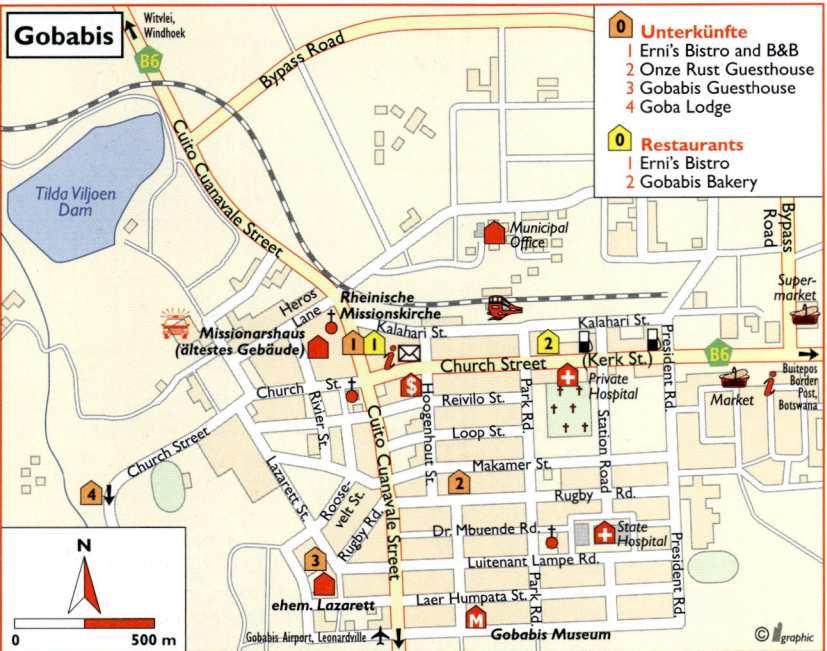

Die Gründung des kleinen Gobabis-Museums geht auf den Deutschen Verein Gobabis zurück. Es gibt alte landwirtschaftliche Geräte sowie Utensilien des Farmalltags von einst zu sehen.

Gobabis Museum, *16 Elim Street, 064/56 2551, geöffnet Mo–Fr 7.30–16.30 Uhr*

Grenzübergang Buitepos/Mamuno

Den Grenzübergang erreicht man nach ca. 113 km. Am Grenzübergang steht die East Gate Service Station and das Rest Camp (= namibische Seite), wo es Benzin gibt und wo man campen oder in 3-Bett-Bungalows übernachten kann. *Öffnungszeiten täglich 7–24 Uhr.*

Grenzübergang nach Botswana

Der Trans-Kalahari-Highway

Der vollständig geteerte Trans-Kalahari-Highway (1998 eröffnet) verbindet Buitepos und Johannesburg über eine Distanz von etwa 1.100 km. Die sehr eintönige Strecke wird vor allem von Lkw benutzt. Tankmöglichkeiten sind: Charles Hill bei Mamuno und dann erst 387 km später Kang. Weitere Tankstellen folgen in Sekoma, Jwaneng und Kanye. Allerdings muss man sehr aufpassen, es gibt intensiven Wildwechsel auch frei wei- *Achtung* dender „domestizierter" Tiere (Kühe, Schafe…) entlang der Straße. Nachts sollte man *Wild-* deshalb auf keinen Fall fahren. Touristisch ist die Strecke fast bedeutungslos, es sei denn, *wechsel* man möchte den Kgalagadi Transfrontier National Park besuchen. Die besondere Bedeutung dieses Highways liegt im kommerziellen Bereich: Der Güteraustausch zwischen

Namibia, Botswana und Südafrika wurde dadurch wesentlich erleichtert. Der Transport von Gütern ist nun schneller und damit billiger geworden. Und sicherlich profitiert auch Gobabis als Zwischenstation.

👉 ### Tipp: 1. und 2. Tagesetappe zusammenlegen
Man kann – bedingt durch die guten Straßenverhältnisse – diese Tagesetappe ohne weiteres mit der nächsten verbinden, sodass man von Windhoek bis Ghanzi auf durchgängig geteerter Strecke insgesamt knapp 530 km (= bequeme Fahrzeit 6–7 Stunden) zurücklegt. Allerdings ist zu bedenken: Sie reisen evtl. den ersten Tag in Richtung Botswana mit Ihrem Allradfahrzeug. Das braucht etwas Gewöhnung, und vielleicht müssen Sie am ersten Tag vormittags noch Proviant etc. einkaufen oder noch einmal beim Fahrzeugvermieter in Windhoek vorbeischauen, weil Ihnen etwas am Fahrzeug mysteriös vorkommt. Ebenso sollte man bedenken,

Ruhe und Geduld behalten *dass auch die Grenzformalitäten etwas Zeit in Anspruch nehmen, wenn Beamte den Wagen gründlicher als erwartet inspizieren. Da heißt es: Ruhe bewahren und höflich sowie freundlich bleiben. Ein Witz und ein Lächeln bewirken manchmal Wunder.*

Reisepraktische Informationen Gobabis

Vorwahl 062

🔲 ### Tanken
Mehrere Tankstellen im Ort

✚ ### Krankenhaus/Arzt
Gobabis District Hospital, ☎ *062/563720*

 ### Unterkunft (▸ *Karte S. 482*)
Goba Lodge $ (4), *Elim Street,* ☎ *062/564499, goba@mweb.com.na. 960 N$/DZ mit Frühstück, Rest Camp: 260 N$ p. P., Camping 100 N$ p. P. Lage: 800 m vom Ortszentrum entfernt. Beschreibung: gemütliche Lodge inmitten eines schönen Gartens mit Schwimmbad, sehr persönlich geführt. 10 geschmackvoll eingerichtete Zimmer und 2 Familien-Chalets. Benachbart ist das Rest Camp mit schönen Campingplätzen und einfachen Zimmern, nur 200 m von der Lodge entfernt. Die Dining Area ist mit Tischen, Sitzgelegenheiten und eingerichteter Küche sowie Grill ausgestattet.*
Gobabis Guesthouse $ (3), *8 Lazarette Street,* ☎ *062/563189,* 🖷 *062/564125. Ca. 600 N$/DZ. 6 DZ mit Veranda. Lage: zentral. Beschreibung: bei Ankunft von Windhoek auf der B 8 rechts in die Kerk Street, dann links in die Lazarette Street. Freundliche, saubere Zimmer (Klimaanlage) mit Kühlschrank, Grillplatz vorhanden. Schöner Garten mit Pool, sicheres Parken möglich.*
Onze Rust Guesthouse $ (2), *95 Rugby Street, Gobabis,* ☎ *062/562214, onzerust@ iafrica.com.na. 420 N$/DZ inkl. Frühstück. Lage: im Ort. Beschreibung: privates Haus, persönlich, alle Zimmer mit Klimaanlage, sicheres Parken, privater Grillplatz.*
Erni's Bistro and B&B $ (1), *Quito Cuanavale Street,* ☎ *062/565222,* 🖷 *062/565221. Ca. 400 N$/DZ inkl. Frühstück. Lage: im Ort. Beschreibung: 6 einfache, saubere Zimmer mit Bad/WC.*

Außerhalb Gobabis (▶ *Karte S. 480/481*)

ca. 10 km westlich Gobabis Richtung Windhoek
Xain Quaz Camp $ (5), ☎ 062/562688, xainquaz@iway.na. Nur Übernachtung: Hütte/Zelt 100 N$ p. P., DZ 370 N$ p. P., Camping 60 N$ p. P., Frühstück 50 N$. Lage: Anfahrt über B 6 nach Westen, ca. 10 km, dann Ausschilderung. Beschreibung: Unterkunft in strohgedeckten Hütten. Camping möglich, Restaurant. Allrad-Camper sind willkommen, Schwimmbad, sehr freundliche Atmosphäre.

ca. 10 km südöstlich Gobabis
SanDüne Game Lodge $$ (4), ☎ 062/563559, sandune@mweb.com.na, www.sandune.co.za. Ab ca. 720 N$ p. P./Standard-DZ, Zeltunterkunft ab 600 N$ p. P./DZ, Safari Villa ab 1.160 N$ p. P./DZ. Lage: B 6 nach Gobabis fahren, ca. 3 km hinter Gobabis auf die C 22 (Aminius Road), nach 7 km sieht man das Tor rechter Hand. Beschreibung: Es stehen ein Gästehaus mit 7 En-Suite Units, eine Bush-Lodge („Safari Villa") mit 3 DZ und sehr schöne, unterschiedlich ausgestattete Zeltunterkünfte zur Verfügung. Die 4.600 ha große Farm ist wildreich – viel „Afrika-Feeling". Von der Dining Area schaut man auf ein Wasserloch, sehr gutes Essen.

ca. 85 km östlich Richtung Botswana
Kalahari Bush Breaks $$ (2), ☎ 062/568936, Buchung über Logufa, ☎ 064/464144, logufa@mweb.com.na, www.kalaharibushbreaks.com. 660 N$ p. P./DZ mit Frühstück. Camping 95 N$ p. P. (Grill, Feuerplatz, Licht), wer es rustikaler mag: es gibt auch Eco Camping (75 N$ p. P.). Lage: 85 km östlich Gobabis an der B 6, 26 km vor der Botswana-Grenze. Beschreibung: Es gibt insgesamt 8 Doppelzimmer, die sehr komfortabel eingerichtet sind. Schöner Garten, beleuchtete Wasserstelle, die Wild und Vögel anlockt. Im strohgedeckten Zentrum des Gästehauses befinden sich die Küche, ein offener Kamin und eine Wurzelholz-Bar. Die Zimmer im Haupthaus sind etwas dunkel, die benachbarten Chalets bieten helle, freundliche Zimmer. Frühstück und Abendessen können im Gästehaus eingenommen werden (gilt auch für Camper). Gute sanitäre Einrichtungen. Der Campingplatz liegt um einen offenen Waschplatz, Camper können Fleisch, Grillholz und Hausmacherwurst kaufen.

ca. 90 km östlich Richtung Botswana
Zelda Guest Farm $ (1), ☎ 062/560427, zeldaguestfarm@iway.na, www.zeldaguestfarm.com. Ca. 450 N$ p. P./DZ mit Frühstück, Camping 70 N$ p. P. Lage: von Gobabis 90 km auf der B 6 Richtung Botswana, dann nach links – etwa 20 km vor der botswanischen Grenze gelegen. Beschreibung: 16 komfortable Zimmer, alle mit eigenem Bad; teilweise behindertengeeignet. Swimmingpool, Wanderwege. Landschaft mit typisch roten Kalahari-Dünen. Auch Campingplätze mit sehr guten sanitären Anlagen und grünem Rasen.

ca. 105 km östlich Gobabis (mittwegig Windhoek – Gobabis)
Okambara Elephant Lodge $$ (6), Buchung in Deutschland: Herr Schmitt, ☎ 09502/49090, info@OKAMBARA.de. Kontakt Lodge: ☎ 062/682070, www.okambara.de. 75 € p. P./DZ mit Halbpension. Lage: von Windhoek auf der B 6 ca. 100 km Richtung Gobabis, dann rechts in die Pad 1808 Richtung Nina einbiegen, nach ca. 15 km links auf Pad 1800 Richtung Witvlei. Nach 6 km rechter Hand das Farmtor. Man folgt den Telefonleitungen, nach 8 km ist man am Farmhaus. Beschreibung: Die sehr schön angelegte Jagd- und Gästefarm bietet viele Aktivitäten und unterschiedliche Unterbringungsmöglichkeiten: Für Familien ist z. B. das alte Farmhaus mit mehreren Zimmern oder das Familienapartment in der Lodge ideal. Schwimm-

Elefantenbegegnung

bad vorhanden. Auf 15.000 ha privatem Wildschutzgebiet leben ca. 2.500 Antilopen, aber auch Elefanten, Giraffen und Nashörner können auf den Game Drives entdeckt werden. Außerdem gibt es hier eine Raubkatzenpflegestation. Die Gegend ist z. T. bergig. Die Lodge ist gut auf Individualreisende eingestellt, die Verwalter für den Gastbetrieb, Maja und German Flug, sind kompetent und hilfsbereit. Sehr kinderfreundlich! Gut geeignet für den Anfang oder das Ende einer Namibia-Reise.

direkt an der Botswana-Grenze:
East Gate Buitepos $ (3), ✆ 062/560405, www.eastgate-namibia.com. 4-Bett-Bungalow 800 N$, Cabins ca. 130 N$ p. P., Campingplatz ca. 60 N$ p. P. Lage: direkt an der Tankstelle in Buitepos. Beschreibung: einfache Anlage mit Bungalows, an der Tankstelle, Schwimmbad, Bar, Laden, Wurstwarenverkauf.

Restaurants
In den **Hotels in Gobabis** sowie in **Gobabis Bakery and Restaurant**, Church Street. Man kann auch in **Erni's Bistro und Pub** gut essen (typisch namibische Gerichte, direkt im Ortskern, 29 Cuito Cuanavale, ✆ 062/565222).

Öffentliche Verkehrsmittel
Eisenbahn: Di, Do, So von Windhoek nach Gobabis (sehr langsam – 7 ½ Stunden) **Bus**: nach Windhoek (2 ½ Stunden) und nach Buitepos (2 ½ Stunden), hier Anschluss nach Ghanzi und Gaborone

In den „wilden Osten": von Windhoek nach Mata Mata/ Kgalagadi Transfrontier National Park

Der „Wilde Osten" Namibias will entdeckt werden! Während sich die meisten Namibia-Reisenden dem Westen des Landes widmen, insbesondere im Bereich des Sossusvlei und südlich davon, bleibt nach wie vor der Osten Namibia weit zurück, was das Massen-Interesse angeht. Abseits der klassischen Routen gibt es hier Landschaft satt: Herrliche rote Dünenlandschaften, im Sommer mit hellgrünen Gräsern und bunten Blumen besetzt, lassen das Herz von Natur-Begeisterten höher schlagen. Weite, Einsamkeit und Stille sind hier die Highlights. Unterwegs gibt es immer wieder typisch namibische Unterkünfte. Auch die „Traumstraße" D 707 im Westen am Rande der Namib und mit den Tiras-Bergen als Highlight hat im Osten ein Pendant: die M 29 (Abzweig ab Mariental).

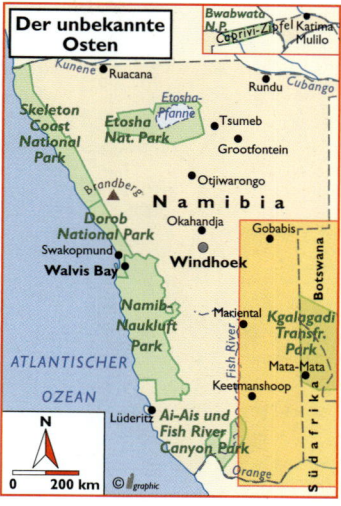

Nach einem Besuch des Kgalagadi National Parks kann es weitergehen zu den Augrabies-Fällen am Oranje, weiter über Karasburg nach Noordoewer/ Vioolsdrif, den Richtersveld Nationalpark und anschließend mit der Fähre bei Sendlingsdrift nach Namibia und zum Fish River Canyon … eine wahrlich traumhafte Route weitab der Trampelwege des Tourismus.

„Off the beaten tracks"

👉 Streckenhinweise zum Kgalagadi National Park

Anfahrt von Keetmanshoop aus: Sie fahren die C 16 über Aroab nach Rietfontein (Grenzübergang), dann die R 31, danach weiter auf der R 360 nach Twee Rivieren zum Camp Twee Rivieren. Die Gesamtstrecke von Keetmanshoop bis zum Eingang Twee Rivieren beträgt 360 km.

Anfahrt von Upington aus: Von Upington gelangt man auf der R 360 nach 260 km zum Parkeingang bei Twee Rivieren. Die Strecke führt über ebenes Gebiet, durchsetzt von Salzpfannen und Strauchsavanne. Die ersten 192 km sind asphaltiert, danach 68 km gute Schotterpiste.

Von **Windhoek** bietet sich nach der Wiedereröffnung des Grenzüberganges bei Mata Mata zudem folgende Strecke **über Dordabis** an: Östlich von Windhoek zweigt von der B 6 die C 23 nach Dordabis ab. In Dordabis ist ein interessanter Besuch der Ibenstein Weberei möglich (s. S. 177), auf gleichnamiger Farm kann man auch übernachten. Alternative: weiter südlich von Dordabis auf der Kiripotib Gästefarm (s. S. 489). Von Dordabis geht es dann weiter über die C 15 bis Mata Mata.

Weitere Übernachtungsmöglichkeiten auf der Strecke: Kalahari Anib Lodge (s. S. 187) oder Red Dune Camp (s. S. 490).

Windhoek – Mata-Mata

N

0   50 km

Gästefarmen, Lodges und Campingplätze

1 Ibenstein Gästefarm
2 Kiripotib Gästefarm
3 Noasanabis Game Ranch
4 Bitterwasser Lodge
5 Stampriet Guesthouse
6 Wildmoor Camping
7 Lapa Lange
8 Auob Lodge
9 Stoney's Country Hotel
10 Red Dune Camp and B&B
11 Terra Rouge Lodge
12 Torgos Lodge

Reisepraktische Informationen Namibias Osten

🛏 **Unterkunft** (▶ *Karte S. 488*)
Dordabis

Kiripotib Gästefarm $$$ (2), ☏ *062/581419, hans@kiripotib.com, www.kiripotib.com.
Ca. 960 N$ p. P. mit Frühstück im Doppelchalet, ca. 780 N$ p. P./DZ. Lage: 160 km südöst-
lich von Windhoek, Anfahrt von Windhoek über B 1, dann C 23 nach Dordabis, dann C 15,
dann nach links in die D 1448 (hier bleiben Sie 10 km), dann Ausschilderung. Beschreibung:
Dies ist eine Schaf- und Rinderfarm, die auch eine Teppichweberei sowie das Goldschmiede-
Atelier African Kirikara Art beherbergt. Es stehen komfortable Chalets und Doppelzimmer mit
Bad zur Verfügung. Die gesamte Anlage ist sehr gepflegt und stilvoll. Das Essen besteht aus
typisch namibischen Gerichten und wird entweder in der strohgedeckten Lapa oder am La-
gerfeuer in der Boma serviert. Dabei werden größtenteils Produkte aus dem eigenen Garten
und dem Wildreservat verwendet. Auch Milch, Sahne und Eier stammen aus eigener Produktion.*
Ibenstein Gästefarm $$ (1), *Rene and Ilona Krafft, ☏ 062/573535, rkrafft@mweb.
com.na, www.ibenstein.com, ca. 650 N$ p. P./DZ mit Frühstück. Beschreibung: Auf der ehema-
ligen Diamanten-Rinderfarm von August Stauch (siehe S. 224 u. 232) kann man im restaurierten Stauch-Haus übernachten. Es stehen geräumige Zimmer mit warmem Wasser zur Verfügung, Schwimmbad vorhanden. Reitausflüge, Wanderungen und Flüge mit dem Microlight
plane möglich. Auch Jagdfarm.*

Lohnend: ein Abstecher in die Weiten der Kalahari

zwischen Dordabis und Uhlenhorst (96 km/gravel road)
Bitterwasser Lodge (4) s. S. 186

Leonardville, Abstecher nach Osten über die C 25und C23
Noasanabis Game Ranch $ (3), Justus Muller, ☎ 062/569436, www.noasanabis.iway.na. Camping ca. 60 N$ p. P., Feuerholz 10 N$. Lage: wenige km nördlich Leonardville. Beschreibung: Die Wild-, Schaf- und Jagdfarm ist nun über 100 Jahre alt. Schöner Campingplatz mit gepflegten sanitären Anlagen, Stromanschluss, eingerichteter Küche, Grillmöglichkeiten. Das Museum war früher Polizeistation. Das kleine Apartment wird nur an Jäger vermietet.

zwischen Uhlenhorst und Stampriet (89 km/gravel road)
Stampriet Historical Guesthouse $$ (5), ☎ 063/260013, stampriet@iway.na, www.stampriet.iway.na, ca. 500 N$ p. P. Beschreibung: ein sehr liebevoll eingerichtetes Haus (12 Zimmer) mit Antiquitäten aller Art und vielen alten Fotos, die eine Zeitreise in die Geschichte Stampriets (schon 1898 ein deutscher Handelsposten) ermöglichen. Ausflugsmöglichkeiten zum artesischen Brunnen und zu den roten Dünen der Kalahari, die parallel zur Windrichtung verlaufen.
Lapa Lange $$ (7), Lodge direkt: ☎ 063/241801, charfarm@mweb.com.na, Buchung über ☎ 061/237294, reservations@exclusive.com.na, www.lapalange.com. Ca. 600 N$ p. P./DZ mit Frühstück, Dinner 175 N$, Camping 100 N$/Stellplatz und 95 N$ p. P. Lage: von Mariental an der M 29 gelegen (35 km) bzw. von Gochas nach Witbooisvlei, dann 39 km auf der M 29. Beschreibung: weitläufige Anlage, mit viel Engagement vom Ehepaar Lange betrieben Die Chalets/Selbstversorgung liegen um ein Wasserloch, Bar und Restaurant vorhanden. Dünenexkursionen oder Dünen-Dinner werden angeboten.

zwischen Stampriet und Gochas (71 km/gravel road)
Stoney's Country Hotel $$ (9), ☎ 063/50237, gochashotel@mweb.com.na, www.gochashotel.com. Beschreibung: angenehme Unterkunft mit netten Gastgebern, überraschend gute Küche. Ein lohnender Stopp.
Auob Lodge $ (8), Reservierung: ☎ 061/374750, auob@ncl.com.na, www.namibia lodges.com, 479 N$ p. P. inkl. Frühstück. Campingplätze mit sanitären Anlagen und Kochmöglichkeit vorhanden, 189 N$ p. P. Lage: an der C 15 3 km nördlich von Gochas gelegen. Beschreibung: 25 Zimmer, Restaurant und Swimmingpool, gepflegtes, aber einfaches Ambiente, 800 ha großes Gelände mit Antilopen und Giraffen. Nachmittags werden Fahrten in die rote Dünenwelt (sundowner) angeboten. S. Hinweis S. 380 zu Namibia Country Lodges.
Red Dune Camp and B&B $ (10), ☎ 063/250164, reddunecamp@iway.na, www. reddunecamp.com. 450 N$/DZ, 300 N$/eingerichtetes Doppelzelt, Camping ab 75 N$ p. P., jeweils nur Übernachtung. Mahlzeiten müssen vorbestellt werden, Frühstück 75 N$, Dinner 150 N$ p. P. Lage: ca. 35 km südlich von Gochas an der C 15. Beschreibung: 2 Gästezimmer, eingerichtete Doppelzelte und Camping am Farmhaus oder auf den roten Dünen mit 360-Grad-Rundumblick werden angeboten. Allrad notwendig, weil man auf die Düne rauf muss (Reifendruck ablassen). Sehr persönlich vom Ehepaar Liebenberg geführtes Camp, (fast) ein Geheimtipp für Camper, die es romantisch mögen und sich am atemberaubenden Blick in die Kalahari erfreuen können.
Wildmoor Camping $ (6), ☎ 63 250 222, Handy 081/24088 11, wildmoor@iway.na, ca. 100 N$ p. P. Lage: ca. 50 km südlich Stampriet an der C 15. Beschreibung: einfacher, aber sehr schön und einsam gelegener Campingplatz auf einem Farmgelände. Sehr persönliche Betreuung. Farmrundfahrten und Sundowner-Touren werden angeboten.

zwischen Gochas und Mata Mata (180 km/gravel road, C 15)
Torgos Lodge $$-$$$ (12), *Buchung nur über Reiseveranstalter. Lage: direkt an der Grenze zum Kgalagadi Transfrontier Park gelegen, 5 km vor Mata Mata. Durch das Gebiet „fließt" der Auob-Fluss (meist trocken). Ca. 900 N$ p. P./DZ im Chalet, ca. 750 N$ p. P./DZ im Zelt. Beschreibung: sehr schön eingerichtete Zelte, Boma sowie Restaurant/Bar, Lapa. Alles auf afrikanische Art eingerichtet und gestaltet. Riesiges 45.000-ha-Gelände, interessante Wildbeobachtungsfahrten.*
Terra Rouge Lodge $$ (11), *Buchung: ☎ 061/224712, reservation@resdest.com, www.resdest.com. 550 N$ p. P (nur Übernachtung), Camping 100 N$ p. P. Lage: 45 km vor Mata Mata an der C 15. Beschreibung: saubere Anlage an einer Dünenlandschaft, Zimmer mit Klimaanlage. Chalets für 2 bis 4 Personen (Selbstversorger). Ansprechender Campingplatz.*

Kgalagadi Transfrontier Park in Südafrika/Botswana

Dieser auf südafrikanischem und botswanischem Staatsgebiet liegende Wildpark ist auf der Seite Südafrikas ca. 9.700 km² und auf Botswanas Seite 10.870 km² groß. Die Grenze zwischen Südafrika und Botswana verläuft entlang dem Nossob-Fluss. Damit das Wild bei seinen Wanderungen nicht behindert wird, ist die Grenze offen: Lediglich Grenzsteine im Nossob Rivier weisen den Reisenden darauf hin, ob er sich gerade auf südafrikanischem oder botswanischem Gebiet befindet. Die Wege, entlang denen man das Wild beobachtet, folgen den beiden Flüssen **Auob und Nossob**. Doch nur selten fließt hier Wasser.

Der Nationalpark wurde 1931 errichtet. Vorher diente das Gebiet als Farmland für weiße, später für farbige Siedler. Da es jedoch sehr mühsam war, lohnend Landwirtschaft zu betreiben, gab man die Region als Wirtschaftsland auf. Insbesondere in der sommerlichen Regenzeit erwarten den Besucher unbeschreiblich schöne Farbenspiele: **Rötliche Dünen, grüne Akazien, ein tiefblauer Himmel** und zum Greifen nahe Haufenwolken sichern ein grandioses Naturerlebnis.

Erster Transfrontierpark

Den Park bestimmen die Flusstäler des Nossob und des Auob, in denen nur selten Wasser fließt. Die beiden Flusstäler unterscheiden sich landschaftlich. Während der Auob Rivier (Rivier = Bezeichnung für Flusstäler) enger, grasreich und mit vielen Bäumen bestanden ist (vor allem mit Kameldorn-Bäumen, einer Akazienart), liegt der Nossob Rivier breit und weit vor dem Besucher. Im Gebiet des Nationalparks tummeln sich große Herden von Springböcken, Oryx-Antilopen, Blaugnus und Straußen. Oft kann man auch Löwen und Geparde beobachten. Die Wege sind gut erschlossen und im Prinzip für Normalfahrzeuge befahrbar.

Beeindruckend ist die Landschaft vor allem entlang des Auob Rivier sowie an der südlichen Querstraße zwischen Nossob und Auob Rivier. Hier dominieren herrliche orangefarbene Dünen, die im Kontrast zum strahlend blauen Himmel stehen. Es gibt z. T. künstliche Wasserstellen, die Tiere anlocken.

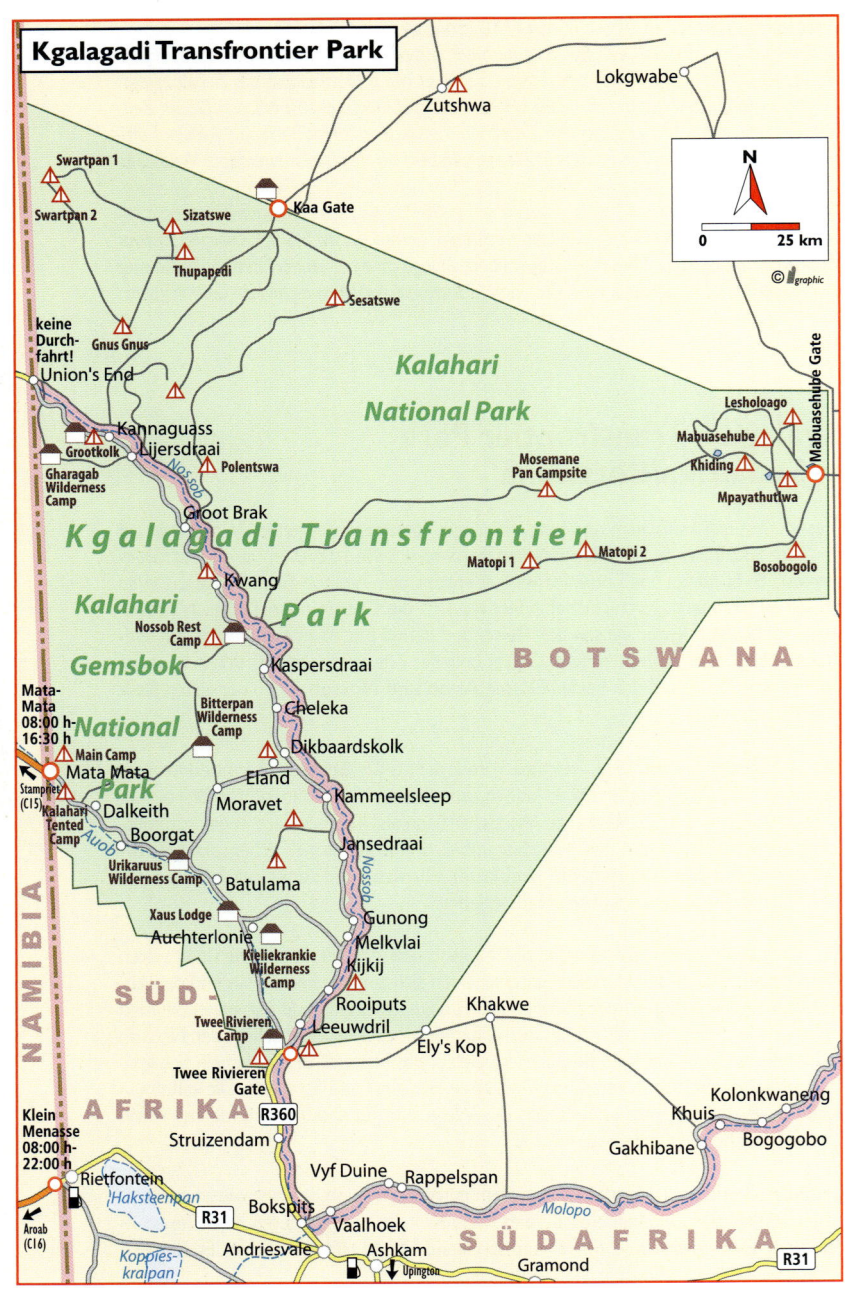

Erstaunlich sind die Entfernungen im Kgalagadi Park:

Twee Rivieren – Nossob: 161 km = 3 ½ Stunden Fahrzeit
Twee Rivieren – Mata Mata: 127 km = 2 ½ Stunden Fahrzeit
Nossob – Mata Mata: 161 km = 3 ½ Stunden Fahrzeit.

Für die Planung bedeutet das: Twee Rivieren als alleiniger Standort ist nicht optimal. Die Ausflugstrecken nach Nossob und nach Mata Mata sind äußerst strapaziös, da sehr lang.

Die Sommer zwischen Dezember und April sind heiß. In dieser Zeit fällt auch der jährliche Niederschlag von 200 mm. In der winterlichen Trockenzeit ist es tagsüber sonnig und warm, in der Nacht können die Temperaturen unter null Grad sinken.

Reisepraktische Informationen Kgalagadi Transfrontier Park (Südafrika)

Dies ist der erste Park in Afrika, der auch formal zum „Transfrontier Park" erklärt worden ist, da er zwei Ländergrenzen überschreitet.

ℹ Information

South African National Parks, *www.sanparks.org/parks/kgalagadi, Buchungen über SanParks Central Reservation (s. Hinweis Unterkunft), ② Park: 054-561-2000*

🕐 Öffnungszeiten

Ganzjährig geöffnet. Man darf die Parkwege nur zu folgenden Zeiten befahren:

Januar 6–19.30 Uhr	*Juli 7.30–18 Uhr*
Februar 6–19.30 Uhr	*August 7–18.30 Uhr*
März 6.30–19 Uhr	*September 6.30–18.30 Uhr*
April 7–18.30 Uhr	*Oktober 6–19 Uhr*
Mai 7–18 Uhr	*November 5.30–19.30 Uhr*
Juni 7.30–18 Uhr	*Dezember 5.30–19.30 Uhr*

💲 Eintritt

Erwachsene 192 ZAR pro Tag, Kinder 96 ZAR pro Tag

☞ Reisezeit

Optimal sind die Monate Februar bis Mai. Im Süd-Sommer (November–Februar) fallen die meisten Niederschläge.

⛽ Benzin

In jedem Rastlager ist Benzin erhältlich.

🚗 Straßen

Alle Straßen im Park sind unasphaltierte Pisten, die in der Regenzeit z. T. überflutet sind. Die Verbindungsstraße zwischen Auob und Nossob Rivier führt über die Kalahari-Dünen und ist deshalb mit Schotter bedeckt. Insgesamt ist der Park für Pkw geeignet. Seit 2007 ist auch der Grenzübergang zwischen Namibia und Südafrika bei Mata Mata wieder geöffnet.

! Wichtig

Sie müssen für Mata Mata eine Reservierung von 2 Übernachtungen im Park nachweisen, da man die reine Durchfahrt durch den Park als Abkürzung unterbinden möchte. Am Grenzübergang gibt es eine Tankstelle.

 Unterkunft (▸ Karte S. 492)

Rest Camps

Twee Rivieren Camp $, Lage: direkt im Süden am Nossob-Fluss (Trocken-Flussbett). Beschreibung: das größte Camp des Parks, gleichzeitig Hauptquartier der Parkverwaltung mit kleinen Geschäften, auch Lebensmittel, Restaurant, Tankstelle, Swimmingpool. Es gibt unterschiedlich große Chalets (immer mit eingerichteter Küche, Außengrill) und schöne Campingplätze mit sauberen Toiletten/Duschen und Grillmöglichkeit, Cottage für zwei Personen ab 820 ZAR, Camping ab 155 ZAR.

Mata-Mata Camp $, Lage: am Ufer des Auob-Trockenflusses 2 ½ Stunden nordwestlich von Twee Rivieren entfernt, direkt an der namibischen Grenze. Beschreibung: Camp mit unterschiedlichen Chalets (eingerichtete Küche, Grillstelle), Campingplätze mit Grillmöglichkeit und sauberen Toiletten/Duschen (Strom gibt's 18 h/Tag), Chalets für zwei Personen ab 615 ZAR, Camping 180 ZAR.

Nossob Camp $, Lage: etwa 3 ½ Stunden nördlich von Twee Rivieren entfernt, direkt am Trockenfluss Nossob. Beschreibung: Chalets in verschiedener Größe (alle mit eingerichteter Küche, Außengrill). Campingplätze mit Grillmöglichkeit, Strom 18 h/Tag. Tankstelle, kleiner Laden. Nachtsafaris werden durch Ranger angeboten, ebenso Tages-Fußsafaris, Chalets für zwei Personen 630 ZAR, Camping 180 ZAR.

☞ Hinweis

Buchung aller Camps bei South African National Parks, ☎ 012-428-9111, reservations @sanparks.org, www.sanparks.org. Campingplätze müssen nur während der südafrikanischen Schulferien oder an langen Wochenenden vorausgebucht werden. In allen Restcamps gibt es kleine Läden für Selbstversorger, wobei es hier nur die allernötigsten Lebensmittel gibt. Feuerholz wird überall verkauft, ebenso alle Arten von Getränken. Alle Camps sind sehr gepflegt. Ebenso ist in allen Camps eine Tankstelle vorhanden. Daneben gibt es urige, nur mit Allrad zu erreichende, abgelegene Camps wie das Bitterpan-Camp, Grootkolk Camp und Kalahari Tented Camp.

Wilderness Camps

In den Wilderness Camps von SanParks können max. 8 Personen übernachten, damit die Ruhe und das Naturerlebnis nicht gestört werden. Meist sind die Camps nicht umzäunt.

Kalahari Tented Camp $–$$, 1.070 ZAR/Doppelbelegung im eingerichteten Zelt, auch ein Honeymoon Desert Tent (1.215 ZAR) steht zur Verfügung, WC/Dusche Lage: 3 km südwestlich des Mata Mata Camps. Beschreibung: Das Camp liegt auf einer Düne. Es stehen einfache eingerichtete Zelte zur Verfügung. Koch- und Grillmöglichkeiten.

Grootkolk Wilderness Camp $–$$, 1.050 ZAR/cabin, 4 cabins für je 2 Personen, Selbstversorgung (Gemeinschaftsküche, im Chalet Kühlschrank, Geschirr, Grillbesteck), WC/Dusche, Feuerholz und Wasser muss mitgebracht werden Lage: im äußersten Nordwesten des Parks gelegen, 20 km südlich von Unions End. Fahrtrichtung mit Allrad nur von Norden nach Süden, später Osten. Nicht mit normalen Pkws erreichbar. Beschreibung: idyllisch in Dünen gelegen mit Blick auf ein Wasserloch, rustikal.

Kieliekrankie Wilderness Camp $–$$, *1.050 ZAR/cabin, 4 cabins für je 2 Personen, WC und Dusche vorhanden, Trinkwasser und Feuerholz müssen mitgebracht werden. Lage: südliche Verbindungsstraße zwischen Auob- und Nossob-Tal, ab Twee Rivieren 50 km. Beschreibung: inmitten der schönen Kalahari-Dünenlandschaft gelegen, sehr einsam, mit normalem Pkw erreichbar.*

Urikaruus Wilderness Camp $–$$, *1.050 ZAR/cabin, 4 cabins für je 2 Personen, WC und Dusche vorhanden, ebenso Kochmöglichkeiten. Trinkwasser und Feuerholz müssen mitgebracht werden. Lage: 72 km (2 h) von Tweerivieren entfernt, an der Straße nach Mata Mata.*

Bitterpan Wilderness Camp $, *945 ZAR/cabin, 3 cabins für je 2 Personen, WC/Dusche Lage: zwischen Nossob und dem Mata Mata Camp gelegen, lediglich Allrad-Wagen sind erlaubt, Fahrtrichtung nur Ost – West. Beschreibung: einfaches, kreatives Design, die Zelte stehen auf Stelzen, sodass eine Unterlüftung = Kühlung gegeben ist. Küche für Selbstversorger vorhanden. Herrliche Lage am Allrad-Trail, umgeben von roten Sanddünen.*

Putzige Bewohner der Kalahari

Gharagab Wilderness Camp $, *965 ZAR/cabin für 2 Personen, 4 cabins insgesamt mit Dusche/WC und Kochmöglichkeiten. Feuerholz und Trinkwasser müssen mitgebracht werden. Lage: südlich des Grootkolk-Camps gelegen. Beschreibung: inmitten der Dünenlandschaft mit Ausblicken auf die Dornbusch-Savanne.*

Luxus

!Xaus Lodge $$$$$, *Reservierung: ☎ +27-(0)21-7017860, enquiry@xauslodge.co.za, www.xauslodge.co.za. 3.100 ZAR p. P./DZ inkl. Mahlzeiten und Aktivitäten (z. B. gamedrives). Lage: Die Lodge liegt im südafrikanischen Teil des Kgalagadi Transfrontier Parks. Man gelangt über die Auob River Road dahin, die Mata Mata und Twee Rivieren verbindet. 60 km von Mata Mata sowie von Twee Rivieren entfernt liegt das Rooibrak Waterhole. Von hier aus geht's durch Sand zur Lodge (ca. 35 km nach Südwesten). Meeting Point, auch für Fahrer mit eigenem Allradwagen: Kamqua picnic site (5 km nordwestlich Rooibrak). Selbstfahrer können mit ihrem Wagen einfach dem Fahrer folgen. Von hier geht es auf weichem Sand durch die Dünen zur Lodge. Beschreibung: Das Camp – 12 Doppelzimmer (mit WC/Dusche) in urigen Chalets auf Stelzen und mit Grasdächern – liegt an einer Salzpfanne, umgeben von einer malerischen Dünenlandschaft. Jedes Zimmer hat ein eigenes Aussichtsdeck. Keine Klimaanlagen…*

dafür sorgt eine naturbewusste Bauweise (Stelzenbauweise, Schattendächer) auch während heißer Tage für erträgliche Temperaturen. Es gibt einen kleinen Pool sowie eine Lounge und dining area – alles sehr schön, einfach und authentisch hergerichtet. Die Anlage wird von San bewirtschaftet. Das Besondere: Man erfährt hier viel über die Rituale, Traditionen und die Kultur der ersten Siedler des südlichen Afrika. Das Essen lehnt sich zum Teil an Traditionen der San an, wird aber durch die moderne südafrikanische Küche ergänzt. Wiederholungsbesucher Südafrikas bzw. Namibias dürfen hier ein besonders authentisches Safari- und Kulturerlebnis erwarten

Alternative Unterkünfte außerhalb des Parks
Molopo Kalahari Lodge $, ☎ +27 (0)54-511-0008, namrod13@lantic.net, www.molopo.co.za. Ca. 300 ZAR p. P. im Chalet (nur Übernachtung), Camping 150 ZAR p. P. Lage: ca. 60 km südlich von Twee Rivieren gelegen. Beschreibung: einfache Lodge mit Schwimmbad und Restaurant. Von der Lodge aus werden Ausflüge – z. T. mehrtägig – in die Kalahari angeboten.
Kalahari Trails $, ☎ +27 (0)54-511-0900, kalahari.trails@intekom.co.za, www.kalahari-trails.co.za, ab ca. 450 ZAR/DZ mit eigenem Bad oder Doppelzelt im Buschcamp. Lage: ca. 35 km südlich von Twee Rivieren gelegen. Beschreibung: sehr saubere Lodge, Self Catering ohne Restaurant, 3.500 ha großes Naturschutzgebiet. Es werden hier Wanderungen (auch mit dt. Führung) angeboten, unterwegs wird in Außencamps übernachtet. Toll: Übernachtung in einem Zelt-Buschcamp.

Augrabies Falls in Südafrika

Augrabies Falls National Park Camp $ (in Südafrika gelegen), Reservierungen über SanParks (s. o.), DZ ab 700 ZAR. Informationen: Park ☎ +27 (0)54 452 9200, augrabiesres@sanparks.org, Beschreibung: Augrabies ist ein sehr schön gelegenes Camp in der Nähe der Augrabies-Fälle und der majestätischen Schlucht, einem der Naturwunder Südafrikas. Es gibt Chalets für 2, 3 oder 4 Personen und Campingplätze für Selbstversorger. Die Chalets verfügen über Kochmöglichkeit, Bad mit Dusche/WC, Kühlschrank und z. T. Braaiplatz auf der Terrasse. Im Park kann man verschiedene Vogelarten, Reptilien, Spring- und Gemsböcke beobachten. Eine geführte Tour kann vor Ort gebucht werden, um die seltenen Schwarzen Nashörner zu sehen. Im Restaurant des Camps werden Frühstück, Mittag- und Abendessen angeboten. Zudem gibt es Tankstelle, Bar, Shop und Pool. Pirschfahrten mit dem eigenen Fahrzeug sind möglich und es bieten sich großartige Wanderungen an.

Der unentdeckte Südosten
(Abstecher ab Keetmanshoop)

Dieser Teil Namibias ist noch wirklich unentdeckt. Man kann ihn bequem erreichen, wenn man z. B. vom Kgalagadi Transfrontier National Park oder vom Augrabies National Park kommt, um zum Gebiet des Richtersveld Transfrontier Park zu gelangen. Der ideale „Seitensprung" könnte von **Keetmanshoop** (s. S. 193) über die C 16 nach Aroab gehen (Kalahari-Dünen), von hier auf der C 11 nach Karasburg (westlich der Großen Karasberge) und über die B 3 nach Grünau (426 km). *Idealer Seitensprung*

Ein Abstecher nach Warmbad ab Karasburg auf der M 21 nimmt weitere 49 km (eine Richtung) in Anspruch. Von Grünau und Umgebung aus kann man am nächsten Tag weiter zum Fish River Canyon reisen.

> **Unterkunft bei Karasburg** (▶ *Karte S. 498*)
> **Kleinbegin Lodge $ (6)**, ☏ 063/269315, *kleinbeginlodge@gmail.com, 483 N$ p. P./DZ mit Frühstück, Camping ca. 100 N$ p. P. Lage: 30 km östlich Karasburg, Entfernung zum Fish River Canyon 150 km, Augrabies Falls 250 km, Kgalagadi Park 300 km. Beschreibung: Die sehr private Lodge bietet 7 gut eingerichtete Zimmer, Schwimmbad und landestypisches Essen, vor allem afrikanisches Wild.*
> *Toll: Sightseeing-Flüge zum Fish River Canyon können organisiert werden. Ideal vor allem für Reisende, die von oder zu den Augrabies Falls wollen. Viele Köcherbäume auf dem Gelände, Wandermöglichkeiten.*

Warmbad Hot Springs

Den Namen verdankt der Ort (720 m hoch gelegen) Thermalquellen, die nun zur Entwicklung eines Heilbades genutzt werden sollen, damit ein touristischer Anziehungspunkt entsteht – ein kleines Pendant zu Groß-Barmen nördlich von Windhoek. Eine einfache Lodge mit Campingplätzen gibt es immerhin schon, das Heilbad lässt noch auf sich warten – mittlerweile nicht mal sicher, ob es noch gebaut werden soll.

Warmbad wurde 1805 „gegründet" von den Missionaren Abraham und Christian Albrecht im Auftrag der Londoner Missionsgesellschaft. Es entstanden in dieser Zeit eine Kirche sowie einige feste Gebäude im „europäischen" Stil. Doch die hier lebenden Nama zerstörten diese Gebäude bereits 1811 – aus Protest gegen die so selbstverständliche Vereinnahmung ihres Landes durch die Europäer. Die Missionsarbeit hörte zunächst bis 1834 auf, um dann von der Wesleyanischen Mission, später (1867) von der Rheinischen Missionsgesellschaft fortgeführt zu werden. 1877 wurde eine neue Kirche eingeweiht, die heute noch zu sehen ist. Die alte Pastorie aus dem Jahre 1834 wurde auf den Fundamenten der Gebäude aus der Albrecht-Zeit errichtet.

Aus der deutschen Schutztruppenzeit, in der 1890 eine Polizeistation entstand, stammen Reste eines Forts. Im ehemaligen Gefängnis von Warmbad ist heute das Museum

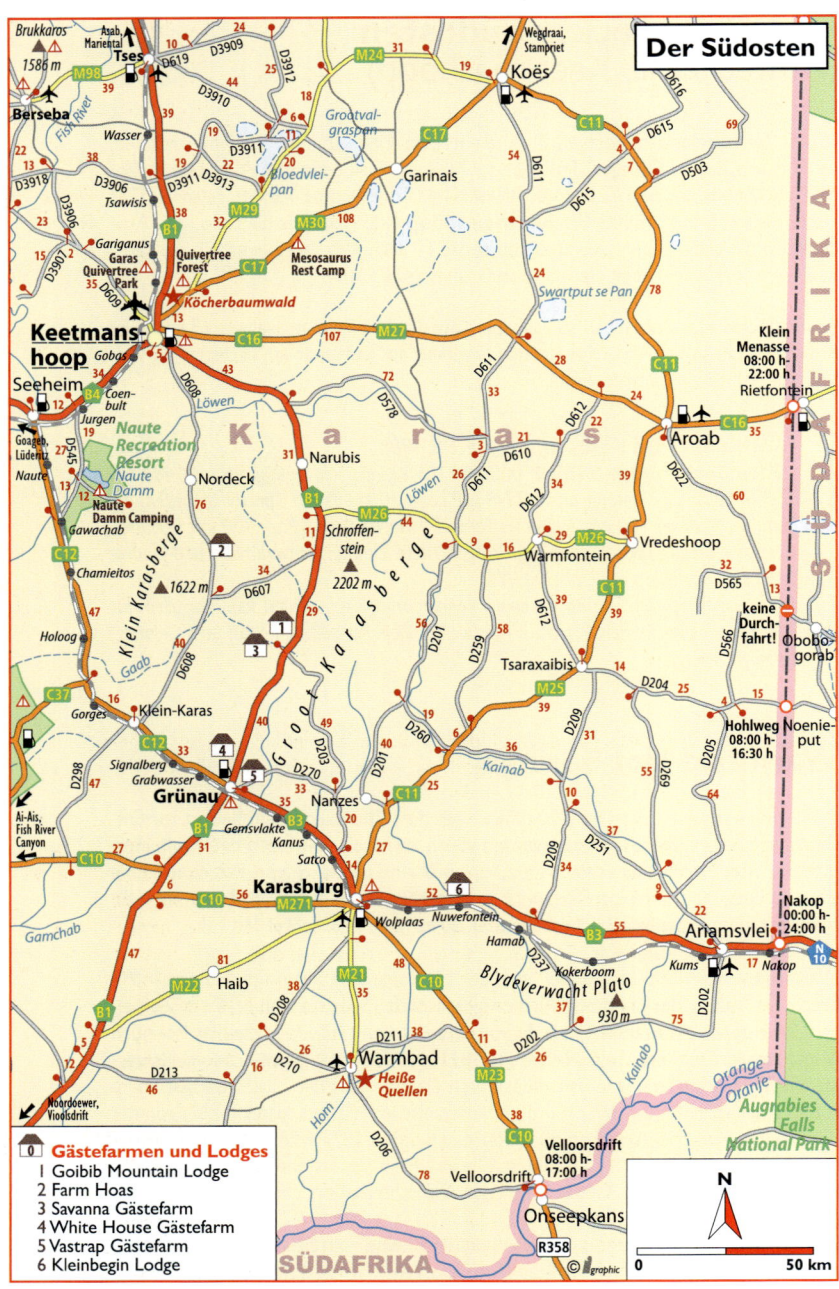

Der Südosten

Gästefarmen und Lodges
1 Goibib Mountain Lodge
2 Farm Hoas
3 Savanna Gästefarm
4 White House Gästefarm
5 Vastrap Gästefarm
6 Kleinbegin Lodge

N

0   50 km

SÜDAFRIKA

untergebracht. 2002 wurde es eröffnet und dokumentiert die lokale Geschichte der Nama vor der Ankunft der Weißen bis heute.
Öffnungszeiten: Mo–Fr 9–17h, Sa 9–13h (Ortsbesichtigungen werden vom Museum angeboten, ☎ 063/269106).

Unterkunfts-Tipp

**Sandfontein Lodge $$$$$**, *Karasburg, ☎ 063/683 160, rodica@sandfontein.com, www.sandfontein.com, 3.000 N$/p. P. im Chalet inkl. aller Mahlzeiten und Aktivitäten. Lage: östlich von Noordoewer (2 Autostunden) und westlich von Onseepkaans (Grenzübergang nach Südafrika), 1 Stunde nach Warmbad. Anfahrt: von Nooordoewer (s. S. 216): ca. 50 km nach Norden auf der B 1, dann nach Osten in die D 213 (46 km), danach 27 km nach Süden auf der D 208, danach nach osten auf die D 292 (10 km) – danach Beschilderung (noch 40 min zur Lodge). Von Karasburg aus: Nach Süden (8 km) Richtung Warmbad, dann auf die D 208. Beschreibung: geschmackvoll eingerichtete Chalets und eine Suite stehen zur Verfügung, ebenso eine großzügige stilvolle Lounge, eingerichtet zwischen „afrikanisch und modern“ – eine gelungene Symbiose. Die Unterkünfte und das Haupthaus liegen im riesigen, 76.000 ha großen Sandfontein Game and Nature Reserve – eine weite, spektakuläre Landschaft. An Tieren kann man u. a. Leoparden, Geparden, Kudus, Eland-Antilopen, Giraffen, Springböcke, Strauße und Hartebeest beobachten. 25 km Uferlinie am Oranje, Kanufahrten am Fluss, Gamedrives, Ausritte (über 10 trainierte Pferde) und ein riesiger Pool (20 m) sorgen für Aktivitäten. Eigenes Flugfeld, geschultes Personal und beste Verpflegung sind garantiert – inklusive Einsamkeit pur!*

Grünau und Umgebung

Grünau liegt am Gamchab-Fluss und ist hier im Süden mit ca. 400 Einwohnern in gewisser Weise ein zentraler Ort mit Ausflugsmöglichkeiten zum Fish River Canyon, Ai-Ais, den Karasbergen, nach Warmbad und dem Naute-Damm.

Gegründet in der deutschen Kolonialzeit, befand sich hier der Eisenbahn-Knotenpunkt nach Südafrika. Den Namen bekam der Ort durch die Tatsache, dass sich die ansonsten sehr dürre Region nach Regenfällen in eine grüne Landschaft verwandelt. In Grünau gibt es vor dem Postamt einige Köcherbäume zu bewundern. Kaum zu glauben, dass es hier im Winter schneien kann – für afrikanische Verhältnisse kann es hier „saukalt" werden. *Im Sommer grün, im Winter weiß*

Grünau ist heute ein wichtiger Straßenverkehrs-Knotenpunkt nach Südafrika (Kapstadt, Johannesburg) sowie nach Namibia (Landesmitte, Küste). Deshalb gibt es hier eine gute Infrastruktur für (Durch-)Reisende wie Tankstelle, Hotel und einige kleine Läden.

Reisepraktische Informationen Grünau und Umgebung

Unterkunft (▶ *Karte S. 498*)

Farm Hoas $$–$$$ (2), *☎ 063/266002 (Hoas) oder 063/225083 (Steinfeld), hoas@iway.na, www.afrikatraum.com. Buchung unbedingt erforderlich. Ca. 800 N$ p. P./DZ mit Halbpension. Lage: an der D 608 südlich von Keetmanshoop Beschreibung: kleine und per-*

sönliche Unterkunft für max. zehn Personen. Die Gastgeber Johann & Sonja Kruger kümmern sich persönlich um die Gäste. Auf der in der Nähe gelegenen Farm Steinfeld ist es noch ein bisschen einsamer: Übernachten ist hier aus ökologischen Gründen nicht möglich, dafür werden atemberaubende Allradtouren (auch mehrtägig) angeboten.

Goibib Mountain Lodge $$ (1), ② 063/683131, Reservierung über ② 061/224712, reservations@resdes.com.na, www.goibibmountainlodge.com, ca. 650 N$ p. P. im DZ inkl. Frühstück. Camping 120 N$ p. P. Lage: 48 km nördlich von Grünau (Abzweig von der B1) an den Ausläufern der Karasberge. Beschreibung: 8 große, klimatisierte Zimmer, Swimmingpool, Poolbar. Allrad-Trail für Selbstfahrer.

Savanna Gästefarm $$ (3), ② 063/683127, savannagf@gmail.com, www.savanna-guestfarm.com, ca. 720 N$ p. P./DZ mit Halbpension. Lage: von Keetmanshoop auf der B1 ca. 120 km nach Süden, 40 km nördlich von Grünau. Beschreibung: Das alte Farmhaus, umgeben von 22.000 ha Farmland (Schafe, Strauße – es ist wirklich eine „working Farm"), diente um 1900 Schutztrupplern als Stützpunkt. Heute kann man hier einfach übernachten, gutes Essen genießen, wandern oder Vögel und andere Tiere beobachten.

Vastrap Gästefarm $ (5), ② 063/262063, www.vastrapguestfarm.com, 540 N$/DZ, Chalet für Selbstversorger ab 690 N$. Lage: etwa 5 km B 3 Richtung Karasburg, dann links abbiegen (2 km). Beschreibung: 6.000 ha große Schaffarm, seit 1942 in Familienbesitz. Einfache, saubere Zimmer, rustikale Bar, Swimmingpool, gute bodenständige Verpflegung durch die netten Gastgeber.

White House Gästefarm $ (4), ② 063/262061, withuis@iway.na, www.withuis.iway.na, ca. 350 N$ p. P. mit Frühstück. Lage: 11 km nördlich von Grünau an der B1, dann noch 2 km Farmpad. Beschreibung: Es stehen einfache, saubere Doppelzimmer zur Verfügung, gute Lammgerichte! Rosenquarz-Mine für „Sammler". Viele Sukkulenten auf dem Farmgebiet, vor allem Lithops („lebende Steine").

Kunstvoll: die Webervogelnester

Durch den Caprivi-Streifen nach Victoria Falls

☞ **Entfernungen (km)**
Gesamt-Kilometer **Grootfontein – Katima**
Mulilo: *698*
Grootfontein – Rundu: *248*
Rundu – Bagani/Popa Falls: *156/188*
Divundu/Bagani – Kongola: *191*
Divundu/Bagani – Katima Mulilo: *103*
Katima Mulilo – Ngoma (Grenzübertritt Botswana): *69*
Ngoma – Kasane – Victoria Falls: *141*
Kazungula – Victoria Falls: *80*

Der Besuch des Caprivistreifens, vielleicht sogar mit Abstechern an den Oberlauf des Okavango (Shakawe,
Botswana), zu den Ngonye Falls (am Zambezi, Zambia),
zum Chobe Park (Botswana), nach Mpalila Island und
nach Victoria Falls (Zimbabwe), ist sicherlich ein „Rei-
se-Leckerbissen". Man sollte dieses Gebiet meiner Meinung nach erst dann besuchen, wenn man den Rest Namibias bereits kennt. Bei Fahrten nach Botswana,
Zambia und nach Zimbabwe können Sie nur mit einem
durch den Vermieter für diese Länder zugelassenen Fahrzeug einreisen.

Eine ausgezeichnete Teerstraße führt durch den Caprivi-Zipfel – mit Elefanten muss man trotzdem rechnen

Am erlebnisreichsten lässt sich ein Caprivi-Besuch gestalten, wenn man bis Victoria Falls durchfährt und die Rückreise über den Südteil des Okavango-Deltas (Maun) nach Windhoek antritt. Man kann auch Allradfahrzeuge, die in Windhoek angemietet werden, u. U. in Kasane oder Victoria Falls abgeben und von hier aus wieder zurück nach Windhoek fliegen, um die Anschlussmaschine nach Europa zu erreichen.

👉 ## Hinweise und Informationen zur Strecke

Von Grootfontein fahren Sie auf der B8 nach Rundu (Teerpad). Von Rundu fahren Sie ostwärts auf der B 8, die inzwischen durchweg geteert ist. Der Abstecher von Bagani/Divundu nach Shakawe ist gut zu befahren (gute Gravelroad), ab Shakawe nach Maun sogar durchgängig geteert.

Die Strecke von Grootfontein bis Rundu führt durch flache Buschsavannenlandschaft. Doch Vorsicht: In der Nähe von Dörfern kreuzen Rinder und Ziegen den Weg! Ca. 40 km hinter Grootfontein tauchen die ersten Palmen auf – Zeichen beginnender tropischer Pflanzenvielfalt. Etwa 130 km hinter Grootfontein passieren Sie die Kavangoland-Veterinärkontrolle. Ab

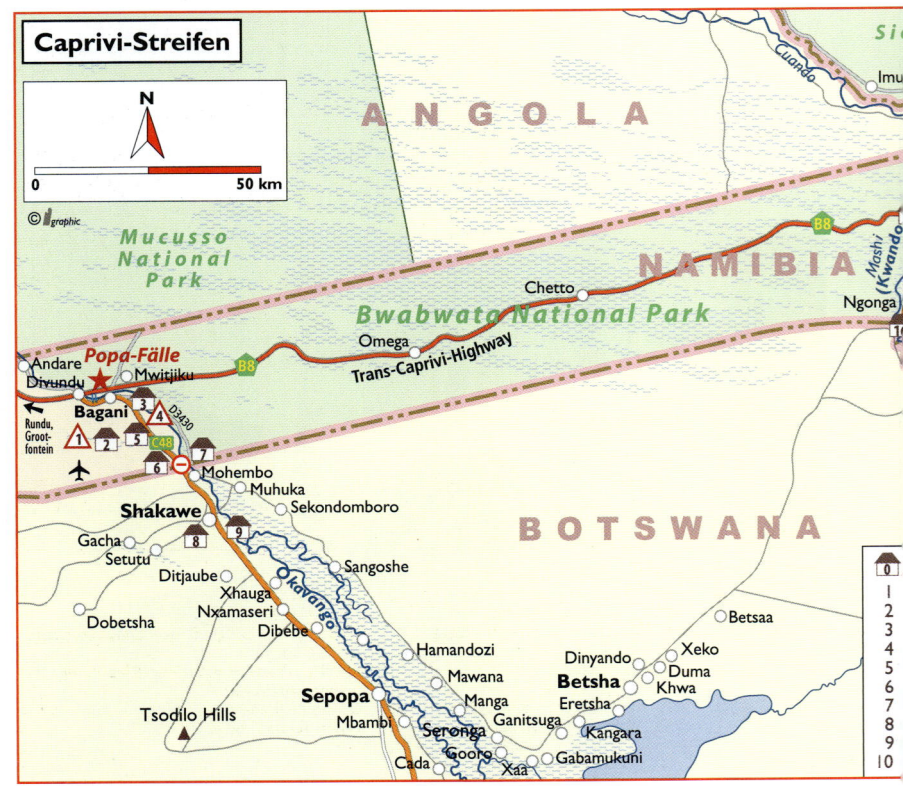

hier entdecken Sie links und rechts der Straße malerische Dörfer mit Rundhütten. Entlang der Straße können Sie Feuerholz kaufen. Etwa 50 km vor Rundu werden immer wieder Schnitzereien angeboten. Die Strecke von Rundu nach Katima Mulilo verläuft in der Nähe des Okavango-Flusses. Die alte Straße führt durch Dörfer, die am Fluss liegen (zweifelsohne langsamer, aber interessanter). Wenn Sie einen Abstecher von Bagani/Divundu aus den Okavango entlang zum Fischerdorf **Shakawe** in Botswana planen, so ist dies mittlerweile unproblematisch, es erwarten Sie normale Grenzformalitäten, Visa erhalten Sie direkt. Mit einem namibischen Fahrzeug können Sie allerdings nur einreisen, wenn Sie eine Genehmigung des Vermieters für die Grenzüberschreitung besitzen.

Ab Divundu/Bagani führt die Strecke über eine sehr gut asphaltierte Pad nach Katima Mulilo. Sie passieren hier den Bwabwata Nationalpark, dürfen aber ohne Permit nicht nach links oder rechts abbiegen. Dieser Streckenabschnitt zwischen Okavango und Kwandofluss (Kongola) ist recht monoton. Bis Victoria Falls ist die Straße nun geteert. Der Abstecher zu den Ngonye Falls in Zambia (von Katima Mulilo aus) ist nur mit einem Allradfahrzeug möglich.

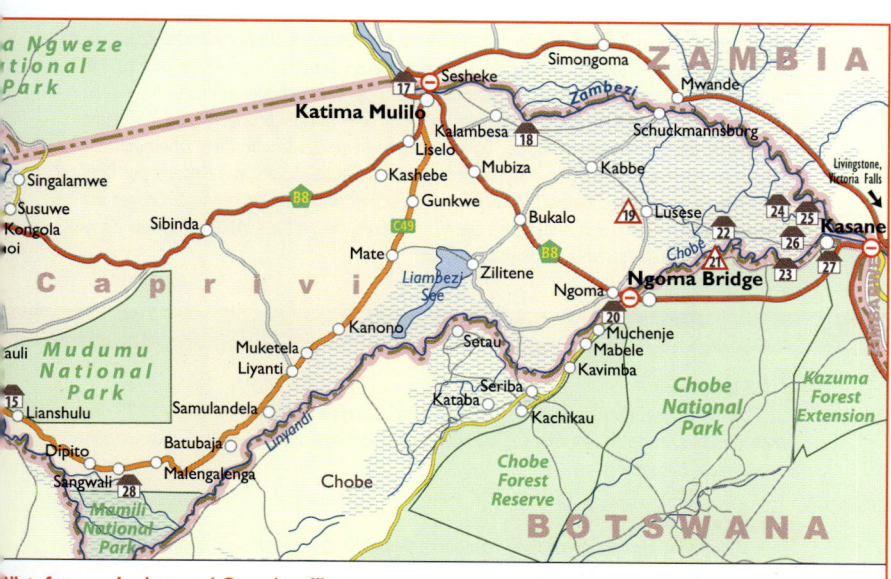

Gästefarmen, Lodges und Campingplätze

oabaca Campsite	11 Mazambala Island Lodge
Falls Camp	12 Susuwe Island Lodge
va Okavango Lodge & Spa	13 Namushasha Country Lodge
i Campsite	14 Nambwa Campsite
da River Lodge	15 Lianshulu Lodge
ngu Safari Lodge	16 Camp Kwando
ovu Safari Lodge	17 Protea Hotel Zambezi River
sky's Cabins	18 Kalizo Lodge & Camp
we Lodge	19 Salambala Campsite
ill Campsite	20 Muchenje Safari Lodge

21 Ihaha Campsite
22 Chobe Savanna Lodge
23 Chobe Game Lodge/Chobe Chilwero Lodge
24 Ntwala Lodge
25 Impalila Island Lodge/Ichingo River Lodge
26 Chobe Safari Lodge
27 Cresta Mowana Safari Lodge
28 Nkasa Tented Lodge

Hinweise zu den Abstechern

• **Abstecher Kaudom Game Reserve:** *Eine Fahrt durch das Kaudom Game Reserve ist nur für sehr erfahrene Allradfahrzeugfahrer (nur für 2 Fahrzeuge erlaubt) geeignet. Der Besuch dieses Gebiets ist nichts für Reisende, die auf die Schnelle afrikanische Tiere sehen möchten. Vielmehr steht hier das Erlebnis im Vordergrund, die Wildnis zu bewältigen und zu erleben. Absoluter Komfortverzicht ist notwendig.*

• **Abstecher zu den Popa-Fällen:** *Gehört unbedingt zum Caprivi-Erlebnis, auch wenn man hier eher Stromschnellen als Wasserfälle erwarten sollte. Der benachbarte Mahango Game Park als Teil des Bwabwata National Parks lohnt dann einen Umweg. Besonders empfehlenswert ist ein* **Abstecher nach Botswana:** *In der Umgebung von Shakawe kann man am Oberlauf des Okavango in reizvoll gelegenen, rustikalen Camps übernachten und die grandiose Natur beobachten.*

Okavango-Delta in Namibia

• *Im weiteren Verlauf der Reise ist ein Besuch des* **Mudumu National Park** *(Bereich Kwando River) anzuraten (Flussfahrten, Wildbeobachtung).* **Tipp:** *Lianshulu und die benachbarten Lodges sind „ein Stück Okavango-Delta in Namibia", da Sie hier einen ausgezeichneten Eindruck der Tier- und Wasserwelt erhalten. Ein Besuch des südlich gelegenen* **Mamili National Park** *lohnt für versierte Allradfahrzeugfahrer, die vor allem in der Bewältigung der Wildnis ihr Erlebnis sehen.*

• **Katima Mulilo** *eignet sich hervorragend für einen Zwischenstopp am Zambezi.*

• **Ngonye Falls in Zambia:** *Von Katima Mulilo aus erreichen Sie per Allradfahrzeug die herrlichen Ngonye Falls des Zambezi. Eine Weiterfahrt zum Chobe National Park und zu den Victoria Falls ist sicherlich zu empfehlen. Am Ende der Caprivi-Durchquerung kann man dann riesige Elefantenherden am Chobe bestaunen und, wenn das nötige „Kleingeld" zur Verfügung steht, in einer der tollen Lodges auf der botswanischen Seite des Chobe River übernachten.*

• **Mpalila Island** *liegt auf der namibischen Seite des Chobe-Flusses, von Kasane per Boot zu erreichen. In dieser sagenhaft schönen Wasserlandschaft erwarten Sie gepflegte Lodges mit afrikanischem Flair und vielen Aktivitäten. Die Victoria Falls, die größten Wasserfälle am Zambezi, sind zum Abschluss ein grandioses Erlebnis.*

Reisepraktische Informationen Caprivi-Streifen

! Sicherheit
Die Sicherheitssituation nach den Unruhen und Überfällen, die sich vor allem 1999 dramatisch verschlechterte, ist seit Mitte 2002 wieder unbedenklich. Besondere Vorsichtsmaßnahmen sind nicht notwendig.

Gesundheit
Malaria-Prophylaxe ganzjährig, Wasserentkeimung ratsam, ebenso Mitnahme eines Schlangenbiss-Sets.

Lebensmittelversorgung
In Grootfontein, Rundu, Basisversorgung in Divundu und Kongola, normal in Katima Mulilo möglich. Selber mitnehmen: genügend Wasser für mindestens 3 Tage!

Benzin
Grootfontein, manchmal Tsumkwe, Rundu, Divundu, manchmal Kongola, Katima Mulilo, Kasane, Victoria Falls (Versorgungsengpässe!).

Von Grootfontein durch das Kaudom Game Reserve in den Caprivi
(Allradstrecke durch das Kaudom Reserve)

 Hinweise zur Anfahrt

Von Grootfontein fahren Sie auf der Teerstraße B 8 nach Nordosten. Nach ca. 60 km biegen Sie nach rechts in die Pad C 44, auf der Sie nach knapp 220 km Tsumkwe erreichen. Von Tsumkwe fahren Sie über die Pad 3301 nach Norden und erreichen nach ca. 62 km die Parkgrenze und wenig später (7 km) das südliche Camp des Kaudom Reserve, Sikereti. Den Park verlassen Sie wieder im Norden, indem Sie vom Kaudom Camp nach Westen fahren, um später die Pad nach Norden zu nehmen. In Katere erreichen Sie (ziemlich genau 200 km ab Tsumkwe) dann die Pad B 8, wo Sie nach rechts Richtung Divundu/Popa Falls/Katima Mulilo abbiegen. In Divundu (weitere 80 km) kann man tanken.

Unterwegs von Grootfontein zum Kaudom Game Reserve

Omatako Valley Restcamp

Von der B 8 Grootfontein – Rundu biegen Sie auf die C 44 Richtung Tsumkwe ein. Nach ca. 100 km erreicht man den Veterinärzaun und Kontrollpunkt. Nach weiteren 11 km finden Sie an der rechten Seite das Restcamp (auch mit Pkw erreichbar). Es gibt hier Campingplätze mit Wasseranschluss, sanitäre Anlagen wie WC und warme Duschen und einen kleinen Laden mit kalten Getränken.

Sie haben hier Gelegenheit, den !Kung San zu begegnen. Auf geführten Touren können Sie (gegen geringes Entgelt) auf Wildbeobachtungswanderungen gehen, Feldfrüchte sammeln oder reiten. *Begegnung mit den !Kung San*
Omatako Valley Rest Camp $, *Camping ca. 75 N$ p. P.*

Tsumkwe

Dieser Flecken ist ein Überbleibsel der Apartheidpolitik der südafrikanischen Administrationszeit. Von hier aus verwaltete man das damalige „Buschmannland". Dieser Nordost-Teil Namibias ist heute das Gemeindeland der Otjozondjupa-Region, in deren südlichem Teil Herero wohnen. Verwaltungszentrum ist der Ort Okakarara. Im nördlichen Gebiet dieser Region dagegen leben die San heute z. T. als sesshafte Farmer, aber manche auch noch als Jäger und Sammler.

Vom Tourismus erhofft man sich, dass dadurch einige der alten Traditionen dieser Völker bewahrt bleiben können. In der Nyae Nyae Conservancy und im Omatako Valley kann man dies als Reisender unterstützen. Achtung: Im namibischen Sommer kann es hier unerträglich heiß werden!

Ausgangs- Touristisch spielt Tsumkwe eine Rolle als Ausgangsort zum Kaudom Game Reserve, zur
ort zum südlich gelegenen Nyae-Nyae-Pfanne oder zum östlich gelegenen Grenzposten nach Bots-
Kaudom wana. Hier gibt es Polizei und eine Tankstelle, auf deren Benzinvorrat kein Verlass ist.

Reisepraktische Informationen Tsumkwe

Unterkunft
**Nhoma Safari Camp/Namibia Adventure Safaris & Tours $$$$$**, ① 081/2734606, tsumkwel@iway.na, www.tsumkwel.iway.na, 2.200 N$ p. P./DZ inkl. Vollpension und Aktivitäten. Camping 150 N$ p. P. Vorherige Buchung unbedingt notwendig. *Lage:* 80 km von Tsumkwe und 280 km von Grootfontein. *Beschreibung:* kleines Luxuscamp mit 10 Zelten und 180°-Blick auf die Umgebung. In der Nähe liegt das San-Dorf //nhoq'ma (s. u.). Die Besitzer Arno und Estelle Oosthuysen sind sehr mit der Geschichte und Kultur der San vertraut. Das Khaudom Game Reserve liegt nur 60 km entfernt – allerdings braucht man für die Strecke mindestens 1½ Std. mit einem Allradwagen. Besuche können organisiert werden. Interessante Tour auch zu alten Baobab-Bäumen. Touren bitte vorher anmelden! Keine Elektrizität.
**Tsumkwe Country Lodge $**, Buchung und Informationen über ① 061/374750, tsumkwe@ncl.com.na, www.namibialodges.com. Ca. 400 N$ p. P. im DZ mit Frühstück. *Lage:* 1 km südlich von Tsumkwe. *Beschreibung:* Den Gästen stehen große Holz-Bungalows mit Steinböden zur Verfügung. Einfache, jedoch saubere und frisch renovierte bzw. neue 25 Zimmer. Restaurant und Swimmingpool vorhanden. Camping ist möglich! Von hier können auch Touren zu den Nyae Nyae Safari Camps gebucht werden. S. Hinweis S. 380 zu Namibia Country Lodges.

Tipp
Ein Besuch im Historic Living Village
Ein besonders Erlebnis ist ein Besuch des Dorfes der Ju/'hoan San: Hier wird man in den Busch geführt, die Bedeutung verschiedener Pflanzen wird erläutert, außerdem kann man lernen, mit zwei Stöckchen Feuer zu machen oder mit dem Bogen zu schießen. Die Einrichtung wird allein von den San betrieben, ihnen kommen alle Einnahmen zugute. Etwa 50 Erwachsene und 100 Kinder leben hier, nebenan liegt ein Campingplatz. Infos unter www.lcfn.info/ju-hoansi/ju-hoansi-home.

Nyae Nyae

Diese Salzpfannen erinnern an die Etosha-Pfanne, sind aber wesentlich kleiner. Das Schutzgebiet liegt südlich der C 44 und bedeckt eine Fläche von 30 mal 35 km. In guten Regenzeiten ist die Pfanne überflutet und wird u. a. auch von Flamingos bevölkert. Wie im Kaudom Game Reserve muss man alles selbst mitbringen. Natur pur und Blick auf uralte riesige Baobabs sind hier angesagt!

Die Ju/'hoan-San haben hier das erste ländliche Schutzgebiet gegründet. Sie versuchen, vom langsam aufkeimenden Tourismus zu leben und bieten folgende Aktivitäten an:
- traditionelle Jagd mit Ju/'hoan-Jägern
- „Kurse" im Spurenlesen
- Sammeln und Kochen von Früchten vom „Veld"
- musikalische und tänzerische Darstellungen

Ebenso betreiben sie zwei einfache Campingplätze, Djokkoe und Makuri, beide mit Grillplätzen und Toiletten ausgestattet, aber ohne Wasser. Zwischen den Camps steht der
gigantische Homasi-Baobab, der einen Umfang von über 30 m aufweist. Über alle Ak- *Riesiger*
tivitäten erhalten Sie Informationen im Nhoma Safari Camp (hier auch Buchung der *Baobab*
Campingplätze).

Campingplätze Djokkoe und Makuri $, *zu buchen im Büro der Nyae Nyae Conser-*
vancy in der Tsumkwe Lodge oder im Nhoma Safari Camp. Lage: im Nordosten des Schutz-
gebiets, westlich der D 3003 (nur mit Allrad erreichbar).

Grenzübergang nach Botswana
Von Tsumkwe sind es bis zum Grenzübergang Dobe ca. 55 km gute Naturpiste. Nach
dem Grenzübergang *(geöffnet täglich 8–16 Uhr)* geht die Pad in eine etwa 10 km lange,
aber mit dem Allradwagen gut zu befahrende Piste über. Nächste „Ortschaft" ist Gcang-
wa. Bis Nokaneng sind es 125 km, teils sandig, teils fester Untergrund. In Nokaneng
stößt man auf die Asphaltpiste, die in Richtung Süden nach Maun und in Richtung Norden nach Shakawe (170 km) führt.

Achtung: Erlaubnis des Vermieters notwendig, ebenso internationaler Führerschein! *Erlaubnis*
einholen!

Kaudom Game Reserve

Für abenteuerlustige Offroad-Fahrer ist das Kaudom Game Reserve genau wie das Kaokoveld eine besondere Herausforderung. Dieses Gebiet ist nur für erfahrene 4 x 4-Fah-
rer geeignet und erfordert **sorgfältige Planung** und Vorbereitung.

Der Kaudom ist nur für abenteuerlustige Fahrer zu empfehlen

☞ Streckenhinweis

Anfahrt: Von Tsumkwe aus geht es zunächst auf relativ guter Pad, die zunehmend sandig wird, in nordöstliche Richtung (D 3301). Man kommt an dem kleinen Dorf Xaxoba vorbei. Etwa 35 km von Tsumkwe aus geht es dann zu einem Baobab (Dorslandtrekker-Baobab). Nach diesem Schlenker, der zunächst in südöstliche Richtung führt, zweigt die Piste wieder nach Norden ab und führt zum Camp Sikereti (ca. 70 km, etwa 4 Stunden Fahrzeit mit Fotostopps).

Ausfahrt: Vom Camp Kaudom bis nach Katere/B 8 sind es nur knapp 80 km, doch diese Strecke ist sehr tiefsandig und nimmt 5–6 Stunden Fahrzeit in Anspruch.

Das 3.842 km² große Wildreservat ist der einzige Teil Namibias, in dem das **Kalahari Sandveld** unter absolutem Naturschutz steht. Hier kann man Giraffen, Elefanten, verschiedene Antilopenarten (Oryx, Springböcke, Pferdeantilopen, Kudus, Steinböckchen), Hyänen, Schakale, Leoparden und Löwen beobachten, aber auch für Ornithologen ist das Gebiet hochinteressant. Wichtig zu wissen ist, dass der Park nicht wie Etosha oder der Kruger Park eingezäunt ist. So können die Tiere ihren eigenen Migrationsrouten ungehindert folgen.

Der Park wurde im März 1986 eröffnet und gilt in Namibia als der wildeste und am wenigsten besuchte. Die Vegetation besteht aus Trockenwäldern. Das Gebiet erhält im Sommer meistens so viel Regen, dass das Gras sehr hoch wächst und die Tierbeobachtungen erschwert werden. Allerdings gab es im Sommer 2011 verheerende Buschbrände, die einen großen Teil der Vegetation und damit auch der Lebensgrundlage für viele Tiere zerstört haben. Es wird

Kaudom Game Reserve

Katere 50 km (Rundu/Katima Mulilo)

ANGOLA
Etosha-Pfanne · Rundu
Khorixas · Tsumeb
Swakopmund · Otjiwarongo
Windhoek
BOTSWANA
Maltahöhe
Lüderitz · Keetmanshoop
0   200 km   SÜDAFRIKA

Cwiba
13 km
Kaudom
16 km
12 km
18 km
Kaudom Camp
Tamsu
Burkea
Kaudom
Doringstraat
Xeideng
15 km
20 km
16 km
Tsau
12 km
19 km
21 km
Leeupan
Kaudom Game Reserve
Elandvlakte
20 km
23 km
Dussi
Chadom
Khau
9 km
25 km
Tari Kora
Nhoma
12 km
Kremetart
Baikiaea
Soncana
Samagaigai 30 km
Tsoana
5 km   22 km
Sikereti Camp
Tsoanadom
7 km
31 km
(D3301)
Tsumkwe   Tsumkwe 50 km

Allrad empfohlen
nur mit Allrad
Wasserstelle

BOTSWANA

N
0   20 km

© graphic

wohl einige Zeit dauern, bis die Tier- und Pflanzenwelt sich wieder vollständig erholt hat. Da der Park nur von wenigen Touristen besucht wird, ist das Wild sehr scheu. Durch das Parkgebiet ziehen vereinzelte San-Familien, sie sammeln hier Wildfrüchte.

Der am wenigsten besuchte Park Namibias

Der Kaudom ist sehr natürlich, die Wege sind sehr tiefsandig, sodass man nur langsam vorankommt. Allradfahrkunst und Vorsicht (langsam fahren, in den Spuren bleiben, ohne viel zu lenken) sind hier gefragt. Für die Strecke Sikereti – Kaudom Camp benötigt man etwa 3–4 Stunden Fahrzeit.

Geologie des Kaudom-Gebiets

Das Gebiet gehört zu den westlichen Ausläufern der Kalahari-Sandwüste. Vor mehr als 100 Millionen Jahren bildete das Kalahari-Becken eine riesige, flache Mulde, die allmählich mit Sedimenten zugedeckt wurde. Im südwestlichen Gebiet lagerten sich Sandschichten in einer Dicke von bis zu 350 m ab, im östlichen Teil dagegen erreichten sie nur 50 m. Vor ca. 3 Millionen Jahren formten Ostwinde ost-westwärts verlaufende Dünen, die in der feuchteren Folgezeit durch Vegetation verfestigt wurden.

Nur an wenigen Stellen tritt aus diesem Sandmeer Grundgestein an die Oberfläche:
* bei Andara (heute Missionsstation) am Okavango treten alte Basaltformationen zu Tage;
* in der Nähe des Camps Sikereti kann man an wenigen Stellen Quarzite entdecken.

1979 entdeckten Geologen 13 km südwestlich von Sikereti 4 kleinere Kimberlit-Schlote. Kimberlit gilt als ein Muttergestein von Diamanten – und diese vermutete man hier. Doch stellte sich heraus, dass es nicht einen einzigen Edelstein gab.

Kimberlit – aber keine Diamanten!

Echte Wildnis…

info

Omiramba – die alten fossilen Flüsse der Kalahari

Die Bezeichnung „Omiramba" (in der Einzahl heißt es „omuramba") stammt **aus der Herero-Sprache** und heißt so viel wie „schlecht zu erkennender Flusslauf". Fast alle Omiramba (in Nordafrika auch Wadis genannt, in den USA Creeks und sonst im südlichen Afrika „Rivier") führen bzw. „fließen" (falls Wasser vorhanden ist...) parallel zu den ost-westlich verlaufenden Dünen.

In der geologischen Vergangenheit, als es in diesem Gebiet viel mehr regnete (so z. B. während der pleistozänen Regenzeiten) führten diese Flüsse wahrscheinlich in Richtung Okavango-Becken. Heute fließen sie nicht mehr: Nur in der Regenzeit kann es vorkommen, dass Teile der Flusstäler für kurze Zeit gefüllt werden. Dann sickert das Wasser durch die **Sandschichten** zum Okavango-Becken, während umgekehrt in der Trockenzeit die Fluten des Okavango-Beckens für ein Ansteigen des Grundwasserspiegels der Omiramba im Kaudom-Gebiet sorgen. Folge für die Tierwelt: Da die Vegetation in den Omiramba attraktiv ist (u. a. gesäumt von Akazienwäldern und durchzogen von Riedbetten) und in der Trockenzeit einige Pools mit Wasser gefüllt zurückbleiben, sind diese fossilen Flussbette Lieblingswanderrouten der Tiere.

Die bedeutendsten Omiramba sind
- Omatako - Omuramba fließt nach Norden
- Nhoma - Omuramba im Südteil des Parks (fließt nach Norden)
- Cwibi - Omuramba im Norden (fließt nach Süden)

Die Betten der Omiramba sind von Torfschichten bedeckt, die das Wasser der Regenzeit schwammähnlich aufnehmen und es in der trockenen Jahreszeit allmählich wieder abgeben.

Reisepraktische Informationen Kaudom Game Reserve

Eintrittspreise
40 N\$ p. P. und 10 N\$ pro Fahrzeug.

Unterkunft
Im südlichen Parkteil liegt das **Camp Sikereti***, im nördlichen Teil das (schönere und wildreichere)* **Camp Kaudom***. Letzteres ist allerdings offiziell geschlossen und es ist verboten, dort zu campen. Sikereti wurde renoviert (Duschen, Toiletten), ist aber immer noch äußerst einfach und rustikal. Richten Sie sich in jedem Fall auf Selbstversorgung ein, auch Wasser ist nicht immer verfügbar. Gehen Sie außerdem von häufigen Elefantenbesuchen aus – vor allem nachts. Beide Camps sind nicht eingezäunt – hätte auch bei Elefanten keinen Zweck. Und da die Dickhäuter scharf auf Obst und Gemüse sind, sollten Sie nichts davon im Zelt oder Wagen verstaut haben.*

Gesundheit
Malaria-Prophylaxe ganzjährig, Wasserentkeimung ratsam, ebenso Mitnahme eines Schlangenbiss-Sets.

Lebensmittelversorgung
in Tsumeb, Grootfontein, Rundu und Bagani möglich. Man muss selber genügend Wasser für mindestens 3 Tage mitnehmen.

Beste Reisezeit

Die Trockenmonate zwischen Mai und Ende August. September und November sind sehr heiß und trocken, die Regenfälle verteilen sich auf Ende November bis April. In der Regenzeit ist der Kaudom Wildpark praktisch unpassierbar.

Wildbeobachtung

Großwildbeobachtung von Juni bis Oktober optimal.

Benzin und Fahrhinweise

Benzin gibt es nur in Grootfontein, Divundu, Rundu, Mukwe und Bagani (in Tsumkwe nur sporadisch). Der Besuch des Kaudom Wildparks ist nur mit Begleitfahrzeug gestattet, d. h. es müssen stets 2 Fahrzeuge für den Besuch angemeldet werden.
Berücksichtigen Sie bitte, dass der Benzinverbrauch aufgrund der schweren Sandstrecken etwa doppelt so hoch ist wie normalerweise. Planen Sie darüber hinaus eine Reserve von 500 km ein. Alleine für die Sandstrecke von Tsumkwe bis Sikereti braucht man für 65 km gute drei Stunden. Das dichte Gras über den Fahrspuren, besonders hoch im Sommer, kann sich um Achsen und Auspuff wickeln – Brandgefahr (Feuerlöscher parat halten)! Ebenso muss regelmäßig der Kühler inspiziert werden, da er sich schnell mit Grassamen und Insekten zusetzt und der Motor zu heiß wird. Man darf im Park zwar aus dem Wagen aussteigen, doch sollten Sie Vorsicht walten lassen und möglichst an übersichtlichen Stellen halten. Kommen Sie nie Elefanten in die Quere und trennen Sie nie eine Herde, wenn die Tiere den Weg kreuzen. In der Regenzeit, vor allem in den Monaten von Anfang Dezember bis Anfang April, sollte man Kaudom wegen Überschwemmung mancher Wege meiden. Viele Pisten sind dann unpassierbar.

Von Grootfontein direkt nach Rundu
(für Normalfahrzeuge geeignet)

Von Grootfontein bis Rundu fahren Sie auf ausgezeichneter Teerpad über die flache Buschsavannenlandschaft. Ca. 50 km hinter Grootfontein erreicht man eine Veterinär-Kontrollstation. Ab hier wird es zunehmend „afrikanisch": Man kommt an Siedlerhütten vorbei, man sieht die typischen Sandschlitten, die von Ochsen gezogen werden. Das quirlige Leben nimmt einen schnell gefangen.

„Afrikanisches Flair"

Doch Vorsicht: Ziegen und Rinder können unkontrolliert den Weg kreuzen. Händler bieten Früchte und Souvenirs an, vor allem die Kavango-typischen Holzschnitzereien. All das „Afrikanische", das man in den mittleren und südlichen Teilen Namibias vermisst, taucht nun auf. Je weiter man sich Rundu nähert, desto höher wird die Vegetation.

Rundu

Dieser Ort, heute **Sitz der Regierungsverwaltung** der Kavango-Region, war während des Befreiungskampfes ein wichtiger militärischer Stützpunkt. Vor Durchquerung des Caprivi-Streifens empfiehlt es sich, hier eine Rast einzulegen, um alle Vorräte (Benzin, Lebensmittel) aufzufrischen. Der Ort verfügt über ein gutes Krankenhaus, Schulen

Vorräte auffrischen

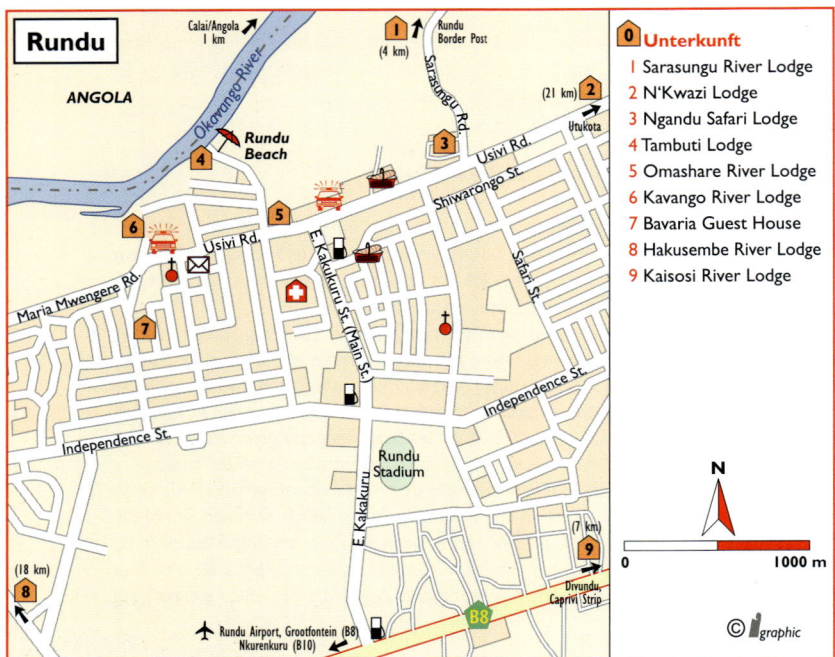

Rundu

Calai/Angola 1 km
ANGOLA
Okavango River
Rundu Beach
Rundu Border Post (4 km)
Sarasungu Rd.
(21 km)
Utrukota
Usivi Rd.
Shiwarongo St.
E. Kakukuru St. (Main St.)
Usivi Rd.
Maria Mwengere Rd.
Safari St.
Independence St.
Independence St.
Independence St.
E. Kakukuru
Rundu Stadium
(18 km)
(7 km)
Divundu, Caprivi Strip
B8
Rundu Airport, Grootfontein (B8) Nkurenkuru (B10)
N
0   1000 m
© graphic

Unterkunft

1 Sarasungu River Lodge
2 N'Kwazi Lodge
3 Ngandu Safari Lodge
4 Tambuti Lodge
5 Omashare River Lodge
6 Kavango River Lodge
7 Bavaria Guest House
8 Hakusembe River Lodge
9 Kaisosi River Lodge

und Läden (Supermärkte, Fleischerei). Besonders schön ist das Okavango-Ufer, von dem aus herrliche Sonnenuntergänge beobachtet werden können.

Gegenüber von Rundu, auf der anderen Okavango-Seite, liegen Angola und die Ortschaft Calai. Auf beiden Seiten leben Menschen des Kavango-Stammes, doch durch den langen Krieg rissen die Verbindungen ab. Die letzte Fährverbindung wurde 1975 aufgegeben.

Ab Rundu führt die B 8, nun bis hinter Bagani asphaltiert, wenige Kilometer südlich des Okavango-Ufers entlang. Hier findet man typisch afrikanische Dörfer, die durch eine ufernahe Schotterstraße, die früher einzige Ost-Westverkehrsader, verbunden sind. Die neue Trasse war in der Zeit des Bürgerkrieges sicherer und wurde deshalb vom Militär favorisiert.

Tipp

Nicht staubig, sondern grün

Fahren Sie ruhig einmal entlang der alten Pad am Okavango, denn hier bekommt man mehr vom afrikanischen Leben mit. Überhaupt vermittelt die Fahrt hier ungewohnte landschaftliche Eindrücke: Ist Namibia sonst insgesamt ein dürres, staubiges Land, so erlebt man hier viel Grün: Der Niederschlag liegt bei etwas mehr als 600 mm pro Jahr. Entsprechend „üppig" sind hier die landwirtschaftlichen Möglichkeiten, sodass Getreide und sogar Reis angebaut werden können. Der Fischreichtum des Okavango dient der Grundversorgung der Bevölkerung.

Der Okavango – Lebensader im Grenzgebiet

info

Wie der Kunene entspringt der Okavango im angolanischen Hochland. Auf etwa 350 km Länge ist er Grenzfluss zwischen Angola und Namibia. Obwohl die Bevölkerung auf beiden Seiten etwa gleicher Herkunft ist, gehört sie nun verschiedenen Nationen (Namibia und Angola) an. Die jüngere Geschichte verstärkte die Trennung durch den Bürgerkrieg in Angola. Im Mittellauf des Okavango gibt es fruchtbare Überschwemmungslandschaften, wo die einheimische Bevölkerung u. a. Mais, verschiedene Getreidesorten und Reis anbaut. Daneben ist als Nahrungsquelle der Fischfang sehr wichtig (u. a. Tigerfische). Das meiste Wasser führt der Fluss zwischen Ende Februar und Ende April.

Neben Oranje und Zambezi ist der Okavango (der in Angola als „Cubango" bezeichnet wird) mit 1.600 km Länge der drittgrößte Fluss im südlichen Afrika. Der östlich von Nyangana mündende Quito führt dem Okavango nochmals die gleiche Wassermenge zu. Im weiteren Verlauf des Caprivi-Streifens überquert man den Kwando-Fluss bei Kongola. Sobald Okavango und Kwando Botswana erreichen, bilden beide Flusslandschaften Sümpfe, die von Seen und Kanälen durchsetzt sind. Der Kwando, der auch wie der Okavango südwärts in das botswanische Kalahari-Becken fließt, bildet in seinem Endverlauf ein dem Okavango-System zugehöriges Delta.

An den Popa Falls knickt der Okavango in südliche Richtung ein und breitet sich dann in ein 15.000 km² großes Binnendelta aus. In regenreichen Perioden der Vergangenheit ergoss sich der Okavango bis hin in die botswanische Makghadikgadi-Pfanne und den Ngami-See.

Ausflug auf dem Okavango nahe der Hakusembe River Lodge

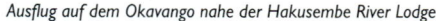

Reisepraktische Informationen Rundu

Vorwahl: 066

Arzt/Ambulanz
Rundu State Hospital, *Markus Shiwarongo Road,* ☎ *066/255000*
Dr. Smit, Eugen Kakakuru Street, ☎ *066/267233,* **Allgemeinmedizin** (englischsprachig)
Dr. Awusolu, Englisch sprechender **Zahnarzt**, *im State Hospital*

Unterkunft (▶ *Karte S. 512*)
Omashare River Lodge $$–$$$ (5), *Maria Mwengere Street,* ☎ *066/266600,*
bookings@omasharehotel.com, www.omasharehotel.com. 840 N$/DZ mit Frühstück. Lage: direkt im Zentrum. Beschreibung: Alle 20 Zimmer sind mit Deckenventilator, TV & Telefon aus-gestattet, Restaurant, Veranda mit Ausblick auf den Kavango, auch Campingplätze, Casino.
Kavango River Lodge $$ (6), ☎ *066/255244, kavlodge@namibnet.com, www.natron.net/ kavango-river-lodge. Ca. 650 N$ p. P./DZ inkl. Frühstück. Lage: am Ortsrand von Rundu; Be-schreibung: insgesamt 19 Zimmer, davon 11 für Selbstversorger ausgestattet. Sehr gutes Res-taurant, toller Ausblick auf den Okavango, Bootstouren sind vor Ort buchbar, auch Kanus, Ten-nisplatz. Zum Abendessen kann man alles zum Grillen vor Ort einkaufen. Tolle Vogelbeobach-tungsmöglichkeiten.*
Ngandu Safari Lodge $ (3), *Maria Mwengere Street,* ☎ *066/256723, ngandu@ mweb.com.na. DZ ab 600 N$ inkl. Frühstück, Camping 75 N$. Lage: zentral in Rundu gele-gen mit Panoramablick auf den Kavango. Beschreibung: schöne Lage mit nett eingerichteten Zimmern (Selbstversorgung möglich), Schwimmbad, Bar, Restaurant. Verleih von Kanus und Quadbikes. Hat etwas von der Atmosphäre eines südafrikanischen Feriencamps.*

Fortbewegung auf Namibisch

Bavaria Guest House $ (7), ☎ *066/255377*, 🖨 *066/255377. DZ ca. 600 N$ inkl. Früh-stück. Lage: im Ort, De Lange St. (ruhige Lage). Beschreibung: einfaches, nettes Guest House, geräumige Zimmer, Swimmingpool, schöner Garten mit Bar.*
Tambuti Lodge $ (4), ☎ *066/255711, tambuti@iway.na, www.tambuti.com.na. Ab ca. 300 N$ p. P./DZ mit Frühstück. Lage: am Ortsrand von Rundu. Beschreibung: 8 schöne, klima-tisierte Bungalows, Pool mit Poolbar, schöner schattiger Garten, familiäre Atmosphäre, tolle Aus-sicht auf den Kavango River.*

Außerhalb Rundus
Hakusembe River Lodge $$$ (8), *Buchung über Gondwana Collection,* ☎ *061/230066, info@gondwana-collection.com, www.gondwana-collection.com. 945 N$ p. P./DZ mit Frühstück. Lage: 12 km westlich von Rundu (C 45), gut ausgeschildert. Beschreibung: 10 rustikale Cha-lets mit Blick auf den Okavango, Pool und Restaurant vorhanden. Boots- und Angeltouren kön-nen vor Ort gebucht werden.*
N'Kwazi Lodge $$ (2), ☎ *081/2424897, nkwazi@iway.na, ca. 600 N$ p. P./DZ mit Früh-stück. Lage: ca. 18 km östlich von Rundu, zuerst ca. 14 km die D 3402 entlangfahren, dann weitere 4 km auf der Zufahrt. Beschreibung: 18 im afrikanischen Stil ausgestattete Grasdach-bungalows bieten einen atemberaubenden Blick auf den Kavango. Großer Pool, sehr gute, schmackhafte Küche, große Lapa mit Bar. Campingplätze vorhanden. Die Lodgebesitzer Valerie und Wynand Peypers engagieren sich für zahlreiche Sozialprojekte in der Umgebung, so z. B. Schulen und Waisenhäuser, und informieren bei Interesse gerne darüber.*
Sarasungu River Lodge $ (1), ☎ *066/255161, www.sarasunguriverlodge.com, ca. 900 N$/DZ. Lage: Abzweig in Rundu von der B8 (von Windhoek aus kommend nach links), dann 2. Querstraße rechts (Beschilderung), 1 km östlich des Ortskerns. Die Lodge liegt am Oka-vango-Ufer von Rundu. Beschreibung: Unterkunft in riedgedeckten Bungalows mit eigenen sa-nitären Anlagen (Fenster mit Mückenschutz-Screen), Restaurant, Swimmingpool, Campingmög-lichkeiten vorhanden. Kanutouren und Sunset Cruises werden ebenfalls angeboten.*
Kaisosi River Lodge $ (9), ☎ *066/686012, kaisosi@iway.na, www.kaisosiriverlodge.com, 935 N$/DZ mit Frühstück, Camping 90 N$ p. P. Lage: von der B 8 nach links abbiegen (Schild Rundu), bis zur T-Kreuzung fahren, hier nach rechts, nach weiteren 6 km nach links, ab hier 1,5 km zur Lodge). Beschreibung: Doppel-, Einzel- und Familienchalets mit Blick auf den Ka-vango, alle mit eigenem Bad. Außerdem Campingplätze für Gruppen und Einzelreisende. Es gibt ein relativ großes Schwimmbad und ein Restaurant. Ebenso werden Fahrten auf dem Oka-vango zum Sonnenuntergang angeboten. Tigerfisch-Angeln möglich.*

🍴 Restaurants
In den Lodges am Okavango. Besonders zu empfehlen: **N'Kwazi Lodge**, **Tambu-ti Lodge**

🎁 Einkaufen
In Rundu gibt es jede Menge gut ausgestatteter **Supermärkte**. *Viele Bewohner aus Südangola kommen zum Einkauf per Fähre hierher. Souvenirs gibt es auf der* **Kavango Tra-de Fair** *(Markus Shiwarongo Road) zu kaufen.*

🚍 Öffentliche Verkehrsmittel
Verbindungen mit **Intercape** *2-mal wöchentlich nach Windhoek und Victoria Falls (Stopp an der Engen-Tankstelle, Eugen Kakukuru St.)*

Unterwegs in Richtung Popa Falls

Shambyu Roman Catholic Mission

Im Vergleich zu anderen Teilen Namibias wurde das Gebiet am Okavango erst spät missioniert. So wurde 1910 die Missionsstation Nyangana, 1914 Andara, 1927 Tondoro und 1919 Bunya gegründet. 1930 erst folgte Shambyu. Die Missionsstationen waren stets als autarke Siedlungseinheiten konzipiert. Neben der Missionskirche als Mittelpunkt wurden Wohnhäuser, Schule, Krankenhaus, diverse Werkstätten und Stallungen gebaut. Auf dieser Missionsstation gibt es zum Okavango-Ufer abfallend und terrassiert Anbauflächen für Gemüse. Interessant ist dabei, dass geeignete Gartenerde von der angolanischen (damals portugiesischen Seite) per Boot herangeschafft wurde.

Kavango-Stämme Die Shambyu sind einer der 5 Kavango-Stämme, zu denen man auch die Kwangali, Mbunza, Geiriku und Mbukushu zählt. Traditionell lebten diese Stämme – z. T. ist dies auch heute noch so – vom Mais- und Hirseanbau sowie vom Fischfang. Die saftigen okavangonahen Wiesen eignen sich außerdem für Rinder- und Ziegenhaltung. Missionare haben sich bis heute nicht nur als Überbringer und Pfleger religiöser Anschauungen gesehen, sondern auch als eine Art Entwicklungshelfer und Sozialarbeiter, die der einheimischen Bevölkerung helfen, sich an geänderte Rahmenbedingungen anzupassen. Die

Wichtige Entwicklungshilfe Ausbildung nimmt dabei – neben Gesundheitspflege und Aufklärung (Aids, Hygiene) – eine wichtige Rolle ein.

Anfahrt: 30 km östlich Rundu an der alten Caprivi-Verbindungsstraße direkt am Okavango

Tipp

Im Museum von Shambyu kann man nach Verabredung mit Pater van Rosmeilen Exponate aus der Region und der Lokalgeschichte betrachten, so z. B. Holzschnitzereien, Tonwaren, weitere traditionelle Gegenstände des Kunsthandwerks (z. T. auch aus Südangola) sowie alte, in der Umgebung gefundene Steinwerkzeuge. Kontakt: Roman Catholic Mission, ☎ 067/ 372 1111 – keine festen Öffnungszeiten.

Der TransCaprivi-Highway

Er verbindet auf einer Strecke von über 505 km Rundu mit Katima Mulilo und wurde 1996 als Asphaltstraße fertiggestellt. Damit stellt er eine schnelle Verbindung für den Personen- und Güterverkehr sicher.

Der erste Abschnitt reicht von Rundu nach Divundu und ist 204 km lang. Man fährt an Bewässerungsfeldern entlang. Den Bwabwata Park erreicht man an der Brücke über den Okavango. Zuvor gibt es die Abzweigung (C 48) zu den Popa Falls und nach Botswana. Der zweite Abschnitt geht über 191 km von Divundu nach Kongola und ist recht monoton. Wenn man den Kwando überquert, findet man den Anschluss an die C49, die nach Süden zu einer Reihe von Lodges führt. Der dritte Abschnitt reicht dann 110 km weit bis nach Katima Mulilo.

Zu den Popa-Fällen und zum Mahango Game Park

Fahrhinweis

Bei Divundu verlassen Sie die B 8 und fahren die C 48 nach Süden. Nach wenigen Kilometern (ca. 4–5 km) erreichen Sie das Camp an den Popa Falls. Weiter nach Süden fahrend, kommen Sie nach ca. 15 km in den Mahango Game Park (Teil des Bwabwata NP), die „Hauptstraße" führt dann weiter nach Shakawe in Botswana. Die südliche Parkgrenze bildet gleichzeitig die Staatsgrenze von Namibia und Botswana. Nach ca. 8 km erreichen Sie dann Shakawe. Der Grenzübertritt nach Botswana ist unproblematisch.

Unproblematischer Grenzübertritt

Spezielle Hinweise für die Popa Falls und den Mahango Game Park
Gesundheit: *Eine Malaria-Prophylaxe ist ganzjährig nötig.*
Unterkünfte: *Im Park selbst gibt es keine Unterkünfte, nur bei Popa Falls*
Öffnungszeiten: *Der Park ist von Sonnenaufgang bis Sonnenuntergang geöffnet, die Eintrittsgenehmigung erhält man vor Ort.*

Die **Popa-Fälle** (die Einheimischen nennen die Fälle „Mpupo", was so viel wie stürzendes Wasser bedeutet) sind ein idealer Zwischenstopp bei einer Durchquerung des Caprivi-Streifens. Es handelt sich hierbei weniger um einen Wasserfall als vielmehr um Stromschnellen. Der Okavango „stürzt" hier über felsigen Untergrund (dunkler Quarzit) etwa 3 m „tief". Während der Trockenzeit ist der Eindruck dieser Kaskaden imposanter als zu Zeiten hohen Wasserstandes, wo der Fluss leichter über die Felsklippen hinweghuscht. Das Wasser ist herrlich klar, sodass man die Fälle auch manchmal als „White Water Falls" bezeichnet.

Die Popa Falls sind eher Stromschnellen denn Wasserfall

Teil des Bwabwata National Parks

15 km südlich der Popa-Fälle – auf dem Wege nach Botswana (Shakawe) – liegt der **Mahango Game Park**, seit 2002 ein Teil des **Bwabwata National Parks**, zu dem außerdem das Gebiet des West Caprivi Game Parks gehört. Der nicht eingezäunte Park umfasst nun insgesamt etwa 6.000 km² und liegt zwischen dem Okavango und dem Kwando. Hier leben heute mehr als 5.000 Elefanten, Büffel, Flusspferde und natürlich auch Löwen, Leoparden und die savannentypischen Antilopenarten.

Vor allem für Ornithologen

Zwar sind Teilstrecken je nach Jahreszeit mit einem normalen Pkw mittlerweile befahrbar, doch die 19 km lange Rundfahrt kann man nur mit einem Allradfahrzeug unternehmen. Diese Rundfahrt führt durch den Thinderevy-Omuramba, später über eine Dünenkette in den Mahango-Omuramba und entlang der Okavango-Flussaue zurück. Da das Gebiet u. a. am Okavango liegt, kann man hier Flusspferde, Krokodile und Litschi-Antilopen beobachten. In der Trockenzeit ist die Chance gut, viele Elefanten anzutreffen, die aus Angola, Zambia und dem West-Caprivi kommen. Vor allem für Ornithologen ist das Gebiet sehr interessant. Die riesigen Baobab-Bäume im Ostteil sind ebenfalls sehenswert. Insgesamt sind im östlich der C 48 gelegenen kleineren Teil des Parks mehr Tiere zu beobachten, u. a. in den Flussauen des Okavango.

Reisepraktische Informationen Popa Falls

 Tanken
Divundu

Unterkunft (▶ *Karte S. 502/503*)
Divava Okavango Lodge&Spa $$$$$ (3), *Lodge direkt:* ☎ *066/259005, Buchung:* ☎ *061/375300, divava@leadinglodges.com, www.leadinglodges.com, 2.380 N$ p. P./DZ mit Frühstück. Lage: Die Luxus-Lodge liegt am Ufer des Okavango, einige Hundert Meter von den Popa-Fällen und 14 km vom Mahango Game Park entfernt. Beschreibung: wunderschöne Aussicht über den Okavango und ausgezeichnete Vogelbeobachtungsmöglichkeiten. Die Lodge verfügt über 20 Luxus-Chalets, eine Bush Bar, ein Restaurant, einen Swimmingpool, Sauna und ein Aussichtsdeck. U. a. werden Bootsfahrten zu den Popa-Fällen angeboten, um Flusspferde und Krokodile zu beobachten.*
Nunda River Lodge $$$ (5), ☎ *066/259093, nundariver@iway.na. Bungalow ca. 1.000 N$, Luxuszelte ca. 900 N$ jeweils p. P./DZ mit Frühstück, Camping 110 N$ p. P. Lage: zwischen den Popa Falls und dem Ngepi Camp gelegen. Beschreibung: Die Lodge bietet 7 luxuriös eingerichtete Zelte und 7 Bungalows, alle mit eigenem Bad und tollem Blick auf den Okavango. Restaurant, Bar und Empfang werden von einem riesigen Rieddach geschützt, eine große Holzterrasse lädt zum Drink beim Sonnenuntergang ein. Großer Swimmingpool, Bootsfahrten, Angeln, Mokoro-Fahrten. Für Selbstversorger gibt es 9 rasenbedeckte Campingplätze mit einer separaten Kochgelegenheit. Alle Campingplätze sind in der Nähe des Flusses und haben einen Grillbereich, Sitzplatz, Licht, Strom- und Wasseranschluss.*
Ndhovu Safari Lodge $$$ (7), *Kontakt: Horst und Ursel Kock, ☎ 066/259901, Buchungen: Reservation Destination, ☎ 061/224712, reservations@resdes.com.na, www.ndhovu.com, ab 965 N$ p. P. mit Halbpension., Camping 125 N$ p. P., Hausbootsafari 2.400 N$ p. P./Nacht inkl. Aktivitäten und Mahlzeiten. Lage: Die Lodge liegt südlich der Popa-Fälle direkt am tropischen Ufer des Okavango, 2 km vom Mahango Game Park entfernt. Von Divundu Anfahrt über C 48, nach ca. 20 km Abzweig zur Lodge auf der linken Seite. In der Regenzeit Allrad notwen-*

dig. Beschreibung: Die einfachen Unterkünfte bestehen aus Zelten mit eigenen sanitären Anlagen. Schwimmbad, Bar und Restaurant in einem Haupthaus, das an den Seiten vollkommen offen ist, vorhanden. Sehr gepflegte Anlage. Es werden Bootsfahrten am Okavango angeboten, ebenso Angeltouren und Safaris im offenen Landrover (Elefanten- und Büffelbeobachtung). Sehr gute Möglichkeiten zum Vogelbeobachten (über 400 Arten). Auch Camping möglich. Ein tolles Erlebnis ist auch die 2–3-tägige Hausboot-Safari

Mahangu Safari Lodge $$–$$$ (6), ① 066/259037, www.mahangu.com.na, Buchung auch Eden Travel Consulting, eden@mweb.com.na, 820 N$ p. P./DZ inkl. Halbpension. Lage: 22 km südlich Divundu, am westlichen Ufer des Okavango, nicht weit vom Mahango Game Park entfernt. Beschreibung: Die Lodge bietet 4 Safariwohnzelte und 7 Strohdachbungalows, alle komfortabel und zweckmäßig eingerichtet mit Klimaanlage, 24h Strom, Tee- und Kaffeefazilitäten und gefiltertem Trinkwasser. Toller Blick auf den Okavango, am gegenüberliegenden Ufer sind meist Hippos, Elefanten und Büffel zu sehen, Boots- und Angeltouren werden angeboten, besonders Vogelfreunde werden begeistert sein. Beim Sundowner sind Hippos garantiert. 6 Stellplätze für Camper direkt am Fluss (sehr sauber, 24h Strom). Beeindruckend: die „Bar für Großwildjäger".

**Mobola Lodge $$,** ① mobil 081/230 3281, mobolalodge@gmail.com, www.mobola-lodge.com, Bungalow 460 N$ p. P., Camping 90 N$. Nur Selbstversorger. Lage: von Osten kommend: 25 km nach Divundu am Shadikongoro Abzweig rechts abbiegen, nach 4 links abbiegen, dann noch weitere 4 km bis zur Lodge. Von Rundu (Westen) kommend nach 160 km auf der B1 am Mayara Abweig links abbiegen, nach 4 km rechts, dann noch 11 km. Beschreibung: 3 nette Selbstversorger-Bungalows und 6 Zeltplätze direkt am Okavango stehen zur Verfügung. Maja und Alexander Both aus Deutschland haben sich mit ihrer 2012 eröffneten Lodge ihren Lebenstraum erfüllt. Schöne Lage am Okavango, an Aktivitäten werden Bootsfahrten, Angeltouren, Mokorofahrten und Besuch in einem traditionellen Dorf angeboten. Keine Kartenzahlung.

Popa Falls Camp $ (2) (staatliches Rastlager an den Popa Falls), Buchung über Namibia Wildlife Resorts, ① 061/2857200, reservations@nwr.com.na, www.nwr.com.na. Camping 100 N$ p. P., Hütten nach Saison 250–500 N$ p. P. in den River Cabins für 4 Personen. Lage: 5 km südlich Divundu (Bagani), Anfahrt bei Bagani über C 48 (nach Botswana). Beschreibung: Das Camp liegt am Ufer des Okavango-Flusses an den letzten Stromschnellen, bevor der Fluss nach Botswana/ins Okavangodelta fließt. Die hohen Bäume (u. a. Krokodilbäume sowie Ahnenbäume) spenden guten Schatten. Im Lager gibt es einen Laden, ein Restaurant (7–9 Uhr, 12–14 Uhr, 18–22 Uhr), Hütten (Selbstversorgung möglich) sowie Campingplätze. Es gibt gemeinschaftliche Toiletten, Waschräume sowie eine Feldküche. Das Lager ist ganzjährig geöffnet, und zwar von Sonnenaufgang bis zum Sonnenuntergang.

Ngepi Camp $ (4), ① 066/259903, bookings@ngepicamp.com, www.ngepicamp.com, Baumhaus ca. 500 N$, Hütte ca. 450 N$, Camping 100 N$, alles p. P. Lage: Dieser Campingplatz (mit PKW erreichbar, in der Regenzeit aber nur mit Allrad) liegt am Ostufer des Okavango. Von der B 8 in Divundu nach Süden über die D 3403 erreichbar. Beschreibung: Die Zeltplätze sind schattig. Es gibt Duschen und Toiletten. Das Restaurant bietet tagsüber einfache Gerichte nach Karte und abends Dinner (nach Anmeldung). Gruppen und Einzelreisende bekommen gesonderte Stellen zugewiesen. Bootsfahrten auf dem Okavango werden von den benachbarten Lodges angeboten. Toll: Baumhäuser à la Webervogel-Nester. Gut für junges Publikum – unkonventionell.

N//Goabaca Campsite $ (1), Buchung ① 066/252108, ca. 80 N$ p. P. Camping. Lage: von der B 8 ca. 1 km östlich von Divundu in die Pad nach Süden einbiegen (4 km). Beschreibung: sehr schöne schattige Plätze für Camper mit Blick auf die Popa Falls. Einfache, saubere sanitäre Anlagen, Gemeinschaftsküche.

Abstecher nach Shakawe und Tsodilo Hills/Botswana

Wenn Sie den Oberlauf des Okavango sehen und einen Eindruck von der Schönheit der Okavango-Sümpfe erhalten möchten, sollten Sie unbedingt Shakawe besuchen.

Shakawe ist als größte Siedlung des oberen Ngami-Landes die „Hauptstadt" des Nordens Botswanas. Hier trifft man hunderte riedgedeckte Hütten an. Frauen schöpfen in alter Tradition noch Fische mit Körben aus dem Fluss. An den Ufern des Okavango grasen Rinder. Herrliche Ausflüge auf dem Okavango ermöglichen die Beobachtung einer außerordentlich reichhaltigen Vogelwelt sowie vieler Flusspferde und Krokodile. Shakawe verfügt über eine Tankstelle. Die nächsten liegen in Bagani (Namibia) an der B8 und in Etosha, 6 km auf dem Weg nach Maun. Im kleinen Dorf kann man hinter der Bäckerei das „Mokoro-Terminal" bewundern: Viele Mokoros (Einbäume) und Boote liegen hier, während ihre Besitzer zum Einkaufen unterwegs sind.

Lohnend ist ein Ausflug zu den nur etwa 30 km weit entfernten Tsodilo Hills (unbedingt notwendig ist ein Allradfahrzeug). Hier wohnen einige Sanfamilien.

Für Tier-
freunde
In beiden nahe liegenden Camps (Drotsky's Camp, Shakawe Lodge – Näheres s. S. 525) werden die Gäste rundum versorgt. Boote für Ausflüge werden vermietet und Exkursionen zu den Tsodilo Hills angeboten. Das Drotsky Camp erhält von den Gästen besonders gute Rückmeldungen und kann insbesondere für Tierfreunde sehr empfohlen werden.

Hier, im nördlichen Lauf des Okavango, leben zahlreiche Tigerfische. Bei den Bootsfahrten am Okavango kann man Flusspferde, Krokodile und viele Vogelarten (z. B. Schreiseeadler) beobachten.

Ausflug von Shakawe nach Tsodilo Hills (ca. 80 km)

In ca. 3 Stunden (sehr schlechter, teils schwer erkennbarer Weg, Vierradantrieb nötig!) können Sie von hier aus einen Abstecher zu den Tsodilo Hills unternehmen, wo Sie zahlreiche Felsmalereien erwarten. Hier, westlich des sich verzweigenden Okavango im Norden Botswanas, liegt eines der **letzten Rückzugsgebiete der San**: die Tsodilo Hills. Allerdings leben sie heute sesshaft unweit der Tsodilo Hills in einem kleinen Dorf zusammen mit anderen Stämmen. Die San durchstreifen seit vielen Jahrtausenden die Weiten der Kalahari. In einer Umwelt, deren Natur lebensfeindlich erscheint, ist ihr Überleben umso bemerkenswerter. Im Gebiet der Tsodilo-Berge leben sie seit Jahrhunderten, da sie hier **Quellen** vorfanden.

Frauen-
und
Kindhügel
Der Name „Tsodilo" stammt aus der Tawana-Sprache. Er wurde vom Mbukushu-Namen „Sorile" abgeleitet, was so viel wie „steil, jäh" bedeutet. Die San bezeichnen die Berge als „Mann", „Frau" und „Kind". Der höchste Berg liegt im Süden (420 m) und ist 700 m vom nächsten entfernt. Der als „Frau" gedeutete Hügel weist mehrere Gipfel sowie kleinere Sanddünen-Ablagerungen auf. Ca. 1 km nördlich des „Frauenhügels" liegt der hufeisenförmige „Kindhügel" mit einem felsigen Gipfel von 80 m Höhe. Die Hügel bestehen vorwiegend aus Granit und ragen wie Inseln aus der Ebene empor. Man ver-

Heilige Berge: Tsodilo Hills (Male Hill)

mutet, dass hier **schon in der Eisenzeit** einige Dörfer lagen. Darauf deuten Reste von Töpferwaren hin (es ist verboten, diese mitzunehmen). Für die Bewohner sind die Tsodilo Hills ein heiliger Ort und die Wiege der Menschheit.

Bekannt sind die Tsodilo Hills durch ihre Felsmalereien. Die heute hier lebenden San kennen die Herkunft dieser Felszeichnungen nicht, doch wahrscheinlich stammen sie von den Vorfahren der heutigen !Kung.

An ca. 250 Stellen in diesem Gebiet findet man etwa **4.000 Malereien**, die man in zwei Hauptkategorien unterscheidet:
- Malereien, die wahrscheinlich von **Stämmen aus dem Norden** gestaltet wurden: Einige davon sind mit weißer Farbe versehen. Es werden Menschen mit in die Seite gestemmten Armen dargestellt, ebenso Pferde, die geritten oder geführt werden, Ziegen, Schlangen und eine Reihe nicht deutbarer abstrakter Motive.
- Malereien, die **San** zugeschrieben werden: Die meisten dieser Malereien sind in roter Farbe angebracht, meist werden einzelne Gegebenheiten dargestellt, selten Szenen (z. B. Elefantenjagd, tanzende Menschen). Die meisten Zeichnungen stellen Tiere, seltener Menschen dar. Bei den Tiermotiven dominiert das Eland, gefolgt von Giraffen, Nashörnern, Gemsböcken und Zebras. Die Variantenbreite überrascht:
  - Es gibt zweibeinige Silhouetten von Tieren in nur einer Farbe (das sind wahrscheinlich die frühesten Malereien).
  - Es gibt Malereien mit Umrissen, die dann ausgefüllt wurden (vierbeinige Motive).
  - Es gibt schattierte und mehrfarbige Darstellungen (in den meisten Fällen Vieh), die jüngeren Datums sind.

Ausgrabungen in der Umgebung der Tsodilo Hills haben Tonwaren, Eisenwerkzeuge (vermutlich Speerspitzen) und Eisenringe hervorgebracht. Die Töpfereifunde zeigen hohe Ähnlichkeit zu Produkten der Bantu in Zambia.

Kleines Mbukushu-Dorf 3–4 km nördlich der Tsodilo Hills liegt ein kleines Mbukushu-Dorf. Die hier lebenden Mbukushu wohnen in 8–10 grasbedeckten Hütten. Noch immer leben sie von Feldfrüchten, in Fallen erlegten Perlhühnern und gejagten Antilopen. Trotzdem hat die Zivilisation schon längst Einzug gehalten: Nur noch für Besucher werden der Lendenschurz sowie Pfeil und Bogen angelegt. In der Nähe (südlich des höchsten Hügels) liegt eine 950 m lange Landepiste. Willy Zingg hat diese Piste in den 1970er-Jahren hier angelegt, damit wurde es auch anderen Safariunternehmen möglich, Besucher hierherzubringen. Mittlerweile ist auch die Anfahrt mit dem Auto kein Problem mehr.

Reisepraktische Informationen Tsodilo Hills

ℹ️ Informationen und Führungen

San führen die Besucher zu den **Felsmalereien**, *das Erkunden ohne Führer ist nicht erlaubt. Nach der Ankunft meldet man sich im Visitor Center an, hier gibt es auch Toiletten und Duschen. Am Game Scout Camp entrichtet man ca. 10 US$ für den Eintritt. Führungen kosten ca. 13 US$ pro Tag bzw. entsprechende Mengen an Mehl, Zucker, Reis, evtl. Schuhe und Kleidungsstücke.*

🛏️ Unterkunft

Entweder in Shakawe oder einfach zelten. Mehrere ausgewiesene Campsites stehen zur Verfügung: Man campiert vor allem auf der **Malatso Campsite** *(nördlich des Female Hill) oder ca. 1 km weiter südöstlich an der* **Makoba Woods Campsite**. *Daneben gibt es die* **Matsiareng Campsite** *(Lion Trail) sowie die* **Sedibeng Campsite** *(Female Hill). Toiletten und Duschen gibt es aber nur beim Visitor Center und diese sind nicht immer sauber.*

👉 Versorgung

Es gibt hier keinerlei Versorgungsmöglichkeiten. Nächste Tankstelle: Etsha 6.

Die San, die Urbevölkerung des südlichen Afrika

(Wolf von Bila, ehem. Konsul von Botswana)

Die San leben seit **mehr als 15.000 Jahren** im südlichen Afrika. Bevor sie ihrer Lebensräume beraubt wurden, wanderten sie durch fruchtbares Land. Als Jäger und Sammler durchstreiften sie die heutigen Gebiete von Südafrika, Namibia, Zimbabwe, Angola und Botswana. Überall dort finden sich ihre Spuren in den steinzeitlichen Felszeichnungen.

Bevor die Weißen und Schwarzen den Subkontinent eroberten, konnten die San über unermessliche Wildherden verfügen und kleine Flüsse und Bäche brachten ihnen einst einen Überfluss an Wasser und Nahrung.

1652 landeten die Holländer mit *Jan van Riebeeck* am Kap der Guten Hoffnung und errichteten dort für die Ostindische Kompanie ein Versorgungsdepot. Nachströmende Niederländer, Hugenotten, Deutsche und Engländer setzten den Großen Treck ins Landesinnere in Bewegung. Weiße Jäger und Farmer brauchten Land – viel Land. Die San wurden verdrängt. 1817 schrieb der englische Forscher *Burchell*: „Ich bin zutiefst aufgewühlt angesichts des übermütigen Hinmordens dieser hilflosen Männer und Frauen. Ich bin entsetzt über die Handlungsweise des hier amtierenden Verwalters, der dieses Morden als einen selbstverständlichen und gottgewollten Bestandteil seines Tagewerks betrachtet!"

Die Kolonialmächte hinterließen auch im Falle der San ungeregelte Verhältnisse. Die Engländer interessierte diese wirtschaftlich unbedeutende Frage überhaupt nicht. Im British Protectorate Bechuanaland ernannte man lediglich 1958 einen „Bushman Survey Officer". 1963 wurde das **Central Kalahari Game Reserve** mit dem Ziel gegründet, den San einen Lebensraum zu sichern, in dem sie ihrer traditionellen Lebensweise folgen können, aber zunächst passierte seitens der Kolonialverwaltung nichts. Die Regierung hatte damals aus wirtschaftlichen und politischen Gründen ihrer Ansicht nach dringendere Aufgaben zu lösen. Nur so ist es zu erklären, dass noch im Jahre 1969 eine Farmervereinigung bei der Regierung von Botswana den Antrag stellte, drei Polizeibesatzungen zur Bekämpfung von San-Viehdieben zu stellen. Der Antrag wurde abgelehnt, weil die San völlige Gleichstellung als Staatsbürger und das Wahlrecht zugestanden bekommen hatten.

Das Central Kalahari Game Reserve war damals nicht zugänglich für Touristen. Zu Beginn der 1980er-Jahre versuchte man, stärker den Naturschutz in den Vordergrund zu rücken und ermunterte die San, in andere Gebiete zu ziehen, um ausschließlich der Tierwelt das Gesamtgebiet zu überlassen. Doch ein großer Teil der San verblieb hier.

Mit den Jahren entstand eine Zweiteilung des Reservats: Der Norden wird nun häufiger von Touristen besucht. Insbesondere das Deception Valley, berühmt geworden durch das Forscherehepaar *Mark* und *Delia Owens* („Cry of the Kalahari") lockt immer mehr Reisende und Safarigruppen an. Im nördlichen Teil ist aufgrund dessen allmählich ein System von Wegen entstanden. Der Süden ist dagegen weiterhin Domäne der San. Doch Naturschutz und Safari-Tourismus sowie der Abbau von Diamanten auf „Buschmann"-Land haben sich als Einnahmequellen erwiesen, auf die Botswana inzwischen um keinen Preis verzichten will. Nun stören die San selbst im unwirtlichsten aller Lebensräume des südlichen Afrika, der ihnen bislang von niemandem streitig gemacht wurde. In großen **Räumungsaktionen** 1997, 2002 und 2005 wurden die San aus dem Reservat

San-Familie nahe den Tsodilo Hills

info

vertrieben. Jahrelang wurde vor Gericht über die Rechte der San an dem Land gestritten und 2006 wurde ihnen schließlich gerichtlich zugestanden, auf ihr Land zurückzukehren.

Die Regierung griff daraufhin zu einem perfiden und geradezu menschenverachtenden Mittel, um die San trotzdem an der Rückkehr zu hindern: Sie verwehrte ihnen den **Zugang zu einem Brunnen**, der für die Wasserversorgung der gesamten San-Bevölkerung von zentraler Bedeutung ist und der im Zuge der Vertreibungen versiegelt worden war. Erneut wurde vor Gericht gestritten und 2011 wurde der San-Bevölkerung das Recht auf die Nutzung des alten Brunnens sowie das Recht, neue Brunnen zu bauen, zugesprochen. Die botswanische Regierung wurde der „erniedrigenden Behandlung" der San-Bevölkerung schuldig gesprochen und musste die Kosten des Verfahrens tragen.

Das Leben einer Jäger- und Sammler-Sippe

Die San sind eine Ethnie bisher ungeklärter Herkunft. Manche vermuten einen nordafrikanischen oder auch asiatischen Ursprung. Ihre „Klicksprache" zeichnet sich durch schwer erlernbare Schnalzlaute aus. Die traditionell lebenden San - ihre Anzahl wird heute nur noch auf wenige Hundert geschätzt - kleiden sich mit einem Lederschurz, der oft mit Perlen aus zersplitterten, geschliffenen Straußeneierschalen verziert ist. Frauen tragen außerdem handgegerbte Tierhäute, in denen sie auch ihre Babys auf dem Rücken transportieren. Die Männer schultern auf Märschen von einem Lagerplatz zum anderen den Köcher mit den Giftpfeilen, den Bogen und einen Sammelbeutel. Die Pfeilwicklungen werden mit der Flüssigkeit der Diamphidia Simplex-Larve vergiftet, die das Nervensystem des Beutetieres langsam, aber sicher lähmt. Nach Auftragen des Giftes auf den unteren Pfeilschaft muss der Jäger seine Hände reinigen. Die Kunst der Jagd mit Pfeil und Bogen liegt darin, sich bis auf 25–30 m lautlos gegen den Wind an die Antilopen anzuschleichen. Ein intramuskulär getroffenes Tier verendet nach etwa 10–12 Stunden.

Nach dem Schuss muss als erstes der äußere Pfeilschaft gefunden werden, um sicherzustellen, dass das Tier getroffen worden ist. Dann heißt es, das Tier zu verfolgen, weil der Jäger rechtzeitig vor Geiern und Hyänen an der Beute sein muss. Schreckt das Tier kurz vor dem Ergreifen durch den Jäger noch einmal auf, so wird es mit einem Speer abgefangen. Das vergiftete Fleischstück um den Einschuss wird gleich herausgeschnitten.

Will ein Mann sich ein **Feuer** anzünden, so entnimmt er seinem Sammelbeutel zwei Feuerstäbe. Den unteren Weichholzstock legt er dann auf einen Stein als Unterlage und stellt senkrecht darauf einen Hartholzstab. Diesen quirlt er zwischen den Handflächen so schnell, dass die Reibungswärme das angelegte dürre Gras entzündet. Sobald es qualmt, nimmt der Mann das glimmende Gras in die Hand und bläst die Flamme an.

Die Hauptnahrung der traditionell lebenden San bilden Knollenfrüchte, Tsama-Melonen, Würmer und Heuschrecken. Kleinere Wildarten und Antilopen, die in der Steppe überlebt haben, werden von den Männern gejagt. Von den Feldfrüchten wird nur so viel genommen, dass der Rest weiterhin zur Vermehrung bleibt. Tiere werden nur für den augenblicklichen Eigenbedarf gejagt. Leider nimmt der Tierbestand in der Kalahari laufend ab, weil die natürlichen Wanderwege der Tiere durch Zäune gestört werden. Die Jagd mit Pfeil und Bogen auf Antilopen wird immer schwieriger und ist zudem größtenteils verboten.

Vieles kann man bei den San lernen, vor allem die Reduzierung des Lebens auf das Wichtige. Und noch eines lehren uns die San, wenn man sich dafür empfänglich zeigt: Reichtum liegt nicht im Besitz, sondern im Zusammenhalt der Sippe, im Teilen mit Gleichgesinnten.

Hinweis: *Zu den San siehe auch S. 68f*

Reisepraktische Informationen Shakawe

Vorwahl Botswana 00267

Tankstellen
Inzwischen gibt es in Shakawe eine Tankstelle. Manchmal geht es zwar etwas abenteuerlich zu (Tankuhr kaputt etc.), aber in der Regel gibt es Benzin.

Unterkunft (▶ Karte S. 502/503)
Drotsky's Cabins $$ (8), Buchung über Temba Travel, ☏ +27 21 8550395 (Südafrika), www.drotskycabins.com. Chalets ab ca. 750 ZAR p. P. Lage: 5 km südlich von Shakawe, an einem Nebenarm des Okavango gelegen. Beschreibung: Hier geht es sehr familiär zu, es werden Chalets und auch Hütten („A-frame") angeboten, Camping möglich. Das Camp eignet sich toll für Vogelbeobachtungen, da es einen Flusswald und dichtes Ried sowie Papyrus gibt. Es wird ein umfangreiches Ausflugsprogramm angeboten, Bootsverleih.
Shakawe Lodge $$ (9), ☏ 660822, 🖶 660493. Camping: 120 Pula p. P., Unterbringung in den Hütten: ca. 600 Pula p. P. Lage: Das Camp liegt 11 km südöstlich von Shakawe direkt am Okavango-Ufer und ist ein Mekka für Angler (insbesondere Tigerfisch!). Beschreibung: eigenes Restaurant. Unterbringung in Hütten oder Zelten, Swimmingpool, ansprechend angelegt, aber sichtbar schon etwas älter. Bootsausflüge möglich, ebenso Ausflug zu den Tsodilo Hills.

Restaurant
Lawdons Lodge, neuer Schwesterbetrieb der Drotsky's Cabins, das Restaurant ist ebenso wie die Unterkünfte auf Stelzen gebaut und bietet moderne afrikanische Küche. Von den Drotsky's Cabins aus etwa 500 m weiter flussaufwärts gelegen.

Versorgung
Im Ort gibt es den **Wright Trading Store**, einen Selbstbedienungs-Supermarkt, und einen **Bottle Store**. Frische Backwaren erhält man in **Mama Haidongos Nice Bakery**. Auch Tanken ist möglich (Tankstelle liegt nicht direkt an der Durchgangsstraße, sondern im Ort).

Fähre
Etwa 12 km nördlich von Shakawe gibt es die Mohembo-Fähre (2 Fahrzeuge können geladen werden), um über den Okavango nach Seronga zu kommen. Auf der anderen Seite erwartet Sie eine schwere Pistensituation mit sehr viel Sand. Seronga selbst ist ein kleines Nest, ca. 105 km von der Fähre entfernt. Weiter geht's über Betsha, und knapp 38 km später folgt eine Abzweigung nach Südosten, die über den Selinda Spillway zur Piste Savuti – Maun führt. Diese Strecke ist aber eine der einsamsten und unwegsamsten des Landes, besonders nach den sommerlichen Fluten ist der Selinda Spillway teilweise nicht zu passieren. Wer trotzdem nicht verzichten möchte, sollte unbedingt mit 2 Wagen fahren und sich vorher in den Camps genau nach der aktuellen Lage erkundigen!

Busverbindungen
Mahube Express Bus: zwischen Maun und Shakawe 2–3-mal täglich (8 Stunden). Haltestationen sind in Maun: Wright's Trading Store und die Polizeistation.

Von Popa Falls nach Katima Mulilo

Wenig Chancen auf Wild Direkt hinter Divundu/Bagani fährt man ostwärts entlang der B 8 Richtung Katima Mulilo durch den Bwabwata National Park. Im Osten endet das Parkgebiet am Kwando. Beim Durchfahren dieses Gebiets hat man keine großen Chancen, Wild zu erspähen. Hinsichtlich der Vegetation und der Landschaft hinterlässt dieses Gebiet keinen nachhaltigen Eindruck. Man darf als Reisender die B 8 ohnehin nicht verlassen.

info

Der Caprivi-Streifen – Namibias langer Finger

Der **Caprivi-Streifen** ist sicherlich ein topografisches Unikum auf der Landkarte des südlichen Afrika. Er ist ungefähr 450 km lang und bis zu 50 km breit. Interessant ist seine politische Geschichte: Im **Helgoland-Sansibar-Vertrag** vom 1. Juli 1890 regelten Deutschland und England ihre kolonialen Verhältnisse in Ost-, Südwest- und Westafrika (Togo). Das Deutsche Reich erhielt Helgoland, was für die Verteidigung der Nordseeküste wichtig war. Im Gegenzug trat es in Ostafrika die Herrschaft über Witu ab und erhielt dafür den Zugang zum Zambezi in Deutsch-Südwestafrika. Benannt wurde das Gebiet nach dem Reichskanzler Graf von Caprivi. Gleichzeitig erkannte das Deutsche Reich die englische Schutzherrschaft über Zanzibar an.

Zwei große, majestätisch wirkende Flüsse durchqueren dieses Gebiet von Norden nach Süden: der **Okavango** und der **Kwandu**.

Wenn man über Grootfontein nach Norden zum westlichen Eingang des Caprivi-Streifens reist, gelangt man zunächst ins frühere „Kavango-Land". Nach der jüngsten Zählung leben hier etwa 150.000 Kavango. Man vermutet, dass dieser Volksstamm ursprünglich aus dem Seengebiet Mittel- und Ostafrikas kam. Viele Kavango leben auf der anderen Seite des Okavango in Angola. Durch die unterschiedliche politische Entwicklung auf beiden Seiten der Grenze wurden sie voneinander getrennt. Die meisten Menschen leben unmittelbar am Fluss.

Für den Reisenden offenbart sich eine wunderschöne Landschaftsszenerie: fruchtbares Uferland, ‚malerische' Einheimischensiedlungen und eine für Landesverhältnisse üppige Vegetation. Etwa 500–600 mm Niederschlag fallen hier jährlich. Weiter südlich des Okavango nehmen die Niederschläge ab. In Ufernähe findet man Getreidefelder. Obst- und Gemüseanbau sind dank Bewässerung möglich. Aufgrund der dichten Bevölkerung in Flussnähe sind die Weiden dort stark strapaziert. Trotz gängiger Wechsel-Weidewirtschaft (in der winterlichen Trockenzeit befindet sich viel Vieh am Okavango, in der sommerlichen Regenzeit im Hinterland) gibt es große Weideschäden. Der Okavango ist reich an Süßwasserfischen. Oft sieht man am Fluss Frauen mit Körben, die als Reusen dienen. Fisch trägt wesentlich zur Volksernährung bei.

Interessant sind die typischen Beförderungsmittel:
- **Holzschlitten**, die von Ochsen gezogen werden
- **Baumstamm-Boote**, sog. „watus"

An **Souvenirs** empfiehlt sich der Erwerb von Holzschnitzarbeiten aus dem rötlichen Dolf-Holz. Die Holzschnitzer aus dem Kavango-Gebiet haben einen guten Ruf als Masken- und Figurenkünstler.

Fährt man weiter ostwärts, so überquert man den Okavango und den Kwandu: Das Gebiet **Ost-Caprivi** ist erreicht. Dazwischen liegen nur kleine Orte oder Missionsstationen, die man sich ansehen kann (z. B. Andara).

Erst seit einigen Jahren kann man das **Caprivi-Gebiet** bequem auf dem Landwege von Namibia erreichen. Es handelt sich um ein besonders fruchtbares und niederschlagsreiches Gebiet. Die Nord- und Südgrenze verlaufen auf langer Strecke parallel. Nach der letzten Volkszählung gibt es etwa 50.000 **Caprivianer**. Wie beim Kavango-Land, aber noch in stärkerem Maße, muss auch hier die strategische Wichtigkeit hervorgehoben werden: Zambia, Zimbabwe und Botswana sind Nachbarn.

In **West-Caprivi** gibt es noch **San**, die als Nomaden in diesem trockenen, sandigen Gebiet leben. **Ost-Caprivi**, jenseits des Kwandu liegend, ist dagegen wesentlich fruchtbarer. Am Chobe-Fluss sowie am Linyanti findet man gute Ackerbaugebiete vor, die in der Regenzeit regelmäßig überflutet werden. Getreide, Gemüse und Früchte werden hier angebaut. Ebenso ist die Flussfischerei bedeutsam. Seit Jahren gibt es landwirtschaftliche Entwicklungsprogramme. Insbesondere geht es hierbei um die Erhöhung der Getreideproduktion. Auch Versuche mit dem Anbau von Zuckerrohr, Tabak, Tee, Baumwolle und Reis zeigen erste Erfolge. Behindert wird eine rasche Entwicklung insbesondere durch mangelndes Kapital und schlechte Verkehrsmöglichkeiten zu den Verbrauchern. Die Caprivianer waren schon in der Vergangenheit als gute Ackerbauern bekannt. Sie düngten ihre Äcker mit Kraalmist; und wenn die Erträge geringer wurden, ließen sie das Land einige Zeit brach liegen.

Über Kongola zu den Nationalparks Mudumu und Mamili/Route D 3511 – C 49

Von Popa Falls/Rundu aus kommend, erreicht man bei Kongola den Kwando-Fluss. In Kongola gibt es einen Supermarkt. Hier zweigt die Straße D 3511/C 49 nach Süden zum **Mudumu National Park** und zum **Mamili National Park** ab. Bleibt man auf der Straße, so erreicht man nach ca. 120 km das Dorf Linyanti (manchmal gibt's hier Benzin) und nach weiteren ca. 70 km wieder kurz vor Katima Mulilo die B 8.

☞ Hinweis

Permits *für den Besuch des Mamili und Mudumu National Parks gibt es an der Susuwe Ranger Station bei Kongola, in Katima Mulilo oder direkt vor Ort am Makatwa Camp.*

Mudumu National Park

Zu erreichen über die B 8, dann ca. ab Kongola die C 49 (Pad D 3511).

Dieser Nationalpark wurde 1990 eröffnet und ist etwa 1.000 km² groß. Er ist ganzjährig

Reiche Vogelwelt (Gabelracke)

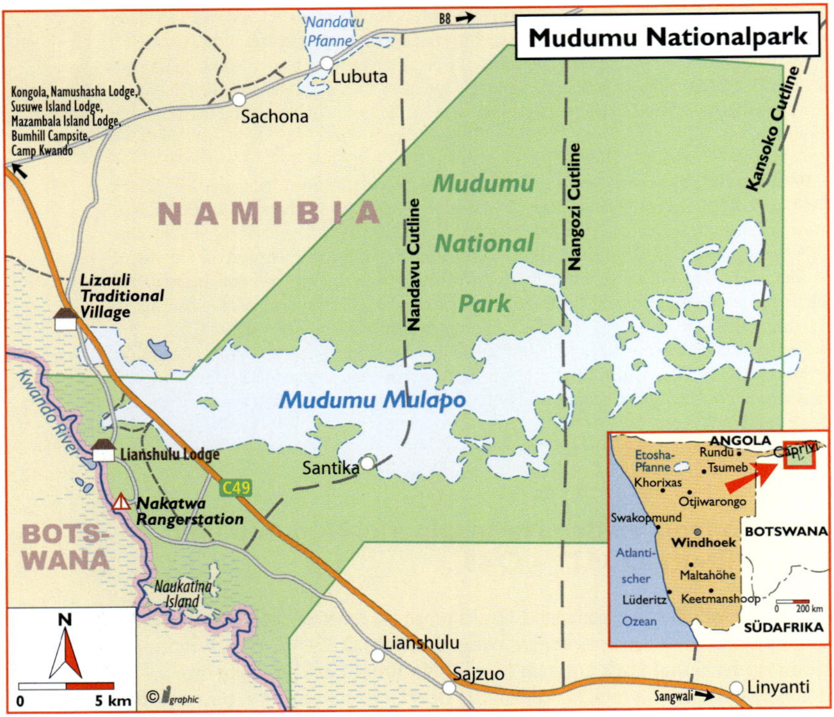

Mudumu Nationalpark

Nandavu Pfanne

B8 ➡

Lubuta

Sachona

Kongola, Namushasha Lodge, Susuwe Island Lodge, Mazambala Island Lodge, Bumhill Campsite, Camp Kwando

N A M I B I A

Mudumu

National

Park

Nandavu Cutline

Nangozi Cutline

Kansoko Cutline

Lizauli Traditional Village

Kwando River

Mudumu Mulapo

Lianshulu Lodge

Santika

C49

⚠ **Nakatwa Rangerstation**

BOTS-WANA

Naukatina Island

Lianshulu

Sajzuo

Sangwali ➡

Linyanti

N

0   5 km   © graphic

ANGOLA Caprivi
Etosha-Pfanne   Rundu
Khorixas   Tsumeb
Otjiwarongo
Swakopmund
Atlanti-   **Windhoek**   BOTSWANA
scher   Maltahöhe
Lüderitz   Keetmanshoop
Ozean   0   200 km
SÜDAFRIKA

zwischen Sonnenauf- und -untergang geöffnet. Hier liegt auch die Lianshulu Lodge. Der Kwandofluss bildet etwa über 15 km hinweg die Westgrenze des Parkgebiets. An manchen Stellen kann der Fluss Flächen von 40 km Breite bedecken. Südlich von Lianshulu verzweigt sich der Kwando in ein Gewirr von Wasserarmen, die in die Linyanti-Sümpfe übergehen.

*Groß-
artiges
Vogel-
paradies* Entsprechend dem Wasserreichtum leben hier viele Tierarten, so u. a. Elefanten, Kudus, Impala, Zebras, Büffel, Moorantilopen und Sitatungas. Natürlich tummeln sich im Wasser auch Krokodile und Flusspferde. Dieses Gebiet vermittelt einen Eindruck davon, wie es im Okavango-Delta aussieht. Für Ornithologen ist das Gebiet ein Paradies!

👉 **Hinweise für den Besuch des Mudumu National Parks**
  • *Die Wege sind nur mit einem Allradfahrzeug befahrbar.*
  • *Man sollte stets mit 2 Fahrzeugen auf Safari gehen und über detailliertes Kartenmaterial verfügen.*
  • *Im Park gibt es keine Tankmöglichkeiten.*
  • *Eine Malaria-Prophylaxe ist ganzjährig empfohlen.*

Lizauli Traditional Village

(38 km südlich Kongola an der D 3511)

Das Projekt soll dazu beitragen, die in der Umgebung des Nationalparks lebenden Menschen am aufkommenden Tourismus teilhaben zu lassen. Von der einheimischen Bevölkerung Verständnis für den Naturschutz zu verlangen hat keinen Sinn, solange Elefanten und Hippos die Felder zertrampeln und Raubtiere Vieh schlagen.

So wurde ein „traditionelles Dorf" aufgebaut, in dem Reisende die Lebensweise der Kavango erleben können. Hier erfährt man u. a. etwas über das Wirken eines Medizinmanns, man kann Frauen bei Flechtarbeiten zuschauen usw.

Im Lizauli Traditional Village

Mamili National Park

Zu erreichen von der B 8 ab Kongola über die Pad C 49.

Der Mamili National Park ist das **größte namibische Sumpf- und Gewässergebiet**, das man 1990 zum Nationalpark erklärt hat. Mamili – das ist „Namibias Okavango-Delta". Diese Region ist ca. 320 km² groß und befindet sich in der Südwestecke Ostcaprivis. In diesem Gebiet (80 % sind mehr oder weniger überflutet) gibt es zwei größere Inseln, und zwar Nkasa und Lupala, die man während der Trockenzeiten mit einem Allradfahrzeug erreichen kann. Die typischen Ausflüge im Mamili Park finden per Boot statt.

Ausflüge per Boot

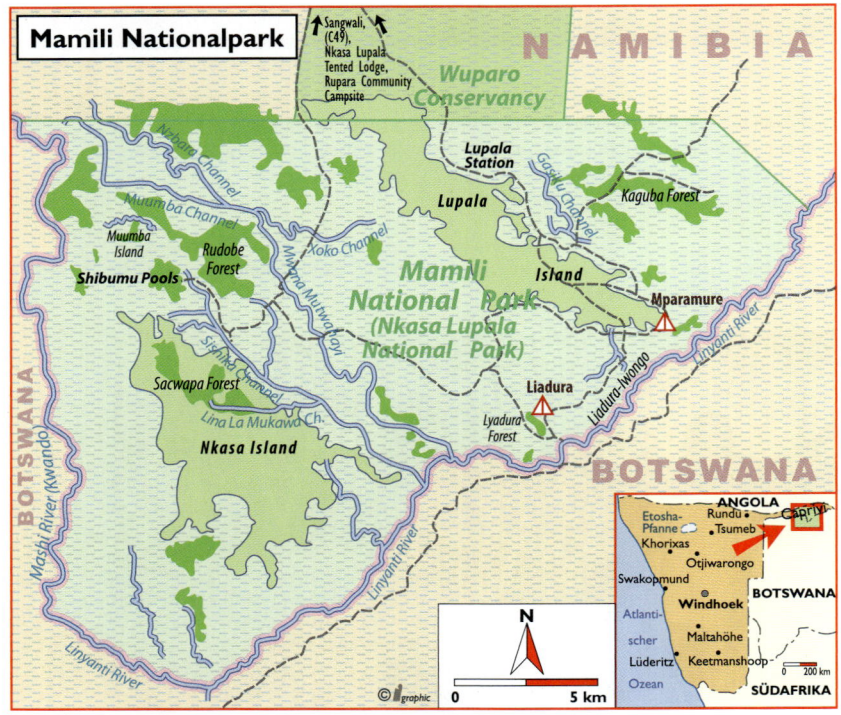

Der Mamili hat besonders hohe Wasserstände im Juli bis August. Dann sind die wenigen „Wege" auch nicht mehr (gilt auch für die sommerliche Regenzeit) befahrbar. Auf jeden Fall sollte das Gebiet nur mit Führer, der die Gegend und die „festen und seichten" Stellen kennt (und das kann schnell wechseln), befahren werden. Temporäre Überflutungen machen Umwege nötig … und die muss man kennen!

👉 Tipp

Ab Sangwali in das Camp von Keith Rooken-Smith, der hier einst als Soldat stationiert war. Das Camp dient als Ausgangsstation in die wirklich afrikanische Wildnis. Fahrt: ca. 1 ½ Std. mit „back-up" von Keith, sodass man auch bei überfluteten Brücken keine Angst haben muss. Auskunft: Iwanowski's Reisen, Servicetelefon ☎ 02133/26030, iwanowski@afrika.de.

Zu viel gewildert Bis zur Deklaration zum Nationalpark war dieser Raum bei Wilderern beliebt, sodass bestimmte Tierarten stark dezimiert wurden. Mittlerweile wurde der Wilderei Einhalt geboten und Naturschutzbeamte beaufsichtigen das Gebiet. Im Parkgebiet leben in den Flüssen Flusspferde, Krokodile und Otter. Verbreitet sind Wasserböcke, Sitatungas (Sumpfantilopen), aber auch Elefanten, Büffel, Giraffen und Warzenschweine. Das Sumpfland ist natürlich auch ein großartiges Vogelparadies: Fast 70 % aller in Namibia heimischen Vögel (430 Arten) können hier beobachtet werden.

Hinweise für den Besuch des Mamili National Park

• *Man kann das Gebiet nur mit einem Allradfahrzeug (Trockenzeit) erkunden, wobei man stets mit einem Begleitfahrzeug unterwegs sein sollte.*
• *Eine Malaria-Prophylaxe ist ganzjährig notwendig.*
• *Es gibt keinerlei touristische Versorgungsmöglichkeiten im Park, also auch keine Unterkünfte, sondern nur uneingerichtete Campingplätze in der Wildnis.*

Keine Unterkunftsmöglichkeiten

Ostcaprivi – von Wasser umgebenes Land

info

Bis auf einen nördlichen Abschnitt von ca. 80 km ist **Ostcaprivi von Flüssen umgeben**: dem **Kwando** im Westen, dem **Linyanti** und **Chobe** im Süden und dem **Zambezi** im Nordosten. Alle Flüsse haben ein seichtes Gefälle, bilden ein verwirrendes System von Seitenarmen und von Kanälen, welche die Sümpfe durchziehen. Besonders der Kwando ist in seinem Verlauf verwirrend, wechselt er doch laufend die Namen: In Angola heißt er Cuando, im Caprivi-Gebiet Kwando, im westlichen Grenzgebiet zu Botswana Mashi. Später wechselt er seinen Nord-Südlauf nach Nordosten und heißt nun Linyanti. Ab dem Liambesi Lake wird er zum Chobe.

Noch komplizierter wird's, wenn man seine Verbindungen zu den anderen Gewässersystemen betrachtet: Der mit dem Okavango-Delta verbundene Magwegqana bringt dem Kwando in guten Regenjahren zusätzliches Wasser und dient damit sozusagen als "Überlauf". Dann bekommt auch der **Savuti** genügend Wasser, das sich in die botswanische Mababe-Senke ergießt.

Auch der Zambezi nutzt dieses Gewässersystem als "Überlauf": Normalerweise führt der Chobe sein Wasser in den Zambezi. Hat aber der Zambezi Hochwasser, so drückt er es über den Chobe bis zum Liambesi Lake. So hat die Natur ein **perfektes Regulativ** geschaffen, das den entsprechenden Landschaften in Trocken- und Regenzeiten genügend Wasser zuführt. Der Liambesi Lake bedeckt – wenn gefüllt – eine Fläche von 100 km² und gilt als ziemlich fischreich. Doch in Trockenzeiten kann dieses "Meer" fast völlig verschwinden, denn es dient dem Kwando-Linyanti-Chobe-System sozusagen als Wasserreservoir.

Reisepraktische Informationen Mudumu/Mamili National Park

 ### Achtung
In der Tankstelle in Kongola ist gelegentlich kein Benzin zu bekommen.

 ### Eintritt
Erwachsene: N$ 40, Kinder (unter 16): frei, Fahrzeuge: N$ 10

 ### Fahrzeuge
Nur die Hauptstrecken sind normalwagentauglich (B 8, teilweise C 49) – sonst Allrad (Mamili).

 ### Unterkunft innerhalb der Parks (▶ Karte S. 502/503)
Mudumu National Park
Lianshulu Lodge $$$$$ (15), Buchung über: Caprivi Collection, ☎ 064/403523, reservations@caprivicollection.com, www.caprivicollection.com, Lodge direkt: ☎ 066/696008. *Nach Saison 260 bis 330 US$ p. P./DZ mit Halbpension. Lage: 60 km südlich Kongola, Anfahrt über D 3511/C 49 (38 km) ohne Allrad erreichbar. Flugmäßig über Katima Mulilo (mit Air Na-*

mibia ab Windhoek), Abholservice. Beschreibung: Die Lodge liegt an den Ufern des Kwando. Den Gästen stehen hier 11 luxuriöse, riedgedeckte Häuschen mit Blick auf den Fluss, darunter eine Familieneinheit, zur Verfügung. Jede Einheit verfügt über ein eigenes Bad. Ein Restaurant, eine kleine Bibliothek, ein Curio Shop und ein kleines Schwimmbad sind vorhanden. Angeboten werden Bootsausflüge sowie geführte Touren in den Mudumu-Park. Kinder ab 8 Jahren sind willkommen.

Mamili National Park
Im Park gibt es nur wilde, nicht eingerichtete Campingplätze, man muss sich in jedem Fall selbst versorgen. Allerdings wird wegen der häufigen Überflutungen von offizieller Seite **vom Campen im Park abgeraten**. Die **Rupara Campsite** liegt direkt am Fluss, kurz vor dem eigentlichen Parkeingang und bietet 4 Campsites mit Waschhaus und Feuerstelle. Nur mit Allradfahrzeug zu erreichen.

Unterkunft in der Nähe der Parks (▶ *Karte S. 502/503*)
Susuwe Island Lodge $$$$$ (12), Buchung: ① *061/401047, reservations@islandsinafrica.com, www.islandsinafrica.com. Je nach Saison ca. 400-530 US$ p. P. mit Vollpension und Aktivitäten. Lage: Insel Birre im Kwando. Von Katima Mulilo entlang der Hauptstraße Richtung Rundu bis zur Kongola Bridge über dem Kwando (ca. 14 km). An der Brücke ist ein Police Check Point, hier erwartet Sie ein Mitarbeiter von Susuwe, der Sie zur Lodge bringt. Beschreibung: Das Hauptgebäude der Lodge und die sechs strohgedeckten Suiten (mit eigenem kleinen Privatpool) sind unter riesigen Bäumen erbaut, mit Blick auf das weite, meist grasbedeckte Überflutungsgebiet des Kwando. Die Möglichkeiten zur Wild- und Vogelbeobachtung auf Pirschfahrten per Boot und Geländefahrzeug sind sehr gut. Sehr schöne, luxuriöse Anlage, tolle Lage und jeglicher Komfort.*

Sonnenuntergang am Kwando

Nkasa Lupala Tented Lodge $$$$ **(28)**, ☎ 081/1477798, *Buchung über* ☎ 061/ 224712, *info@nkasalupalalodge.com, www.nkasalupalalodge.com. 1.400 N$ p. P./DZ mit Halbpension. Lage: 11 km südlich von Sangwali. An der Grenze zum Mamili NP, ca. 1 km östlich von Parkeingang und Shisintze Ranger-Station entfernt. Beschreibung: Mitte 2011 eröffnete, nach ökologischen Prinzipien erbaute Lodge direkt vor dem Eingangstor des Mamili NP. Man übernachtet in auf Stelzen errichteten Zeltunterkünften mit je eigenem Bad und kleiner Terrasse. Wunderbar einsam gelegen, Tiere können mit etwas Glück aus nächster Nähe beobachtet werden. Das Wasser wird mit Solarenergie geheizt, daher kann die Wassertemperatur variieren.*

Namushasha Country Lodge $$ **(13)** *(nördlich von Lianshulu gelegen), Buchung über Gondwana Collection,* ☎ 061/230066, 24h-Service: ☎ 081/1292424, info@gondwanacollection.com, www.gondwana-collection.com. Ca. 770 N$ p. P./DZ, Camping 80 N$ p. P. Lage: Die Lodge (24 km südlich von Kongola) liegt direkt am Kwando, über D 3511/C 49 (19 km) erreichbar. Beschreibung: Man übernachtet in ansprechenden Bungalows (insgesamt 24 geschmackvoll eingerichtete Einheiten, auch 1 Familien-Bungalow) mit Dusche und WC. Schwimmbad und Restaurant vorhanden. Bootsfahrten und Angeln werden angeboten. Schön ist die naturnahe Atmosphäre der Lodge.*

Camp Kwando $$ **(16)**, ☎ 066/686021, *www.campkwando.com, Camping 100 N$ p. P., Chalets ab 750 N$ p. P. inkl. Frühstück, Baumhaus 1.100 N$, Bootstrips/Wildbeobachtungsfahrten: 280–350 N$. Lage: ca. 25 km südlich von Kongola an der D 3511/C 49 direkt am Kwando. Beschreibung: 12 Strohdachchalets, Baumhäuser und ein Campingplatz stehen den Gästen zur Verfügung. Restaurant, Bootstrips, Mountainbike-Trail. Rustikal mit „Afrika-Flair".*

Mazambala Island Lodge $$ **(11)**, ☎ 066/686041, *mazambala@mweb.com.na, www.mazambala.com. Ab ca. 600 N$ p. P. im DZ mit Frühstück, Camping 80 N$. Lage: direkt am Kwando gelegen, 4 km südlich Kongola über D 3511/C 49 erreichbar. Beschreibung: 16 riedgedeckte Bungalows stehen zur Verfügung, Gamedrives und Bootstouren werden angeboten, Restaurant, traditionell eingerichtete Lapa mit gemütlicher Bar bietet tollen Blick auf den Kwando. Ein Campingplatz direkt am Ufer mit separaten Sanitäranlagen steht ebenfalls zur Verfügung, Camper können auch in der Lodge essen. Die Lage auf einer Insel in den Überschwemmungsgebieten am Kwando bedingt, dass die Lodge bei Hochwasser nur per Boot erreichbar ist. Aktivitäten: Boots- und Safarifahrten sowie Wanderungen.*

Traditionelle Mafwe-Kultur erleben!

Ca. 20 km nördlich von Kongola gibt es ein Lebendes Museum der Mafwe. Hier können Besucher einen Einblick in das traditionelle Leben dieses Ackerbauern- und Viehzüchter-Volks bekommen und sich auch selbst beispielsweise im Flechten einer Reuse versuchen. Ein einfaches Buschcamp ist vorhanden, ein offizieller Campingplatz in Planung. Das Museum ist 365 Tage im Jahr geöffnet, eine Anmeldung ist nicht nötig.

Weitere Infos unter www.lcfn.info.

⚠ Camping

Bumhill Campsite $ **(10)**, *ab ca. 60 N$ p. P. Lage: Der Abzweig zu dieser Campsite liegt an der B 8 (Trans-Kalahari-Highway), etwa 300 m westlich des Osteingangs zum Bwabwata-Park. Beschreibung: obwohl nicht weit vom Highway gelegen ruhig, da wenig Autoverkehr. Das Camp liegt an den westlichen Ufern des Kwando und ist per Normalfahrzeug* erreichbar. Es gibt Standard-Campsites mit Grill- und Kochmöglichkeit und exklusive Campsites mit eigenen sanitären Anlagen und privater Grillmöglichkeit. Jede dieser Stellen hat eine eigene 3 m hohe Aussichtsplattform auf den Fluss (man kann oft viele Elefanten beobachten!). **Nambwa Campsite $ (14)**, ① 066/259903, ca. 70 N$ p. P. Lage: 14 km südlich Kongola, der Weg zweigt etwa 300 m westlich vom East Gate zum Bwabwata-Park ab, dann noch etwa 20 Minuten Allradstrecke! Beschreibung: 4 Campingplätze mit gemeinschaftlichen sanitären Anlagen, Grillplätze, Küche, schöner Blick auf den Fluss, kein Strom!

🎁 Einkaufen

Mashi Crafts: An der Kreuzung B 8/Kongola liegt Mashi Crafts. Hier gibt es tolle Korbwaren, Holzschnitzereien und Schmuck zu kaufen, der in den umliegenden Dörfern hergestellt wird.
Sheshe Crafts: Bietet ähnliche lokale kunsthandwerkliche Produkte an und liegt weiter südlich, 10 Minuten vom Mamili Park entfernt (nur per Allrad erreichbar!) an der D 3511.

Katima Mulilo

Lage direkt am imposanten Zambezi-Fluss

Katima Mulilo ist seit 1935 das **Verwaltungszentrum des Caprivi**. Die Stadt liegt direkt am Zambezi und ist einer der wenigen Orte Namibias, die früher regelmäßig von Elefanten besucht wurden. Die Dickhäuter genossen damals standesgemäß stets „Vorfahrt". Im Ort sowie der unmittelbaren Umgebung leben rund 40.000 Menschen. Nach Windhoek sind es gute 1.250 km. Und da man so weit östlich lebt, nimmt man im All-

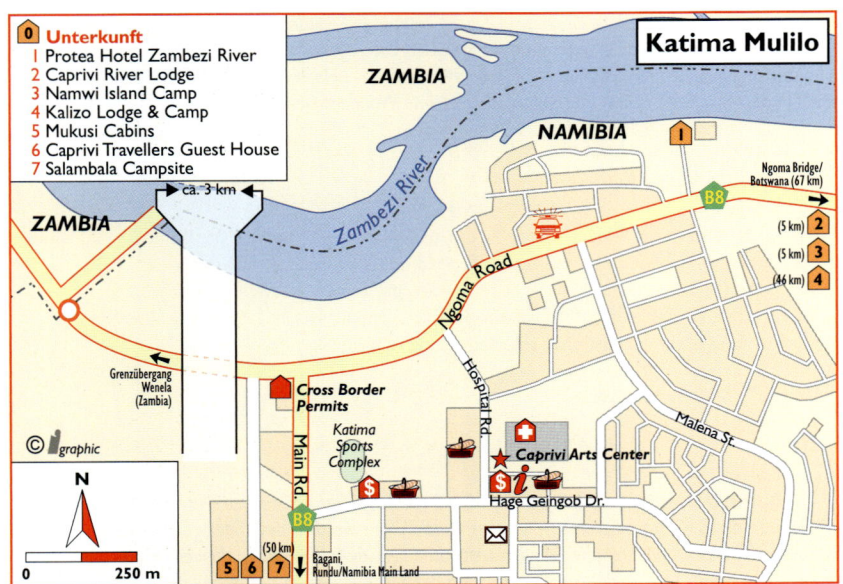

Katima Mulilo

0 Unterkunft
1 Protea Hotel Zambezi River
2 Caprivi River Lodge
3 Namwi Island Camp
4 Kalizo Lodge & Camp
5 Mukusi Cabins
6 Caprivi Travellers Guest House
7 Salambala Campsite

ZAMBIA
NAMIBIA
ZAMBIA
Zambezi River
ca. 3 km
Ngoma Bridge/Botswana (67 km)
B8
(5 km) 2
(5 km) 3
(46 km) 4
Ngoma Road
Hospital Rd.
Grenzübergang Wenela (Zambia)
© graphic
Cross Border Permits
Katima Sports Complex
Main Rd.
Caprivi Arts Center
Malena St.
Hage Geingob Dr.
B8
(50 km)
5 6 7
Bagani, Rundu/Namibia Main Land
N
0   250 m

tagsleben an der Zeitumstellung im Winter nicht teil. Die Uhren richten sich nach den Nachbarländern Botswana, Zambia und Angola, wobei sich jedoch alle offiziellen Stellen (Grenzübergänge, Flughafen/Flugpläne) nach der offiziellen namibischen Zeit richten.

Während des Unabhängigkeitskrieges von 1975–1989 nahm Katima Mulilo eine zentrale Bedeutung als militärischer Stützpunkt der Südafrikaner ein. Hier lebten Armeeangehörige, und die Südafrikaner brachten die Infrastruktur auf Vordermann, indem sie Hospitäler, Schulen und Straßen bauten. Im Gebiet des heutigen Bwabwata National Park gab es geheime Ausbildungslager.

Am Zambezi, der die Lebensader der Region ist, leben viele Flusspferde und Krokodile, also Vorsicht an den Ufern. In Katima Mulilo gibt es Tankstellen und verschiedene, gut sortierte Geschäfte. Im **Caprivi Art Centre**, dessen Leiter der Literat, Töpfer und Maler Moses Nasilele ist, kann man authentische Souvenirs aus Seifenstein und Holz kaufen. Der sehr lebendige **afrikanische Markt** im Ortszentrum bietet einen folkloristischen Einblick, wie man ihn im eher weiß geprägten Namibia sonst nicht erleben kann. Über eine 2004 fertiggestellte Brücke erreicht man bequem Zambia.

Vorsicht an den Zambezi-Ufern!

Reisepraktische Informationen Katima Mulilo

Vorwahl: 066

i Informationen
Bei **Tutwa Tourism and Travel**, *Hage Geingob Drive*, ☎ *066/252739*, *Mobil: 0811/246696, tutwasafaris@mweb.com.na, www.tutwa.com, auch Internetcafé*

Grenzübergang Zambia
Nordwestlich Katima Mulilo liegt der Grenzübergang nach Zambia bei Wanela/Sesheke, Fähre etwa 25 US$/Auto. Es kann auch die Zambezi-Brücke benutzt werden. Visazwang für Deutsche nach Zambia (50 US$). Öffnungszeiten: 6–18 Uhr. Beachten Sie, dass Sie vom Autovermieter eine Erlaubnis für Zambia haben müssen (liegt ja außerhalb der südafrikanischen Zollunion). Die Verleiher müssen Ihnen eine schriftliche Genehmigung in Englisch erteilen (mit Vermerk des/der Fahrer, der Fahrgestell- und Motornummer). Der Internationale Führerschein ist zwingend vorgeschrieben!

Arzt
State Hospital, ☎ *253012*

Unterkunft *(▶ Karte S. 534)*
**Zambelozi Island Lodge $$$$$**, ☎ *066/252739, Buchung: ☎ +27 (0)21/ 6837826, german@jenman.travel. Abholservice von Katima Mulilo. Ab ca. 400 US$. Lage: Die Lodge liegt ca. 30 Autominuten von Katima Mulilo entfernt auf einer Insel im Zambezi (bereits Zambia), nur per Boot erreichbar. Beschreibung: ein wirkliches „Robinson Crusoe"-Paradies für Afrika-Fans, belebt von afrikanischer Tierwelt (Hippos, Krokodile, Affen, Elefanten, 450 verschiedene Vogelarten). Aufgrund der Lage ein Eldorado für Fischer (15 km eigenes Ufer!). Zur Verfügung stehen Motorboote und Mokoros mit Führern. Luxuriöse Unterkünfte, ebenso das Ambiente!*

Beachten Sie auch die tollen **Übernachtungsalternativen auf Mpalila Island**, *von Kasane aus zu erreichen!*

Protea Hotel Zambezi River $$ (1), *Ngoma Road, ☎ 066/251500, www.protea hotels.com. Ab ca. 600 N$ p. P. mit Frühstück. Lage: am Rande Katima Mulilos am Zambezi. Beschreibung: Die Lodge (mit Restaurant) bietet 42 Zimmer (eher einfach, aber geräumig) und liegt direkt am Zambezi. Schöne Gartenanlage mit Swimmingpool. „Spezialität": Die „floating bar" (ab 12 Uhr geöffnet) mit besonders schönen Ausblicken bei Sonnenuntergang. Es werden auch Motorboot-Fahrten am Zambezi angeboten. Camping möglich auf einem Rasenplatz mit toller Aussicht.*

Kalizo Lodge & Camp $$ (4), *☎ 066/686802, info@kalizolodge.com, www.kalizo lodge.com. Ca. 700 N$ p. P. Halbpension, 350 N$ p. P./Selbstversorger, Camping 100 N$ p. P. Lage: Die Lodge liegt 46 km östlich von Katima Mulilo. Nach 12 km biegt man ab, dann in die D 3508 20 km Richtung Kalimbeza. Linker Hand dann ein Lodge-Schild und noch 5 km zur Lodge. Beschreibung: Kalizo bietet reetgedeckte Hütten (auch für Selbstversorger) sowie schattige Campingplätze mit allen sanitären Einrichtungen und Elektrizität. Restaurant, Bar, Swimmingpool und Shop vorhanden. Von hier aus werden u. a. auch Kanufahrten am Zambezi und Chobe sowie Angeltouren angeboten, ebenso werden Quadbikes verliehen. Unvergesslich sind die Sonnenuntergangs-Bootsfahrten. Wildreiche Gegend: Elefanten, Flusspferde, Krokodile. **Achtung:** Die Lodge steht derzeit (bei laufendem Betrieb) aus gesundheitlichen Gründen zum Verkauf, bitte auf der Website über Änderungen informieren!*

Mukusi Cabins $ (5), *☎ 066/253255, mukusi@mweb.com.na, ca. 260 N$ p. P. im DZ (mit en-suite-Bad ca. 400 N$ p. P.). Lage: nahe Ortszentrum. Beschreibung: Es werden einfache Zimmer und Cabins vermietet. Restaurant mit gutem Essen und Bar. Angebote: Bootstouren (auch mehrtägig) mit Hausboot.*

Caprivi River Lodge $ (2), *☎ 066/253300, hakumata@iway.na, www.capriviriver lodge.com. Ab ca. 900 N$/DZ mit Frühstück, Camping ca. 65 N$ p. P. Lage: Die Lodge liegt 5 km außerhalb von Katima Mulilo, direkt am Zambezi. Beschreibung: großzügige Chalets mit Blick auf den Zambezi. Gutes Restaurant, gepflegte Anlage, auch Campingplätze. Es werden Bootstouren und mehrtägige Kajaktouren angeboten.*

Caprivi Travellers Guest House $ (6), *☎ 066/252788, denuga@iway.na, ca. 200 N$ p. P., kein Frühstück. Lage: nahe Ortszentrum. Beschreibung: einfache Unterkunft für Backpacker.*

Namwi Island Camp $ (3), *☎ 066/254188, namwiisl@iway.na, www.caprivi.biz/ namwiisl.html. 750 N$/Selbstversorger-Chalet für 2 Personen, 800 N$/Familienchalet für 4 Personen, 340 N$/Budget-Chalet ohne eigenes Bad, Camping 90 N$ p. P. Lage: vom Zentrum Katima Mulilo 5 km nach Osten auf der Ngoma Rd., dann links und für weitere 4 km den Schildern zum Camp folgen. Beschreibung: gepflegte Anlage mit rustikalen Selbstversorger-Chalets und schönem Campingplatz. Sehr ruhig und idyllisch gelegen; kein Lebensmittel-Geschäft, nur Feuerholz vor Ort.*

Salambala Campsite $ (7), *ca. 50 N$ p. P. Lage: 50 km südlich von Katima Mulilo, dann Hinweisschild an der linken Seite, wo man aber nach rechts abbiegt. Der Abzweig liegt kurz vor einem kleinen Shop. Nach ca. 5 km Fahrt durch den Mopane-Busch (Sand, in der Regenzeit Matsch) erreicht man das Camp. Beschreibung: schön angelegte Campingplätze mit fließendem Wasser, Grillstellen, überdachte Küche, schattige Gesamtanlage, sanitäre Anlagen mit Duschen und Toilette. Hochsitze zur Tierbeobachtung, permanentes Wasserloch.*

Restaurants
Gutes Essen gibt's in den **Mukusi Cabins** *(s. o.). Sehr lebendig geht's zu bei* **Mad Dog McGee's Restaurant**, ☎ 252020, *Tierkat St. (Sonntag geschlossen). Am besten isst man in der* **Caprivi River Lodge** *(s. o.).*

Einkaufen
Caprivi Arts & Culture Association *(CACA). Lage: im Ortszentrum zwischen Markt und Hospital. Hier offerieren lokale Kunsthandwerker ihre Ware, so z. B. geflochtene Körbe, Töpferei und Produkte aus Zambia und Zimbabwe. Dieses Projekt ermöglicht den Einheimischen aus näherer und fernerer Umgebung, ihre Erzeugnisse zu verkaufen.*

Verkehrsverbindungen
Flugverbindungen *mit Air Namibia vom Mpacha Airport (18 km südwestlich des Ortes)*
Bus: *Intercape-Stopp auf der Route Windhoek – Victoria Falls*

Ausflug von Katima Mulilo zu den Ngonye Falls in Zambia

 Streckenhinweis

Schlechte Piste, Zeitbedarf etwa 4 ½–5 ½ Stunden für ca. 125 km von Katima Mulilo aus

Diese beeindruckenden Wasserfälle (auch Sioma Falls genannt) sind über 1 km breit, allerdings nur 15 m hoch. Der Zambezi führt von Mai bis Juni Hochwasser. Etwa 3 km südlich der Fälle gibt es eine einfache Fähre (nicht für Autos). Am Ostufer muss man dann etwa 2,5–3 km wandern, um an einen Punkt zu kommen, von wo aus man eine tolle Aussicht auf die Fälle genießen kann. Da sich hier kaum Touristen hin verirren, erwarten den Besucher fast paradiesische Zustände.

Für die Fahrstrecke benötigt man einen Allradwagen (prüfen, ob der Fahrzeugverleiher dies zulässt!).

 Als **Übernachtungsmöglichkeit** *bietet sich an:*
Mutemwa Lodge, *70 km südlich der Wasserfälle (s. u.).*

Schreiseeadler

Reisepraktische Informationen Ngonye Falls

Entfernungen
Ca. 125 km von Katima Mulilo aus, ca. 4 ½–5 ½ Stunden Fahrzeit

Achtung!
Für Zambia benötigen deutsche Staatsangehörige ein **Visum**, *das von der zambischen Botschaft in Berlin ausgestellt wird oder an der Grenze erhältlich ist (single entry zzt. 50 US$, multiple entry 80 US$). Genaue Informationen erhalten Sie bei der Botschaft Zambia (Axel-Springer-Straße 54a, 10117 Berlin, ☏ 030/2062940, www.zambiaembassy.de).*

Selbstfahrer
Beachten Sie, dass Sie vom Autovermieter eine Erlaubnis für Zambia haben müssen (liegt außerhalb der südafrikanischen Zollunion). Die Verleiher müssen Ihnen eine **schriftliche Genehmigung** *in Englisch erteilen (mit Vermerk des/der Fahrer, der Fahrgestell- und Motornummer). Der* **Internationale Führerschein** *ist zwingend vorgeschrieben!* **Streckenbeschaffenheit***: Allradstrecke, schlechter Zustand*

Unterkunft
Mutemwa Lodge $$$$$, ☏ *0026/460804-3581, mobil: 0026/0977771-125, mutemwa.lodge@mweb.co.za, www.mutemwa.co.za. 1.950 ZAR p. P. inkl. Vollverpflegung und Aktivitäten. Leider kein Camping mehr möglich. Lage: etwa 50 km nördlich Katima Mulilo, Abzweig ausgeschildert. Beschreibung: Die Lodge liegt am wunderschönen Ufer des Zambezi unter gigantischen Bäumen. Die 8 sehr geschmackvoll eingerichteten Safarizelte (eigene sanitäre Anlagen) stehen auf Teakholz-Plattformen, von denen man einen Blick auf den Fluss genießen kann. Es gibt eine Bar, einen Diningroom sowie Swimmingpool. Das Dinner wird normalerweise in der Boma eingenommen, Frühstück und Lunch auf einem Deck, von dem aus man auf den Zambezi schauen kann. Bootsfahrten, Wanderungen, Vogelbeobachtungen.*
Kavumbu River Camp $, *etwa 50 km südlich der Fälle gibt es das einfache Kavumbu River Safari Camp mit Campingplätzen und Hütten.*

Weiterfahrt von Katima Mulilo zum Chobe National Park (Botswana), Abstecher nach Mpalila Island und zu den Victoria-Fällen (Zimbabwe)

Riesige Elefantenherden

Wenn man schon den Ostteil des Caprivi-Streifens erreicht hat, sollte man an einen Abstecher in den für seine riesigen Elefantenherden berühmten **Chobe National Park** denken. Der Hauptort hier heißt **Kasane**. Hinter der Grenze fährt man durch ein hügeliges Savannenbergland mit Wäldern. Oft kreuzen Elefanten und verschiedene Antilopenarten den Weg. Auf der gegenüberliegenden Seite des Chobe befindet sich ein Kuriosum, die namibische Insel **Mpalila Island**, nur per Boot von Kasane aus zu erreichen. Die Unterkünfte in Kasane sind extrem teuer, auf namibischer Seite etwas günstiger.

Bedenken Sie zudem, dass die meisten Wege im Chobe National Park nur mit vierrad-angetriebenen Fahrzeugen befahrbar sind.

Ebenso ist ein Abstecher zu den **Victoria-Wasserfällen** lohnend, den größten Was-serfällen am Zambezi. Ob Sie diesen Ausflug allerdings mit einem Mietwagen, der in Na-mibia zugelassen ist, machen dürfen, hängt vom Vermieter ab.

 Entfernungen
Katima Mulilo – Kazungula 125 km
Kazungula – Victoria Falls 75 km

 Tankstellen
Kasane, Victoria Falls

 Grenzübergang nach Botswana
Für das Fahren in Botswana benötigen Sie die schriftliche Erlaubnis des Autovermieters,
ebenso einen Internationalen Führerschein.

 Streckenhinweis

Von Katima Mulilo bis Kasane/Kazungula und weiter bis Vic Falls sehr gute Asphaltstraße

Chobe National Park (Botswana)

Der Chobe National Park in Botswana bedeckt eine Fläche von 11.170 km². An seiner nördlichen Grenze liegt der Chobe und aufgrund des immer vorhandenen Wassers ist hier die Tiervielfalt am größten. Für die Erkundung des Parks benötigt man auf jeden Fall einen Allradwagen. Bereits in den 1930er-Jahren schlug Sir Charles Rey vor, dieses *Nur mit* Gebiet in einen Wildschutzpark zu verwandeln, doch erst 1960 wurde ein kleiner Teil *Allrad!*

In kaum einem anderen Nationalpark leben so viele Elefanten wie im Chobe

zum Naturschutzgebiet erklärt. Nach der Unabhängigkeit Botswanas wurde schließlich 1968 nach massivem Raubbau an der Natur der Nationalpark offiziell gegründet.

Kasane (Botswana)

Im Vier-
ländereck
gelegen

Kasane liegt im Vierländereck Botswana, Namibia, Zambia und Zimbabwe. Die Hauptstraße aus Namibia führt durch den Park und ist asphaltiert (man muss keine Park-Eintrittsgebühr zahlen, wenn man über diese Straße nach Kasane fährt). In der Nähe mündet der Chobe in den Zambezi. Kasane ist das Eingangstor in den Chobe National Park. Der Ort nimmt wichtige Versorgungsfunktionen für den Durchreisenden wahr: Tankstelle, Supermarkt und Post sind sind vorhanden. Die Tankstellen können allerdings extrem überlaufen sein, weil die Treibstoffversorgung in Zimbabwe sehr unsicher ist.

Östlich liegt der Grenzort **Kazungula**. Hier gibt es eine Fährverbindung nach Zambia (Livingstone, ca. 80 km) und einen Grenzübergang an der Teerstraße nach Zimbabwe (nächstgrößerer Ort: Victoria Falls).

Exquisite
Lodges

Entlang dem botswanischen Ufer des Chobe, einem Teil des Chobe National Park, liegen teure Lodges und im Nationalpark ein Campingplatz (Ihaha). Von Kasane aus erreicht man die Lodges auf der namibischen Seite auf **Mpalila Island** nur per Boot. Hier erwartet Sie eine sagenhafte Idylle. Die Insel liegt regelrecht eingequetscht zwischen Botswana und Zambia. Am östlichen Ausläufer taucht die Kakumba-Sandbank auf, welche die westliche Grenze Zimbabwes berührt.

Um Mpalila Island besuchen zu können, muss man vorher bei der Kasane Immigration, die im Ort am Ufer liegt, aus Botswana ausreisen. Die namibischen Lodges holen dann die Gäste per Boot entweder von der Mowani Safari Lodge oder von Wenella Harbour ab. Auf der Insel liegt dann die Namibia Immigration. Alles etwas seltsam, doch wo sonst auf der Welt kommen 4 Länder mit ihren Grenzen zusammen!

☞ Tipp

Das Mietfahrzeug lassen Sie derweil in Kasane stehen, die Betreiber der einzelnen Lodges werden Ihnen mitteilen, wo man sicher parken kann. Sollten Sie mehrere Tage auf Mpalila Island bleiben wollen und nach Victoria Falls weiterreisen, dann können Sie sich nach Absprache mit Ihrem Autovermieter die unnötige Automiete sparen und mit dem Bus nach Victoria Falls weiterfahren. Dort benötigen Sie keinen Wagen, wenn Sie eine Unterkunft im Ort buchen.

Kazungula Crocodile Farm

Wer die regionalen Krokodile von Nahem sehen möchte, hat hier die Gelegenheit! *1 km westlich des Ortes, nördlich der Hauptstraße gelegen. Mo–Fr 8–12 und 14–16 Uhr, Sa 8–12 Uhr. P 30 für Erwachsene.*

🛥 Hinweis

Bei Kazungula verkehrt eine Fähre (Autos zugelassen) über den Zambezi nach Zambia. Mit dem Auto muss man lange warten, der Personenverkehr ist aber flott, auch kleine Boote verkehren über den Fluss. Ca. 75 km nach Livingstone ab Landeplatz.

Grenzübergang Zimbabwe

Sie müssen die schriftliche Erlaubnis Ihres Vermieters vorlegen, dass Sie mit Ihrem Miet- *Erlaubnis*
wagen nach Zimbabwe einreisen dürfen. Ebenso ist ein Internationaler Führerschein *des Auto-*
vorzulegen. Für das Einreisevisum müssen Sie pro Person 30 US $ in bar bezahlen. Neh- *vermieters*
men Sie genügend US $ mit, denn fast alles wird in dieser Währung (als Ausländer) in
Zimbabwe bezahlt. Von Kasane nach Victoria Falls sind es etwa 80 km auf gut geteerter Straße.

Reisepraktische Informationen Chobe National Park/Kasane/ Mpalila Island

CHOBE NATIONAL PARK/KASANE

Vorwahl 00267 (Botswana)

ℹ️ Informationen

Das **Department of Tourism** (☎ 6250357) *befindet sich neben der Bank, bietet aber kaum brauchbare Informationen. Infos über den Chobe NP gibt es am Eingang zum
NP – 3 km westlich des Ortes.*

✚ Apotheke

Okavango Pharmacy (☎ 650334). *Geöffnet Mo–Fr 8–13 Uhr und 14–17 Uhr,
Sa 8–13 Uhr. Schalter in der Chobe Safari Lodge.*

🕐 Grenzöffnungszeiten nach Zimbabwe

*6–18 Uhr. Vom Grenzübertritt sind es ca. 70 km Asphaltstraße nach Victoria Falls. Das
Besuchsvisum für deutsche, schweizerische und österreichische Staatsangehörige gibt es gegen eine Gebühr von ca. 30 $ (Ein- und Ausreise) direkt an der Grenze. Wer sein Auto mitneh-
men will: Aktuelle Details sagt Ihnen Ihr Autovermieter!*

🛏️ Unterkunft (▶ Karte S. 502/503)

Chobe Chilwero $$$$$ (23), *Buchung und Infos: Sanctuary Retreats, ☎ (027)
114384650, southernafrica@sanctuaryretreats.com, www.sanctuaryretreats.com. Je nach Saison zwischen ca. 620 und 1.060 US$ (Hochsaison ca. 15.06.–31.10.) p. P. inkl. Verpflegung
und Aktivitäten. Lage: auf einem Hügel ca. 3 km vom Parkeingang entfernt. Beschreibung: Den
Gästen stehen 15 tolle Chalets zur Verfügung. Sehr ruhige Anlage aufgrund der abseitigen
Lage. Wunderschöner Blick von der Lodge auf den Chobe und die Landschaft. Dem Preis an-
gemessen im wahrsten Sinne exklusiv.*

Chobe Game Lodge $$$$$ (23), *Reservierung über ☎ +27-21/4241037, www.chobe
gamelodge.com, je nach Saison 460–800 US$ p. P. im Doppelzimmer inkl. Verpflegung und
Aktivitäten. Lage: 3 km westlich vom Parkeingang im Park gelegen. Beschreibung: Die legendäre Chobe Game Lodge gehört zu den besten Adressen des Landes. Schon Liz Taylor und Richard
Burton wussten den Luxus zu schätzen. Sie liegt im nordöstlichen Zipfel des Nationalparks direkt am Flussufer. Toll sind hier die Elefantenherden, die regelmäßig zum Trinken und Baden
kommen. Die Lodge hat 50 Zimmer mit Balkonen und Blick auf den Chobe. Klimaanlagen sorgen in der heißen Jahreszeit für angenehme Temperaturen. Der Eingangsbereich wurde im
Herbst/Winter 2011 modernisiert. Die Gartenanlagen mit Swimmingpool grenzen an das Ufer*

Hippos am Wasserloch

des Chobe. Von hier aus werden Motorbootfahrten und Kanutrips angeboten. Zum Flughafen Kasane sind es 15 km, nach Kazungula 27 km und nach Victoria Falls nur 100 km. Zwischen Victoria Falls und der Chobe Game Lodge verkehrt täglich ein Kleinbus (Fahrzeit: 2 Stunden) – Anmeldung an der Rezeption. Ganzjährig geöffnet.

**Chobe Marina Lodge $$$$$**, ☎ 6252221, res1@chobemarinalodge.com, www.chobemarinalodge.com, je nach Saison 308–392 US$ p. P. inkl. 3 Mahlzeiten und 2 Game Drives (exkl. Parkeintritt). Lage: in Kasane. Beschreibung: Die Lodge ist eher groß (60 Zimmer in Chalets). Luxuriös, aber doch ein wenig unpersönlich.

Cresta Mowana Safari Resort $$$$$ (27), ☎ 6250300, resmowana@cresta.co.bw, www.crestahotels.com. 289 US$ p. P. im Doppelzimmer inkl. Frühstück, 456 US$ bei VP. Lage: nordwestlich von Kasane an der Flussbiegung des Chobe gelegen, ca. 2 km außerhalb des Ortes Kasane. Beschreibung: Die luxuriöse Safari Lodge liegt rund 3 km vom Zentrum des Ortes Kasane und rund 8 km vom Chobe-Nationalpark entfernt. Nach Victoria Falls im Nachbarstaat Zimbabwe sind es nur etwa 80 km. Das Hotel wurde direkt an das Ufer des Chobe gebaut. Den Namen hat es vom uralten Mowana-Baum, einem Baobab, erhalten. Die Architektur der Lodge fügt sich in die Umgebung ein, nicht zuletzt deswegen, weil Baumaterialien verwendet wurden, die den lokalen Traditionen entsprechen. Auch die komfortablen Zimmer sind, trotz aller modernen Annehmlichkeiten, stilvoll mit afrikanischem Ambiente eingerichtet. Jedes der insgesamt 115 Zimmer hat einen eigenen Balkon, von dem aus der Gast einen spektakulären Blick auf den Chobe genießen kann. Alle Zimmer haben Aircondition, Bad/Dusche/WC, Minibar und Telefon. Das Hotel verfügt über ein ausgezeichnetes Restaurant, das Serondella Restaurant, während die Lounge und Savute Bar ein reiches Sortiment an Getränken aller Art bieten.

**The Garden Lodge $$$$$**, ☎ 6250051, reservations@oshaughnessys.org, www.thegardenlodge.com, 370 US$ p. P. im Doppelzimmer inkl. aller Mahlzeiten und Aktivitäten, mit Halbpension 235 US$. Lage: wirklich in einem Garten in Kasane gelegen. Beschreibung: sehr persönliche, kleine Lodge (8 Zimmer) unter deutscher Leitung, Lounge, Bar und Dining Room.

**Elephant Valley Lodge $$$$$**, ☎ (027) 11/781 1661, sherryl@africananthology.co.za, www.evlodge.com, je nach Zelt im Wald oder Tal 315–455 US$ p. P. im DZ inkl. aller Mahlzeiten und Aktivitäten. Lage: Die Lodge liegt im Kasane Forest Reserve, 20 min. von Kasane entfernt. Abholung ab Stadtbüro Kasane. Beschreibung: luxuriöses Zeltcamp im Schatten großer Akazienbäume. Zelte je mit eigenen sanitären Anlagen. Vom Restaurant Blick auf ein Wasserloch, Swimmingpool.

**Kubu Lodge $$$$**, ☎ 6250312, kubu@botsnet.bw, www.kubulodge.net, 310 US$ pro Chalet (2 Personen) mit Frühstück. Lage: ca. 12 km von der Grenze nach Zambia/Zimbabwe gelegen und damit nicht ganz so günstig zum Chobe Park positioniert – 1 km nördlich der Straße Kasane – Kazungula. Beschreibung: Es werden riedgedeckte Chalets angeboten. Die Gesamtanlage ist gepflegt, bietet einen Swimmingpool, viel Schatten sowie ein Restaurant.

Chobe Safari Lodge $$–$$$ (26), ☎ 6250336, reservations@chobesafarilodge.com, www.chobesafarilodge.com, ab ca. 150 US$ pro Zimmer (nur Übernachtung), es gibt auch Familienzimmer (2 oder mehr Doppelbetten) – dies ist eine der preiswerteren Übernachtungsmöglichkeiten im Ort. Camping: 14 US$ p. P. Lage: zentral in Kasane gelegen. Beschreibung: relativ preiswerte Anlage, die seit der Parkeröffnung 1961 besteht. Man übernachtet in Rondavels; Swimmingpool, Bar und Restaurant vorhanden. Relativ laut. Zelten möglich. Tipp: Buchen Sie die neueren Safari Rooms. Sehr gutes Preis-Leistungs-Verhältnis für diese Region!

AUSSERHALB RICHTUNG NAMIBIA-GRENZE

Muchenje Safari Lodge $$$$$ **(20)**, ☎ 620001/3/-14, Mobil: 71490747, info@ muchenje.com, www.muchenje.com, je nach Saison 375–595 US$ p. P. Lage: direkt hinter der Grenze bei Ngoma (botswanische Seite). Beschreibung: idyllisch gelegen, klein (22 Gäste), afrikanisches Flair mit Ausblicken auf die Chobe-Landschaft, alle Chalets mit eigenem Balkon. Total ruhig und super für Erholung. Aktivitäten: Gamedrives, Wanderungen, Bootsfahrten.

Camping
Chobe Safari Lodge $ (Anschrift siehe oben): Campingmöglichkeit auf dem Gelände, Preis ca. 14 US$ p. P. Sauberer Platz mit ordentlichen Sanitäranlagen, allerdings eher laut. Elefantensicher eingezäunt.
Kubu Lodge $ (Anschrift oben): schöne Gesamtanlage, ruhig, Camping ca. 12 US$ p. P.
Der **Ihaha-Campingplatz (21)** liegt ca. 30 km westlich von Kasane. Er löste den alten, heruntergekommenen Serondela-Platz ab. Die Duschen und Toiletten sind ordentlich.

Restaurants
Die **Chobe Safari Lodge** sowie die **Kubu Lodge** bieten in ihren Restaurants auch „Auswärtigen" gutes, preiswertes Essen an.
In Kasane gibt es außerdem im ICC Shopping Centre noch einen **Pie Shop** (Simple Simon Pieman) sowie das **Tusker's Restaurant and Takeaway**.

Lebensmittel
Die Bäckerei **Hot Bread Shop** im Madiba Shopping Centre bietet relativ gute Backwaren an. **Sava's Superette** an der Tankstelle ist ebenfalls auf Selbstversorger eingerichtet.

Bank
Barclays Bank an der Hauptstraße von Kasane. Öffnungszeiten: Mo, Di, Mi und Fr 8.15–12.45 Uhr, Do und Sa 8.15–10.45 Uhr. Sehr starker Andrang wegen Lohnauszahlungen am Monatsende. Besser: die Zweigstelle in der Mowana-Lodge, die auf Touristen eingestellt ist.

Autovermietung
AVIS ist am Flughafen vertreten (☎ 625044), die kleinere Firma **Holiday Car Hire** in der Chobe Safari Lodge (☎ 650226, ☒ 650129).

Autowerkstatt
Zambezi Toyota, ☎ 650748
Four-Ways Motor Repairs (Kazungula), ☎ 650117 (alle Automarken)

Busse
Busse zwischen Kasane und Victoria Falls (UTC) verkehren täglich. Sie fahren von den verschiedenen Hotels ab und brauchen bis Victoria Falls mindestens 2 Stunden inkl. Grenzfor-

malitäten. Der Bus fährt frühmorgens von Victoria Falls nach Kasane. Nach Francistown und Nata Abfahrt täglich 2-mal ab der Tankstelle.

 Flüge
Kasane International Airport hat Verbindungen nach Maun (Air Botswana). Charterflüge sind über Wilderness Air (① 6860778, reservations@wilderness-air.co.za, www.sefofane.com) buchbar.

MPALILA ISLAND

Vorwahl 066

Grenzübergänge
Mpalilia und Kasika, geöffnet 7.30–12.30 Uhr und 13.45–16.30 Uhr (Botswana-Zeit)

Unterkunft (▶ *Karte S. 502/503*)
Chobe Savanna Lodge $$$$$ (22), Buchung über Desert and Delta Safaris, Südafrika 21/4241037, www.desertdelta.co.za. Je nach Jahreszeit und Unterkunft von 460–800 US$ p. P. inkl. Vollpension und Aktivitäten. Lage: am südlichen Ufer der Insel gelegen. Beschreibung: Es gibt 24 strohgedeckte Chalet-Suiten, alle mit Blick auf den Fluss und die Puku Flats (Überschwemmungsebenen des Chobe), eigene sanitäre Einrichtungen, Klimaanlage, private Terrasse. Aktivitäten: Bootsfahrten, Safaris im Geländefahrzeug, Wanderungen, Angeln.
Ichingo River Lodge $$$$$ (25), Reservierung (in Südafrika) über ① (027)798717603, info@ichobezi.co.za, www.ichobezi.co.za, je nach Saison ca. 325 bis 450 US$ p. P. inkl. Vollpension, Getränken und Aktivitäten. Lage: Südwestecke von Mpalila Island, nahe der Immigration. Beschreibung: 8 eingerichtete Zelte mit schöner Aussicht auf den Chobe. Aktivitäten: Vogelbeobachtung, Tigerfisch-Angeln per Boot, Mokoro-Trips, Kanu fahren und Wanderungen. Im Vergleich zur Impalila Island Lodge einfacher und weniger idyllisch.
Impalila Island Lodge $$$$$ (25), Buchung über Islands in Africa Safaris Windhoek, ① 061/401047, reservations@islandsinafrica.com, www.islandsinafrica.com/impalila.htm. 355–460 US$ p. P. inkl. Vollpension und Aktivitäten. Lage: im Nordwestteil der Insel gegenüber den Mombova Rapids. Beschreibung: tolle Aussicht auf die Stromschnellen. Um imposante Baobabs sind sehr geschmackvolle und geräumige Bungalows für maximal 16 Gäste gebaut. Die Gäste werden mit einer hervorragenden Küche verwöhnt. Aktivitäten: Bootsfahrten, Mokoro-Ausflüge, Tigerfisch-Angeln. Wagemutige sind eingeladen, einen Riesen-Baobab zu erklimmen, von dem aus man auf die 4 Länder hier im äußersten Nordosten Namibias schauen kann. Kinder unter 6 J. leider nicht zugelassen. Beste Insel-Lodge!
Ntwala Lodge $$$$$ (24), Buchung über Islands in Africa Safaris (s. o.), je nach Saison ca. 415–595 US$ p. P. mit Vollpension. Lage: Die luxuriöse Unterkunft liegt auf einer Inselgruppe in den Mambova-Stromschnellen des Zambezi. Beschreibung: Mitten zwischen den wilden Gewässern des Zambezi und des Chobe und nur 80 km von den berühmten Victoria-Fällen entfernt liegt die luxuriöse Ntwala Lodge. Die vier Suiten lassen tatsächlich keine Wünsche offen: Jede hat einen eigenen, mit weißem Sand gesäumten Pool, ein Viewing-Deck sowie Innen- und Außendusche. Außerdem hat jede Suite ihren privaten Guide mit Boot. Die Touren über die verästelten Wasserwege sind ein einmaliges Naturerlebnis. Sie können auf einem Sunset Cruise die Tiere am Ufer beobachten oder sich auf die Suche nach dem berühmten Tigerfish machen. Auch Touren in den Chobe National Park sind möglich.

Victoria Falls (Zimbabwe)
Der Ort Victoria Falls

Früher gehörte die kleine Ansiedlung zur jenseits der heutigen Grenze liegenden Stadt Livingstone in Zambia. Erst nach der Unabhängigkeit Zambias im Jahre 1964 entwickelte sich Victoria Falls zu einer eigenständigen Gemeinde mit heute über 18.000 Einwohnern, die zumeist vom Tourismus leben. So ist auch die gesamte Infrastruktur auf den Fremdenverkehr ausgerichtet: Viele Hotels, Tankstellen, Safariunternehmen, Souvenirläden und Autovermieter bieten ihre Dienste an. Eine 200 m lange Brücke führt in einer Höhe von 111 m über den Zambezi und stellt die Eisenbahn- sowie Straßenverbindung zwischen Zimbabwe und Zambia her. Sie wurde in Fertigteilen in England produziert und 1905 hier zusammengebaut. Am 25. August 1975 fand mitten auf der Brücke in einem Salonwagen die berühmte Victoria Falls Conference statt, in deren Verlauf der damalige südafrikanische Premier Vorster mit dem zambezischen Präsidenten Zambias, Kaunda, über die Beendigung des Rhodesien-Konflikts verhandelte. Über diese Brücke kann man heute mit dem Wagen nach Zambia reisen (Visum notwendig).

Tourismus als Haupteinnahmequelle

Basis-Informationen zu Zimbabwe	
Fläche	390.757 km²
Einwohner	12 Millionen
Bevölkerungsstruktur	77 % Shona (davon 22 % Karanga, 12 % Korekore, 18 % Zezeru, 13 % Manyiku), 17 % Ndebele, 1,4 % Weiße, 10.000 Asiaten (meistens Inder)
Bevölkerungswachstum pro Jahr	ca. 2 %
Sprachen	Englisch als Amtssprache, Fanagalo (kreolische Sprache), Bantusprachen (Cishona, Isindebele)
Religionen	55 % Christen (17 % Protestanten, 12 % Katholiken, 14 % afrikanische Christen), daneben Naturreligionen
Ausfuhr	vor allem Tabak, Agrarprodukte (u. a. Baumwolle), Mineralien (Gold), verarbeitete Rohstoffe (Ferrolegierungen)
Handelspartner	13 % Südafrika, 8 % Großbritannien, 7 % Deutschland, 6 % Japan, 6 % Botswana
Arbeitslosigkeit	ca. 80 %
Nationalfeiertag	18.4.
Staatsoberhaupt	Robert Gabriel Mugabe
Klima	Randtropenbereich; aufgrund der Höhenlage um 1.000 m angenehmes Klima. Trockenzeit von Mai bis Oktober, Regenzeit von November bis März mit Temperaturen bis 40 Grad (Sambezital/Kariba).
Höhe	Binnenhochland ca. 1.000 m
Landwirtschaft	Anbau von Mais, Weizen, Baumwolle, Tabak, Tee, Kaffee, Zuckerrohr. Rinder- und Schafzucht, neuerdings verstärkt Schweinemast
Verkehr	Dichtes, gutes Straßennetz, 1/3 Asphaltstraßen, 2/3 gepflegte Pisten
Städte	Harare (Hauptstadt, 1,9 Millionen Einw.), Bulawayo (1,5 Millionen Einw.), Mutare (170.000 Einw.), Masvingo 70.000 Einw.)

Victoria Falls

0 **Unterkünfte**
1 The Victoria Falls Hotel
2 Ilala Lodge
3 Elephant Hills Resort
4 Victoria Falls Safari Lodge
5 A´Zambezi River Lodge
6 Sprayview Hotel
7 Victoria Falls Backpackers

Zambezi

Princess Elizabeth Island

Crocodile Ranch Zambezi Nature Sanctuary

Golf Course

Großer Affenbrot-baum

Prince Christian Island

Zambezi

Princess Victoria Island

ZIMBABWE

Livingstone Statue

Snake Park

Cataract Island

Livingstone Island

Waterfalls

Victoria Falls Bridge

N

2nd Gorge

Bungee Jumping

ZAMBIA

6

Livingstone Way

West Drive

1

Wild Water Rafting

3nd Gorge

0   1 km

©graphic

Victoria Falls im Zeichen der Krise

Aufgrund der politischen Ereignisse der vergangenen Jahre war in Zimbabwe der Tourismus zeitweise quasi zum Erliegen gekommen. Nur langsam machen sich die positiven politischen Entwicklungen seit Anfang 2009 auch in den Besucherzahlen bemerkbar. Aufgrund der hohen Inflationsrate wurde die Landeswährung, der Zimbabwe-Dollar, vorübergehend ausgesetzt, alle Preise werden in US$ angegeben und in der Regel bar bezahlt. Immer noch sind viele Menschen ohne Job, und es bleibt nicht aus, dass es gelegentlich zu Diebstählen kommt. Die Benzinversorgung ist sehr unsicher, wenn Sie also von Botswana kommen, dann tanken Sie voll. Die Menschen selbst sind trotz der politischen Krise erstaunlich ruhig und freundlich.

African Spectacular veranstaltet in einem „Kraal" (am Victoria Falls Hotel) allabendlich sehenswerte Darstellungen afrikanischer Tänze (**Mkishi-Tänze**). Dies ist sicherlich die beste Vorführung in Victoria Falls, kostet allerdings auch um die 50 US$.

Des Weiteren kann man der **Krokodilranch Zambezi Nature Sanctuary** einen Besuch abstatten. Die Farm liegt 5 km stromaufwärts von den Victoria-Fällen entfernt (Richtung A'Zambezi River Lodge). Auf der Krokodilfarm (Fütterung ist sehenswert) leben über 5.000 Krokodile, jeweils bis zu einer Länge von 4,5 m, aber auch andere Tiere.
Zambezi Nature Sanctuary, *Parkway, 4 km nördlich des Ortszentrums. Öffnungszeiten: täglich 8–17 Uhr (außer Weihnachten). Eintritt: ca. 10 US$. Zweimal täglich „Vorführung" der Krokodile.*

Victoria Falls National Park

Geologie

Der Zambezi entspringt im **Norden Zambias** in der Nähe des Kalene Hill. In diesem Gebiet hat auch einer der Seitenarme des Kongo seinen Ursprung. Der Zambezi fließt südwestwärts nach Angola und dann wieder nach Zambia, wo er seinen Lauf südwärts durch die Barotse Plain und dann durch die Caprivi-Sümpfe fortsetzt. Hier vereinigt er sich mit dem Chobe. Von diesem Punkt aus nimmt er seinen östlichen Verlauf und bildet die Grenze zwischen Zambia und Zimbabwe. Schließlich fließt er durch Mozambique dem Indischen Ozean zu. Er weist eine Gesamtlänge von **2.700 km** auf und ist damit Afrikas viertlängster Fluss. Der Zambezi durchfließt unterschiedliche geologische Regionen:

Imposanter Strom

- Dort, wo er auf sehr hartes Gestein trifft, bildet er Stromschnellen und stürzt in Wasserfällen hinab.
- Dort, wo der **Untergrund gleichförmig** ist und die Erosion mithin gleichmäßig verläuft, fließt der Fluss ruhig daher, bildet ein breites Flussbett und lagert Sande und Kiese ab, die oft Inseln bilden. Wo der Fluss hartes Gestein freigelegt hat, verengt sich sein Lauf, er wird tief und durchschneidet dieses Gestein, wo dies am einfachsten möglich ist. Hier überwiegt die Erosion.

Im Bereich der Victoria-Fälle sind beide geologischen Bedingungen anzutreffen. Ca. 12 km stromaufwärts, von den Fällen ausgehend, fließt der Zambezi ruhig dahin, lagert Sande ab und bildet Inseln (Kandahar und Long Island). 3 km von den Fällen entfernt,

Beeindruckend aus jeder Perspektive: das UNESCO-Welterbe Victoria Falls

fließt er plötzlich südwärts, wird schneller, und nach einem kurzen Abschnitt von Stromschnellen stürzt er auf einer Breite von 1.700 m in eine 108 m tiefe Schlucht, die seinen Lauf in einem rechten Winkel kreuzt. Während der Regenzeit stürzen pro Minute fast 550 Millionen Liter Wasser hinunter!

„Rauch mit Donner"   **Dr. David Livingstone** sah die Fälle als erster Weißer im Jahre 1854. Die Einheimischen bezeichnen sie als **„Mosi oa Tunya"**, was so viel wie „Rauch mit Donner" heißt. Mit „Rauch" meinen sie die Gischt, die man von weitem als eine Regennebelwand emporsteigen sieht. Danach folgt der Zambezi einem Zick-Zack-Lauf von ca. 8 km. Hier durchfließt er eine Reihe von steilen, engen Schluchten und gelangt schließlich in die **Batoka Gorge**, die in östlicher Richtung nach ca. 100 km das Gwembe Valley erreicht, wo der Fluss zum Lake Kariba aufgestaut wird.

Stadien der geologischen Entwicklung

Um die Entstehung der Victoria-Fälle zu verstehen, muss man in das geologische Zeitalter des Jura (vor 140–175 Millionen Jahren) zurückgehen. Damals gab es im südlichen Afrika **starke vulkanische Tätigkeiten**. Vulkane förderten hier große Mengen an Basalt. An manchen Stellen ist der Basalt über 300 m dick. Diese Formationen kann man heute an den Seiten der Schluchten der Victoria-Fälle sehen.

Eruptionen und Erosion   Die **Basaltlava** schrumpfte beim Erkalten zusammen. Dadurch entstanden im Basalt Risse und Spalten, die später durch Verwitterung ausgeweitet wurden. In der Gegend der Victoria-Fälle verlaufen diese Spalten in Ost-West-Richtung, nur kleinere Risse zeigen einen Nord-Süd-Verlauf. Nach einer langen Erosionsperiode bedeckte wahrscheinlich ein **See** die Gegend und lagerte Schichten von Kalk und Ton auf dem Basalt und in den Spalten ab.

Es folgte eine **Periode wüstenähnlichen Klimas** und der See trocknete aus. Die weichen Ablagerungen des Sees wurden wieder abgetragen (durch Wind und gelegentlichen Regen), doch in den Spalten blieben sie liegen und bildeten sich allmählich in Kalkstein um. In der Zwischenzeit wurden durch Wind auf der Oberfläche Kalahari-Sande abgelagert. Jetzt gab es Erdbewegungen, die eine Verbreiterung der Ost-West-Spalten verursachten. Das führte dazu, dass sich die hier eingelagerten Kalksteine lockerten, sodass dadurch eine spätere Erosionstätigkeit erleichtert wurde. Im Gegensatz zu diesem Prozess wurden die nord-südlich verlaufenden Spalten zusammengedrückt. Die hier eingelagerten Sedimente wurden dadurch widerstandsfähiger gegen Erosionstätigkeit.

Heute fließt der Zambezi von seiner Quelle aus **südwärts**, bis er die Gegend des Caprivi-Streifens erreicht, wo er Wasser vom Chobe erhält. Von hier aus fließt er ostwärts weiter. Man vermutet, dass der Zambezi ursprünglich nach Süden weiterfloss und sich mit dem Limpopo vereinigte. Ebenso nimmt man an, dass der gegenwärtig nordwärts fließende Matetsi-Fluss die Quelle des unteren Zambezi war. Der Abschnitt vom heutigen Zambezi zwischen dem Chobe und dem Matetsi existierte nicht. Danach hob sich das Land südlich der Makgadikgadi-Senke, durch die der alte Fluss lief. Dadurch wurde der Fluss geteilt: in den südlich verlaufenden Limpopo, der in den Indischen Ozean entwässert, und in einen nordwärts fließenden Wasserlauf, der das Meer nicht erreichen konnte. Deshalb ergoss er sich im Inland, und davon zeugen noch heute die Gebiete der

Okavango- und Chobe-Sümpfe wie auch die Makgadikgadi Salt Pan. Schließlich stieg der Wasserspiegel in diesen großen Sumpfgebieten so stark an, dass das Wasser über eine niedrige Landschwelle zwischen den Bergen nach Osten hin abfloss. Hier fand der neue Fluss seinen Weg über den sandbedeckten Basalt und stieß auf den alten Matetsi-Fluss. Auf diese Weise entstand der uns **heute bekannte Zambezi-Lauf.** Bald schuf sich dieser neue Fluss ein eigenes Bett durch den weichen Sand, doch konnte er sich damals noch nicht in den harten Basalt hineinfressen. Beim Hineinfließen in den Matetsi bildete der neue Zambezi einen mächtigen Wasserfall: Er stürzte 250 m tief in das Matetsi Valley über die Basaltkante hinweg. So bildete er die ersten Victoria-Fälle, über 100 km flussabwärts von den heutigen Fällen gelegen.

Da **Erosion** immer ein rückschreitender Vorgang ist, verlagerten sich die Fälle flussaufwärts. Schließlich erreichte der Fluss bei seiner

David Livingstone erreichte die Fälle 1854

rückschreitenden Erosion eine der ostwestlich verlaufenden und mit Kalkstein gefüllten Spalten. Hier fraßen sich seine Wassermassen tief hinein. Dies geschah im Gebiet der heutigen Batoka Gorge, ca. 8 km stromabwärts von den heutigen Fällen gelegen. Danach fraß sich der Fluss durch eine nordsüdlich verlaufende, mit Kalkstein gefüllte Spalte. Dieses Material konnte er schnell „abräumen", da es durch frühere tektonische Bewegungen gelockert war. Bald traf er bei seiner Erosion auf eine weitere, westöstlich verlaufende, mit Kalkstein gefüllte Spalte, und wieder entstand ein breiter Wasserfall. Dieser Vorgang wiederholte sich nordwärts 7-mal, und so entstand allmählich ein Zick-Zack-System von Schluchten. Ca. zwei Millionen Jahre dauerte es, bis er an der heutigen achten Spalte, die westöstlich verläuft, ankam: den Victoria-Fällen.

Rundgang

Vom Ort Victoria Falls kann man bequem den Eingang zu den Victoria-Fällen erreichen. Der Zambezi und Victoria Falls National Park bedeckt eine Fläche von 56.000 ha. Direkt am Eingang informiert eine kleine Ausstellung über die Geschichte und Geologie der Fälle. Hier sollten Sie sich nun links halten, um Ihren Rundgang entlang der Fälle am Livingstone-Denkmal zu beginnen.

Ausstellung zur Geschichte der Fälle

Entlang des Weges, der von Westen nach Osten führt, kommen Sie zu verschiedenen Aussichtspunkten, die einen Blick auf die Main Falls, die Rainbow Falls sowie den Eastern Cataract ermöglichen. An einigen Stellen müssen Sie durch den „Rain Forest" (Regenwald) gehen, wo die aufsteigende Gischt für eine üppige tropische Vegetation sorgt. Für einen Besuch der Fälle empfiehlt sich daher die Mitnahme eines Regenschutzes, da man sonst unweigerlich nass wird. Zur Not kann man am Eingang aber auch Regencapes kaufen oder ausleihen.

Die besten Zeiten, um von den Aussichtspunkten an der Livingstone-Statue und den Main Falls aus zu fotografieren, sind die Nachmittagsstunden. In den frühen Morgenstunden sollte man den östlichen Teil der Fälle besuchen. Sehr romantisch sind die Wasserfälle bei Vollmond. Über die abendlichen Öffnungszeiten informiert das Büro am Parkeingang.

White Water Rafting – eine Erfahrung besonderer Art

Ein besonderer Tipp für Abenteuerlustige und Wildwasserfreunde ist das „White Water Rafting" am Zambezi. „White Water" meint das weiß-schäumende Wasser der vielen „rapids" (Stromschnellen), „Rafting" heißt nichts anderes als „Floßfahren". Auf riesigen Avon-Schlauchbooten, die in den USA hergestellt werden und die „Grand-Canyon-erprobt" sind, geht die Fahrt durch die enge Schlucht. Wie nass und dramatisch es hier zugeht, vermag folgende Tatsache zu illustrieren: Die Wassermassen, die zuvor über die 1.700 m breiten Victoria-Fälle donnerten, werden nun durch zum Teil 15 m breite Felsengen gepresst.

Eine solche Fahrt ist sicherlich nicht für jedermann geeignet, und manchmal kommt es vor, dass die Boote trotz erfahrener Führer und einer sportlichen Mannschaft kentern. Nicht nur die Wellenberge, Strudel und Felsen sind dann eine Gefahr, sondern auch die an den Ufern zu beobachtenden Krokodile. Die Teilnahme kostet ca. 85 US $ und dauert etwa von 8.30–16.30 Uhr.

Highlight für Abenteuerlustige

Einige **Fakten** sollte man wissen, bevor man sich ins Abenteuer stürzt:
• Der Abstieg in die Schlucht folgt einem steilen Pfad.
• Kinder unter 16 Jahren dürfen nicht teilnehmen.
• Man sollte geschlossene Turnschuhe, Shorts sowie ein T-Shirt tragen und sich gut mit Sonnenschutzmitteln eincremen.
• Zwischen den Stromschnellen fließt der Fluss relativ ruhig. Das Wasser ist mild.
• Es gibt spezielle wasserdichte Kamera-Boxen, die auf das Boot montiert werden können. Bei Bedarf bitte bei der Buchung angeben.
• Alle Bootsführer verfügen über gute Flusskenntnisse und sind in Erster Hilfe bei Kenter-Unfällen ausgebildet.

Folgende Fahrten werden in der Regel angeboten:
• *Batoka Gorge Trip bzw. High Water Run*
Diese Fahrt findet täglich etwa zwischen dem 1. Juli und 15. August statt und manchmal auch in der zweiten Dezemberhälfte. Man bewältigt dabei die Rapids Nr. 11–19. Die Gesamtlänge beträgt 13 km und wird mit den Schwierigkeitsstufen 3–5 angegeben (es gibt insgesamt 6 Schwierigkeitsstufen, wobei Stufe 6 von Schlauchbooten nicht befahren werden kann). Das Unternehmen startet um 8.30 Uhr am Swimmingpool-Bereich des Victoria Falls Hotels, wo man sich trifft. Von hier aus wird man mit einem Bus bis zum Abstieg gebracht.
• *Victoria Falls Gorges bzw. Low Water Run*
Diese Fahrt findet ca. vom 15. August bis Mitte Dezember statt und führt über 22 km. Es werden die Schwierigkeitsstufen 3–5 bewältigt. Im Trip sind die Stromschnellen 6–19 enthalten. Um Rapid 9 werden die Boote getragen. Die Tour beginnt ebenfalls am Swimmingpool des Victoria Falls Hotels. Von hier aus steigt man in die Schlucht hinab.

Buchung *an der Hotelrezeption möglich*

Reisepraktische Informationen Victoria Falls

Vorwahl Zimbabwe 00263, Vorwahl Victoria Falls 013

Eintrittspreise
Victoria Falls Park: 30 US$
Zambezi Nature Sanctuary (= Crocodile Ranch): ca. 10 US$

Öffnungszeiten
Victoria Falls National Park: 6–18 Uhr

Entfernungen
VF – Hwange: *105 km*   **VF – Harare:** *875 km*
VF – Bulawayo: *440 km*   **VF – Chobe National Park:** *80 km*

Hinweis
Seit Antritt der Koalitionsregierung von Robert Mugabe und Morgan Tsvangirai Anfang 2009 hat sich die allgemeine Sicherheitslage in Zimbabwe etwas entspannt. Trotzdem gibt es bis auf die Umgebung von Victoria Falls bisher kaum wieder Tourismus im Land. Auch die Hotel- und Restaurantszene in Victoria Falls ist sehr im Fluss, wobei betont werden muss, dass der Tourist hier **sicher** *reisen kann (abgesehen von den üblichen Vorsichtsmaßnahmen). Aber berücksichtigen Sie, dass vielleicht das eine oder andere Unternehmen aufgrund mangelnder Geschäfte geschlossen ist und erkundigen Sie sich vor der Abreise nach der aktuellen Situation im Land.*

Aktivitäten
Den sportlichen und mehr oder weniger abenteuerlichen Aktivitäten sind in Victoria Falls kaum Grenzen gesetzt. Die beliebtesten sind Sunset-Touren auf dem Zambezi, Helikopter-Rundflüge, Rafting und Bungee-Jumping.
Shearwater, *Shop 9, 14 Sopers Arcade/Parkway Drive,* ☎ *013/44471, webenquiries@ shearwatervf.com, www.shearwatervictoriafalls.com. Das Unternehmen bietet beinahe alles an, was man in und um die Victoria Falls so machen kann: Elefantensafaris, Rundflüge, Rafting, Kanu-Touren, Tagesausflüge in den Chobe National Park etc. Alle 15 Min. Helikopter-Rundflüge.*
Zambezi Safari & Travel Co. *(ehemals: Safari par Excellence),* ☎ *013/44424, www.victoriafalls.net. Neben den oben genannten Aktivitäten wird hier auch Microlight Flying angeboten, das große afrikanische Flugabenteuer im motorbetriebenen Deltasegler.*

Unterkunft (▶ *Karte S. 546*)
The Victoria Falls Hotel $$$$$ (1), *2 Mallett Drive,* ☎ *013/44751. Buchung über African Sun Hotels (Südafrika),* ☎ *(027) 10/0030079, pacro@africansunhotels.com, www.africansunhotels.com. Ab ca. 180 US$ p. P. im DZ mit Frühstück. Lage: ruhige Einzellage, nahe der Edwardian Railway Station. Beschreibung: bereits 1905 erbautes Traditionshaus im britischen Kolonialstil mit Swimmingpool und großzügigen Außenanlagen, Kinderspielplatz. Vom Hotel aus kurzer Fußweg zum Eingang der Wasserfälle, abends Mkishi-Tanzvorführung im Hotel. Wer Atmosphäre mag und das Geld dafür ausgeben will… sicherlich ein tolles Erlebnis.*

Berühmt: der Nachmittagstee im Victoria Falls Hotel

**Victoria Falls Safari Lodge $$$$–$$$$$** (4), ☎ 013/4321120, saflodge@saf lodge.co.zw, www.victoria-falls-safari-lodge.com. Je nach Saison ca. 144 bis 180 US$ p. P. im Standard-DZ. Lage: 2,5 km von der Stadt entfernt, Abzweig vom Parkway. Beschreibung: sehr geschmackvoll konzipierte Lodge, von der Hauptanlage aus Sicht auf den oberen Zambezi und Sicht auf ein Wasserloch! Landestypische Bauweise, Boma-Restaurant mit erstklassigem Service, sehr zuvorkommendes Personal. Abends Tanzvorführungen. Sehr schön angelegter Garten.

**Ilala Lodge Hotel $$$$** (2), ☎ (263) 013/44737, info@ilalalodge.com, www.ilala lodge.com, ab ca. 160 US$ p. P. im Doppelzimmer mit Frühstück. Lage: nahe der Post im Ort gelegen. Beschreibung: nette Hotelanlage, überschaubar, mit stilvollem Restaurant, 5 Minuten zu Fuß bis zu den Wasserfällen. Schöne Gartenanlage, umgrenzt vom Buschland. Allabendlich Aufmarsch von Raftern zur Video-Show im angrenzenden Pub. Unbedingtes Muss für das Abendprogramm, Vorführung gegen 19 Uhr. Genauen Beginn an der Rezeption erfragen. Dennoch ruhiges Wohnen in der Lodge möglich!

**A'Zambezi River Lodge $$$** (5), 308 Parkway Drive, ☎ 13/44561-4, reservations@ azambeziriverlodge.com, www.azambeziriverlodge.com. Ca. 220 US$/Doppelzimmer. Lage: direkt am Zambezi gelegen, aber relativ weit von den Fällen entfernt (ca. 5,5 km). Beschreibung: großzügige, moderne Hotelanlage mit großem Swimmingpool, im Halbkreis zum Zambezi gebaut. Shuttlebus nach Victoria Falls. Sehr ruhige Lage. Abends Buffet an der Terrasse.

**Elephant Hills Resort $$$** (3), 300 Park Way Drive, ☎ 013/44793. Buchung über African Sun Hotels (s. o.). Ab ca. 105 US$ p. P./DZ inkl. Frühstück. Lage: 3 km außerhalb des Ortes am Parkway gelegen. Beschreibung: Das Hotel fällt auf wegen der nicht an die Landschaft angepassten Architektur, bietet dafür aber eine schöne Rundsicht. Hoteleigener Golfplatz (18 Löcher). Golfspielen kann durch Besuch von Löwen unterbrochen werden!

Sprayview Hotel $$ (6), ☎ 013/4344, *Victoria Falls. Ca. 60 US$ p. P./DZ. Lage: am Living-stone Way am Ortseingang auf dem Weg zum Flughafen, ca. 800 m vom Ortszentrum. Beschreibung: saubere, wenn auch einfache Zimmer, Swimmingpool, Bar und Disco. Eine der günstigeren Übernachtungsmöglichkeiten in Victoria Falls.*

Victoria Falls Backpackers $ (7), 357 *Gibson Road*, ☎ *(263) 13/42209, info@get awaysafaris.com, www.victoriafallsbackpackers.com. Zimmer ca. 25 US$ p. P., Camping 6 US$. Beschreibung: Swimmingpool, schattige Gartenanlage, Frühstück und Gemeinschaftsküche. Fahrradverleih.*

Lodge außerhalb von Victoria Falls

Gorges Lodge $$$$$, *Reservierung über* ☎ *(263) 9/245051, gorges@gatorzw.com, www.gorgeslodgevicfalls.com, ca. 280 US$ p. P./DZ mit Vollpension. Lage: 20 Minuten östlich von Victoria Falls gelegen. Beschreibung: Von den Zimmerterrassen schaut man 250 m tief in die Batoka-Zambezi-Schlucht. Alle Zimmer sind sehr geschmackvoll eingerichtet, das Essen ist ausgezeichnet. Sehr ruhig gelegen, schöner Swimmingpool. Sehr schöne Gesamtanlage – ein Traum!*

Beispiel-Tagesablauf für einen Besuch in Victoria Falls

Sehr zu empfehlen für den Morgen in Victoria Falls ist ein Frühstück im kolonialen Victoria Falls Hotel. Man sitzt auf der Terrasse und sieht „den Rauch, der donnert". Anschließend bietet sich ein Spaziergang zu den Wasserfällen an. Achtung, entweder Badehose anziehen oder Regenkleidung besorgen – ist übrigens auch am Eingang erhältlich. Natürlich nur im Winter nach der Regenzeit. Nachdem man nun nass ist und den Rundgang an den Wasserfällen beendet hat, ist fast schon wieder Zeit für einen Zwischenimbiss, z. B. einen Burger im Wimpy. Am Nachmittag könnte man einen Rundflug im Helikopter unternehmen – eine sehr eindrucksvolle Art, die Fälle zu erkunden. Um den Tag anschließend idyllisch ausklingen zu lassen, empfiehlt sich ein Sunset Cruise auf dem Zambezi. Alternativ ist ein Spaziergang auf die Victoria Falls Brücke zu empfehlen, um den Bungee-Jumpern zuzusehen. Reisepass bitte nicht vergessen, Sie passieren den zimbabwischen Grenzposten. Abends zurück „im Dorf" muss man sich nun entscheiden: Ist es zu spät für die Mkishi-Tänze im Victoria Falls Hotel, sollte man gegen 19:30 Uhr spätestens an der Ilala Lodge die Rafting-Videos ansehen. Macht man dies, steht oft auch schon das Programm für den nächsten Tag fest: Frühmorgens um 8 Uhr Rafting. Doch zunächst zurück zum ersten Tag in Victoria Falls: Um den Abend mit viel Stil und gutem Essen ausklingen lassen, eignet sich das Boma-Restaurant in der Victoria Falls Safari Lodge. Mit etwas Glück sieht man auf der Fahrt dorthin ein paar Elefanten am Straßenrand. Gutes Dinner gibt es auch im Victoria Falls Hotel. Wer nicht in einem der Hotels speisen will, kann noch The Cattleman Steakhouse im Phumala Centre testen. Desperados sollten auf keinen Fall den Explorers Pub versäumen. Hier trifft man stets Globetrotter aus aller Welt.

⚠ Camping

Victoria Falls Rest Camp $, *Buchung über* ☎ *+27 (0)21/6859808, info@ vicfallsaccommodation.com, www.vicfallsrestcamp.com. Camping 10 US$ p. P., Chalet für 2 Personen 34 US$, 4-Personen-Cottage mit Küche 122 US$. Lage: im Stadtzentrum von Victoria Falls. Beschreibung: Es gibt Zeltmöglichkeiten, Chalets und Cottages. Von der Ilala Lodge gemanagt, sicher und ordentlich. Swimmingpool.*

🍴 Restaurants und Cafés

Die Auswahl an selbstständigen Restaurants ist in Victoria Falls gering. Die besten Mahlzeiten können Sie auch als individuell Reisender für wenig Geld in den Hotels des Ortes einnehmen.

Livingstone Room, *im Victoria Falls Hotel. Grandioser Speisesaal, bestes Essen. Ebenso kann man draußen (Stanley's Terrace) speisen und auf die Hotelgärten sowie die Brücke über den Zambezi schauen.*

Boma Restaurant, *in der Victoria Falls Safari Lodge, Squire Cummings Road, ☎ (263) 13/ 43211, www.thebomarestaurant.com. Ausgezeichnete Küche. Außerhalb der Stadt gelegen, aber Shuttle-Service von allen großen Hotels. Mehr eine Erlebnis-Dinner-Show als nur ein Restaurant. Afrikanisches Flair mit Strohdach und vielen Masken an den Wänden. Es gibt Krokodilfleisch, Warzenschwein, Eland und für die ganz Mutigen auch Mopane-Würmer... Aber auch Lamm, Salate und eine Auswahl an Desserts stehen auf der Speisekarte. Nebenbei gibt es zahlreiche, auch interaktive Darbietungen.*

Palm Restaurant *in der* **Ilala Lodge***: asiatische Gerichte sowie einige afrikanische Spezialitäten.*

Wimpy, *Park Street/Livingstone Way, Victoria Falls, Schnellrestaurant: preiswert mit den üblichen Hamburgern, Hähnchen. Pommes Frites etc.*

The Pizza Bistro, *Soper's Arcade, Victoria Falls: sehr beliebte Pizzeria, die aber auch schon Frühstück serviert.*

Naran's Restaurant, *Soper's Arcade, offen 8–17 Uhr, So geschlossen: gutes Frühstück, leckere Curries und Samosas, sehr preiswert.*

✉ Post

An der Ecke Parkway/Livingstone Way. Kartentelefone, lange Warteschlangen für Briefmarken (besser: in den Andenkengeschäften der Hotels kaufen).

✈ Flugverbindungen

South African Airlines *(www.flysaa.com) bedient Johannesburg – Victoria Falls – Johannesburg; SAA verbindet Südafrika auch mit den beiden zimbabwischen Destinationen Harare und Bulawayo.*

Air Namibia *(www.airnamibia.com) fliegt täglich von Windhoek nach Victoria Falls und zurück.*

Air Zimbabwe *(www.airzimbabwe.com) hat aus wirtschaftlichen Gründen den Flugbetrieb vorübergehend eingestellt, aktueller Stand siehe Website.*

Die meisten Hotels bieten einen Transfer vom ca. 18 km entfernten Flughafen an.

8. ANHANG

Tierlexikon und Tipps zur Tierbeobachtung

Häufige Tiere in Namibia

Im Folgenden werden kurz die Eigenarten häufig vorkommender Tiere beschrieben. Dabei lehnen sich die Beschreibungen insbesondere an die Darstellungen aus dem Buch von Th. Haltenorth / H. Diller an.

Blau-Gnu / Blue Wildebeest

Blau-Gnus leben in offener Gras- und Buschsteppe in Ebene und Hügelland, zuweilen auch auf lichten Plätzen dichterer Buschwälder. Bei genügend Futter und Wasser beschränken sie sich auf ein Territorium, das dann oft über Jahre gehalten und durch Harnen, Koten, Liegen und auch durch Wache-Stehen markiert wird. Die Territoriums-Besitzer bedrohen, bekämpfen und verjagen Nebenbuhler. Benachbarte Territoriums-Besitzer üben regelmäßig ein Herausforderungs-Zeremoniell zur Grenzbestätigung aus. Das Äsen findet zumeist morgens und nachmittags statt; in der Mittagszeit wird geruht, wenn möglich im Schatten. Sie fressen Kurzgräser bis 10 cm; das Trinken wird morgens und abends erledigt; Wasser kann bis zu fünf Tagen entbehrt werden. Die Streifengnus bilden – besonders in der Regenzeit – Rudel bis zu 1.000 Tieren. Zu ihren Feinden zählen Löwe, Gepard, Leopard und Fleckenhyäne.

Die Tragezeit beträgt ca. achteinhalb Monate, ein Laufjunges wird geboren. Die erste Festnahrung kann schon nach zehn Tagen aufgenommen werden; gesäugt wird bis zum Alter von einem Jahr. In freier Natur können Blau-Gnus bis zu 18 Jahre alt werden. Männliche Tiere werden bis zu 250 kg, weibliche bis zu 180 kg schwer.

Büffel / Buffalo

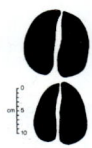

Büffel gibt es in Namibia nur in der Caprivi-Region. Sie leben mit Vorliebe in Geländen, die ihnen außer offenem Weideland auch Schutz in Dickichten und Waldungen bieten und in denen Wasser vorhanden ist. Den Büffel zeichnet eine hohe Anpassungsfähigkeit an die jeweiligen Lebensbedingungen aus; nur Wasser zum Trinken und Suhlen benötigt er.

Die Tiere der Savannenlandschaft leben in Herden von 30–60 Tieren, während die in Wäldern lebenden Büffel meist nur in kleinen Trupps, paarweise oder sogar allein nach Nahrung suchen, die hauptsächlich aus Kräutern und Gräsern besteht. Die Jungtiere fressen in den ersten Tagen den Kot der Mutter, um Darmflora und Einzeller aufzunehmen. Büffel können Wasser höchstens drei Tage entbehren, notfalls trinken sie auch salz- oder sodahaltiges Wasser. Sie verbringen den Tag wiederkäuend im Wald oder Dickicht und brechen erst mit Beginn der Dämmerung zur Äsung auf.

Die Größe der Herden ist abhängig vom Nahrungsangebot und der Zahl der Wasserstellen. Während der Trockenzeit schließen sich mehrere Rudel häufig zu Großherden zusammen. Dabei gibt es keinen eigentlichen Anführer der Herde, sondern jeweils das Tier, dessen Wohngebiet die Herde gerade durchwandert, bestimmt den Weg.

Die Paarungszeit ist gebietsweise unterschiedlich. Die Tragezeit beträgt etwa 340 Tage, die Kälbchen wiegen bei Geburt ungefähr schon 40 kg. Die meisten Kälber werden in der warmen, feuchten Jahreszeit geboren.

Dikdik

H: 40 cm; G: 5 kg • Erkennungsmerkmale: Auffallend kleine Antilope mit gleichmäßig mittel-
braunem, manchmal graubraunem Fell, weißem Ring um die Augen und hellem Bauch. Vor
den Augen liegen gut erkennbar (dunkel) Drüsen, mit deren Sekret das Revier markiert wird.
Die Böcke tragen kurze, spitze, gerade Hörner • Vorkommen in Namibia: Damaraland, zentrales Hochland, südliche und westliche Bereiche des Etosha Parks (Dikdik Drive im Mopane-
busch) und Kaokoveld. Östlich etwa bis Grootfontein • Lebensraum: Dichtes Buschland und
Dickichte auf hartem, steinigem Grund mit wenig Gras. Reines Felsgelände wird gemieden,
jedoch kommen Dikdiks oft in dessen Umgebung vor.

Die sehr scheuen Dikdiks leben einzeln oder in kleinen Familien. Ihr Sozialverhalten ist nur
zum Teil bekannt, man nimmt jedoch an, dass die Böcke während der Brunftzeit Territorien
besitzen. Es sind ruhige Tiere, die mehr als den halben Tag im Schatten ruhen. Dadurch vermeiden sie, dass ihre Körpertemperatur über 41 °C steigt. Über ihre relativ langen Beine können sie bei abnehmender Außentemperatur schnell Wärme abgeben. Dikdiks sind hinsichtlich des Futters extrem wählerisch und auf nährstoffreiche Kost, z. B. heruntergefallene Früchte und Samen, angewiesen. Da sie so klein sind, können sie nur wenig Nahrung erreichen. Hier
kommt ihnen das Verhalten von Elefanten, Nashörnern, Kudus und Giraffen entgegen, die auch
größere Äste abreißen und manchmal fallen lassen. Dikdiks sind nicht unbedingt auf Trinkwasser angewiesen. Über Familienleben und Vermehrung ist kaum etwas bekannt. Interessant
ist, dass die Natur bei den Dikdiks den Dämpfungskeil moderner Laufschuhe vorweggenom-
men hat: Die Hufe weisen weiche Bereiche auf, was die Stöße beim Laufen auf dem harten
Untergrund ihres Lebensraumes erheblich mildert.

Elefant / Elephant

Er ist das größte Landtier. Es gibt zwei Arten: den Afrikanischen und den Indischen Elefanten.
Beim Afrikanischen Elefanten sind Ohren und Rüssel größer und die Stirn niedriger als beim
Indischen Elefanten. Er wird bis zu 4 m hoch und 6.000 kg schwer. Alleine seine Haut wiegt
10 Zentner, das Hirn 5 bis 6 kg, das Herz 25 kg. Pro Tag säuft er ca. 350 l Wasser und frisst
500 kg „Grünzeug". Mit dem Rüssel führt der Elefant Nahrung und Wasser ins Maul, beim Baden verspritzt er Wasser über den Körper oder beim Staubbad auch Staub. Er besitzt nur vier
Zähne, je zwei im Ober- und Unterkiefer.

Der Afrikanische Elefant kommt in den meisten Gebieten südlich der Sahara vor. Er lebt in Herden aus Kühen und Jungtieren. Die Bullen sind Einzelgänger, nur zur Paarung kommen sie mit
den Kühen zusammen.

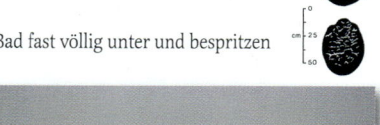

Elefanten treiben intensive Hautpflege. Sie tauchen beim Bad fast völlig unter und bespritzen
sich mit Hilfe des Rüssels mit Wasser. Sie lieben
auch Staubbäder, und bei Wassermangel suhlen
sie sich im Schlamm. Auch in Trockenzeiten beherrscht der Elefant die Kunst, Wasser zu finden: Er bohrt Löcher, indem er seinen Rüssel als
Ahle benutzt. In der Mittagszeit sucht der afrikanische Elefant Schatten auf. Er sorgt für Abkühlung, indem er mit seinen Ohren fächert. Aufgrund der riesigen Oberfläche seiner Ohren verliert er so viel an Körperwärme.

Auch Elefanten brauchen natürlich Schlaf. Sie
können sowohl im Stehen als auch im Liegen
schlafen. Beim stehenden Schlaf atmet er in der

normalen Atemfrequenz, beim Liegen nur halb so oft. Gewöhnlich schläft ein Elefant fünf Stunden, die meiste Zeit im Liegen.

Dort, wo Elefanten geschützt aufwachsen, kommt es oft zur Überbevölkerung (z. B. im Kruger National Park). Da ein Elefant aber viel frisst, gefährdet er beim zu starken Anwachsen seiner Population das ökologische Gleichgewicht und muss in seinem Bestand dezimiert werden. Bei natürlichen Voraussetzungen ziehen Elefanten von einem Gebiet zum anderen und können so dem Reifestand der Vegetation folgen, die sich während ihrer Abwesenheit wieder erholen kann. Dabei legen sie oft große Entfernungen zurück.

Die Backenzähne des Elefanten weisen breite Mahlflächen auf, die dem Zerkauen von Pflanzenfasern dienen. Der Verschleiß an Zähnen ist beträchtlich. Der Elefant (der bis zu 70 Jahre alt werden kann) verbraucht in seinem Leben auf jeder Seite im Ober- und Unterkiefer je 7 Zähne, insgesamt also 28. Wenn ein Zahn abgenutzt ist, wächst ein anderer nach. Sind die letzten Zähne verbraucht, muss der Elefant verhungern.

Die Tragezeit beträgt bei Elefanten ca. 22 Monate. Das Junge ist etwa 90 cm hoch und wiegt 90 kg. Es kann bald nach der Geburt (nach zwei Tagen) in der Herde mitlaufen.

In ihrem Gesamtverhalten sind Elefanten furchtlos: Sie kennen keine Feinde und brauchen beim Anzug auf ein Wasserloch keine Vorsichtsmaßnahmen zu treffen. Bei Gefahr für die Herde „trompeten" Elefanten. Das Sozialverhalten in der Herde ist stark ausgeprägt. Gefährlich werden Elefantenkühe, die Kälber führen.

Die „Sprache" der Elefanten

Das Sozialleben der Elefanten ist äußerst stark ausgeprägt. Der Familie steht die Leitkuh vor. Um die Elefantenkinder kümmern sich neben der Mutter alle weiblichen Verwandten gleichermaßen. Die Jungbullen verlassen mit der Geschlechtsreife die Herde und bilden mit Gleichaltrigen eine eigene Gemeinschaft. Die Rangordnungen sind klar festgelegt: Die älteren Elefanten werden von den jüngeren sehr respektiert. Sichtbares Zeichen dafür ist z. B. das Hineinschieben der Rüsselspitze in das Maul des Älteren. Gleichrangige werden z. B. mit dem Umschlingen der Rüssel oder Anstubsen begrüßt, alles begleitet von ruhigen, dunklen Lauten. Die Jungen werden abgöttisch geliebt und umsorgt: Man hilft ihnen bei der Wanderung, indem man auf mögliche Hindernisse und Gefahren hinweist. Kranke Elefanten werden von der Herde insofern umsorgt, als dass Feinde (vor allem Löwen) auf Abstand gehalten werden. Selbstfahrer sollten Elefanten immer ernst nehmen. Die deutlichste Verwarnung ist Kopfschütteln und Ohren-Klatschen. Scheinangriffe mit gesenktem Kopf zeigen Kampfbereitschaft. Und ganz gefährlich wird es, wenn man bei Elefanten an der Schläfe „Tränen" sieht – spätestens dann sind totaler Rückzug und Ruhe angesagt – auf keinen Fall irgendetwas tun, was den mächtigen grauen Riesen reizen könnte!

Erdhörnchen

L: 45 cm; G: 600 g • Erkennungsmerkmale: „Eichhörnchenartiges" Aussehen mit buschigem Schwanz, bräunlichem Fell mit hellen Streifen auf den Flanken und hellem Bauch • Vorkommen: Landeszentrum und Osten. Nicht westlich des Escarpment und nicht im äußersten Norden, Nordosten und Caprivi • Lebensraum: Trockene Landesteile, bevorzugt offenes, spärlich bewachsenes Gelände mit festem Boden.

Erdhörnchen leben in großen Kolonien mit oft über 30 Tieren, die in einem Bau mit vielen Eingangstunneln leben. Dessen Innentemperatur ist angenehm konstant, etwa 11–14 °C im Winter (auch in Frostnächten!) und 27–29 °C im Sommer. Die soziale Einheit besteht aus einer Weibchengruppe mit ihrem Nachwuchs. Männchen werden während der Paarungszeit integriert. Dominante Weibchen verteidigen die Eingänge des Baues gegen Artgenossen ande-

rer Bauten heftig. Innerhalb der Gruppe geht es dagegen ausgesprochen friedlich zu. Eine große Zahl verschiedener Laute lässt eine intensive Kommunikation zu. Sie fressen überwiegend
pflanzliche Kost, daneben einige Insekten. Jungtiere kann man bei entsprechender Geduld (sehr
scheu!) das ganze Jahr über am Bau sehen. Die jüngsten, die man außerhalb des Baues sehen
kann, sind 6–7 Wochen alt.

Fleckenhyäne / Spotted Hyena

Hyänen leben meist in Halbwüsten bis Trockensavannen, nicht in dichten Wäldern. Sie sind
im Allgemeinen ortstreu und leben in einem mehrere Quadratkilometer großen Territorium.
Dieses wird markiert, und zwar durch Harnen, Koten, Absetzen von Afterdrüsensekreten an
Grashalmen und durch Bodenkratzen mit den Vorderpfoten. Diese Gebiete sind festgelegt, wer-
den regelmäßig patrouilliert, und Rudelfremde werden verjagt. Rudelangehörige erkennen sich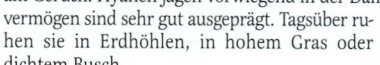
am Geruch. Hyänen jagen vorwiegend in der Dämmerung und bei Nacht; Seh-, Hör- und Riech-
vermögen sind sehr gut ausgeprägt. Tagsüber ru-
hen sie in Erdhöhlen, in hohem Gras oder
dichtem Busch.

Löwen und Hyänenhunde gefährden Jung- und
Einzeltiere. Jungwelpen werden durch rudelfremde Artgenossen gefährdet, daher rührt ein
starker Schutztrieb des Weibchens. Selten sind
Fleckenhyänen einzeln anzutreffen, häufiger
paarweise oder in Trupps. Im Rudel haben die
Weibchen die Vormachtstellung. Die Hauptnahrung der Hyänen ist Aas, oft in Form von Lö-
wenbeuteresten. Kadaver werden mit Haut und
Haaren, ja selbst mit großen Röhrenknochen,
die zerbissen werden, gefressen. Auch im Kampf getöteten Artgenossen werden nicht verschmäht. Manchmal werden im Rudel Gazellen, Zebras und Antilopen gejagt. Die Opfer werden bei lebendigem Leibe zerrissen. Es werden auch durch das Opfer motivierte andere Tiere
wie Löwe, Leopard, Gepard und Hyänenhund vom Rudel vertrieben. Auch einzelne Menschen
sind durch Rudel nachts gefährdet.

Die Tragezeit beträgt bei Hyänen 99 bis 130 Tage, meistens werden ein bis zwei Welpen geworfen. Schon eine Woche nach der Geburt können die Welpen gut laufen; ihre Säugezeit beträgt
ein bis eineinhalb Jahre. Die Geschlechtsreife ist bei Weibchen mit zwei, bei Männchen mit drei
Jahren erreicht. In Gefangenschaft können Hyänen bis zu 40 Jahre alt werden.

Flusspferd / Hippopotamus

Das Flusspferd kann eine Länge von 4,20 m, eine Schulterhöhe von 1,45 m und ein Gewicht
von 1.500 kg erreichen. Es ist südlich der Sahara verbreitet (Sudan), in Ost- und Südafrika. Es
lebt zumeist im Wasser, kommt aber zum Äsen an Land, besonders nachts. Es kann bis zu vier
Minuten tauchen. Tagsüber sonnt es sich träge auf Sandbänken oder liegt faul im Wasser. Wo
Flusspferde stark verfolgt werden, halten sie sich in Rudeln auf. Die aus 20 bis 100 Tieren be-
stehenden Rudel leben in Territorien: in der Mitte die von den Kühen und jungen Kälbern bewohnte Krippe mit besonderen Zufluchtsgebieten, darum herum das von einem erwachsenen
Bullen bewohnte Gebiet. Die Krippe befindet sich auf einer Sandbank mitten im Fluss oder an
einer erhöhten Stelle an Fluss- oder Seeufern. Von den Territorien der Bullen führen Wechsel
zu den Weiden, jeder Wechsel ist mit Kot markiert. Die Kühe haben eigene Wechsel. Die Einrichtung der Territorien wird durch bestimmte Verhaltensregeln aufrechterhalten, die in gewisser Weise „Vereinssatzungen" ähneln. Außerhalb der Paarungszeit darf die Kuh den Bullen kurz besuchen, und dieser darf den Besuch erwidern. Er darf beim Betreten der Krippe kei-

nerlei Aggression zeigen. Sollte sich eine Kuh erheben, so muss er sich hinlegen. Erst wenn sie sich niederlegt, darf er wieder aufstehen. Wenn ein Bulle diese Regeln nicht beachtet, wird er von den erwachsenen Kühen, die ihn alle gemeinsam angreifen, hinausgetrieben.

Lange Zeit hatte man angenommen, die Gruppen der Flusspferde würden von älteren Bullen angeführt. In Wirklichkeit handelt es sich um ein Matriarchat. Verlässt z. B. ein junger Bulle die Krippe, muss er außerhalb des Umkreises der Krippe eine neue Zufluchtsstätte suchen und sich dann – um sich mit einer Kuh paaren zu können – den Zugang zum inneren Ring erkämpfen. Sollte er von einem älteren Bullen besiegt werden, darf er sich unter dem vereinten Schutz der Kühe in die Krippe zurückziehen, um hier Zuflucht zu suchen.

Das charakteristische „Gähnen" der Flusspferde hat nichts mit dem Schlaf zu tun, es ist eine feindliche Geste, eine Herausforderung zum Kampf. Die Kämpfe sind heftig, die Rivalen erheben sich aus dem Wasser, die riesigen Mäuler sind breit geöffnet; sie versuchen, sich mit den Stoßzähnen zu beißen. Es gibt dabei fürchterliche Wunden, das verletzte Tier fällt brüllend vor Schmerz ins Wasser zurück. Ziel des Kampfes ist es, dem Gegner die Vorderfüße zu brechen. Das ist tödlich, denn dann kann das Tier nicht mehr an Land äsen.

Gewöhnlich wagen sich die Tiere nicht weit vom Wasser weg; sie können sich aber auch bis zu 30 km entfernen und dabei Geschwindigkeiten bis zu 45 km pro Stunde erreichen.
Zur Paarungszeit begibt sich die Kuh aus ihrem Territorium und sucht einen Bullen, der ihr mit „Ehrerbietung" in ihr Gebiet folgen muss. Das 90 cm lange, knapp 30 kg schwere Kleine wird nach 210 bis 265 Tagen geboren. Es kann fünf Minuten nach der Geburt schon schwimmen und laufen. Außerhalb der Krippe wird die Ordnung der Herde durch Kämpfe geregelt. Die Kühe erziehen die Jungen daher entsprechend.

Das ist einer der seltenen Fälle planmäßiger Erziehung im Tierreich. Kurz nach der Geburt wird das Kleine mit an Land genommen. Der Nachwuchs muss auf gleicher Höhe mit der Kuh gehen, vermutlich, damit sie ihn besser beobachten kann. Wenn die Kuh schneller läuft, dann muss er mitziehen, wenn sie anhält, muss auch er anhalten. An Land ist die Kuh beweglicher als der Bulle (da leichter) und kann deshalb das Junge besser beschützen. Im Wasser ist der Bulle mit seinen längeren Stoßzähnen im Vorteil. Da der Nachwuchs mehrere Jahre bei der Mutter bleibt, kommt es vor, dass mehrere Junge mit ihr sind. Sie gehen dann dem Alter nach hintereinander her, die älteren ziehen die jüngeren mit auf.
Die Jungen müssen unbedingt gehorchen, sonst werden sie von der Mutter gestoßen, unter Umständen bringt sie ihnen sogar Verletzungen bei. Sie straft so lange, bis sie sich unterordnen, um dann abzulecken und zu liebkosen. Babysitting war bei Flusspferden schon immer üblich. Wenn eine Kuh zum Fressen oder zur Paarung die Krippe verlässt, gibt sie ihr Kleines einer anderen Kuh, die vielleicht schon einige andere beaufsichtigt, in Obhut. Das wird dadurch erleichtert, dass Kühe mit etwa gleichaltrigem Nachwuchs in der Krippe beieinander bleiben.

Gelbschnabeltoko / Yellow-billed Hornbill

Der Gelbschnabeltoko ähnelt dem Rotschnabeltoko (siehe dort) sehr, ist jedoch etwas größer und hat einen stärkeren, gelben Schnabel. Sein Lebensraum ist die trockene Busch- und Baumsavanne, wo er sich von Früchten und Beeren sowie Insekten ernährt. Seine Lebensweise ist der des Rotschnabeltokos ähnlich.

Gepard / Cheetah

Er lebt hauptsächlich in offenen Landschaften von der Wüste bis zur Trockensavanne, kommt aber auch im offenen Buschland, bis zum Rande der Feuchtsavanne und bis zu Höhen von 2.000 m vor. Sein Revier markiert das Männchen mit Harnspritzern, diese Markierung hält 24 Stunden an. Andere Tiere erkennen dann daraus die Wanderrichtung und meiden die Gegend. Auch bei Sichtbegegnung mit anderen Geparden kommt es nicht zum Kampf, sondern lediglich zum Ausweichen. Der Gepard ist Sichtjäger; d. h., dass er besonders morgens und am späten Nachmittag jagt, manchmal aber auch in mondhellen Nächten. Er ernährt sich von Hasen, Schakalen, Stachelschweinen, verschiedenen Antilopenarten, Warzenschweinen, Trappen, Frankolinen und jungen Straußen. Zuerst schleicht sich der Gepard an die Beute heran. Erst die letzten 100 m werden in Höchstgeschwindigkeit gerannt. Bei der Verfolgung seiner Opfer kann er bis zu 500 m mit einer Geschwindigkeit von 80 km pro Stunde rennen und macht dabei 7 m lange Sprünge! Manche Geparde rennen bis zu 110 km pro Stunde! Mehrere erwachsene Geparde greifen auch manchmal Großantilopen und Zebras an. Vor der Jagd bezieht der

Gepard oft als Aussichtspunkt einen Termitenhügel oder einen Baum. Er kehrt zum Riss nicht zurück, da er kein Aasfresser ist. Sein Wasserbedarf ist gering; oft trinkt er den Harn der Beutetiere oder frisst Wüstenmelonen.

Seine Hauptfeinde sind Löwen, Leoparden und Fleckenhyänen; aber meistens werden Geparde in jungem Alter von ihren Feinden erlegt. Der Gepard ist von Natur aus friedlich, kein Kämpfertyp und daher leicht zähmbar.

Die Tragezeit bei Geparden beträgt 91 bis 95 Tage. Die Geschlechtsreife tritt bei Männchen nach 9 bis 10 Monaten ein, bei Weibchen erst nach 14 Monaten. Die Jungen werden lange Zeit geführt, um die Jagdweise zu erlernen; so wird die Mutter erst nach ca. eineinhalb Jahren verlassen. Das Gewicht eines ausgewachsenen Gepards beträgt 40 bis 60 kg. In Gefangenschaft können sie bis zu 16 Jahre alt werden.

Giraffe / Giraffe

Die Giraffe ist das höchste Tier der Erde. Sie kann bis zu 5,40 m hoch werden, wobei die Kühe kleiner sind. Die Giraffe ist in den trockenen Buschsteppen und Savannen südlich der Sahara verbreitet, besonders im Sudan, Ost- und Südafrika. Früher war sie wesentlich stärker verbreitet, wurde jedoch in vielen Gebieten wegen ihres Felles ausgerottet. Giraffen leben in Herden mit relativ lockerer Sozialstruktur. Die Bullen bilden Gruppen und leben offenbar lieber in bewaldeten Gebieten, ältere Bullen sind Einzelgänger. Um die Rangordnung festzusetzen, stehen zwei Bullen nebeneinander und bekämpfen sich gegenseitig mit ihren Köpfen. Kühe und Kälber halten sich mehr in Savannen auf. Die Bullen besuchen diese Rudel zur Paarung. Giraffen sind gemütliche Tiere und bewegen sich nur langsam. Durch ihre Höhe fressen sie das Blattwerk oben an den Bäumen und Sträuchern, wobei die Akazie ihre Lieblingsspeise ist. Ihr

langer Hals ermöglicht ihnen eine gute Rundumsicht. Wenn Wasser verfügbar ist, trinken Giraffen regelmäßig; sie können aber auch lange ohne zu trinken auskommen. Beim Trinken spreizen sie die Vorderbeine kräftig, um mit dem Kopf herunterzukommen, oder aber sie beugen die Knie und spreizen die Beine nur leicht.

Giraffen fressen an Bäumen und Sträuchern, wobei die Akazie ihre Lieblingsspeise ist.

Lange hat man am Kopfblutdruck der Giraffe herumgerätselt. Einige Zoologen haben behauptet, dass die Giraffe den Kopf langsam heben und senken müsse, damit das Blut nicht plötzlich in den Kopf strömt. Die Blutgefäße haben jedoch Klappen. Im Kopf befinden sich zusätzliche Gefäße, dadurch gibt es beim Heben und Senken des Kopfes, ganz gleich, wie schnell dies geschieht, keinen Blutandrang. Giraffen paaren sich anscheinend das ganze Jahr über. Dabei dürfte es je nach Wohngebiet Unterschiede geben. Die Tragezeit beträgt 420 bis 468 Tage. Es wird nur ein Kalb geboren, das 1,80 m hoch ist und 55 kg wiegt. Schon eine Stunde nach der Geburt kann es laufen. Giraffenmilch ist sehr fettreich; die Jungen wachsen schnell. Sicher ist, dass zwischen Mutter und Kind nur lockere Beziehungen bestehen. Giraffen können bis zu 20 Jahre alt werden.

Giraffen haben nur wenige Feinde. Ein Löwe kann ein Kalb nehmen, oder mehrere Löwen können ein erwachsenes Tier reißen. Das kommt jedoch nur selten vor, denn die Schläge mit den langen Beinen und schweren Hufen können tödlich wirken.

Gnu/Wildebees/Wildbeest

Gnus leben in offener Gras- und Buschsteppe in Ebene und Hügelland, zuweilen auch auf lichten Plätzen dichterer Buschwälder. Bei genügend Futter und Wasser beschränken sie sich auf ein Territorium, das dann oft über Jahre gehalten und durch Harnen, Koten, Liegen und auch durch Wache-Stehen markiert wird. Die Territoriumsbesitzer bedrohen, bekämpfen und verjagen Nebenbuhler. Benachbarte Territoriumsbesitzer üben regelmäßig ein Herausforderungszeremoniell zur Grenzbestätigung aus.

Das Äsen findet zumeist morgens und nachmittags statt; in der Mittagszeit wird geruht, wenn möglich im Schatten. Sie fressen Kurzgräser bis 10 cm; das Trinken wird morgens und abends erledigt; Wasser kann bis zu fünf Tagen entbehrt werden. Die Streifengnus bilden – besonders in der Regenzeit – Rudel bis zu 1.000 Tieren. Zu ihren Feinden zählen Löwe, Gepard, Leopard und Fleckenhyäne.

Die Tragezeit beträgt ca. 8 ½ Monate, ein Laufjunges wird geboren. Die erste Festnahrung kann schon nach zehn Tagen aufgenommen werden; gesäugt wird bis zum Alter von einem Jahr. In freier Natur können Blau-Gnus bis zu 18 Jahre alt werden

Graulärmvogel / Grey Loerie

Der Graulärmvogel gehört zur Familie der Kuckucksvögel. Es ist ein taubengroßer Vogel mit langem Schwanz und grauem Gefieder. Er lebt in kleinen Trupps in trockenen Busch- und Baumsavannen, wo er von Zweig zu Zweig fliegt. In den Bäumen oder höheren Büschen legt er auch sein Nest an, in das er 2–3 weißbläulich schimmernde Eier legt. Die jungen Vögel verlassen das Nest sehr früh, klettern im Gezweig umher und werden dort auch von ihren Eltern gefüttert, bis sie nach etwa 6 Wochen flugfähig geworden sind.

Die Nahrung besteht vorwiegend aus pflanzlicher Kost, daneben werden aber auch Insekten und andere Kleintiere gefressen.

Heiliger Ibis / Hadeda

Der Ibis wurde schon vor 5.000 Jahren in Ägypten als heiliger Vogel verehrt. Er war das Symbol des Mondgottes Thot, des Gottes der Weisheit und der Schrift. Der mittelgroße Stelzvogel hat einen sichelartig gebogenen Schnabel und lebt an flachen Binnengewässern, in Sumpfgeländen und in überfluteten Gebieten, wo er sich watend seine Nahrung sucht. Dabei bevorzugt er Wasserinsekten, Würmer, Frösche und kleine Reptilien.

Honigdachs / Honey Badger

Kennzeichnend für den Honigdachs, der mit dem europäischen Dachs nahe verwandt ist, sind der silbergraue Pelz auf Kopf und Rücken und die langen Krallen an den Vorderbeinen, mit denen er sehr schnell graben und sich auch gegen Feinde wehren kann.

Der Honigdachs ist ein Dämmerungs- und Nachttier, das allein lebt und nur in der Paarungszeit nach einem Partner sucht. Die Paare graben sich einen Bau, der aus einem Gang besteht und in einer etwa 50 cm langen Kammer endet. Der Bau ist mit trockenen Gräsern gut ausgepolstert; dort werden die Jungen etwa 6 Wochen aufgezogen. Während dieser Zeit säugt die Mutter ihre Jungen, danach bekommen sie zunehmend andere Nahrung, denn die Honigdachse sind Allesfresser. Sie ernähren sich von Insekten, Fröschen, kleinen Nagetieren, Vögeln und Schlangen, aber sie fressen auch Wurzeln, Knollen und Früchte. Seinen Namen trägt der Honigdachs, weil er mit Vorliebe den Honig und die Bewohner der wilden Bienenstöcke frisst. Die Bienen- und Wespennester spürt der Honigdachs mit Hilfe eines kleinen Vogels – dem Honiganzeiger – auf. Dieser kann sich nicht aus eigener Kraft mit Bienen und Wachs versorgen und macht deshalb den Honigdachs durch lautes Rufen auf das Nest eines wilden Bienenschwarmes aufmerksam. Der Dachs vergrößert mit seinen langen Krallen den Eingang zum Bau der Insekten und sättigt sich an den Larven, Puppen und dem Honig. Dabei fällt für den kleinen Vogel genügend Nahrung ab. Die Tragezeit beträgt etwa 180 Tage und es werden 1–4 Tiere geboren – übrigens zu jeder Jahreszeit.

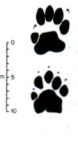

Die Ibisvögel brüten meistens in Kolonien; dabei werden die Nester sowohl am Boden, in Papyrusdickichten oder auch in Büschen und Bäumen angelegt. In 21–26 Tagen werden die 3–4 Eier ausgebrütet. Bei der Fütterung fasst der Jungvogel nach dem Schnabel der Eltern. Diese würgen den Schlundinhalt unter ruckartigen Schüttelbewegungen in den Schnabel der Jungen. Nach 5–6 Wochen sind die Jungvögel flügge.

Impala / Impala

Die Impalas gehören zu den anmutigsten Antilopen. Sie haben 75 bis 100 cm Rückenhöhe, wiegen 65 bis 75 kg und sind kastanienbraun. Der Bock hat 50 bis 75 cm lange Hörner, das Weibchen ist nicht gehörnt.

Impalas bewohnen große Gebiete Ost- und Südafrikas. Sie lieben die Nähe des Wassers und meiden offene Landschaften. Sie sind vor allem in Busch- und Dornbuschsteppen anzutreffen, weniger in Gebieten mit geschlossener Vegetationsdecke. Je nach den Verhältnissen kann die Bevölkerungsdichte einige wenige bis 80 Exemplare pro qkm betragen. In der Trockenzeit leben sie zumeist in der Nähe der Wasserstellen, in feuchteren Jahreszeiten mehr verstreut – bis zu 25 km vom Wasserloch entfernt.

Impalaböcke werden in der Brunft recht aggressiv, besonders, wenn sie ihre Territorien abstekken. Sie liefern sich dann Kämpfe und jagen sich. Wenn sie ihre Territorien begründet haben, begeben sie sich an die Wasserlöcher, die als Niemandsland gelten. Das Auffälligste an den Impalas ist ihr Verhalten bei Gefahr. Die ganze Gruppe vollführt dann so etwas wie ein Schauspringen: Sie springen geradeaus oder plötzlich zur Seite, bis zu 3 m hoch, rund herum und in alle Richtungen. Sinn dieses Verhaltens ist es, den Angreifer, z. B. eine Großkatze, zu verwirren, der versucht, aus der Herde ein bestimmtes Tier zu reißen. Die durcheinander springenden Impalas haben damit anscheinend Erfolg, der Angreifer hat Schwierigkeiten, ein bestimmtes Tier zu fixieren. Auch eine Anzahl anderer Tiere verhält sich ähnlich: Anstatt den Abstand zum Angreifer zu vergrößern, schlagen sie Haken, um ihn irre zu machen. Hauptfeind der Impalas ist der Leopard.

Paarungszeit ist der Beginn der Trockenzeit. Nach 180 bis 210 Tagen wird das Junge geboren, und zwar zum Zeitpunkt der Regenzeit, wenn es am meisten zu fressen gibt. Die Jungen wachsen schnell auf, sodass sie vor der nächsten Brunftzeit entwöhnt sind. In der Brunft sind rund 97 % der Weibchen trächtig. Die Weibchen leben das ganze Jahr in Herden zusammen; gegen Ende der Geburtszeit der Jungen haben die Herden eine Größe von 100 Tieren. Die Herden sind meist gemischt, nur während der Geburtszeit setzen sich die Weibchen ab.

Kudu / Kudu

Die Hörner sind beim Männchen locker geschraubt (zweieinhalb Windungen um die Längsachse). Das Fell ist kurz und glatt, die Fellfarbe braungrau. Jungtiere sind mehr rötlich grau bis hellbraun. Der Kudu bevorzugt steiniges, locker mit Buschwald bedecktes Hügel- und Bergland, doch auch Flachland mit gleichem Bewuchs. Wasserstellen sind nicht lebenswichtig, dagegen aber größere Dickichte für den ruhigen Tageseinstand. Der Kudu äst am späten Nachmittag. Er ist in hohem Maße standorttreu, solange die Lebensbedingungen günstig sind. Zu über 80 % ernährt sich der Kudu von Baum- und Strauchlaub, nebenher auch von Gräsern und Kräutern. Hauptfutterpflanze ist vor allem die Akazie (Kameldornbaum). Sein Geruch und Gehör sind sehr gut ausgebildet, dagegen ist die Sehstärke eher schwach.

Tagsüber steht der Kudu bevorzugt im dichten Gebüsch, spätnachmittags zieht er aus zum Äsen. Er äst manchmal auch vor- und nachmittags, außer in der heißen Mittagszeit. Bei Bejagung entwickelt er sich zum heimlichen Nachttier.

Man findet der Kudu vor allem in kleinen Trupps aus mehreren Weibchen mit ihren Jungen, denen sich zeitweise ältere Bullen zugesellen. Meistens sind 6 bis 12 Tiere zusammen, seltener bis zu 30. Nur während der Trockenzeit kann die Truppstärke durch Ansammlung an günstigen Futterplätzen steigen (bis zu 100 Tiere). Männchen bilden z. T. eigene Trupps. Im Erwachsenenalter beträgt das Verhältnis Männchen zu Weibchen 1:5.

Die Hauptfeinde sind vor allem der Leopard, die Hyäne, der Gepard und der Löwe. Die Rettung vor Feinden geschieht durch Flucht. Auch Altmännchen verteidigen sich nur selten, selbst wenn sie in die Enge getrieben wurden. Bis 2,50 m hohe Zäune können übersprungen werden.

Die Tragezeit beträgt beim Kudu ca. 7 Monate, die Geburtszeit liegt zwischen Februar und März. Das Neugeborene wiegt ca. 15 kg (ein ausgewachsener Kudu wiegt 200 bis 250 kg). Die Säugezeit erstreckt sich über ein halbes

Jahr, die erste feste Nahrung erhält das Junge nach einem Monat. Bei Männchen tritt die Geschlechtsreife nach eindreiviertel bis zwei Jahren ein, bei Weibchen mit eineinviertel bis eindreiviertel Jahren. Die erste Hornwindung sieht man bei Männchen im Alter von zwei Jahren, die volle Ausbildung bis zweieinhalb Windungen nach etwas mehr als sechs Jahren. In Freiheit wird der Kudu etwa sieben bis acht Jahre alt.

Leopard / Leopard

Der Leopard lebt in allen Landschaften von der Wüste bis zum Urwald. Wo er ungestört ist, ist er tags und nachts unterwegs. Wo er verfolgt wird, entwickelt er sich zum heimlichen Nachttier. Er sonnt sich gerne auf Bäumen oder Felsen. Seine Kletter- und Schwimmfähigkeiten sind gut. Meistens schlafen Leoparden auf Bäumen, in einem Erdbau, in Felsspalten, im Gebüschhorst etc.; ihr Hörvermögen ist außerordentlich gut (15.000 bis 45.000 Hertz); sie verfügen aber auch über ein sehr gutes Seh- und ein gutes Riechvermögen.

Feinde des Leoparden sind gelegentlich Löwe, Hyänenhund und Fleckenhyäne. Löwe und Fleckenhyäne vertreiben den Leoparden manchmal von seiner Beute. Als Nahrung dienen dem Leoparden alle Säugetiere (auch Raubtiere), manchmal sogar Großantilopen, Löwenjunge und Menschenaffen, Schlangen etc., auch Haustiere. Aas wird auch gefressen. Gelegentlich wird eine größere Beute nach und nach verzehrt und dabei gern als Schutz vor Mitfressern auf Bäume geschleppt. Manchmal können Leoparden monatelang ohne Wasser auskommen, aber wenn sie die Möglichkeit haben, trinken sie regelmäßig. Leoparden sind Einzelgänger.

Die Tragezeit beträgt 90 bis 112 Tage; es werden zwischen ein und sechs Jungtiere geworfen. Nach einer Woche können die Jungen die Augen öffnen. Die Säugezeit beläuft sich auf drei Monate; mit eineinhalb bis zwei Jahren wird die Mutter verlassen. Die Geschlechtsreife wird mit zweieinhalb bis drei Jahren erreicht. In Gefangenschaft ist ein Alter bis 21 Jahre nachgewiesen.

Litschi-Antilope / Lechwe

Die etwa rehgroßen, gelbbraunen Litschi-Antilopen leben in den Überflutungsmarschen von Flüssen, Seen und Sümpfen, in Namibia sind sie im östlichen Caprivi-Streifen zu finden. Kennzeichnend für diese Tiere ist ihre starke Gebundenheit an Wasser- und Sumpfgelände; die Wasserböcke stehen an den überfluteten oder sumpfigen Gewässerrändern und suchen dort die überwiegend aus Gräsern und Kräutern bestehende Nahrung. Dabei folgen sie stets dem Wasserstand. Wenn weites Land überschwemmt ist, zerstreuen sie sich über das sumpfige Gelände, bei sinkendem Wasserstand treffen sie in den Senken wieder zusammen.

Das Wasser ist auch der Rückzugsort in Gefahrensituationen. Hierhin fliehen die Litschis vor ihren Feinden, zu denen Löwen, Leoparden, Geparde, Hyänen und für Jungtiere auch Adler zählen. Dabei laufen die Litschis mit vorgestrecktem Hals und Kopf in schnellen Galopp und überwinden Hindernisse durch hohe Sprünge. Sie sind auch gute und ausdauernde Schwimmer. Die Litschis leben in Großherden von mehreren hundert Tieren, die sich in Untertrupps gliedern, in denen jeweils Männchen, Weibchen und Junge zusammen sind.

Die Fortpflanzung ist nicht jahreszeitlich gebunden, jedoch fällt die Hauptpaarungszeit in die Monate Oktober bis Januar. Nach einer Tragezeit von 7–8 Monaten bringen die Weibchen auf trockenem Gelände ein Junges zur Welt, das sie 3–4 Monate morgens und abends säugen. Die Sterblichkeit der Jungtiere ist während des ersten Lebensjahres sehr hoch, da sie stark von Dasselfliegen befallen werden. In den letzten Jahrzehnten wurden die Bestände durch die Menschen stark vermindert. Da die Litschis standorttreu sind und keine neuen Gebiete beziehen, kommt es zur gebietsweisen Ausrottung.

Löwe / Lion

Löwen waren früher im südlichen Europa, im südlichen Asien und in ganz Afrika verbreitet. Bereits seit 80 bis 100 n. Chr. ist der Löwe in Europa ausgestorben. In Südafrika sind Löwen bis auf das Vorkommen im Kruger National Park ausgerottet. Ihre Körperlänge beträgt ca. 2,80 m, ihre Höhe ca. 1,10 m, ihr Gewicht bis zu 250 kg. Löwen sind in offener Landschaft mit Buschwerk und Baumgruppen anzutreffen. Als einzige Katzen bilden sie Rudel bis zu 20 bis 30 Mitgliedern. Diese Gruppen bestehen aus einem oder mehreren älteren Männchen und einer Anzahl von Löwinnen mit Jungtieren. Die Angehörigen eines Rudels arbeiten beim Auflauern und Beschleichen der Beute zusammen, sie verteidigen sich auch gemeinsam. Jagende Löwen brüllen in der Regel nicht, um nicht entdeckt zu werden. Sie können Geschwindigkeiten bis 60 km in der Stunde erreichen, jedoch nur kurz aufrecht erhalten. Aus dem Stand können Löwen gut springen: bis zu 3,50 m hoch und 12 m weit. Selten klettern Löwen auf Bäume; sie tun es z. B. dann, um die in einer Astgabel von einem Leoparden versteckte Beute zu erreichen.

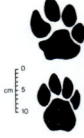

Obwohl Löwen in erster Linie Fleischfresser sind, nehmen sie auch hin und wieder Früchte zu sich. Normalerweise beziehen Löwen neben Eiweiß, Fett, Kohlehydraten und Mineralsalzen die notwendigen Vitamine aus den Eingeweiden ihrer pflanzenfressenden Beutetiere. Es ist deshalb typisch, dass Löwen zuerst die Eingeweide fressen und sich vom Hinterteil her in Richtung Kopf des Opfers vorarbeiten. Die Löwin schlägt zwar oft die Beute, aber der Löwe beginnt die Mahlzeit und nimmt sich den größten Teil („Löwenanteil"). Erst dann folgt die Löwin, zuletzt die Jungen. Antilopen und Zebras sind die bevorzugten Beutetiere. Ein Überblick aus dem Kruger National Park zeigt, dass sich die Beute wie folgt zusammensetzt: Gnu, Impala, Zebra, Wasserbock, Kudu, Giraffe, Büffel. Ältere oder verletzte Löwen wenden sich kleineren Beutetieren zu, z. B. Stachelschwein, Schaf und Ziege. Sie können sogar zum Menschenfresser ausarten, greifen dann aber bevorzugt Frauen und Kinder an.

Löwen jagen ganz leise, und zwar ist es meist das Weibchen, das das Beutetier erlegt. Dieses wird gewöhnlich angesprungen, sein Genick wird mit den Vorderpranken gebrochen; oder der Löwe packt es mit seinen Zähnen an der Kehle und erdrosselt es mit den Vorderpranken. Eine andere Methode ist, das Opfer von hinten anzuspringen und niederzureißen. Löwen töten Flusspferde, indem sie ihnen das Fleisch mit den Klauen zerfetzen. Sie töten und fressen auch Krokodile.

Löwen haben kaum natürliche Feinde. Von Unfällen können besonders junge, unerfahrene Tiere getroffen werden. Dabei können ihnen Zähne ausgeschlagen werden, sodass sie sich mit Kleintieren begnügen müssen. Büffelherden können Löwen zu Tode trampeln; Antilopen können sie unter Umständen mit ihren Hörnern aufspießen.

Die Fortpflanzung ist bei Löwen ab dem zweiten Lebensjahr möglich. Die Tragezeit beträgt 105 bis 112 Tage; ein Wurf besteht aus zwei bis fünf Jungen. Die Zahl der Jungen hängt stark vom Ernährungszustand der Mutter ab. Je schlechter er ist, desto weniger Junge werden geboren (Sicherung der Nahrungsgrundlagen!). Bei ihrer Geburt sind die Jungen blind, ihre Augen öffnen sich erst nach zwei bis drei Wochen. Sie werden nach drei Monaten entwöhnt, dann lernen sie jagen und können mit einem Jahr selbstständig Beute fangen.

Nashorn / Rhinoceros

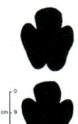

Es gibt zwei Arten von Nashörnern:
* das **Spitzmaulnashorn** / Black rhinoceros
* das **Breitmaulnashorn** / White rhinoceros

Das **Spitzmaulnashorn** bevorzugt meist trockenes, mit Büschen bestandenes Grasland, ebenso trifft man es aber auch auf offenen Savannenflächen mit wenig Deckung an. Es ist hauptsächlich morgens und abends unterwegs und gönnt sich sechs bis sieben Stunden täglich Ruhe. Während der Tageshitze ruht oder schläft es im Schatten. Eine Lieblingstätigkeit ist das oft stundenlange Schlammsuhlen. In Trockenzeiten wälzt es sich im Sand.

Ein Nashorn riecht über viele Kilometer hinweg, auch das Hörvermögen ist sehr gut ausgeprägt, während dagegen das Sehen schlecht ist. Kaum ein anderes Tier kann dem Spitzmaulnashorn gefährlich werden. Löwen und Fleckenhyänen machen sich schon manchmal an ein Kalb heran, doch die Nashorn-Mütter haben keine Angst vor Löwen, Hyänen, ja gar Elefanten. Im Galopp bringen sie es auf 50 km in der Stunde. Vor dem Angriff senken sie den Kopf, schnauben und bremsen oft vor dem Ziel plötzlich ab, wobei es vorkommt, dass sie dann umdrehen und flüchten.

Spitzmaulnashörner fressen vorwiegend Blätter und Zweigenden von Büschen und Bäumen. Sie verdauen auch schadlos Pflanzen, die für Menschen hochgiftig sind. Gerne fressen sie salzhaltige Erde und trinken täglich.

Spitzmaulnashörner sind typische Einzelgänger, nur durch Mutter-Kind-Beziehungen bilden sie kleine Gruppen. Diese „Urtiere" können bis zu 40 Jahre alt werden.

Breitmaulnashörner bevorzugen Buschland mit Dickichten zur Deckung, Bäume als Schattenspender, Grasflächen zum Äsen und Wasserstellen zum Saufen. Sie äsen und ruhen im Abstand von wenigen Stunden nachts, morgens, spätnachmittags und abends. Der Tageshitze weichen sie unter schattenspendende Bäumen aus. Außer den Menschen haben sie keine Feinde. Sie fressen nur Gras und trinken täglich (in Trockenzeiten alle zwei bis drei Tage). Sie leben z. T. in kleinen Trupps zusammen.

Oryx / Oryx

Sie leben in offenen Landschaften in Ebene und Hügelland außerhalb geschlossenen Waldes und großer Sümpfe. Die Oryxantilope (auch Gemsbock genannt) lebt auch in Halbwüsten und Wüsten. Sie markieren kein Territorium, sind aber als Steppen- und Savannenbewohner ziemlich standorttreu. Halbwüsten- und Wüstenbewohner ziehen den Regenfällen nach.

Sie äsen am frühen oder späten Nachmittag und sind auch in hellen Mondnächten rege. Sie ernähren sich von Gräsern und Kräutern, auch von Blättern und Knospen von Büschen und Bäumen. Ist Wasser vorhanden, trinken sie täglich, notfalls ergraben sie es. Ihr Geruchs-, Seh- und Hörsinn sind gut entwickelt. Löwe, Leopard und Hyänenhund gehören zu ihren Feinden. Angegriffene und erwachsene Tiere wehren sich gegen Großraubtiere, Hunde und Menschen forkeln sie evtl. zu Tode. Zäune werden nicht übersprungen, sondern unterkrochen.

Sie leben paarweise oder in kleineren Trupps, die aus einem halben bis drei Dutzend Tieren bestehen; in Halbwüsten kommen Herden mit bis zu 300 Tieren vor. Die Tragezeit beträgt 8½ bis 10 Monate; meistens wird nur ein Laufjunges geboren. Die Säugezeit dauert bis zu vier Monate. Die Geschlechtsreife tritt nach 1½ bis 2 Jahren ein. In Gefangenschaft sind Lebensalter von 18–22 Jahren nachgewiesen.

Pavian / Baboon

Paviane schlafen nachts auf Bäumen oder Felsen. Morgens ziehen sie mit der Horde auf Nahrungssuche. Mittags ruhen sie im Schatten, um nachmittags wieder zum Fressen aufzubrechen. Paviane sind sehr laut, können bellen, grunzen, schmatzen und laut schreien. Seh- und Hörvermögen sind sehr gut.

Die Hauptfeinde sind (vor allem für Jungtiere) Leoparden, manchmal auch Löwen und Hyänen. Paviane sind Allesfresser, wobei Gras den Hauptteil der pflanzlichen Nahrung bildet. Gelegentlich wird auch von Kannibalismus berichtet: Alte Paviane sollen schon Jungtiere der eigenen Horde gefressen haben. In Transvaal (Südafrika) gab es bereits mehrere Fälle, wo kleine Menschenkinder geraubt und getötet wurden. Doch zur „Normalnahrung" gehören diese Exzesse nicht. Paviane fressen gerne Bienenwaben, Würmer, Skorpione und Eidechsen.

Sie leben in Horden von 10 bis 150 Tieren. In Gefangenschaft werden sie 30 Jahre alt und mehr. Die Tragezeit beträgt 180 Tage; die Jungen werden rund ums Jahr geboren.

Perlhuhn / Guinea-fowl

Es handelt sich hier um ein vorwiegend schwarzes Huhn, das über den ganzen Körper gepunktet ist. Es lebt außerhalb der Wälder, bewohnt busch- und baumbestandene Savannenlandschaften, Steppen und Halbwüsten sowie Grasland.

Perlhühner leben paarweise, in größeren Familientrupps oder in noch größeren Scharen zusammen. Es flüchtet meistens, ohne aufzufliegen, und übernachtet in Bäumen. Perlhühner sind Allesfresser, Samen, Getreide, Wurzeln und Insekten werden bevorzugt.

Rotbauchwürger / Crimson-breasted Shrike

Das Gefieder des Rotbauchwürgers ist durch die leuchtend rote Unterseite, die schwarze Oberseite und die Flügel mit einem auffälligen weißen Streifen gekennzeichnet. Er lebt in trockenen Dornbuschsavannen, wo er sich vorwiegend von Insekten ernährt, die er in Buschweite und auf dem Boden sucht.

Die Vögel leben meist paarweise zusammen; zur Brutzeit bauen sie ihre Nester in den Astgabeln des Dornbusches. Der Ruf des Rotbauchwürgers ist ein knarrendes „tarr", im Duett mit dem Weibchen lässt der Rotbauchwürger melodische Pfeiflaute ertönen.

Rotschnabeltoko / Red-billed Hornbill

Der Rotschnabeltoko lebt in Baum- und Buschsavannen, in Akazien-
und Mopanewäldern. Es ist ein an der Unterseite weiß, an der Oberseite bräunlich schwarz und weiß gemusterter Vogel, dessen hervor-
stechendes Merkmal der kräftige, auffallend rot gefärbte Schnabel ist.
Die Tokos suchen häufig auch auf dem Erdboden nach Nahrung, dabei nehmen sie pflanzliche und tierische Kost zu sich. Besonders bevorzugt sind Termiten und Heuschrecken, die sie meist paarweise
oder in kleinen Trupps jagen.

Als Brutstätte dienen den Rotschnabeltokos Baumhöhlen, in denen
Gelege mit 3–6 weißen Eiern untergebracht werden. Für die Dauer
der Brutzeit mauert sich das Weibchen in der Höhle ein und wird
durch ein Loch am Höhleneingang vom Männchen gefüttert. Wenn
nach 21–24 Tagen die Vogeljungen ausgeschlüpft sind, bringt das
Männchen unermüdlich (bis zu 20mal in einer halben Stunde) Futter.
Erst wenn die Jungvögel 3–4 Wochen alt sind, verlässt das Weibchen
die Baumhöhle. Die Jungen mauern den Eingang von innen wieder
zu und erhalten nur durch ein kleines Loch ihre Nahrung. Etwa 3 Wochen später sind sie zum Ausfliegen bereit und brechen dazu die Mau-
er der Bruthöhle auf.

Schreiseeadler / Fish Eagle

Der auffällig schwarzbraun und weiß gefiederte Adler lebt in der Nähe größerer Gewässer; seinen weithin sichtbaren Reisighorst baut er
auf Bäumen in Wassernähe. Im Gelege befinden sich in der Regel 2
Eier, die das Weibchen in 48 Tagen ausbrütet.

Der Schreiseeadler ernährt sich vorwiegend von Fischen, Wasservö-
geln und Kleinsäugern. Er erbeutet seine Nahrung durch schnelle Vorstöße ins Wasser und
greift dabei nicht nur kranke oder geschwächte, sondern auch gesunde Tiere an. Der Ruf des
Schreiseeadlers gehört zu den auffallendsten Vogelstimmen Afrikas; es ist ein wohlklingendes
„kjia-kjia-kjia".

Schwalbenschwanzspint / Swallowtailed Bee-eater

Der Schwalbenschwanzspint gehört zur Familie der Bienenfresser oder Spinte, deren Vertreter in Baumsavannen, lichten Wäldern und Halbwüsten mit Trockenbüschen anzutreffen sind.
Ihn erkennt man am langen, tief gegabelten Schwanz.
Sein Gefieder ist überwiegend grün, der Schwanz blass-
blau, die gelbe Kehle wird durch ein blaues Brustband
begrenzt.

Springbock / Springbuck

Sie leben in Gebieten mit offenen, trockenen und stei-
nigen Böden mit leichtem Bewuchs (spärliche Sträucher). Hohes Gras und reine Wüste werden gleichermaßen gemieden. Hauptsächlich frühmorgens und spätnachmittags bis abends wird geäst, bei Mondschein
auch nachts. Seh-, Hör- und Riechvermögen sind
sehr hoch entwickelt. Springböcke fressen Gräser

und Kräuter oder Strauchlaub, Wurzeln und Knollen. Sie trinken regelmäßig Wasser, können es aber auch längere Zeit entbehren; sie trinken auch Salzwasser und fressen mineralhaltige Erde. Diese Tiere leben in Großherden, oft zusammen mit Antilopen, Spießböcken und Straußen.

Die Feinde der Springböcke sind Löwe, Leopard und Gepard. Bei ihrer Flucht können sie bis zu 90 km in der Stunde laufen und bis zu 15 m weite Sprünge machen!

Die Tragezeit dauert 167 bis 171 Tage. Meist wird ein Laufjunges geboren, zwei Geburten pro Jahr sind möglich. Weibchen sind mit sechs bis sieben Monaten geschlechtsreif, die Männchen mit einem Jahr. Die Lebensdauer beträgt etwa zehn Jahre.

Strauß / Ostrich

Der Strauß ist der größte heute lebende Vogel. Aufgrund seiner außergewöhnlichen, auffälligen Erscheinung ist er zugleich einer der bekanntesten. Große Männchen können bis zu 2,60 m hoch werden, wobei der Hals fast die Hälfte der Körpergröße ausmacht. Das Gefieder des Männchens ist schwarz, ausgenommen die weißen Schmuckfedern an den Flügeln und am

Schwanz. Wegen dieser Schmuckfedern ist der Bestand an Straußen zunächst stark vermindert worden, erst später wurden Straußenfarmen gegründet.

Das Gefieder des Weibchens ist braun, die Federn werden zur Spitze hin heller. Der Kopf, der größte Teil des Halses und die Beine sind nackt, aber die Augenlider haben lange, schwarze Wimpern. Jeder Fuß hat zwei starke Zehen, die längere ist mit einer stärkeren Klaue versehen.

Strauße sind außerordentlich wachsam. Ihr langer Hals gestattet ihnen, schon in großer Entfernung Feinde festzustellen. Deshalb ist es ziemlich schwierig, Strauße in der Wildnis zu beobachten. Sie leben in sehr trockenen Gebieten und durchstreifen auf der Nahrungssuche das offene Land oftmals in starken Trupps. Während feuchter Perioden teilt sich die Gruppe in Familien, bestehend aus einem Paar mit Küken und Jungtieren. Ein Hahn oder eine Henne führt den Trupp und entscheidet, ob das Revier gewechselt wird. Wenn die Gruppe vertrautes Gebiet verlässt oder an eine Wasserstelle kommt, wo keine anderen Tiere trinken, treibt das Leittier die Jungtiere vor sich her, um einen eventuellen Angreifer aus der Deckung zu locken. Etwas Erstaunliches: Strauße können zur Not auch schwimmen.

Strauße fressen nahezu alles. Vorgezogen werden Pflanzen, Früchte, Samen und Blätter. Sie fressen auch kleine Tiere, manchmal sogar Eidechsen und Schildkröten. Sie stehen in dem Ruf, wirklich Allesfresser zu sein. Selbst Metallstücke werden geschluckt. Sie fressen auch beträchtliche Mengen an Sand und Steinen, um ihre Verdauung zu fördern. Durch die Aufnahme so harter Materialien zerkleinern sie die Nahrung im Magen. Man sagt, aus der Art der Sandkörner und Kiesel könne man bei einer Obduktion genau die vom Strauß zurückgelegte Strecke verfolgen.

Noch bis vor kurzer Zeit rätselte man, ob Strauße polygam oder monogam veranlagt seien. Man weiß heute, dass Strauße monogam sein können, aber in der Regel polygam sind. Die gesellschaftliche Ordnung der Strauße ist recht anpassungsfähig, und es kann sein, dass ein Männchen, das ein Weibchen mit Küken begleitet, durchaus nicht der Vater der Küken zu sein braucht.

Jede Henne legt 6 bis 8 etwa 15 cm lange und bis zu 1,5 kg schwere Eier. Die Hennen eines Harems legen alle in das gleiche Nest, das aus einer Bodenvertiefung von etwa 3 m Durchmesser besteht. Es kann drei Wochen dauern, bis alle Eier gelegt sind, dann treibt die Haupthenne die anderen weg, und das Nest wird von ihr und dem Hahn bebrütet.

Das Brüten besteht mehr darin, das Nest zu beschatten als es warm zu halten. Interessant ist, dass die Männchen bei Nacht über den Eiern brüten, die Weibchen bei Tage. Gegen Ende der sechswöchigen Brutzeit werden die am meisten entwickelten Eier am Rand des Nestes zusammengebracht. Die Küken können kurz nach dem Schlüpfen laufen und einen Monat später schon eine Geschwindigkeit von 50 km pro Stunde erreichen. Im Alter von vier bis fünf Jahren werden sie fortpflanzungsfähig. Strauße können bis zu 40 Jahre alt werden.

Erwachsene Strauße fürchten sich kaum vor Feinden. Sie sind sehr wachsam und können bis zu 65 km pro Stunde laufen. Eier und Küken können jedoch Schakalen und sonstigen Räubern zum Opfer fallen. Die Erwachsenen führen ihre Küken aus den Gefahrenzonen hinaus.

Termite / Termite

Termiten sind wärmeliebende, lichtscheue Tiere, die zumeist in tropischen und subtropischen Ländern vorkommen. Sie sind soziale Insekten, die in einem Staat mit Kastengliederung leben. Man unterscheidet: Geschlechtstiere (Männchen oder König, Weibchen oder Königin) sowie nicht fortpflanzungsfähige Arbeiter und Soldaten.

Termiten sind weiß oder farblos; ihre Flügel haben 14–34 Glieder; die Mundteile sind kauend. Flügel haben nur die Geschlechtstiere. Die verschiedenen Termiten-Arten sind zwischen 2 und 20 mm groß, doch werden die Weibchen einiger Arten wesentlich größer.

Sobald in einem älteren Termitenbau viele Geschlechtstiere reif sind, verlassen diese das Nest. Da der Vorgang bei vielen Bauten eines Gebiets gleichzeitig vor sich geht, bilden die aufsteigenden Termiten-Schwärme rauchsäulenähnliche Wolken. Nach kurzem Hochzeitsflug suchen die einzelnen Paare einen geeigneten Platz zur Anlage des Nestes. Dort wird eine Hochzeitskammer angelegt, erst danach findet die Paarung statt. König und Königin leben vielfach bis zu zehn Jahren in Dauerehe. In ihrem Leben legt die Königin viele Millionen Eier. Die erste Brut wird von dem Paar aufgezogen, später übernehmen die älteren Larven sowie Arbeiter die Aufzucht und den Nestbau, die Soldaten den Schutz gegen Feinde.

Das Nestgebäude ist oft sehr kompliziert angelegt. Luftschächte und Isolationsschichten bewirken ein gleichmäßiges Klima und stets eine hohe Luftfeuchtigkeit, sodass immer geeignete Kammern für Eier und Junglarven sowie für die weniger anspruchsvollen älteren Tiere vorhanden sind. In der Mitte des Baus liegt die Königszelle. Für den Nestbau werden Erde, Holz und zerkautes pflanzliches Material verwendet, als Bindemittel dienen Kot und Speichel. Deshalb können Termitenhügel betonartig fest sein. Bis zu 4 m Basisdurchmesser und 7 m Höhe sind anzutreffen.
Feinde der Termiten sind Reptilien, Vögel und Erdferkel.

Termiten greifen durch ihre Ernährungsweise eingebautes Holz aller Art an, Eisenbahnschwellen, Papier und Verpackungsmaterial, ja sogar lebende Bäume sind vor ihnen nicht sicher. Schützen kann man sich nur durch das Bauen ohne die Nutzung von Holz, durch Verwendung imprägnierter Hölzer sowie Bodenbehandlung mit Insektiziden. Natürlich können Termiten auch nützlich sein. Sie lockern den Boden auf, sodass eine gute Durchlüftung erreicht wird.

Humusbildend wirkt die Umsetzung pflanzlicher Substanz und ihr Kot. Es überwiegt allerdings der Schaden, den sie im Allgemeinen anrichten.

Waffenkiebitz / Blacksmith Plover

Der Waffenkiebitz ist leicht an seinem auffälligen Federkleid zu erkennen: Der Rücken ist hell mit zwei großen schwarzen Flecken, während Kopf, Hals und Brust bis auf einen weißen Scheitel schwarz sind. Der Waffenkiebitz lebt in unmittelbarer Nähe von Seen oder Flüssen. Er hält sich auf Schlamm- und Sandbänken auf, wo er auch sein Nest baut. Zur Brutzeit legt er 2–4 graue Eier in die flache Nestmulde, die er zuvor mit groben Materialien ausgefüllt hat. Er ernährt sich von Insekten, Würmern und Mollusken.

Seinen Namen erhielt der Waffenkiebitz aufgrund seines hohen, metallisch klingenden „tink-tink"-Rufes, der an die Geräusche in einer Schmiede oder an den Klang von Waffen erinnert.

Warzenschwein / Wart Hog

Warzenschweine bevorzugen baum- und straucharme Grasflächen, während Wälder gemieden werden. Nachts und mittags ruhen sie in einer Wohnhöhle, vor- und nachmittags suhlen sich und weiden oder trinken. Als Feinde gelten Löwen und Leoparden, aber auch Geparde reißen manchmal Frischlinge. Das Hauptfutter besteht aus Gras und frischer Rinde, bei Wassermangel graben sie nach Zwiebeln, Knollen und Wurzeln. Sie leben in Familiengruppen zusammen und erreichen ein Alter bis zu 18 Jahren.

Wasserbock / Waterbuck

Wasserböcke lieben Grasland und Gebüsch und benötigen die Nähe zu einem Gewässer, da sie täglich trinken. Sie äsen morgens und nachmittags bis abends, während sie tagsüber ruhen. Als Hauptfeinde gelten Löwen, Leoparden und Hyänenhunde, wobei Leoparden und Hyänen Kälber reißen. Doch die Feinde mögen Wasserböcke nur, wenn kein anderes Wild vorhanden ist, denn ihr Fleisch schmeckt ab dem Alter von 3 Monaten zäh und ranzig.

Bis zu 90 % besteht die Nahrung der Wasserböcke aus Gräsern, der Rest aus Laub. Wasserböcke leben in kleinen Trupps und können in Gefangenschaft bis zu 17 Jahre alt werden.

Zebra (Steppenzebra) / Burchell's Zebra

Von Pferden und Eseln unterscheiden sich Zebras durch ihre Streifenzeichnung, den Schädelbau und die Zähne. Es gibt drei Zebraarten. Das verbreitetste ist das Steppenzebra. Es kommt vom Zulu-Land im Südosten und der Etosha-Pfanne in Namibia bis zum südlichen Somali-Land und südlichen Sudan vor. Die Steppenzebras sind sehr gesellig, sie leben in Herden. Gruppen von ein bis sechs Stuten mit ihren Fohlen bilden eine Gemeinschaft unter der Führerschaft eines Hengstes, der sie beschützt und andere Hengste abwehrt. Manchmal verschwindet das männliche Tier einfach, und ein anderes nimmt seine Stelle ein.

Die überzähligen Hengste leben in größeren Junggesellenrudeln. Steppenzebras sind ziemlich zahm. Sie leben oft in Gemeinschaft mit Gnus. Gemeinsam mit ihnen sind sie auch bevorzugtes Beutetier der Löwen. Da das Zebra gefährlich werden kann, muss das Löwenrudel die Beute schlagartig töten. Es kann durchaus vorkommen, dass ein Zebrahengst einen Löwen im Kampf tötet.

Die Tragezeit beträgt ca. 370 Tage. Das Neugeborene wiegt 30 bis 34 kg und ist etwa 90 cm hoch. Normalerweise bekommt eine Stute alle drei Jahre ein Junges.

Junge männliche Tiere verlassen die Gruppe nach ein bis drei Jahren und schließen sich dem Jung-

gesellenrudel an. Mit fünf bis sechs Jahren versuchen sie, junge weibliche Tiere zu treiben. Wenn es ihnen gelingt, dann bilden sie eine neue Gruppe.

Tipps zur Tierbeobachtung und Sicherheit im Gelände

Bereits recht wenige Verhaltensweisen sorgen für die nötige Sicherhei bei einem Nationalparkbesuch. Aus dem Fahrzeug, welches die Tiere nicht als Feind wahrnehmen, kann man meist ungestört beobachten. Walking-Safaris macht man nur mit einem erfahrenen Guide. Dafür sprechen nicht nur Sicherheitsgründe. Man erfährt auf diese Art auch mehr über die Natur, als man selbst je erkennen könnte.

Grundsätzlich: **Kranke, verwundete und ab und zu auch alte Tiere** sind besonders gefährlich und in ihrem Verhalten nicht einzuschätzen. Niemals sollte man zwischen die Mitglieder einer Herde geraten, insbesondere nie zwischen **Muttertiere** und Jungtiere. Niemals sollte man bei Tieren, die sich im Wasser sicherer fühlen (wie etwa Flusspferde) zwischen diese und das Wasser geraten. Niemals sollte man Fluchtwege abschneiden, dann können auch Arten, die sonst völlig friedlich sind, zu wahren Furien werden.

In der Regel gilt, dass man mit Panikreaktionen rechnen muss, wenn man vom Wild plötzlich und aus unmittelbarer Nähe entdeckt wird. Bei Fluchttieren kann das bedeuten, dass es zu (vom Wild unbeabsichtigten) Unfällen kommt, weil man schlicht überrannt wird. Bei wehrhaften Arten kann es zu spontanen und sehr heftigen Angriffen kommen.

Alte männliche **Paviane** sind leicht reizbar und in ihrem Verhalten nicht einzuschätzen. Mit ihren Zähnen können sie erhebliche Verletzungen verursachen. Abstand und ein handlicher, dicker Knüppel für den Notfall (hemmungsloser Einsatz im Falle der Notwehr!) sollten für die nötige Sicherheit sorgen. Wenn sie auf entschlossenen Widerstand stoßen, sind Paviane unserer Erfahrung nach eher feige und ziehen sich zurück.

Büffel sind meist wenig aggressiv und meiden eine Konfrontation. Sie sind jedoch leicht zu erschrecken und eine dadurch ausgelöste, in ihrer Richtung nicht vorhersagbare Stampede (unkontrolliertes Weglaufen der gesamten Herde) ist extrem gefährlich. Auch können Kühe mit Kälbern, alte Einzelgänger, gereizte, überraschte und aktuell oder früher verwundete Tiere ohne Warnzeichen angreifen. Vorsicht vor Überraschungen im dichten Gebüsch oder Schilf! Büffel und Flusspferde sind (abgesehen vom Menschen) für die meisten tödlichen Angriffe weltweit verantwortlich, nicht etwa Schlangen oder Raubkatzen!

Honigdachse sind normalerweise scheue Gesellen. Allerdings können sie aus dem Nichts heraus unglaublich aggressiv werden – und genauso schnell wieder friedlich. Mit ihren Zähnen und Krallen und ihrem legendären Mut sind sie gefürchtete Gegner, die sogar viel größere Tiere, wie z. B. Gnus, Wasserböcke und Pythonschlangen, töten können. Am besten meidet man Honigdachse, wenn man zu Fuß unterwegs ist.

Hyänen meiden Menschen normalerweise. Es gibt allerdings viele Berichte darüber, dass sie nachts in Camps eingefallen sind und Menschen verletzt haben. Niemals ist dies bislang geschehen, solange noch jemand wach (außerhalb der Zelte sichtbar) war. Auch sind Hyänen in Zelte eingebrochen, wenn die Bewohner darin Essbares gelagert hatten. Hyänen rennen normalerweise sofort davon, wenn man Lärm macht. Nicht außerhalb des Zeltes schlafen, Zelt schließen, keine Nahrungsmittel mit hinein nehmen!

Geparde sind in freier Wildbahn normalerweise ungefährlich. Sehr scheu, nehmen sie vom Besucher nur kurz Notiz und rennen davon. Dies gilt meistens auch für die fast immer „unsichtbaren", weil sehr scheuen, Leoparden. Reizt man sie allerdings, treibt man sie in die Enge oder wenn sie verwundet sind, sind Leoparden jedoch extrem gefährlich, dies gilt auch für Weibchen mit Nachwuchs. Es gibt zahlreiche Berichte, dass Leoparden einen Wanderer passieren lassen, solange man sie nicht ansieht (sie sich also unentdeckt fühlen) und man natürlich nicht direkt auf sie zugeht. Steht man plötzlich einem Leoparden gegenüber oder droht das Tier durch seitlich abgewinkelte Ohren und Zeigen der Zähne, durch Knurren und/oder Brüllen, weicht man langsam nach schräg hinten aus. Das Tier weder direkt ansehen noch reizen, keinesfalls füttern, Steine oder Stöcke in seine Richtung werfen! Wenn ein Leopard tatsächlich angreift, was sehr selten ist, geschieht dies extrem schnell. Er ist dann nur noch durch einen unmittelbar tödlichen Schuss zu stoppen – für den „normalen" Wanderer unmöglich. Die Überlebenschance eines Angriffs ist für den Menschen praktisch Null, also gibt es nichts mehr zu verlieren: Es gibt belegte Berichte, dass sich Personen mit einem Stock, Messer oder der Faust (heftiger Schlag auf die Nase) erfolgreich verteidigt haben.

Löwen ziehen normalerweise von dannen, wenn Menschen sich nähern. Die größte Gefahr ist eigentlich, gegen den Wind zu gehen und in ein schlafendes Rudel hineinzustolpern – Löwen schlafen oder dösen etwa 20 Stunden am Tag. Gestrüpp und dichtes hohes Gras sollten gemieden werden, insbesondere in der Nähe von Wasserlöchern. Die Nacht ist für Löwen Jagdzeit, also Vorsicht. Fressenden Löwen sollte man sich zu Fuß keinesfalls nähern, vor allem weil man leicht zwischen im Gebüsch dösende Mitglieder des Rudels geraten kann. Jungtiere werden, solange sie klein sind, oft nahe am Wasserlöchern im Dickicht versteckt. Am ehesten bemerkt man dies durch den Ruf der Mutter, einem dumpfen, weichen „umpf" und die katzenähnliche Antwort („miau") des Nachwuchses. Die Verstecke sind zu gut, als dass man die Jungtiere rechtzeitig genug sieht! Es ist übrigens wesentlich gefährlicher, wenn man in der Nähe von Löwen aus dem Auto aussteigt, als wenn man ihnen im Busch begegnet.
Der Verlauf eines für beide Seiten überraschenden Aufeinandertreffens ist unvorhersagbar. Löwen greifen – wie übrigens die meisten Katzen – fliehende Tiere instinktiv an, also weicht man ruhig und mit dem Wind zurück. Wenn die Bewegung das Tier nervös macht, bleibt man einen Augenblick ruhig stehen. Solange der Schwanz hin- und herschwingt, die Ohren aber noch aufgerichtet sind, ist das Tier aufmerksam oder nervös. Liegen die Ohren an, brummt es mehrfach und schlägt mit dem Schwanz auffallend schnell von einer Seite auf die andere, so ist es aggressiv. Bei einem Angriff hat sich folgendes Verhalten der San bewährt: Nerven behalten, stehen bleiben und dem Angreifer direkt in die Augen sehen. In vielen Fällen wird der Löwe in wenigen Metern Entfernung stoppen und nervend brummen und brüllen. Das Schauspiel dauert nur wenige Sekunden. Schafft er es nicht, dass man die Nerven verliert, zieht er sich zurück. Das klingt abenteuerlich, aber eine andere Chance hat man sowieso nicht. Die Notlage wird – wenn überhaupt – mental gelöst. Im blitzschnell eintretenden Notfall hat man keinerlei Zeit mehr zum Nachdenken.

Elefanten sind friedlich, es sei denn, man kommt ihnen allzu nahe. Dies gilt insbesondere, wenn Jungtiere oder verletzte Tiere zur Herde gehören. Die Sozialstruktur einer Herde ist extrem hoch entwickelt, bedürftige Mitglieder werden heftig verteidigt. (Ehemals) Verwundete Tiere oder solche ohne Stoßzähne gelten als besonders aggressiv. Wegen der beschränkten Sehfähigkeit, jedoch guten Geruchssinns und Gehörs entfernt man sich am besten langsam und still mit dem Wind.

Ein Scheinangriff findet meist mit aufgestellten Ohren und lautem Trompeten statt. Er endet einige Meter vor dem Eindringling. Wegrennen kann in dieser Situation tödlich sein. Man zieht sich wie beschrieben langsam zurück, sobald das Tier steht (notfalls springt man im letzten Moment zur Seite). Bei einem „echten" Angriff schlagen die Ohren an den Körper, und der Rüssel ist hoch erhoben. Hier rennt man um sein Leben, vorzugsweise mit dem Wind. Ein scharfer Richtungswechsel („Hasensprung") kann einen aus der unmittelbaren Angriffsrichtung und auch aus dem beschränkten Sichtfeld des Angreifers bringen. Das Ersteigen von Bäumen ist zwecklos: Entweder reicht der Rüssel bis hinauf (die Reichweite in die Höhe beträgt über 6 m!), oder der Baum wird umgeworfen.

Nashörner reagieren unterschiedlich. Während das riesige **Breitmaulnashorn** normalerweise ein eher ruhiger Geselle ist, der sich zurückzieht, ist das nur wenig kleinere **Spitzmaulnashorn** temperamentvoll, nervös, leicht reizbar, unberechenbar, blitzschnell und dadurch extrem gefährlich. Des Öfteren ist ein scheinbarer Angriff allerdings nur ein Lauf mit dem Ziel, den Eindringling auszukundschaften – was man allerdings erst nachher weiß. Gehör und Geruchssinn sind extrem gut entwickelt, die Sehfähigkeit ist dagegen begrenzt. Leises Verhalten und geschicktes Ausnutzen des Windes schaffen Sicherheit. So zieht man sich seitwärts zurück. Sicherheitshalber hält man dabei nach einem Baum Ausschau. Kann man ihn nicht schnell genug ersteigen, so stellt man sich hinter den Stamm und erstarrt dort. Ist kein Baum erreichbar, kann man einem angreifenden Nashorn irgendein Kleidungsstück entgegen werfen (Geruch!) und sich im letzten Moment zur Seite werfen, wo man absolut still liegen bleibt. Der Angreifer läuft ins Leere und zieht sich (hoffentlich) zurück.

Flusspferde (Hippos) sind friedlich – aber sehr schnell und gefährlich, wenn sie gereizt werden oder wenn es sich um Einzelgänger oder Kühe mit Kälbern handelt. Warnzeichen ist das demonstrative Aufreißen des großen Maules. Ein aufgeschrecktes Hippo trampelt alles nieder, was zwischen ihm und dem Wasser liegt! Vorsicht im Dickicht am Ufer. Achtung auf den oft tief eingetretenen Pfaden und Vorsicht bei Camps nahe an Ufern, denn Flusspferde werden offensichtlich von Licht angelockt.

Ein Zusammentreffen mit **Krokodilen** kann man am besten vermeiden, wenn man sich einem Gewässer, in dem sie möglicherweise leben, allenfalls bis auf fünf bis sechs Meter nähert. Krokodile sind berüchtigt dafür, dass sie im flachen Gewässer watende Menschen angreifen. Ohne Schusswaffe besteht dann die einzige Hoffnung darin, mit einem Messer oder notfalls den Fingern in das Auge zu stechen, aber die Chancen stehen schlecht. Es ist dagegen nie bekannt geworden, dass Krokodile auf dem Flussufer einige Meter vom Wasser entfernt liegende Camps angreifen. Man kann in seinem Zelt diesbezüglich also ruhig schlafen.

Die normalerweise enorm auf Distanz bedachten **Strauße** greifen nur dann an, wenn man sich ihrem Nest allzu sehr nähert. Als bester Schutz gegen die heftigen Tritte mit krallenbewehrtem Fuß gilt ein stabiler, dorniger Akazienast. Wenn dieser nicht zur Verfügung steht, muss man vor allem auf Kopfschutz achten. Die meisten Verletzungen hat es gegeben, weil Strauße ihre Angriffe auch dann fortsetzen, wenn das Opfer bereits am Boden liegt und dort nicht ausreichend seinen Kopf schützt, z. B. mit den Armen.

Literatur

Ausgewählte Buch- und Filmtipps

Reiseführer

101 Namibia, Iwanowski's Reisebuchverlag, 2. Aufl. 2012
101 Safaris, Iwanowski's Reisebuchverlag, 1. Aufl. 2009
Südafrika, Iwanowski's Reisebuchverlag, 20. Aufl. 2013
Reisegast in Südafrika, Iwanowski's Reisebuchverlag, 1. Aufl. 2010
Botswana, Iwanowski's Reisebuchverlag, 2. Aufl. 2012

Allgemeine Literatur

Malbuch: **Benni, der kleine Elefant**, NWG, Windhoek 2005, ISBN: 978-3-936858-80-8, 30x21 cm, 16 S., 16 Malvorlagen, dt.-engl., 7,50 €. Ein schönes namibisches Mal- und Erzählbuch mit einer kleinen Geschichte für die kleinsten Namibia-Freunde. Es gibt noch zwei weitere Malbücher über Benni.

Alexander, J. E.: **Entdeckungsreise in das Innere Südwestafrikas**, Probeer, Windhoek 2005, ISBN 978-3-936858-50-1, 377 S., einige sw-Abb., 1 Faltkarte, 22,50 €. Spannender Reisebericht des englischen Offiziers Alexander, der in 1835 und 1836 von Kapstadt nach Walvis Bay, dann durch das Groß-Namaland reiste.

Baericke, M. E.: **Lüderitzbucht – 1908 bis 1901**, NWG, Windhoek 2001, ISBN 978-3-936858-41-9, 189 S., 79 sw- und Farbfotos, 1 Faltkarte, 14,90 €. Erinnerungen eines Diamantensuchers aus der deutschen Diamantenzeit in Südwestafrika. Interessant!

Berry, C.: **Bäume und Sträucher des Etosha-Nationalparks und in Nord- und Zentral-Namibia**, Windhoek 2005, ISBN 978-3-936858-21-1, 164 S., 1 Faltkarte, sw- und Farbabb., 27,50 €. Beschreibung von 50 Bäumen und Sträuchern, Vegetationsbereiche, volkstümliche Pflanzennamen plus Karte des Etoscha-Nationalparks.

Boudon, B.: **Namibia – Genussreise und Rezepte**, Hädecke, 2. A., Weil der Stadt 2001, ISBN 978-3-7750-0538-8, 96 S., zahlr. Farbfotos, 17,90 €. Versetzt mit appetitlichen Motiven, tollen Namibiafotos und einleitenden Geschichten, die mit Bedacht und Liebe ausgewählt, in die richtige Stimmung und bald knurrt auch schon der Magen: es funktioniert, ein tolles Kochbuch!

Bridgeford, P. u. M.: **Sesriem und Sossusvlei – Die Wüste erleben**, Walvis Bay 2005, ISBN: 978-3-941602-02-1, 70 S., 2 Kartenskizzen, zahlr. sw-Abb., 9,95 €. Ein beliebtes und ergiebiges landeskundliches Büchlein über die Namib von wirklichen Landeskennern.

Brockmann, R.: **Katutura – Streifzüge durch Windhoeks Township**, K. Hess Verlag, Göttingen 2006, ISBN 978-3-933117-04-5, 184 S., 156 farb. Abb., 19,80 €. Die

Geschichte des Stadtteils, in dem mehr als zwei Drittel aller Windhoeker leben. Mit interessanten Alltags-Geschichten und Impressionen in Wort und Bild.

Burke, A.: **Pflanzenführer für die zentrale Namib**, NWG, Windhoek 2005, ISBN 978-3-936858-51-8, 112 S., zahlr. Farbfotos, 23,50 €. Beschreibung der Hauptgruppen der Namib-Pflanzenarten. Mit einer hohen Artenvielfalt ist diese eine der botanisch wertvollsten Gebiete Namibias.

Burke, A.: **Pflanzenführer für die südliche Namib**, NWG, Windhoek 2005, ISBN 978-3-936858-52-5, 88 S., zahlr. Farbfotos, 19,95 € (der zweite Band der Serie).

Burke, A.: **Pflanzenführer für die nördliche Namib**, NWG, Windhoek 2005, ISBN 978-3-936858-61-7, 112 S., zahlr. Farbfotos, 23,50 € (der dritte Band der Serie).

Conradie, F.: **Einführung in den südlichen Sternenhimmel**, NWG, Windhoek 2004, ISBN 978-3-936858-59-4, 120 S., zahlr. Illustr., 19,90 €. Der Faszination des südlichen Sternenhimmels kann man sich kaum entziehen. Hier werden dessen sichtbaren Himmelskörper leicht verständlich erklärt.

Carruthers: **Fauna und Flora im südlichen Afrika**, Struik, Kapstadt 2007, ISBN 978-3-936858-17-4, 294 S., unzähl. Farbillustr., 35,00 €. Der Klassiker der Tier- und Pflanzenführer! Hochwertige Illustrationen und Beschreibung von Niedrigen Wirbellosen, Spinnen, Spinnentieren, Insekten, Süßwasserfischen, Fröschen, Reptilien, Vögel, Säugetiere, Gräser, Seggen, Farne, Pilze, Wildblumen und Bäumen.

Dahle, W.; Leyerer, W.: **Trummis Liste 2012**, Windhoek 2008, ISBN: 978-3-936858-04-4, 272 Seiten, zahlr. Karten. Nach einer Entwicklungszeit von 12 Jahren steht ‚Trummis Liste', für das zurzeit umfangreichste Nachschlagewerk für Unterkünfte in Namibia. 1.200 Unterkünfte werden vorgestellt, die detaillierten Informationen über die 400 Campingplätze landesweit machen Trummis Liste zugleich zu dem einzigen vollständigen Campingführer Namibias.

Davis, J.: **Kinder in Etoscha**, Gamsberg, Windhoek 1996, 58 S., viele Farbillustr., 1 Karte, 12,00 €. Kindgerechte Erklärung der Flora und Fauna Etoschas und der Camps mit sehr schönen, farbigen Illustrationen.

Dierks, K.: **Chronologie der Namibischen Geschichte**, NWG, Windhoek 2003, ISBN 978-3-936858-25-9, 674 S., sw-Abb., 35,00 €. Chronologie bis in die Zeit des unabhängigen Namibia (2000).

du Plessis, C. u. W.: **Etoscha – Rhythmen einer afrikanischen Wildnis**, Swakopmund 2003, 113 S., durchg. Farbfotos, 29,95 €. Ein Spitzenprodukt, hervorragende Tier- und Landschaftsaufnahmen und Texte! Das Autorenpaar lebte und arbeitete über zehn Jahre im Etoscha-Nationalpark in Namibia.

Frandsen, J.: **Etoscha-Karte**, Fourways 2007, ISBN 978-3-941602-00-7, 16 S., farbige Abb., Deutsch; Englisch, 9,95 €. Mit illustrierter Tier- und Vogelidentifizierung. Hilfreich und preiswert.

Honeyborne: **Abenteuer, Spuk und Diamanten**, NWG, Windhoek 2005, ISBN 978-3-936858-82-2, 276 S., zahlr. sw-Fotos, 26,50 €. Abenteuerlicher Polizeidienst im Sperrgebiet von Südwestafrika in den 1920er- bis 1960er-Jahren. Honeybournes Aufzeichnungen über einen Zeitraum von 50 Jahren, verdanken wir dieses spannende Buch.

Kornmayer, E.: **Klassische & moderne Rezepte aus Namibia**, Verlag Gebr. Kornmeyer, Dreieich 2007, ISBN 978-3-9808785-4-8, 204 S., zahlr. sw-Abb., 12,95 €. Über 200 Rezepte aus den Küchen der Farmen, Restaurants und den Lagerfeuern im Südwesten Afrikas. Dieses Buch bietet einen umfassenden Überblick über die Landesküche und ermöglicht, die kulinarischen Urlaubserinnerungen in der eigenen Küche nach zu erleben.

Kubisch, I.: **Gomas darf nicht sterben**, NWG, Windhoek 1999, ISBN 978-3-936858-64-8, 50 S., einige sw-Abb., 8,50 €. Eine Farmgeschichte für Kinder von 8-12 Jahren. Um für Willem das Schulgeld aufbringen zu können, will der Vater die alte Kuh Gomas an den Schlachthof verkaufen. Willem will Gomas retten und gerät dabei in spannende Abenteuer.

Levinson, O.: **Diamanten im Sand. Das wechselvolle Leben des August Stauch**, Kuiseb Verlag, Windhoek 2007, ISBN 978-3-936858-02-0, 224 Seiten, zahlreiche sw-Fotos, 27,50 €. Nichts in der Welt übt eine so unwiderstehliche Faszination aus wie Diamanten. Dies ist die wahre Geschichte eines einsamen Bahnmeisters an einem der ödesten und gottverlassensten Orte der Welt, der durch Zufall auf Diamanten stieß und damit um 1908 die in der Welt reichste Lagerstätte erschloss.

Lindorf, J.: **Tabellarische Chronik von Südwestafrika-Namibia**. Namibia Wissenschaftliche Gesellschaft, Windhoek 2010. ISBN 978-3-941602-46-5. 144 Seiten. Kleinformatige, übersichtliche Chronik des Landes mit einigen s/w-Abbildungen.

MacLeod, N.; Petrou, N.G.: **Etoscha – Den Tieren auf der Spur**, Klaus Hess Verlag Göttingen/Windhoek 2012, 94 S., 294 Fotos und Karten, ISBN 978-3-933117-86-4, 19,80 €. In diesem großformatigen und mit zahlreichen Bildern ausgestatteten Buch erfährt der Leser alles Wissenswerte zu Namibias bekanntestem Nationalpark. Detaillierte Beschreibungen der 64 für Besucher zugänglichen Wasserstellen, ihrer Flora und Fauna. Ideal für Selbstfahrer durch den Etosha National Park.

Mantei, S.: **Von der Sandbüchse zum Post- und Telegraphenland**, NWG, Windhoek 2007, ISBN 978-3-936858-92-1, 246 Seiten, unzählige sw-Fotos, 39,95 €. Der Aufbau des Kommunikationsnetzwerks in Deutsch-Südwestafrika 1884–1915. Es werden sowohl der Ausbau des Landes als auch die politische Entwicklung geschildert. In besonderer Weise wird die Bedeutung der kolonialen Medien für die deutsche Besatzung untersucht.

Martin, H.: **Wenn es Krieg gibt, gehen wir in die Wüste**, Two Books, Hamburg 2004, ISBN 978-3-935453-00-4, 362 S., 14 sw-Fotos, 2 Karten, 25,50 €). Wirklich passiert: Zwei deutsche Geologen in Südwestafrika entziehen sich im 2. Weltkrieg der Internierung durch „Flucht in die Wüste" und kämpfen dort zwei Jahre um das nackte Überleben unter Hunger und Durst und in wechselnden, primitiven Unterkünften. Feinfühlig und spannend! Ein Klassiker.

Oberprieler, Ulrich; Cillié, Burger: **Ein Taschenführer für Vögel im südlichen Afrika**, Sunbird Publishers, Kapstadt, 2009, ISBN 9781919938677, 144 S. Kompakt, gut bebildert und passt in jede Westentasche. Auch für Anfänger sehr gut geeignet.

Schmidt, W. R.: **Als Telegrafenbauer in Deutsch-Südwest**, Erfurt 2006, ISBN 978-3-89702-992-7, 128 S., 154 sw-Fotos, 18,90 €. Dieser ungemein spannende Bildband entstand aus dem schriftlichen Nachlass von Otto Schiffbauer, der 1905-13 im Auftrag der Reichspostverwaltung in Deutsch-Südwestafrika Telegrafenleitungen baute.

Schneider-Waterberg: **Der Wahrheit eine Gasse**, Swakopmund 2011, ISBN 978-3-941602-72-4, 340 S., sw-Fotos und Karten, 16,90 €: Anmerkungen zum Kolonialkrieg in Deutsch-Südwestafrika 1904. Richtungsweisende Auswertung noch unveröffentlichter, unberücksichtigter oder weitgehend unbekannter Dokumente.

Schneider, G.; Marais, C.,: **Passage through Time – The Fossils of Namibia**, Gamsberg, Windhoek 2005, 158 S., durchg. illustr., 59,00 €. Das einzige Werk, das sich in wissenschaftlicher Qualität und populär den Dinosauriern Namibias nähert. Ein fantastisches Buch!

Schoedder et al.: **Lüderitzbucht – Damals und gestern**, NWG, Windhoek 1998, ISBN 978-3-936858-42-6, 219 S., zahll. sw-Fotos u. Abb., 29,90 €. Ein rührender Charme geht von dieser zauberhaften Stadt aus: unzählige hochinteressante Fotos, Texte und reproduzierte Dokumente berichten aus ihrer intensiven Vergangenheit. Ein tolles Buch!

Schreckenbach, Hannah: **Lebensspuren in Sand und Fels. Die Geschichte der Farm Ameib**. Namibiana Buchdepot, 2009, ISBN: 978-3-936858-97-6, 19x28 cm, 108 Seiten, zahlreiche sw- und Farbabbildungen, 1 Karte, 17,80 €. Die Geschichte von Ameib ist eine 140-jährige Geschichte voller Höhen und Tiefen, von den Anfängen als Missionsstation der Rheinischen-Missions-Gesellschaft und ersten Farmversuchen, vom Zinnabbau über das Entdecken der Felsbilder hin bis zum Entstehen der heutigen Ameib-Ranch.

Stark, P.: **Der weiße Buschmann Peter Stark**, NWG, Windhoek 2003, ISBN 978-3-936858-29-7, 224 S., zahlr. sw-Abb., 19,95 €. Früher ein tolldreister Wilderer, ändert sich seine Einstellung zur Jagd drastisch, als „der weiße Buschmann" selbst den Wilddieben in Etoscha-Nationalpark das Handwerk legen und Verirrte im Busch retten muss. Die Lebensgeschichte Peter Starks.

Strack, P.: **Zeitlose Begegnungen**, NWG, Windhoek 2006, ISBN: 978-3-936858-84-6, 181 S., 143 Abb., 49,95 €. Fritz Krampe hat wohl wie kein anderer Künstler die Weiträumigkeit Afrikas durchstreift und uns seine Interpretation der Erlebnismomente in diesem reichhaltigen Werk hinterlassen.

von Hase, H. J.: **Der Kalahari abgerungen**, NWG, Windhoek 2006, ISBN 978-3-936858-05-1, 152 S., 23 sw-Fotos, 19,95 €. Spannende Selbstbiografie des prominenten namibischen Farmers und Staatsmannes.

von Koenen, E.: **Lass Bäume sprechen**, Windhoek 2003, ISBN: 978-3-941602-01-4, 22x30 cm, 86 S., durchg. illustr., 19,95 €. Eine wunderbare zeichnerische Charakterstudie namibischer Baumtypen des bekannten Künstlers und Wissenschaftlers Eberhard von Koenen.

von Schmettau, Konny: **Auf Pad mit Konny von Schmettau**. Swakopmund 2011, ISBN 978-99945-72-80-9, 98 S., zahlr. Farbfotos. Reportagen und Geschichten aus dem Land der unendlichen Weite und Freiheit. Konny von Schmettau lebt in Namibia und erzählt höchst unterhaltsam von ihren Erlebnissen und Eindrücken auf Pad.

von Wielligh, G. R.: **Die Sterne sind glühende Kohlen und Asche**, NWG, Windhoek 2005, ISBN 978-3-936858-81-5, 15x21 cm, 96 S., etliche sw-Abb., 14,95 €. Wunderbare San-Erzählungen, Mythologie und Legenden von G.R. von Wielligh (1859–1932) gesammelt und dadurch der Nachwelt erhalten.

Wentenschuh, Walter G.: **Namibia: Geschichte, Menschen, Perspektiven**. 254 S., 21 x 28 cm, geb., über 370 Abb., 1 Karte. Edition Namibia Band 11. Klaus Hess Verlag 2011. ISBN 978-3-933117-49-6, 38,00 €. In dem großformatigen und anschaulich bebilderten Buch wird anhand zahlreicher Interviews und Porträts die Geschichte und Entwicklung Namibias dokumentiert.

Karten

Farmkarte Namibia / Farm Map of Namibia, Windhoek 2008, einseitiger Farbdruck, 138x145 cm, Maßstab 1:1.000.000. Die Farmkarte von Namibia führt alle Farmen des Landes mit ihren Grenzen und Bezeichnungen auf. Zusätzlich sind die politischen Distriktgrenzen, Straßen und weitere topographische Merkmale dargestellt.

Honeyguide Publication: **Etoscha Karte / Etosha Map**, Fourways 2010, ISBN 9780958474863, 16 S., (dt./engl.) Etoscha Karte im Buchformat mit ausgezeichneter illustrierter Tier- und Vogelidentifizierung für den bekanntesten Nationalpark Namibias.

MapStudio: **Richtersveld and Fish River Canyon Adventures Map** (div. Maßstäbe), Kapstadt 2012, Faltkarte, 69x99 cm, beidseitiger Farbdruck. Diese zuverlässige und aktuelle Karte zeigt länderübergreifend zwei entlegene Regionen, für die der Gebrauch von solchen speziellen Karten tatsächlich anzuraten ist.

MapStudio: **Namibia Road Map 1:1.550.000**, Kapstadt 2010, Faltkarte 69x99 cm, beidseitiger Druck, Englisch, 12,50 €. Bewährte, gut zu lesende Straßenkarte mit allen D-Pads und vielen 4x4-Strecken, zahlreichen touristischen Hinweisen und 18 GPS-Wegpunkten.

MapStudio: **Namibia Road Atlas 1:1.550.000**, Kapstadt 2010, Seiten, Deutsch, 17,50 €. Dieser Atlas ist eine gute Alternative zu Faltkarten, bietet eine vollständigen Abdeckung des Landes und ein reiches Zusatzangebot an Stadtplänen und regionalen Karten.

Tourist map of the Kavango Region 1:500.000, Dir. Survey & Mapping, Windhoek 2003, ISBN 978-3-941602-03-8, Faltkarte 99x54 cm, beidseitiger Farbdruck, Text englisch, 12,50 €. Mit Unterkarten: Rundu (1:50.000); Divundu & Mahango Game Park (1:50.000); Khaudum Game Park (1:250.000).

Reise Know-How: **Straßenkarte Namibia 1:1.250.000**, 12. A., Bielefeld 2012, ISBN 978-3-8317-7103-5, Faltkarte 70x100 cm, beidseitig bedruckt, unzerreißbar, 8,90 €. Bewährte, dabei preiswerte Straßenkarte mit günstigem Maßstab. Zeigt alle D-Pads und viele 4x4-Strecken.

Shell: **Kaokoland-Kunene-Region Tourist Map**, Windhoek 2001, Faltkarte, 49x60 cm, Farbdruck, 7,90 €. Populäre Karte für das Gebiet des Kunene östlich von Ruacana und das Kaokoveld. Mit umfangreichen Hinweisen zu Natur und Umwelt auf der Rückseite, es fehlen aber einige D-Pads. Kein Kartengitter, einfache Legende mit Allradstrecken.

Strachotta, J. M.: **Digitale Straßenkarte Namibia 2012**, Namibiana Buchdepot, ISBN 978-3-941602-48-9, Installations-CD, 39,95 €. Diese hervorragende Software läuft auf allen GARMIN GPS-Geräten mit Farbdisplays zur Kartendarstellung. Die einfach anzuwendende Karte ist autoroutingfähig und für die Nutzung von Allradstrecken voreinstellbar. Viele Nutzer bestätigen das sicherere und entspannte Fahren mit GPS-Führung in Namibia.

Filme und Musik

Musik: **UNAM-Chor – Ondjila**, Windhoek, o. J., EAN 4280000065032, Audio-CD, 23 Lieder, 17,50 €. Der hervorragend geleitete und ausgebildete Chor der Universität von Namibia (UNAM) setzt sich aus etwa 90 begabten jungen Sängerinnen und Sängern zusammen und steht in der Tradition afrikanischer Chormusik. Weitere CDs: ‚Aluboke' und ‚Ti Gores'.

B&T: **Namibia – Land zwischen Atlantik und Kalahari**, Windhoek 2003, DVD, 78 Min., 19,95 €. Dieser sehenswerte Film, von einem Namibier gedreht, zeigt Orte und Sehenswürdigkeiten Namibias durchaus einmal anders und unter anderen Aspekten.

B&T: **Namibia 2 – Der Norden von Namibia**, Windhoek 2003, DVD, 67 Min., 19,95 €. Hier legt der namibische Filmemacher den Schwerpunkt auf das nördliche Namibia.

Wustig, G. u. R.: **Schlangen in Namibia**, DVD, 30 Min., 19,95 €. Erfahren Sie mehr über das verborgene Leben und Verhalten der meist übel beleumundeten Tiere und werden Sie sicherer im Verhalten gegenüber diesen und in deren Lebensräumen.

Verborgen in der Wüste – Die älteste Kunst Afrikas, Gralow, K.-D. et al., Rostock 2008, EAN 4280000065056, DVD, ca. 46 min, Region Code 0 (weltweit), Stereo, 4:3, PAL, Deutsch, Englisch. Erleben Sie eine spannende Dokumentation über die Felszeichnungen, die der renommierte Archäologe Dr. W. E. Wendt 1969 in der sogenannten Apollo 11-Grotte im Süden Namibias machte. Die Expedition führt durch die bizarre Wüstenlandschaft von der Fingerklippe bis zum Oranje-Fluss und macht mit weiteren Naturschauplätzen vertraut.

Omulaule heißt Schwarz, Omufilm 2006, EAN 4280000065049, DVD, Format 4:3, 66 Min., Deutsch, Englische Untertitel, 17,80 €. Die „DDR-Kinder von Namibia" blicken auf 11 Jahre Kindheit in der DDR zurück. Noch heute suchen sie nach ihrer inneren Heimat – nach einem Halt in ihrer zerrissenen Biografie, die sie selbst als angelegtes Experiment betrachten. Wie sie heute leben und wo sie ihre Heimat sehen, zeigt diese an der Bauhaus-Uni Weimar entstandene Dokumentation.

3 Jahreszeiten Namibias, Buschkino, Windhoek 2007, DVD, 50 Min., Sprache: Deutsch; Englisch, 25,00 €. Erfahren Sie mehr über die 3 Jahreszeiten Namibias: Erleben Sie die Veränderungen in der namibischen Natur im Laufe eines Jahres, angefangen bei den Folgen der Trockenheit, bis hin zu der zauberhaft-schönen Regenzeit. Sehen Sie, wie der Regen das Land verändert, das den größten Teil des Jahres von wüstenhaftem Charakter geprägt ist.

100 Jahre Etoscha-Nationalpark, Democratic Media Holdings, Windhoek 2007, EAN 4280000065025, DVD, Stereo, 43 Minuten, Sprache: Deutsch, Englisch, Afrikaans, 24,50 €. Dieser unterhaltsame Film erzählt die Geschichte des Parks, der bereits zur deutschen Kolonialzeit als schützenwertes Gebiet proklamiert wurde. Auch die Arbeit und die Herausforderung der Parkerhaltung in der Gegenwart ist Thema dieses Films.

Land Matters. Strategien als Reaktion auf Auswirkung der Landreform in Namibia, Namibiana Buchdepot, 2009, EAN 4280000065063, DVD-Video, 65 Minuten, 14,80 €, Auswahl von Deutsch, Englisch oder Französisch in Untertiteln, Afrikaans (Stimme). Dieser Film erzählt die Geschichte der namibischen Farmgemeinde „Nina" im Wandel. Aus erster Hand erfahren Sie von Farmern und Farmarbeitern, wie diese die Veränderungen durch die Landreform in ihrer Nachbarschaft erleben und hören ihre Gedanken zur Bedeutung von Land und Landbesitz. Dieser subtile und eindringliche Dokumentarfilm vermittelt ein nachhaltiges Gefühl für die Vielschichtigkeit der Landproblematik in Namibia.

Stichwortverzeichnis

Überblick Unterkünfte und Campingplätze (außerhalb der Städte)

Abbildungsverzeichnis

Alle Bilder Ursula und Michael Iwanowski, außer:

Andy (fotolia): S. 542; Biemans, Nick (fotolia): S. 495; Botswana Tourism: S. 527, 559; Büllsport: S. 276; Düsternbrook: S. 166; Eningu Clay Lodge: S. 177; Goanikontes Oase: 328; Gondwana Collection: 198, 204, 206, 221, 223, 373, 513; Hartmann, Gunter: 16 und Buchrückseite oben, 19, 68, 95, 108, 116, 149, 440, 483, 517, 521, 523, 529; Huab Lodge: 370; iStock (brytta): S. 152; Kanaan: S. 251; Lasslop, Silke: S. 215; Namibia Tracks&Trails: S. 507, 509; Namtib: S. 252; NWR: 255; Ondekaremba: S. 163; Onduruquea: S. 357; Oshilumbo5: S. 27; Rostock Ritz: S. 270; Skeleton Coast Safaris: S. 334, 338; South African Tourism: 209, 489; Stünkel, Maike: S. 29, 36, 41, 43, 48, 50, 53, 55, 58, 62, 82, 88, 140, 170, 244, 254, 261, 262, 264, 268, 283, 284, 290, 291, 294, 297, 302, 303, 305, 309, 310, 320, 327, 367, 371, 375, 379, 439, 473, 477, 480, 537, 555, 572; Tegas, Pier: S. 17, 25, 35, 46, 54, 60, 65, 73, 80, 103, 120, 124, 130, 186, 197, 245, 257, 258, 260, 288, 340, 351, 365, 386, 389, 391, 393, 398, 400, 402, 405, 411, 415, 441, 466, 469, 471, 486, 539, 557, 561 (2x), 262, 263, 264, 265, 567 (2x), 570, 571, 573; von Ludwiger, Ute /Namibia Tourism: 32, 67, 76, 185, 192, 360, 363, 432, 514; Wölk, Andreas: Buchrückseite unten (Hippos), S. 12, 14, 46; Wüstenquell: S.329

Namibia
Endless horizons

Der Blick schweift bis zum Horizont, das Licht taucht die Landschaft in immer neue Farben, die Seele atmet auf. Eine Reise nach Namibia ist unvergesslich.

Und das Land der Kontraste bietet wirklich für jeden etwas: Grandiose Landschaften, eine faszinierende Tierwelt, zahlreiche Outdoor-Aktivitäten, luxuriöse Lodges oder einfache Unterkünfte und diese einzigartige Mischung aus afrikanischen und europäischen Einflüssen.

Mit mehr als 300 Sonnentagen ist es eine echte Ganzjahresdestination und einfach und sicher zu bereisen.

Nach einem nur 9 1/2 stündigen Nachtflug erwacht man in einer völlig anderen Welt. Spannend, fremdartig und vertraut zugleich.

Namibia
Endless horizons

Namibia Tourism Board
Schillerstraße 42   44
60313 Frankfurt am Main
Telefon: +49 69 / 13 37 36-0
Fax: +49 69 / 13 37 36-15
info@namibia-tourism.com
www.namibia-tourism.com

Unterwegs mit...

Budget verfügt über eine sichere Fahrzeugflotte mit zuverlässigen Servicestationen in Südafrika und in Namibia. Gut geschultes Personal garantiert vor Ort einen freundlichen und effizienten Service. Das Durchschnittsalter der Fahrzeuge liegt bei etwa einem Jahr. Im Falle eines Unfalls hilft Ihnen unser Budget Assist Service.

Gruppe A	– Chevy Spark / o.Ä.	**Gruppe I***	– Toyota Avanza / o.Ä.
Gruppe M*	– Hyundai / o.Ä.	**Gruppe K**	– Nissan X-Trail / o.Ä.
Gruppe B	– Open Corsa / o.Ä.	**Gruppe N**	– Toyota Quantum / o.Ä.
Gruppe C	– Toyota Corolla / o.Ä.	**Gruppe S#**	– Toyota 4 x 4 / o.Ä.
Gruppe D	– Honda Jazz / o.Ä.	**Gruppe L#**	– Toyota 4 x 4 / o.Ä.
Gruppe E*	– Chevy Cruze / o.Ä.	**Gruppe V#**	– 4 x 4 Camper single cabin
Gruppe F*	– Honda Accord / o.Ä.	**Gruppe W#**	– 4 x 4 Camper double cab/ für zwei
Gruppe G	– Mercedes C-Klasse / o.Ä.	**Gruppe X#**	– 4 x 4 Camper double cab/ für vier
Gruppe J*	– Mercedes E-Klasse / o.Ä.		

Alle Fahrzeugmodelle vorbehaltlich Verfügbarkeit. Ein spezielles Modell kann nicht garantiert werden.
* Nicht verfügbar in Namibia. # Nur verfügbar in Namibia.

www.budget.co.za
www.afrika.de

Proudly
Bidvest

Hotel Heinitzburg

Der Name RAITH bürgt bereits in der zweiten Generation für charmante Gastlichkeit und exquisite Küche.

Es ist unsere Philosophie, die urwüchsige afrikanische Freundlichkeit und Kultur mit exzellenter europäischer Kochkunst und einem Weltklasse Weinkeller in Einklang zu bringen, um Ihren Aufenthalt als unvergessliches Erlebnis zu gestalten.

Umrahmt von der luxuriösen Eleganz des Hotel Heinitzburg garantieren Leo's Restaurant und Weinkeller höchste Perfektion.

Postfach 458, Windhoek, Namibia; Tel.: (+264 61) 249597, Fax: (+264 61) 249598, Mail: heinitzburg@heinitzburg.com, www.heinitzburg.com

Eigentümer geführte Lodges mit Charakter und Persönlichkeit

Ob pure Natur, aufregende Aktivitäten, atemberaubende Wildnis, absolute Stille und Erholung, endlose Horizonte, milliarden Jahre alte Granitformationen oder Strandspaziergänge. Unsere von den Eigentümern geführten Lodges, Gästehäuser und Gästefarmen bieten eine große Vielfalt an Urlaubserlebnis, eine sehr persönliche und familiäre Betreuung und ein außergewöhnlich gutes Preis- Leistungsverhältnis.

Kalahari, Namib, Skeleton Coast, Kaokoveld, Ovambo oder Caprivi – Reservation Destination bietet Ihnen in Partnerschaft mit Iwanowski Reisen ein ganz besonderes Urlaubserlebnis in Namibia.
Alles aus einer Hand und mit mehr
als 8 Jahren Erfahrung.

Reservation Destination
PO Box 11633 - Klein Windhoek
5 Bahnhof Street, Uphill
Windhoek

- Nkasa Lupala Tented Lodge
- Ndhovu Safari Lodge
- Nhoma Safari Camp
- Ohange Namibia Lodge
- Kunene River Lodge
- Huab Lodge
- Kashana Namibia
- Cornerstone Guesthouse
- Sandfields Guesthouse
- Brigadoon B&B
- Sandcastle Apartments

- Etusis Lodge
- Desert Car Hire
- Etango Ranch Guest Farm
- Immanuel Wilderness Lodge
- Bagatelle Kalahari Game Ranch
- Terra Rouge Guest Farm
- Goibib Mountain Lodge
- Agama River Camp
- Corona Guest Farm
- Goibib Mountain Lodge

www.ResDest.com

Hotline Namibia	00264-61-224712
Hotline Deutschland	06074-2158494
eMail	welcome@resdest.com
Online Booking	http://booking.resdest.com

Etosha
Caprivi
Damaraland
Erongo
Swakopmund
Kalahari
Sossusvlei

RESERVATION DESTINATION
RESDEST.COM

Top-Lodge mit Goldauszeichnung

Eine knappe Stunde Fahrzeit ab Windhoek Int' Airport. Bestausgestattete Zimmer mit allen Annehmlichkeiten. Umweltfreundlich und ressourcenbewusst.

Aus 120'000 selbst gefertigten Lehmsteinen gebaut, geschmackvoll und kreativ eingerichtet, lädt Eningu Clayhouse Lodge mit seiner rustikalen und gemütlichen Atmosphäre zum Wohlfühlen ein.

Der einzigartige Baustil passt sich dem warmen Sandton der Kalahari an. Bei Wanderungen können Sie eine Vielzahl von Wild- und Vogelarten beobachten. Geniessen Sie das grosse Schwimmbad und den beheizten Whirlpool, lassen Sie sich auf der Dachterrasse vom Sonnenuntergang und später dem grossartigen Sternenhimmel bezaubern oder üben Sie sich auf unserem Bogenschiessplatz. Das Tüpfelchen auf dem „i" schenkt Ihnen unsere vielseitige hervorragende Frischküche und unsere erlesenen Weine aus dem tief im Sand gebauten klimatisierten Weinkeller.

Mit der Eningu Clayhouse Lodge finden Sie ein einzigartiges Paradies der Ruhe und Harmonie. Die Stille der Wüste, der überwältigende Sternenhimmel und die unendliche Weite der Kalahari – einer der noch wenigen verbliebenen Orte, der Seelen berührt.

Website: www.eningulodge.com   Reservationen: info@eningulodge.com
Tel. Reservationen: +264 64 464 144   Tel. Lodge: +264 62 581 880   Fax Lodge: +264 62 581 577

South African Airways ist Afrikas führende Fluggesellschaft. Von Frankfurt, München und London erreichen Sie über das Drehkreuz Johannesburg mehr Zielorte im Südlichen Afrika als mit jeder anderen Fluggesellschaft. South African Airways fliegt 2x täglich von Johannesburg nach Windhoek in Namibia.

Die Partner-Airline SA Express bedient sowohl Windhoek als auch Walvis Bay 1x täglich. Buchungen: www.flysaa.com oder Tel.: +49 (0) 69 / 299 803 20

SOUTH AFRICAN AIRWAYS
A STAR ALLIANCE MEMBER